WANDER GARCIA
UM DOS MAIORES ESPECIALISTAS EM EXAME DE ORDEM DO PAÍS

2ª EDIÇÃO 2021

Bateria de SIMULADOS OAB

PRIMEIRA FASE

8 SIMULADOS

SIMULADOS COM AS PROVAS ORIGINAIS + COMENTÁRIOS ÀS QUESTÕES E RELATÓRIOS DE RESULTADOS

APRENDIZADOS COM O LIVRO:
• **ADMINISTRAR** melhor o tempo • **AGILIDADE** para responder questões
TÉCNICAS para acertar mais questões • **DESCOBERTA** dos erros de conteúdo e o que precisa estudar mais • **DESCOBERTA** dos erros de interpretação e de escolha da alternativa correta • **MAIS** calma no dia da prova, com mente e emoções mais preparadas.

2021 © Editora Foco

Coordenadores: Wander Garcia e Ana Paula Garcia
Autores: Wander Garcia, Ana Paula Garcia, Arthur Trigueiros, Bruna Vieira, Eduardo Dompieri,
Gabriela Rodrigues Pinheiro, Gustavo Nicolau, Henrique Subi,
Hermes Cramacon, Luiz Dellore, Renan Flumian,
Roberta Densa, Robinson Barreirinhas e Teresa Melo
Diretor Acadêmico: Leonardo Pereira
Editor: Roberta Densa
Assistente Editorial: Paula Morishita
Revisora Sênior: Georgia Renata Dias
Capa Criação: Leonardo Hermano
Diagramação: Ladislau Lima
Impressão miolo e capa: GRAFNORTE

Dados Internacionais de Catalogação na Publicação (CIP) de acordo com ISBD

B328
Bateria de simulados: OAB 1ª Fase / Ana Paula Garcia ... [et al.] ; coordenado por Wander Garcia, Ana Paula Garcia. - 2. ed. - Indaiatuba, SP : Editora Foco, 2021.
252 p. : il. ; 17cm x 24cm.

ISBN: 978-65-5515-179-4

1. Metodologia de estudo. 2. Simulado. 3. Ordem dos Advogados do Brasil – OAB. I. Garcia, Ana Paula. II. Trigueiros, Arthur. III. Vieira, Bruna. IV. Rodrigues, Cintia. V. Dompieri, Eduardo. VI. Cavalcante, Fernando. VII. Rodrigues, Gabriela. VIII. Nicolau, Gustavo. IX. Subi, Henrique. X. Cramacon, Hermes. XI. Gomes, José Renato. XII. Dellore, Luiz. XIII. Flumian, Renan. XIV. Densa, Roberta. XV. Barreirinhas, Robinson. XVI. Melo, Teresa. XVII. Garcia, Wander. XVIII. Título.

2020-2823   CDD 001.4   CDU 001.8

Elaborado por Vagner Rodolfo da Silva - CRB-8/9410

Índices para Catálogo Sistemático:
1. Metodologia de estudo 001.4   2. Metodologia de estudo 001.8

DIREITOS AUTORAIS: É proibida a reprodução parcial ou total desta publicação, por qualquer forma ou meio, sem a prévia autorização da Editora FOCO, com exceção do teor das questões de concursos públicos que, por serem atos oficiais, não são protegidas como Direitos Autorais, na forma do Artigo 8º, IV, da Lei 9.610/1998. Referida vedação se estende às características gráficas da obra e sua editoração. A punição para a violação dos Direitos Autorais é crime previsto no Artigo 184 do Código Penal e as sanções civis às violações dos Direitos Autorais estão previstas nos Artigos 101 a 110 da Lei 9.610/1998. Os comentários das questões são de responsabilidade dos autores.

NOTAS DA EDITORA:
Atualizações e erratas: A presente obra é vendida como está, atualizada até a data do seu fechamento, informação que consta na página II do livro. Havendo a publicação de legislação de suma relevância, durante o ano da edição do livro, a editora, de forma discricionária, se empenhará em disponibilizar atualização futura.
Bônus ou Capítulo *On-line*: Excepcionalmente, algumas obras da editora trazem conteúdo no *on-line*, que é parte integrante do livro, cujo acesso será disponibilizado durante a vigência da edição da obra.
Erratas: A Editora se compromete a disponibilizar no site www.editorafoco.com.br, na seção Atualizações, eventuais erratas por razões de erros técnicos ou de conteúdo. Solicitamos, outrossim, que o leitor faça a gentileza de colaborar com a perfeição da obra, comunicando eventual erro encontrado por meio de mensagem para contato@editorafoco.com.br. O acesso será disponibilizado durante a vigência da edição da obra.

Impresso no Brasil (11.2020) – Data de Fechamento (11.2020)

2021
Todos os direitos reservados à
Editora Foco Jurídico Ltda.
Rua Nove de Julho, 1779 – Vila Areal
CEP 13333-070 – Indaiatuba – SP
E-mail: contato@editorafoco.com.br
www.editorafoco.com.br

Apresentação

Quer passar na OAB?

Então faça simulados antes da prova!

Você terá os seguintes ganhos ao fazer os simulados desse livro:

• aprenderá a administrar melhor o tempo;

• aprenderá como ser mais ágil para responder questões;

• aprenderá técnicas para acertar mais questões a cada prova;

• descobrirá onde estão os seus erros e o que precisa estudar mais;

• descobrirá onde estão os seus erros de interpretação e de escolha da alternativa correta;

• ficará mais calmo para o dia da prova, pois terá simulado diversas vezes esse momento e suas mente e emoções estarão mais preparadas.

Mas não basta fazer simulados. É preciso fazer com o material correto.

Existem técnicas para treinar via simulados e esse livro tem tudo o que você precisa para fazer isso da melhor maneira.

Confira os principais pontos para estudar por meio de simulados:

1º) Você precisa usar como simulado provas reais e completas de exames anteriores da OAB. E isso é o que fazemos neste livro. Disponibilizamos 8 provas já aplicadas, em sua versão original.

2º) Você precisa resolver as questões como se você estivesse na prova. Neste livro as questões vêm dispostas como na prova, e depois você tem uma folha de respostas para fazer o mesmo que faria nesta. Sem contar que os comentários às questões e os gabaritos não ficam na mesma página do simulado, então você só tem a sua mente mesmo para resolver as questões, como se estivesse na hora da prova.

3º) Você precisa ter um feedback de cada questão, para saber onde e porque cometeu cada erro. Este livro também oferece isso, pois cada questão é respondida e comentada, alternativa por alternativa, para você entender o que precisa estudar mais e que erros você têm cometido ao interpretar questões e escolher a alternativa correta.

4º) Você precisa saber como está o controle do tempo e a evolução dos seus resultados. Neste ponto disponibilizamos ao final do livro uma sessão só para você preencher a sua pontuação em cada prova, o tempo gasto na prova, os itens que você precisa melhorar e outros pontos importantes para você evoluir seus resultados a cada novo simulado.

5º) Você precisa fazer um número mínimo de simulados. Quanto mais simulados, melhor. Nossa recomendação é fazer no mínimo 4 simulados. Cada simulado que você fizer a mais, melhor, por isso disponibilizamos 8 simulados para você. Eles devem ser feitos ao final de cada semana de estudos, ou seja, 1 simulado por semana é o ideal.

Se não for possível, tente fazer ao menos 1 simulado a cada 10 dias ou a cada 2 semanas.

Outro ponto importante é que o livro está atualizadíssimo e informa para você como fica a resposta de cada questão, se por ventura alguma questão sofrer alteração no gabarito por alguma novidade legislativa ou jurisprudencial.

Agora é com você: crie seu cronograma de simulados e cumpra-o com seriedade, simulando pra valer o momento da prova.

Bom trabalho e ótimos estudos!

Como Usar o Livro?

Em primeiro lugar você deve criar o seu cronograma de simulados e cumpri-lo com seriedade, simulando pra valer o momento da prova.

Para cada simulado você deve fazer o seguinte também:

• Reservar o tempo necessário, seguindo o limite de tempo estabelecido no edital do Exame de Ordem;

• Escolher um lugar que você não seja interrompido;

• Colocar um cronômetro que não seja interrompido e ser fiel ao tempo de prova, ou seja, terminado o tempo, você deve pausar suas atividades, tendo ou não terminado o simulado;

• Em seguida você deve conferir as repostas em sua folha de resposta;

• Após, você deverá ler os comentários de cada questão que tiver errado e fazer todas as anotações na sessão do livro que trata dos relatórios sobre os seus resultados, anotando não só as matérias que precisa estudar mais, como dicas de como evitar erros de interpretação e de escolha de alternativas.

Pronto, agora é só ir atrás de estudar mais os pontos fracos e aguardar a data que você reservou para o próximo simulado.

Bons estudos e sucesso!

Coordenadores e Autores

SOBRE OS COORDENADORES

Wander Garcia – @wander_garcia

É Doutor, Mestre e Graduado em Direito pela PUC/SP. Professor universitário e de cursos preparatórios para Concursos e Exame de Ordem, tendo atuado nos cursos LFG e DAMÁSIO, no qual foi Diretor Geral de todos os cursos preparatórios e da Faculdade de Direito. Foi diretor da Escola Superior de Direito Público Municipal de São Paulo. É um dos fundadores da Editora Foco, especializada em livros jurídicos e para concursos e exames. Escreveu mais de 50 livros publicados na qualidade de autor, coautor ou organizador, nas áreas jurídica e de preparação para concursos e exame de ordem. Já vendeu mais de 1,5 milhão de livros, dentre os quais se destacam os Best Sellers "Como Passar na OAB", "Como Passar em Concursos Jurídicos", "Exame de Ordem Mapamentalizado" e "Concursos: O Guia Definitivo". É também advogado desde o ano de 2000 e foi procurador do município de São Paulo por mais de 15 anos. É *Coach* com sólida formação certificado em *Coaching* pelo IBC e pela *International Association of Coaching*.

Ana Paula Garcia

Procuradora do Estado de São Paulo, Pós-graduada em Direito, Professora do IEDI, Escrevente do Tribunal de Justiça por mais de 10 anos e Assistente Jurídico do Tribunal de Justiça. Autora de diversos livros para OAB e concursos

SOBRE OS AUTORES

Arthur Trigueiros

Pós-graduado em Direito. Procurador do Estado de São Paulo. Professor da Rede LFG e do IEDI. Autor de diversas obras de preparação para Concursos Públicos e Exame de Ordem.

Bruna Vieira

Pós-graduada em Direito. Professora do IEDI, PROORDEM, LEGALE, ROBORTELLA e ÊXITO. Professora de Pós-graduação em Instituições de Ensino Superior. Palestrante. Autora de diversas obras de preparação para Concursos Públicos e Exame de Ordem, por diversas editoras. Advogada.

Eduardo Dompieri

Pós-graduado em Direito. Professor do IEDI. Autor de diversas obras de preparação para Concursos Públicos e Exame de Ordem.

Gabriela Rodrigues Pinheiro

Pós-Graduada em Direito Civil e Processual Civil pela Escola Paulista de Direito. Professora Universitária e do IEDI Cursos On-line e preparatórios para concursos públicos exame de ordem. Autora de diversas obras jurídicas para concursos públicos e exame de ordem. Advogada.

Gustavo Nicolau – @gustavo_nicolau

Mestre e Doutor pela Faculdade de Direito da USP. Professor de Direito Civil da Rede LFG/Praetorium. Advogado.

Henrique Subi – @henriquesubi

Agente da Fiscalização Financeira do Tribunal de Contas do Estado de São Paulo. Mestrando em Direito Político e Econômico pela Universidade Presbiteriana Mackenzie. Especialista em Direito Empresarial pela Fundação Getúlio Vargas e em Direito Tributário pela UNISUL. Professor de cursos preparatórios para concursos desde 2006. Coautor de mais de 20 obras voltadas para concursos, todas pela Editora Foco.

Hermes Cramacon – @hermercramacon

Possui graduação em Direito pela Universidade Cidade de São Paulo (2000). Mestrando em Direito da Saúde pela Universidade Santa Cecília. Docente da Universidade Municipal de São Caetano do Sul e professor da Faculdade Tijucussu. Professor de Direito do Trabalho e Direito Processual do Trabalho do IEDI Cursos online e Escolha Certa Cursos nos cursos preparatórios para Exame de Ordem. Tem experiência na área de Direito, com ênfase em Direito do Trabalho, Direito Processual do Trabalho, Direito Processual Civil e Prática Jurídica.

Luiz Dellore – @dellore

Doutor e Mestre em Direito Processual pela USP. Mestre em Direito Constitucional pela PUC/SP. Visiting Scholar na Syracuse Univesity e Cornell University. Professor do Mackenzie, da FADISP, da Escola Paulista do Direito (EPD), do CPJur e do Saraiva Aprova. Ex-assessor de Ministro do STJ. Membro do IBDP (Instituto Brasileiro de Direito Processual) e do Ceapro (Centro de Estudos Avançados de Processo). Advogado concursado da Caixa Econômica Federal.

Renan Flumian

Mestre em Filosofia do Direito pela Universidade de Alicante. Cursou a Session Annuelle D'enseignement do Institut International des Droits de L'Homme, a Escola de Governo da USP e a Escola de Formação da Sociedade Brasileira de Direito Público. Professor e Coordenador Acadêmico do IEDI. Autor e coordenador de diversas obras de preparação para Concursos Públicos e o Exame de Ordem. Advogado.

Roberta Densa

Doutora em Direitos Difusos e Coletivos. Professora universitária e em cursos preparatórios para concursos Públicos e OAB. Autora da obra "Direito do Consumidor", 9ª edição publicada pela Editora Atlas.

Robinson Barreirinhas

Secretário Municipal dos Negócios Jurídicos da Prefeitura de São Paulo. Professor do IEDI. Procurador do Município de São Paulo. Autor e coautor de mais de 20 obras de preparação para concursos e OAB. Ex-Assessor de Ministro do STJ.

Teresa Melo

Procuradora Federal. Assessora de Ministro do STJ. Professora do IEDI.

Sumário

APRESENTAÇÃO	**III**

COORDENADORES E AUTORES	**V**

2017.3 – XXIV EXAME DE ORDEM 1

2018.1 – XXV EXAME DE ORDEM 29

2018.2 – XXVI EXAME DE ORDEM 57

2018.3 – XXVII EXAME DE ORDEM 85

2019.1 – XXVIII EXAME DE ORDEM 113

2019.2 – XXIX EXAME DE ORDEM 143

2019.3 – XXX EXAME DE ORDEM 173

2020.1 – XXXI EXAME DE ORDEM 203

MEUS RESULTADOS	**233**

2017.3 – XXIV EXAME DE ORDEM

1. Severino, advogado, é notório conhecedor das normas procedimentais e disciplinares do Estatuto da Advocacia e da OAB, bem como de seu regulamento, atuando na defesa de colegas advogados em processos disciplinares. Recentemente, Severino foi eleito conselheiro, passando a exercer essa função em certo Conselho Seccional da OAB.

Considerando o caso descrito, assinale a afirmativa correta.

(A) Severino não poderá, enquanto exercer a função de conselheiro, atuar em processos disciplinares que tramitem perante qualquer órgão da OAB, sequer em causa própria.

(B) Severino não poderá, enquanto for conselheiro, atuar em processos disciplinares que tramitem perante o Conselho Seccional onde exerce sua função. Porém, perante os demais conselhos, não há vedação à sua atuação, em causa própria ou alheia.

(C) Severino não poderá, enquanto for conselheiro, atuar em processos disciplinares que tramitem perante o Conselho Seccional onde exerce sua função e o Conselho Federal da OAB. Porém, perante os demais conselhos, não há vedação à sua atuação, em causa própria ou alheia.

(D) Severino não poderá, enquanto exercer a função, atuar em processos disciplinares que tramitem perante qualquer órgão da OAB, salvo em causa própria.

2. O advogado Inácio foi indicado para defender em juízo pessoa economicamente hipossuficiente, pois no local onde atua não houve disponibilidade de defensor público para tal patrocínio. Sobre o direito de Inácio à percepção de honorários, assinale a afirmativa correta.

(A) Os honorários serão fixados pelo juiz, apenas em caso de êxito, de natureza sucumbencial, a serem executados em face da parte adversa.

(B) Os honorários serão fixados pelo juiz, independentemente de êxito, segundo tabela organizada pelo Conselho Seccional da OAB e pagos pelo Estado.

(C) Os honorários serão fixados pelo juiz, apenas em caso de êxito, independentemente de observância aos patamares previstos na tabela organizada pelo Conselho Seccional da OAB, a serem pagos pelo Estado.

(D) Os honorários serão fixados pelo juiz, independentemente de êxito, segundo tabela organizada pelo Conselho Seccional da OAB, e pagos pelo patrocinado caso possua patrimônio, a ser executado no prazo de cinco anos, a contar da data da nomeação.

3. A advogada Ana encontra-se no quinto mês de gestação. Em razão de exercer a profissão como única patrona nas causas em que atua, ela receia encontrar algumas dificuldades durante a gravidez e após o parto.

Considerando o caso narrado, assinale a afirmativa correta.

(A) O Estatuto da OAB confere a Ana o direito de entrar nos tribunais sem submissão aos detectores de metais, vagas reservadas nas garagens dos fóruns onde atuar, preferência na ordem das audiências a serem realizadas a cada dia e suspensão dos prazos processuais quando der à luz.

(B) O Estatuto da OAB não dispõe sobre direitos especialmente conferidos às advogadas grávidas, mas aplicam-se a Ana as disposições da CLT relativas à proteção à maternidade e à trabalhadora gestante.

(C) O Estatuto da OAB confere a Ana o direito de entrar nos tribunais sem submissão aos detectores de metais e preferência na ordem das audiências a serem realizadas a cada dia, mas não dispõe sobre vagas reservadas nas garagens dos fóruns e suspensão dos prazos processuais quando der à luz.

(D) O Estatuto da OAB confere a Ana o direito de entrar nos tribunais sem submissão aos detectores de metais, preferência na ordem das audiências a serem realizadas a cada dia e vagas reservadas nas garagens dos fóruns, mas não dispõe sobre suspensão dos prazos processuais quando der à luz.

4. Tânia, advogada, dirigiu-se à sala de audiências de determinada Vara Criminal, a fim de acompanhar a realização das audiências designadas para aquele dia em feitos nos quais não oficia. Tânia verificou que os processos não envolviam segredo de justiça e buscou ingressar na sala de audiências no horário designado.

Não obstante, certo funcionário deu-lhe duas orientações. A primeira orientação foi de que ela não poderia permanecer no local se todas as cadeiras estivessem ocupadas, pois não seria autorizada a permanência de advogados de pé, a fim de evitar tumulto na sala. A segunda orientação foi no sentido de que, caso ingressassem na sala, Tânia e os demais presentes não poderiam sair até o fim de cada ato, salvo se houvesse licença do juiz, para evitar que a entrada e saída de pessoas atrapalhasse o regular andamento das audiências.

Considerando o caso narrado, assinale a afirmativa correta.

(A) A primeira orientação dada pelo funcionário viola os direitos assegurados ao advogado, pois Tânia possui o direito de permanecer, mesmo que de pé, na sala de audiências. Todavia, a segunda orientação coaduna-se com o poder-dever do magistrado de presidir e evitar tumulto no ato judicial, não violando, por si, direitos normatizados no Estatuto da OAB.

(B) A segunda orientação dada pelo funcionário viola os direitos assegurados ao advogado, pois Tânia possui o direito de retirar-se a qualquer momento, independentemente de licença do juiz, da sala de audiências. Todavia, a primeira orientação coaduna-se com o poder-dever do magistrado de presidir e evitar tumulto no ato judicial, não violando, por si, direitos normatizados no Estatuto da OAB.

(C) Ambas as orientações violam os direitos assegurados, pelo Estatuto da OAB, ao advogado, pois Tânia possui o direito de permanecer, mesmo que de pé, na sala de audiências, bem como de se retirar a qualquer momento, independentemente de licença do juiz.

(D) Nenhuma das orientações viola os direitos assegurados ao advogado, pois se coadunam com o poder-dever do magistrado de presidir e evitar tumulto no ato judicial, não contrariando, por si sós, direitos normatizados no Estatuto da OAB.

5. O Conselho Seccional Y da OAB, entendendo pela inconstitucionalidade de certa norma em face da Constituição da República, subscreve indicação de ajuizamento de ação direta de inconstitucionalidade, endereçando-a ao Conselho Federal da OAB.

Considerando o caso apresentado, de acordo com o Regulamento Geral do Estatuto da Advocacia e da OAB, assinale a afirmativa correta.

(A) A mencionada indicação de ajuizamento de ação direta de inconstitucionalidade submete-se a obrigatório juízo prévio de admissibilidade realizado pela Diretoria do Conselho Federal para aferição da relevância da defesa dos princípios e das normas constitucionais. Caso seja admitida, o relator, designado pelo Presidente, independentemente da decisão da Diretoria, pode levantar preliminar de inadmissibilidade perante o Conselho Pleno, quando não encontrar norma ou princípio constitucionais violados pelo ato normativo. Após, se aprovado o ajuizamento da ação, esta será proposta pelo Presidente do Conselho Federal.

(B) A mencionada indicação de ajuizamento de ação direta de inconstitucionalidade submete-se a obrigatório juízo prévio de admissibilidade realizado pela Segunda Câmara do Conselho Federal para aferição da relevância da defesa dos princípios e das normas constitucionais. Caso seja admitida, o relator designado pelo Presidente, independentemente da decisão da Segunda Câmara, pode levantar preliminar de inadmissibilidade perante o Conselho Pleno, quando não encontrar norma ou princípio constitucionais violados pelo ato normativo. Após, se aprovado o ajuizamento da ação, esta será proposta pelo Presidente do Conselho Federal.

(C) A mencionada indicação de ajuizamento de ação direta de inconstitucionalidade não se sujeita a juízo prévio obrigatório de admissibilidade, seja pela Diretoria ou qualquer Câmara do Conselho Federal. Porém, o relator, designado pelo Presidente, pode levantar preliminar de inadmissibilidade perante o Conselho Pleno, quando não encontrar norma ou princípio constitucionais violados pelo ato normativo. Após, se aprovado o ajuizamento da ação, esta será proposta pelo Presidente do Conselho Federal.

(D) A mencionada indicação de ajuizamento de ação direta de inconstitucionalidade não se sujeita a juízo prévio obrigatório de admissibilidade seja pela Diretoria ou qualquer Câmara do Conselho Federal. Porém, o relator designado pelo Presidente, pode levantar preliminar de inadmissibilidade perante o Conselho Pleno, quando não encontrar norma ou princípio constitucionais violados pelo ato normativo. Após, se aprovado o ajuizamento da ação, esta será proposta pelo relator designado.

6. Certa sociedade de advogados, de acordo com a vontade do cliente, emitiu fatura, com fundamento no contrato de prestação de serviços advocatícios. Em seguida, promoveu o saque de duplicatas quanto ao crédito pelos honorários advocatícios.

Considerando o caso narrado, assinale a afirmativa correta.

(A) É vedada a emissão da fatura, com fundamento no contrato de prestação de serviços, bem como não é autorizado o saque de duplicatas quanto ao crédito pelos honorários advocatícios.

(B) É autorizada a emissão de fatura, com fundamento no contrato de prestação de serviços, se assim pretender o cliente, sendo também permitido que posteriormente seja levada a protesto. Todavia, é vedado o saque de duplicatas quanto ao crédito pelos honorários advocatícios.

(C) É autorizada a emissão de fatura, com fundamento no contrato de prestação de serviços, se assim pretender o cliente, sendo vedado que seja levada a protesto. Ademais, não é permitido o saque de duplicatas quanto ao crédito pelos honorários advocatícios.

(D) É vedada a emissão de fatura, com fundamento no contrato de prestação de serviços, mas é permitido que, posteriormente, seja levada a protesto. Ademais, é permitido o saque de duplicatas quanto ao crédito pelos honorários advocatícios.

7. Em determinada edição de um jornal de grande circulação, foram publicadas duas matérias subscritas, cada qual, pelos advogados Lúcio e Frederico. Lúcio assina, com habitualidade, uma coluna no referido jornal, em que responde, semanalmente, a consultas sobre matéria jurídica. Frederico apenas subscreveu matéria jornalística naquela edição, debatendo certa causa, de natureza criminal, bastante repercutida na mídia, tendo analisado a estratégia empregada pela defesa do réu no processo.

Considerando o caso narrado e o disposto no Código de Ética e Disciplina da OAB, assinale a afirmativa correta.

(A) Lúcio e Frederico cometeram infração ética.
(B) Apenas Lúcio cometeu infração ética.
(C) Apenas Frederico cometeu infração ética.
(D) Nenhum dos advogados cometeu infração ética.

8. O advogado Gennaro exerce suas atividades em sociedade de prestação de serviços de advocacia, sediada na capital paulista. Todas as demandas patrocinadas por Gennaro tramitam perante juízos com competência em São Paulo. Todavia, recentemente, a esposa de Gennaro obteve trabalho no Rio de Janeiro.

Após buscarem a melhor solução, o casal resolveu que fixaria sua residência, com ânimo definitivo, na capital fluminense, cabendo a Gennaro continuar exercendo as mesmas funções no escritório de São Paulo. Nos dias em que não tem atividades profissionais, o advogado, valendo-se da ponte área, retorna ao domicílio do casal no Rio de Janeiro.

Considerando o caso narrado, assinale a afirmativa correta.

(A) O Estatuto da Advocacia e da OAB impõe que Gennaro requeira a transferência de sua inscrição principal como advogado para o Conselho Seccional do Rio de Janeiro.

(B) O Estatuto da Advocacia e da OAB impõe que Gennaro requeira a inscrição suplementar como advogado junto ao Conselho Seccional do Rio de Janeiro.

(C) O Estatuto da Advocacia e da OAB impõe que Gennaro requeira a inscrição suplementar como advogado junto ao Conselho Federal da OAB.

(D) O Estatuto da Advocacia e da OAB não impõe que Gennaro requeira a transferência de sua inscrição principal ou requeira inscrição suplementar.

9. O povo maltratado em geral, e contrariamente ao que é justo, estará disposto em qualquer ocasião a livrar-se do peso que o esmaga.

John Locke

O Art. 1º, parágrafo único, da Constituição Federal de 1988 afirma que "todo o poder emana do povo, que o exerce por meio de representantes eleitos ou diretamente". Muitos autores associam tal disposição ao conceito de direito de resistência, um dos mais importantes da Filosofia do Direito, de John Locke.

Assinale a opção que melhor expressa tal conceito, conforme desenvolvido por Locke na sua obra Segundo Tratado sobre o Governo Civil.

(A) A natureza humana é capaz de resistir às mais poderosas investidas morais e humilhações, desde que os homens se apoiem mutuamente.

(B) Sempre que os governantes agirem de forma a tentar tirar e destruir a propriedade do povo ou deixando-o miserável e exposto aos seus maus tratos, ele poderá resistir.

(C) Apenas o contrato social, que tira o homem do estado de natureza e o coloca na sociedade política, é capaz de resistir às ameaças externas e às ameaças internas, de tal forma que institui o direito de os governantes resistirem a toda forma de guerra e rebelião.

(D) O direito positivo deve estar isento de toda forma de influência da moral e da política. Uma vez que o povo soberano produza as leis, diretamente ou por meio de seus representantes, elas devem resistir a qualquer forma de interpretação ou aplicação de caráter moral e político.

10. É verdade que nas democracias o povo parece fazer o que quer, mas a liberdade política não consiste nisso.

Montesquieu

No preâmbulo da Constituição da República, os constituintes afirmaram instituir um Estado Democrático destinado a assegurar, dentre outras coisas, a liberdade. Esse é um conceito de fundamental importância para a Filosofia do Direito, muito debatido por inúmeros autores. Uma importante definição utilizada no mundo jurídico é a que foi dada por Montesquieu em seu Do Espírito das Leis.

Assinale a opção que apresenta a definição desse autor na obra citada.

(A) A liberdade consiste na forma de governo dos homens, e não no governo das leis.

(B) A disposição de espírito pela qual a alma humana nunca pode ser aprisionada é o que chamamos de liberdade.

(C) Liberdade é o direito de fazer tudo o que as leis permitem.

(D) O direito de resistência aos governos injustos é a expressão maior da liberdade.

11. Considere a seguinte situação hipotética: Decreto Legislativo do Congresso Nacional susta Ato Normativo do Presidente da República que exorbita dos limites da delegação legislativa concedida.

Insatisfeito com tal Iniciativa do Congresso Nacional e levando em consideração o sistema brasileiro de controle de constitucionalidade, o Presidente da República pode

(A) deflagrar o controle repressivo concentrado mediante uma Arguição de Descumprimento de Preceito Fundamental (ADPF), pois não cabe Ação Direta de Inconstitucionalidade de decreto legislativo.

(B) recorrer ao controle preventivo jurisdicional mediante o ajuizamento de um Mandado de Segurança perante o Supremo Tribunal Federal.

(C) deflagrar o controle repressivo político mediante uma representação de inconstitucionalidade, pois se trata de um ato do Poder Legislativo.

(D) deflagrar o controle repressivo concentrado mediante uma Ação Direta de Inconstitucionalidade (ADI), uma vez que o decreto legislativo é ato normativo primário.

12. Edinaldo, estudante de Direito, realizou intensas reflexões a respeito da eficácia e da aplicabilidade do Art. 14, § 4º, da Constituição da República, segundo o qual "os inalistáveis e os analfabetos são inelegíveis".

A respeito da norma obtida a partir desse comando, à luz da sistemática constitucional, assinale a afirmativa correta.

(A) Ela veicula programa a ser implementado pelos cidadãos, sem interferência estatal, visando à realização de fins sociais e políticos.

(B) Ela tem eficácia plena e aplicabilidade direta, imediata e integral, pois, desde que a CRFB/88 entrou em vigor, já está apta a produzir todos os seus efeitos.

(C) Ela apresenta contornos programáticos, dependendo sempre de regulamentação infraconstitucional para alcançar plenamente sua eficácia.

(D) Ela tem aplicabilidade indireta e imediata, não integral, produzindo efeitos restritos e limitados em normas infraconstitucionais quando da promulgação da Constituição da República.

13. Atos generalizados de violência e vandalismo foram praticados nas capitais de alguns estados do país, com ações orquestradas pelo crime organizado. Identificados e presos alguns dos líderes desses movimentos, numerosos políticos, com apoio popular, propuseram a criação, pela forma juridicamente correta, de um juízo especial para apreciação desses fatos, em caráter temporário, a fim de que o julgamento dos líderes presos se revele exemplar.

Ao submeterem essa ideia a um advogado constitucionalista, este afirma que, segundo a ordem jurídico-constitucional brasileira, a criação de tal juízo

(A) é constitucional, pois o apoio popular tem o condão de legitimar a atuação do poder público, ainda que esta seja contrária ao ordenamento jurídico vigente.

(B) é inconstitucional, em razão de vedação expressa da Constituição da República de 1988 à criação de juízo ou tribunal de exceção.

(C) necessita de previsão legislativa ordinária, já que a criação de juízos é competência do Poder Legislativo, após iniciativa do Poder Judiciário.

(D) pressupõe a necessária alteração da Constituição da República de 1988, por via de emenda, de maneira a suprimir a vedação ali existente.

14. Numerosos partidos políticos de oposição ao governo federal iniciaram tratativas a fim de se fundirem, criando um novo partido, o Partido Delta. Almejam, com isso, criar uma força política de maior relevância no contexto nacional. Preocupados com a repercussão da iniciativa no âmbito das políticas regionais e percebendo que as tratativas políticas estão avançadas, alguns deputados federais buscam argumentos jurídico-constitucionais que impeçam a criação desse novo partido.

Em reunião, concluem que, embora o quadro jurídico-constitucional brasileiro não vede a fusão de partidos políticos, estes, como pessoas jurídicas de direito público, somente poderão ser criados mediante lei aprovada no Congresso Nacional.

Ao submeterem essas conclusões a um competente advogado, este, alicerçado na Constituição da República, afirma que os deputados federais

(A) estão corretos quanto à possibilidade de fusão entre partidos políticos, mas equivocados quanto à necessidade de criação de partido por via de lei, já que, no Brasil, os partidos políticos possuem personalidade jurídica de direito privado.

(B) estão equivocados quanto à possibilidade de fusão entre partidos políticos no Brasil, embora estejam corretos quanto à necessidade de que a criação de partidos políticos se dê pela via legal, por serem pessoas jurídicas de direito público.
(C) estão equivocados, pois a Constituição da República não só proibiu a fusão entre partidos políticos como também deixou a critério do novo partido político escolher a personalidade jurídica de direito que irá assumir, pública ou privada.
(D) estão corretos, pois a Constituição da República, ao exigir que a criação ou a fusão de partidos políticos se dê pela via legislativa, concedeu ao Congresso Nacional amplos poderes de fiscalização para sua criação ou fusão.

15. Em observância aos princípios da transparência, publicidade e responsabilidade fiscal, o prefeito do Município Alfa elabora detalhado relatório contendo a prestação de contas anual, ficando tal documento disponível, para consulta e apreciação, no respectivo Poder Legislativo e no órgão técnico responsável pela sua elaboração.

Carlos, morador do Município Alfa, contribuinte em dia com suas obrigações civis e políticas, constata diversas irregularidades nos demonstrativos apresentados, apontando indícios de superfaturamento e desvios de verbas em obras públicas.

Em função do exposto e com base na Constituição da República, você, como advogado de Carlos, deve esclarecer que

(A) a fiscalização das referidas informações, concernentes ao Município Alfa, conforme previsto na Constituição brasileira, é de responsabilidade exclusiva dos Tribunais de Contas do Estado ou do Município, onde houver.
(B) Carlos tem legitimidade para questionar as contas do Município Alfa, já que, todos os anos, as contas permanecem à disposição dos contribuintes durante sessenta dias para exame e apreciação.
(C) a impugnação das contas apresentadas pelo Chefe do Executivo local exige a adesão mínima de um terço dos eleitores do Município Alfa.
(D) a CRFB/88 não prevê qualquer forma de participação popular no controle das contas públicas, razão pela qual Carlos deve recorrer ao Ministério Público Estadual para que seja apresentada ação civil pública impugnando os atos lesivos ao patrimônio público praticados pelo prefeito do Município Alfa.

16. Maria, maior e capaz, reside no Município Sigma e tem um filho, Lucas, pessoa com deficiência, com 8 (oito) anos de idade. Por ser uma pessoa humilde, sem dispor de recursos financeiros para arcar com os custos de um colégio particular, Maria procura a Secretaria de Educação do Município Sigma para matricular seu filho na rede pública. Seu requerimento é encaminhado à assessoria jurídica do órgão municipal, para que seja emitido o respectivo parecer para a autoridade executiva competente.

A partir dos fatos narrados, considerando a ordem jurídico-constitucional vigente, assinale a afirmativa correta.

(A) O pedido formulado por Maria deve ser indeferido, uma vez que incumbe ao Município atuar apenas na educação infantil, a qual é prestada até os 5 (cinco) anos de idade por meio de creches e pré-escolas. Logo, pelo sistema constitucional de repartição de competências, Lucas, pela sua idade, deve cursar o Ensino Fundamental em instituição estadual de ensino.
(B) O parecer da assessoria jurídica deve ser favorável ao pleito formulado por Maria, garantindo ao menor uma vaga na rede de ensino municipal. Pode, ainda, alertar que a Constituição da República prevê expressamente a possibilidade de a autoridade competente ser responsabilizada pelo não oferecimento do ensino obrigatório ou mesmo pela sua oferta irregular.
(C) O pleito de Maria deve ser deferido, ressalvando-se que Lucas, por ser pessoa com deficiência, necessita de atendimento educacional especializado, não podendo ser incluído na rede regular de ensino do Município Sigma.
(D) A assessoria jurídica da Secretaria de Educação do Município Sigma deve opinar pela rejeição do pedido formulado por Maria, pois incumbe privativamente à União, por meio do Ministério da Educação e Cultura (MEC), organizar e prestar a educação básica obrigatória e gratuita dos 4 (quatro) aos 17 (dezessete) anos de idade.

17. Marcos recebeu, por herança, grande propriedade rural no estado Sigma. Dedicado à medicina e não possuindo maior interesse pelas atividades agropecuárias desenvolvidas por sua família, Marcos deixou, nos últimos anos, de dar continuidade a qualquer atividade produtiva nas referidas terras.

Ciente de que sua propriedade não está cumprindo uma função social, Marcos procura um advogado para saber se existe alguma possibilidade jurídica de vir a perdê-la.

Segundo o que dispõe o sistema jurídico-constitucional vigente no Brasil, assinale a opção que apresenta a resposta correta.

(A) O direito de Marcos a manter suas terras deverá ser respeitado, tendo em vista que tem título jurídico reconhecidamente hábil para caracterizar o seu direito adquirido.
(B) A propriedade que não cumpre sua função social poderá ser objeto de expropriação, sem qualquer indenização ao proprietário que deu azo a tal descumprimento; no caso, Marcos.
(C) A propriedade, por interesse social, poderá vir a ser objeto de desapropriação, devendo ser, no entanto, respeitado o direito de Marcos à indenização.
(D) O direito de propriedade de Marcos está cabalmente garantido, já que a desapropriação é instituto cabível somente nos casos de cultura ilegal de plantas psicotrópicas.

18. Há cerca de três meses, foi verificado que os presos da Penitenciária Quebrantar estavam sofrendo diversas formas de maus tratos, incluindo violência física. Você foi contratado(a) por familiares dos presos, que lhe disseram ter elementos suficientes para acreditar que qualquer medida judicial no Brasil seria ineficaz no prazo desejado. Por isso, eles o(a) consultaram sobre a possibilidade de submeter o caso à Comissão Interamericana de Direitos Humanos (CIDH).

Considerando as regras de funcionamento dessa Comissão, você deve informá-los de que a CIDH pode receber a denúncia:

(A) caso sejam feitas petições individualizadas, uma vez que os casos de violação de direitos previstos no Pacto de São José da Costa Rica devem ser julgados diretamente pela Corte Interamericana de Justiça.
(B) caso sejam feitas petições individualizadas relatando a violação sofrida por cada uma das vítimas e as relacionando aos direitos previstos na Convenção Americana; assim, a CIDH poderá adotar as medidas que julgar necessárias para a cessação da violação.

(C) caso entenda haver situação de gravidade e urgência. Assim, a CIDH poderá instaurar de ofício um procedimento no qual solicita que o Estado brasileiro adote medidas cautelares de natureza coletiva para evitar danos irreparáveis aos presos.

(D) caso entenda haver situação de gravidade e urgência. Assim, a CIDH deve encaminhar diretamente o caso à Corte Interamericana de Justiça, que poderá ordenar a medida provisória que julgar necessária à cessação da violação.

19. Você, como advogada(o) que atua na defesa dos Direitos Humanos, foi chamada(o) para atuar em um caso em que há uma disputa pela terra entre produtores rurais e uma comunidade quilombola.

Você sabe que, de acordo com o Decreto nº 4.887/03 do Governo Federal, "consideram-se remanescentes das comunidades dos quilombos, os grupos étnico-raciais, segundo critérios de auto-atribuição, com trajetória histórica própria, dotados de relações territoriais específicas, com presunção de ancestralidade negra relacionada com a resistência à opressão histórica sofrida".

Em relação a essas pessoas remanescentes de quilombos, é correto dizer que a Constituição Federal de 1988

(A) assegura o direito às suas tradições, mas não garante a propriedade da terra ocupada por elas.
(B) prevê o direito à consulta aos quilombolas sempre que houver proposta oficial de exploração de riquezas minerais de suas terras.
(C) afirma o direito à posse da terra quando ocupada de boa-fé por esses grupos.
(D) reconhece a propriedade definitiva das terras que estejam ocupando, cabendo ao Estado a emissão dos títulos respectivos.

20. Henrique e Ruth se casaram no Brasil e se mudaram para a Holanda, onde permaneceram por quase 4 anos. Após um período difícil, o casal, que não tem filhos, nem bens, decide, de comum acordo, se divorciar e Ruth pretende retornar ao Brasil.

Com relação à dissolução do casamento, assinale a afirmativa correta.

(A) O divórcio só poderá ser requerido no Brasil, eis que o casamento foi realizado no Brasil.
(B) O divórcio, se efetivado na Holanda, precisa ser reconhecido e homologado perante o STJ para que tenha validade no Brasil.
(C) O divórcio consensual pode ser reconhecido no Brasil sem que seja necessário proceder à homologação.
(D) Para requerer o divórcio no Brasil, o casal deverá, primeiramente, voltar a residir no país.

21. Roger, suíço radicado no Brasil há muitos anos, faleceu em sua casa no Rio Grande do Sul, deixando duas filhas e um filho, todos maiores de idade. Suas filhas residem no Brasil, mas o filho se mudara para a Suíça antes mesmo do falecimento de Roger, lá residindo. Roger possuía diversos bens espalhados pelo sul do Brasil e uma propriedade no norte da Suíça.

Com referência à sucessão de Roger, assinale a afirmativa correta.

(A) Se o inventário de Roger for processado no Brasil, sua sucessão deverá ser regulada pela lei suíça, que é a lei de nacionalidade de Roger.
(B) A capacidade do filho de Roger para sucedê-lo será regulada pela lei suíça.
(C) Se Roger tivesse deixado testamento, seria aplicada, quanto à sua forma, a lei da nacionalidade dele, independentemente de onde houvesse sido lavrado.
(D) O inventário de Roger não poderá ser processado no Brasil, em razão de existirem bens no estrangeiro a partilhar.

22. João e Maria celebraram entre si contrato de locação, sendo João o locador e proprietário do imóvel. No contrato, eles estipularam que a responsabilidade pelo pagamento do Imposto sobre a Propriedade Predial e Territorial Urbana (IPTU) do imóvel será de Maria, locatária.

Com base nessas informações, assinale a afirmativa correta.

(A) O contrato será ineficaz entre as partes, pois transferiu a obrigação de pagar o imposto para pessoa não prevista em lei.
(B) O contrato firmado entre particulares não poderá se opor ao fisco municipal, no que tange à alteração do sujeito passivo do tributo.
(C) O contrato é válido e eficaz, e, por consequência dele, a responsabilidade pelo pagamento do tributo se tornará solidária, podendo o fisco municipal cobrá-lo de João e/ou de Maria.
(D) No caso de o fisco municipal cobrar o tributo de João, ele não poderá ajuizar ação regressiva em face de Maria.

23. Considere que Luís é um andarilho civilmente capaz que não elegeu nenhum lugar como seu domicílio tributário, não tem domicílio civil, nem residência fixa, e não desempenha habitualmente atividades em endereço certo.

A partir da hipótese apresentada, de acordo com o Código Tributário Nacional e no silêncio de legislação específica, assinale a afirmativa correta.

(A) Luís nunca terá domicílio tributário.
(B) O domicílio tributário de Luís será o lugar da situação de seus bens ou da ocorrência do fato gerador.
(C) O domicílio tributário de Luís será, necessariamente, a sede da entidade tributante.
(D) O domicílio tributário de Luís será a residência de seus parentes mais próximos ou o lugar da situação dos bens de Luís.

24. O Estado A ajuizou execução fiscal em face da pessoa jurídica B, com o objetivo de cobrar crédito referente ao Imposto sobre a Circulação de Mercadorias e Prestação de Serviços (ICMS). Nesse sentido, requereu, em sua petição inicial, que, após a citação, fosse determinada a imediata indisponibilidade de bens e direitos da contribuinte.

Nesse caso, o juiz deve indeferir o pedido, porque a decretação da indisponibilidade de bens e direitos

(A) ocorre somente após o insucesso do pedido de constrição sobre ativos financeiros, embora desnecessária qualquer outra providência.
(B) ocorre somente após a expedição de ofícios aos registros públicos do domicílio do executado, embora desnecessária qualquer outra providência.
(C) ocorre somente após o exaurimento das diligências na busca por bens penhoráveis.
(D) é impossível durante a execução fiscal.

25. O Município X, graças a uma lei municipal publicada no ano de 2014, concedeu isenção de IPTU aos proprietários de imóveis cujas áreas não ultrapassassem 70m².

João possui um imóvel nessa condição e procura seus serviços, como advogado(a), para saber se deve pagar a taxa de coleta de resíduos sólidos urbanos, instituída pelo município por meio de lei publicada em junho de 2017, a ser exigida a partir do exercício financeiro seguinte.

Diante desse quadro fático, assinale a afirmativa correta.

(A) João não deve pagar a taxa de coleta, uma vez que a isenção do IPTU se aplica a qualquer outro tributo.

(B) João não deve pagar a taxa de coleta, porque, sendo a lei instituidora da taxa posterior à lei que concedeu a isenção, por esta é abrangida, ficando João desobrigado do IPTU e da taxa.

(C) João deve pagar a taxa de coleta, porque a isenção só é extensiva às contribuições de melhoria instituídas pelo município.

(D) João deve pagar a taxa de coleta, porque, salvo disposição de lei em contrário, a isenção não é extensiva às taxas.

26. A pessoa jurídica A declarou débitos de Imposto sobre a Renda (IRPJ) que, no entanto, deixaram de ser quitados. Diante do inadimplemento da contribuinte, a União promoveu o protesto da Certidão de Dívida Ativa (CDA) decorrente da regular constituição definitiva do crédito tributário inadimplido.

Com base em tais informações, no que tange à possibilidade de questionamento por parte da contribuinte em relação ao protesto realizado pela União, assinale a afirmativa correta.

(A) O protesto da CDA é indevido, uma vez que o crédito tributário somente pode ser cobrado por meio da execução fiscal.

(B) O protesto da CDA é regular, por se tratar de instrumento extrajudicial de cobrança com expressa previsão legal.

(C) O protesto da CDA é regular, por se tratar de instrumento judicial de cobrança com expressa previsão legal.

(D) O protesto da CDA é indevido, por se tratar de sanção política sem previsão em lei.

27. João foi aprovado em concurso público promovido pelo Estado Alfa para o cargo de analista de políticas públicas, tendo tomado posse no cargo, na classe inicial da respectiva carreira. Ocorre que João é uma pessoa proativa e teve, como gestor, excelentes experiências na iniciativa privada.

Em razão disso, ele decidiu que não deveria cumprir os comandos determinados por agentes superiores na estrutura administrativa, porque ele as considerava contrárias ao princípio da eficiência, apesar de serem ordens legais.

A partir do caso apresentado, assinale a afirmativa correta.

(A) João possui total liberdade de atuação, não se submetendo a comandos superiores, em decorrência do princípio da eficiência.

(B) A liberdade de atuação de João é pautada somente pelo princípio da legalidade, considerando que não existe escalonamento de competência no âmbito da Administração Pública.

(C) João tem dever de obediência às ordens legais de seus superiores, em razão da relação de subordinação decorrente do poder hierárquico.

(D) As autoridades superiores somente podem realizar o controle finalístico das atividades de João, em razão da relação de vinculação estabelecida com os superiores hierárquicos.

28. Marcelo é médico do Corpo de Bombeiros Militar do Estado Beta e foi aprovado em concurso público para o cargo de médico civil junto a um determinado hospital da União, que é uma autarquia federal.

A partir do fato apresentado, acerca da acumulação de cargos públicos, assinale a afirmativa correta.

(A) Por exercer atividade militar, Marcelo não pode acumular os cargos em comento.

(B) Marcelo pode acumular os cargos em questão, pois não existe, no ordenamento pátrio, qualquer vedação à acumulação de cargos ou de empregos públicos em geral.

(C) A acumulação de cargos por Marcelo não é viável, sendo cabível somente quando os cargos pertencem ao mesmo ente da Federação.

(D) É possível a acumulação de cargos por Marcelo, desde que haja compatibilidade de horários.

29. Em ação civil pública por atos de improbidade que causaram prejuízo ao erário, ajuizada em desfavor de José, servidor público estadual estável, o Juízo de 1º grau, após os devidos trâmites, determinou a indisponibilidade de todos os bens do demandado, cujo patrimônio é superior aos danos e às demais imputações que constam na inicial.

Apresentado o recurso pertinente, observa-se que a aludida decisão

(A) não merece reforma, na medida em que José deve responder com todo o seu patrimônio, independentemente do prejuízo causado pelos atos de improbidade que lhe são imputados.

(B) deve ser reformada, considerando que somente podem ser objeto da cautelar os bens adquiridos depois da prática dos atos de improbidade imputados a José.

(C) deve ser reformada, pois não é possível, por ausência de previsão legal, a determinação de tal medida cautelar em ações civis públicas por ato de improbidade.

(D) deve ser reformada, porquanto a cautelar somente pode atingir tantos bens quantos bastassem para garantir as consequências financeiras dos atos de improbidade imputados a José.

30. Determinado município é proprietário de um extenso lote localizado em área urbana, mas que não vem sendo utilizado pela Administração há anos. Em consequência do abandono, o imóvel foi ocupado por uma família de desempregados, que deu à área uma função social.

O poder público teve ciência do fato, mas, como se tratava do final da gestão do então prefeito, não tomou qualquer medida para que o bem fosse desocupado. A situação perdurou mais de trinta anos, até que o município ajuizou a reintegração de posse.

Sobre a questão apresentada, assinale a afirmativa correta.

(A) O terreno não estava afetado a um fim público, razão pela qual pode ser adquirido por usucapião.

(B) O terreno é insuscetível de aquisição por meio de usucapião, mesmo sendo um bem dominical.

(C) O poder público municipal não poderá alienar a área em questão, dado que todos os bens públicos são inalienáveis.

(D) O bem será classificado como de uso especial, caso haja a reintegração de posse e o município decida construir uma grande praça no local anteriormente ocupado pela família.

31. Um fiscal de posturas públicas municipais verifica que um restaurante continua colocando, de forma irregular, mesas para os seus clientes na calçada. Depois de lavrar autos de infração com aplicação de multa por duas vezes, sem que a sociedade empresária tenha interposto recurso administrativo, o fiscal, ao verificar a situação, interdita o estabelecimento e apreende as mesas e cadeiras colocadas de forma irregular, com base na lei que regula o exercício do poder de polícia correspondente.

A partir da situação acima, assinale a afirmativa correta.

(A) O fiscal atuou com desvio de poder, uma vez que o direito da sociedade empresária de continuar funcionando é emanação do direito de liberdade constitucional, que só pode ser contrastado a partir de um provimento jurisdicional.

(B) A prática irregular de ato autoexecutório pelo fiscal é clara, porque não homenageou o princípio do contraditório e da ampla defesa ao não permitir à sociedade empresária, antes da apreensão, a possibilidade de produzir, em processo administrativo específico, fatos e provas em seu favor.

(C) O ato praticado pelo fiscal está dentro da visão tradicional do exercício da polícia administrativa pelo Estado, que pode, em situações extremas, dentro dos limites da razoabilidade e da proporcionalidade, atuar de forma autoexecutória.

(D) A atuação do fiscal é ilícita, porque os atos administrativos autoexecutórios, como mencionado acima, exigem, necessariamente, autorização judicial prévia.

32. Um Estado da Federação lançou um grande programa de concessões como forma de fomentar investimentos, diante das dificuldades financeiras por que vem passando. Por meio desse programa, ele pretende executar obras de interesse da população e ceder espaços públicos para a gestão da iniciativa privada. Como parte desse programa, lançou edital para restaurar um complexo esportivo com estádio de futebol, ginásio de esportes, parque aquático e quadras poliesportivas.

Diante da situação acima, assinale a afirmativa correta.

(A) O Estado pode optar por celebrar uma parceria público-privada na modalidade de concessão patrocinada, desde que o contrato tenha valor igual ou superior a R$ 20.000.000,00 (vinte milhões de reais) e que as receitas decorrentes da exploração dos serviços não sejam suficientes para remunerar o particular.

(B) A constituição de sociedade de propósito específico - SPE, sociedade empresária dotada de personalidade jurídica e incumbida de implantar e gerir o objeto da parceria, deve ocorrer após a celebração de um contrato de PPP.

(C) O contrato deverá prever o pagamento de remuneração fixa vinculada ao desempenho do parceiro privado, segundo metas e padrões de qualidade e disponibilidade nele definidos.

(D) A contraprestação do Estado deverá ser obrigatoriamente precedida da disponibilização do serviço que é objeto do contrato de parceria público-privada; dessa forma, não é possível o pagamento de contraprestação relativa à parcela fruível do serviço contratado.

33. Damião, proprietário de terrenos não utilizados, mantidos para fins de especulação imobiliária, é notificado pela autoridade pública municipal, uma vez que seu terreno está incluído no plano Diretor do Município XYZ, e a Lei Municipal nº 123 determinou a edificação compulsória e aplicação de IPTU progressivo no tempo.

Sobre as possíveis consequências que Damião pode sofrer, assinale a afirmativa correta.

(A) Caso não seja cumprida a notificação no prazo estabelecido, o Poder Público procederá à aplicação do Imposto sobre a Propriedade Predial e Territorial Urbana (IPTU) progressivo no tempo, o qual pode ser majorado indefinidamente, até que alcance o valor do bem.

(B) Ainda que Damião transfira o imóvel, a obrigação de edificação compulsória é transferida aos adquirentes, sem que haja interrupção dos prazos previamente estabelecidos pelo Poder Público.

(C) O Poder Público Municipal poderá desapropriar o imóvel de Damião mediante pagamento de indenização justa, prévia e em dinheiro, que refletirá o valor da base de cálculo do IPTU.

(D) Não há consequência jurídica no descumprimento, tendo em vista a não autoexecutoriedade nos atos do Poder Público em tema de política urbana, sendo necessária a intervenção do Poder Judiciário.

34. Bolão Ltda., sociedade empresária, pretende iniciar atividade de distribuição de pneus no mercado brasileiro. Para isso, contrata uma consultoria para, dentre outros elementos, avaliar sua responsabilidade pela destinação final dos pneus que pretende comercializar.

Sobre o caso, assinale a afirmativa correta.

(A) A destinação final dos pneus será de responsabilidade do consumidor final, no âmbito do serviço de regular limpeza urbana.

(B) A sociedade empresária será responsável pelo retorno dos produtos após o uso pelo consumidor, de forma independente do serviço público de limpeza urbana.

(C) A destinação final dos pneus, de responsabilidade solidária do distribuidor e do consumidor final, se dará no âmbito do serviço público de limpeza urbana.

(D) Previamente à distribuição de pneus, a sociedade empresária deve celebrar convênio com o produtor, para estabelecer, proporcionalmente, as responsabilidades na destinação final dos pneus.

35. Eduardo comprometeu-se a transferir para Daniela um imóvel que possui no litoral, mas uma cláusula especial no contrato previa que a transferência somente ocorreria caso a cidade em que o imóvel se localiza viesse a sediar, nos próximos dez anos, um campeonato mundial de surfe. Depois de realizado o negócio, todavia, o advento de nova legislação ambiental impôs regras impeditivas para a realização do campeonato naquele local.

Sobre a incidência de tais regras, assinale a afirmativa correta.

(A) Daniela tem direito adquirido à aquisição do imóvel, pois a cláusula especial configura um termo.

(B) Prevista uma condição na cláusula especial, Daniela tem direito adquirido à aquisição do imóvel.
(C) Há mera expectativa de direito à aquisição do imóvel por parte de Daniela, pois a cláusula especial tem natureza jurídica de termo.
(D) Daniela tem somente expectativa de direito à aquisição do imóvel, uma vez que há uma condição na cláusula especial.

36. Caio, locador, celebrou com Marcos, locatário, contrato de locação predial urbana pelo período de 30 meses, sendo o instrumento averbado junto à matrícula do imóvel no RGI. Contudo, após seis meses do início da vigência do contrato, Caio resolveu se mudar para Portugal e colocou o bem à venda, anunciando-o no jornal pelo valor de R$ 500.000,00.

Marcos tomou conhecimento do fato pelo anúncio e entrou em contato por telefone com Caio, afirmando estar interessado na aquisição do bem e que estaria disposto a pagar o preço anunciado. Caio, porém, disse que a venda do bem imóvel já tinha sido realizada pelo mesmo preço a Alexandre. Além disso, o adquirente do bem, Alexandre, iria denunciar o contrato de locação e Marcos teria que desocupar o imóvel em 90 dias.

Acerca dos fatos narrados, assinale a afirmativa correta.

(A) Marcos, tendo sido preterido na alienação do bem, poderá depositar o preço pago e as demais despesas do ato e haver para si a propriedade do imóvel.
(B) Marcos não tem direito de preferência na aquisição do imóvel, pois a locação é por prazo determinado.
(C) Marcos somente poderia exercer direito de preferência na aquisição do imóvel se fizesse oferta superior à de Alexandre.
(D) Marcos, tendo sido preterido na alienação do bem, poderá reclamar de Alexandre, adquirente, perdas e danos, e poderá permanecer no imóvel durante toda a vigência do contrato, mesmo se Alexandre denunciar o contrato de locação.

37. Laurentino constituiu servidão de vista no registro competente, em favor de Januário, assumindo o compromisso de não realizar qualquer ato ou construção que embarace a paisagem de que Januário desfruta em sua janela. Após o falecimento de Laurentino, seu filho Lucrécio decide construir mais dois pavimentos na casa para ali passar a habitar com sua esposa.

Diante do exposto, assinale a afirmativa correta.

(A) Januário não pode ajuizar uma ação possessória, eis que a servidão é não aparente.
(B) Diante do falecimento de Laurentino, a servidão que havia sido instituída automaticamente se extinguiu.
(C) A servidão de vista pode ser considerada aparente quando houver algum tipo de aviso sobre sua existência.
(D) Januário pode ajuizar uma ação possessória, provando a existência da servidão com base no título.

38. Quincas adentra terreno vazio e, de forma pública, passa a construir ali a sua moradia. Após o exercício ininterrupto da posse por 17 (dezessete) anos, pleiteia judicialmente o reconhecimento da propriedade do bem pela usucapião.

Durante o processo, constatou-se que o imóvel estava hipotecado em favor de Jovelino, para o pagamento de numerários devidos por Adib, proprietário do imóvel.

Com base nos fatos apresentados, assinale a afirmativa correta.

(A) A hipoteca existente em benefício de Jovelino prevalece sobre eventual direito de Quincas, tendo em vista o princípio da prioridade no registro.
(B) A hipoteca é um impeditivo para o reconhecimento da usucapião, tendo em vista a função social do crédito garantido.
(C) Como a usucapião é modo originário de aquisição da propriedade, a hipoteca não é capaz de impedir a sua consumação.
(D) Quincas pode adquirir, pela usucapião, o imóvel em questão, porém ficará com o ônus de quitar o débito que a hipoteca garantia.

39. Lúcia, sem ascendentes e sem descendentes, faleceu solteira e não deixou testamento. O pai de Lúcia tinha dois irmãos, que tiveram, cada qual, dois filhos, sendo, portanto, primos dela. Quando do falecimento de Lúcia, seus tios já haviam morrido. Ela deixou ainda um sobrinho, filho de seu único irmão, que também falecera antes dela.

Sobre a sucessão de Lúcia, de acordo com os fatos narrados, assinale a afirmativa correta.

(A) O sobrinho concorre com o tio na sucessão de Lúcia, partilhando-se por cabeça.
(B) O sobrinho representará seu pai, pré-morto, na sucessão de Lúcia.
(C) O filho do tio pré-morto será chamado à sucessão por direito de representação.
(D) O sobrinho é o único herdeiro chamado à sucessão e herda por direito próprio.

40. João e Carla foram casados por cinco anos, mas, com o passar dos anos, o casamento se desgastou e eles se divorciaram. As três filhas do casal, menores impúberes, ficaram sob a guarda exclusiva da mãe, que trabalha em uma escola como professora, mas que está com os salários atrasados há quatro meses, sem previsão de recebimento.

João vinha contribuindo para o sustento das crianças, mas, estranhamente, deixou de fazê-lo no último mês. Carla, ao procurá-lo, foi informada pelos pais de João que ele sofreu um atropelamento e está em estado grave na UTI do Hospital Boa Sorte. Como João é autônomo, não pode contribuir, justificadamente, com o sustento das filhas.

Sobre a possibilidade de os avós participarem do sustento das crianças, assinale a afirmativa correta.

(A) Em razão do divórcio, os sogros de Carla são ex-sogros, não são mais parentes, não podendo ser compelidos judicialmente a contribuir com o pagamento de alimentos para o sustento das netas.
(B) As filhas podem requerer alimentos avoengos, se comprovada a impossibilidade de Carla e de João garantirem o sustento das filhas.
(C) Os alimentos avoengos não podem ser requeridos, porque os avós só podem ser réus em ação de alimentos no caso de falecimento dos responsáveis pelo sustento das filhas.
(D) Carla não pode representar as filhas em ação de alimentos avoengos, porque apenas os genitores são responsáveis pelo sustento dos filhos.

41. André, Mariana e Renata pegaram um automóvel emprestado com Flávio, comprometendo-se solidariamente a devolvê-lo em quinze dias. Ocorre que Renata, dirigindo acima do limite de velocidade, causou um acidente que levou à destruição total do veículo.

Assinale a opção que apresenta os direitos que Flávio tem diante dos três.

(A) Pode exigir, de qualquer dos três, o equivalente pecuniário do carro, mais perdas e danos.
(B) Pode exigir, de qualquer dos três, o equivalente pecuniário do carro, mas só pode exigir perdas e danos de Renata.
(C) Pode exigir, de cada um dos três, um terço do equivalente pecuniário do carro e das perdas e danos.
(D) Pode exigir, de cada um dos três, um terço do equivalente pecuniário do carro, mas só pode exigir perdas e danos de Renata.

42. Maria, aluna do 9º ano do Ensino Fundamental de uma escola que não adota a obrigatoriedade do uso de uniforme, frequenta regularmente culto religioso afro-brasileiro com seus pais.

Após retornar das férias escolares, a aluna passou a ir às aulas com um lenço branco enrolado na cabeça, afirmando que necessitava permanecer coberta por 30 dias. As alunas Fernanda e Patrícia, incomodadas com a situação, procuraram a direção da escola para reclamar da vestimenta da aluna. O diretor da escola entrou em contato com o advogado do estabelecimento de ensino, a fim de obter subsídios para a sua decisão.

A partir do caso narrado, assinale a opção que apresenta a orientação que você, como advogado da escola, daria ao diretor.

(A) Proibir o acesso da aluna à escola.
(B) Marcar uma reunião com os pais da aluna Maria, a fim de compeli-los a descobrir a cabeça da filha.
(C) Permitir o acesso regular da aluna.
(D) Proibir o acesso das três alunas.

43. Os irmãos órfãos João, com 8 anos de idade, e Caio, com 5 anos de idade, crescem juntos em entidade de acolhimento institucional, aguardando colocação em família substituta. Não existem pretendentes domiciliados no Brasil interessados na adoção dos irmãos de forma conjunta, apenas separados. Existem famílias estrangeiras com interesse na adoção de crianças com o perfil dos irmãos e uma família de brasileiros domiciliados na Itália, sendo esta a última inscrita no cadastro.

Considerando o direito à convivência familiar e comunitária de toda criança e de todo adolescente, assinale a opção que apresenta a solução que atende aos interesses dos irmãos.

(A) Adoção nacional pela família brasileira domiciliada na Itália.
(B) Adoção internacional pela família estrangeira.
(C) Adoção nacional por famílias domiciliadas no Brasil, ainda que separados.
(D) Adoção internacional pela família brasileira domiciliada na Itália

44. Os arquitetos Everton e Joana adquiriram pacote de viagens para passar a lua de mel na Europa, primeira viagem internacional do casal. Ocorre que o trajeto do voo previa conexão em um país que exigia visto de trânsito, tendo havido impedimento do embarque dos noivos, ainda no Brasil, por não terem o visto exigido. O casal questionou a agência de turismo por não ter dado qualquer explicação prévia nesse sentido, e a fornecedora informou que não se responsabilizava pela informação de necessidade de visto para a realização da viagem.

Diante do caso apresentado, assinale a afirmativa correta.

(A) Cabe ação de reparação por danos extrapatrimoniais, em razão da insuficiência de informação clara e precisa, que deveria ter sido prestada pela agência de turismo, no tocante à necessidade de visto de trânsito para a conexão internacional prevista no trajeto.
(B) Não houve danos materiais a serem ressarcidos, já que os consumidores sequer embarcaram, situação muito diferente de terem de retornar, às próprias expensas, diretamente do país de conexão, interrompendo a viagem durante o percurso.
(C) Não ocorreram danos extrapatrimoniais por se tratar de pessoas que tinham capacidade de leitura e compreensão do contrato, sendo culpa exclusiva das próprias vítimas a interrupção da viagem por desconhecerem a necessidade de visto de trânsito para realizarem a conexão internacional.
(D) Houve culpa exclusiva da empresa aérea que emitiu os bilhetes de viagem, não podendo a agência de viagem ser culpabilizada, por ser o comerciante responsável subsidiariamente e não responder diretamente pelo fato do serviço.

45. Osvaldo adquiriu um veículo zero quilômetro e, ao chegar a casa, verificou que, no painel do veículo, foi acionada a indicação de problema no nível de óleo. Ao abrir o capô, constatou sujeira de óleo em toda a área. Osvaldo voltou imediatamente à concessionária, que realizou uma rigorosa avaliação do veículo e constatou que havia uma rachadura na estrutura do motor, que, por isso, deveria ser trocado. Osvaldo solicitou um novo veículo, aduzindo que optou pela aquisição de um zero quilômetro por buscar um carro que tivesse toda a sua estrutura "de fábrica".

A concessionária se negou a efetuar a troca ou devolver o dinheiro, alegando que isso não descaracterizaria o veículo como novo e que o custo financeiro de faturamento e outras medidas administrativas eram altas, não justificando, por aquele motivo, o desfazimento do negócio.

No mesmo dia, Osvaldo procura você, como advogado, para orientá-lo. Assinale a opção que apresenta a orientação dada.

(A) Cuida-se de vício do produto, e a concessionária dispõe de até trinta dias para providenciar o reparo, fase que, ordinariamente, deve preceder o direito do consumidor de pleitear a troca do veículo.
(B) Trata-se de fato do produto, e o consumidor sempre pode exigir a imediata restituição da quantia paga, sem prejuízo de pleitear perdas e danos em juízo.
(C) Há evidente vício do produto, sendo subsidiária a responsabilidade da concessionária, devendo o consumidor ajuizar a ação de indenização por danos materiais em face do fabricante.
(D) Trata-se de fato do produto, e o consumidor não tem interesse de agir, pois está no curso do prazo para o fornecedor sanar o defeito.

46. Miguel e Paulo pretendem constituir uma sociedade do tipo limitada porque não pretendem responder subsidiariamente pelas obrigações sociais.

Na consulta a um advogado previamente à elaboração do contrato, foram informados de que, nesse tipo societário, todos os sócios respondem

(A) solidariamente pela integralização do capital social.
(B) até o valor da quota de cada um, sem solidariedade entre si e em relação à sociedade.
(C) até o valor da quota de cada um, após cinco anos da data do arquivamento do contrato.
(D) solidariamente pelas obrigações sociais.

47. Um cliente apresenta a você um cheque nominal à ordem com as assinaturas do emitente no anverso e do endossante no verso. No verso da cártula, também consta uma terceira assinatura, identificada apenas como aval pelo signatário.

Com base nessas informações, assinale a afirmativa correta.

(A) O aval dado no título foi irregular, pois, para a sua validade, deveria ter sido lançado no anverso.
(B) A falta de indicação do avalizado permite concluir que ele pode ser qualquer dos signatários (emitente ou endossante).
(C) O aval dado no título foi na modalidade em branco, sendo avalizado o emitente.
(D) O aval somente é cabível no cheque não à ordem, sendo considerado não escrito se a emissão for à ordem.

48. O administrador da sociedade empresária Dutra & Filhos Comércio de Alimentos Ltda. consulta seu advogado para orientá-lo sobre o contrato apropriado para o aumento de sua capacidade de distribuição.

A intenção da pessoa jurídica é celebrar um contrato pelo qual possa receber a posse direta de veículos, que serão indicados por ela ao proprietário, para utilizá-los por prazo determinado, mediante o pagamento de prestações mensais durante a vigência do contrato. Ao termo final, a cliente deseja ter a possibilidade de adquirir os veículos ao invés de ser obrigada a devolvê-los ao proprietário ou renovar o contrato.

Assinale a opção que indica o contrato apropriado para a sociedade empresária.

(A) Locação a prazo determinado.
(B) Cessão de uso a título oneroso.
(C) Compra e venda a prazo.
(D) Arrendamento mercantil.

49. A sociedade empresária Pará de Minas Veículos Ltda. pretende requerer sua recuperação judicial. Ao analisar a minuta de petição inicial, o gerente administrativo listou os impedimentos ao pedido de recuperação.

Assinale a opção que apresenta um desses impedimentos.

(A) O devedor ter, há menos de 5 (cinco) anos, obtido concessão de recuperação judicial.
(B) O devedor possuir ativo que não corresponda a, pelo menos, 50% (cinquenta por cento) do passivo quirografário.
(C) O devedor deixar de requerer sua autofalência nos 30 (trinta) dias seguintes ao vencimento de qualquer obrigação líquida.
(D) A sociedade ter como administrador pessoa condenada por crime contra o patrimônio ou contra a fé pública.

50. O empresário individual Ives Diniz, em conluio com seus dois primos, realizou empréstimos simulados a fim de obter crédito para si; por esse e outros motivos, foi decretada sua falência. No curso do processo falimentar, o administrador judicial verificou a prática de outros atos praticados pelo devedor e seus primos, antes da falência; entre eles, a transferência de bens do estabelecimento a terceiros lastreados em pagamentos de dívidas fictícias, com nítido prejuízo à massa. De acordo com o enunciado e as disposições da Lei de Falência e Recuperação de Empresas, o advogado contratado pelo administrador judicial para defender os direitos e interesses da massa deverá

(A) requerer, no juízo da falência, a instauração do incidente de desconsideração da personalidade jurídica.
(B) ajuizar ação revocatória em nome da massa falida no juízo da falência.
(C) ajuizar ação pauliana em nome do administrador judicial no juízo cível.
(D) requerer, no juízo da falência, o sequestro dos bens dos primos do empresário como medida antecedente à ação de responsabilidade civil.

51. Leilane, autora da ação de indenização por danos morais, proposta em face de Carlindo na 5ª Vara Cível da comarca da capital, informou, em sua petição inicial, que não possuía interesse na audiência de conciliação prevista no Art. 334 do CPC/15. Mesmo assim, o magistrado marcou a audiência de conciliação e ordenou a citação do réu.

O réu, regularmente citado, manifestou interesse na realização da referida audiência, na qual apenas o réu compareceu. O juiz, então, aplicou à autora a multa de 2% sobre o valor da causa.

Sobre o procedimento do magistrado, a partir do caso apresentado, assinale a afirmativa correta.

(A) O magistrado não deveria ter marcado a audiência de conciliação, já que a autora informou, em sua petição inicial, que não possuía interesse.
(B) O magistrado agiu corretamente, tendo em vista que a conduta da autora se caracteriza como um ato atentatório à dignidade da justiça.
(C) O magistrado deveria ter declarado o processo extinto sem resolução do mérito, e a multa não possui fundamento legal.
(D) A manifestação de interesse do réu na realização da referida audiência pode ser feita em até 72 horas antes da sua realização.

52. O advogado Jonas interpôs Recurso Especial contra acórdão do Tribunal de Justiça do Estado X.

Ocorre que, no corrente ano, a Vice-Presidência/Presidência do referido Tribunal negou seguimento ao recurso interposto, afirmando que o acórdão recorrido se encontra no mesmo sentido de precedente do STJ, julgado sob o rito dos recursos repetitivos.

Nessa hipótese, caso deseje impugnar a referida decisão, o advogado deverá interpor

(A) Agravo de Instrumento, direcionado ao Ministro Presidente do STJ.

(B) Agravo em Recurso Especial, direcionado ao Ministro Presidente do STJ.
(C) Agravo em Recurso Especial, direcionado ao Vice- Presidente do Tribunal de Justiça do Estado X.
(D) Agravo Interno, direcionado ao órgão colegiado competente para revisar as decisões do Presidente/Vice- Presidente do Tribunal de Justiça.

53. O Sr. João, pessoa idosa e beneficiária de plano de saúde individual da sociedade "ABC Saúde Ltda.", começa a sentir fortes dores no peito durante a madrugada e, socorrido por seus familiares, é encaminhado para a unidade hospitalar mais próxima.

O médico responsável pelo atendimento inicial constata um quadro clínico grave, com risco de morte, sendo necessário o imediato encaminhamento do Sr. João para a Unidade de Terapia Intensiva (UTI) do hospital. Ao ser contatado, o plano de saúde informa que não autoriza a internação, uma vez que o Sr. João ainda não havia cumprido o período de carência exigido em contrato.

Imediatamente, um dos filhos do Sr. João, advogado, elabora a ação cabível e recorre ao plantão judicial do Tribunal de Justiça do estado em que reside.

A partir do caso narrado, assinale a alternativa correta.

(A) A tutela de urgência a ser requerida deve ser deferida, tendo em vista os princípios da cooperação e da não surpresa que regem a codificação processual vigente, após a prévia oitiva do representante legal do plano de saúde "ABC Saúde Ltda.", no prazo de 5 (cinco) dias úteis.
(B) Uma vez demonstrado o perigo de dano ou de risco ao resultado útil do processo, o magistrado poderá conceder tutela de evidência em favor do Sr. João, autorizando sua internação provisória na Unidade de Terapia Intensiva do hospital.
(C) Diante da urgência do caso, contemporânea à propositura da ação, a petição inicial redigida poderia limitar-se ao requerimento da tutela antecipada e à indicação do pedido final. Concedida a tutela antecipada, o autor deverá aditar a petição inicial em 15 (quinze) dias ou em outro prazo maior que o juiz fixar.
(D) Concedida a tutela provisória requerida em favor do Sr. João, ela conserva sua eficácia na pendência do processo, apenas podendo vir a ser revogada ou modificada com a prolação da sentença definitiva de mérito.

54. Maria dirigia seu carro em direção ao trabalho, quando se envolveu em acidente com um veículo do Município de São Paulo, afetado à Secretaria de Saúde. Em razão da gravidade do acidente, Maria permaneceu 06 (seis) meses internada, sendo necessária a realização de 03 (três) cirurgias.

Quinze dias após a alta médica, a vítima ingressou com ação de reparação por danos morais e materiais em face do ente público. Na sentença, os pedidos foram julgados procedentes, com condenação do ente público ao pagamento de 200 (duzentos) salários mínimos, não tendo a ré interposto recurso.

Diante de tais considerações, assinale a afirmativa correta.

(A) Ainda que o Município de São Paulo não interponha qualquer recurso, a sentença está sujeita à remessa necessária, pois a condenação é superior a 100 (cem) salários mínimos, limite aplicável ao caso, o que impede o cumprimento de sentença pelo advogado da autora.
(B) A sentença está sujeita à remessa necessária em qualquer condenação que envolva a Fazenda Pública.
(C) A sentença não está sujeita à remessa necessária, porquanto a sentença condenatória é ilíquida. Maria poderá, assim, propor a execução contra a Fazenda Pública tão logo a sentença transite em julgado.
(D) A sentença não está sujeita à remessa necessária, pois a condenação é inferior a 500 (quinhentos) salários mínimos, limite aplicável ao caso. Após o trânsito em julgado, Maria poderá promover o cumprimento de sentença em face do Município de São Paulo.

55. Arthur ajuizou ação perante o Juizado Especial Cível da Comarca do Rio de Janeiro, com o objetivo de obter reparação por danos materiais, em razão de falha na prestação de serviços pela sociedade empresária Consultex.

A sentença de improcedência dos pedidos iniciais foi publicada, mas não apreciou juridicamente um argumento relevante suscitado na inicial, desconsiderando, em sua fundamentação, importante prova do nexo de causalidade. Arthur pretende opor embargos de declaração para ver sanada tal omissão.

Diante de tal cenário, assinale a afirmativa correta.

(A) Arthur poderá opor embargos de declaração, suspendendo o prazo para interposição de recurso para a Turma Recursal.
(B) Os embargos não interrompem ou suspendem o prazo para interposição de recurso para a Turma Recursal, de modo que Arthur deverá optar entre os embargos ou o recurso, sob pena de preclusão.
(C) Eventuais embargos de declaração interpostos por Arthur interromperão o prazo para interposição de recurso para a Turma Recursal.
(D) Arthur não deverá interpor embargos de declaração pois estes não são cabíveis no âmbito de Juizados Especiais.

56. Marcos se envolveu em um acidente, abalroando a motocicleta de Bruno, em razão de não ter visto que a pista estava interditada. Bruno ajuizou, em face de Marcos, ação de indenização por danos materiais, visando receber os valores necessários ao conserto de sua motocicleta.

Marcos, ao receber a citação da ação, entendeu que a responsabilidade de pagamento era da Seguradora Confiança, em virtude de contrato de seguro que havia pactuado para seu veículo, antes do acidente.

Diante de tal situação, assinale a afirmativa correta.

(A) Marcos pode promover oposição em face de Bruno e da seguradora.
(B) Marcos pode promover denunciação da lide à seguradora.
(C) Marcos pode pedir a instauração de incidente de desconsideração da personalidade jurídica em face da seguradora.
(D) Marcos pode promover o chamamento ao processo da seguradora.

57. O Supermercado "X" firmou contrato com a pessoa jurídica "Excelência" – sociedade empresária de renome - para que esta lhe prestasse assessoria estratégica e planejamento empresarial no processo de expansão de suas unidades por todo o país.

Diante da discussão quanto ao cumprimento da prestação

acordada, uma vez que o supermercado entendeu que o serviço fora prestado de forma deficiente, as partes se socorreram da arbitragem, em razão de expressa previsão do meio de solução de conflitos trazida no contrato.

Na arbitragem, restou decidido que assistia razão ao supermercado, sendo a sociedade empresária "Excelência" condenada ao pagamento de indenização, além de multa de 30%.

Considerando o exposto, assinale a afirmativa correta.

(A) Por se tratar de um título executivo extrajudicial, deve ser instaurado um processo de execução.

(B) Por se tratar de um título executivo judicial, será promovido segundo as regras do cumprimento de sentença.

(C) A sentença arbitral só poderá ser executada junto ao Poder Judiciário após ser confirmada em processo de conhecimento, quando adquire força de título executivo judicial.

(D) A sentença arbitral será executada segundo as regras do cumprimento de sentença, tendo em vista seu caráter de título executivo extrajudicial.

58. Cássio foi denunciado pela prática de um crime de dano qualificado, por ter atingido bem municipal (Art. 163, parágrafo único, inciso III, do CP – pena: detenção de 6 meses a 3 anos e multa), merecendo destaque que, em sua Folha de Antecedentes Criminais, consta uma única condenação anterior, definitiva, oriunda de sentença publicada 4 anos antes, pela prática do crime de lesão corporal culposa praticada na direção de veículo automotor.

Ao final da instrução, Cássio confessa integralmente os fatos, dizendo estar arrependido e esclarecendo que "perdeu a cabeça" no momento do crime, sendo certo que está trabalhando e tem 03 filhos com menos de 10 anos de idade que são por ele sustentados.

Apenas com base nas informações constantes, o(a) advogado(a) de Cássio poderá pleitear, de acordo com as previsões do Código Penal, em sede de alegações finais,

(A) o reconhecimento do perdão judicial.

(B) o reconhecimento da atenuante da confissão, mas nunca sua compensação com a reincidência.

(C) a substituição da pena privativa de liberdade por restritiva de direitos, apesar de o agente ser reincidente.

(D) o afastamento da agravante da reincidência, já que o crime pretérito foi praticado em sua modalidade culposa, e não dolosa.

59. Cláudio, na cidade de Campinas, transportava e portava, em um automóvel, três armas de fogo, sendo que duas estavam embaixo do banco do carona e uma, em sua cintura. Abordado por policiais, foram localizadas todas as armas. Diante disso, o Ministério Público ofereceu denúncia em face de Cláudio pela prática de três crimes de porte de arma de fogo de uso permitido, em concurso material (Art. 14 da Lei nº 10.826/03, por três vezes, na forma do Art. 69 do Código Penal). Foi acostado nos autos laudo pericial confirmando o potencial lesivo do material, bem como que as armas eram de calibre 38, ou seja, de uso permitido, com numeração de série aparente.

Considerando que todos os fatos narrados foram confirmados em juízo, é correto afirmar que o(a) advogado(a) de Cláudio deverá defender o reconhecimento

(A) de crime único de porte de arma de fogo.

(B) da continuidade delitiva entre os três delitos imputados.

(C) do concurso formal entre dois delitos, em continuidade delitiva com o terceiro.

(D) do concurso formal de crimes entre os três delitos imputados.

60. Bárbara, nascida em 23 de janeiro de 1999, no dia 15 de janeiro de 2017, decide sequestrar Felipe, por dez dias, para puni-lo pelo fim do relacionamento amoroso.

No dia 16 de janeiro de 2017, efetivamente restringe a liberdade do ex-namorado, trancando-o em uma casa e mantendo consigo a única chave do imóvel. Nove dias após a restrição da liberdade, a polícia toma conhecimento dos fatos e consegue libertar Felipe, não tendo, assim, se realizado, em razão de circunstâncias alheias, a restrição da liberdade por dez dias pretendida por Bárbara.

Considerando que, no dia 23 de janeiro de 2017, entrou em vigor nova lei, mais gravosa, alterando a sanção penal prevista para o delito de sequestro simples, passando a pena a ser de 01 a 05 anos de reclusão e não mais de 01 a 03 anos, o Ministério Público ofereceu denúncia em face de Bárbara, imputando-lhe a prática do crime do Art. 148 do Código Penal (Sequestro e Cárcere Privado), na forma da legislação mais recente, ou seja, aplicando-se, em caso de condenação, pena de 01 a 05 anos de reclusão.

Diante da situação hipotética narrada, é correto afirmar que o advogado de Bárbara, de acordo com a jurisprudência do Supremo Tribunal Federal, deverá pleitear

(A) a aplicação do instituto da suspensão condicional do processo.

(B) a aplicação da lei anterior mais benéfica, ou seja, a aplicação da pena entre o patamar de 01 a 03 anos de reclusão.

(C) o reconhecimento da inimputabilidade da acusada, em razão da idade.

(D) o reconhecimento do crime em sua modalidade tentada.

61. Decidido a praticar crime de furto na residência de um vizinho, João procura o chaveiro Pablo e informa do seu desejo, pedindo que fizesse uma chave que possibilitasse o ingresso na residência, no que foi atendido. No dia do fato, considerando que a porta já estava aberta, João ingressa na residência sem utilizar a chave que lhe fora entregue por Pablo, e subtrai uma TV.

Chegando em casa, narra o fato para sua esposa, que o convence a devolver o aparelho subtraído. No dia seguinte, João atende à sugestão da esposa e devolve o bem para a vítima, narrando todo o ocorrido ao lesado, que, por sua vez, comparece à delegacia e promove o registro próprio.

Considerando o fato narrado, na condição de advogado(a), sob o ponto de vista técnico, deverá ser esclarecido aos familiares de Pablo e João que

(A) nenhum deles responderá pelo crime, tendo em vista que houve arrependimento eficaz por parte de João e, como causa de excludente da tipicidade, estende-se a Pablo.

(B) ambos deverão responder pelo crime de furto qualificado, aplicando-se a redução de pena apenas a João, em razão do arrependimento posterior.

(C) ambos deverão responder pelo crime de furto qualificado, aplicando-se a redução de pena para os dois, em razão do arrependimento posterior, tendo em vista que se trata de circunstância objetiva.

(D) João deverá responder pelo crime de furto simples, com causa de diminuição do arrependimento posterior, enquanto Pablo não responderá pelo crime contra o patrimônio.

62. No dia 28 de agosto de 2011, após uma discussão no trabalho quando todos comemoravam os 20 anos de João, este desfere uma facada no braço de Paulo, que fica revoltado e liga para a Polícia, sendo João preso em flagrante pela prática do injusto de homicídio tentado, obtendo liberdade provisória logo em seguida. O laudo de exame de delito constatou a existência de lesão leve.

A denúncia foi oferecida em 23 de agosto de 2013 e recebida pelo juiz em 28 de agosto de 2013. Finda a primeira fase do procedimento do Tribunal do Júri, ocasião em que a vítima compareceu, confirmou os fatos, inclusive dizendo acreditar que a intenção do agente era efetivamente matá-la, e demonstrou todo seu inconformismo com a conduta do réu, João foi pronunciado, sendo a decisão publicada em 23 de agosto de 2015, não havendo impugnação pelas partes.

Submetido a julgamento em sessão plenária em 18 de julho de 2017, os jurados afastaram a intenção de matar, ocorrendo em sentença, então, a desclassificação para o crime de lesão corporal simples, que tem a pena máxima prevista de 01 ano, sendo certo que o Código Penal prevê que a pena de 01 a 02 anos prescreve em 04 anos.

Na ocasião, você, como advogado(a) de João, considerando apenas as informações narradas, deverá requerer que seja declarada a extinção da punibilidade pela

(A) decadência, por ausência de representação da vítima.
(B) prescrição da pretensão punitiva, porque já foi ultrapassado o prazo prescricional entre a data do fato e a do recebimento da denúncia.
(C) (prescrição da pretensão punitiva, porque já foi ultrapassado o prazo prescricional entre a data do oferecimento da denúncia e a da publicação da decisão de pronúncia.
(D) prescrição da pretensão punitiva, porque entre a data do recebimento da denúncia e a do julgamento pelo júri decorreu o prazo prescricional.

63. Com dificuldades financeiras para comprar o novo celular pretendido, Vanessa, sem qualquer envolvimento pretérito com aparato policial ou judicial, aceita, a pedido de namorado de sua prima, que havia conhecido dois dias antes, transportar 500 g de cocaína de Alagoas para Sergipe. Apesar de aceitar a tarefa, Vanessa solicitou como recompensa R$ 5.000,00, já que estava muito nervosa por nunca ter adotado qualquer comportamento parecido.

Após a transferência do valor acordado, Vanessa esconde o material entorpecente na mala de seu carro e inicia o transporte da substância. Ainda no estado de Alagoas, 30 minutos depois, Vanessa é abordada por policiais e presa em flagrante.

Após denúncia pela prática do crime de tráfico de drogas com causa de aumento do Art. 40, inciso V, da Lei nº 11.343/06 ("caracterizado tráfico entre Estados da Federação ou entre estes e o Distrito Federal"), durante a instrução, todos os fatos são confirmados: Folha de Antecedentes Criminais sem outras anotações, primeira vez no transporte de drogas, transferência de valores, que o bem transportado era droga e que a pretensão era entregar o material em Sergipe.

Intimado da sentença condenatória nos termos da denúncia, o advogado de Vanessa, de acordo com as previsões da Lei nº 11.343/06 e a jurisprudência do Superior Tribunal de Justiça, deverá pleitear

(A) o reconhecimento da causa de diminuição de pena do tráfico privilegiado e reconhecimento da tentativa.
(B) o afastamento da causa de aumento e o reconhecimento da causa de diminuição de pena do tráfico privilegiado.
(C) o afastamento da causa de aumento, apenas.
(D) o reconhecimento da causa de diminuição de pena do tráfico privilegiado, apenas.

64. Lívia, insatisfeita com o fim do relacionamento amoroso com Pedro, vai até a casa deste na companhia da amiga Carla e ambas começam a quebrar todos os porta-retratos da residência nos quais estavam expostas fotos da nova namorada de Pedro. Quando descobre os fatos, Pedro procura um advogado, que esclarece a natureza privada da ação criminal pela prática do crime de dano.

Diante disso, Pedro opta por propor queixa-crime em face de Carla pela prática do crime de dano (Art. 163, caput, do Código Penal), já que nunca mantiveram boa relação e ele tinha conhecimento de que ela era reincidente, mas, quanto a Lívia, liga para ela e diz que nada fará, pedindo, apenas, que o fato não se repita.

Apesar da decisão de Pedro, Lívia fica preocupada quanto à possibilidade de ele mudar de opinião, razão pela qual contrata um advogado junto com Carla para consultoria jurídica.

Considerando apenas as informações narradas, o advogado deverá esclarecer que ocorreu

(A) renúncia em relação a Lívia, de modo que a queixa-crime não deve ser recebida em relação a Carla.
(B) renúncia em relação a Lívia, de modo que a queixa-crime deve ser recebida apenas em relação a Carla.
(C) perempção em relação a Lívia, de modo que a queixa-crime deve ser recebida apenas em relação a Carla.
(D) perdão do ofendido em relação a Lívia, de modo que a queixa-crime deve ser recebida apenas em relação a Carla.

65. João foi denunciado pela prática do crime de furto qualificado previsto no Art. 155, § 4º, inciso I, do Código Penal. Em primeira instância, João foi absolvido.

Em sede de recurso de apelação apresentado pelo Ministério Público, houve provimento parcial do recurso, sendo o agente condenado de maneira unânime. Apesar da unanimidade na condenação, o reconhecimento da qualificadora restou afastado por maioria de votos. Ademais, um dos desembargadores ainda votou pelo reconhecimento do privilégio do Art. 155, § 2º, do CP, mas restou isolado e vencido.

Insatisfeito com a condenação pelo furto simples, o Ministério Público apresenta embargos infringentes em busca do reconhecimento da qualificadora.

Considerando apenas as informações narradas, é correto afirmar que o advogado de João, sob o ponto de vista técnico, deverá defender

(A) o não conhecimento dos embargos infringentes apresentados pelo Ministério Público e apresentar recurso de embargos infringentes em busca da absolvição de João.
(B) o conhecimento e não provimento dos embargos infringentes apresentados pelo Ministério Público e apresentar embargos infringentes em busca do reconhecimento do privilégio.
(C) o não conhecimento dos embargos infringentes apresentados pelo Ministério Público e apresentar embargos infringentes em busca do reconhecimento do privilégio.

(D) o conhecimento e não provimento dos embargos do Ministério Público e não poderá apresentar recurso de embargos infringentes.

66. Na cidade de Angra dos Reis, Sérgio encontra um documento adulterado (logo, falso), que, originariamente, fora expedido por órgão estadual. Valendo-se de tal documento, comparece a uma agência da Caixa Econômica Federal localizada na cidade do Rio de Janeiro e apresenta o documento falso ao gerente do estabelecimento.

Desconfiando da veracidade da documentação, o gerente do estabelecimento bancário chama a Polícia, e Sérgio é preso em flagrante, sendo denunciado pela prática do crime de uso de documento falso (Art. 304 do Código Penal) perante uma das Varas Criminais da Justiça Estadual da cidade do Rio de Janeiro.

Considerando as informações narradas, de acordo com a jurisprudência do Superior Tribunal de Justiça, o advogado de Sérgio deverá

(A) alegar a incompetência, pois a Justiça Federal será competente, devendo ser considerada a cidade de Angra dos Reis para definir o critério territorial.

(B) alegar a incompetência, pois a Justiça Federal será competente, devendo ser considerada a cidade do Rio de Janeiro para definir o critério territorial.

(C) alegar a incompetência, pois, apesar de a Justiça Estadual ser competente, deverá ser considerada a cidade de Angra dos Reis para definir o critério territorial.

(D) reconhecer a competência do juízo perante o qual foi apresentada a denúncia.

67. Tiago, funcionário público, foi vítima de crime de difamação em razão de suas funções. Após Tiago narrar os fatos em sede policial e demonstrar interesse em ver o autor do fato responsabilizado, é instaurado inquérito policial para investigar a notícia de crime.

Quando da elaboração do relatório conclusivo, a autoridade policial conclui pela prática delitiva da difamação, majorada por ser contra funcionário público em razão de suas funções, bem como identifica João como autor do delito. Tiago, então, procura seu advogado e informa a este as conclusões 1 (um) mês após os fatos.

Considerando apenas as informações narradas, o advogado de Tiago, de acordo com a jurisprudência do Supremo Tribunal Federal, deverá esclarecer que

(A) caberá ao Ministério Público oferecer denúncia em face de João após representação do ofendido, mas Tiago não poderá optar por oferecer queixa-crime.

(B) caberá a Tiago, assistido por seu advogado, oferecer queixa-crime, não podendo o ofendido optar por oferecer representação para o Ministério Público apresentar denúncia.

(C) Tiago poderá optar por oferecer queixa-crime, assistido por advogado, ou oferecer representação ao Ministério Público, para que seja analisada a possibilidade de oferecimento de denúncia.

(D) caberá ao Ministério Público oferecer denúncia, independentemente de representação do ofendido.

68. Durante instrução probatória em que se imputava a João a prática de um crime de peculato, foram intimados para depor, em audiência de instrução e julgamento, os policiais civis que participaram das investigações, a ex-esposa de João, que tinha conhecimento dos fatos, e o padre para o qual João contava o que considerava seus pecados, inclusive sobre os desvios de dinheiro público.

Preocupados, todos os intimados para depoimento foram à audiência, acompanhados de seus advogados, demonstrando interesse em não prestar declarações.

Considerando apenas as informações narradas, assinale a afirmativa correta.

(A) Apenas o advogado da ex-esposa de João poderá requerer que sua cliente seja eximida do dever de depor, devendo os demais prestar declarações.

(B) Todos os advogados poderão requerer que seus clientes sejam eximidos do dever de depor.

(C) Apenas o advogado do padre poderá buscar que ele não preste declarações, já que proibido, por ofício, de depor, devendo os demais prestar declarações.

(D) Apenas os advogados da ex-esposa de João e do padre poderão requerer que seus clientes não sejam ouvidos na condição de testemunhas.

69. Vinícius, sócio de um grande escritório de advocacia, especializado na área criminal, recebeu, no dia 02 de outubro de 2017, duas intimações de decisões referentes a dois clientes diferentes.

A primeira intimação tratava de decisão proferida pela 1ª Câmara Criminal de determinado Tribunal de Justiça denegando a ordem de habeas corpus que havia sido apresentada perante o órgão em favor de Gilmar (após negativa em primeira instância), que responde preso a ação pela suposta prática de crime de roubo.

A segunda intimação foi de decisão proferida pelo Juiz de Direito da 1ª Vara Criminal de Fortaleza, também denegando ordem de habeas corpus, mas, dessa vez, a medida havia sido apresentada em favor de Rubens, que figura como indiciado em inquérito que investiga a suposta prática do crime de tráfico de drogas.

Diante das intimações realizadas, insatisfeito com as decisões proferidas, Vinícius, para combater as decisões prejudiciais a Gilmar e Rubens, deverá apresentar

(A) Recurso Ordinário Constitucional e Recurso em Sentido Estrito, respectivamente.

(B) Recurso em Sentido Estrito, nos dois casos.

(C) Recurso Ordinário Constitucional, nos dois casos.

(D) Recurso Especial e Recurso Ordinário Constitucional, respectivamente.

70. Solange é comissária de bordo em uma grande empresa de transporte aéreo e ajuizou reclamação trabalhista postulando adicional de periculosidade, alegando que permanecia em área de risco durante o abastecimento das aeronaves porque ele era feito com a tripulação a bordo.

Iracema, vizinha de Solange, trabalha em uma unidade fabril recebendo adicional de insalubridade, mas, após cinco anos, sua atividade foi retirada da lista de atividades insalubres, por ato da autoridade competente.

Sobre as duas situações, segundo a norma de regência e o entendimento consolidado do TST, assinale a afirmativa correta.

(A) Solange não tem direito ao adicional de periculosidade e Iracema perderá o direito ao adicional de insalubridade.
(B) Solange tem direito ao adicional de periculosidade e Iracema manterá o adicional de insalubridade por ter direito adquirido.
(C) Solange não tem direito ao adicional de periculosidade e Iracema manterá o direito ao adicional de insalubridade.
(D) Solange tem direito ao adicional de periculosidade e Iracema perderá o direito ao adicional de insalubridade.

71. José trabalhou como despachante para a sociedade empresária Vinhos do Sul Ltda. Frequentemente ele reparava que, nas notas de despacho, constava também a razão social da sociedade empresária Vinhos e Sucos de Bento Gonçalves Ltda. Os CNPJs das sociedades empresárias eram distintos, assim como suas respectivas personalidades jurídicas, porém, os sócios de ambas eram os mesmos, sendo certo que a sociedade empresária Vinhos e Sucos de Bento Gonçalves Ltda. era sócia majoritária da sociedade empresária Vinhos do Sul Ltda., além dos sócios pessoas físicas.

Com base no caso narrado, assinale a opção que apresenta a figura jurídica existente entre as sociedades empresárias e o efeito disso perante o contrato de trabalho de João, em caso de eventual ação trabalhista.

(A) Trata-se de consórcio de empregadores, havendo responsabilidade solidária.
(B) Trata-se de consórcio de empregadores, havendo responsabilidade subsidiária.
(C) Trata-se de grupo econômico, havendo responsabilidade solidária.
(D) Trata-se de grupo econômico, havendo responsabilidade subsidiária.

72. Carlos, professor de educação física e fisioterapeuta, trabalhou para a Academia Boa Forma S/A, que assinou sua CTPS. Cumpria jornada de segunda a sexta-feira, das 7h às 16h, com uma hora de intervalo para almoço.

Ao longo da jornada de trabalho, ele ministrava quatro aulas de ginástica com 50 minutos de duração cada, e, também, fazia atendimentos fisioterápicos previamente marcados pelos alunos da Academia, na sociedade empresária Siga em Boa Forma Ltda., do mesmo grupo econômico da Academia, sem ter sua CTPS anotada. Dispensado, Carlos pretende ajuizar ação trabalhista.

Diante disso, em relação ao vínculo de emprego de Carlos assinale a afirmativa correta.

(A) O caso gera a duplicidade de contratos de emprego, sendo as empresas responsáveis solidárias dos débitos trabalhistas.
(B) O caso gera a duplicidade de contratos de emprego, sendo as empresas responsáveis subsidiárias dos débitos trabalhistas.
(C) O caso gera duplicidade de contratos de emprego, cada empresa com sua responsabilidade.
(D) O caso não gera coexistência de mais de um contrato de trabalho.

73. Um empresário explora o ramo de farmácias e drogarias, possuindo 18 filiais divididas por dois estados da Federação. Cada filial tem 5 empregados, todos com CTPS assinada.

O empresário, desejando saber se precisa manter controle escrito dos horários de entrada e saída dos empregados, procura você para, como advogado, orientá-lo.

Diante da situação retratada e com base na CLT, assinale a afirmativa correta.

(A) O controle de ponto deverá ser mantido, porque a empresa possui mais de 10 empregados.
(B) A análise deverá ser feita por cada estado da Federação, sendo obrigatório o ponto se houver mais de 10 empregados no espaço geográfico do estado.
(C) O empresário não precisará manter controle escrito, porque tem menos de 10 empregados por estabelecimento.
(D) A Lei é omissa a respeito, daí porque, a título de cautela, é recomendável que seja marcado o controle, podendo haver a pré-assinalação da pausa alimentar.

74. Sílvio é empregado da sociedade empresária Onda Azul Ltda. e, em determinado dia, no horário de almoço, ao se dirigir a um restaurante para fazer sua refeição, foi atropelado por um veículo, sofrendo lesões que o afastaram do serviço por 30 dias, inclusive com recebimento de benefício previdenciário.

Diante da situação apresentada, assinale a afirmativa correta.

(A) O fato não caracteriza acidente do trabalho, porque não aconteceu na empresa nem em deslocamento a serviço.
(B) O fato caracteriza acidente do trabalho, e, ao retornar, Sílvio tem garantia no emprego de 12 meses.
(C) A Lei é omissa a respeito, daí porque caberá ao juiz, no caso concreto, dizer se o evento foi acidente de trabalho.
(D) A empresa será obrigada a ressarcir o empregado, porque tem o dever de fornecer alimentação.

75. Uma instituição bancária construiu uma escola para que os filhos dos seus empregados pudessem estudar. A escola tem a infraestrutura necessária, e o banco contratou as professoras que irão dar as aulas nos primeiros anos do Ensino Fundamental. Não existe controvérsia entre empregador e empregadas acerca do enquadramento sindical.

Diante dessa situação, assinale a afirmativa correta.

(A) Sendo o empregador das professoras um banco, elas são bancárias e estão vinculadas à convenção coletiva dessa categoria profissional.
(B) O professor integra categoria conexa, cabendo às professoras definir a que sindicatos pretendem se filiar.
(C) Uma vez que a atividade desenvolvida pelas professoras não é bancária, caberá à Justiça do Trabalho definir as regras que deverão permear os seus contratos.
(D) As professoras não são bancárias, porque integram categoria diferenciada.

76. Um empregado de 65 anos foi admitido em 10/05/2011 e dispensado em 10/01/2013. Ajuizou reclamação trabalhista em 05/12/2016, postulando horas extras e informando, na petição inicial, que não haveria prescrição porque apresentara protesto judicial quanto às horas extras em 04/06/2015, conforme documentos que juntou aos autos.

Diante da situação retratada, considerando a Lei e o entendimento consolidado do TST, assinale a afirmativa correta.

(A) A prescrição ocorreu graças ao decurso do tempo e à inércia do titular.
(B) A prescrição foi interrompida com o ajuizamento do protesto.
(C) A prescrição ocorreu, porque não cabe protesto judicial na seara trabalhista.
(D) A prescrição não corre para os empregados maiores de 60 anos.

77. Jorge trabalhou em uma sociedade empresária francesa, no Brasil. Entendendo que o valor das horas extras não lhe havia sido pago corretamente, ajuizou ação trabalhista. Como impugnara os controles de horário, necessitou apresentar prova testemunhal, porém, sua única testemunha, apesar de trabalhar a seu lado, não fala português. Diante disso, Jorge requereu ao juiz a nomeação de um intérprete.

Nesse caso, nada mais estando em discussão no processo, assinale a opção que indica a quem caberá o custeio dos honorários do intérprete.

(A) A Jorge, que é a parte interessada no depoimento da testemunha.
(B) À União, porque Jorge é autor da ação.
(C) Ao réu, já que era empregador de Jorge e da testemunha, que era de nacionalidade igual à da sociedade empresária.
(D) O depoimento ocorrerá fora do processo, por tradutor juramentado, custeado pela parte requerente, que depois deverá juntá-lo ao processo.

78. Contra ato de Juiz do Trabalho que determinou a antecipação de honorários periciais do seu cliente, mesmo não tendo ele condições financeiras para arcar com esse custo, você, na defesa dos interesses do cliente, impetrou mandado de segurança contra o ato judicial, mas, por unanimidade, não teve a segurança concedida.

De acordo com a CLT, assinale a opção que indica o procedimento a ser adotado para tentar reverter a decisão.

(A) Interpor Recurso Ordinário para o TST.
(B) Interpor Agravo de Instrumento para o STF.
(C) Interpor Agravo Interno para o próprio TRT.
(D) Nada mais pode ser feito, porque se trata de decisão irrecorrível.

79. Rodolfo Alencar ajuizou reclamação trabalhista em desfavor da sociedade empresária Sabonete Silvestre Ltda. Em síntese, ele afirma que cumpria longa jornada de trabalho, mas que não recebia as horas extras integralmente. A defesa nega o fato e advoga que toda a sobrejornada foi escorreitamente paga, nada mais sendo devido ao reclamante no particular.

Na audiência designada, cada parte conduziu duas testemunhas, que começaram a ser ouvidas pelo juiz, começando pelas do autor. Após o magistrado fazer as perguntas que desejava, abriu oportunidade para que os advogados fizessem indagações, e o patrono do autor passou a fazer suas perguntas diretamente à testemunha, contra o que se opôs o juiz, afirmando que as perguntas deveriam ser feitas a ele, que, em seguida, perguntaria à testemunha.

Diante do incidente instalado e de acordo com o regramento da CLT, assinale a afirmativa correta.

(A) Correto o advogado, pois, de acordo com o CPC, o advogado fará perguntas diretamente à testemunha.
(B) A CLT não tem dispositivo próprio, daí porque poderia ser admitido tanto o sistema direto quanto o indireto.
(C) A CLT determina que o sistema seja híbrido, intercalando perguntas feitas diretamente pelo advogado, com indagações realizadas pelo juiz.
(D) Correto o magistrado, pois a CLT determina que o sistema seja indireto ou presidencial.

80. Em sede de processo trabalhista, após o trânsito em julgado da sentença e elaborada a conta de liquidação, foi aberto prazo de 10 dias para que as partes se manifestassem sobre a mesma. Contudo, o réu não se manifestou, e o autor concordou com a conta do juízo, que foi homologada.

Considerada essa hipótese, em sede de embargos à execução do réu, interposto 05 dias após a garantia do juízo, este pretende discutir a conta de liquidação, aduzindo incorreção nos valores.

Você, como advogado(a) do autor deverá, em resposta,

(A) suscitar a preclusão do direito aos embargos à execução e expor as razões pelas quais entende pela validade dos cálculos do juízo.
(B) suscitar apenas que a conta está correta.
(C) suscitar a intempestividade dos embargos.
(D) suscitar apenas que a conta está correta e requerer o levantamento dos valores incontroversos.

Folha de Respostas

#					#				
1	A	B	C	D	41	A	B	C	D
2	A	B	C	D	42	A	B	C	D
3	A	B	C	D	43	A	B	C	D
4	A	B	C	D	44	A	B	C	D
5	A	B	C	D	45	A	B	C	D
6	A	B	C	D	46	A	B	C	D
7	A	B	C	D	47	A	B	C	D
8	A	B	C	D	48	A	B	C	D
9	A	B	C	D	49	A	B	C	D
10	A	B	C	D	50	A	B	C	D
11	A	B	C	D	51	A	B	C	D
12	A	B	C	D	52	A	B	C	D
13	A	B	C	D	53	A	B	C	D
14	A	B	C	D	54	A	B	C	D
15	A	B	C	D	55	A	B	C	D
16	A	B	C	D	56	A	B	C	D
17	A	B	C	D	57	A	B	C	D
18	A	B	C	D	58	A	B	C	D
19	A	B	C	D	59	A	B	C	D
20	A	B	C	D	60	A	B	C	D
21	A	B	C	D	61	A	B	C	D
22	A	B	C	D	62	A	B	C	D
23	A	B	C	D	63	A	B	C	D
24	A	B	C	D	64	A	B	C	D
25	A	B	C	D	65	A	B	C	D
26	A	B	C	D	66	A	B	C	D
27	A	B	C	D	67	A	B	C	D
28	A	B	C	D	68	A	B	C	D
29	A	B	C	D	69	A	B	C	D
30	A	B	C	D	70	A	B	C	D
31	A	B	C	D	71	A	B	C	D
32	A	B	C	D	72	A	B	C	D
33	A	B	C	D	73	A	B	C	D
34	A	B	C	D	74	A	B	C	D
35	A	B	C	D	75	A	B	C	D
36	A	B	C	D	76	A	B	C	D
37	A	B	C	D	77	A	B	C	D
38	A	B	C	D	78	A	B	C	D
39	A	B	C	D	79	A	B	C	D
40	A	B	C	D	80	A	B	C	D

GABARITO COMENTADO

1. Gabarito "D"
Comentário: Nos exatos termos do art. 33 do CED, *salvo em causa própria*, não poderá o advogado, enquanto exercer cargos ou funções em órgãos da OAB ou tiver assento, em qualquer condição, nos seus Conselhos, atuar em processos que tramitem perante a entidade nem oferecer pareceres destinados a instruí-los. A vedação estabelecida no referido artigo não se aplica aos dirigentes de Seccionais quando atuem, nessa qualidade, como legitimados a recorrer nos processos em trâmite perante os órgãos da OAB. Em suma, no caso apresentado no enunciado, considerando que Severino foi eleito conselheiro em determinado Conselho Seccional da OAB, não poderá atuar em processos disciplinares, salvo em causa própria, conforme autoriza o referido art. 33 do CED. Correta, portanto, a alternativa "D", estando as demais em descompasso com o precitado dispositivo normativo.

2. Gabarito "B"
Comentário: De acordo com o art. 22, § 1º, do EAOAB, o advogado, quando indicado para patrocinar causa de juridicamente necessitado, no caso de impossibilidade da Defensoria Pública no local da prestação de serviço, tem direito aos honorários fixados pelo juiz, segundo tabela organizada pelo Conselho Seccional da OAB, e pagos pelo Estado. Assim, analisemos as alternativas. **A:** incorreta, pois o art. 22, § 1º, do EAOAB, não condiciona o pagamento dos honorários advocatícios ao profissional nomeado pelo Juiz ao êxito na causa. Não se confundem os honorários arbitrados pelo juiz, como remuneração ao trabalho desempenhado pelo advogado, com os eventuais honorários sucumbenciais, devidos pela parte vencida no processo; **B:** correta, de acordo com a redação do art. 22, § 1º, do EAOAB; **C:** incorreta, seja por limitar a fixação dos honorários de advogado indicado pelo Juiz, à falta de Defensor Público, ao êxito na causa, seja por afastar os parâmetros acerca do pagamento dos honorários por tabelas organizadas pelos Conselhos Seccionais; **D:** incorreta, pois os honorários arbitrados pelo Juiz, à falta de Defensor Público, serão pagos ao advogado que atuar em prol de pessoa necessitada pelo Estado, e não pela parte adversa ou pela própria parte beneficiária do patrocínio da causa.

3. Gabarito "A"
Comentário: A: correta, pois, de fato, o art. 7º-A, I, do EAOAB, assegura à advogada gestante a entrada nos tribunais sem submissão a detectores de metais e aparelhos de raio-X (alínea "a"), bem como reserva de vaga de garagem nos fóruns (alínea "b"), além de preferência na ordem de sustentação oral e pauta de audiências (inc. III); **B:** incorreta, pois o Estatuto da OAB, com o advento da Lei 13.363/2016, que incluiu àquele diploma legal o art. 7º-A, passou a prever direitos específicos para as advogadas gestantes, lactantes, adotantes e que tiverem dado à luz; **C:** incorreta, pois, como visto no comentário à alternativa "A", às advogadas gestantes assegura-se a reserva de vaga de garagem nos fóruns (art. 7º-A, I, "b", do EAOAB); **D:** incorreta. À advogada que houver dado à luz, assegura-se a suspensão dos prazos processuais, por 30 dias, consoante dispõe o art. 313, § 6º, do CPC e art. 7º-A, § 3º, do EAOAB, desde que seja a única patrona da causa, e desde que notifique por escrito o cliente.

4. Gabarito "C"
Comentário: O art. 7º, VI, "b", do EAOAB, assegura ao advogado o direito de ingressar livremente nas salas e dependências de audiências, secretarias, cartórios, ofícios de justiça, serviços notariais e de registro, e, no caso de delegacias e prisões, mesmo fora da hora de expediente e independentemente da presença de seus titulares. Ainda, o art. 7º, VII, do EAOAB, garante ao advogado o direito de permanecer sentado ou em pé e retirar-se de quaisquer locais indicados no inciso anterior, independentemente de licença. Assim, vamos às alternativas. **A:** incorreta. Tanto a primeira, quanto a segunda orientação dadas pelo serventuário à advogada Tânia violam os dispositivos legais citados. Portanto, a determinação de que a advogada não poderia permanecer de pé, caso todas as cadeiras da sala de audiências estivessem ocupadas, conflita com o art. 7º, VII, do EAOAB; **B:** incorreta, pois a primeira orientação dada à advogada Tânia conflita diretamente com o já referido art. 7º, VII, do EAOAB, que lhe assegura o ingresso livre às salas de audiências, nelas permanecendo sentada ou de pé, bem como a possibilidade de retirada a qualquer tempo, independentemente de licença; **C:** correta, nos termos do predito art. 7º, VII, do EAOAB; **D:** incorreta, pois ambas as orientações, como visto, colidem com o Estatuto da OAB.

5. Gabarito "C"
Comentário: Nos termos do art. 82, *caput*, do RGOAB, as indicações de ajuizamento de ação direta de inconstitucionalidade submetem-se ao *juízo prévio de admissibilidade* da Diretoria para aferição da relevância da defesa dos princípios e normas constitucionais. Se admitida a indicação, o relator, designado pelo Presidente, independentemente da decisão da Diretoria, pode levantar preliminar de inadmissibilidade perante o Conselho Pleno, quando não encontrar norma ou princípio constitucional violados pelo ato normativo (art. 82, I, do RGOAB). Se aprovado o ajuizamento da ação, esta será proposta pelo Presidente do Conselho Federal (art. 82, II, do RGOAB). Portanto, a alternativa "C" é a única que está em consonância com o Regulamento Geral.

6. Gabarito "C"
Comentário: Conforme dispõe o art. 52 do CED, o crédito por honorários advocatícios, seja do advogado autônomo, seja de sociedade de advogados, não autoriza o saque de duplicatas ou qualquer outro título de crédito de natureza mercantil, podendo, apenas, *ser emitida fatura*, quando o cliente assim pretender, com fundamento no contrato de prestação de serviços, a qual, porém, *não poderá ser levada a protesto*. Portanto, vejamos as alternativas. **A e D:** incorretas, pois o art. 52 do CED permite a emissão de fatura com fundamento no contrato de prestação de serviços, sendo vedada, porém, a tiragem de protesto; **B:** incorreta, pois, a despeito de ser permitida a emissão de fatura, não o será o protesto dela em caso de inadimplemento; **C:** correta, nos moldes do art. 52 do CED.

7. Gabarito "A"
Comentário: Com fundamento no art. 42, I e II, do CED, é vedado ao advogado responder com habitualidade a consulta sobre matéria jurídica, nos meios de comunicação social, bem como debater, em qualquer meio de comunicação, causa sob o patrocínio de outro advogado. Portanto, Lúcio, ao responder, semanalmente, a consultas sobre matéria jurídica, visto assinar uma coluna em jornal de grande circulação, incidiu na vedação contida no art. 42, I, do CED. Quanto a Frederico, ao debater causa criminal sob o patrocínio de outro advogado, bastante repercutida na mídia, incorreu em violação ao art. 42, II, do CED. Portanto, correta a alternativa "A", que aponta terem ambos os advogados cometido infração ética.

8. Gabarito "D"
Comentário: A transferência da inscrição principal de um Conselho Seccional para outro, nos termos do art. 10, § 3º, do EAOAB, somente será necessária em caso de mudança efetiva de *domicílio profissional*. No caso relatado no enunciado, Gennaro e sua esposa mudaram-se da capital paulista para o Rio de Janeiro, ali fixando sua residência com ânimo definitivo. Porém, as demandas patrocinadas por Gennaro assim prosseguiram, tendo ele escritório em São Paulo. Logo, vê-se não ter havido mudança de domicílio profissional do advogado, assim considerado sua sede principal de atividade de advocacia (art. 10, § 1º, do EAOAB), mas, apenas, de seu domicílio civil, que não impacta em sua inscrição na OAB. Portanto, correta a alternativa D. Não é o caso, importante registrar, de Gennaro pleitear sua inscrição suplementar na OAB/RJ, eis que somente seria necessária caso passasse a atuar com habitualidade em referido Estado (art. 10, § 2º, do EAOAB), fato não relatado no enunciado. Incorretas, pois, as alternativas "B" e "C".

9. Gabarito "B"
Comentário: A assertiva que expressa melhor o conceito desenvolvido por Locke na sua obra Segundo Tratado sobre o Governo Civil é a "B".

10. Gabarito "C"
Comentário: A assertiva que expressa corretamente a definição de Montesquieu na obra Do Espírito das Leis é a "C".

11. Gabarito "D"
Comentário: **A:** incorreta. É cabível Ação Direita de Inconstitucionalidade nessa hipótese (ADI 748-3/RS; ADI 1.553-2/DF); **B:** incorreta. Como o decreto já existe, não há o que se falar em controle preventivo. A inconstitucionalidade existente será combatida por meio do controle repressivo; **C:** incorreta. O STF já afirmou que nessa hipótese o controle repressivo será feito por meio de Ação Direita de Inconstitucionalidade – ADI. A representação de inconstitucionalidade de leis ou atos normativos estaduais ou municipais em face da Constituição Estadual vem prevista no § 2º do art. 125 da CF. Tal dispositivo delega aos Estados a competência para definir os legitimados, a única limitação é proibição da atribuição para agir a um único órgão; **D:** correta. O entendimento é dado pelo STF e, de fato, o decreto legislativo, cuja competência é do Congresso Nacional, é considerado ato normativo primário, pois encontra o seu fundamento de validade direto na CF. Vale lembrar, que o decreto regulamentar, criado pelo Executivo, por regulamentar a lei, não a própria Constituição, é considerado ato normativo secundário, portanto, não pode ser objeto de Ação Direita de Inconstitucionalidade. **BV**

12. Gabarito "B"
Comentário: **A:** incorreta. As normas que veiculam programas a serem implementados pelo Poder Público são conhecidas como normas programáticas, espécies do gênero normas limitadas. Tais normas dependem da atuação governamental para produzir efeitos, não é o caso do citado art. 14, § 4º, da CF que possui eficácia plena; **B:** correta. De fato, o art. 14, § 4º, da CF é um exemplo de norma de eficácia plena e aplicabilidade direta, imediata e integral, pois não depende de regulamentação para produzir seus efeitos. Desde a sua entrada em vigor, já pode ser aplicada plenamente. Ela, por si só, produz a plenitude de seus efeitos, não traz a possibilidade de o legislador contê-la; **C:** incorreta. Como mencionado, não é classificada como norma limitada programática, mas como plena; **D:** incorreta. As normas que possuem aplicabilidade indireta são as de eficácia limitada, mas as que possuem aplicabilidade imediata podem ser plenas ou contidas e as que podem ter aplicabilidade não integral são as de natureza contida (ou restringível). A norma apresentada na questão, como já mencionado é classificada como plena. **BV**

13. Gabarito "B"
Comentário: **A:** incorreta. O apoio popular, ao contrário do mencionado na alternativa, não tem o condão de legitimar a criação de um juízo ou tribunal de exceção. A vedação decorre do Texto Constitucional (art. 5º, XXXVII); **B:** correta. A criação de tribunal de exceção, que seria aquele constituído após um fato e para julgá-lo, é proibida (art. 5º, XXXVII, da CF); **C:** incorreta. Ainda que houvesse previsão legislativa ordinária, a criação não seria viável, por conta da proibição constitucional; **D:** incorreta. A alteração da CF, ainda que por meio de emenda, que visasse a suprimir a vedação, seria considerada inconstitucional, já que essa regra faz parte do rol das cláusulas pétreas (art. 60 § 4º, IV, da CF). Determina tal dispositivo que não será objeto de deliberação a proposta de emenda tendente a abolir, dentre outros, os direitos e garantias individuais. **BV**

14. Gabarito "A"
Comentário: **A:** correta. De fato, os partidos têm liberdade para se incorporarem, desde que observem as regras constitucionais. O art. 17, *caput*, da CF determina que é livre a criação, fusão, incorporação e extinção de partidos políticos, resguardados a soberania nacional, o regime democrático, o pluripartidarismo, os direitos fundamentais da pessoa humana e observados os seguintes preceitos: I - caráter nacional, II - proibição de recebimento de recursos financeiros de entidade ou governo estrangeiros ou de subordinação a estes, III - prestação de contas à Justiça Eleitoral e IV - funcionamento parlamentar de acordo com a lei. Além disso, a natureza jurídica dos partidos políticos é de pessoa jurídica de direito privado. Os fundamentos estão nos artigos 17, § 2º, da CF e 44, V, do Código Civil; **B:** incorreta. Ao contrário, há possibilidade de fusão e a natureza jurídica dos partidos políticos é de direito privado; **C:** incorreta. A fusão é garantida constitucionalmente pelo art. 17, *caput*, como já mencionado e não há possibilidade de escolha, pelos partidos políticos, da natureza jurídica que terão. De acordo com o art. 17, § 2º, da CF, os partidos políticos, após adquirirem personalidade jurídica, na forma da lei civil, registrarão seus estatutos no Tribunal Superior Eleitoral. Além disso, o art. 44, V, do Código Civil determina a natureza jurídica dos partidos políticos é de pessoa jurídica de direito privado; **D:** incorreta. A criação dos partidos políticos, como afirmado, não é feita por meio de lei, e o Congresso Nacional não tem competência para fiscalizar os partidos políticos. **BV**

15. Gabarito "B"
Comentário: **A:** incorreta. A responsabilidade não é exclusiva dos Tribunais de Contas do Estado ou do Município, onde houver. De acordo com o art. 31 da CF, a fiscalização do Município será exercida pelo Poder Legislativo Municipal, mediante controle externo, e pelos sistemas de controle interno do Poder Executivo Municipal, na forma da lei. O § 1º do mesmo dispositivo ensina que o controle externo da Câmara Municipal será exercido com o auxílio dos Tribunais de Contas dos Estados ou do Município ou dos Conselhos ou Tribunais de Contas dos Municípios, onde houver; **B:** correta. De fato, Carlos tem legitimidade para questionar, pois o art. 31, § 3º, da CF determina que as contas dos Municípios fiquem, durante sessenta dias, anualmente, à disposição de qualquer contribuinte, para exame e apreciação, o qual poderá questionar-lhes a legitimidade, nos termos da lei; **C:** incorreta. Não há essa exigência mínima de um terço dos eleitores do Município para que as contas sejam questionadas; **D:** incorreta. Pelo contrário, o § 3º do art. 31 da CF possibilita que qualquer contribuinte questione a legitimidade das contas. **BV**

16. Gabarito "B"
Comentário: **A:** incorreta. Ao contrário do mencionado, o Município não atua **apenas** na educação infantil. De acordo com o § 2º do art. 211 da CF, os Municípios atuarão **prioritariamente** no ensino fundamental e na educação infantil; **B:** correta. Vale lembrar que o não oferecimento do ensino obrigatório pelo Poder Público, ou sua oferta irregular, importa responsabilidade da autoridade competente, de acordo com o § 2º do art. 208 da CF; **C:** incorreta. De acordo com o art. 208, III, da CF, o dever do Estado com a educação será efetivado mediante, dentre outras garantias, o atendimento educacional especializado aos portadores de deficiência, preferencialmente na rede regular de ensino; **D:** incorreta. A competência é comum, não privativa. Determina o art. 23, V, da CF, que compete à União, aos Estados, ao Distrito Federal e aos Municípios, de forma comum, **proporcionar os meios de acesso** à cultura, **à educação**, à ciência, à tecnologia, à pesquisa e à inovação. **BV**

17. Gabarito "C"
Comentário: **A:** incorreta. Ainda que Marcos possua título jurídico reconhecidamente hábil para caracterizar o seu direito, se a propriedade não atender à sua função social, poderá ser desapropriada. A CF garante o direito de propriedade, desde que ela atenda à sua função social (art. 5º, XXII e XXIII); **B:** incorreta. A indenização será paga em títulos da dívida pública, mas existirá. De acordo com o art. 184, *caput*, da CF, compete à União desapropriar por interesse social, para fins de reforma agrária, o imóvel rural que não esteja cumprindo sua função social, mediante prévia e justa indenização em títulos da dívida agrária, com cláusula de preservação do valor real, resgatáveis no prazo de até vinte anos, a partir do segundo ano de sua emissão, e cuja utilização será definida em lei; **C:** correta. É o que determina o mencionado art. 184, *caput*, da CF; **D:** incorreta. Há várias modalidades de desapropriação, uma delas, de fato, tem relação com a cultura ilegal de plantas psicotrópicas, art. 243 da CF, mas há outras. A que será aplicada ao Marcos, por exemplo, é a desapropriação por interesse social, prevista no art. 184, *caput*, da CF. **BV**

18. Gabarito "C"
Comentário: A Comissão, por iniciativa própria (*ex officio*) ou depois de receber uma denúncia, poderá entrar em contato com o Estado denunciado para que este adote, com urgência, medidas cautelares de natureza individual ou coletiva antes da análise do mérito da denúncia, desde que verificado risco de dano irreparável à vítima ou às vítimas. Dentro dessa ótica, poderá também solicitar que a Corte ordene que o Estado denunciado adote medidas provisórias mesmo antes da análise do mérito do caso, desde que o caráter de urgência e de gravidade as justifiquem para poder impedir a ocorrência

de danos irreparáveis às pessoas. As medidas cautelares (solicitadas pela Comissão e aplicadas por Estados) e as provisórias (ordenadas pela Corte, mediante solicitação da Comissão, e aplicadas por Estados) possuem o mesmo efeito prático.

19. Gabarito "D"
Comentário: A assertiva correta é D (art. 68 do ADCT).

20. Gabarito "C"
Comentário: A sentença estrangeira de divórcio consensual deve ser averbada diretamente em cartório de Registro Civil das Pessoas Naturais, sem a necessidade de homologação judicial do Superior Tribunal de Justiça (STJ), conforme Provimento 53, de 2016, editado pela Corregedoria Nacional de Justiça. Essa decisão regulamenta a averbação direta de sentença estrangeira de divórcio. O art. 961, § 5º, do NCPC assim dispõe: "a sentença estrangeira de divórcio consensual produz efeitos no Brasil, independentemente de homologação pelo Superior Tribunal de Justiça (STJ)". A averbação direta da sentença estrangeira de divórcio consensual não precisa de prévia manifestação de nenhuma autoridade judicial brasileira e dispensa a assistência de advogado ou defensor público.

21. Gabarito "B"
Comentário: A: incorreta, pois o art. 10 da LINDB assim dispõe: a sucessão por morte ou por ausência obedece à lei do país em que domiciliado o defunto ou o desaparecido, qualquer que seja a natureza e a situação dos bens. Portanto, a sucessão deverá ser regulada pela lei brasileira já que Roger tinha domicílio no Brasil; **B:** correta (art. 10, § 2º da LINDB); **C:** incorreta. A regra de conexão *lex domicilii* do defunto ou do desaparecido diz respeito aos aspectos intrínsecos do testamento, como, por exemplo, o conteúdo das disposições de última vontade, sua admissibilidade e os efeitos dela decorrentes. Por outro lado, os aspectos extrínsecos do testamento teriam como regra de conexão o *locus regit actum* (lei do local onde o negócio jurídico tenha se constituído). Como exemplos de aspectos extrínsecos, pode-se apontar o respeito à forma legal e se o ato foi lavrado pela autoridade competente; **D:** incorreta, conforme comentário sobre a assertiva "A".

22. Gabarito "B"
Comentário: A: incorreta, pois, embora o acordo entre particulares não altere a sujeição passiva tributária (ou seja, é inoponível contra o fisco), gera obrigação entre as partes (ou seja, o locador poderá cobrar eventual débito da locatária no âmbito cível) – art. 123 do CTN; **B:** correta, conforme art. 123 do CTN; **C:** incorreta, pois somente a lei regula sujeição passiva – arts. 97, III, e 123 do CTN; **D:** incorreta, conforme comentários à primeira alternativa.

23. Gabarito "B"
Comentário: A: incorreta, pois não existe essa possibilidade, já que o art. 127 do CTN traz regras subsidiárias para definição do domicílio tributário para todos os contribuintes; **B:** correta, nos termos do art. 127, § 1º, do CTN; **C:** incorreta, pois o local da sede da entidade tributante não é o fator determinante para definição do domicílio tributário, nos termos do art. 127 do CTN; **D:** incorreta, pois o local de residência de parentes do contribuinte é irrelevante para a definição do domicílio tributário – art. 127 do CTN.

24. Gabarito "C"
Comentário: A: incorreta, pois a indisponibilidade universal de bens, prevista no art. 185-A do CTN, pressupõe o exaurimento das diligências na busca por bens penhoráveis, o qual fica caracterizado quando infrutíferos o pedido de constrição sobre ativos financeiros e a expedição de ofícios aos registros públicos do domicílio do executado, ao Denatran ou Detran – Súmula 560/STJ; **B:** incorreta, conforme comentário anterior; **C:** correta, conforme comentário à primeira alternativa; **D:** incorreta, pois a indisponibilidade universal do art. 185-A do CTN é determinada pelo juiz da execução.

25. Gabarito "D"
Comentário: A: incorreta, pois a isenção não admite interpretação extensiva, devendo ser interpretada literalmente, nos termos do art. 111, II, do CTN. Ademais, afastando qualquer dúvida, o art. 177, I, do CTN deixa claro que, salvo disposição legal em contrário, a isenção não é extensiva às taxas e às contribuições de melhoria; **B:** incorreta, conforme comentário anterior; **C:** incorreta, pois a isenção não se estende, tampouco, às contribuições de melhoria, conforme comentário à primeira alternativa; **D:** correta – arts. 111, II e 177, I, do CTN.

26. Gabarito "B"
Comentário: A: incorreta, pois o STF já pacificou o entendimento pela constitucionalidade do protesto da CDA – ADI 5.135/DF; **B:** correta – art. 1º, parágrafo único, da Lei 9.492/1997; **C:** incorreta, pois não se trata de instrumento judicial, mas extrajudicial – art. 1º, parágrafo único, da Lei 9.492/1997; **D:** incorreta, conforme comentário à primeira alternativa.

27. Gabarito "C"
Comentário: A: incorreta, pois João está numa relação de subordinação em relação aos comandos superiores e não pode negar o cumprimento de ordens por suposta violação ao princípio da eficiência. Ele só poderá recusar o cumprimento de ordens que forem manifestamente ilegais (art. 116, IV, da Lei 8.112/1990), o que não pode ser inferido da situação narrada no enunciado da questão; **B:** incorreta, pois existe sim o escalonamento de competência no âmbito da Administração Pública e é dever do servidor cumprir as ordens superiores (art. 116, IV, da Lei 8.112/1990); **C:** correta, nos exatos termos do disposto no art. 116, IV, da Lei 8.112/1990; **D:** incorreta, pois esse controle finalístico é típico da relação entre pessoas jurídicas estatais. Entre as pessoas ocupantes de cargos públicos a relação é de subordinação e impõe o cumprimento das ordens do superior hierárquico.

28. Gabarito "D"
Comentário: A: incorreta, por não haver vedação específica nesse sentido e em função da previsão constitucional da possibilidade de acumular cargos de profissionais de saúde com profissões regulamentadas, como é o caso do cargo de médico (art. 37, XVI, "c", da CF); vale salientar que, depois da elaboração dessa questão, adveio a EC 101/19, que expressamente consignou que "Aplica-se aos militares dos Estados, do Distrito Federal e dos Territórios o disposto no art. 37, inciso XVI, com prevalência da atividade militar" (art. 42, p. 3º da CF), de modo que a acumulação para os militares desses entes federativos é admitida expressamente agora; **B:** incorreta. No caso concreto, Marcelo poderá acumular, mas como regra é vedado, sim, em nosso ordenamento jurídico, a acumulação remunerada de cargos (art. 37, XVI, da CF – primeira parte); **C:** incorreta, pois a acumulação de cargos, quando admitida pela CF (incisos do art. 37, XVI, da CF) não traz a restrição de os cargos acumulados terem que ser dos mesmos entes da Federação; **D:** correta, nos termos do disposto no art. 37, XVI, "c", da CF, que permite a acumulação remunerada de cargos de profissionais de saúde com profissões regulamentadas, como é o caso do cargo de médico, havendo compatibilidade de horários; vale salientar que, depois da elaboração dessa questão, adveio a EC 101/19, que expressamente consignou que "Aplica-se aos militares dos Estados, do Distrito Federal e dos Territórios o disposto no art. 37, inciso XVI, com prevalência da atividade militar" (art. 42, p. 3º da CF), de modo que a acumulação para os militares desses entes federativos é admitida expressamente agora.

29. Gabarito "D"
Comentário: A: incorreta, pois o art. 7º, parágrafo único, da Lei 8.429/1992, estabelece que a indisponibilidade de bens "recairá sobre bens que assegurem o integral ressarcimento do dano" e não sobre a totalidade de bens do patrimônio do acusado; **B:** incorreta, pois a lei não faz distinção entre bens adquiridos antes ou depois dos atos de improbidade, mas sim impõe a indisponibilidade de bens "recairá sobre bens que assegurem o integral ressarcimento do dano" (art. 7º, parágrafo único, da Lei 8.429/1992); **C:** incorreta, pois há previsão expressa desse tipo de cautelar na Lei de Improbidade não só no art. 7º, parágrafo único, da Lei 8.429/1992, como no art. 16, *caput* e § 2º, da mesma lei; **D:** correta; o art. 7º, parágrafo único, da Lei 8.429/1992, estabelece que a indisponibilidade de bens "recairá sobre bens que assegurem o integral ressarcimento do dano". Repare que esse norma está adotando o princípio da razoabilidade, ao não permitir que a indisponibilidade de bens recaia sobre bens que superem o valor que será necessário para o integral ressarcimento do dano. Vale acrescentar que também está de acordo com

esse princípio o fato de que a indisponibilidade de bens no caso também recaia sobre bens que garantam os valores das "demais imputações que constam da inicial", tal como multas e outros consectários, mas não está de acordo com o princípio que a indisponibilidade de bens recaia sobre valores que superam a soma dos bens suficientes para o ressarcimento dos danos e para garantir os valores das demais imputações da inicial.

30. Gabarito "B"
Comentário: A: incorreta, pois nenhum tipo de bem público é passível de usucapião (arts. 183, § 3º, e 191, parágrafo único, da CF); **B:** correta, pois nenhum tipo de bem público é passível de usucapião (arts. 183, § 3º, e 191, parágrafo único, da CF). Um bem público dominical (ou seja, um bem público desafetado) é considerado alienável, mas não pode ser objeto de usucapião (art. 101 do CC); **C:** incorreta, pois os bens públicos, quando desafetados, são considerados dominicais e podem ser alienados, observados os requisitos legais (art. 101 do CC); **D:** incorreta, pois nesse caso o bem será considerado "bem de uso comum do povo" (art. 99, I, do CC) e não "bem de uso especial" (art. 99, II, do CC).

31. Gabarito "C"
Comentário: A: incorreta. No caso em tela, o próprio enunciado da questão disse que o fiscal fez a interdição com base na lei que regula o exercício do poder de polícia correspondente, de modo que se a lei admite o que fiscal fez, não há que se falar em desvio de poder. Há de se considerar ainda que o estabelecimento estava reiteradamente descumprindo a lei neste ponto e a autoexecutoriedade em questão nada mais fez do que preservar o comando legal que estava sendo desrespeitado; **B:** incorreta, pois o estabelecimento estava reiteradamente descumprindo a lei neste ponto e as multas aplicadas sequer foram questionadas administrativamente, não havendo que se falar agora em ausência de oportunidade de defesa. Vale lembrar ainda que a autoexecutoriedade em questão nada mais fez do que preservar o comando legal que estava sendo desrespeitado e nada impede que o particular se insurja administrativamente em face deste ato de interdição, com a ampla defesa e o contraditório característicos; **C:** correta. Vale destacar que próprio enunciado narra que o fiscal fez a interdição com base na lei que regula o exercício do poder de polícia correspondente, de modo que se a lei admite o que fiscal fez, não há que se falar em desvio de poder. Há de se considerar ainda que o estabelecimento estava reiteradamente descumprindo a lei neste ponto e a autoexecutoriedade em questão nada mais fez do que preservar o comando legal que estava sendo desrespeitado, situação limite essa que enseja o atuar de forma autoexecutória, dentro dos limites da razoabilidade e proporcionalidade; **D:** incorreta, pois havendo previsão legal (e o enunciado da questão diz que havia) ou em situações mais graves dessa natureza, de reiterado descumprimento e necessidade de intervenção administrativa para acautelar o cumprimento da lei, a autoexecutoriedade vem sendo admitida.

32. Gabarito "A"
Comentário: A: correta. De fato, é cabível uma parceria público-privada se o contrato tiver valor igual ou superior a R$ 10 milhões (adaptamos a questão neste ponto, pois antes o valor mínimo era de R$ 20 milhões e a Lei 13.529/2017 alterou o valor mínimo para R$ 10 milhões), nos termos do art. 2º, §. 4º, I, da Lei 11.079/2004. \Além disso, para que caiba uma concessão via parceria público-privada, ao invés de uma concessão tradicional regulada pela Lei 8.987/1995, as tarifas cobradas pelos usuários não podem ser suficientes para remunerar o particular. Se as tarifas forem suficientes, trata-se de uma concessão comum nos termos da Lei 8.987/1995; se as tarifas não forem suficientes, caberá concessão via parceria público-privada nos termos da Lei 11.07920/04; **B:** incorreta, pois a constituição da sociedade de propósito específico deve se dar antes da celebração do contrato (art. 9º, *caput*, da Lei 11.079/2004); **C:** incorreta, pois a remuneração "poderá" (e não "deverá") ser "variável" (e não "fixa"), nos termos do art. 6º, § 1º, da Lei 11.079/2004; **D:** incorreta; de fato, "a contraprestação da Administração Pública será obrigatoriamente precedida da disponibilização do serviço objeto do contrato de parceria público-privada" (art. 7º, *caput*, da Lei 11.079/2004), porém, "é facultado à administração pública, nos termos do contrato, efetuar o pagamento da contraprestação relativa a parcela fruível do serviço objeto do contrato de parceria público-privada" (art. 7º, § 1º, da Lei 11.079/2004); assim, a segunda parte da alternativa torna ela incorreta.

33. Gabarito "B"
Comentário: A: incorreta, pois o IPTU progressivo mencionado poderá ser majorado pelo prazo de 5 anos consecutivos e o valor da alíquota em questão a cada ano deverá ser definido na lei local e não excederá a duas vezes o valor referente ao ano anterior, respeitada a alíquota máxima de 15% (art. 7º, *caput* e § 1º, da Lei 10.257/2001); **B:** correta, pois o art. 6º do Estatuto da Cidade dispõe que a transmissão do imóvel objeto de edificação compulsória, por ato inter vivos ou causa mortis, posterior à data da notificação, transfere esse obrigação, sem interrupção de quaisquer prazos (Lei 10.257/2001); **C:** incorreta, pois, nesse caso, após a aplicação do IPTU progressivo, é possível a desapropriação do imóvel, mas mediante o pagamento por meio de títulos da dívida pública, sendo que o valor da indenização refletirá o valor da base de cálculo do IPTU, descontado o montante incorporado em função de obras realizadas pelo Poder Público na área onde se localiza após a notificação para edificação compulsória, e não computará expectativas de ganhos, lucros cessantes e juros compensatórios (art. 8º, *caput* e § 2º, da Lei 10.257/2001); **D:** incorreta, pois o Estatuto da Cidade prevê aplicação de IPTU progressivo no caso e, persistindo-se a inércia do proprietário, prevê a desapropriação do imóvel com pagamento por meio de títulos da dívida pública (arts. 7º e 8º, da Lei 10.257/2001).

34. Gabarito "B"
Comentário: A, C e **D:** incorretas, pois a Lei 12.305/2010 estabelece que são obrigados a estruturar e implementar sistemas de logística reversa, mediante retorno dos produtos após o uso pelo consumidor, de forma independente do serviço público de limpeza urbana e de manejo dos resíduos sólidos, os fabricantes, importadores, distribuidores e comerciantes de pneu (art. 33, I, da Lei 12.305/2010); **B:** correta, nos termos da obrigação prevista no art. 33, I, da Lei 12.305/2010.

35. Gabarito "D"
Comentário: A transferência do imóvel foi claramente estabelecida com uma condição suspensiva, ou seja, os efeitos do contrato ficam suspensos até que ocorra um evento futuro e incerto, no caso o campeonato mundial de surfe. Nessa hipótese, Daniela não tem direito adquirido ao imóvel, mas mera expectativa de direito. Nesse sentido é a redação da lei: "*Subordinando-se a eficácia do negócio jurídico à condição suspensiva, enquanto esta se não verificar, não se terá adquirido o direito, a que ele visa*" (CC, art. 125). Assim, a superveniência de uma lei que impossibilita a ocorrência do evento futuro e incerto impede a transferência do imóvel a Daniela.

36. Gabarito "A"
Comentário: O direito de preferência concedido ao inquilino está presente em qualquer contrato de locação de imóvel urbano. O que pode diferir de uma situação para outra é a consequência da não concessão desta preferência ao inquilino. Se o contrato não estiver averbado perante a matrícula do imóvel o inquilino que foi preterido no seu direito de preferência terá apenas e tão somente direito a pleitear perdas e danos. Se, todavia, o contrato estiver averbado perante a matrícula do imóvel (como é o caso da questão mencionada) o inquilino poderá depositar o preço pago e as demais despesas do ato e haver para si a propriedade do imóvel. Nesse sentido é o artigo 33 da Lei 8.245/1991.

37. Gabarito "D"
Comentário: A: incorreta, pois, em que pese a servidão de vista ser da espécie "não aparente", Januário continua protegido em seu direito real sobre coisa alheia; **B:** incorreta, pois o falecimento do proprietário do prédio serviente não extingue a servidão, justamente por se tratar de um direito real, que se agrega à coisa e não a pessoas; **C:** incorreta, pois avisos não alteram a natureza da servidão; **D:** correta, pois Januário detém um direito real sobre coisa alheia, que poderá ser defendido na hipótese de violação (CC, art. 1.378).

38. Gabarito "C"
Comentário: A aquisição da propriedade imóvel por usucapião é originária e, portanto, vem ao domínio do possuidor de forma livre de ônus e encargos, como é o caso da hipoteca anteriormente constituída para garantir obrigação pessoal do antigo proprietário do imóvel. Permanece a Jovelino, o credor, o direito de exercer seu crédito pelos meios regulares de cobrança em face do devedor.

39. Gabarito "D"
Comentário: A questão trata da rara hipótese de sucessão colateral. Lúcia faleceu deixando dois primos, que são colaterais de quarto grau (o último grau de parentesco). Ela deixou ainda um sobrinho, que é colateral de terceiro grau. Nessa hipótese, o grau mais próximo afasta o mais remoto. Assim, a única solução possível é atribuir ao sobrinho a totalidade da sucessão por direito próprio. A alternativa B está errada, porque não existe nessa hipótese nenhum direito de representação. O direito de representação somente seria utilizado para solucionar uma disputa entre um irmão do morto e um sobrinho do morto (filho de outro irmão). Não é o caso da hipótese apresentada (CC, art. 1.840).

40. Gabarito "B"
Comentário: A regra da prestação de alimentos aos descendentes é a de que a obrigação deve recair nos ascendentes mais próximos e – na ausência ou impossibilidade destes – recair nos mais remotos. Assim, "se o parente, que deve alimentos em primeiro lugar, não estiver em condições de suportar totalmente o encargo, serão chamados a concorrer os de grau imediato" (CC, art. 1.696 e 1.698). Diante da impossibilidade do adimplemento por parte dos pais, as filhas de Carla poderão pleitear os alimentos perante os avós.

41. Gabarito "B"
Comentário: A questão é interessante, pois demonstra como a solidariedade é um vínculo entre as pessoas de um mesmo polo obrigacional, não importando o objeto devido. A perda do carro (objeto devido) não afeta em nada a solidariedade passiva entre os diversos devedores, os quais continuam responsáveis pela totalidade do débito. Contudo, pelas perdas e danos adicionais (para além do valor do carro), somente o culpado responderá. É o que se depreende da regra estabelecida pelo art. 279 do Código Civil, segundo o qual: "*Impossibilitando-se a prestação por culpa de um dos devedores solidários, subsiste para todos o encargo de pagar o equivalente; mas pelas perdas e danos só responde o culpado*".

42. Gabarito "C"
Comentário: Deverá ser assegurado o acesso de Maria à escola. A sua proibição implica violação à liberdade de crença e culto, princípio consagrado no art. 5º, VI, da CF, que serve de fundamento ao art. 16, III, do ECA, segundo o qual *o direito à liberdade compreende os seguintes aspectos: III – crença e culto religioso*.

43. Gabarito "D"
Comentário: A solução desta questão deve ser extraída dos arts. 28, § 4º, e art. 51, § 1º, II, e § 2º, do ECA.

44. Gabarito "A"
Comentário: A: correta. Trata-se de vício de serviço (art. 20 do CDC) e a agência de turismo (fornecedora) responde pelos danos morais e materiais causados em relação aos vícios na prestação de serviços em razão da falta de informação (art. 6, VIII, do CDC); **B:** incorreta. Evidentes os danos materiais causados pela falta de informação uma vez que os consumidores não conseguiram embarcar, perdendo o valor relativo às passagens aéreas pagas; **C:** incorreta. Vide justificativa da alternativa A. Além disso, estão presentes as vulnerabilidades técnica, informacional e jurídica dos consumidores; **D:** incorreta. Sendo um vício de serviço, a agência de turismo (comerciante), é solidariamente responsável pelos danos causados aos consumidores.

45. Gabarito "A"
Comentário: A: correta. Trata-se de vício de produto e, nos termos do art. 18 do Código de Defesa do Consumidor, o fornecedor tem o direito de consertar do produto em até trinta dias. Se não consertar dentro desse prazo, poderá o consumidor optar pela troca do produto, devolução dos valores ou abatimento proporcional do preço; **B:** incorreta. A caracterização de fato do produto exige o acidente de consumo, ou seja, que o produto coloque em risco a vida e a saúde do consumidor, o que não foi mencionado pelo problema; **C:** incorreta. Trata-se de vício do produto sendo, portanto, solidária (não subsidiária) a responsabilidade do fornecedor; **D:** incorreta. O defeito do produto, tratado no art. 12 do CDC, não permite que o fornecedor conserte o produto, devendo ser o consumidor imediatamente indenizado.

46. Gabarito "A"
Comentário: Nos termos do art. 1.052 do CC, os sócios da limitada respondem por obrigações sociais somente até o valor das suas quotas, porém solidariamente pela integralização do capital.

47. Gabarito "C"
Comentário: A: incorreta. Como o ato foi identificado, pode ser dado no verso do título; **B:** incorreta. O aval em branco no cheque é considerado dado ao sacador (art. 30, parágrafo único, da Lei 7.357/1985); **C:** correta, nos termos do art. 30 da Lei 7.357/1985; **D:** incorreta. Não há qualquer relação do aval com a cláusula "não à ordem".

48. Gabarito "D"
Comentário: O enunciado descreve com precisão o conceito de arrendamento mercantil (arts. 1º e 5º da Lei 6.099/1974).

49. Gabarito "A"
Comentário: A: correta, nos termos do art. 48, II, da Lei de Falências; **B:** incorreta, não há qualquer requisito relacionado à proporção entre ativo e passivo; **C:** incorreta. A autofalência, a despeito de ser tratada pelo art. 105 da LF como uma obrigação do empresário, não gera qualquer penalidade caso não seja requerida; **D:** incorreta. Os crimes que impedem a concessão de recuperação judicial são apenas os crimes falimentares (art. 48, IV, da Lei de Falências).

50. Gabarito "B"
Comentário: Os atos relacionados enquadram-se na fraude contra credores, que, no processo falimentar, é comprovada por meio da ação revocatória prevista no art. 130 da LF.

51. Gabarito "B"
Comentário: A: incorreta, pois somente se autor e réu afirmarem não ter interesse é que a audiência não será realizada (NCPC, art. 334, § 4º, I); **B:** correta (NCPC, art. 334, § 8º); **C:** incorreta, porque não há previsão de extinção do processo no caso de ausência à audiência – que é algo que ocorre nos Juizados Especiais. Além disso, como visto em "B", a multa é devida; **D:** incorreta, pois o réu tem o prazo de 10 dias para informar que não tem interesse na audiência de conciliação (NCPC, art. 334, § 5º)

52. Gabarito "D"
Comentário: De decisão monocrática de relator, cabe agravo interno ou agravo em recurso especial. O AREsp (agravo em recurso especial) é em regra utilizado para impugnar decisão de não admissão do REsp (art. 1.042), sendo interposto perante o órgão prolator da decisão de inadmissão – ou seja, perante o juízo *a quo* (NCPC, art. 1.042, § 2º). Como exceção, se a decisão de não admissão for proferida com base em tese firmada em repetitivo (art. 1.030, I, b), será cabível o agravo interno (art. 1.030, § 2º) e não o AREsp. O enunciado trata de não admissão com base em repetitivo, de modo que o recurso cabível é o agravo interno, previsto apenas em 1 alternativa.

53. Gabarito "C"
Comentário: A: incorreta, pois é possível a concessão de tutela de urgência sem oitiva do réu, existindo expressa previsão legal nesse sentido (NCPC, art. 9º, parágrafo único, I – dispositivo que prestigia o acesso à justiça); **B:** incorreta, porque o perigo de dano ou de risco ao resultado

útil é requisito para a concessão de tutela de urgência, sendo que o que caracteriza a tutela de evidência é exatamente a desnecessidade de perigo para sua concessão (NCPC, art. 300); **C:** correta. Se existe urgência desde o momento em que a parte ingressa com a petição inicial, o NCPC permite que se formule apenas o pedido de urgência, sem que já tenha de se apresentar o pedido principal; é o que o Código denomina de "tutela antecipada antecedente" (art. 303); **D:** incorreta, pois a tutela provisória pode ser revogada ou modificada a qualquer momento, exatamente por ser provisória (NCPC, art. 296).

54. Gabarito "D"
Comentário: A: incorreta Ainda que a regra seja que as decisões contra a Fazenda são passíveis de remessa necessária, com base no valor, pode ser dispensado que isso ocorra. Tratando-se de município capital de Estado, apenas para sentenças acima de o 500 salários-mínimos é que haverá a remessa necessária (NCPC, art. 496, § 3º, II), sendo que pelo enunciado a condenação foi de 200 salários, de modo que não há remessa necessária. No caso de município que não é capital de Estado, não há remessa necessária para as condenações inferiores a 100 salários (NCPC, art. 496, § 3º, III); **B:** incorreta, pois existem critérios de valor (NCPC, art. 496, § 3º) e de matéria que afastam a remessa necessária (NCPC, art. 496, § 4º), de modo que não é sempre que a sentença está sujeita à remessa; **C:** incorreta, porque a sentença não é ilíquida; além disso, no caso de sentença ilíquida existe remessa necessária (NCPC, art. 496, § 3º, *caput*); **D:** correta. Como visto em "A", a regra é que as decisões contra a Fazenda são objeto de remessa necessária. Mas, considerando o valor da condenação (200 salários-mínimos), é dispensado o reexame necessário, pois se trata de município capital de Estado, caso em que – por força de previsão legal – apenas as condenações acima de 500 salários admitem a remessa necessária (NCPC, art. 496, § 3º, II).

55. Gabarito "C"
Comentário: Há previsão de declaratórios no JEC (Lei 9.099/95, art. 48). Quanto a seu efeito, antes os embargos no JEC *suspendiam* o prazo para a interposição do outro recurso. A partir do NCPC, os embargos de declaração *interrompem* o prazo recursal (Lei 9.099/95, art. 50, com a redação dada pelo NCPC, art. 1.065). Portanto, correta a alternativa "C".

56. Gabarito "B"
Comentário: A) incorreta, considerando que a oposição – hoje procedimento especial – é utilizada no momento em que o terceiro busca obter a coisa ou o direito sobre o qual autor e réu controvertem (CPC, art. 682); B) correta, pois nos casos envolvendo seguradora, o réu permanece no polo passivo e uma ação de regresso contra a seguradora, caso típico de utilização da denunciação da lide (CPC, art. 125, II); C) incorreta, pois o IDPJ é utilizado para se acionar o sócio (pessoa física) quando a pessoa jurídica não tem patrimônio, o que absolutamente não é a hipótese (CPC, art. 133); D) incorreta, tendo em vista que o chamamento é utilizado pelo réu que, permanecendo no polo passivo, vai acionar o terceiro que já deve a ele (sem necessidade de ação de regresso), especialmente em situações de solidariedade (CPC, art. 130).

57. Gabarito "B"
Comentário: A: incorreta, pois sentença arbitral é título executivo *judicial*, por opção do legislador (NCPC, art. 515, VII); **B:** correta. Trata-se de título judicial (como exposto em "A"), de modo que se não houver pagamento espontâneo, terá início a fase de cumprimento de sentença; **C:** incorreta, pois não a lei não prevê a necessidade de confirmação, pelo Judiciário, da sentença arbitral; **D:** incorreta, porque, além da sentença arbitral ser título executivo judicial (vide alternativa "A"), os títulos executivos extrajudiciais seguem o procedimento do processo de execução (NCPC, arts. 783 e 784), e não do cumprimento de sentença.

58. Gabarito "C"
Comentário: A: incorreta, uma vez que a lei não contempla a possibilidade de perdão judicial no crime de dano qualificado. As hipóteses de perdão judicial, que levam à extinção da punibilidade, devem estar previstas em lei, tal como estabelece o art. 107, IX, do CP; **B:** incorreta. Cássio faz jus à atenuante da confissão (art. 65, III, *d*, do CP). O erro da assertiva está em afirmar que descabe a compensação da atenuante da confissão espontânea com a agravante da reincidência. No STJ: "(...) Destarte, a jurisprudência dessa eg. Corte assentou o entendimento no sentido da possibilidade, na segunda fase da dosimetria da pena, de compensar a atenuante da confissão espontânea com a agravante da reincidência" (HC 453.414/DF, Rel. Ministro FELIX FISCHER, QUINTA TURMA, julgado em 16/08/2018, DJe 21/08/2018); **C:** correta. É cabível, no caso narrado no enunciado, a substituição da pena privativa de liberdade por restritiva de direitos, já que o crime que gerou a reincidência é culposo. Além disso, a pena porventura aplicada não seria superior a quatro anos, já que a máxima cominada corresponde a 3 anos, e o crime é desprovido de violência ou grave ameaça à pessoa. O art. 44, II, do CP veda a conversão na hipótese de o réu ser reincidente em crime doloso; **D:** incorreta. É que o art. 63 do CP não faz distinção entre crime doloso e culposo.

59. Gabarito "A"
Comentário: Os tribunais superiores fixaram o entendimento segundo o qual constitui crime único (art. 12, Lei 10.826/2003) a conduta do agente consistente em portar mais de uma arma de fogo, desde que no mesmo contexto fático, como é o caso narrado no enunciado. Isso porque haveria uma só lesão ao bem jurídico sob tutela. De igual forma, aquele que mantém em sua residência mais de uma arma de fogo, sem registro, responderá por delito único (art. 12, Lei 10.826/2003). Nesse sentido, conferir: "Tem-se reconhecido a existência de crime único quando são apreendidos, no mesmo contexto fático, mais de uma arma ou munição, tendo em vista a ocorrência de uma única lesão ao bem jurídico protegido" (STJ, HC n. 130.797/SP, Ministra Maria Thereza de Assis Moura, Sexta Turma, DJe 1º/2/2013).

60. Gabarito "A"
Comentário: A: correta. Independentemente da pena a que está submetida Bárbara, se de 1 a 3 anos de reclusão ou 1 a 5 anos, é cabível, de uma forma ou de outra, o instituto da suspensão condicional do processo (*sursis* processual), que terá lugar nos crimes cuja pena mínima cominada é igual ou inferior a um ano (art. 89, Lei 9.099/1995); **B:** incorreta. Sendo o *sequestro e cárcere privado* – art. 148, CP crime permanente, em que a consumação se prolonga no tempo por vontade do agente, a sucessão de leis penais no tempo enseja a aplicação da lei vigente enquanto não cessado o comportamento ilícito, ainda que se trate de lei mais gravosa. É esse o entendimento firmado na Súmula 711 do STF: "A lei penal mais grave aplica-se ao crime continuado ou ao crime permanente, se a sua vigência é anterior à cessação da continuidade ou permanência". Bárbara, portanto, sujeitar-se-á à pena correspondente à lei mais nova, que, é importante que se diga, entrou em vigou enquanto o crime a ela imputado ainda estava se consumando; **C:** incorreta. Embora Bárbara fosse inimputável (menor de 18) ao tempo em que se deu o arrebatamento de Felipe (16 de janeiro de 2017), o crime que praticou permanecia em estado de consumação (delito permanente) quando ela alcançou a maioridade. Na data em que houve o resgate da vítima, ela já era maior, devendo, portanto, responder como imputável; **D:** incorreta, na medida em que o crime de sequestro e cárcere privado (art. 148, CP) atinge a sua consumação com a privação da liberdade da vítima, e assim permanece enquanto ela estiver em poder do sequestrador.
Dica: para solucionar esta e tantas outras questões é necessário conhecer a classificação de crimes que leva em conta a duração do momento consumativo, a saber: crime instantâneo é aquele cuja consumação se dá em um instante certo, determinado. Não há, neste caso, prolongamento da consumação; crime permanente, por sua vez, é aquele cuja consumação se protrai no tempo por vontade do agente. É o caso da extorsão mediante sequestro (art. 159, CP) e do sequestro e cárcere privado (art. 148, CP); crime instantâneo de efeitos permanentes, por fim, é aquele em que a consumação se opera em momento certo, determinado, mas seus efeitos perduram no tempo, dado que são irreversíveis. É o caso do homicídio.

61. Gabarito "D"
Comentário: A: incorreta. Não há que se falar, no caso narrado no enunciado, em arrependimento eficaz, instituto, previsto no art. 15 do CP, que pressupõe ausência de consumação do delito. O crime praticado por João se consumara

com a subtração da TV; **B**: incorreta. Em primeiro lugar, somente João deve responder pelo crime; em segundo lugar, o furto por ele praticado é simples, na medida em que, a despeito de ele haver providenciado a confecção de chave falsa, esta não foi empregada quando do cometimento do delito, já que o portão que dava acesso ao imóvel encontrava-se aberto; **C**: incorreta. Somente João deve ser responsabilizado pelo crime; **D**: correta. João, como já afirmado, deverá ser responsabilizado pelo crime de furto simples, ao passo que Pablo, que não tomou parte no delito, não cometeu crime algum. Pelo fato de João, de forma voluntária e antes do recebimento da denúncia, haver restituído o objeto material do crime, sendo este desprovido de violência ou grave ameaça, fará jus ao reconhecimento do arrependimento posterior, cujos requisitos estão contidos no art. 16 do CP.

Dica: o critério utilizado para diferenciar o arrependimento eficaz (e a desistência voluntária) do arrependimento posterior é a existência ou não de consumação. O art. 15, segunda parte, do CP enuncia o instituto do arrependimento eficaz, em que o agente, uma vez realizados todos os atos considerados necessários à consumação do crime, passa a agir para que o resultado não se produza. Na desistência voluntária – art. 15, primeira parte, do CP, o agente, podendo chegar até a consumação do crime, acha por bem interromper sua execução, isto é, o sujeito ativo muda de ideia e desiste de consumar o delito. O arrependimento posterior, que, como a própria nomenclatura sugere, deve ser posterior à consumação do crime, tem como natureza jurídica causa obrigatória de diminuição de pena. Sua disciplina está no art. 16 do CP.

62. Gabarito "B"
Comentário: A: incorreta. Não há que se falar em decadência, já que o delito pelo qual João foi originalmente denunciado é o de homicídio tentando, que, como bem sabemos, é de ação penal pública incondicionada. Além do que, o inconformismo exteriorizado pela vítima em relação à conduta do denunciado pode ser interpretado como representação; **B**: correta. É certo que o fato se deu, conforme narrativa, em 28 de agosto de 2011, sendo a denúncia recebida em 28 de agosto de 2013. O prazo prescricional, que é de 4 anos, conforme art. 109 , V, do CP, deve ser reduzido de metade, já que João era, ao tempo do crime, menor de 21 anos (art. 115, CP). Se contarmos 2 anos a partir da data do crime, a denúncia deveria ter sido recebida até o dia 27 de agosto de 2013, mas isso somente ocorreu no dia seguinte, quando já exaurido o prazo prescricional. Com isso, há de ser declarada extinta a punibilidade do fato imputado a João, na forma estatuída no art. 107, IV, do CP; **C**: incorreta, já que o curso do prazo prescricional será interrompido com o recebimento da denúncia, e não com o seu oferecimento (art. 117, I, CP); **D**: incorreta, pois contraria o entendimento sufragado na Súmula 191 do STJ: "A pronúncia é causa interruptiva da prescrição, ainda que o Tribunal do Júri venha a desclassificar o crime".

63. Gabarito "D"
Comentário: A: incorreta. É fato que o advogado de Vanessa deverá pleitear, em seu favor, o reconhecimento da causa de diminuição de pena do art. 33, § 4º, da Lei 11.343/2006, pelo fato de esta ser primária e de bons antecedentes, não integrar organização criminosa tampouco se dedicar a atividades criminosas. De outro lado, é incorreto afirmar-se que o crime permaneceu na esfera da tentativa. Isso porque a consumação foi alcançada no momento em que se deu o início do transporte da droga; **B**: incorreta. A causa de aumento pela configuração de tráfico entre Estados (art. 40, V, Lei 11.343/2006) não deve ser afastada. É que, segundo entendimento consolidado nos tribunais superiores, é prescindível, para a incidência desta causa de aumento, a transposição das divisas dos Estados, sendo suficiente que fique demonstrado que a droga se destinava a outro Estado da Federação. Nesse sentido, conferir: "(...) Esta Corte possui entendimento jurisprudencial, no sentido de que a incidência da causa de aumento, conforme prevista no art. 40, V, da Lei n. 11.343/2006, não exige a efetiva transposição da divisa interestadual, sendo suficientes as evidências de que a substância entorpecente tem como destino qualquer ponto além das linhas da respectiva Unidade da Federação (...)" (AGRESP 201103088503, Campos Marques (Desembargador convocado do TJ/PR), STJ, Quinta Turma, *DJe* 01.07.2013). Consolidando tal entendimento, o STJ editou a Súmula 587: "Para a incidência da majorante prevista no art. 40, V, da Lei 11.343/2006, é desnecessária a efetiva transposição de fronteiras entre estados da Federação, sendo suficiente a demonstração inequívoca da intenção de realizar o tráfico interestadual"; **C**: incorreta, conforme comentários anteriores; **D**: correta, conforme comentários anteriores.

Dica: a causa de redução de pena do art. 33, § 4º, da Lei 11.343/2006, por ser objeto frequente de questionamento em provas, deve ser bem estudada, em especial os seus requisitos

64. Gabarito "A"
Comentário: A ação penal privativa do ofendido é informada pelos princípios da *indivisibilidade*, *oportunidade* e *disponibilidade*. Pelo postulado da *indivisibilidade*, consagrado no art. 48 do CPP, não é dado ao ofendido escolher contra quem a ação será ajuizada. Assim, não poderá Pedro processar, por meio de queixa-crime, Carla e poupar Lívia. Se decidir renunciar ao direito de processar sua ex-namorada, deverá fazer o mesmo em relação a Lívia (art. 49, CPP). A violação a tal princípio acarreta a extinção da punibilidade pela renúncia (art. 107, V, do CP). Agora, embora não seja este o caso narrado no enunciado, é importante que se diga que, se a ação já tiver sido proposta, é vedado ao querelante dela desistir (conceder o perdão) em relação a somente um dos querelados (art. 51, CPP). É dizer: ou desiste da ação contra todos ou não desiste. A ação privativa do ofendido também é regida pelo princípio da *oportunidade* (conveniência), segundo o qual o ofendido tem a *faculdade*, não a obrigação, de promover a ação, bem como tem ele, ofendido, a prerrogativa de prosseguir ou não até o término do processo (disponibilidade). Estes dois últimos princípios não se aplicam no âmbito da ação penal pública, na qual vigoram os princípios da *obrigatoriedade* e *indisponibilidade*. No que concerne à incidência do postulado da indivisibilidade na ação penal pública, embora não haja disposição expressa de lei, a maior parte da doutrina, a nosso ver com razão, sustenta que este princípio é também aplicável a este tipo de ação, uma vez que o promotor de justiça tem o dever de promover a ação penal contra todos os agentes identificados que cometeram a infração penal. Por fim, oportuno proceder a distinção entre os institutos da renúncia e do perdão. O *perdão* constitui ato por meio do qual o querelante desiste de prosseguir na ação penal privada. Portanto, pressupõe-se que a ação penal tenha se iniciado, não sendo este o caso acima narrado, no qual a ação ainda não teve início. Ao contrário da *renúncia*, somente produzirá efeitos, com a extinção da punibilidade, em relação ao querelado que o aceitar. Trata-se, portanto, de ato bilateral, na forma estatuída no art. 51 do CPP. A *renúncia*, por sua vez, ocorre antes do início da ação penal (antes do recebimento da queixa). Ao contrário do perdão, é ato unilateral, uma vez que, para produzir efeitos, não depende de aceitação do autor do crime.

65. Gabarito "C"
Comentário: Os embargos infringentes (e também os de nulidade), que serão opostos tão somente em sede de apelação, recurso em sentido estrito e agravo em execução, constituem recurso exclusivo da *defesa* (podem ser manejados pelo Ministério Público, quando de sua atuação como *custos legis*, para o fim de alcançar situação mais favorável ao condenado), a serem opostos quando a decisão desfavorável ao réu, em segunda instância, não for unânime (decisão plurânime) – art. 609, parágrafo único, CPP. Dessa forma, forçoso concluir que não poderia o Ministério Público apresentar embargos infringentes em busca do reconhecimento da qualificadora, pois tal implicaria prejuízo ao réu. Não devem, portanto, ser conhecidos. Além disso, a matéria objeto de discussão em sede de embargos infringentes está restrita ao limite da divergência contida na decisão embargada, razão penal qual deve restringir-se, no caso narrado no enunciado, ao reconhecimento do privilégio.

66. Gabarito "B"
Comentário: A solução desta questão deve ser extraída da Súmula 546, do STJ: "A competência para processar e julgar o crime de uso de documento falso é firmada em razão da entidade ou órgão ao qual foi apresentado o documento público, não importando a qualificação do órgão expedidor". Ou seja, pouco importa, aqui, o fato de o órgão expedidor do documento falso ser estadual. O critério a ser utilizado para o fim de determinar a Justiça competente é o da entidade ou órgão ao qual o documento foi apresentado, que, no caso retratado no enunciado, é a Caixa Econômica Federal, que constitui empresa pública da União. Assim, o processamento e o julgamento caberão à Justiça Federal do Rio de Janeiro (art. 109, IV, da CF), cidade na qual o documento adulterado foi apresentado.

67. Gabarito "C"
Comentário: Nos termos do disposto no art. 145, parágrafo único, do CP, se se tratar de crime perpetrado contra a honra de funcionário público em razão de suas funções, como é o caso da difamação, a ação penal será *pública condicionada à representação do ofendido*. Ocorre, no entanto, que o STF, por meio da Súmula 714, firmou entendimento no sentido de que, nesses casos, a legitimidade é concorrente entre o ofendido (mediante queixa) e o Ministério Público (ação pública condicionada à representação do ofendido). Dessa forma, é dado a Tiago escolher o caminho que pretende seguir: oferecer representação para que o MP, se for o caso, promova a ação penal, que, neste caso, é pública condicionada; ou, se assim desejar, poderá promover, por meio de queixa-crime, ação penal privada. Ficará a seu critério.

68. Gabarito "D"
Comentário: De uma forma geral, sobre todos recai o dever de servir como testemunha, comparecendo em juízo quando convocado e prestando seu depoimento. Cuida-se, portanto, de um dever imposto por lei, que, se descumprido, pode levar à responsabilização da testemunha por crime de falso testemunho (art. 342, CP). A exceção a essa regra atinge as pessoas elencadas no art. 206 do CPP, que podem, por isso, recusar-se a depor. Entre eles estão, por exemplo, o ex-cônjuge e a mãe do acusado, aos quais é conferida a prerrogativa de negar-se a prestar depoimento; por se tratar de uma faculdade (e não de proibição), nada impede que essas pessoas prestem seu testemunho, mas, neste caso, sobre elas não recairá a obrigação de dizer a verdade. Serão ouvidas, bem por isso, na qualidade de informante; assim, se mentirem, não serão processadas por crime de falso testemunho. O art. 206 do CPP estabelece que, em uma única hipótese, as pessoas ali mencionadas não podem recusar-se a depor: quando não for possível, de qualquer outra forma, produzir a prova do fato ou de suas circunstâncias, hipótese em que, ainda assim, não se deferirá o dever de dizer a verdade. Dessa forma, é assegurado ao advogado da ex-esposa de João o direito de pleitear que ela não seja ouvida. O mesmo se diga em relação ao padre, cujo advogado poderá formular o mesmo pedido. É que as pessoas listadas no art. 207 do CPP, como é o caso do padre, estão em regra proibidas de prestar depoimento. Trata-se de uma imposição legal, e não mera faculdade; poderão, todavia, fazê-lo se a parte que lhe confiou o segredo desobrigá-la e a autorizar a depor.

69. Gabarito "A"
Comentário: Na primeira hipótese, em que a ordem de *habeas corpus* foi denegada por Câmara Criminal de determinado TJ, é caso de interposição de recurso ordinário constitucional, tal como estabelece o art. 105, II, *a*, da CF; já com relação à segunda hipótese, na qual o juiz de direito da 1ª Vara Criminal de Fortaleza denegou ordem de *habeas corpus* impetrado em favor de Rubens, deverá Vinícius, seu advogado, se valer do recurso em sentido estrito, conforme art. 581, X, do CPP.

70. Gabarito "A"
Comentário: "A" é a assertiva correta. Isso porque, nos termos da súmula 447 do TST, os tripulantes e demais empregados em serviços auxiliares de transporte aéreo que, no momento do abastecimento da aeronave, permanecem a bordo não têm direito ao adicional de periculosidade a que aludem o art. 193 da CLT e o Anexo 2, item 1, "c", da NR 16 do MTE. Por essa razão Solange não faz jus à percepção de adicional de insalubridade. Já Iracema perderá o adicional de insalubridade, na medida em que nos termos do art. 190 da CLT será o Ministério do Trabalho que aprovará o quadro das atividades e operações insalubres e adotará normas sobre os critérios de caracterização da insalubridade, os limites de tolerância aos agentes agressivos, meios de proteção e o tempo máximo de exposição do empregado a esses agentes.

71. Gabarito "ANULADA"
Comentário: Nos termos do art. 2º, § 2º, da CLT há grupo econômico sempre que uma ou mais empresas, tendo, embora, cada uma delas, personalidade jurídica própria, estiverem sob a direção, controle ou administração de outra, ou ainda quando, mesmo guardando cada uma sua autonomia, integrem grupo econômico, serão responsáveis solidariamente pelas obrigações decorrentes da relação de emprego. Contudo, determina o § 3º do mesmo dispositivo que não caracteriza grupo econômico a mera identidade de sócios, sendo necessárias, para a configuração do grupo, a demonstração de interesse integrado, a efetiva comunhão de interesses e a atuação conjunta das empresas dele integrantes, requisitos que são cumulativos.
A questão foi anulada pela banca examinadora porque pode gerar interpretações no sentido de que no enunciado não traz informações necessárias para aferir se as empresas possuem interesses integrados, comunhão de interesses e atuação conjunta, hipótese que NÃO ficaria caracterizado o grupo econômico.

72. Gabarito "D"
Comentário: "D" é a assertiva correta. Isso porque, nos termos da súmula 129 do TST, a prestação de serviços a mais de uma empresa do mesmo grupo econômico, durante a mesma jornada de trabalho, não caracteriza a coexistência de mais de um contrato de trabalho, salvo ajuste em contrário.

73. Gabarito "C"
Comentário: A alternativa "C" apontada como correta está desatualizada. Isso porque, nos termos do art. 74, § 2º, da CLT de acordo com a redação dada pela Lei 13.874/2019 para os estabelecimentos com mais de 20 (vinte) trabalhadores será obrigatória a anotação da hora de entrada e de saída, em registro manual, mecânico ou eletrônico, conforme instruções expedidas pela Secretaria Especial de Previdência e Trabalho do Ministério da Economia, permitida a pré-assinalação do período de repouso.

74. Gabarito "B"
Comentário: "B" é a assertiva correta. Isso porque, conforme dispõe o art. 19 da Lei 8.213/1991, *"acidente de trabalho é o que ocorre pelo exercício do trabalho a serviço da empresa ou pelo exercício do trabalho dos segurados referidos no inciso VII do art. 11 desta lei, provocando lesão corporal ou perturbação funcional que cause a morte ou a perda ou redução, permanente ou temporária, da capacidade para o trabalho"*. Nessa linha, a Lei 8.213/1991, em seu art. 118, assegura estabilidade no emprego ao trabalhador que sofrer acidente de trabalho pelo prazo mínimo de doze meses após o afastamento pela Previdência Social.

75. Gabarito "D"
Comentário: "D" é a assertiva correta. Isso porque a Seção de Dissídios Individuais (SDI1) do Tribunal Superior do Trabalho (TST) afirmou o entendimento de que professor é categoria diferenciada, não importando onde a sua função é exercida, a nomenclatura constante de sua CTPS e se possui título e registro no MEC. Ver julgamento no TST RR -10-4600-06-2010.5.17.08. Veja também ADI 3772 STF.

76. Gabarito "A"
Comentário: "A" é a afirmativa correta. Isso porque, embora haja previsão na OJ 392 da SDI 1 do TST, que dispõe que O protesto judicial é medida aplicável no processo do trabalho, por força do art. 769 da CLT e do art. 15 do CPC de 2015, o ajuizamento da ação, por si só, interrompe o prazo prescricional, em razão da inaplicabilidade do § 2º do art. 240 do CPC de 2015 (§ 2º do art. 219 do CPC de 1973), incompatível com o disposto no art. 841 da CLT. Ocorre que o protesto judicial foi apresentado em data superior a 2 anos do término da prestação de serviços, portanto a matéria já se encontrava prescrita, na forma do art. 7º, XXIX, da CF e art. 11 da CLT.

77. Gabarito "ANULADA"
Comentário: O depoimento da parte e/ou testemunha surda-muda, ou de mudo que não saiba escrever e, ainda, aqueles que não souberem falar a língua nacional, será feito por meio de intérprete nomeado pelo Juiz. Nesses casos, nos termos do art. 819, § 2º, da CLT de acordo com a redação dada pela Lei 13.660/2018 as despesas decorrentes do disposto neste artigo correrão por conta da parte sucumbente, salvo se beneficiária de justiça gratuita.

78. Gabarito "A"
Comentário: "A" é a opção correta. Nos termos da OJ 98 da SDI 2 do TST, é ilegal a exigência de depósito prévio para custeio dos honorários periciais, dada a incompatibilidade com o processo do trabalho, sendo cabível o mandado de segurança visando à realização da perícia, independentemente do depósito. Com isso, contra a decisão que denegou a ordem, nos termos do art. 895, II, da CLT caberá recurso ordinário ao TST das decisões definitivas ou terminativas dos Tribunais Regionais, em processos de sua competência originária (como é o caso do Mandado de Segurança em debate), no prazo de 8 (oito) dias, quer nos dissídios individuais, quer nos dissídios coletivos. Veja o art. 18 da Lei 12.016/2009 com as adaptações ao processo do trabalho.

79. Gabarito "D"
Comentário: "D" é a opção correta. As partes e testemunhas serão inquiridas pelo Juiz, podendo ser reinquiridas, por seu intermédio, a requerimento das partes, seus representantes ou advogados. Não se aplica ao Processo do Trabalho a norma do art. 459 do CPC/2015 no que permite a inquirição direta das testemunhas pela parte, pois a CLT possui regramento específico em seu art. 820, nos termos do art. 11 da IN 39 do TST.

80. Gabarito "A"
Comentário: "A" é a opção correta. Isso porque, nos termos do art. 879, § 2º, da CLT, elaborada a conta e tornada líquida, o juízo deverá abrir às partes prazo comum de oito dias para impugnação fundamentada com a indicação dos itens e valores objeto da discordância, sob pena de preclusão. Desta forma, não impugnando os cálculos nesse momento processual a parte não poderá fazê-lo em outro momento processual, como nos embargos à execução.

2018.1 – XXV EXAME DE ORDEM

1. Lina, cidadã que não exerce a advocacia, deseja endereçar à presidência de certa Subseção da OAB representação pela instauração de processo disciplinar em face de determinado advogado, pelo cometimento de infrações éticas. Assim, ela busca se informar sobre como pode oferecer tal representação e qual a forma adequada para tanto.

De acordo com o disposto no Código de Ética e Disciplina da OAB, Lina poderá oferecer representação pela instauração de processo disciplinar em face do advogado, mas

(A) deve endereçá-la ao presidente do respectivo Conselho Seccional, uma vez que receber e processar representações com tal conteúdo não se inclui entre as atribuições das Subseções. A representação poderá ser realizada por escrito ou verbalmente, com ou sem identificação do representante.

(B) deve formulá-la ao presidente do Conselho Seccional ou ao presidente da Subseção. A representação poderá ser realizada por escrito ou verbalmente, mas é necessária a identificação do representante, sob pena de não ser considerada fonte idônea.

(C) deve endereçá-la ao presidente do respectivo Conselho Seccional, uma vez que não se inclui entre as atribuições das Subseções receber e processar representações com tal conteúdo. A representação deverá ser realizada por escrito, não sendo consideradas fontes idôneas as representações verbais ou sem identificação do representante.

(D) deve formulá-la ao presidente do Conselho Seccional ou ao presidente da Subseção. A representação poderá ser realizada por escrito ou verbalmente, com ou sem identificação do representante. Será considerada fonte idônea ainda que oferecida sem a identificação do representante.

2. Em determinada sessão do Conselho Seccional da OAB do Estado da Bahia, compareceram Arthur, Presidente do Conselho Federal da OAB; Daniel, Conselheiro Federal da OAB, integrante da delegação da Bahia, e Carlos, ex-Presidente do Conselho Seccional da OAB do Estado da Bahia.

De acordo com o Estatuto da OAB, para as deliberações nessa sessão,

(A) Arthur tem direito a voz e voto. Daniel e Carlos têm direito somente a voz.

(B) Daniel tem direito a voz e voto. Arthur e Carlos têm direito somente a voz.

(C) Daniel e Carlos têm direito a voz e voto. Arthur tem direito somente a voz.

(D) Arthur, Daniel e Carlos têm direito somente a voz.

3. O Tribunal de Ética e Disciplina de certo Conselho Seccional da OAB decidiu pela suspensão preventiva do advogado Hélio, acusado em processo disciplinar. Hélio, todavia, interpôs o recurso cabível contra tal decisão.

Considerando as regras sobre os recursos em processos que tramitam perante a OAB, bem como a situação descrita, assinale a afirmativa correta.

(A) Em regra, os recursos em processos que tramitam perante a OAB têm efeito suspensivo. Assim, no caso narrado, o recurso interposto por Hélio será dotado do aludido efeito.

(B) Em regra, os recursos em processos que tramitam perante a OAB não têm efeito suspensivo. Todavia, nesse caso, excepcionalmente, pode ser atribuído o efeito, se demonstrada a probabilidade de provimento ou se, sendo relevante a fundamentação, o recorrente indicar risco de dano grave ou de difícil reparação.

(C) Em regra, os recursos em processos que tramitam perante a OAB têm efeito suspensivo. Todavia, o recurso manejado por Hélio se inclui em hipótese excepcional, na qual é vedado o efeito suspensivo.

(D) Em regra, os recursos em processos que tramitam perante a OAB não têm efeito suspensivo, não sendo permitida a concessão de tal efeito por decisão da autoridade julgadora. Assim, no caso narrado, o recurso interposto por Hélio não será dotado de efeito suspensivo.

4. O advogado Valter instalou, na fachada do seu escritório, um discreto painel luminoso com os dizeres "Advocacia Trabalhista". A sociedade de advogados X contratou a instalação de um sóbrio painel luminoso em um dos pontos de ônibus da cidade, onde constava apenas o nome da sociedade, dos advogados associados e o endereço da sua sede. Já a advogada Helena fixou, em todos os elevadores do prédio comercial onde se situa seu escritório, cartazes pequenos contendo inscrições sobre seu nome, o ramo do Direito em que atua e o andar no qual funciona o escritório.

Considerando as situações descritas e o disposto no Código de Ética e Disciplina da OAB, assinale a afirmativa correta.

(A) Apenas Valter e a sociedade de advogados X violaram a disciplina quanto à ética na publicidade profissional.

(B) Apenas Helena violou a disciplina quanto à ética na publicidade profissional.

(C) Valter, Helena e a sociedade de advogados X violaram a disciplina quanto à ética na publicidade profissional.

(D) Apenas a sociedade de advogados X e Helena violaram a disciplina quanto à ética na publicidade profissional.

5. Enzo, regularmente inscrito junto à OAB, foi contratado como empregado de determinada sociedade limitada, a fim de exercer atividades privativas de advogado. Foi celebrado, por escrito, contrato individual de trabalho, o qual estabelece que Enzo se sujeitará a regime de dedicação exclusiva. A jornada de trabalho acordada de Enzo é de oito horas diárias. Frequentemente, porém, é combinado que Enzo não compareça à sede da empresa pela manhã, durante a qual deve ficar, por três horas, "de plantão", ou seja, à disposição do empregador, aguardando ordens. Nesses dias, posteriormente, no período da tarde, dirige-se à sede, a fim de exercer atividades no local, pelo período contínuo de seis horas.

Considerando o caso narrado e a disciplina do Estatuto da Advocacia e da OAB, bem como do seu Regulamento Geral, assinale a afirmativa correta.

(A) É vedada a pactuação de dedicação exclusiva. Deverão ser remuneradas como extraordinárias as horas diárias excedentes a quatro horas contínuas, incluindo-se as horas cumpridas por Enzo na sede da empresa, bem como as horas que ele permanece em sede externa, executando tarefas ou meramente aguardando ordens do empregador.

(B) É autorizada a pactuação do regime de dedicação exclusiva. Deverão ser remuneradas como extraordinárias as horas que excederem a jornada de oito horas diárias, o que inclui as horas cumpridas por Enzo na sede da empresa ou efetivamente executando atividades externas ordenadas pelo empregador. As horas em que Enzo apenas aguarda as ordens fora da sede são consideradas somente para efeito de compensação de horas.

(C) É autorizada a pactuação do regime de dedicação exclusiva. Deverão ser remuneradas como extraordinárias as horas que excederem a jornada de oito horas diárias, o que inclui tanto as horas cumpridas por Enzo na sede da empresa como as horas em que ele permanece em sede externa, executando tarefas ou meramente aguardando ordens do empregador.

(D) É autorizada a pactuação do regime de dedicação exclusiva. Deverão ser remuneradas como extraordinárias as horas que excederem a jornada de nove horas diárias, o que inclui as horas cumpridas por Enzo na sede da empresa ou efetivamente executando atividades externas ordenadas pelo empregador. As horas em que Enzo apenas aguarda as ordens fora da sede são consideradas somente para efeito de compensação de horas.

6. O advogado Ícaro dos Santos, regularmente constituído para a defesa judicial de certo cliente, necessitou, para o correto exercício do mandato, que o cliente lhe apresentasse alguns documentos. Após Ícaro solicitar-lhe os documentos diversas vezes, realizando inúmeras tentativas de contato, o cliente manteve-se inerte por prazo superior a três meses.

Considerando o caso narrado, assinale a afirmativa correta.

(A) Diante da inércia do cliente, o Código de Ética e Disciplina da OAB dispõe que se presume extinto automaticamente o mandato.

(B) Diante da inércia do cliente, o Código de Ética e Disciplina da OAB dispõe que é recomendada a renúncia ao mandato. Ainda de acordo com o diploma, a renúncia ao patrocínio deve ser feita com menção do motivo que a determinou.

(C) Diante da inércia do cliente, o Código de Ética e Disciplina da OAB dispõe que é recomendado ao advogado peticionar nos autos, solicitando a intimação pessoal do cliente para apresentação dos documentos. Apenas após o ato, se mantida a inércia, presume-se extinto o mandato.

(D) Diante da inércia do cliente, o Código de Ética e Disciplina da OAB dispõe que é recomendada a renúncia ao mandato. Ainda de acordo com o diploma, a renúncia ao patrocínio deve ser feita sem menção do motivo que a determinou.

7. José Carlos Santos, advogado, dirigiu-se ao Ministério Público a fim de tomar apontamentos sobre investigação criminal em andamento, conduzida pelo Parquet, em face de seu cliente, em que foi decretado sigilo. Dias depois, José Carlos foi à delegacia de polícia no intuito de examinar e retirar cópias de autos de certo inquérito policial, em curso, no qual também foi decretado sigilo, instaurado contra outro cliente seu.

Consoante o disposto no Estatuto da Advocacia e da OAB, assinale a afirmativa correta.

(A) Em ambos os casos, José Carlos deverá apresentar procuração tanto para tomar apontamentos sobre a investigação em trâmite perante o Ministério Público quanto para examinar e retirar cópias do inquérito policial.

(B) Apenas é necessário que José Carlos apresente procuração para tomar apontamentos sobre a investigação em trâmite perante o Ministério Público, não sendo exigível a apresentação de procuração para examinar e retirar cópias do inquérito policial.

(C) Apenas é necessário que José Carlos apresente procuração para examinar e retirar cópias do inquérito policial, não sendo exigível a apresentação de procuração para tomar apontamentos sobre a investigação em trâmite perante o Ministério Público.

(D) Não é exigível a apresentação de procuração para examinar e retirar cópias do inquérito policial, nem para tomar apontamentos sobre a investigação em trâmite perante o Ministério Público.

8. Carlos praticou infração disciplinar, oficialmente constatada em 09 de fevereiro de 2010. Em 11 de abril de 2013, foi instaurado processo disciplinar para apuração da infração, e Carlos foi notificado em 15 de novembro do mesmo ano. Em 20 de fevereiro de 2015, o processo ficou pendente de julgamento, que só veio a ocorrer em 1º de março de 2018.

De acordo com o Estatuto da OAB, a pretensão à punibilidade da infração disciplinar praticada por Carlos

(A) está prescrita, tendo em vista o decurso de mais de três anos entre a constatação oficial da falta e a instauração do processo disciplinar.

(B) está prescrita, tendo em vista o decurso de mais de seis meses entre a instauração do processo disciplinar e a notificação de Carlos.

(C) está prescrita, tendo em vista o decurso de mais de três anos de paralisação para aguardar julgamento.

(D) não está prescrita, tendo em vista que não decorreram cinco anos entre cada uma das etapas de constatação, instauração, notificação e julgamento.

9. A ideia da existência de lacuna é um desafio ao conceito de completude do ordenamento jurídico. Segundo o jusfilósofo italiano Norberto Bobbio, no livro Teoria do Ordenamento Jurídico, pode-se completar ou integrar as lacunas existentes no Direito por intermédio de dois métodos, a saber: heterointegração e autointegração.

Assinale a opção que explica como o jusfilósofo define tais conceitos na obra em referência.

(A) O primeiro método consiste na integração operada por meio de recursos a ordenamentos diversos e a fontes diversas daquela que é dominante; o segundo método consiste na integração cumprida por meio do mesmo ordenamento, no âmbito da mesma fonte dominante, sem recorrência a outros ordenamentos.

(B) A heterointegração consiste em preencher as lacunas recorrendo-se aos princípios gerais do Direito, uma vez que estes não estão necessariamente incutidos nas normas do Direito positivo; já a autointegração consiste em solucionar as lacunas por meio das convicções pessoais do intérprete.

(C) O primeiro método diz respeito à necessidade de utilização da jurisprudência como meio adequado de solucionar as lacunas sem gerar controvérsias; por outro lado, o segundo método implica buscar a solução da lacuna por meio de interpretação extensiva.

(D) A heterointegração exige que o intérprete busque a solução das lacunas nos tratados e nas convenções internacionais de que o país seja signatário; por seu turno, a autointegração está relacionada à busca da solução na jurisprudência pátria.

10. Uma punição só pode ser admitida na medida em que abre chances no sentido de evitar um mal maior.

Jeremy Bentham

Jeremy Bentham, em seu livro Princípios da Moral e da Legislação, afirma que há quatro casos em que não se deve infligir uma punição.

Assinale a opção que corresponde a um desses casos citados pelo autor na obra em referência.

(A) Quando a lei não é suficientemente clara na punição que estabelece.
(B) Quando o prejuízo produzido pela punição for maior do que o prejuízo que se quer evitar.
(C) Quando o juiz da causa entende ser inoportuna a aplicação da punição.
(D) Quando o agressor já sofreu o suficiente em função das vicissitudes do processo penal.

11. Todos os dispositivos da Lei Y, promulgada no ano de 1985, possuem total consonância material e formal com a Constituição de 1967, com a redação dada pela Emenda Constitucional nº 1/1969.

No entanto, o Supremo Tribunal Federal, em sede de recurso extraordinário, constatou que, após a atuação do Poder Constituinte originário, que deu origem à Constituição de 1988, o Art. X da mencionada Lei Y deixou de encontrar suporte material na atual ordem constitucional.

Sobre esse caso, segundo a posição reconhecida pela ordem jurídico-constitucional brasileira, assinale a afirmativa correta.

(A) Ocorreu o fenômeno conhecido como "não recepção", que tem por consequência a revogação do ato normativo que não se compatibiliza materialmente com o novo parâmetro constitucional.
(B) Ao declarar a inconstitucionalidade do Art. X à luz do novo parâmetro constitucional, devem ser reconhecidos os naturais efeitos retroativos (ex tunc) atribuídos a tais decisões.
(C) Na ausência de enunciado expresso, dá-se a ocorrência do fenômeno denominado "desconstitucionalização", sendo que o Art. X é tido como inválido perante a nova Constituição.
(D) Terá ocorrido o fenômeno da inconstitucionalidade formal superveniente, pois o Art. X, constitucional perante a Constituição de 1967, tornou-se inválido com o advento da Constituição de 1988.

12. O chefe do Poder Executivo do município Ômega, mediante decisão administrativa, resolve estender aos servidores inativos do município o direito ao auxílio-alimentação, contrariando a Súmula Vinculante nº 55 do Supremo Tribunal Federal.

Para se insurgir contra a situação apresentada, assinale a opção que indica a medida judicial que deve ser adotada.

(A) Ação Direta de Inconstitucionalidade, perante o Supremo Tribunal Federal, com o objetivo de questionar o decreto.
(B) Mandado de injunção, com o objetivo de exigir que o Poder Legislativo municipal edite lei regulamentando a matéria.
(C) Reclamação constitucional, com o objetivo de assegurar a autoridade da súmula vinculante.
(D) Habeas data, com o objetivo de solicitar explicações à administração pública municipal.

13. Por entender que o voto é um direito, e não um dever, um terço dos membros da Câmara dos Deputados articula proposição de emenda à Constituição de 1988, no sentido de tornar facultativo a todos os cidadãos o voto nas eleições a serem realizadas no país.

Sabendo que a proposta gerará grande polêmica, o grupo de parlamentares resolve consultar um advogado especialista na matéria.

De acordo com o sistema jurídico-constitucional brasileiro, assinale a opção que indica a orientação correta a ser dada pelo advogado.

(A) Não é possível sua supressão por meio de Emenda Constitucional, porque o voto obrigatório é considerado cláusula pétrea da Constituição da República, de 1988.
(B) Não há óbice para que venha a ser objeto de alteração por via de Emenda Constitucional, embora o voto obrigatório tenha estatura constitucional.
(C) Para que a proposta de Emenda Constitucional seja analisada pelo Congresso Nacional, é necessária manifestação de um terço de ambas as Casas.
(D) A emenda, sendo aprovada pelo Congresso Nacional, somente será promulgada após a devida sanção presidencial.

14. Após uma vida dura de trabalho, Geraldo, que tem 80 anos, encontra-se doente em razão de um problema crônico nos rins e não possui meios de prover a própria manutenção.

Morando sozinho e não possuindo parentes vivos, sempre trabalhou, ao longo da vida, fazendo pequenos biscates, jamais contribuindo com a previdência social.

Instruído por amigos, procura um advogado para saber se o sistema jurídico-constitucional prevê algum meio assistencial para pessoas em suas condições.

O advogado informa a Geraldo que, segundo a Constituição Federal,

(A) é garantido o amparo à velhice somente àqueles que contribuíram com a seguridade social no decorrer de uma vida dedicada ao trabalho.
(B) é assegurado o auxílio de um salário mínimo apenas àqueles que comprovem, concomitantemente, ser idosos e possuir deficiência física impeditiva para o trabalho.
(C) seria garantida a prestação de assistência social a Geraldo caso ele comprovasse, por intermédio de laudos médicos, ser portador de deficiência física.
(D) há previsão, no âmbito da seguridade social, de prestação de assistência social a idosos na situação em que Geraldo se encontra.

15. Jean Oliver, nascido em Paris, na França, naturalizou-se brasileiro no ano de 2003. Entretanto, no ano de 2016, foi condenado, na França, por comprovado envolvimento com tráfico ilícito de drogas (cocaína), no território francês, entre os anos de 2010 e 2014. Antes da condenação, em 2015, Jean passou a residir no Brasil.

A França, com quem o Brasil possui tratado de extradição, requer a imediata extradição de Jean, a fim de que cumpra, naquele país, a pena de oito anos à qual foi condenado.

Apreensivo, Jean procura um advogado e o questiona acerca da possibilidade de o Brasil extraditá-lo. O advogado, então, responde que, segundo o sistema jurídico-constitucional brasileiro, a extradição

(A) não é possível, já que, a Constituição Federal, por não fazer distinção entre o brasileiro nato e o brasileiro naturalizado, não pode autorizar tal procedimento.
(B) não é possível, pois o Brasil não extradita seus cidadãos nacionais naturalizados, por crime comum praticado após a oficialização do processo de naturalização.
(C) é possível, pois a Constituição Federal prevê a possibilidade de extradição em caso de comprovado envolvimento com tráfico ilícito de drogas, ainda que praticado após a naturalização.
(D) é possível, pois a Constituição Federal autoriza que o Brasil extradite qualquer brasileiro quando comprovado o seu envolvimento na prática de crime hediondo em outro país.

16. O Estado Alfa deixou de aplicar, na manutenção e no desenvolvimento do ensino, o mínimo exigido da receita resultante de impostos estaduais, compreendida a proveniente de transferências.

À luz desse quadro, algumas associações de estudantes procuram um advogado e o questionam se, nessa hipótese, seria possível decretar a intervenção federal no Estado Alfa.

Com base na hipótese narrada, assinale a afirmativa correta.

(A) A intervenção federal da União no Estado Alfa pode ser decretada, ex officio, pelo Presidente da República.
(B) A intervenção federal não é possível, pois, por ser um mecanismo excepcional, o rol previsto na Constituição que a autoriza é taxativo, não contemplando a situação narrada.
(C) A intervenção da União no Estado Alfa dependerá de requerimento do Procurador-Geral da República perante o Supremo Tribunal Federal.
(D) A intervenção federal não seria possível, pois a norma constitucional que exige a aplicação de percentual mínimo de receita na educação nunca foi regulamentada.

17. Policiais militares do estado Y decidiram entrar em greve em razão dos atrasos salariais e por considerarem inadequadas as condições de trabalho. Em razão desse quadro, a Associação de Esposas e Viúvas dos Policiais Militares procura um advogado para saber da constitucionalidade dessa decisão dos policiais militares.

Sobre a hipótese apresentada, assinale a afirmativa correta.

(A) Compete aos referidos policiais militares decidir sobre a oportunidade de exercer o direito de greve, que lhes é assegurado pela CRFB/88.
(B) O direito de greve pode ser livremente exercido pelos policiais militares estáveis, mas aqueles que estiverem em estágio probatório podem ser demitidos por falta injustificada ao serviço.
(C) O exercício do direito de greve, sob qualquer forma ou modalidade, é-lhes vedado, pois sua atividade é essencial à segurança da sociedade, tal qual ocorre com os militares das Forças Armadas.
(D) O direito de greve dos servidores públicos ainda não foi regulamentado por lei específica, o que torna a decisão constitucionalmente incorreta.

18. Você foi procurado, como advogado(a), por representantes de um Centro de Defesa dos Direitos Humanos, que lhe informaram que o governador do estado, juntamente com o ministro da justiça do país, estavam articulando a expulsão coletiva de um grupo de haitianos, que vive legalmente na sua cidade.

Na iminência de tal situação e sabendo que o Brasil é signatário da Convenção Americana sobre os Direitos Humanos, assinale a opção que indica, em conformidade com essa convenção, o argumento jurídico a ser usado.

(A) Um decreto do governador combinado a uma portaria do ministro da justiça constituem fundamento jurídico suficiente para a expulsão coletiva, segundo a Convenção acima citada. Portanto, a única solução é política, ou seja, fazer manifestações para demover as autoridades desse propósito.
(B) A Convenção Americana sobre os Direitos Humanos é omissa quanto a esse ponto. Portanto, a única alternativa é buscar apoio em outros tratados internacionais, como a Convenção das Nações Unidas, relativa ao Estatuto dos Refugiados, também conhecida como Convenção de Genebra, de 1951.
(C) A expulsão coletiva de estrangeiros é permitida, segundo a Convenção Americana sobre os Direitos Humanos, apenas no caso daqueles que tenham tido condenação penal com trânsito em julgado, o que não foi o caso dos haitianos visados pelos propósitos do governador e do ministro, uma vez que eles vivem legalmente na cidade.
(D) A pessoa que se ache legalmente no território de um Estado tem direito de circular nele e de nele residir em conformidade com as disposições legais. Além disso, é proibida a expulsão coletiva de estrangeiros.

19. O governo federal autorizou uma mineradora a prospectar a exploração dos recursos existentes nas terras indígenas. Numerosas instituições da sociedade civil contratam você para, na condição de advogado, atuar em defesa da comunidade indígena.

Tendo em vista tal fato, além do que determina a Convenção 169 da OIT Sobre Povos Indígenas e Tribais, assinale a afirmativa correta.

(A) O governo deverá estabelecer ou manter procedimentos com vistas a consultar os povos indígenas interessados, a fim de determinar se os interesses desses povos seriam prejudicados e em que medida, antes de empreender ou autorizar qualquer programa de prospecção ou exploração dos recursos existentes em suas terras.
(B) A prospecção e a exploração dos recursos naturais em terras indígenas pode ocorrer independentemente da autorização e da participação dos povos indígenas nesse processo, desde que haja uma indenização por eventuais danos causados em decorrência dessa exploração.
(C) A prospecção e a exploração das riquezas naturais em terras indígenas podem ocorrer mesmo sem a participação ou o consentimento dos povos indígenas afetados. No entanto, esses povos têm direito a receber a metade do valor obtido como lucro líquido resultante dessa exploração.
(D) Se a propriedade dos minérios ou dos recursos do subsolo existentes na terra indígena pertencerem ao Estado, o governo não está juridicamente obrigado a consultar os povos interessados. Nesse caso, restaria apenas a mobilização política como estratégia de convencimento.

20. Ernesto concluiu o doutorado em Direito em prestigiosa universidade situada em Nova York, nos Estados Unidos, e pretende fazer concurso para o cargo de professor em uma universidade brasileira. Uma das exigências para a revalidação do seu diploma estrangeiro é que este esteja devidamente legalizado. Essa legalização de documento estrangeiro deverá ser feita mediante

(A) o apostilamento pela Convenção da Apostila de Haia, da qual Brasil e Estados Unidos fazem parte.
(B) a consularização no consulado brasileiro em Nova York.
(C) a notarização em consulado norte-americano no Brasil.
(D) o apostilamento pela Convenção da Apostila de Haia, no consulado brasileiro.

21. Paulo, brasileiro, celebra no Brasil um contrato de prestação de serviços de consultoria no Brasil a uma empresa pertencente a François, francês residente em Paris, para a realização de investimentos no mercado imobiliário brasileiro. O contrato possui uma cláusula indicando a aplicação da lei francesa.

Em ação proposta por Paulo no Brasil, surge uma questão envolvendo a capacidade de François para assumir e cumprir as obrigações previstas no contrato.

Com relação a essa questão, a Justiça brasileira deverá aplicar

(A) a lei brasileira, porque o contrato foi celebrado no Brasil.
(B) a lei francesa, porque François é residente da França.
(C) a lei brasileira, país onde os serviços serão prestados.
(D) a lei francesa, escolhida pelas partes mediante cláusula contratual expressa.

22. João, no final de janeiro de 2016, foi citado em execução fiscal, proposta no início do mesmo mês, para pagamento de valores do Imposto sobre a Propriedade Predial e Territorial Urbana (IPTU) referente aos anos de 2009 e 2010. Sabe-se que o IPTU em referência aos dois exercícios foi lançado e notificado ao sujeito passivo, respectivamente, em janeiro de 2009 e em janeiro de 2010. Após a ciência dos lançamentos, João não tomou qualquer providência em relação aos débitos. O município não adotou qualquer medida judicial entre a notificação dos lançamentos ao sujeito passivo e o ajuizamento da execução fiscal.

Com base na hipótese apresentada, assinale a opção que indica o argumento apto a afastar a exigência fiscal.

(A) O crédito tributário está extinto em virtude de decadência.
(B) O crédito tributário está extinto em virtude de parcelamento.
(C) A exigibilidade do crédito tributário está suspensa em virtude de compensação.
(D) O crédito tributário está extinto em virtude de prescrição.

23. Devido à crise que vem atingindo o Estado Y, seu governador, após examinar as principais reclamações dos contribuintes, decidiu estabelecer medidas que facilitassem o pagamento do Imposto sobre a Propriedade de Veículos Automotores (IPVA). Por meio de despacho administrativo, autorizado por lei, perdoou débitos de IPVA iguais ou inferiores a R$ 300,00 (trezentos reais) na época da publicação. Além disso, sancionou lei prorrogando o prazo para pagamento dos débitos de IPVA já vencidos.

Com base no caso apresentado, assinale a opção que indica os institutos tributários utilizados pelo governo, respectivamente.

(A) Remissão e isenção.
(B) Moratória e anistia.
(C) Remissão e moratória.
(D) Isenção e moratória.

24. Em 2015, o Município X estabeleceu, por meio da Lei nº 123, alíquotas progressivas do Imposto sobre propriedade Predial e Territorial Urbana (IPTU), tendo em conta o valor do imóvel.

Sobre a hipótese, assinale a afirmativa correta.

(A) A lei é inconstitucional, pois a Constituição da República admite alíquotas progressivas do IPTU apenas se destinadas a assegurar o cumprimento da função social da propriedade urbana, o que não é a hipótese.
(B) A lei é inconstitucional, pois viola o Princípio da Isonomia.
(C) A lei está de acordo com a Constituição da República, e a fixação de alíquotas progressivas poderia até mesmo ser estabelecida por Decreto.
(D) A lei está de acordo com a Constituição da República, que estabelece a possibilidade de o IPTU ser progressivo em razão do valor do imóvel.

25. O Município M, ao realizar a opção constitucionalmente prevista, fiscalizou e cobrou Imposto sobre Propriedade Territorial Rural (ITR), incidente sobre as propriedades rurais localizadas fora da sua área urbana. Em função desse fato, o Município M recebeu 50% (cinquenta por cento) do produto do imposto da União sobre a propriedade rural, relativo aos imóveis nele situados.

Diante dessa situação, sobre a fiscalização e a cobrança do ITR pelo Município M, assinale a afirmativa correta.

(A) Não são possíveis, por se tratar de imposto de competência da União.
(B) São possíveis, sendo igualmente correta a atribuição de 50% (cinquenta por cento) do produto da arrecadação do imposto a ele.
(C) São possíveis, porém, nesse caso, a totalidade do produto da arrecadação do imposto pertence ao Município.
(D) São possíveis, porém, nesse caso, 25% (vinte e cinco por cento) do produto da arrecadação do imposto pertence ao Município.

26. A pessoa jurídica XXX é devedora de Contribuição Social sobre o Lucro Líquido (CSLL), além de multa de ofício e de juros moratórios (taxa Selic), relativamente ao exercício de 2014.

O referido crédito tributário foi devidamente constituído por meio de lançamento de ofício, e sua exigibilidade se encontra suspensa por força de recurso administrativo. No ano de 2015, a pessoa jurídica XXX foi incorporada pela pessoa jurídica ZZZ.

Sobre a responsabilidade tributária da pessoa jurídica ZZZ, no tocante ao crédito tributário constituído contra XXX, assinale a afirmativa correta.

(A) A incorporadora ZZZ é responsável apenas pelo pagamento da CSLL e dos juros moratórios (taxa Selic).
(B) A incorporadora ZZZ é integralmente responsável tanto pelo pagamento da CSLL quanto pelo pagamento da multa e dos juros moratórios.

(C) A incorporadora ZZZ é responsável apenas pelo tributo, uma vez que, em razão da suspensão da exigibilidade, não é responsável pelo pagamento das multas e dos demais acréscimos legais.

(D) A incorporadora ZZZ é responsável apenas pela CSLL e pela multa, não sendo responsável pelo pagamento dos juros moratórios.

27. Ricardo, servidor público federal, especializou-se no mercado imobiliário, tornando-se corretor de imóveis. Em razão do aumento da demanda, passou a atender seus clientes durante o horário de expediente, ausentando-se da repartição pública sem prévia autorização do chefe imediato.

Instaurada sindicância, Ricardo foi punido com uma advertência. A despeito disso, ele passou a reincidir na mesma falta que ensejou sua punição. Nova sindicância foi aberta.

Com base na situação narrada, assinale a afirmativa correta.

(A) A sindicância não pode resultar, em nenhuma hipótese, na aplicação da pena de suspensão; neste caso, deve ser instaurado processo administrativo disciplinar.

(B) A reiteração da mesma falha não enseja a aplicação da pena de suspensão; neste caso, a única sanção possível é a advertência.

(C) A sindicância pode dar ensejo à aplicação da pena de suspensão, desde que a sanção seja de até 30 (trinta) dias.

(D) A pena de demissão independe da instauração de processo administrativo disciplinar, podendo ser aplicada após sindicância.

28. Raimundo tornou-se prefeito de um pequeno município brasileiro. Seu mandato teve início em janeiro de 2009 e encerrou-se em dezembro de 2012. Em abril de 2010, sabendo que sua esposa estava grávida de gêmeos e que sua residência seria pequena para receber os novos filhos, Raimundo comprou um terreno e resolveu construir uma casa maior. No mesmo mês, com o orçamento familiar apertado, para não incorrer em novos custos, ele usou um trator de esteiras, de propriedade do município, para nivelar o terreno recém-adquirido.

O Ministério Público teve ciência do fato em maio de 2015 e ajuizou, em setembro do mesmo ano, ação de improbidade administrativa contra Raimundo. Após análise da resposta preliminar, o juiz recebeu a ação e ordenou a citação do réu em dezembro de 2015.

Considerando o enunciado da questão e a Lei de Improbidade Administrativa, em especial as disposições sobre prescrição, o prazo prescricional das eventuais sanções a serem aplicadas a Raimundo é de

(A) cinco anos, tendo como termo inicial a data da infração (abril de 2010); logo, como a ação foi ajuizada em setembro de 2015, ocorreu a prescrição no caso concreto.

(B) três anos, tendo como termo inicial a data em que os fatos se tornaram conhecidos pelo Ministério Público (maio de 2015); logo, como a ação foi ajuizada em setembro de 2015, não ocorreu a prescrição no caso concreto.

(C) cinco anos, tendo como termo inicial o término do exercício do mandato (dezembro de 2012); logo, como a ação foi ajuizada em setembro de 2015, não ocorreu a prescrição no caso concreto.

(D) três anos, tendo como termo inicial o término do exercício do mandato (dezembro de 2012); logo, como a ação foi ajuizada em setembro de 2015, ocorreu a prescrição no caso concreto.

29. João foi aprovado em concurso público para ocupar um cargo federal. Depois de nomeado, tomou posse e entrou em exercício imediatamente. Porém, em razão da sua baixa produtividade, o órgão ao qual João estava vinculado entendeu que o servidor não satisfez as condições do estágio probatório.

Considerando o Estatuto dos Servidores Públicos Civis da União, à luz do caso narrado, assinale a afirmativa correta.

(A) A Administração Pública deve exonerar João, após o devido processo legal, visto que ele não mostrou aptidão e capacidade para o exercício do cargo.

(B) A Administração Pública deve demitir João, solução prevista em lei para os casos de inaptidão no estágio probatório.

(C) João deve ser redistribuído para outro órgão ou outra entidade do mesmo Poder, a fim de que possa desempenhar suas atribuições em outro local.

(D) João deve ser readaptado em cargo de atribuições afins.

30. A União celebrou com a empresa Gama contrato de concessão de serviço público precedida de obra pública. O negócio jurídico tinha por objeto a exploração, incluindo a duplicação, de determinada rodovia federal. Algum tempo após o início do contrato, o poder concedente identificou a inexecução de diversas obrigações por parte da concessionária, o que motivou a notificação da contratada. Foi autuado processo administrativo, ao fim do qual o poder concedente concluiu estar prejudicada a prestação do serviço por culpa da contratada.

Com base na hipótese apresentada, assinale a afirmativa correta.

(A) O contrato é nulo desde a origem, eis que a concessão de serviços públicos não pode ser precedida da execução de obras públicas.

(B) O poder concedente pode declarar a caducidade do contrato de concessão, tendo em vista a inexecução parcial do negócio jurídico por parte da concessionária.

(C) O poder concedente deve, necessariamente, aplicar todas as sanções contratuais antes de decidir pelo encerramento do contrato.

(D) O processo administrativo tem natureza de inquérito e visa coletar informações precisas dos fatos; por isso, não há necessidade de observar o contraditório e a ampla defesa da concessionária.

31. A organização religiosa Tenhafé, além dos fins exclusivamente religiosos, também se dedica a atividades de interesse público, notadamente à educação e à socialização de crianças em situação de risco. Ela não está qualificada como Organização Social (OS), nem como Organização da Sociedade Civil de Interesse Público (OSCIP), mas pretende obter verbas da União para a promoção de projetos incluídos no plano de Governo Federal, propostos pela própria Administração Pública.

Sobre a pretensão da organização religiosa Tenhafé, assinale a afirmativa correta.

(A) Por ser uma organização religiosa, Tenhafé não poderá receber verbas da União.
(B) A transferência de verbas da União para a organização religiosa Tenhafé somente poderá ser formalizada por meio de contrato administrativo, mediante a realização de licitação na modalidade concorrência.
(C) Para receber verbas da União para a finalidade em apreço, a organização religiosa Tenhafé deverá qualificar-se como OS ou OSCIP.
(D) Uma vez selecionada por meio de chamamento público, a organização religiosa Tenhafé poderá obter a transferência de recursos da União por meio de termo de colaboração.

32. Em novembro de 2014, Josué decidiu gozar um período sabático e passou, a partir de então, quatro anos viajando pelo mundo. Ao retornar ao Brasil, foi surpreendido pelo fato de que um terreno de sua propriedade havia sido invadido, em setembro de 2015, pelo Município Beta, que nele construiu uma estação de tratamento de água e esgoto.

Em razão disso, Josué procurou você para, na qualidade de advogado(a), traçar a orientação jurídica adequada, em consonância com o ordenamento vigente.

(A) Deve ser ajuizada uma ação possessória, diante do esbulho cometido pelo Poder Público municipal.
(B) Não cabe qualquer providência em Juízo, considerando que a pretensão de Josué está prescrita.
(C) Impõe-se que Josué aguarde que o bem venha a ser destinado pelo Município a uma finalidade alheia ao interesse público, para que, somente então, possa pleitear uma indenização em Juízo.
(D) É pertinente o ajuizamento de uma ação indenizatória, com base na desapropriação indireta, diante da incorporação do bem ao patrimônio público pela afetação.

33. Configurada a violação aos dispositivos da Lei do Sistema Nacional de Unidades de Conservação, especificamente sobre a restauração e recuperação de ecossistema degradado, o Estado Z promove ação civil pública em face de Josemar, causador do dano.

Em sua defesa judicial, Josemar não nega a degradação, mas alega o direito subjetivo de celebração de Termo de Ajustamento de Conduta (TAC), com a possibilidade de transacionar sobre o conteúdo das normas sobre restauração e recuperação.

Sobre a hipótese, assinale a afirmativa correta.

(A) Josemar não possui direito subjetivo à celebração do TAC, que, caso celebrado, não pode dispor sobre o conteúdo da norma violada, mas sobre a forma de seu cumprimento.
(B) O TAC não pode ser celebrado, uma vez que a ação civil pública foi proposta pelo Estado, e não pelo Ministério Público.
(C) Josemar possui direito subjetivo a celebrar o TAC, sob pena de violação ao princípio da isonomia, mas sem que haja possibilidade de flexibilizar o conteúdo das normas violadas.
(D) Josemar possui direito subjetivo a celebrar o TAC nos termos pretendidos, valendo o termo como título executivo extrajudicial, apto a extinguir a ação civil pública por perda de objeto.

34. Os Municípios ABC e XYZ estabeleceram uma solução consorciada intermunicipal para a gestão de resíduos sólidos. Nesse sentido, celebraram um consórcio para estabelecer as obrigações e os procedimentos operacionais relativos aos resíduos sólidos de serviços de saúde, gerados por ambos os municípios.

Sobre a validade do plano intermunicipal de resíduos sólidos, assinale a afirmativa correta.

(A) Não é válido, uma vez que os resíduos de serviços de saúde não fazem parte da Política Nacional de Resíduos Sólidos, sendo disciplinados por lei específica.
(B) É válido, sendo que os Municípios ABC e XYZ terão prioridade em financiamentos de entidades federais de crédito para o manejo dos resíduos sólidos.
(C) É válido, devendo o consórcio ser formalizado por meio de sociedade de propósito específico com a forma de sociedade anônima.
(D) É válido, tendo como conteúdo mínimo a aplicação de 1% (um por cento) da receita corrente líquida de cada município consorciado.

35. João, empresário individual, é titular de um estabelecimento comercial que funciona em loja alugada em um shopping-center movimentado. No estabelecimento, trabalham o próprio João, como gerente, sua esposa, como caixa, e Márcia, uma funcionária contratada para atuar como vendedora.

Certo dia, Miguel, um fornecedor de produtos da loja, quando da entrega de uma encomenda feita por João, foi recebido por Márcia e sentiu-se ofendido por comentários preconceituosos e discriminatórios realizados pela vendedora. Assim, Miguel ingressou com ação indenizatória por danos morais em face de João.

A respeito do caso narrado, assinale a afirmativa correta.

(A) João não deve responder pelo dano moral, uma vez que não foi causado direta e imediatamente por conduta sua.
(B) João pode responder apenas pelo dano moral, caso reste comprovada sua culpa in vigilando em relação à conduta de Márcia.
(C) João pode responder apenas por parte da compensação por danos morais diante da verificação de culpa concorrente de terceiro.
(D) João deve responder pelos danos causados, não lhe assistindo alegar culpa exclusiva de terceiro.

36. Em 05 de dezembro de 2016, Sérgio, mediante contrato de compra e venda, adquiriu de Fernando um computador seminovo (ano 2014) da marca Massa pelo valor de R$ 5.000,00. O pagamento foi integralizado à vista, no mesmo dia, e foi previsto no contrato que o bem seria entregue em até um mês, devendo Fernando contatar Sérgio, por telefone, para que este buscasse o computador em sua casa. No contrato, também foi prevista multa de R$ 500,00 caso o bem não fosse entregue no prazo combinado.

Em 06 de janeiro de 2017, Sérgio, muito ansioso, ligou para Fernando perguntando pelo computador, mas teve como resposta que o atraso na entrega se deu porque a irmã de Fernando, Ana, que iria trazer um computador novo para ele do exterior, tinha perdido o voo e só chegaria após uma semana. Por tal razão, Fernando ainda dependia do computador antigo para trabalhar e não poderia entregá-lo de imediato a Sérgio.

Acerca dos fatos narrados, assinale a afirmativa correta.

(A) Sérgio poderá exigir de Fernando a execução específica da obrigação (entrega do bem) ou a cláusula penal de R$ 500,00, não podendo ser cumulada a multa com a obrigação principal.

(B) Sérgio poderá exigir de Fernando a execução específica da obrigação (entrega do bem) simultaneamente à multa de R$ 500,00, tendo em vista ser cláusula penal moratória.

(C) Sérgio somente poderá exigir de Fernando a execução específica da obrigação (entrega do bem), não a multa, pois o atraso foi por culpa de terceiro (Ana), e não de Fernando.

(D) Sérgio somente poderá exigir de Fernando a cláusula penal de R$ 500,00, não a execução específica da obrigação (entrega do bem), que depende de terceiro (Ana).

37. Marcos caminhava na rua em frente ao Edifício Roma quando, da janela de um dos apartamentos da frente do edifício, caiu uma torradeira elétrica, que o atingiu quando passava. Marcos sofreu fratura do braço direito, que foi diretamente atingido pelo objeto, e permaneceu seis semanas com o membro imobilizado, impossibilitado de trabalhar, até se recuperar plenamente do acidente.

À luz do caso narrado, assinale a afirmativa correta.

(A) O condomínio do Edifício Roma poderá vir a ser responsabilizado pelos danos causados a Marcos, com base na teoria da causalidade alternativa.

(B) Marcos apenas poderá cobrar indenização por danos materiais e morais do morador do apartamento do qual caiu o objeto, tendo que comprovar tal fato.

(C) Marcos não poderá cobrar nenhuma indenização a título de danos materiais pelo acidente sofrido, pois não permaneceu com nenhuma incapacidade permanente.

(D) Caso Marcos consiga identificar de qual janela caiu o objeto, o respectivo morador poderá alegar ausência de culpa ou dolo para se eximir de pagar qualquer indenização a ele.

38. Jonas trabalha como caseiro da casa de praia da família Magalhães, exercendo ainda a função de cuidador da matriarca Lena, já com 95 anos. Dez dias após o falecimento de Lena, Jonas tem seu contrato de trabalho extinto pelos herdeiros. Contudo, ele permanece morando na casa, apesar de não manter qualquer outra relação jurídica com os herdeiros, que também já não frequentam mais o imóvel e permanecem incomunicáveis.

Jonas decidiu, por sua própria conta, fazer diversas modificações na casa: alterou a pintura, cobriu a garagem (que passou a alugar para vizinhos) e ampliou a churrasqueira. Ele passou a dormir na suíte principal, assumiu as despesas de água, luz, gás e telefone, e apresentou-se, perante a comunidade, como "o novo proprietário do imóvel".

Doze anos após o falecimento de Lena, seu filho Adauto decide retomar o imóvel, mas Jonas se recusa a devolvê-lo.

A partir da hipótese narrada, assinale a afirmativa correta.

(A) Jonas não pode usucapir o bem, eis que é possuidor de má-fé.

(B) Adauto não tem direito à ação possessória, eis que o imóvel estava abandonado.

(C) Jonas não pode ser considerado possuidor, eis que é o caseiro do imóvel.

(D) Na hipótese indicada, a má-fé de Jonas não é um empecilho à usucapião.

39. Mário, cego, viúvo, faleceu em 1º de junho de 2017, deixando 2 filhos: Clara, casada com Paulo, e Júlio, solteiro. Em seu testamento público, feito de acordo com as formalidades legais, em 02 de janeiro de 2017, Mário gravou a legítima de Clara com cláusula de incomunicabilidade; além disso, deixou toda a sua parte disponível para Júlio.

Sobre a situação narrada, assinale a afirmativa correta.

(A) O testamento é inválido, pois, como Mário é cego, deveria estar regularmente assistido para celebrar o testamento validamente.

(B) A cláusula de incomunicabilidade é inválida, pois Mário não declarou a justa causa no testamento, como exigido pela legislação civil.

(C) A cláusula que confere a Júlio toda a parte disponível é inválida, pois Mário não pode tratar seus filhos de forma diferente.

(D) O testamento é inválido, pois, como Mário é cego, a legislação apenas lhe permite celebrar testamento cerrado.

40. Ana, sem filhos, solteira e cujos pais são pré-mortos, tinha os dois avós paternos e a avó materna vivos, bem como dois irmãos: Bernardo (germano) e Carmem (unilateral). Ana falece sem testamento, deixando herança líquida no valor de R$ 60.000,00 (sessenta mil reais).

De acordo com os fatos narrados, assinale a afirmativa correta.

(A) Seus três avós receberão, cada um, R$ 20.000,00 (vinte mil reais), por direito de representação dos pais de Ana, pré-mortos.

(B) Seus avós paternos receberão, cada um, R$ 15.000,00 (quinze mil reais) e sua avó materna receberá R$ 30.000,00 (trinta mil reais), por direito próprio.

(C) Bernardo receberá R$ 40.000,00 (quarenta mil reais), por ser irmão germano, e Carmem receberá R$ 20.000,00 (vinte mil reais), por ser irmã unilateral.

(D) Bernardo e Carmem receberão, cada um, R$ 30.000,00 (trinta mil reais), por direito próprio.

41. Arlindo, proprietário da vaca Malhada, vendeu-a a seu vizinho, Lauro. Celebraram, em 10 de janeiro de 2018, um contrato de compra e venda, pelo qual Arlindo deveria receber do comprador a quantia de R$ 2.500,00, no momento da entrega do animal, agendada para um mês após a celebração do contrato. Nesse interregno, contudo, para surpresa de Arlindo, Malhada pariu dois bezerros.

Sobre os fatos narrados, assinale a afirmativa correta.

(A) Os bezerros pertencem a Arlindo.

(B) Os bezerros pertencem a Lauro.

(C) Um bezerro pertence a Arlindo e o outro, a Lauro.

(D) Deverá ser feito um sorteio para definir a quem pertencem os bezerros.

42. Beatriz, quando solteira, adotou o bebê Théo. Passados dois anos da adoção, Beatriz começou a viver em união estável com Leandro. Em razão das constantes viagens a trabalho de Beatriz, Leandro era quem diariamente cuidava de Théo, participando de todas as atividades escolares. Théo reconheceu Leandro como pai.

Quando Beatriz e Leandro terminaram o relacionamento, Théo

já contava com 15 anos de idade. Leandro, atendendo a um pedido do adolescente, decide ingressar com ação de adoção unilateral do infante. Beatriz discorda do pedido, sob o argumento de que a união estável está extinta e que não mantém um bom relacionamento com Leandro.

Considerando o Princípio do Superior Interesse da Criança e do Adolescente e a Prioridade Absoluta no Tratamento de seus Direitos, Théo pode ser adotado por Leandro?

(A) Não, pois, para a adoção unilateral, é imprescindível que Beatriz concorde com o pedido.
(B) Sim, caso haja, no curso do processo, acordo entre Beatriz e Leandro, regulamentando a convivência familiar de Théo.
(C) Não, pois somente os pretendentes casados, ou que vivam em união estável, podem ingressar com ação de adoção unilateral.
(D) Sim, o pedido de adoção unilateral formulado por Leandro poderá, excepcionalmente, ser deferido e, ainda que de forma não consensual, regulamentada a convivência familiar de Théo com os pais.

43. Angélica, criança com 5 anos de idade, reside com a mãe Teresa, o padrasto Antônio e a tia materna Joana. A tia suspeita de que sua sobrinha seja vítima de abuso sexual praticado pelo padrasto. Isso porque, certa vez, ao tomar banho com Angélica, esta reclamou de dores na vagina e no ânus, que aparentavam estar bem vermelhos. Na ocasião, a sobrinha disse que "o papito coloca o dedo no meu bumbum e na minha pererreca, e dói". Joana narrou o caso para a irmã Teresa, que disse não acreditar no relato da filha, pois ela gostava de inventar histórias, e que, ainda que fosse verdade, não poderia fazer nada, pois depende financeiramente de Antônio. Joana, então, após registrar a ocorrência na Delegacia de Polícia, que apenas instaurou o inquérito policial e encaminhou a criança para exame de corpo de delito, busca orientação jurídica sobre o que fazer para colocá-la em segurança imediatamente.

De acordo com o Estatuto da Criança e do Adolescente, a fim de resguardar a integridade de Angélica até que os fatos sejam devidamente apurados pelo Juízo Criminal competente, assinale a opção que indica a medida que poderá ser postulada por um advogado junto ao Juízo da Infância e da Juventude.

(A) A aplicação da medida protetiva de acolhimento institucional de Angélica.
(B) Solicitar a suspensão do poder familiar de Antônio.
(C) Solicitar o afastamento de Antônio da moradia comum.
(D) Solicitar a destituição do poder familiar da mãe Teresa.

44. Petrônio, servidor público estadual aposentado, firmou, em um intervalo de seis meses, três contratos de empréstimo consignado com duas instituições bancárias diferentes, comprometendo 70% (setenta por cento) do valor de aposentadoria recebido mensalmente, o que está prejudicando seu sustento, já que não possui outra fonte de renda. Petrônio procura orientação de um advogado para saber se há possibilidade de corrigir o que alega ter sido um engano de contratação de empréstimos sucessivos.

Partindo dessa situação, à luz do entendimento do Superior Tribunal de Justiça, assinale a afirmativa correta.

(A) Não há abusividade na realização de descontos superiores a 50% (cinquenta por cento) dos rendimentos do consumidor para fins de pagamento de prestação dos empréstimos quando se tratar de contratos firmados com fornecedores diferentes, como no caso narrado.
(B) O consumidor não pode ser submetido à condição de desequilíbrio na relação jurídica, sendo nulas de pleno direito as cláusulas contratuais do contrato no momento em que os descontos ultrapassam metade da aposentadoria do consumidor.
(C) Os descontos a título de crédito consignado, incidentes sobre os proventos de servidores, como é o caso de Petrônio, devem ser limitados a 30% (trinta por cento) da remuneração, em razão da sua natureza alimentar e do mínimo existencial.
(D) Tratando-se de consumidor hipervulnerável pelo fator etário, os contratos dependem de anuência de familiar, que deve assinar conjuntamente ao idoso, não podendo comprometer mais do que 20% (vinte por cento) do valor recebido a título de aposentadoria.

45. Eloá procurou o renomado Estúdio Max para tratamento de restauração dos fios do cabelo, que entendia muito danificados pelo uso de químicas capilares. A proposta do profissional empregado do estabelecimento foi a aplicação de determinado produto que acabara de chegar ao mercado, da marca mundialmente conhecida Ops, que promovia uma amostragem inaugural do produto em questão no próprio Estúdio Max.

Eloá ficou satisfeita com o resultado da aplicação pelo profissional no estabelecimento, mas, nos dias que se seguiram, observou a queda e a quebra de muitos fios de cabelo, o que foi aumentando progressivamente. Retornando ao Estúdio, o funcionário que a havia atendido informou-lhe que poderia ter ocorrido reação química com outro produto utilizado por Eloá anteriormente ao tratamento, levando aos efeitos descritos pela consumidora, embora o produto da marca Ops não apontasse contraindicações.

Eloá procurou você como advogado(a), narrando essa situação.

Neste caso, assinale a opção que apresenta sua orientação.

(A) Há evidente fato do serviço executado pelo profissional, cabendo ao Estúdio Max e ao fabricante do produto da marca Ops, em responsabilidade solidária, responderem pelos danos suportados pela consumidora.
(B) Há evidente fato do produto; por esse motivo, a ação judicial poderá ser proposta apenas em face da fabricante do produto da marca Ops, não havendo responsabilidade solidária do comerciante Estúdio Max.
(C) Há evidente fato do serviço, o que vincula a responsabilidade civil subjetiva exclusiva do profissional que sugeriu e aplicou o produto, com base na teoria do risco da atividade, excluindo-se a responsabilidade do Estúdio Max.
(D) Há evidente vício do produto, sendo a responsabilidade objetiva decorrente do acidente de consumo atribuída ao fabricante do produto da marca Ops e, em caráter subsidiário, ao Estúdio Max e ao profissional, e não do profissional que aplicou o produto.

46. Paulo precisa de um veículo automotor para entregar os produtos de seu estabelecimento aos clientes, mas não tem numerário para adquiri-lo. Ele foi aconselhado por sua advogada a celebrar um contrato de arrendamento mercantil.

Assinale a opção que indica as faculdades do arrendatário ao final desse contrato.

(A) Devolver o bem ao arrendador, renovar o contrato ou exercer opção de compra.
(B) Subarrendar o bem a terceiro ou exercer opção de compra.
(C) Subarrendar o bem a terceiro, renovar o contrato ou exercer opção de compra.
(D) Devolver o bem ao arrendador ou renovar o contrato.

47. O empresário individual José de Freitas alienou seu estabelecimento a outro empresário mediante os termos de um contrato escrito, averbado à margem de sua inscrição no Registro Público de Empresas Mercantis, publicado na imprensa oficial, mas não lhe restaram bens suficientes para solver o seu passivo.

Em relação à alienação do estabelecimento empresarial nessas condições, sua eficácia depende

(A) da quitação prévia dos créditos trabalhistas e fiscais vencidos no ano anterior ao da alienação do estabelecimento.
(B) do pagamento a todos os credores, ou do consentimento destes, de modo expresso ou tácito, em trinta dias a partir de sua notificação.
(C) da quitação ou anuência prévia dos credores com garantia real e, quanto aos demais credores, da notificação da transferência com antecedência de, no mínimo, sessenta dias.
(D) do consentimento expresso de todos os credores quirografários ou da consignação prévia das importâncias que lhes são devidas.

48. Para realizar o pagamento de uma dívida contraída pelo sócio M. Paraguaçu em favor da sociedade Iguape, Cananeia & Cia Ltda., o primeiro emitiu uma nota promissória à vista, com cláusula à ordem no valor de R$ 50.000,00 (cinquenta mil reais).

De acordo com essas informações e a respeito da cláusula à ordem, é correto afirmar que

(A) a nota promissória, na omissão dessa cláusula, somente poderia ser transferida pela forma e com os efeitos de cessão de crédito.
(B) a cláusula implica a possibilidade de transferência do título por endosso, sendo o endossante responsável pelo pagamento, salvo cláusula sem garantia.
(C) a cláusula implica a possibilidade de transferência do título por endosso, porque a modalidade de vencimento da nota promissória é à vista.
(D) tal cláusula implica a possibilidade de transferência do título por cessão de crédito, não respondendo o cedente pela solvência do emitente, salvo cláusula de garantia.

49. Borba Eletrônicos Ltda. celebrou contrato de abertura de crédito em conta corrente com o Banco Humaitá S/A, lastreado em nota promissória emitida em garantia da dívida.

Sobre a nota promissória e o contrato de abertura de crédito em conta corrente, diante do inadimplemento do mutuário, assinale a afirmativa correta.

(A) O contrato, ainda que acompanhado de extrato da conta corrente e assinado por duas testemunhas, não é título executivo extrajudicial, e a nota promissória a ele vinculada não goza de autonomia, em razão da iliquidez do título que a originou.
(B) O contrato, desde que acompanhado de extrato da conta corrente e assinado por duas testemunhas, é título executivo extrajudicial, porém a nota promissória a ele vinculada não goza de autonomia, em razão da abusividade da cláusula de mandato.
(C) O contrato, ainda que acompanhado de extrato da conta corrente e assinado por duas testemunhas, não é título executivo extrajudicial, porém a nota promissória a ele vinculada goza de autonomia, em razão de sua independência.
(D) O contrato, mesmo não acompanhado de extrato da conta corrente ou assinado por duas testemunhas, é título executivo extrajudicial, e a nota promissória a ele vinculada goza de executividade autônoma.

50. Concessionária de Veículos Primeira Cruz Ltda. obteve concessão de sua recuperação judicial. Diante da necessidade de alienação de bens do ativo permanente, não relacionados previamente no plano de recuperação, foi convocada assembleia geral de credores.

A proposta de alienação foi aprovada em razão do voto decisivo da credora Dutra & Corda Representações Ltda., cujo sócio majoritário P. Dutra tem participação de 32% (trinta e dois por cento) no capital da sociedade recuperanda.

Com base nesses dados, é correto afirmar que

(A) a decisão é nula de pleno direito, pois a pretensão de alienação de bens do ativo permanente, não relacionados no plano, enseja a convolação da recuperação judicial em falência.
(B) o voto da sociedade Dutra & Corda Representações Ltda. não poderia ter sido considerado para fins de verificação do quórum de instalação e de deliberação da assembleia geral.
(C) a decisão assemblear é anulável, pois a sociedade Dutra & Corda Representações Ltda., como credora, não poderia ter participado nem proferido voto na assembleia geral.
(D) a assembleia é nula, pois a autorização para a alienação de bens do ativo permanente, não relacionados no plano de recuperação judicial, é prerrogativa exclusiva do administrador judicial.

51. Alcebíades ajuizou demanda de obrigação de fazer pelo procedimento comum, com base em cláusula contratual, no foro da comarca de Petrópolis. Citada para integrar a relação processual, a ré Benedita lembrou-se de ter ajustado contratualmente que o foro para tratar judicialmente de qualquer desavença seria o da comarca de Niterói, e comunicou o fato ao seu advogado.

Sobre o procedimento a ser adotado pela defesa, segundo o caso narrado, assinale a afirmativa correta.

(A) A defesa poderá alegar a incompetência de foro antes da audiência de conciliação ou de mediação.
(B) A defesa poderá alegar a incompetência a qualquer tempo.
(C) A defesa só poderá alegar a incompetência de foro como preliminar da contestação, considerando tratar-se de regra de competência absoluta, sob pena de preclusão.
(D) A defesa tem o ônus de apresentar exceção de incompetência, em petição separada, no prazo de resposta.

52. Aline e Alfredo, casados há 20 anos pelo regime da comunhão parcial de bens, possuem um filho maior de idade e plenamente capaz. Não obstante, Aline encontra-se grávida do segundo filho do casal, estando no sexto mês de gestação.

Ocorre que, por divergências pessoais, o casal decide se divorciar e se dirige a um escritório de advocacia, onde demonstram consenso quanto à partilha de bens comuns e ao pagamento de pensão alimentícia, inexistindo quaisquer outras questões de cunho pessoal ou patrimonial.

Assinale a opção que apresenta a orientação jurídica correta a ser prestada ao casal.

(A) Inexistindo conflito de interesses quanto à partilha de bens comuns, Aline e Alfredo poderão ingressar com o pedido de divórcio pela via extrajudicial, desde que estejam devidamente assistidos por advogado ou defensor público.

(B) Aline e Alfredo deverão ingressar com ação judicial de divórcio, uma vez que a existência de nascituro impede a realização de divórcio consensual pela via extrajudicial, ou seja, por escritura pública.

(C) O divórcio consensual de Aline e Alfredo somente poderá ser homologado após a partilha de bens do casal.

(D) A partilha deverá ser feita mediante ação judicial, embora o divórcio possa ser realizado extrajudicialmente.

53. A sociedade empresária Sucesso veiculou propaganda enganosa acerca de um determinado produto, com especificações distintas daquelas indicadas no material publicitário. Aproximadamente 500.000 consumidores, dentre os quais alguns hipossuficientes, compraram o produto. Diante disso, a Associação de Defesa do Consumidor, constituída há 10 anos, cogitou a possibilidade de ajuizar ação civil pública, com base na Lei nº 7.347/85, para obter indenização para tais consumidores.

Diante dessas informações, assinale a afirmativa correta.

(A) O Ministério Público é parte ilegítima para a propositura da ação civil pública.

(B) A Associação de Defesa do Consumidor pode propor a ação civil pública.

(C) Qualquer consumidor lesado pode propor a ação civil pública.

(D) A propositura da ação civil pública pela Defensoria dispensa a participação do Ministério Público no processo.

54. Almir ingressa com ação pelo procedimento comum em face de José, pleiteando obrigação de fazer consistente na restauração do sinteco aplicado no piso de seu apartamento, uma vez que, dias após a realização do serviço ter sido concluída, o verniz começou a apresentar diversas manchas irregulares.

Em sua inicial, afirma ter interesse na autocomposição. O juiz da causa, verificando que a petição inicial preenche os requisitos essenciais, não sendo caso de improcedência liminar do pedido, designa audiência de conciliação a ser realizada dentro de 60 (sessenta) dias, promovendo, ainda, a citação do réu com 30 (trinta) dias de antecedência.

Com base na legislação processual aplicável ao caso apresentado, assinale a afirmativa correta.

(A) Caso Almir e José cheguem a um acordo durante a audiência de conciliação, a autocomposição obtida será reduzida a termo pelo conciliador e, independentemente da sua homologação pelo magistrado, já constitui título executivo judicial, bastando que o instrumento seja referendado pelos advogados dos transatores ou por conciliador credenciado junto ao tribunal.

(B) Agiu equivocadamente o magistrado, uma vez que o CPC/15 prevê a imprescindibilidade do prévio oferecimento de contestação por José, no prazo de 15 (quinze) dias úteis a serem contados de sua citação e antes da designação da audiência conciliatória, sob pena de vulnerar o princípio constitucional da ampla defesa e do contraditório, também reproduzido na legislação adjetiva.

(C) Caso Almir, autor da ação, deixe de comparecer injustificadamente à audiência de conciliação, tal ausência é considerada pelo CPC/15 como ato atentatório à dignidade da justiça, sendo sancionado com multa de até dois por cento da vantagem econômica pretendida ou do valor da causa, revertida em favor do Estado.

(D) Almir e José não precisam comparecer à audiência de conciliação acompanhados por seus advogados, uma vez que, nessa fase processual, a relação processual ainda não foi integralmente formada e não há propriamente uma lide, a qual apenas surgirá quando do oferecimento da contestação pelo réu.

55. Tancredo ajuizou equivocadamente, em abril de 2017, demanda reivindicatória em face de Gilberto, caseiro do sítio Campos Verdes, porque Gilberto parecia ostentar a condição de proprietário.

Diante do narrado, assinale a afirmativa correta.

(A) Gilberto deverá realizar a nomeação à autoria no prazo de contestação.

(B) Gilberto poderá alegar ilegitimidade ad causam na contestação, indicando aquele que considera proprietário.

(C) Trata-se de vício sanável, podendo o magistrado corrigir o polo passivo de ofício, substituindo Gilberto da relação processual, ainda que este não tenha indicado alguém.

(D) Gilberto poderá promover o chamamento ao processo de seu patrão, a quem está subordinado.

56. Alice, em razão de descumprimento contratual por parte de Lucas, constituiu Osvaldo como seu advogado para ajuizar uma ação de cobrança com pedido de condenação em R$ 300.000,00 (trezentos mil reais), valor atribuído à causa.

A ação foi julgada procedente, mas não houve a condenação em honorários sucumbenciais. Interposta apelação por Lucas, veio a ser desprovida, sendo certificado o trânsito em julgado. Considerando o exposto, assinale a afirmativa correta.

(A) Em razão do trânsito em julgado e da preclusão, não há mais possibilidade de fixação dos honorários sucumbenciais.

(B) Como não houve condenação, presume-se que há fixação implícita de honorários sucumbenciais na média entre o mínimo e o máximo, ou seja, 15% do valor da condenação.

(C) O trânsito em julgado não impede a discussão no mesmo processo, podendo ser requerida a fixação dos honorários sucumbenciais por meio de simples petição.

(D) Deve ser proposta ação autônoma para definição dos honorários sucumbenciais e de sua cobrança.

57. Lucas, em litígio instaurado contra Alberto, viu seus pedidos serem julgados procedentes em primeira instância, o que veio a ser confirmado pelo tribunal local em sede de apelação.

Com a publicação do acórdão proferido em sede de apelação na imprensa oficial, Alberto interpôs recurso especial, alegando que o julgado teria negado vigência a dispositivo de lei federal. Simultaneamente, Lucas opôs embargos de declaração contra o mesmo acórdão, suscitando a existência de omissão.

Nessa situação hipotética,

(A) o recurso especial de Alberto deverá ser considerado extemporâneo, visto que interposto antes do julgamento dos embargos de declaração de Lucas.

(B) Alberto, após o julgamento dos embargos de declaração de Lucas, terá o direito de complementar ou alterar as razões de seu recurso especial, independentemente do resultado do julgamento dos embargos de declaração.

(C) Alberto não precisará ratificar as razões de seu recurso especial para que o recurso seja processado e julgado se os embargos de declaração de Lucas forem rejeitados, não alterando a decisão recorrida.

(D) Alberto deverá interpor novo recurso especial após o julgamento dos embargos de declaração.

58. Márcia e Plínio se encontraram em um quarto de hotel e, após discutirem o relacionamento por várias horas, acabaram por se ofender reciprocamente. Márcia, então, querendo dar fim à vida de ambos, ingressa no banheiro do quarto e liga o gás, aproveitando-se do fato de que Plínio estava dormindo.

Em razão do forte cheiro exalado, quando ambos já estavam desmaiados, os seguranças do hotel invadem o quarto e resgatam o casal, que foi levado para o hospital. Tanto Plínio quanto Márcia acabaram sofrendo lesões corporais graves.

Registrado o fato na delegacia, Plínio, revoltado com o comportamento de Márcia, procura seu advogado e pergunta se a conduta dela configuraria crime.

Considerando as informações narradas, o advogado de Plínio deverá esclarecer que a conduta de Márcia configura crime de

(A) lesão corporal grave, apenas.

(B) tentativa de homicídio qualificado e tentativa de suicídio.

(C) tentativa de homicídio qualificado, apenas.

(D) tentativa de suicídio, por duas vezes.

59. Francisco, brasileiro, é funcionário do Banco do Brasil, sociedade de economia mista, e trabalha na agência de Lisboa, em Portugal. Passando por dificuldades financeiras, acaba desviando dinheiro do banco para uma conta particular, sendo o fato descoberto e julgado em Portugal. Francisco é condenado pela infração praticada. Extinta a pena, ele retorna ao seu país de origem e é surpreendido ao ser citado, em processo no Brasil, para responder pelo mesmo fato, razão pela qual procura seu advogado.

Considerando as informações narradas, o advogado de Francisco deverá informar que, de acordo com o previsto no Código Penal,

(A) ele não poderá responder no Brasil pelo mesmo fato, por já ter sido julgado e condenado em Portugal.

(B) ele somente poderia ser julgado no Brasil por aquele mesmo fato, caso tivesse sido absolvido em Portugal.

(C) ele pode ser julgado também no Brasil por aquele fato, sendo totalmente indiferente a condenação sofrida em Portugal.

(D) ele poderá ser julgado também no Brasil por aquele fato, mas a pena cumprida em Portugal atenua ou será computada naquela imposta no Brasil, em caso de nova condenação.

60. Em 2014, Túlio foi condenado definitivamente pela prática de um crime de estupro ao cumprimento de pena de 6 anos. Após preencher todos os requisitos legais, foi a ele deferido livramento condicional. No curso do livramento, Túlio vem novamente a ser condenado definitivamente por outro crime de estupro praticado durante o período de prova. Preocupada com as consequências dessa nova condenação, a família de Túlio procura o advogado para esclarecimentos.

Considerando as informações narradas, o advogado de Túlio deverá esclarecer à família que a nova condenação funciona, na revogação do livramento, como causa

(A) obrigatória, não sendo possível a obtenção de livramento condicional em relação ao novo delito.

(B) obrigatória, sendo possível a obtenção de livramento condicional após cumprimento de mais de 2/3 das penas somadas.

(C) facultativa, não sendo possível a obtenção de livramento condicional em relação ao novo delito.

(D) facultativa, sendo possível a obtenção de livramento condicional após cumprimento de mais de 2/3 das penas somadas.

61. Laura, nascida em 21 de fevereiro de 2000, é inimiga declarada de Lívia, nascida em 14 de dezembro de 1999, sendo que o principal motivo da rivalidade está no fato de que Lívia tem interesse no namorado de Laura.

Durante uma festa, em 19 de fevereiro de 2018, Laura vem a saber que Lívia anunciou para todos que tentaria manter relações sexuais com o referido namorado. Soube, ainda, que Lívia disse que, na semana seguinte, iria desferir um tapa no rosto de Laura, na frente de seus colegas, como forma de humilhá-la.

Diante disso, para evitar que as ameaças de Lívia se concretizassem, Laura, durante a festa, desfere facadas no peito de Lívia, mas terceiros intervêm e encaminham Lívia diretamente para o hospital. Dois dias depois, Lívia vem a falecer em virtude dos golpes sofridos.

Descobertos os fatos, o Ministério Público ofereceu denúncia em face de Laura pela prática do crime de homicídio qualificado.

Confirmados integralmente os fatos, a defesa técnica de Laura deverá pleitear o reconhecimento da

(A) inimputabilidade da agente.

(B) legítima defesa.

(C) inexigibilidade de conduta diversa.

(D) atenuante da menoridade relativa.

62. Juarez, com a intenção de causar a morte de um casal de vizinhos, aproveita a situação em que o marido e a esposa estão juntos, conversando na rua, e joga um artefato explosivo nas vítimas, sendo a explosão deste material bélico a causa eficiente da morte do casal. Apesar de todos os fatos e a autoria restarem provados em inquérito encaminhado ao Ministério Público com relatório final de indiciamento de Juarez, o Promotor de Justiça se mantém inerte em razão de excesso de serviço, não apresentando denúncia no prazo legal. Depois de vários meses com omissão do Promotor de Justiça, o filho do casal falecido procura o advogado da família para adoção das medidas cabíveis.

No momento da apresentação de queixa em ação penal privada subsidiária da pública, o advogado do filho do casal, sob o ponto de vista técnico, de acordo com o Código Penal, deverá imputar a Juarez a prática de dois crimes de homicídio em

(A) concurso material, requerendo a soma das penas impostas para cada um dos delitos.

(B) concurso formal, requerendo a exasperação da pena mais grave em razão do concurso de crimes.

(C) continuidade delitiva, requerendo a exasperação da pena mais grave em razão do concurso de crimes.

(D) concurso formal, requerendo a soma das penas impostas para cada um dos delitos.

63. Flávia conheceu Paulo durante uma festa de aniversário. Após a festa, ambos foram para a casa de Paulo, juntamente com Luiza, amiga de Flávia, sob o alegado desejo de se conhecerem melhor.

Em determinado momento, Paulo, sem qualquer violência real ou grave ameaça, ingressa no banheiro para urinar, ocasião em que Flávia e Luiza colocam um pedaço de madeira na fechadura, deixando Paulo preso dentro do local. Aproveitando-se dessa situação, subtraem diversos bens da residência de Paulo e deixam o imóvel, enquanto a vítima, apesar de perceber a subtração, não tinha condição de reagir. Horas depois, vizinhos escutam os gritos de Paulo e chamam a Polícia.

De imediato, Paulo procura seu advogado para esclarecimentos sobre a responsabilidade penal de Luiza e Flávia.

Considerando as informações narradas, o advogado de Paulo deverá esclarecer que as condutas de Luiza e Flávia configuram crime de

(A) roubo majorado.
(B) furto qualificado, apenas.
(C) cárcere privado, apenas.
(D) furto qualificado e cárcere privado.

64. No dia 15 de maio de 2017, Caio, pai de um adolescente de 14 anos, conduzia um veículo automotor, em via pública, às 14h, quando foi solicitada sua parada em uma blitz. Após consultar a placa do automóvel, os policiais constataram que o veículo era produto de crime de roubo ocorrido no dia 13 de maio de 2017, às 09h. Diante da suposta prática do crime de receptação, realizaram a prisão e encaminharam Caio para a Delegacia.

Em sede policial, a vítima do crime de roubo foi convidada a comparecer e, em observância a todas as formalidades legais, reconheceu Caio como o autor do crime que sofrera. A autoridade policial lavrou auto de prisão em flagrante pelo crime de roubo em detrimento de receptação. O Ministério Público, em audiência de custódia, manifesta-se pela conversão da prisão em flagrante em preventiva, valorizando o fato de Caio ser reincidente, conforme confirmação constante de sua Folha de Antecedentes Criminais.

Quando de sua manifestação, o advogado de Caio, sob o ponto de vista técnico, deverá requerer

(A) liberdade provisória, pois, apesar da prisão em flagrante ser legal, não estão presentes os pressupostos para prisão preventiva.

(B) relaxamento da prisão, em razão da ausência de situação de flagrante.

(C) revogação da prisão preventiva, pois a prisão em flagrante pelo crime de roubo foi ilegal.

(D) substituição da prisão preventiva por prisão domiciliar, pois Caio é responsável pelos cuidados de adolescente de 14 anos.

65. Luiz foi condenado, em primeira instância, pela prática de crime de homicídio qualificado em razão de recurso que dificultou a defesa da vítima. Durante seu interrogatório em Plenário, Luiz confessou a prática delitiva, mas disse que não houve recurso que dificultou a defesa da vítima, tendo em vista que ele estava discutindo com ela quando da ação delitiva. Insatisfeito com o reconhecimento da qualificadora pelos jurados, já que, diferentemente do que ocorreu em relação à autoria, não haveria qualquer prova em relação àquela, o advogado apresentou, de imediato, recurso de apelação.

Considerando apenas as informações narradas, o advogado de Luiz deverá buscar, em sede de recurso,

(A) o reconhecimento de nulidade, com consequente realização de nova sessão de julgamento.

(B) o reconhecimento de que a decisão dos jurados foi manifestamente contrária à prova dos autos em relação à qualificadora, com consequente realização de nova sessão de julgamento.

(C) o afastamento da qualificadora pelo Tribunal de 2ª instância, com imediata readequação, pelo órgão, da pena aplicada pelo juízo do Tribunal do Júri.

(D) o afastamento da qualificadora pelo Tribunal de 2ª instância, com baixa dos autos, para que o juízo do Tribunal do Júri aplique nova pena.

66. Maria, 15 anos de idade, comparece à Delegacia em janeiro de 2017, acompanhada de seu pai, e narra que João, 18 anos, mediante grave ameaça, teria constrangido-a a manter com ele conjunção carnal, demonstrando interesse, juntamente com seu representante, na responsabilização criminal do autor do fato. Instaurado inquérito policial para apurar o crime de estupro, todas as testemunhas e João afirmaram que a relação foi consentida por Maria, razão pela qual, após promoção do Ministério Público pelo arquivamento por falta de justa causa, o juiz homologou o arquivamento com base no fundamento apresentado. Dois meses após o arquivamento, uma colega de classe de Maria a procura e diz que teve medo de contar antes a qualquer pessoa, mas em seu celular havia filmagem do ato sexual entre Maria e João, sendo que no vídeo ficava demonstrado o emprego de grave ameaça por parte deste. Maria, então, entrega o vídeo ao advogado da família.

Considerando a situação narrada, o advogado de Maria

(A) nada poderá fazer sob o ponto de vista criminal, tendo em vista que a decisão de arquivamento fez coisa julgada material.

(B) poderá apresentar o vídeo ao Ministério Público, sendo possível o desarquivamento do inquérito ou oferecimento de denúncia por parte do Promotor de Justiça, em razão da existência de prova nova.

(C) nada poderá fazer sob o ponto de vista criminal, tendo em vista que, apesar de a decisão de arquivamento não ter feito coisa julgada material, o vídeo não poderá ser considerado prova nova, já que existia antes do arquivamento do inquérito.

(D) poderá iniciar, de imediato, ação penal privada subsidiária da pública em razão da omissão do Ministério Público no oferecimento de denúncia em momento anterior.

67. Bruna compareceu à Delegacia e narrou que foi vítima de um crime de ameaça, delito este de ação penal pública condicionada à representação, que teria sido praticado por seu marido Rui, em situação de violência doméstica e familiar contra a mulher. Disse, ainda, ter interesse que seu marido fosse responsabilizado criminalmente por seu comportamento.

O procedimento foi encaminhado ao Ministério Público, que ofereceu denúncia em face de Rui pela prática do crime de ameaça (Art. 147 do Código Penal, nos termos da Lei nº 11.340/06). Bruna, porém, comparece à Delegacia, antes do recebimento da denúncia, e afirma não mais ter interesse na responsabilização penal de seu marido, com quem continua convivendo. Posteriormente, Bruna e Rui procuram o advogado da família e informam sobre o novo comparecimento de Bruna à Delegacia.

Considerando as informações narradas, o advogado deverá esclarecer que

(A) a retratação de Bruna, perante a autoridade policial, até o momento, é irrelevante e não poderá ser buscada proposta de suspensão condicional do processo.

(B) a retratação de Bruna, perante a autoridade policial, até o momento, é válida e suficiente para impedir o recebimento da denúncia.

(C) não cabe retratação do direito de representação após o oferecimento da denúncia; logo, a retratação foi inválida.

(D) não cabe retratação do direito de representação nos crimes praticados no âmbito de violência doméstica e familiar contra a mulher, e nem poderá ser buscada proposta de transação penal.

68. Zeca e Juca foram denunciados pela prática de crime de sequestro, figurando como vítima Vanda. Por ocasião do interrogatório, Zeca nega a autoria delitiva e diz que nem conhece Juca; já Juca alega que conhece Zeca e que somente este seria o autor do fato, declarando-se inocente.

Após a instrução, o juiz profere sentença absolvendo os denunciados. No dia da publicação da sentença, Vanda e Juca procuram seus respectivos advogados e reiteram a certeza quanto à autoria delitiva de Zeca e ao interesse em intervir no processo como assistentes de acusação.

Considerando apenas as informações narradas, assinale a afirmativa correta.

(A) O advogado de Juca poderá requerer a intervenção de seu cliente como assistente de acusação, devendo, porém, o Ministério Público ser ouvido previamente sobre a admissão do assistente.

(B) Os advogados de Juca e Vanda não poderão requerer a intervenção de seus clientes como assistentes de acusação, tendo em vista que já foi proferida sentença.

(C) O advogado de Vanda poderá requerer a intervenção de sua cliente como assistente de acusação, mas não poderá solicitar a realização de nova audiência para elaborar as perguntas que entender pertinentes.

(D) O advogado de Vanda poderá requerer a intervenção de sua cliente como assistente de acusação, e do despacho que admitir ou não o assistente caberá recurso em sentido estrito.

69. O Ministério Público ofereceu denúncia em face de Matheus, imputando-lhe a prática de um crime de estelionato. Na cota da denúncia, o Promotor de Justiça solicitou a realização de exame grafotécnico para comparar as assinaturas constantes da documentação falsa, utilizada como instrumento da prática do estelionato, com as de Matheus. Após ser citado, Matheus procura seu advogado e esclarece, em sigilo, que realmente foi autor do crime de estelionato.

Considerando as informações narradas, sob o ponto de vista técnico, o advogado deverá esclarecer que Matheus

(A) deverá realizar o exame grafotécnico, segundo as determinações que lhe forem realizadas, já que prevalece no Processo Penal o Princípio da Verdade Real.

(B) poderá se recusar a realizar o exame grafotécnico até o momento de seu interrogatório, ocasião em que deverá fornecer padrão para o exame grafotécnico, ainda que com assinaturas diferentes daquelas tradicionalmente utilizadas por ele.

(C) deverá realizar o exame grafotécnico, tendo em vista que, no recebimento da denúncia, prevalece o princípio do in dubio pro societatis.

(D) poderá se recusar a realizar o exame grafotécnico durante todo o processo, e essa omissão não pode ser interpretada como confissão dos fatos narrados na denúncia.

70. Em março de 2015, Lívia foi contratada por um estabelecimento comercial para exercer a função de caixa, cumprindo jornada de segunda-feira a sábado das 8h às 18h, com intervalo de 30 minutos para refeição.

Em 10 de março de 2017, Lívia foi dispensada sem justa causa, com aviso prévio indenizado, afastando-se de imediato. Em 30 de março de 2017, Lívia registrou sua candidatura a dirigente sindical e, em 8 de abril de 2017, foi eleita vice-presidente do sindicato dos comerciários da sua região.

Diante desse fato, Lívia ponderou com a direção da empresa que não seria possível a sua dispensa, mas o empregador insistiu na manutenção da dispensa afirmando que o aviso prévio não poderia ser considerado para fins de garantia no emprego.

Sobre a hipótese narrada, de acordo com a CLT e com o entendimento consolidado do TST, assinale a afirmativa correta.

(A) O período do aviso prévio é integrado ao contrato para todos os fins, daí porque Lívia, que foi eleita enquanto o pacto laboral estava em vigor, não poderá ser dispensada sem justa causa.

(B) Não se computa o aviso prévio para fins de tempo de serviço nem anotação na CTPS do empregado e, em razão disso, Lívia não terá direito à estabilidade oriunda da eleição para dirigente sindical.

(C) O aviso prévio é computado para todos os fins, mas, como a candidatura da empregada ocorreu no decorrer do aviso prévio, Lívia não terá garantia no emprego.

(D) A Lei e a jurisprudência não tratam dessa situação especial, razão pela qual caberá ao magistrado, no caso concreto, decidir se o aviso prévio será computado ao contrato.

71. Ferdinando trabalha na sociedade empresária Alfa S.A. há 4 anos, mas anda desestimulado com o emprego e deseja dar um novo rumo à sua vida, retornando, em tempo integral, aos estudos para tentar uma outra carreira profissional.

Imbuído desta intenção, Ferdinando procurou seu chefe, em 08/03/2018, e apresentou uma proposta para, de comum acordo, ser dispensado da empresa, com formulação de um distrato.

Diante do caso apresentado e dos termos da CLT, assinale a afirmativa correta.

(A) A realização da extinção contratual por vontade mútua é viável, mas a indenização será reduzida pela metade e o empregado não receberá seguro desemprego.

(B) A ruptura contratual por consenso pode ser feita, mas depende de homologação judicial ou do sindicato de classe do empregado.

(C) O contrato não pode ser extinto por acordo entre as partes, já que falta previsão legal para tanto, cabendo ao empregado pedir demissão ou o empregador o dispensar sem justa causa.

(D) O caso pode ser considerado desídia por parte do empregado, gerando então a dispensa por justa causa, sem direito a qualquer indenização.

72. Efigênia foi empregada da sociedade empresária Luz Eterna S.A., exercendo, por último, o cargo de chefe do setor de Recursos Humanos.

Após décadas de dedicação à empresa, Efigênia se aposentou por tempo de contribuição e saiu do emprego por vontade própria, recebendo a indenização legal.

Ocorre que, após seis meses da jubilação, Efigênia passou a sentir falta da rotina que o seu trabalho gerava e também do convívio com os colegas de trabalho, daí porque manifestou desejo de retornar ao mercado de trabalho.

Ciente disso, a ex-empregadora ofereceu novamente o emprego a Efigênia, nas mesmas condições vigentes antes da aposentadoria, já que ela era excelente empregada e tinha profundo conhecimento das rotinas do setor de RH.

Com base na situação retratada e na Lei, assinale a afirmativa correta.

(A) Uma vez que Efigênia se aposentou, ela não pode assumir emprego na mesma sociedade empresária na qual se jubilou, por vedação legal expressa, sob pena de nulidade do segundo contrato.

(B) Se Efigênia voltar a trabalhar na sociedade empresária, o seu contracheque terá o desconto do INSS mensal, sendo irrelevante que ela seja aposentada.

(C) A ex-empregada pode voltar a trabalhar porque sua liberdade é garantida pela Constituição da República, mas deverá optar entre receber o salário do empregador ou a aposentadoria pelo INSS, já que não é possível o acúmulo.

(D) O tempo trabalhado antes da aposentadoria, caso seja quitado pela sociedade empresária, será considerado para fins de pagamento de adicional por tempo de serviço no segundo contrato.

73. Jerônimo Fernandes Silva foi admitido pela sociedade empresária Usina Açúcar Feliz S.A. em 12 de fevereiro de 2018 para exercer a função de gerente regional, recebendo salário de R$ 22.000,00 mensais.

Jerônimo cuida de toda a Usina, analisando os contratos de venda dos produtos fabricados, comprando insumos e materiais, além de gerenciar os 80 empregados que a sociedade empresária possui.

A sociedade empresária pretende inserir cláusula compromissória de arbitragem no contrato de trabalho.

Diante da situação retratada e dos preceitos da CLT, assinale a afirmativa correta.

(A) A cláusula compromissória de arbitragem pode ser estipulada no momento da contratação, desde que o empregado manifeste concordância expressa.

(B) A cláusula compromissória de arbitragem é viável, se o empregado for portador de diploma de nível superior.

(C) Não cabe arbitragem nas lides trabalhistas individuais, pelo que nula eventual estipulação nesse sentido.

(D) É possível a estipulação de cláusula compromissória de arbitragem, desde que isso seja homologado pelo sindicato de classe.

74. Lúcio foi dispensado do emprego, no qual trabalhou de 17/11/2017 a 20/03/2018, por seu empregador. Na sociedade empresária em que trabalhou, Lúcio batia o cartão de ponto apenas no início e no fim da jornada efetiva de trabalho, sem considerar o tempo de café da manhã, de troca de uniforme (que consistia em vestir um jaleco branco e tênis comum, que ficavam na posse do empregado) e o tempo em que jogava pingue-pongue após almoçar, já que o fazia em 15 minutos, e poderia ficar jogando até o término do intervalo integral.

Você foi procurado por Lúcio para, como advogado, ingressar com ação pleiteando horas extras pelo tempo indicado no enunciado não constante dos controles de horário.

Sobre o caso, à luz da CLT, assinale a afirmativa correta.

(A) Lúcio não faz jus às horas extras pelas atividades indicadas, pois as mesmas não constituem tempo à disposição do empregador.

(B) Lúcio faz jus às horas extras pelas atividades indicadas, pois as mesmas constituem tempo à disposição do empregador, já que Lúcio estava nas dependências da empresa.

(C) Apenas o tempo de alimentação e café da manhã devem ser considerados como tempo à disposição, já que o outro representa lazer do empregado.

(D) Apenas o tempo em que ficava jogando poderá ser pretendido como hora extra, pois Lúcio não desfrutava integralmente da pausa alimentar.

75. Jorge trabalhou para a Sapataria Bico Fino Ltda., de 16/11/2017 a 20/03/2018. Na ocasião realizava jornada das 9h às 18h, com 15 minutos de intervalo. Ao ser dispensado ajuizou ação trabalhista, reclamando o pagamento de uma hora integral pela ausência do intervalo, além dos reflexos disso nas demais parcelas intercorrentes do contrato de trabalho.

Diante disso, e considerando o texto da CLT, assinale a afirmativa correta.

(A) Jorge faz jus a 45 minutos acrescidos de 50%, porém sem os reflexos, dada a natureza jurídica indenizatória da parcela.

(B) Jorge faz jus a 45 minutos acrescidos de 50%, além dos reflexos, dada a natureza jurídica salarial da parcela.
(C) Jorge faz jus a uma hora integral acrescida de 50%, porém sem os reflexos, dada a natureza jurídica indenizatória da parcela.
(D) Jorge faz jus a uma hora integral acrescida de 50%, porém sem os reflexos, dada a natureza jurídica salarial da parcela.

76. Silvio contratou você como advogado para ajuizar ação trabalhista em face do empregador. Entretanto, na audiência, o juiz constatou que não havia procuração nos autos. Diante disso, você requereu fosse efetivado registro em ata de audiência no qual Silvio o constituía como procurador. Silvio anuiu com o requerimento.

Com base na hipótese narrada, nos termos da CLT, assinale a afirmativa correta.

(A) O mandato, no caso, é válido e os poderes são apenas para o foro em geral.
(B) O mandato, no caso, é inválido, e seria necessário e obrigatório o requerimento de prazo para juntada de procuração.
(C) O mandato, no caso, é válido e os poderes são para o foro em geral, bem como os especiais, dentre eles os poderes para transigir.
(D) O mandato é válido apenas para a representação na audiência, devendo os demais atos serem regularizados e juntada a procuração para atos futuros.

77. Jéssica trabalhou na sociedade empresária Móveis Perfeitos Ltda. por 4 (quatro) anos, quando foi dispensada sem justa causa, sem receber as verbas resilitórias. Em razão disso, ajuizou reclamação trabalhista pelo rito ordinário postulando os direitos relativos à sua saída, além de horas extras, equiparação salarial, adicional de insalubridade e indenização por dano moral porque foi privada da indenização que serviria para pagar as suas contas regulares.

Na audiência designada, após feito o pregão, a sociedade empresária informou, e comprovou documentalmente, que conseguira no mês anterior a sua recuperação judicial, motivo pelo qual requereu a suspensão da reclamação trabalhista por 180 dias, conforme previsto em Lei, sob pena de o prosseguimento acarretar a nulidade do feito.

Diante da situação concreta e dos termos da legislação em vigor, assinale a afirmativa correta.

(A) A sociedade empresária está correta, porque, em havendo concessão de recuperação judicial, a Lei determina a suspensão de todas as ações.
(B) A Lei não traz nenhuma previsão a respeito, daí porque ficará a critério do prudente arbítrio do juiz deferir a suspensão processual requerida.
(C) A sociedade empresária está equivocada, pois a suspensão da reclamação trabalhista somente ocorreria na fase executória, o que não é o caso.
(D) O Juiz do Trabalho, tendo sido deferida a recuperação judicial, deve suspender o processo, declarar sua incompetência e enviar os autos à Justiça Estadual.

78. Em sede de reclamações trabalhista duas sociedades empresárias foram condenadas em primeira instância. A Massa Falida da Calçados Sola Dura Ltda. e a Institutos de Seguros Privados do Brasil, sociedade empresária em liquidação extrajudicial.

Acerca do depósito recursal, na qualidade de advogado das empresas você deverá

(A) deixar de recolher o depósito recursal e custas nos dois casos, já que se trata de massa falida de empresa em liquidação extrajudicial.
(B) deixar de recolher o depósito recursal e as custas no caso da massa falida, mas recolher ambos para a empresa em liquidação extrajudicial.
(C) recolher nos dois casos o depósito recursal e as custas, sob pena de deserção.
(D) deixar de recolher o depósito recursal no caso da massa falida, mas recolher ambos para a empresa em liquidação extrajudicial e as custas para a massa falida.

79. Em reclamação trabalhista já na fase de execução, o juiz determinou que o autor apresentasse os cálculos de liquidação, determinação esta que foi cumprida pelo exequente em fevereiro de 2018. Então, o calculista do juízo analisou as contas e entendeu que elas estavam corretas, pelo que o juiz homologou os cálculos ofertados e determinou a citação do executado para pagamento em 48 horas, sob pena de execução.

Considerando a narrativa apresentada e os termos da CLT, assinale a afirmativa correta.

(A) Agiu corretamente o juiz, porque as contas foram atestadas pelo calculista como corretas.
(B) Equivocou-se o magistrado, porque deveria obrigatoriamente conferir vista dos cálculos ao executado.
(C) Uma vez que o juiz do Trabalho tem amplo poder de direção e controle do processo, sua decisão está amparada na norma cogente.
(D) O juiz tem a faculdade de abrir vista ao executado por 10 dias, mas não obrigação de fazê-lo.

80. Em determinada Vara do Trabalho foi prolatada uma sentença que, após publicada, não foi objeto de recurso por nenhum dos litigantes.

Quinze meses depois, uma das partes ajuizou ação rescisória perante o Tribunal Regional do Trabalho local, tendo o acórdão julgado improcedente o pedido da rescisória. Ainda inconformada, a parte deseja que o TST aprecie a demanda.

Assinale a opção que indica, na hipótese, o recurso cabível para o Tribunal Superior do Trabalho.

(A) Recurso Ordinário.
(B) Recurso de Revista.
(C) Recurso Especial.
(D) Agravo de Instrumento

Folha de Respostas

#					#				
1	A	B	C	D	41	A	B	C	D
2	A	B	C	D	42	A	B	C	D
3	A	B	C	D	43	A	B	C	D
4	A	B	C	D	44	A	B	C	D
5	A	B	C	D	45	A	B	C	D
6	A	B	C	D	46	A	B	C	D
7	A	B	C	D	47	A	B	C	D
8	A	B	C	D	48	A	B	C	D
9	A	B	C	D	49	A	B	C	D
10	A	B	C	D	50	A	B	C	D
11	A	B	C	D	51	A	B	C	D
12	A	B	C	D	52	A	B	C	D
13	A	B	C	D	53	A	B	C	D
14	A	B	C	D	54	A	B	C	D
15	A	B	C	D	55	A	B	C	D
16	A	B	C	D	56	A	B	C	D
17	A	B	C	D	57	A	B	C	D
18	A	B	C	D	58	A	B	C	D
19	A	B	C	D	59	A	B	C	D
20	A	B	C	D	60	A	B	C	D
21	A	B	C	D	61	A	B	C	D
22	A	B	C	D	62	A	B	C	D
23	A	B	C	D	63	A	B	C	D
24	A	B	C	D	64	A	B	C	D
25	A	B	C	D	65	A	B	C	D
26	A	B	C	D	66	A	B	C	D
27	A	B	C	D	67	A	B	C	D
28	A	B	C	D	68	A	B	C	D
29	A	B	C	D	69	A	B	C	D
30	A	B	C	D	70	A	B	C	D
31	A	B	C	D	71	A	B	C	D
32	A	B	C	D	72	A	B	C	D
33	A	B	C	D	73	A	B	C	D
34	A	B	C	D	74	A	B	C	D
35	A	B	C	D	75	A	B	C	D
36	A	B	C	D	76	A	B	C	D
37	A	B	C	D	77	A	B	C	D
38	A	B	C	D	78	A	B	C	D
39	A	B	C	D	79	A	B	C	D
40	A	B	C	D	80	A	B	C	D

GABARITO COMENTADO

1. Gabarito "B"
Comentário: Nos termos do que dispõe o art. 56 do CED, a representação será formulada ao Presidente do Conselho Seccional ou ao Presidente da Subseção, por escrito ou verbalmente, devendo, neste último caso, ser reduzida a termo. Determina o CED, ainda, que não se considera fonte idônea, para fins de instauração de processo disciplinar, a que consistir em denúncia anônima (art. 55, §2º). Assim, analisemos as alternativas. **A** e **C**: incorretas. Também constitui atribuição das Subseções, por intermédio de seus Presidentes, o recebimento de representações para instauração de processos ético-disciplinares, conforme se extrai do art. 56 do CED; **B**: correta, nos termos, respectivamente, dos arts. 56, *caput*, e 55, §§ 1º e 2º, do CED; **D**: incorreta, pois a representação somente será admitida como uma das formas de instauração de processo disciplinar quando o representante estiver devidamente identificado, sob pena de se caracterizar verdadeira denúncia anônima, que não se constitui como fonte idônea.

2. Gabarito "D"
Comentário: Para uma fácil compreensão do candidato acerca da participação de integrantes dos órgãos da OAB em sessões e deliberações, raciocine-se da seguinte maneira: terão direto a voto os membros do órgão em que se estiver realizando a sessão. Portanto, por exemplo, nas sessões dos Conselhos Seccionais, terão direto a voto, obviamente, os Conselheiros Seccionais. Demais participantes terão direito a voz, ou seja, poderão se manifestar, mas não decidir (direito a voto) o que estiver sendo deliberado/discutido. O art. 56, § 3º, do EAOAB, nessa mesma linha de raciocínio, dispõe que quando presentes às sessões do Conselho Seccional, o Presidente do Conselho Federal, os Conselheiros Federais integrantes da respectiva delegação, o Presidente da Caixa de Assistência dos Advogados e os Presidentes das Subseções têm direito a voz. Nesse sentido, analisemos as alternativas. **A**: incorreta. Arthur, na condição de Presidente do Conselho Federal da OAB, terá apenas direto a voz nas sessões dos Conselhos Seccionais, conforme se extrai do art. 56, § 3º, do EAOAB. O mesmo se pode dizer com relação a Daniel, Conselheiro Federal integrante da delegação da OAB/BA e Carlos, ex-presidente da OAB/BA. Registre-se que os ex-presidentes dos Conselhos Seccionais são considerados membros honorários vitalícios, somente com direito a voz (art. 56, § 1º, do EAOAB); **B**: incorreta, pois Daniel, Conselheiro Federal, terá somente direito a voz nas sessões do Conselho Seccional que representar (art. 56, § 3º, do EAOAB). Arthur terá, também, somente direito a voz, na condição de Presidente do Conselho Federal, bem como Carlos, ex-presidente do Conselho Seccional da Bahia, somente com direito a voz, por se tratar de membro honorário vitalício (art. 56, §§ 1º e 3º, EAOAB); **C**: incorreta. Arthur, Daniel e Carlos terão somente direito a voz, conforme art. 56, §§ 1º e 3º, EAOAB; **D**: correta, conforme já assinalado nas alternativas anteriores.

3. Gabarito "C"
Comentário: De acordo com o art. 77, *caput*, do EAOAB, todos os recursos têm efeito suspensivo, exceto quando tratarem de eleições (arts. 63 e seguintes), de suspensão preventiva decidida pelo Tribunal de Ética e Disciplina, e de cancelamento da inscrição obtida com prova falsa. Assim, a regra é a de que os recursos na OAB são dotados de duplo efeito (devolutivo e suspensivo). Somente não terão efetivo suspensivo os recursos interpostos contra decisões acerca de eleições, suspensão preventiva e cancelamento de inscrição obtida com prova falsa. No enunciado da questão, vê-se que Hélio teve contra si decretada suspensão preventiva, que é uma das três hipóteses em que o recurso não será dotado de efeito suspensivo. Vejamos as alternativas. **A**: incorreta, pois o recurso interposto por Hélio não será alcançado pela regra geral (duplo efeito). É que a decisão decretada pelo TED de suspensão preventiva do advogado desafia recurso sem efeito suspensivo; **B** e **D**: incorretas, pois as assertivas falam exatamente o oposto acerca da regra geral para os recursos, qual seja, a de que são dotados de efeitos devolutivo e suspensivo; **C**: correta, nos exatos termos do art. 77, *caput*, do EAOAB.

4. Gabarito "D"
Comentário: Acerca da publicidade profissional, o CED, em seus arts. 39 a 47, dispõe sobre as diretrizes gerais e limites impostos à classe dos advogados para a divulgação de suas atividades profissionais. Com relação ao enunciado proposto, vê-se o comportamento de cada um dos advogados: (i) Valter instalou na fachada de seu escritório um painel luminoso discreto com os dizeres "Advocacia Trabalhista"; (ii) a sociedade de advogados X contratou a instalação de painéis luminosos sóbrios em ponto de ônibus da cidade, fazendo constar apenas o nome da sociedade e respectivo endereço; (iii) Helena fixou pequenos cartazes com seu nome, especialidade e endereço profissional em todos os elevadores do prédio comercial onde se situa seu escritório. Do narrado, vê-se que a sociedade de advogados X violou o disposto no art. 40, III, do CED, que veda como meios de publicidade profissional as inscrições em qualquer espaço público (no caso, um ponto de ônibus). Também afrontou as regras éticas a advogada Helena, que divulgou seu nome, especialidade e endereço em elevadores, incidindo na vedação expressamente contida, nesse sentido, no já referido art. 40, III, do CED. Somente não violou regras de publicidade profissional o advogado Valter, a quem é permitida a identificação do escritório por meio de placas, painéis luminosos ou formas assemelhadas, desde que observadas as diretrizes da publicidade (art. 40, parágrafo único, do CED). Correta, portanto, a alternativa D.

5. Gabarito "C"
Comentário: Nos termos do art. 20 do EAOAB, a jornada de trabalho do advogado empregado, no exercício da profissão, não poderá exceder a duração diária de 4 (quatro) horas contínuas e a de 20 (vinte) horas semanais, salvo acordo ou convenção coletiva ou em caso de dedicação exclusiva. A dedicação exclusiva, assim definida como o regime de trabalho expressamente previsto em contrato individual de trabalho, ensejará jornada diária de até 8 (oito) horas, sendo que o excedente será remunerada como jornada extraordinária (art. 12 do RGOAB). Para fins de definição sobre o que se considerada como jornada de trabalho do advogado empregado, esta compreenderá todo o tempo em que estiver à disposição do empregador, aguardando ou executando ordens, no seu escritório ou em atividades externas (art. 20, §1º, do EAOAB). Assim, analisemos as alternativas. **A**: incorreta, pois, como visto, admite-se a pactuação de jornada de trabalho sob o regime de dedicação exclusiva; **B**: incorreta, pois todo o tempo em que um advogado empregado estiver à disposição do empregador, em verdadeiro regime de "plantão", como mencionado no enunciado, será considerado no cômputo da jornada de trabalho; **C**: correta, nos termos do art. 20 do EAOAB e art. 12 do RGOAB; **D**: incorreta, pois o regime de dedicação exclusiva imporá ao advogado empregado jornada diária máxima de oito horas (e não nove horas, como consta no enunciado), sendo que as excedentes serão remuneradas como horas extras. Também se inclui na jornada de trabalho todo o tempo em que o advogado estiver aguardando ordens do empregador, não se falando em consideração apenas para compensação de horas.

6. Gabarito "D"
Comentário: Conforme dispõe o art. 15 do CED, o advogado não deve deixar ao abandono ou ao desamparo as causas sob seu patrocínio, sendo recomendável que, em face de dificuldades insuperáveis ou inércia do cliente, que é o exato caso do enunciado, renuncie ao mandato. Não se trata de causa de extinção presumida do mandato, razão por que as alternativas "A" e "C" estão incorretas. Em caso de renúncia, não deverá ser feita menção ao motivo que a determinou (art. 16 do CED), o que já torna incorreta a alternativa "B". Correta, pois, a alternativa "D".

7. Gabarito "A"
Comentário: Nos termos do art. 7º, XIV, do EAOAB, com a redação que lhe foi dada pela Lei 13.245/2016, é direito do advogado examinar, em qualquer instituição responsável por conduzir investigação, autos de flagrante e de investigações de qualquer natureza, findos ou em andamento, ainda que conclusos à autoridade, mesmo sem procuração, podendo obter cópias por meio físico ou digital. A procuração somente será necessária se a investigação tramitar em sigilo ou segredo de justiça (art. 7º, § 10, do EAOAB). Correta, portanto, a alternativa "A", pois o advogado José Carlos pretende ter acesso a autos de investigação criminal sob sigilo conduzida pelo Ministério Público, bem como examinar autos de inquérito policial em que houve decretação

de sigilo, o que, em ambos os casos, exigirá apresentação de procuração. Perceba o candidato que o acesso aos autos de investigação, bem como a obtenção de cópias e apontamentos, dispensará procuração, como regra. O instrumento de mandato somente será necessário em caso de sigilo (ou segredo de justiça, embora assim não esteja expressamente previsto em lei). As demais alternativas estão incorretas por conflitarem com o disposto no art. 7º, XIV, do EAOAB.

8. Gabarito "C"
Comentário: O enunciado revela hipótese em que se deve reconhecer a prescrição da pretensão punitiva da OAB. É que, de acordo com o art. 43, *caput*, do EAOAB, a prescrição tem início a partir da constatação oficial do fato pela OAB. Também, reconhecer-se-á a prescrição, denominada de intercorrente, quando, uma vez instaurado o processo disciplinar, este ficar paralisado por mais de três anos, pendente de despacho ou julgamento (art. 43, § 1º, do EAOAB). Na questão, verifica-se que o advogado Carlos cometeu infração ética oficialmente constatada pela OAB em 08/02/2010, que é o termo inicial do prazo prescricional. Em 11/04/2013, ou seja, menos de cinco anos após a constatação oficial do fato, o processo disciplinar foi instaurado, tratando-se, é bom dizer, de causa interruptiva da prescrição (art. 43, § 2º, I, do EAOAB). Nesse intervalo de tempo (08/02/2010 a 11/04/2013) não se verifica ter havido prescrição, que, frise-se, é de cinco anos a contar da constatação oficial do fato. Porém, de 20/02/2015 a 1º/03/2018, o processo disciplinar ficou paralisado, pendente de julgamento, consumando-se, pois, a prescrição intercorrente de que trata o art. 43, §1º, do EAOAB. Correta a alternativa "C".

9. Gabarito "A"
Comentário: A assertiva "A" traz o conceito de heterointegração e na sequência o de autointegração, conforme defendido pelo jusfilósofo italiano.

10. Gabarito "B"
Comentário: A assertiva "B" traz uma situação em que não se deve infligir uma punição, conforme postulado por Jeremy Bentham. Os outros são: quando o ato não foi prejudicial; quando não evita o prejuízo que já foi cometido; e quando o prejuízo cessa por si mesmo.

11. Gabarito "A"
Comentário: A: correta. As normas infraconstitucionais que forem materialmente incompatíveis com uma nova Constituição não serão por ela recepcionadas. A "não recepção", de fato, equivale à revogação; **B:** incorreta. O art. X não precisará ser declarado inconstitucional, pois não foi sequer recepcionado pela nova Constituição; **C:** incorreta. A desconstitucionalização não é aplicada no Brasil. É um fenômeno que opera entre Constituições. Não o utilizamos porque a edição de uma nova Constituição no Brasil produz o efeito de revogar por inteiro a antiga. Por outro lado, se o fenômeno da desconstitucionalização existisse no Brasil, ele faria com que a Constituição antiga fosse recebida pela nova Constituição, com status de legislação infraconstitucional (seria recebida como se fosse lei); **D:** incorreta. Como já mencionado, a art. X será revogado (ou não recepcionado). Além disso, o STF não admite a inconstitucionalidade superveniente, que seria a invalidade da norma decorrente da sua incompatibilidade com texto constitucional criado após ela.

12. Gabarito "C"
Comentário: A: incorreta. Não cabe Ação Direta de Inconstitucionalidade contra decisão administrativa municipal. O objeto da ADI é mais restrito, abrange a lei ou o ato normativo de natureza federal, estadual ou distrital, quando a norma tiver sido criada no exercício da competência estadual. De acordo com o art. 103-A, § 3º, da CF, do ato administrativo ou decisão judicial que contrariar a súmula aplicável ou que indevidamente a aplicar, caberá reclamação ao STF que, julgando-a procedente, anulará o ato administrativo ou cassará a decisão judicial reclamada, e determinará que outra seja proferida com ou sem a aplicação da súmula, conforme o caso; **B:** incorreta. Como mencionado, a reclamação é instrumento apropriado nessa hipótese. O mandado de injunção, por outro lado, tem cabimento sempre que a falta de norma regulamentadora torne inviável o exercício dos direitos e liberdades constitucionais e das prerrogativas inerentes à nacionalidade, à soberania e à cidadania. É o que determina o inciso LXXI do art. 5º da CF;**C:** correta. De fato, a reclamação constitucional tem por objetivo assegurar a autoridade da súmula vinculante. Os fundamentos são os seguintes: art. 103-A, § 3º, da CF, art. 7º da Lei 11.417/2016 (Súmula Vinculante) e art. 988, III, do CPC; **D:** incorreta. O *habeas data* tem outros objetivos: a) assegura o conhecimento de informações relativas à pessoa do impetrante, constantes de registros ou bancos de dados de entidades governamentais ou de caráter público, b) a retificação de dados, quando não se prefira fazê-lo por processo sigiloso, judicial ou administrativo e c) a anotação nos assentamentos do interessado, de contestação ou explicação sobre dado verdadeiro, mas justificável e que esteja sob pendência judicial ou amigável. Fundamentos: art. 5º, LXXII, da CF e art. 7º, I, II e III, da Lei 9.507/1997 (*Habeas Data*).

13. Gabarito "B"
Comentário: A: incorreta. O voto obrigatório não é considerado cláusula pétrea pela CF. Determina o art. 60, § 4º, II, da CF que não será objeto de deliberação a proposta de emenda tendente a abolir o voto **direto, secreto, universal e periódico**; **B:** correta. De fato, como a característica da obrigatoriedade do voto não consta do rol das cláusulas pétreas, nada impede que isso seja alterado por meio da observância, é claro, das regras relacionadas ao processo legislativo das emendas constitucionais; **C:** incorreta. **Basta um terço dos membros da Câmara OU do Senado**. A iniciativa das PECs (Propostas de Emendas Constitucionais) vem prevista no art. 60, I, II e III, da CF. Sendo assim, a Constituição poderá ser emendada mediante proposta: I - de um terço, no mínimo, dos membros da Câmara dos Deputados ou do Senado Federal, II - do Presidente da República e III - de mais da metade das Assembleias Legislativas das unidades da Federação, manifestando-se, cada uma delas, pela maioria relativa de seus membros; **D:** incorreta. **Não existe sanção ou veto (deliberação executiva) em proposta de emenda constitucional**.

14. Gabarito "D"
Comentário: A: incorreta. De acordo com o art. 203, V, da CF, a assistência social será prestada a quem dela necessitar, independentemente de contribuição à seguridade social, e tem por objetivo, dentre outros, a garantia de um salário mínimo de benefício mensal à pessoa portadora de deficiência e ao idoso que comprovem não possuir meios de prover à própria manutenção ou de tê-la provida por sua família, conforme dispuser a lei; **B:** incorreta. Os requisitos não são concomitantes. A garantia de um salário mínimo de benefício mensal é dada ao idoso *ou* à pessoa portadora de deficiência que comprovem não possuir meios de prover à própria manutenção ou de tê-la provida por sua família; **C:** incorreta. O idoso que comprove não possuir meios de prover à própria manutenção ou de tê-la provida por sua família também faz jus ao benefício assistencial; **D:** correta. É o que determina o art. 203, V, da CF.

15. Gabarito "C"
Comentário: A: incorreta. A CF proíbe que a lei diferencie brasileiros natos de naturalizados, mas ela própria faz algumas distinções como, por exemplo, a questão da extradição. De acordo com o § 2º do art. 12, a lei não poderá estabelecer distinção entre brasileiros natos e naturalizados, **salvo nos casos previstos nesta Constituição**; **B:** incorreta. A prática de crime comum que autoriza a extradição do brasileiro naturalizado, conforme determina LI do art. 5º da CF, é aquela praticada antes da naturalização; **C:** correta. Apenas em relação à prática de crime comum é que a CF exige que seja cometido antes da naturalização. No tocante ao comprovado envolvimento em tráfico ilícito de entorpecentes e drogas afins **não há essa exigência**. Determina o inciso LI do art. 5º da CF que o brasileiro nato não será extraditado, mas que o naturalizado poderá ser nas hipóteses de crime comum, praticado antes da naturalização, ou de comprovado envolvimento em tráfico ilícito de entorpecentes e drogas afins, na forma da lei; **D:** incorreta. Apenas o brasileiro naturalizado pode ser extraditado e nas hipóteses previstas no Texto Constitucional, quais sejam: **crime comum praticado antes da naturalização** e **envolvimento com tráfico ilícito de entorpecentes** e drogas afins.

16. Gabarito "C"
Comentário: A: incorreta. Nessa situação a intervenção não pode ser decretada de ofício, pois a CF exige o provimento, pelo STF, de representação

proposta pelo Procurador-Geral da República (art. 36, III, da CF); **B:** incorreta. A intervenção, de fato, é um mecanismo excepcional, mas a hipótese trazida na questão se enquadra nas situações previstas no Texto Constitucional (art. 34, VII, "e", CF); **C:** correta, conforme dispõe o citado art. 36, III, CF; **D:**incorreta. A CF trata do assunto no seu art. 212. O dispositivo determina que a União deve aplicar, anualmente, nunca menos de dezoito, e os Estados, o Distrito Federal e os Municípios vinte e cinco por cento, no mínimo, da receita resultante de impostos, compreendida a proveniente de transferências, na manutenção e desenvolvimento do ensino.

17. Gabarito "C"
Comentário: A:incorreta. Os policiais militares não podem decidir sobre a oportunidade de exercer o direito de greve, pois a CF, em seu art. 142, § 3°, IV, proíbe que o militar faça greve; **B:** incorreta. Como mencionado, militares não podem fazer greve por expressa vedação constitucional; **C:** correta. É o que determina o art. 142, § 3°, IV, da CF; **D:** incorreta. A lei não pode regulamentar algo que a Constituição proíbe.

18. Gabarito "D"
Comentário: No Brasil, qualquer pessoa, brasileiro, estrangeiro residente ou não residente, goza dos direitos individuais previstos na CF, dentre eles, o da livre circulação (art. 5°, XV, da CF). No mais, a repatriação, a deportação e a expulsão coletivas estão proibidas (art. 61, *caput*, da Nova Lei de Migração). Entende-se por repatriação, deportação ou expulsão coletiva aquela que não individualiza a situação migratória irregular de cada pessoa (art. 61, parágrafo único, da Nova Lei de Migração).

19. Gabarito "A"
Comentário: Segue a redação do art. 15 da Convenção 169 da OIT Sobre Povos Indígenas e Tribais:
1. Os direitos dos povos interessados aos recursos naturais existentes nas suas terras deverão ser especialmente protegidos. Esses direitos abrangem o direito desses povos a participarem da utilização, administração e conservação dos recursos mencionados.
2. Em caso de pertencer ao Estado a propriedade dos minérios ou dos recursos do subsolo, ou de ter direitos sobre outros recursos, existentes na terras, os governos deverão estabelecer ou manter procedimentos com vistas a consultar os povos interessados, a fim de se determinar se os interesses desses povos seriam prejudicados, e em que medida, antes de se empreender ou autorizar qualquer programa de prospecção ou exploração dos recursos existentes nas suas terras. Os povos interessados deverão participar sempre que for possível dos benefícios que essas atividades produzam, e receber indenização equitativa por qualquer dano que possam sofrer como resultado dessas atividades.
Portanto, a assertiva correta é a "A".

20. Gabarito "A"
Comentário: A assertiva correta é "A"(arts. 3°, 4°, 5°, 6° e 7° da Convenção da Apostila de Haia).

21. Gabarito "B"
Comentário: a **capacidade** e os direitos de família. O critério atual gira em torno do domicílio da pessoa, ou seja, a regra de conexão é a *lex domicilii*. Desta forma, a lei do domicílio da pessoa determina as regras sobre o começo e o fim da personalidade, o nome, a capacidade e os direitos de família. Assim, a justiça brasileira deverá aplicar a lei francesa porque François é residente na França.

22. Gabarito "D"
Comentário: A: incorreta, pois a decadência se refere ao direito de o fisco lançar o tributo, não de cobrar (executar) o crédito – art. 173 do CTN; **B:** incorreta, pois não há notícia de parcelamento e, ademais, o parcelamento é modalidade de suspensão do crédito, não de extinção – art. 151, VI, do CTN; **C:** incorreta, pois não há notícia de compensação e, ademais, a compensação é modalidade de extinção do crédito, não de suspensão – art. 156, II, do CTN; **D:** correta, pois o prazo prescricional para a cobrança do crédito é de 5 anos contados da constituição definitiva, de modo que em janeiro de 2015 prescreveram aqueles relativos ao último lançamento (o de 2010) – art. 174, I, do CTN.

23. Gabarito "C"
Comentário: O perdão de créditos é a remissão, modalidade de extinção prevista no art. 156, IV, do CTN. A prorrogação de prazo para pagamento de tributo já vencido é moratória, modalidade de suspensão do crédito, prevista no art. 151, I, do CTN. Por essas razões, a alternativa "C" é a correta.

24. Gabarito "D"
Comentário: A: incorreta, pois a Constituição Federal prevê expressamente a possibilidade de progressividade do IPTU em relação ao valor do imóvel – art. 156, § 1°, I, da CF. Ver também Súmula 668/STF, que se refere à impossibilidade de IPTU progressivo em relação ao valor do imóvel apenas no período anterior à EC 29/2000; **B:** incorreta, conforme comentário anterior; **C:** incorreta, pois a fixação do aspecto quantitativo do IPTU deve ser feita exclusivamente por lei – art. 150, I, da CF e art. 97, IV, do CTN; **D:** correta, conforme comentário à primeira alternativa.

25. Gabarito "C"
Comentário: A: incorreta, pois o ITR, apesar de tributo da competência federal, possibilita excepcionalmente a fiscalização e cobrança por Municípios que optarem por isso, na forma do art. 153, § 4°, III, da CF; **B:** incorreta, pois, apesar de possível a fiscalização e cobrança pelo Município, conforme comentário anterior, nesse caso a totalidade da receita auferida pertence a esse Município – art. 158, II, *in fine*, da CF; **C:** correta, conforme comentários anteriores; **D:** incorreta, conforme comentário à segunda alternativa (a totalidade da receita fica com o Município, nessa hipótese).

26. Gabarito "B"
Comentário: A: incorreta, pois a incorporadora é responsável por todo o crédito tributário, o que inclui o tributo, as penalidades pecuniárias e seus acréscimos (juros pela SELIC, no caso) – art. 132 do CTN e Súmula 554/STJ; **B:** correta, conforme comentário anterior; **C:** incorreta, pois a suspensão da exigibilidade não tem efeito sobre a responsabilidade tributária; **D:** incorreta, pois a responsabilidade abrange todo o crédito tributário, o que inclui os juros moratórios – art. 161 do CTN.

27. Gabarito "C"
Comentário: A: incorreta, pois numa sindicância é possível aplicar a pena de advertência e a pena de suspensão de até 30 dias (art. 145, II, da Lei 8.112/1990); **B:** incorreta, pois a suspensão pode ser aplicada no caso de **reincidência** das faltas punidas com advertência e de violação das demais proibições que não ensejem demissão (art. 130, *caput*, da Lei 8.112/1990); **C:** correta (art. 145, II, da Lei 8.112/1990); **D:** incorreta, pois esse tipo de pena (de demissão) não pode ser aplicada em mera sindicância (art. 145, II, da Lei 8.112/1990).

28. Gabarito "C"
Comentário: A e **B:** incorreta, pois, de acordo com o art. 23, I, da Lei 8.429/1992, no caso de agente público com mandato (que é o caso de um Prefeito), a prescrição tem como termo inicial a **data do término do mandado**, que se encerrou em dezembro de 2012, e não a data da infração (abril de 2010) ou a data do conhecimento do fato pelo Ministério Público; **C:** correta; de acordo com o art. 23, I da Lei 8.429/1992, no caso de agente público com mandato (que é o caso de um Prefeito), as sanções da Lei de Improbidade prescrevem em 5 anos após o término do exercício do mandato. No caso em tela, se o mandato se encerrou em dezembro de 2012, a prescrição se operou em dezembro de 2017. Assim, como a ação foi ajuizada em setembro de 2015, não houve prescrição no caso; **D:** incorreta, pois de acordo com o art. 23, I, da Lei 8.429/1992, no caso de agente público com mandato (que é o caso de um Prefeito), as sanções da Lei de Improbidade prescrevem em 5 anos (e não em 3 anos).

29. Gabarito "A"
Comentário: A: correta, pois o servidor não aprovado em estágio probatório deve ser exonerado (art. 20, § 2°, da Lei 8.112/1990), obedecendo ao devido

processo legal (Súmula 21 do STF), incluindo a devida motivação e o direito à ampla defesa e ao contraditório; **B a D:** incorreta, pois o caso é de exoneração, nos termos do art. 20, § 2º, da Lei 8.112/1990.

30. Gabarito "B"
Comentário: A: incorreta, pois a Lei 8.987/1995 regulamenta a concessão de serviço público precedida da execução de obra pública (art. 2º, III); **B:** correta, pois a inexecução de obrigações pela concessionária dá ensejo à declaração de caducidade do contrato (art. 38, *caput*, da Lei 8.987/1995). Essa declaração depende de notificação prévia do concessionário e do devido processo administrativo (art. 38, § 2º, da Lei 8.987/1995), providências que foram tomadas pela Administração no caso concreto; **C:** incorreta, pois no caso em tela o poder concedente deve ou declarar a caducidade (a extinção) da concessão ou aplicar as sanções contratuais pela inexecução das obrigações (art. 38, *caput*, da Lei 8.987/1995), não sendo correto dizer que deve necessariamente aplicar todas as sanções contratuais; **D:** incorreta, pois o processo administrativo em tela deve respeitar o direito de ampla defesa, que deve incluir o contraditório (art. 38, § 2º, da Lei 8.987/1995).

31. Gabarito "D"
Comentário: A: incorreta, pois não há vedação legal nesse sentido. Deve-se lembrar que o enunciado fala em usar verbas da União para a promoção de projetos incluídos no plano de Governo Federal. Haveria vedação se fosse para uso da verba para promover cultos religiosos (art. 19, I, da CF); **B:** incorreta. **Contratos administrativos** são relações de crédito e débito entre o Poder Público e um prestador de serviço ou vendedor, necessariamente uma entidade que atua numa atividade negocial. No caso de uma organização dessa natureza o que poderia ser feito é um **termo de colaboração** (que no passado se chamava "convênio"), que é uma relação diferente, em que a entidade recebe dinheiro público para alocar numa atividade de interesse público. Repare que o dinheiro não é um crédito da entidade, mas continua dinheiro público até o fim, sendo que a entidade apenas pega esse dinheiro e o aloca numa atividade de interesse público; **C:** incorreta, pois não há imposição legal que **termos de colaboração** com entidades dessa natureza somente possam ser celebrado por entidades que também são qualificadas como OS ou OSCIP; **D:** correta, nos termos do que dispõe a Lei 13.109/2014, que regulamenta as parcerias entre a administração pública e as organizações da sociedade civil, em regime de mútua cooperação, para a consecução de finalidades de interesse público e recíproco, mediante a execução de atividades ou de projetos previamente estabelecidos em planos de trabalho inseridos em **termos de colaboração**, em termos de fomento ou em acordos de cooperação.

32. Gabarito "D"
Comentário: A: incorreta, pois no caso ocorreu o chamado apossamento administrativo. Trata-se de uma situação em que a Administração se apossa de bem de terceiro e nele realiza uma atividade perene de interesse público, ocasião em que passa a ser proprietária do bem, em razão do princípio da supremacia do interesse público sobre o privado. Nesse caso, como o Município fez construções e implantou uma estação de tratamento de água e esgoto, resta ao particular apenas ingressar com uma ação indenizatória por desapropriação indireta; **B:** incorreta, pois a pretensão contra a Fazenda pode ser deduzida em até 10 anos nesse caso, por força do art. 1.238 do CC, aplicado por analogia; **C:** incorreta, pois no caso em tela, como o Município já fez construções e implantou uma estação de tratamento de água e esgoto o apossamento administrativo já se deu, restando ao particular apenas ingressar com uma ação indenizatória por desapropriação indireta; **D:** correta, sendo que a própria Lei de Desapropriações hoje trata expressamente do apossamento administrativo e da desapropriação indireta, que eram construções jurisprudenciais no passado (vide arts. 15-A, §. 3º, e 27, § 3º, II, do Dec.-lei 3.365/1941).

33. Gabarito "A"
Comentário: A: correta; de acordo o art. 79-A, *caput*, da Lei 9.605/1998, os órgãos do SISNAMA ficam autorizados (e não "obrigados") a celebrar um TAC com as pessoas responsáveis pela degradação ambiental; ademais, o TAC, de fato, não pode transacionar sobre o conteúdo da norma violada, mas apenas permitir que o causador do dano possa promover as necessárias correções de suas atividades, para o atendimento das exigências impostas pelas autoridades ambientais competentes (art. 79-A, § 1º, da Lei 9.605/1998); **B:** incorreta, pois o Estado, como órgão integrante do SISNAMA (art. 6º, *caput*, da Lei 6.938/1981), pode celebrar TAC (art. 79-A, *caput*, da Lei 9.605/1998); **C e D:** incorretas, pois de acordo o art. 79-A, *caput*, da Lei 9.605/1998, os órgãos do SISNAMA ficam autorizados (e não "obrigados") a celebrar um TAC com as pessoas responsáveis pela degradação ambiental, de modo que Josemar não tem direito subjetivo ao acordo, mas mera expectativa de direito em fazê-lo.

34. Gabarito "B"
Comentário: A: incorreta, pois os resíduos de serviços de saúde estão sim contemplados na Política Nacional de Resíduos Sólidos, nos termos do art. 13, I, "g", da Lei 12.305/2010; **B:** correta, nos termos do art. 45 da Lei 12.305/2010; **C:** incorreta; nos termos do art. 45 da Lei 12.305/2010, os consórcios em questão devem ser constituídos segundo o disposto na Lei de Consórcios Públicos (Lei 11.107/2005), que prevê a adoção da figura jurídica do consórcio público e não de sociedade de propósito específico; **D:** incorreta, pois não há previsão desta obrigação na Lei da Política Nacional de Resíduos Sólidos (Lei 12.305/2010).

35. Gabarito "D"
Comentário: A hipótese narrada versa sobre a responsabilidade do empregador pelos atos do empregado, cuja previsão está no art. 932, III do Código Civil. Trata-se de uma responsabilidade civil objetiva (CC, art. 933), na qual não se discute a culpa do patrão, mas apenas a culpa do causador direto do dano (no caso, a funcionária Márcia). Vale ressaltar que – uma vez satisfeita a vítima – o empregador terá direito de regresso em face da empregada, que causou o dano (CC, art. 934).

36. Gabarito "B"
Comentário: A multa de R$ 500 convencionadas pelas partes é uma típica cláusula penal moratória, a qual tem como objetivo estimular a execução pontual e correta da obrigação contratual. Geralmente de valor bem inferior à obrigação principal, ela refere-se à inexecução "*de alguma cláusula especial ou simplesmente à mora*" (CC, art. 409); nesse caso, "*terá o credor o arbítrio de exigir a satisfação da pena cominada, juntamente com o desempenho da obrigação principal*" (CC, art. 411).

37. Gabarito "A"
Comentário: A teoria da causalidade alternativa é utilizada especialmente nas hipóteses de objetos caídos ou lançados de um prédio. Nessa hipótese, quando se ignora o verdadeiro autor do evento lesivo "*todos os autores possíveis - isto é, os que se encontravam no grupo - serão considerados, de forma solidária, responsáveis pelo evento, em face da ofensa perpetrada à vítima*" (CAVALIERI FILHO, Sergio. *Programa de responsabilidade civil*. 6ª edição. São Paulo: Malheiros, 2006, p. 246). A teoria encontra respaldo na legislação, mais especificamente no art. 938 do Código Civil, segundo o qual: "*Aquele que habitar prédio, ou parte dele, responde pelo dano proveniente das coisas que dele caírem ou forem lançadas em lugar indevido*". A alternativa D não é correta, pois a responsabilidade dos objetos caídos de um prédio é objetiva, não se discutindo a culpa do morador da unidade mobiliária de onde caiu o objeto.

38. Gabarito "D"
Comentário: É sempre muito importante ressaltar esse peculiar aspecto da usucapião. A má-fé do possuidor (que significa apenas e tão somente o conhecimento de um vício que macula sua posse) nunca é obstáculo à usucapião. Aliás, é extremamente comum que o possuidor de má-fé adquira a propriedade por meio da usucapião. É justamente para isso que existe a usucapião extraordinária, que ocorre "*independentemente de título e boa-fé*" (CC, art. 1.238) em que pese num prazo maior do que a ordinária (que, por sua vez, pressupõe a boa-fé do possuidor).

39. Gabarito "B"
Comentário: A: incorreta, pois o cego pode se valer do testamento público (CC, art. 1.867), o qual demandará formalidades adicionais de segurança em benefício deste peculiar testador; **B:** correta, pois o art. 1.848 do Código

Civil permite que se grave a parte legítima do patrimônio com cláusulas de "inalienabilidade, impenhorabilidade, e de incomunicabilidade", desde que para tanto apresente justa causa declarada no testamento (CC, art. 1.848); **C:** incorreta, pois – dentro da parte disponível – a liberdade do testador é absoluta, podendo inclusive destiná-la integralmente a um de seus filhos. Nesse sentido: "*O herdeiro necessário, a quem o testador deixar a sua parte disponível, ou algum legado, não perderá o direito à legítima*" (CC, art. 1.849); **D:** incorreta, pois o cego pode realizar testamento público (CC, art. 1.867).

40. Gabarito "B"
Comentário: Primeiramente, é importante explicar a razão pela qual os irmãos da falecida não herdam. Havendo descendentes ou ascendentes do falecido, os colaterais já estão desde logo afastados da sucessão legítima (é evidente que um testamento poderia beneficiar os colaterais dentro da parte disponível). Em segundo lugar, a questão trata de uma regra extremamente específica e de raríssima utilização na vida prática. A hipótese trata da existência de um número diferente de ascendentes paternos e maternos, como é justamente o caso da questão. Havia dois avós paternos e uma avó materna. Nesse caso, a lei não divide a herança por cabeça, mas atribui 50% da herança para cada "linha". É nesse sentido a redação do art. 1.836 § 2º, o qual estabelece: "*havendo igualdade em grau e diversidade em linha, os ascendentes da linha paterna herdam a metade, cabendo a outra aos da linha materna*".

41. Gabarito "A"
Comentário: **A:** correta, pois, até a tradição, "*pertence ao devedor a coisa, com os seus melhoramentos e acrescidos*" (CC, art. 237); **B:** incorreta, pois Lauro ainda não era proprietário do bem, sendo a entrega do bem a linha fronteiriça que marca a transferência da propriedade móvel (CC, art. 1.267); **C:** incorreta, pois tal divisão não encontra respaldo legal; **D:** incorreta, pois tal sorteio não tem previsão legal.

42. Gabarito "D"
Comentário: O ECA, em seu art. 41, § 1º, do ECA, contempla a hipótese de um dos cônjuges (ou companheiro) adotar o filho do outro. É a chamada adoção unilateral, em que o adotando, por óbvio, mantém os vínculos com o cônjuge do qual já era filho. É o caso do marido que decide adotar o enteado, que, logicamente, mantém o vínculo com sua mãe. No caso narrado no enunciado, a situação, embora parecida, não é exatamente a mesma. Com efeito, Leandro e Beatriz, que conviviam em união estável, não estão mais juntos. Durante o período de convivência com a companheira, Leandro passou a exercer as vezes de pai do filho que Beatriz já tinha ao tempo em que se conheceram. Por conta disso, Leandro e Théo estabeleceram laços de afetividade, tanto que o menor reconhecia Leandro como pai e manifestou o desejo de formalização deste vínculo. A despeito de o casal haver rompido a união estável que mantinha, é certo que, à luz do princípio do melhor interesse da criança, poderia Théo, sim, ser adotado por Leandro, mantendo o vínculo até então existente com sua mãe, de forma que Leandro e Beatriz passarão a compartilhar o poder familiar em relação a Théo. Mesmo porque, ainda que a adoção unilateral se dessa na constância da união estável (ou casamento), a separação do casal jamais implicaria a extinção do poder familiar do cônjuge, neste caso, Leandro, em relação ao filho adotado.

43. Gabarito "C"
Comentário: Com base no que dispõe o art. 130, *caput*, do ECA, constatada hipótese da abuso sexual pelos pais ou responsável, como é o caso relatado no enunciado, o magistrado poderá determinar, como medida cautelar, o afastamento do agressor da moradia comum. Segundo Guilherme de Souza Nucci, se o ambiente no qual ocorreu o abuso sexual mostrar-se impróprio (como na hipótese de o abuso se perpetrado tanto pelo pai (ou padrasto) quanto pela mãe, deverá o juiz, neste caso, adotar providência diversa, retirando a criança ou o adolescente da moradia comum e encaminhando-o para acolhimento institucional ou familiar.

44. Gabarito "C"
Comentário: A questão foi analisada pelo Superior Tribunal de Justiça em sede de Recurso Repetitivo, tendo sido firmada a seguinte tese: "A limitação de desconto ao empréstimo consignado, em percentual estabelecido pelos arts. 45 da Lei n. 8.112/1990 e 1º da Lei n. 10.820/2003, não se aplica aos contratos de mútuo bancário em que o cliente autoriza o débito das prestações em conta corrente (STJ, REsp 1.586.910-SP, Rel. Min. Luis Felipe Salomão, por maioria, julgado em 29/08/2017, DJe 03/10/2017).
Vale notar que a Lei 8.112/1990 e Lei 10.820/2003 estabelecem percentual de 30% para os empréstimos consignados debitados no salário ou aposentadoria do consumidor, o que deve ser observado pelas Instituições Financeiras (exceto nos casos de valores debitados em conta corrente, já que não se configura, nesse caso, empréstimo consignado na forma da lei).
A: incorreta. O limite é de 30% dos rendimentos do consumidor; **B:** incorreta. A cláusula de desconto em salário ou aposentadoria será abusiva se exceder o percentual estabelecido em lei; **C:** correta. O desconto a título de consignado não pode ultrapassar o percentual assinalado em lei; **D:** incorreta. A hipervulnerabilidade do idoso não o torna incapaz de contratar. Já entendeu o STJ que não se deve confundir vulnerabilidade agravada com falta de capacidade civil, sendo claro que o idoso tem o direito de contratar e pode adquirir produtos e serviços no mercado de consumo sem quaisquer restrições. (STJ, REsp 1.358.057/PR, 3ª Turma, Rel. Min. Moura Ribeiro, DJ 22/05/2018, DJe 25/06/2018).

45. Gabarito "A"
Comentário: A: correta. O Estúdio Max reponde pelos danos causados à consumidora por ter utilizado o produto que sabia poder causar reação química se em interação com outro produto, colocando em risco a saúde e a segurança da consumidora. Por ter sido utilizado sem os cuidados necessários pelo salão de beleza estamos diante de um defeito de serviço (art. 14 do CDC). Por outro lado, a fabricante Ops responde solidariamente pelos danos causados, pela falta de informações em relação ao uso do produto (art. 12 o CDC); **B:** incorreta. Trata-se de responsabilidade solidária pelo defeito de produto e defeito de serviço; **C:** incorreta. A responsabilidade civil prevista no CDC é objetiva, exceto para os profissionais liberais, para quem a responsabilidade civil é subjetiva; **D:** incorreta. Trata-se de defeito de produto e serviço, uma vez que colocou em risco a saúde e a segurança da consumidora.

46. Gabarito "A"
Comentário: O contrato de arrendamento mercantil (*leasing*) caracteriza-se pela possibilidade de escolha do arrendatário em comprar o bem, devolvê-lo ou renovar o contrato ao final do prazo estipulado (art. 5º da Lei 6.099/1974).

47. Gabarito "B"
Comentário: No caso descrito no enunciado, a eficácia perante terceiros do contrato de trespasse depende do pagamento ou da concordância expressa ou tácita de todos os credores no prazo de 30 dias a partir da notificação (art. 1.145 do CC).

48. Gabarito "B"
Comentário: A: incorreta. A cláusula à ordem é presumida na nota promissória, podendo circular por endosso no silêncio do título (art. 77 c. c. art. 11 da Lei Uniforme de Genebra); **B:** correta, nos termos dos arts. 77, 11 e 15 da Lei Uniforme de Genebra; **C:** incorreta. A modalidade de vencimento da nota promissória não influencia em nada as regras do endosso; **D:** incorreta, conforme comentário à alternativa "A".

49. Gabarito "A"
Comentário: A questão cobra do candidato o conhecimento literal das Súmulas 233 e 258 do STJ, replicadas na alternativa "A", que deve ser assinalada. A jurisprudência do STJ se consolidou no sentido de que o contrato de abertura de conta corrente não goza de liquidez, porque no ato de sua assinatura não há como se estabelecer qual valor será depositado. Logo, não pode ser considerado título executivo e, consequentemente, a nota promissória também fica prejudicada, porque não detém valor certo.

50. Gabarito "B"
Comentário: A situação narrada se enquadra no art. 43 da Lei de Falências, que estabelece que o credor que tiver como sócio pessoa física que detenha

mais de 10% do capital social da devedora poderá participar da assembleia, mas não terá direito a voto e não será computado para cálculo dos quóruns de instalação e deliberação.

51. Gabarito "A"
Comentário: A: correta para a banca. Apesar de, por exclusão, ser a resposta mais adequada, reitere-se que é essa a previsão legal. Pelo Código, é possível alegar incompetência relativa somente em preliminar de contestação (NCPC, art. 64), sendo que a contestação somente é apresentada *após* a audiência de conciliação. Assim, ainda que na doutrina se admita uma apresentação de petição antes da contestação para alegar a incompetência, isso não está previsto no NCPC – e a regra, em provas de 1ª fase, é a resposta com base na letra da lei; **B:** incorreta, pois no caso de competência relativa (territorial), se não houver a alegação em preliminar de contestação, haverá preclusão dessa matéria – que recebe o nome de prorrogação, na lei (NCPC, art. 65); **C:** incorreta. Ainda que a primeira parte da alterativa esteja correta (como exposto em "A"), o caso narrado é de competência relativa (territorial) e não absoluta (NCPC, art. 63); **D:** incorreta, porque não existe mais exceção de incompetência no NCPC (essa figura existia no Código anterior), sendo que a incompetência relativa é alegada na própria contestação, em preliminar (NCPC, art. 64).

52. Gabarito "B"
Comentário: A: incorreta A inexistência de conflito entre os cônjuges e assistência de advogado são requisitos para o divórcio consensual; porém, no caso, há nascituro, o que impede o uso do divórcio extrajudicial (NCPC, art. 733); **B:** correta (NCPC, art. 733); **C:** incorreta, pois o divórcio consensual deve envolver todos os aspectos relativos às partes: partilha, alimentos (para cônjuge e filhos) e guarda dos filhos (NCPC, art. 731); **D:** incorreta, porque não há previsão legal de divisão entre o que pode ser feito pela via judicial ou extrajudicial, devendo ser utilizado somente um desses mecanismos (art. 733).

53. Gabarito "B"
Comentário: A: incorreta, pois o MP tem legitimidade para ajuizar ACP (Lei 7.347/1985, art. 5º, I); **B:** correta (Lei 7.347/1985, art. 5º, V); **C:** incorreta, pois a pessoa física não é legitimada para ingressar com ACP, mas somente determinadas pessoas jurídicas previstas em lei (Lei 7.347/1985, art. 5º); **D:** incorreta. A Defensoria de fato tem legitimidade para a ACP (Lei 7.347/1985, art. 5º, II) mas, se a ACP não for ajuizada pelo MP, este sempre será ouvido, como fiscal da lei ou da ordem jurídica (Lei 7.347/1985, art. 5º, § 1º).

54. Gabarito "C"
Comentário: A: incorreta, pois se houver acordo, será homologado por sentença, portanto pelo juiz e não pelo conciliador (NCPC, art. 334, § 11); **B:** incorreta, considerando que a audiência de conciliação ocorre antes da apresentação de contestação (NCPC, art. 334); **C:** correta. A audiência de conciliação ou mediação deve ter a presença das partes, sendo que se alguma das partes se ausentar de forma injustificada será penalizada com multa por ato atentatório à dignidade da justiça (NCPC, art. 334, § 8º); **D:** incorreta, pois as partes devem comparecer acompanhadas de advogado à audiência de conciliação ou mediação (NCPC, art. 334, § 9º).

55. Gabarito "B"
Comentário: A: incorreta Vale destacar que essa seria a resposta correta no CPC anterior, quando existia a intervenção de terceiro "nomeação à autoria", que deixou de existir no NCPC; **B:** correta. No lugar da nomeação à autoria, o NCPC prevê que no caso de ilegitimidade passiva deverá o réu, na própria contestação, indicar quem deveria figurar no polo passivo, quando souber. Uma vez feito isso, o autor poderá pedir a substituição do polo passivo (NCPC, arts. 338 e 339); **C:** incorreta, pois descabe ao juiz corrigir o polo passivo de ofício; a troca da parte depende de manifestação do autor. O que o juiz pode fazer é extinguir o processo sem mérito quanto à parte ilegítima (NCPC, art. 485, VI), mas não há previsão legal para a substituição; **D:** incorreta, pois no caso não se está diante de chamamento ao processo, pois não há solidariedade entre Tancredo e Gilberto (NCPC, art. 130).

56. Gabarito "D"
Comentário: A: incorreta. Essa era a resposta correta à luz do sistema processual anterior, havendo inclusive súmula nesse sentido (Súmula 453/STJ, superada, mas ainda não formalmente revogada); **B:** incorreta, pois não existe presunção de fixação de honorários; **C:** incorreta, porque o trânsito em julgado impede que haja, no mesmo processo, qualquer outra discussão quanto à condenação, seja em relação ao principal ou aos acessórios; **D:** correta. O NCPC permite que, se não houver a fixação de honorários na sentença transitada em julgado, será possível utilizar ação autônoma para esse fim (art. 85, § 18 que, como visto em "A", aponta a superação da Súmula 453/STJ).

57. Gabarito "C"
Comentário: A: incorreta, pois como a decisão supostamente causou prejuízo a ambas as partes (mesmo que apenas omissão em relação a uma das partes), cada uma delas pode interpor o seu recurso de forma independente (NCPC, art. 997); **B:** incorreta, pois será possível complementar o recurso especial somente se os embargos de declaração da outra parte forem acolhidos (NCPC, art. 1.024, § 4º); **C:** correta, pois se os embargos de Lucas não forem acolhidos, Alberto não precisará ratificar ou fazer qualquer outra coisa quanto ao recurso especial antes interposto (NCPC, art. 1.024, § 5º). Vale destacar que no Código anterior havia súmula em sentido inverso (Súmula 418/STJ), a qual foi cancelada e substituída pela Súmula 579/STJ, que reflete o previsto no NCPC; **D:** incorreta, porque nos termos do Código, descabe novo recurso especial, mas sim complemento do recurso, se houver modificação parcial, ou nenhuma conduta necessária, se não houver alteração na decisão (NCPC, art. 1.024, §§ 4º e 5º).

58. Gabarito "C"
Comentário: Segundo consta, após acirrada discussão com Plínio, Márcia, decidida a dar cabo de sua vida e da de Plínio, aproveita-se do fato de este encontrar-se dormindo e abre o gás do banheiro. Com isso, ambos desmaiam e somente não morrem porque os seguranças do hotel, alertados pelo forte cheiro do gás, invadem o quarto e os resgatam, impedindo, assim, a morte deles. Em razão da inalação do gás, tanto Plínio e quanto Márcia sofrem lesão corporal de natureza grave. Pois bem. O primeiro aspecto a ser avaliado diz respeito à tentativa de suicídio levada a efeito por Márcia. É crime tentar suicidar-se? A resposta é negativa. Com efeito, por razões de política criminal, a tentativa de suicídio, no Brasil, constitui fato atípico. É que, se assim não fosse, a punição por certo serviria de estímulo à ideia suicida. Agora, embora a conduta de suicidar-se seja atípica, configura crime induzir, instigar ou auxiliar alguém a suicidar-se (art. 122, CP). Destarte, as alternativas que contêm *tentativa de suicídio* devem ser eliminadas. Embora a tentativa de eliminar a própria vida não seja crime, o mesmo não se pode dizer da conduta de Márcia em relação a Plínio. Não deve restar dúvida de que Márcia cometeu o crime de homicídio tentado qualificado. A execução deste crime teve início com a abertura do registro de gás. Outrossim, não há dúvidas quanto à presença do *animus necandi* de Márcia. Pela narrativa, é forçoso concluir que ela desejava a morte de Plínio. O resultado somente não foi produzido por conta da intervenção dos seguranças. Ou seja: o crime não se consumou por circunstâncias alheias à vontade de Márcia. Configura-se, assim, a tentativa de homicídio. Diz-se que é qualificado porque, segundo se infere do enunciado, foi empregado meio que torna impossível a defesa da vítima (art. 121, § 2º, IV, c.c. o art. 14, II, ambos do CP), já que Plínio estava dormindo.

59. Gabarito "D"
Comentário: É hipótese de extraterritorialidade incondicionada (art. 7º, I, *b*, do CP), que corresponde à situação em que o mero cometimento do crime em território estrangeiro autoriza a aplicação da lei penal brasileira, independente de qualquer condição. Tendo em conta que Francisco cometeu, no exterior, crime em detrimento do patrimônio de sociedade de economia mista brasileira (Banco do Brasil), sendo seu funcionário, deverá incidir, neste caso, a lei penal brasileira, ainda que o fato tenha ocorrido fora do território nacional. Pouco importa, neste caso, se o agente foi absolvido ou condenado segundo a lei do país em cujo território o delito foi praticado (art. 7º, § 1º, CP). Estabelece o art. 8º do CP, no entanto, que, neste caso, deverá operar-se, em favor do

agente, a detração penal, isto é, a pena cumprida no estrangeiro, neste caso em Portugal, deverá atenuar a pena imposta no Brasil pelo mesmo crime.

60. Gabarito "A"
Comentário: A resposta a esta questão deve ser extraída do art. 86, I, do CP, segundo o qual *revoga-se o livramento, se o liberado vem a ser condenado a pena privativa de liberdade, em sentença irrecorrível, por crime cometido durante a vigência do benefício*. Cuida-se de hipótese de revogação obrigatória.

61. Gabarito "A"
Comentário: A: correta. Ao tempo em que se deram os fatos, Laura ainda não contava com 18 anos, sendo, portanto, inimputável, razão pela qual sua responsabilidade será determinada segundo as regras do ECA (art. 27, CP). Com efeito, Laura cometeu ato infracional correspondente ao crime de homicídio e estará sujeita, por conta disso, a medidas socioeducativas. Pouco importa, neste caso, se o resultado da conduta de Laura, que é a morte de Lívia, veio a ocorrer quando aquela alcançou a maioridade. Isso porque, segundo estabelece o art. 4º do CP, que acolheu a teoria da atividade, considera-se praticado o crime no momento da conduta (ação ou omissão), ainda que outro seja o do resultado. É dizer, o momento do crime, para o efeito de determinar a imputabilidade, corresponde ao exato instante em que se verificou a conduta, que, neste caso, consiste na agressão sofrida por Lívia, pouco importando o fato de a morte ter ocorrido dias depois, quando Laura já era imputável. Mais: desde que ainda não conte com 21 anos, poderá ser submetida a medida socioeducativa (Súmula 605, STJ); **B:** incorreta. Não há que se falar em legítima defesa (art. 25, CP), ante a ausência de agressão atual ou iminente; o que de fato existe é a notícia de que Lívia disse que agrediria Laura, fato que ocorreria dali a uma semana; **C:** incorreta, já que era exigível de Laura, sim, a adoção de outra conduta, que não a agressão impingida a Lívia; **D:** incorreta. A atenuante da menoridade relativa, presente no art. 65, I, do CP, somente incide se o agente, ao tempo do fato, for maior de 18 e menor de 21 anos. Aos menores de 18 aplica-se o ECA.

62. Gabarito "D"
Comentário: Juarez, imbuído do propósito de causar a morte do casal, por meio de uma única conduta (lançamento da bomba), produziu dois resultados (morte do marido e da esposa), que, desde o início, foram por ele desejados (desígnios autônomos em relação às duas mortes). É hipótese de concurso formal *impróprio* ou *imperfeito*. Nos termos do art. 70 do CP, o concurso formal poderá ser *próprio* (perfeito) ou *impróprio* (imperfeito). No primeiro caso (primeira parte do *caput*), temos que o agente, por meio de uma única ação ou omissão (um só comportamento), pratica dois ou mais crimes, idênticos ou não, com *unidade de desígnio*; já no *concurso formal impróprio* ou *imperfeito* (segunda parte do *caput*), a situação é diferente. Aqui, a conduta única decorre de desígnios autônomos, vale dizer, o agente, no seu atuar, deseja os resultados produzidos. Como consequência, as penas serão somadas, aplicando-se o critério ou sistema do *cúmulo material*. No concurso formal perfeito, diferentemente, se as penas previstas forem idênticas, aplica-se somente uma; se diferentes, aplica-se a maior, acrescida, em qualquer caso, de um sexto até metade (sistema da exasperação).

63. Gabarito "A"
Comentário: Segundo consta do enunciado, Flávia e Luiza, a pretexto de conhecer melhor Paulo, vão até a casa deste, depois de saírem de uma festa de aniversário. Já na casa de Paulo, mancomunadas, aproveitam o momento em que ele vai ao banheiro para, fazendo uso de uma madeira, trancá-lo e ali isolá-lo. A partir daí, passam a subtrair seus pertences, após o que deixam o local. De se ver que não houve, por parte de Flávia e Luiza, emprego de violência tampouco grave ameaça. Ao trancar Paulo no banheiro, para que este não interferisse na sua ação, elas nada mais fizeram do que reduzir a vítima à impossibilidade de resistência (denominada pela doutrina como violência *imprópria*). O crime em que incorreram Flávia e Luiza, assim, foi o de roubo. Ponto importante e que, portanto, merece ser destacado, embora não interfira na solução desta questão, é saber se se trata de roubo *próprio* ou *impróprio*. Cuida-se de roubo próprio (art. 157, *caput*, do CP), na medida em que o meio de que elas se valeram para reduzir Paulo à impossibilidade de resistência foi empregado antes da subtração de seus pertences. O reconhecimento do roubo impróprio (art. 157, § 1º, do CP) tem como pressuposto o fato de a violência contra a pessoa ou grave ameaça verificar-se após a subtração da *res*. É este o caso do agente que, após efetuar a subtração de determinado bem (furto), ao deixar o local se depara com o proprietário da *res*, contra o qual o agente desfere um soco, que vem a ocasionar-lhe um desmaio e acaba por assegurar ao agente a detenção da coisa subtraída.

64. Gabarito "B"
Comentário: A: incorreta. Considerando que Caio foi o autor do roubo do veículo que dirigia quando de sua prisão, fato ocorrido dois dias antes, não lhe poderia ser imputado o crime de receptação do mesmo veículo. É que o autor, coautor ou mesmo o partícipe do delito de roubo/furto não responde pelo delito de receptação. Em assim sendo, a prisão em flagrante pelo cometimento do crime de roubo, que ocorreu dois dias antes, é ilegal, já que não se enquadra nas hipóteses descritas no art. 302 do CPP. Se Caio não tivesse sido autor do roubo, sua prisão, por receptação, seria legal, já que este crime é permanente, autorizando a prisão em flagrante a qualquer tempo, enquanto não cessado o estado de permanência; **B:** correta. Como já dissemos, inexiste situação de flagrância, razão pela qual a prisão deve ser relaxada pelo magistrado em audiência de custódia; **C:** incorreta. Pelo que consta do enunciado, a prisão em flagrante ainda não fora convertida em preventiva, razão pela qual não tem sentido o advogado manifestar-se pela sua revogação. A propósito, será revogada a prisão preventiva que se revelar desnecessária; se ilegal for, deverá ser relaxada. É importante ainda que se diga que, mesmo que seja reconhecida a ilegalidade da prisão em flagrante, com o seu consequente relaxamento, nada obsta que o magistrado decrete a prisão preventiva do investigado, desde que, é claro, estejam presentes os requisitos dos arts. 312 e 313 do CPP, cuja redação foi alterada pela Lei 13.964/2019 (pacote anticrime); **D:** incorreta. A substituição da prisão preventiva pela domiciliar somente seria possível caso Caio fosse o único responsável pelos cuidados do filho menor de 12 anos (o filho de Caio conta com 14 anos), conforme art. 318, VI, do CPP.
Dica: quanto ao tema *substituição da prisão preventiva por domiciliar*, importante tecer algumas ponderações, tendo em vista o advento da Lei 13.769/2018, que, entre outras coisas, inseriu no CPP o art. 318-A, que estabelece a substituição da prisão preventiva por prisão domiciliar da mulher gestante, mãe ou responsável por crianças ou pessoas com deficiência. Além disso, disciplina o regime de cumprimento de pena privativa de liberdade de condenadas na mesma situação, com alteração da Lei de Crimes Hediondos e da Lei de Execução Penal. Como bem sabemos, a 2ª turma do STF, ao julgar o HC coletivo 143.641, assegurou a conversão da prisão preventiva em domiciliar a todas as presas provisórias do país que sejam gestantes, puérperas ou mães de crianças e deficientes sob sua guarda. Perceba, dessa forma, que o legislador, ao inserir o art. 318-A do CPP, nada mais fez do que contemplar, no texto legal, o entendimento consolidado no *habeas corpus* coletivo a que fizemos referência. Também em consonância com o que ficou decidido no julgamento do HC, o legislador impôs dois requisitos: que não tenha sido cometido crime com grave ameaça ou violência contra a pessoa; que não tenha sido cometido contra o filho ou dependente. O art. 318-B, também inserido por meio da Lei 13.769/2018, prevê a possibilidade de aplicação concomitante a prisão domiciliar e das medidas alternativas previstas no art. 319 do CPP, na esteira do decidido no HC 143.641. Para além da inserção desses dois dispositivos legais no CPP, a Lei 13.769/2018 promoveu alterações na LEP. Perceba, pois, que os arts. 318, 318-A e 318-B tratam da concessão da prisão domiciliar no contexto da prisão preventiva, que constitui modalidade de prisão provisória. Pressupõe-se, aqui, portanto, ausência de condenação definitiva. Após o trânsito em julgado da condenação, a prisão domiciliar passa a ser disciplinada, como não poderia deixar de ser, pela LEP. Neste caso, temos que a Lei 13.769/2018 inseriu no art. 112 da LEP o § 3º, que estabelece fração diferenciada de cumprimento de pena para que a mulher, nas condições a que fizemos referência, possa alcançar o regime mais brando (a fração necessária, que antes era um sexto, passou para um oitavo). Para tanto, a reeducanda deve reunir quatro requisitos cumulativos, além de ter cumprido um oitavo da pena que lhe foi imposta. Também incluído pela Lei 13.769/2018, o § 4º do art. 112 da LEP estabelece que a prática de novo crime doloso ou falta grave acarretará a revogação do benefício.

65. Gabarito "B"
Comentário: Se a decisão do Conselho de Sentença revelar-se manifestamente contrária à prova dos autos, assim entendida aquela que, de forma clara, não encontra ressonância no acervo probatório, caberá ao tribunal *ad quem*, ao apreciar a apelação interposta com supedâneo no art. 593, III, *d*, do CPP, após constatar que a decisão combatida de fato não encontra lastro probatório, dar provimento ao recurso e determinar a realização de novo julgamento pelo Tribunal Popular. É vedado ao tribunal *ad quem*, portanto, fazendo as vezes do tribunal do júri, substituir a decisão recorrida. A "correção" caberá, assim, ao tribunal do júri (art. 593, § 3º, CPP), em nova sessão de julgamento.

66. Gabarito "B"
Comentário: A: incorreta, uma vez que somente faz coisa julgada material a decisão de arquivamento do inquérito calcada em ausência de tipicidade. Não é esta a hipótese retratada no enunciado, já que o arquivamento se deu por ausência de provas de que o crime ocorreu (justa causa), razão pela qual tal decisão produz somente coisa julgada formal, o que autoriza a retomada das investigações bem como o oferecimento de denúncia diante do surgimento de provas novas; **B:** correta. Considerando que a decisão que levou ao arquivamento do inquérito gerou coisa julgada formal, o surgimento de outras provas enseja a reabertura das investigações ou o oferecimento de denúncia pelo MP. Vale o registro de que as "outras provas", a que faz alusão o art. 18 do CPP, devem ser entendidas como *provas substancialmente novas*, ou seja, aquelas que até então não eram de conhecimento das autoridades. Veja, a propósito, o teor da Súmula 524 do STF: "Arquivado o inquérito policial, por despacho do juiz, a requerimento do Promotor de Justiça, não pode a ação penal ser iniciada, sem novas provas"; **C:** incorreta. Ao tempo em que foi determinado o arquivamento, o vídeo não era de conhecimento das autoridades. Mesmo porque não teria como o vídeo, que registrou o crime, ter sido produzido em momento posterior a este; **D:** incorreta, na medida em que não há que se falar, neste caso, em ação penal privada subsidiária, já que o MP não atuou com desídia, que constitui pressuposto ao ajuizamento desta modalidade de ação privativa do ofendido.
Dica: um dos temas mais recorrentes em provas de Ordem (e também em concursos públicos) é a chamada ação penal privada subsidiária da pública, em especial, o pressuposto ao seu ajuizamento. Segundo posicionamento doutrinário e jurisprudencial pacífico, a propositura da ação penal privada subsidiária da pública, à luz do que estabelecem os arts. 5º, LIX, da CF, 100, § 3º, do CP e 29 do CPP, tem como pressuposto, conforme dissemos acima, a ocorrência de desídia do membro do Ministério Público, que deixa de promover a ação penal dentro do prazo estabelecido em lei. Bem por isso, não há que se falar nesta modalidade de ação privada na hipótese de o representante do MP promover o arquivamento dos autos de inquérito policial, e bem assim quando requerer o retorno dos autos de inquérito à Delegacia de Polícia para a realização de diligências complementares. Não há, nestes dois casos, inércia por parte do representante do parquet. Conferir o magistério de Guilherme de Souza Nucci: "(...) é inaceitável que o ofendido, porque o inquérito foi arquivado, a requerimento do Ministério Público, ingresse com ação penal privada subsidiária da pública. A titularidade da ação penal não é, nesse caso, da vítima e a ação privada, nos termos do art. 29, somente é admissível quando o órgão acusatório estatal deixa de intentar a ação penal, no prazo legal, mas não quando age, pedindo o arquivamento, por crer inexistir fundamento para a ação penal" (Código de Processo Penal Comentado, 17ª ed., p. 146). Na jurisprudência: "1. A comprovação inequívoca da inércia do Ministério Público é requisito essencial para justificar o ajuizamento da ação penal privada subsidiária da pública. 2. O pedido de arquivamento do feito, formulado pelo Ministério Público, titular da ação penal, não pode ser discutido, senão acolhido. Precedentes do STF e do STJ. 3. Agravo regimental não provido" (STJ – AgRg na APn: 557 DF 2008/0269543-6, Relator: Ministra NANCY ANDRIGHI, Data de Julgamento: 06.10.2010, CE – CORTE ESPECIAL, Data de Publicação: DJe 09.11.2010).

67. Gabarito "A"
Comentário: O entendimento do STF que estabeleceu a natureza incondicionada da ação penal, tomado em controle concentrado de constitucionalidade (ADIn 4.424), somente se aplica aos crimes de lesão corporal, independente de sua extensão, praticados contra a mulher no ambiente doméstico. Tal entendimento encontra-se consagrado na Súmula 542, do STJ: "A ação penal relativa ao crime de lesão corporal resultante de violência doméstica contra a mulher é pública incondicionada". Este entendimento não se aplica, todavia, ao crime de ameaça (de que foi vítima Bruna), na medida em que o MP, para ajuizar a ação penal, depende da manifestação de vontade da ofendida, materializada por meio da representação. Neste caso, poderá a ofendida, desde que em audiência especialmente designada para esse fim e até o recebimento da denúncia, renunciar à representação formulada (art. 16 da Lei 11.340/2006), isto é, a retratação de Bruna, perante a autoridade policial, não produz efeito algum, já que tal providência deveria ser realizada perante o magistrado, em audiência designada pra tal finalidade. No mais, o art. 41 da Lei Maria da Penha, cuja constitucionalidade foi reconhecida pelo STF (ADC 19, de 09.02.2012), veda a aplicação, no contexto dos crimes praticados com violência doméstica e familiar contra a mulher, das medidas despenalizadoras contempladas na Lei 9.099/1995, entre as quais a *suspensão condicional do processo* e a *transação penal*. Consolidando tal entendimento, editou-se a Súmula 536, do STJ: "A suspensão condicional do processo e a transação penal não se aplicam na hipótese de delitos sujeitos ao rito da Lei Maria da Penha".
Dica: a análise do texto de lei, neste caso do art. 16 da Lei Maria da Penha, levaria a outra conclusão, já que não faz distinção, quanto à necessidade de representação, entre os crimes de lesão corporal e ameaça. Como se pode ver, o estudo da jurisprudência é de suma importância.

68. Gabarito "C"
Comentário: A: incorreta, na medida em que é vedado o ingresso, no processo, do corréu como assistente de acusação (art. 270, CPP); **B:** incorreta. É que o assistente será admitido a partir do recebimento da denúncia, permanecendo nessa condição até o trânsito em julgado (art. 269, CPP). Assim, o advogado de Vanda poderia requerer a intervenção de sua cliente após a prolação da sentença. Já Juca, como afirmado, não poderá figurar como assistente de acusação, já que é corréu no mesmo processo; **C:** correta. O assistente de acusação receberá a causa no estado em que se encontrar, razão por que é-lhe vedado solicitar a realização de nova audiência para elaborar as perguntas que entender pertinentes (art. 269, CPP); **D:** incorreta, dado que a decisão que admitir ou não o assistente não comporta recurso (art. 273, CPP).

69. Gabarito "D"
Comentário: Ninguém poderá ser compelido a produzir prova contra si mesmo (princípio do *nemo tenetur se detegere*), razão pela qual não se imporá ao investigado/réu a obrigação de fornecer material gráfico para comparação em exame pericial (exame grafotécnico). O mesmo se diga em relação à participação do investigado na reprodução simulada dos fatos (art. 7º do CPP), que será sempre facultativa, ou ainda no fornecimento de sangue para realização de exame de alcoolemia. Ademais, o exercício da prerrogativa de não produzir prova contra si mesmo não pode conduzir à presunção de culpabilidade pelo crime atribuído ao agente, o que somente terá lugar com o trânsito em julgado da sentença penal condenatória. *Vide* art. 186, parágrafo único, do CPP.

70. Gabarito "C"
Comentário: "C" é a assertiva correta. Isso porque o aviso-prévio é computado como tempo de trabalho, independentemente se for indenizado ou trabalhado. Convém ressaltar que deve haver a projeção do período de aviso-prévio no contrato de trabalho, hipótese em que a data de saída a ser anotada na CTPS deve corresponder a do término do prazo do aviso-prévio, ainda que indenizado e/ou proporcional, em conformidade com a Orientação Jurisprudencial 82 da SDI do TST. Contudo, o registro da candidatura do empregado a cargo de dirigente sindical durante o período de aviso-prévio não lhe assegura a estabilidade no emprego, em razão de ser inaplicável a regra contida no § 3º do art. 543 da CLT, a teor da Súmula 369, item V, do TST.

71. Gabarito "A"
Comentário: A: correta, pois, nos termos do art. 484-A da CLT, o contrato de trabalho poderá ser extinto por acordo entre empregado e empregador, sendo certo que a indenização sobre o FGTS será devida pela metade, na forma do art.

484-A, I, b, da CLT e o empregado não receberá o seguro-desemprego, nos termos do art. 484-A, § 2°, da CLT; **B**: incorreta, pois o distrato não depende de homologação judicial. **C**: incorreta, pois há previsão no art. 484-A da CLT acerca da extinção do contrato por acordo entre empregado e empregador; **D**: opção incorreta, pois desídia consiste no comportamento relaxado do empregado na prestação de seu labor, capaz de ocasionar a falta grave, na forma do art. 482, e, da CLT.

72. Gabarito "B"
Comentário: No julgamento do Recurso Extraordinário com Agravo (ARE) 1224327 o STF reafirmou seu entendimento sobre a constitucionalidade da contribuição previdenciária devida por aposentado pelo Regime Geral de Previdência Social (RGPS) que permaneça em atividade ou retorne a ela. A jurisprudência do STF tem com base o princípio da solidariedade, considerando legítimo a exigência para que os aposentados contribuam para a seguridade social da mesma forma que os demais trabalhadores. Ficou reconhecida a repercussão geral.

73. Gabarito "A"
Comentário: "A" é a assertiva correta. Isso porque, nos termos do art. 507-A da CLT, nos contratos individuais de trabalho cuja remuneração seja superior a duas vezes o limite máximo estabelecido para os benefícios do Regime Geral de Previdência Social, poderá ser pactuada cláusula compromissória de arbitragem, desde que por iniciativa do empregado ou mediante a sua concordância expressa, nos termos previstos na Lei 9.307/1996.

74. Gabarito "A"
Comentário: "A" é a assertiva correta. Isso porque, nos termos do art. 4°, da CLT considera-se como de serviço efetivo o período em que o empregado esteja à disposição do empregador, aguardando ou executando ordens, salvo disposição especial expressamente consignada. Nessa linha, o § 2° do mesmo dispositivo legal, especificamente nos incisos II, III, V e VIII ensina que tais práticas não se consideram tempo à disposição do empregador e não serão computadas como período extraordinário o que exceder a jornada normal.

75. Gabarito "A"
Comentário: "A" é a afirmativa correta. Isso porque, nos termos do art. 71, § 4°, da CLT a não concessão ou a concessão parcial do intervalo intrajornada mínimo, para repouso e alimentação, a empregados urbanos e rurais implica o pagamento, de natureza indenizatória, apenas do período suprimido, com acréscimo de 50% (cinquenta por cento) sobre o valor da remuneração da hora normal de trabalho.

76. Gabarito "A"
Comentário: "A" é a assertiva correta. Na Justiça do Trabalho admite-se o mandato tácito ou *apud acta*, ou seja, mandato constituído na própria ata de audiência, a requerimento do advogado com anuência da parte, na forma do art. 791, § 3°, da CLT: *"§ 3° A constituição de procurador com poderes para o foro em geral poderá ser efetivada, mediante simples registro em ata de audiência, a requerimento verbal do advogado interessado, com anuência da parte representada."*. Importante ressaltar, contudo, que, nos termos da Orientação Jurisprudencial 200 da SDI 1 do TST, é inválido o substabelecimento de advogado investido de mandato tácito.

77. Gabarito "C"
Comentário: "C" é a assertiva correta. Nota-se que os créditos trabalhistas na fase de conhecimento não estão liquidados, o que será feito posteriormente na fase de execução, iniciando-se com a liquidação dos valores. Desta forma, a suspensão do processo na fase de conhecimento não se mostra possível, sendo permitida, contudo na fase de execução. Nesse sentido dispõe o art. 6°, § 1°, da Lei 11.101/2005 que terá prosseguimento no juízo no qual estiver se processando a ação que demandar quantia ilíquida.

78. Gabarito "B"
Comentário: "B" é a assertiva correta. Nos termos da súmula 86 do TST, não ocorre deserção de recurso da massa falida por falta de pagamento de custas ou de depósito do valor da condenação. Esse privilégio, todavia, não se aplica à empresa em liquidação extrajudicial.

79. Gabarito "B"
Comentário: "B" é a assertiva correta. Nos termos do art. 879, § 2°, da CLT elaborada a conta e tornada líquida, o juízo **deverá** abrir às partes prazo comum de oito dias para impugnação fundamentada com a indicação dos itens e valores objeto da discordância, sob pena de preclusão. Nota-se, portanto, que o magistrado está obrigado, ou seja, tem o dever de intimar as partes para manifestação acerca dos cálculos homologados.

80. Gabarito "A"
Comentário: A: correta. Nos termos do art. 895, II, da CLT caberá recurso ordinário ao TST das decisões definitivas ou terminativas dos Tribunais Regionais, em processos de sua competência originária (como é o caso da ação rescisória), no prazo de 8 (oito) dias, quer nos dissídios individuais, quer nos dissídios coletivos; **B**: incorreta. Não é possível a interposição de recurso de revista, na medida em que cabe Recurso de Revista para Turma do Tribunal Superior do Trabalho das decisões proferidas em grau de recurso ordinário, em dissídio individual, pelos Tribunais Regionais do Trabalho, art. 896 da CLT; **C**: incorreta, pois não há previsão legal na seara trabalhista acerca do recurso especial, veja art. 893 da CLT; **D**: incorreta, pois o agravo de instrumento é o recurso cabível contra a decisão que nega seguimento a recurso, art. 897, b, da CLT.

2018.2 – XXVI EXAME DE ORDEM

1. Rafaela, advogada, atua como árbitra em certa lide. Lena, também regularmente inscrita como advogada perante a OAB, exerce atualmente a função de mediadora. Ambas, no exercício de suas atividades, tomaram conhecimento de fatos relativos às partes envolvidas. Todavia, apenas foi solicitado a Rafaela que guardasse sigilo sobre tais fatos.

Considerando o caso narrado, assinale a afirmativa correta.

(A) Apenas Rafaela, no exercício da profissão, submete-se ao dever de guardar sigilo dos fatos de que tomou conhecimento. O dever de sigilo cederá em face de circunstâncias excepcionais que configurem justa causa, como nos casos de grave ameaça aos direitos à vida e à honra, bem como em caso de defesa própria.

(B) Apenas Lena, no exercício da profissão, submete-se ao dever de guardar sigilo dos fatos de que tomou conhecimento. O dever de sigilo cederá em face de circunstâncias excepcionais que configurem justa causa, como nos casos de grave ameaça aos direitos à vida e à honra, bem como em caso de defesa própria.

(C) Ambas as advogadas, no exercício da profissão, submetem-se ao dever de guardar sigilo dos fatos de que tomaram conhecimento. O dever de sigilo cederá em face de circunstâncias excepcionais que configurem justa causa, como nos casos de grave ameaça aos direitos à vida e à honra, bem como em caso de defesa própria.

(D) Apenas Rafaela, no exercício da profissão, submete-se ao dever de guardar sigilo dos fatos de que tomou conhecimento. O dever de sigilo cederá em face de circunstâncias excepcionais que configurem justa causa, como nos casos de grave ameaça aos direitos à vida e à honra. Porém, não se admite a relativização do dever de sigilo para exercício de defesa própria.

2. O advogado Fabrício foi contratado por José para seu patrocínio em processo judicial, por meio de instrumento firmado no dia 14/11/2012. No exercício do mandato, Fabrício distribuiu, em 23/11/2012, petição inicial em que José figurava como autor.

No dia 06/11/2013, nos autos do processo, Fabrício foi intimado de sentença, a qual fixou honorários advocatícios sucumbenciais, no valor de dez mil reais, em seu favor. A referida sentença transitou em julgado em 21/11/2013.

Considerando que não houve causa de suspensão ou interrupção do prazo prescricional, de acordo com a disciplina do Estatuto da Advocacia e da OAB, assinale a afirmativa correta.

(A) A pretensão de cobrança dos honorários sucumbenciais, fixados em favor de Fabrício, prescreve no prazo de cinco anos, a contar de 14/11/2012.

(B) A pretensão de cobrança dos honorários sucumbenciais, fixados em favor de Fabrício, prescreve no prazo de cinco anos, a contar de 06/11/2013.

(C) A pretensão de cobrança dos honorários sucumbenciais, fixados em favor de Fabrício, prescreve no prazo de cinco anos, a contar de 21/11/2013.

(D) A pretensão de cobrança dos honorários sucumbenciais, fixados em favor de Fabrício, é imprescritível, tendo em vista seu caráter alimentar.

3. O advogado Fred dirigiu-se, em certa ocasião, a uma delegacia de polícia e a um presídio, a fim de entrevistar clientes seus que se encontravam, respectivamente, prestando depoimento e preso. Na mesma data, o advogado Jorge realizou audiências na sede de um juizado especial cível e no interior de certo fórum regional da comarca.

Considerando o disposto no Estatuto da Advocacia e da OAB, assinale a afirmativa correta.

(A) É direito de Fred e Jorge a instalação de salas especiais permanentes para os advogados nos seguintes locais visitados: sede do juizado especial cível e fórum regional da comarca. Quanto aos demais, embora seja recomendável a existência de salas especiais, não há dever legal de instalação.

(B) É direito de Fred e Jorge a instalação de salas especiais permanentes para os advogados em todos os locais visitados. Quanto aos quatro locais, há dever legal de instalação das salas.

(C) É direito de Fred e Jorge a instalação de salas especiais permanentes para os advogados nos seguintes locais visitados: sede do juizado especial cível, fórum regional da comarca e presídio. Quanto à delegacia de polícia, embora seja recomendável a existência de salas especiais, não há dever legal de instalação.

(D) É direito de Fred e Jorge a instalação de salas especiais permanentes para os advogados nos seguintes locais visitados: fórum regional da comarca e presídio. Quanto aos demais, embora seja recomendável a existência de salas especiais, não há dever legal de instalação.

4. O advogado Pasquale integra a sociedade de advogados X, juntamente com três sócios. Todavia, as suas funções na aludida sociedade apenas ocupam parte de sua carga horária semanal disponível. Por isso, a fim de ocupar o tempo livre, o advogado estuda duas propostas: de um lado, pensa em criar, paralelamente, uma sociedade unipessoal de advocacia; de outro, estuda aceitar a oferta, proposta pela sociedade de advogados Y, de integrar seus quadros.

Considerando que todas as pessoas jurídicas mencionadas teriam sede na mesma área territorial de um Conselho Seccional da OAB, assinale a afirmativa correta.

(A) É permitido que Pasquale integre simultaneamente a sociedade de advogados X e a sociedade de advogados Y. Todavia, não é autorizado que integre simultaneamente a sociedade de advogados X e a sociedade unipessoal de advocacia.

(B) É permitido que Pasquale integre simultaneamente a sociedade de advogados X e a sociedade unipessoal de advocacia. Todavia, não é autorizado que integre simultaneamente a sociedade de advogados X e a sociedade de advogados Y.

(C) Não é permitido que Pasquale integre simultaneamente a sociedade de advogados X e a sociedade de advogados Y. Tampouco é autorizado que integre simultaneamente a sociedade de advogados X e a sociedade unipessoal de advocacia.

(D) É permitido que Pasquale integre simultaneamente a sociedade de advogados X e a sociedade de advogados Y. Também é autorizado que integre simultaneamente a sociedade de advogados X e a sociedade unipessoal de advocacia.

5. Júlio Silva sofreu sanção de censura por infração disciplinar não resultante da prática de crime; Tatiana sofreu sanção de suspensão por infração disciplinar não resultante da prática de crime; e Rodrigo sofreu sanção de suspensão por infração disciplinar resultante da prática de crime ao qual foi condenado. Transcorrido um ano após a aplicação e o cumprimento das sanções, os três pretendem obter a reabilitação, mediante provas efetivas de seu bom comportamento.

De acordo com o EOAB, assinale a afirmativa correta.

(A) Júlio e Tatiana fazem jus à reabilitação, que pode ser concedida após um ano mediante provas efetivas de bom comportamento, nos casos de qualquer sanção disciplinar. O pedido de Rodrigo, porém, depende também da reabilitação criminal.

(B) Apenas Júlio faz jus à reabilitação, que pode ser concedida após um ano mediante provas efetivas de bom comportamento, somente nos casos de sanção disciplinar de censura.

(C) Todos fazem jus à reabilitação, que pode ser concedida após um ano mediante provas efetivas de bom comportamento, nos casos de qualquer sanção disciplinar, independentemente se resultantes da prática de crime, tendo em vista que são esferas distintas de responsabilidade.

(D) Ninguém faz jus à reabilitação, que só pode ser concedida após dois anos mediante provas efetivas de bom comportamento, nos casos de sanção disciplinar de censura, e após três anos nos casos de sanção disciplinar de suspensão.

6. Juan e Pablo, ambos advogados, atuaram conjuntamente patrocinando uma demanda trabalhista em favor de certo trabalhador empregado. Tiveram bastante sucesso no exercício dessa função, tendo se valido de teses jurídicas notórias. Em razão disso, após o fim desse processo, duas pessoas jurídicas contrataram, respectivamente, Juan e Pablo, como integrantes de seus departamentos jurídicos, em relação empregatícia.

A sociedade que empregou Juan determinou que ele atue de forma consultiva, emitindo parecer sobre a mesma questão jurídica tratada naquele primeiro processo, embora adotando orientação diversa, desta feita favorável aos empregadores. A pessoa jurídica que emprega Pablo pretende que ele realize sua defesa, em juízo, em processos nos quais ela é ré, sobre a mesma questão, também sustentando o posicionamento favorável aos empregadores.

Considerando o caso narrado, assinale a afirmativa correta.

(A) Juan e Pablo podem, de maneira legítima, recusar a atuação consultiva e o patrocínio das demandas judiciais, respectivamente, sem que isso implique violação aos seus deveres profissionais.

(B) Apenas Juan pode, de maneira legítima, recusar a atuação consultiva sem que isso implique violação aos seus deveres profissionais.

(C) Apenas Pablo pode, de maneira legítima, recusar o patrocínio das demandas judiciais sem que isso implique violação aos seus deveres profissionais.

(D) As recusas quanto à atuação consultiva e ao patrocínio das demandas judiciais, por Juan e Pablo, respectivamente, implicam violações aos seus deveres profissionais.

7. O advogado José Maria celebrou contrato de mandato, há muitos anos, com o cliente Antônio para defendê-lo extrajudicialmente em certa questão. O instrumento não previu, de forma expressa, o prazo de duração do mandato.

Considerando a hipótese descrita, assinale a afirmativa correta.

(A) Ausente previsão de prazo no instrumento, o contrato de mandato extrajudicial é válido e será extinto pelo decurso do prazo de 15 anos, salvo renovação expressa.

(B) Ausente previsão de prazo no instrumento, o mandato extrajudicial é válido e não será extinto pelo decurso de qualquer prazo.

(C) Ausente previsão de prazo no instrumento, o mandato extrajudicial é anulável e não será extinto pelo decurso de qualquer prazo, mas a anulabilidade pode ser pronunciada por decisão judicial, mediante alegação dos interessados.

(D) Ausente previsão de prazo no instrumento, o mandato extrajudicial é válido e será extinto pelo decurso do prazo de 20 anos, salvo renovação expressa.

8. O Conselho Seccional X pretende criar a subseção Z, que abrange três municípios. Estima-se que, na área territorial pretendida para a subseção Z, haveria cerca de cinquenta advogados profissionalmente domiciliados. O mesmo Conselho Seccional também pretende criar as subseções W e Y, de modo que W abrangeria a região norte e Y abrangeria a região sul de um mesmo município.

Considerando o caso narrado, de acordo com o Estatuto da Advocacia e da OAB, assinale a afirmativa correta.

(A) Não é autorizada, pelo Estatuto da Advocacia e da OAB, a criação da subseção Z com a área territorial pretendida. Quanto às subseções W e Y, poderão ser criadas se contarem, cada qual, com um número mínimo de cem advogados nela profissionalmente domiciliados.

(B) Não é autorizada, pelo Estatuto da Advocacia e da OAB, a criação da subseção Z, em razão da área territorial pretendida. Quanto às subseções W e Y, poderão ser criadas se contarem, cada qual, com um número mínimo de quinze advogados nela profissionalmente domiciliados.

(C) A criação da subseção Z, com a área territorial pretendida, é autorizada pelo Estatuto da Advocacia e da OAB. Da mesma forma, as subseções W e Y poderão ser criadas se contarem, cada qual, com um número mínimo de quinze advogados nelas profissionalmente domiciliados.

(D) A criação da subseção Z, com a área territorial pretendida, é autorizada pelo Estatuto da Advocacia e da OAB. Já a criação das subseções W e Y, em razão da área territorial pretendida, não é autorizada pelo Estatuto da Advocacia e da OAB, independentemente do número de advogados nela profissionalmente domiciliados.

9. Em tempos de mudanças e reformas, é comum assistirmos a diferentes tipos de lutas sociais, especialmente visando à garantia de direitos e à conquista de novos direitos. Em *A Luta pelo Direito*, o jurista alemão Rudolf Von Ihering afirma que o fim do Direito é a paz, mas o meio de atingi-lo é a luta.

Considerando essa afirmação e de acordo com o livro citado, assinale a opção que melhor caracteriza o pensamento jusfilosófico de Ihering.

(A) O Direito é sempre o produto do espírito do povo, que é passado de geração em geração. Por isso, quando se fala em Direito é preciso sempre olhar para a história. O Direito romano é a melhor expressão desse processo social-histórico.

(B) O Direito de uma sociedade é a expressão dos conflitos sociais dela e resulta de uma luta de pessoas e grupos pelos seus próprios direitos subjetivos. Por isso, o Direito é uma força viva, e não uma ideia.

(C) O Direito resulta exclusivamente da ação institucional do Estado. É no parlamento que são travadas as lutas políticas que definem os direitos subjetivos presentes no Direito Positivo de uma dada sociedade.

(D) O Direito é parte da infraestrutura da sociedade e resulta de um processo de luta de classes, no qual a classe dominante usa o Direito para manter o controle sobre os dominados.

10. Em seu livro *Levando os Direitos a Sério*, Ronald Dworkin cita o caso "Riggs contra Palmer" em que um jovem matou o próprio avô para ficar com a herança. O Tribunal de Nova Iorque (em 1889), ao julgar o caso, deparou-se com o fato de que a legislação local de então não previa o homicídio como causa de exclusão da sucessão. Para solucionar o caso, o Tribunal aplicou o princípio do direito, não legislado, que diz que ninguém pode se beneficiar de sua própria iniquidade ou ilicitude. Assim, o assassino não recebeu sua herança.

Com base na obra citada, assinale a opção que melhor expressa uma das pretensões fundamentais da jusfilosofia de Ronald Dworkin.

(A) Revelar que a responsabilidade sobre o maior ou menor grau de justiça de um ordenamento jurídico é exclusiva do legislador, que deve sempre se esforçar por produzir leis justas.

(B) Mostrar como as Cortes podem ser ativistas quando decidem com base em princípios, não com base na lei, e que decidir assim fere o estado de Direito.

(C) Defender que regras e princípios são normas jurídicas que possuem as mesmas características, de forma que se equivalem; por isso, ambos podem ser aplicados livremente pelos Tribunais.

(D) Argumentar que regras e princípios são normas com características distintas, mas igualmente vinculantes e, em certos casos, os princípios poderão justificar, de forma mais razoável, a decisão judicial.

11. Uma nova Constituição é promulgada, sendo que um grupo de parlamentares mantém dúvidas acerca do destino a ser concedido a várias normas da Constituição antiga, cujas temáticas não foram tratadas pela nova Constituição.

Como a nova Constituição ficou silente quanto a essa situação, o grupo de parlamentares, preocupado com possível lacuna normativa, resolve procurar competentes advogados a fim de sanar a referida dúvida.

Os advogados informaram que, segundo o sistema jurídico-constitucional brasileiro,

(A) as normas da Constituição pretérita que guardarem congruência material com a nova Constituição serão convertidas em normas ordinárias.

(B) as matérias tratadas pela Constituição pretérita e não reguladas pela nova Constituição serão por esta recepcionadas.

(C) as matérias tratadas pela Constituição pretérita e não reguladas pela nova Constituição receberão, na nova ordem, status supralegal, mas infraconstitucional.

(D) a revogação tácita da ordem constitucional pretérita pela nova Constituição se dará de forma completa e integral, ocasionando a perda de sua validade.

12. Durante ato de protesto político, realizado na praça central do Município Alfa, os manifestantes, inflamados por grupos oposicionistas, começam a depredar órgãos públicos locais, bem como invadem e saqueiam estabelecimentos comerciais, situação que foge do controle das forças de segurança.

Diante do quadro de evidente instabilidade social, o Presidente da República, por Decreto, institui o estado de defesa no Município Alfa por prazo indeterminado, até que seja restaurada a ordem pública e a paz social. No Decreto, ainda são fixadas restrições aos direitos de reunião e ao sigilo de correspondência e comunicação telefônica.

Acerca do caso apresentado, assinale a afirmativa correta.

(A) Durante o estado de defesa, podem ser estabelecidas restrições aos direitos de reunião e ao sigilo de correspondência e comunicação telefônica, mas o referido decreto não poderia estender-se por prazo indeterminado, estando em desconformidade com a ordem constitucional.

(B) Ao decretar a medida, o Chefe do Poder Executivo não poderia adotar medidas de restrição ao sigilo de correspondência e comunicação telefônica, o que denota que o decreto é materialmente inconstitucional.

(C) O decreto é formalmente inconstitucional, porque o Presidente da República somente poderia decretar medida tão drástica mediante lei previamente aprovada em ambas as casas do Congresso Nacional.

(D) O decreto presidencial, na forma enunciada, não apresenta qualquer vício de inconstitucionalidade, sendo assegurada, pelo texto constitucional, a possibilidade de o Presidente da República determinar, por prazo indeterminado, restrições aos referidos direitos.

13. O deputado federal Alberto propôs, no exercício de suas atribuições, projeto de lei de grande interesse para o Poder Executivo federal.

Ao perceber que o momento político é favorável à sua aprovação, a bancada do governo pede ao Presidente da República que, utilizando-se de suas prerrogativas, solicite urgência (regime de urgência constitucional) para a apreciação da matéria pelo Congresso Nacional.

Em dúvida, o Presidente da República recorre ao seu corpo jurídico, que, atendendo à sua solicitação, informa que, de acordo com o sistema jurídico-constitucional brasileiro, o pleito da base governista

(A) é viável, pois é prerrogativa do chefe do Poder Executivo solicitar o regime de urgência constitucional em todos os projetos de lei que tramitem no Congresso Nacional.

(B) não pode ser atendido, pois o regime de urgência constitucional somente pode ser solicitado pelo presidente da mesa de uma das casas do Congresso Nacional.

(C) viola a CRFB/88, pois o regime de urgência constitucional somente pode ser requerido pelo Presidente da República em projetos de lei de sua própria iniciativa.

(D) não pode ser atendido, pois, nos casos urgentes, o Presidente da República deve veicular a matéria por meio de medida provisória e não solicitar que o Legislativo aprecie a matéria em regime de urgência.

14. Afonso, nascido em Portugal e filho de pais portugueses, mudou-se para o Brasil ao completar 25 anos, com a intenção de advogar no estado da Bahia, local onde moram seus avós paternos.

Após cumprir todos os requisitos exigidos e ser regularmente inscrito nos quadros da OAB local, Afonso permanece, por 13 (treze) anos ininterruptos, laborando e residindo em Salvador. Com base na hipótese narrada, sobre os direitos políticos e de nacionalidade de Afonso, assinale a afirmativa correta.

(A) Afonso somente poderá se tornar cidadão brasileiro quando completar 15 (quinze) anos ininterruptos de residência na República Federativa do Brasil, devendo, ainda, demonstrar que não sofreu qualquer condenação penal e requerer a nacionalidade brasileira.

(B) Uma vez comprovada sua idoneidade moral, Afonso poderá, na forma da lei, adquirir a qualidade de brasileiro naturalizado e, nessa condição, desde que preenchidos os demais pressupostos legais, candidatar-se ao cargo de prefeito da cidade de Salvador.

(C) Afonso poderá se naturalizar brasileiro caso demonstre ser moralmente idôneo, mas não poderá alistar-se como eleitor ou exercer quaisquer dos direitos políticos elencados na Constituição da República Federativa do Brasil.

(D) Afonso, por ser originário de país de língua portuguesa, adquirirá a qualidade de brasileiro nato ao demonstrar, na forma da lei, residência ininterrupta por 1 (um) ano em solo pátrio e idoneidade moral.

15. José leu, em artigo jornalístico veiculado em meio de comunicação de abrangência nacional, que o Supremo Tribunal Federal poderia, em sede de ADI, reconhecer a ocorrência de mutação constitucional em matéria relacionada ao meio ambiente. Em razão disso, ele procurou obter maiores esclarecimentos sobre o tema. No entanto, a ausência de uma definição mais clara do que seria "mutação constitucional" o impediu de obter um melhor entendimento sobre o tema.

Com o objetivo de superar essa dificuldade, procurou Jonas, advogado atuante na área pública, que lhe respondeu, corretamente, que a expressão "mutação constitucional", no âmbito do sistema jurídico-constitucional brasileiro, refere-se a um fenômeno

(A) concernente à atuação do poder constituinte derivado reformador, no processo de alteração do texto constitucional.

(B) referente à mudança promovida no significado normativo constitucional, por meio da utilização de emenda à Constituição.

(C) relacionado à alteração de significado de norma constitucional sem que haja qualquer mudança no texto da Constituição Federal.

(D) de alteração do texto constitucional antigo por um novo, em virtude de manifestação de uma Assembleia Nacional Constituinte.

16. Juliano, governador do estado X, casa-se com Mariana, deputada federal eleita pelo estado Y, a qual já possuía uma filha chamada Letícia, advinda de outro relacionamento pretérito.

Na vigência do vínculo conjugal, enquanto Juliano e Mariana estão no exercício de seus mandatos, Letícia manifesta interesse em também ingressar na vida política, candidatando-se ao cargo de deputada estadual, cujas eleições estão marcadas para o mesmo ano em que completa 23 (vinte e três) anos de idade.

A partir das informações fornecidas e com base no texto constitucional, assinale a afirmativa correta.

(A) Letícia preenche a idade mínima para concorrer ao cargo de deputada estadual, mas não poderá concorrer no estado X, por expressa vedação constitucional, enquanto durar o mandato de Juliano.

(B) Uma vez que Letícia está ligada a Juliano, seu padrasto, por laços de mera afinidade, inexiste vedação constitucional para que concorra ao cargo de deputada estadual no estado X.

(C) Letícia não poderá concorrer por não ter atingido a idade mínima exigida pela Constituição como condição de elegibilidade para o exercício do mandato de deputada estadual.

(D) Letícia não poderá concorrer nos estados X e Y, uma vez que a Constituição dispõe sobre a inelegibilidade reflexa ou indireta para os parentes consanguíneos ou afins até o 2º grau nos territórios de jurisdição dos titulares de mandato eletivo.

17. Antônio, líder ativista que defende a proibição do uso de quaisquer drogas, cientifica as autoridades sobre a realização de manifestação contra projeto de lei sobre a liberação do uso de entorpecentes.

Marina, líder ativista do movimento pela liberação do uso de toda e qualquer droga, ao tomar conhecimento de tal evento, resolve, então, sem solicitar autorização à autoridade competente, marcar, para o mesmo dia e local, manifestação favorável ao citado projeto de lei, de forma a impedir a propagação das ideias defendidas por Antônio.

Nesse sentido, segundo o sistema jurídico-constitucional brasileiro, assinale a afirmativa correta.

(A) Marina pode dar continuidade à sua iniciativa, pois, com fundamento no princípio do Estado Democrático, está amplamente livre para expressar suas ideias.

(B) Marina não poderia dar continuidade à sua iniciativa, pois o direito de reunião depende de prévia autorização por parte da autoridade competente.

(C) Marina não poderia dar continuidade à sua iniciativa, já que sua reunião frustraria a reunião de Antônio, anteriormente convocada para o mesmo local.

(D) Marina pode dar continuidade à sua iniciativa, pois é livre o direito de reunião quando o país não se encontra em estado de sítio ou em estado de defesa.

18. Um jovem congolês, em função de perseguição sofrida no país de origem, obteve, há cerca de três anos, reconhecimento de sua condição de refugiado no Brasil. Sua mãe, triste pela distância do filho, decide vir ao Brasil para com ele viver, porém não se enquadra na condição de refugiada.

Com base na Lei brasileira que implementou o Estatuto dos Refugiados, cabe a você, como advogado que atua na área dos Direitos Humanos, orientar a família.

Assinale a opção que apresenta a orientação correta para o caso.

(A) As medidas e os direitos previstos na legislação brasileira sobre refugiados se aplicam somente àqueles que tiverem sido reconhecidos nessa condição. Por isso, a mãe deve entrar com o pedido de refúgio e comprovar que também se enquadra na condição.

(B) Apesar de a mãe não ser refugiada, os efeitos da condição de refugiado de seu filho são extensivos a ela; por isso, ela pode obter autorização para residência no Brasil.
(C) A lei brasileira que trata de refúgio prevê a possibilidade de que pai e mãe tenham direito à residência caso o filho ou a filha venham a ser considerados refugiados, mas a previsão condiciona esse direito a uma avaliação a ser feita pelo representante do governo brasileiro.
(D) Para que a mãe possa viver no Brasil com seu filho ou sua filha, ela deverá comprovar que é economicamente dependente dele ou dela, pois é nesse caso que ascendentes podem gozar dos efeitos da condição de refugiado reconhecida a um filho ou a uma filha.

19. No estado em que você reside há cerca de quinze anos, cinco homens foram assassinados por tiros disparados por pessoas encapuzadas. Houve uma alteração da cena do crime, sugerindo a mesma forma de atuação de outros assassinatos que vinham sendo praticados por um grupo de extermínio que contaria com a participação de policiais.

Na época, a Polícia Civil instaurou inquérito para apurar os fatos, mas concluiu pela ausência de elementos suficientes de autoria, encaminhando os autos ao Ministério Público, que pediu o arquivamento do caso. A Justiça acolheu o pedido e alegou não haver informações sobre autoria, motivação ou envolvimento de policiais.

Segundo opinião de especialistas, a apuração policial do caso foi prematuramente interrompida. A Polícia Civil teria deixado de realizar diligências imprescindíveis à elucidação da autoria do episódio. Manter o arquivamento do inquérito, sem a investigação adequada, significaria ratificar a atuação institucionalmente violenta de agentes de segurança pública e, consequentemente, referendar grave violação de direitos humanos.

Para a hipótese narrada, como advogado de uma instituição de direitos humanos, assinale a opção processual prevista pela Constituição da República.

(A) O MPF deve ingressar com ação diretamente no Supremo Tribunal Federal para assegurar o direito de acesso à justiça.
(B) O advogado deve apresentar pedido de avocatória no Superior Tribunal de Justiça, a fim de que se garanta a continuidade das investigações.
(C) O Procurador Geral da República deve suscitar, perante o Superior Tribunal de Justiça, incidente de deslocamento de competência para a Justiça Federal.
(D) O advogado deve ajuizar ação competente junto à Corte Interamericana de Direitos Humanos

20. Maria Olímpia é demitida pela Embaixada de um país estrangeiro, em Brasília, por ter se recusado a usar véu como parte do seu uniforme de serviço. Obteve ganho de causa na reclamação trabalhista que moveu, mas, como o Estado não cumpriu espontaneamente a sentença, foi solicitada a penhora de bens da Embaixada.

Nesse caso, a penhora de bens do Estado estrangeiro

(A) somente irá prosperar se o Estado estrangeiro tiver bens que não estejam diretamente vinculados ao funcionamento da sua representação diplomática.
(B) não poderá ser autorizada, face à imunidade absoluta de jurisdição do Estado estrangeiro.
(C) dependerá de um pedido de auxílio direto via Autoridade Central, nos termos dos tratados em vigor.
(D) poderá ser deferida, porque, sendo os contratos de trabalho atos de gestão, os bens que são objeto da penhora autorizam, de imediato, a execução.

21. Um ex-funcionário de uma agência de inteligência israelense está de passagem pelo Brasil e toma conhecimento de que chegou ao Supremo Tribunal Federal um pedido de extradição solicitado pelo governo de Israel, país com o qual o Brasil não possui tratado de extradição. Receoso de ser preso, por estar respondendo em Israel por crime de extorsão, ele pula o muro do consulado da Venezuela no Rio de Janeiro e solicita proteção diplomática a esse país.

Nesse caso,

(A) pode pedir asilo diplomático e terá direito a salvo-conduto para o país que o acolheu.
(B) é cabível o asilo territorial, porque o consulado é território do Estado estrangeiro.
(C) não se pode pedir asilo, e o STF não autorizará a extradição, por ausência de tratado.
(D) o asilo diplomático não pode ser concedido, pois não é cabível em consulado.

22. João, empresário, inconformado com a notificação de que a Administração Pública Fazendária teria acesso às informações de sua movimentação bancária para instruir processo administrativo fiscal, decidiu procurar o Escritório Alfa de advocacia para uma consulta a respeito do caso. João busca saber se a medida configura quebra de sigilo fiscal e se o procedimento da Administração Pública está correto.

Com base na hipótese apresentada, assinale a opção que indica a orientação a ser dada pelo Escritório Alfa, considerando a jurisprudência do Supremo Tribunal Federal (STF) acerca do acesso a dados bancários sigilosos pela Administração Pública Fazendária.

(A) Não se trata de quebra de sigilo, mas de transferência de sigilo para finalidades de natureza eminentemente fiscal, pois a legislação aplicável garante a preservação da confidencialidade dos dados, vedado seu repasse a terceiros estranhos ao próprio Estado, sob pena de responsabilização dos agentes que eventualmente pratiquem essa infração.
(B) A imediata notificação do contribuinte é mera liberalidade da Administração Fazendária, sendo ao contribuinte facultada, tão somente, a extração da decisão final da Administração Fazendária.
(C) Tal uso de dados ofende o direito ao sigilo bancário, porque macula o princípio da igualdade e o princípio da capacidade contributiva.
(D) É inconstitucional a quebra de sigilo, pois a legislação aplicável garante a preservação da confidencialidade dos dados, vedado seu repasse a terceiros, inclusive aos integrantes da Administração Pública Fazendária.

23. Em março de 2016, o Município X publicou lei instituindo novos critérios de apuração e ampliando os poderes de investigação das autoridades administrativas. Com base nessa nova orientação, em outubro do mesmo ano, o fisco municipal verificou a ausência de declaração e recolhimento de valores do Imposto Sobre Serviços de Qualquer Natureza - ISSQN devidos pela pessoa jurídica Y, referentes ao ano-calendário 2014; diante dessa constatação, lavrou auto de infração para cobrança dos valores inadimplidos.

No que tange à possibilidade de aplicação da nova legislação ao presente caso, assinale a afirmativa correta.

(A) É inaplicável, pois não respeitou o princípio da anterioridade anual.
(B) É inaplicável, pois o fisco somente poderia lavrar o auto de infração com base nos critérios de apuração previstos em lei vigente no momento da ocorrência do fato gerador.
(C) É aplicável, pois a legislação que institui novos critérios de apuração e amplia poderes de investigação das autoridades administrativas aplica-se aos lançamentos referentes a fatos geradores ocorridos antes de sua vigência.
(D) É aplicável, pois foi observado o princípio da anterioridade nonagesimal.

24. Em execução fiscal ajuizada pela União, a contribuinte ABC ofereceu seguro-garantia para garantir a execução, correspondente ao valor da dívida, acrescido de juros, multa de mora e encargos indicados na Certidão de Dívida Ativa. Por meio de publicação no órgão oficial, a União foi instada a se manifestar quanto à garantia oferecida pela executada, deixando de se manifestar no prazo que lhe foi assinalado.

Diante disso, assinale a afirmativa correta.

(A) Não é possível o oferecimento de seguro-garantia para garantir a execução fiscal. No entanto, a intimação da União por meio de publicação no órgão da imprensa oficial foi regular.
(B) É possível o oferecimento de seguro-garantia para garantir a execução fiscal, tendo sido regular a intimação da União por meio de publicação no órgão da imprensa oficial.
(C) Não é possível o oferecimento de seguro-garantia para garantir a execução fiscal, nem a intimação da União por meio de publicação no órgão oficial, pois qualquer intimação ao representante judicial da Fazenda Pública deve ser feita por carta registrada com aviso de recebimento.
(D) É possível o oferecimento de seguro-garantia para garantir a execução fiscal, porém, na execução fiscal, qualquer intimação ao representante judicial da Fazenda Pública será feita pessoalmente.

25. Admita que, em 2016, foi criado um Território Federal no Brasil, dividido em municípios. Joaquim reside nesse Território e recebeu da União, no presente ano, uma guia para o pagamento do Imposto sobre a Propriedade Predial e Territorial Urbana (IPTU) do seu imóvel. Na semana seguinte, recebeu também uma guia do município em que mora.

Levando em conta a situação descrita, assinale a afirmativa correta.

(A) Apenas a União é competente para, no caso, exigir o IPTU.
(B) Apenas o Município onde Joaquim reside é competente para exigir o IPTU.
(C) Tanto o Estado, onde se localiza o Território, quanto o Município seriam competentes para exigir o IPTU.
(D) Tanto a União quanto o Município em que Joaquim reside seriam competentes para exigir o IPTU.

26. José, preocupado com o meio ambiente, faz uso de um processo caseiro de transformação do lixo orgânico em adubo, bem como separa o lixo inorgânico, destinando-o à reciclagem. Por isso, sempre que os caminhões que prestam o serviço público de coleta de lixo passam por sua casa, não encontram lixo a ser recolhido. José, então, se insurge contra a cobrança da taxa municipal de coleta de lixo proveniente de imóveis, alegando que, como não faz uso do serviço, a cobrança em relação a ele é indevida.

Acerca desse cenário, assinale a afirmativa correta.

(A) Por ser a taxa de um tributo contraprestacional, a não utilização do serviço pelo contribuinte retira seu fundamento de validade.
(B) A coleta de lixo domiciliar nessas condições não configura a prestação de um serviço público específico e divisível, sendo inconstitucional.
(C) Por se tratar de serviço público prestado à coletividade em geral, no interesse da saúde pública, seu custeio deve ocorrer por meio dos recursos genéricos auferidos com a cobrança de impostos.
(D) A cobrança é devida, pois o serviço está sendo potencialmente colocado à disposição do contribuinte.

27. Raul e Alberto inscreveram-se para participar de um concorrido concurso público. Como Raul estava mais preparado, combinaram que ele faria a prova rapidamente e, logo após, deixaria as respostas na lixeira do banheiro para que Alberto pudesse ter acesso a elas. A fraude só veio a ser descoberta após o ingresso de Raul e de Alberto no cargo, fato que ensejou o afastamento deles. Após rígida investigação policial e administrativa, não foi identificada, na época do certame, a participação de agentes públicos no esquema.

Sobre os procedimentos de Raul e de Alberto, com base nas disposições da Lei de Improbidade Administrativa, assinale a afirmativa correta.

(A) Eles enriqueceram ilicitamente graças aos salários recebidos e, por isso, devem responder por ato de improbidade administrativa.
(B) Eles causaram prejuízo ao erário, consistente nos salários pagos indevidamente e, por isso, devem responder por ato de improbidade administrativa.
(C) Eles frustraram a licitude de concurso público, atentando contra os princípios da Administração Pública, e, por isso, devem responder por ato de improbidade administrativa.
(D) Eles não praticaram ato de improbidade administrativa, pois, no momento em que ocorreu a fraude no concurso público, não houve a participação de agentes públicos.

28. Em uma movimentada rodovia concedida pela União a uma empresa privada, um veículo particular colidiu com outro, deixando diversos destroços espalhados pela faixa de rolamento. Um dos objetos deixados sobre a pista cortou o pneu de um terceiro automóvel, causando a colisão deste em uma mureta de proteção.

Com base no fragmento acima, assinale a afirmativa correta.

(A) A concessionária deve responder objetivamente pelos danos causados, com fundamento na teoria do risco administrativo.
(B) Em nenhuma hipótese a concessionária poderá ser responsabilizada pelo evento danoso.
(C) A concessionária responde pelos danos materiais causados ao terceiro veículo, com fundamento na teoria do risco integral, isto é, ficou comprovado que o dano foi causado por culpa exclusiva de terceiro ou por força maior.
(D) O proprietário do terceiro automóvel só será reparado pelos danos materiais caso demonstre a culpa da concessionária, caracterizada, por exemplo, pela demora excessiva em promover a limpeza da rodovia.

29. Marcos, servidor do Poder Executivo federal, entende que completou os requisitos para a aposentadoria voluntária, razão pela qual requereu, administrativamente, a concessão do benefício ao órgão competente. O pedido foi negado pela Administração. Não satisfeito com a decisão, Marcos interpôs recurso administrativo.

Tendo o enunciado como parâmetro e considerando o disposto na Lei nº 9.784/99, assinale a afirmativa correta.

(A) O recurso, salvo disposição legal diversa, tramitará por, no mínimo, três instâncias administrativas.
(B) O recurso será dirigido à autoridade que proferiu a decisão, que, se não a reconsiderar, encaminhará o apelo à autoridade superior.
(C) O recurso e todos os atos subsequentes praticados pela Administração no âmbito do processo administrativo, em regra, devem apresentar forma determinada.
(D) Marcos somente poderá alegar questões de legalidade, como a incompetência da autoridade que proferiu a decisão, não lhe sendo permitido solicitar o reexame do mérito da questão apreciada.

30. Uma sociedade empresária, contratada pelo Estado para a construção de um prédio público, atrasa a entrega de uma fase do projeto prevista no edital de licitação e no contrato. Apesar disso, tendo em vista a situação financeira precária da sociedade empresária, causada pelo aumento dos custos dos insumos da construção, consoante peticionado por ela à Administração, o gestor público competente promove o pagamento integral da parcela não adimplida à sociedade empresária.

Tendo em vista a situação acima, assinale a afirmativa correta.

(A) O pagamento feito pelo gestor é plenamente justificável em face da incidência na hipótese da teoria da imprevisão, que impõe ao Estado o ônus de recompor o equilíbrio econômico financeiro do contrato diante de fatos imprevisíveis.
(B) O gestor deveria ter instaurado processo administrativo para analisar a possibilidade de aplicação de sanção por inadimplemento e também a alegação da sociedade empresária de rompimento do equilíbrio econômico-financeiro do contrato, sendo vedado a ele determinar o pagamento da despesa sem a devida liquidação.
(C) O pagamento da parcela inadimplida seria justificável ainda que a sociedade empresária não comprovasse a imprevisibilidade do aumento de custos alegado, uma vez que o Estado assume o chamado risco ordinário derivado do aumento do custo dos insumos em decorrência das oscilações naturais do mercado.
(D) O pagamento incontinente da parcela inadimplida, tal como realizado pelo gestor, necessitaria ter sido feito com o abatimento da multa que deveria ter sido aplicada à sociedade empresária em razão do descumprimento contratual.

31. Maria solicitou ao Município Alfa licença de localização e funcionamento para exercer determinada atividade empresarial, apresentando todos os documentos necessários para tanto. Contudo, transcorrido mais de ano do mencionado pedido, não houve qualquer manifestação por parte da autoridade competente para sua apreciação.

Diante dessa situação, na qualidade de advogado, assinale a afirmativa que indica o procedimento correto.

(A) Não se pode adotar qualquer medida contra a inércia da autoridade competente, considerando que o princípio da razoável duração do processo não se aplica à via administrativa.
(B) Deve-se ajuizar uma ação popular contra a omissão da autoridade competente, diante do preenchimento dos respectivos requisitos e da violação ao princípio da impessoalidade.
(C) Deve-se impetrar mandado de segurança, uma vez que a omissão da autoridade competente para a expedição do ato de licença constitui abuso de poder.
(D) Deve-se impetrar habeas data diante da inércia administrativa, considerando que a omissão da autoridade competente viola o direito à informação.

32. Maria foi aprovada em concurso para o cargo de analista judiciário do Tribunal Regional Federal da 2ª Região, mas, após ter adquirido a estabilidade, foi demitida sem a observância das normas relativas ao processo administrativo disciplinar.

Em razão disso, Maria ajuizou ação anulatória do ato demissional, na qual obteve êxito por meio de decisão jurisdicional transitada em julgado. Nesse interregno, contudo, Alfredo, também regularmente aprovado em concurso e estável, foi promovido e passou a ocupar o cargo que era de Maria.

Sobre a hipótese apresentada, assinale a afirmativa correta.

(A) A invalidação do ato demissional de Maria não poderá importar na sua reintegração ao cargo anterior, considerando que está ocupado por Alfredo.
(B) Maria, em razão de ter adquirido a estabilidade, independentemente da existência e necessidade do cargo que ocupava, deverá ser posta em disponibilidade.
(C) Maria deverá ser readaptada em cargo superior ao que ocupava anteriormente, diante da ilicitude de seu ato demissional.
(D) Em decorrência da invalidade do ato demissional, Maria deve ser reintegrada ao cargo que ocupava e Alfredo deverá ser reconduzido para o cargo de origem.

33. Ao estabelecer a estrutura de remuneração e de cobrança de tarifas relativas à prestação de serviço de limpeza urbana, a autoridade considera contraprestações variadas para os bairros X e Y, tendo em vista o nível de renda da população da área atendida.

Sobre a hipótese, assinale a afirmativa correta, considerando a Lei da Política Nacional de Saneamento Básico.

(A) A estrutura de remuneração está correta, sendo obrigatória a concessão de isenção de tarifa aos moradores que recebem até um salário mínimo.
(B) A estrutura de remuneração, com base em subsídios para atender usuários e localidades de baixa renda, pode ser estabelecida.
(C) A política de remuneração proposta não é válida, uma vez que qualquer distinção tarifária deve ter relação direta com o peso ou o volume médio coletado.
(D) A política de remuneração não é válida, sendo certo que somente é possível estabelecer diferenciação tarifária considerando o caráter urbano ou rural da área de limpeza.

34. Gabriela, pequena produtora rural que desenvolve atividade pecuária, é avisada por seu vizinho sobre necessidade de registrar seu imóvel rural no Cadastro Ambiental Rural (CAR), sob pena de perder a propriedade do bem.

Sobre a hipótese, assinale a afirmativa correta.

(A) Gabriela não tem a obrigação de registrar o imóvel no CAR por ser pequena produtora rural.
(B) Gabriela tem a obrigação de registrar o imóvel no CAR, sob pena de perder a propriedade do bem, que apenas poderá ser reavida por ação judicial.
(C) Gabriela tem a obrigação de registrar o imóvel no CAR; o registro não será considerado título para fins de reconhecimento do direito de propriedade ou posse.
(D) Gabriela tem a obrigação de registrar o imóvel no CAR; o registro autoriza procedimento simplificado para concessão de licença ambiental.

35. A cidade de Asa Branca foi atingida por uma tempestade de grandes proporções. As ruas ficaram alagadas e a população sofreu com a inundação de suas casas e seus locais de trabalho. Antônio, que tinha uma pequena barcaça, aproveitou a ocasião para realizar o transporte dos moradores pelo triplo do preço que normalmente seria cobrado, tendo em vista a premente necessidade dos moradores de recorrer a esse tipo de transporte.

Nesse caso, em relação ao citado negócio jurídico, ocorreu

(A) estado de perigo.
(B) dolo.
(C) lesão.
(D) erro.

36. Lúcio, comodante, celebrou contrato de comodato com Pedro, comodatário, no dia 1º de outubro de 2016, pelo prazo de dois meses. O objeto era um carro da marca Y no valor de R$ 30.000,00. A devolução do bem deveria ser feita na cidade Alfa, domicílio do comodante, em 1º de dezembro de 2016.

Pedro, no entanto, não devolveu o bem na data marcada e resolveu viajar com amigos para o litoral até a virada do ano. Em 1º de janeiro de 2017, desabou um violento temporal sobre a cidade Alfa, e Pedro, ao voltar da viagem, encontra o carro destruído.

Com base nos fatos narrados, sobre a posição de Lúcio, assinale a afirmativa correta.

(A) Fará jus a perdas e danos, visto que Pedro não devolveu o carro na data prevista.
(B) Nada receberá, pois o perecimento se deu em razão de fato fortuito ou de força maior.
(C) Não terá direito a perdas e danos, pois cedeu o uso do bem a Pedro.
(D) Receberá 50% do valor do bem, pois, por fato inimputável a Pedro, o bem não foi devolvido.

37. Ronaldo é proprietário de um terreno que se encontra cercado de imóveis edificados e decide vender metade dele para Abílio.

Dois anos após o negócio feito com Abílio, Ronaldo, por dificuldades financeiras, descumpre o que havia sido acordado e constrói uma casa na parte da frente do terreno – sem deixar passagem aberta para Abílio – e a vende para José, que imediatamente passa a habitar o imóvel.

Diante do exposto, assinale a afirmativa correta.

(A) Abílio tem direito real de servidão de passagem pelo imóvel de José, mesmo contra a vontade deste, com base na usucapião.
(B) A venda realizada por Ronaldo é nula, tendo em vista que José não foi comunicado do direito real de servidão de passagem existente em favor de Abílio.
(C) Abílio tem direito a passagem forçada pelo imóvel de José, independentemente de registro, eis que seu imóvel ficou em situação de encravamento após a construção e venda feita por Ronaldo.
(D) Como não participou da avença entre Ronaldo e Abílio, José não está obrigado a conceder passagem ao segundo, em função do caráter personalíssimo da obrigação assumida.

38. Diante da crise que se abateu sobre seus negócios, Eriberto contrai empréstimo junto ao seu amigo Jorge, no valor de R$ 200.000,00, constituindo, como garantia, hipoteca do seu sítio, com vencimento em 20 anos.

Esgotado o prazo estipulado e diante do não pagamento da dívida, Jorge decide executar a hipoteca, mas vem a saber que o imóvel foi judicialmente declarado usucapido por Jonathan, que o ocupava de forma mansa e pacífica para sua moradia durante o tempo necessário para ser reconhecido como o novo proprietário do bem.

Diante do exposto, assinale a opção correta.

(A) Como o objeto da hipoteca não pertence mais a Eriberto, a dívida que ele tinha com Jorge deve ser declarada extinta.
(B) Se a hipoteca tiver sido constituída após o início da posse ad usucapionem de Jonathan, o imóvel permanecerá hipotecado mesmo após a usucapião, em respeito ao princípio da ambulatoriedade.
(C) Diante da consumação da usucapião, Jorge tem direito de regresso contra Jonathan, haja vista que o bem usucapido era objeto de sua garantia.
(D) Sendo a usucapião um modo de aquisição originária da propriedade, Jonathan pode adquirir a propriedade do imóvel livre da hipoteca que Eriberto constituíra em favor de Jorge.

39. Paula é credora de uma dívida de R$ 900.000,00 assumida solidariamente por Marcos, Vera, Teresa, Mirna, Júlio, Simone, Úrsula, Nestor e Pedro, em razão de mútuo que a todos aproveita.

Antes do vencimento da dívida, Paula exonera Vera e Mirna da solidariedade, por serem amigas de longa data. Dois meses antes da data de vencimento, Júlio, em razão da perda de seu emprego, de onde provinha todo o sustento de sua família, cai em insolvência. Ultrapassada a data de vencimento, Paula decide cobrar a dívida.

Sobre a hipótese apresentada, assinale a afirmativa correta.

(A) Vera e Mirna não podem ser exoneradas da solidariedade, eis que o nosso ordenamento jurídico não permite renunciar a solidariedade de somente alguns dos devedores.

(B) Se Marcos for cobrado por Paula, deverá efetuar o pagamento integral da dívida e, posteriormente, poderá cobrar dos demais as suas quotas-partes. A parte de Júlio será rateada entre todos os devedores solidários, inclusive Vera e Mirna.

(C) Se Simone for cobrada por Paula deverá efetuar o pagamento integral da dívida e, posteriormente, poderá cobrar dos demais as suas quotas-partes, inclusive Júlio.

(D) Se Mirna for cobrada por Paula, deverá efetuar o pagamento integral da dívida e, posteriormente, poderá cobrar as quotas-partes dos demais. A parte de Júlio será rateada entre todos os devedores solidários, com exceção de Vera.

40. Jorge, engenheiro e construtor, firma, em seu escritório, contrato de empreitada com Maria, dona da obra. Na avença, foi acordado que Jorge forneceria os materiais da construção e concluiria a obra, nos termos do projeto, no prazo de seis meses. Acordou-se, também, que o pagamento da remuneração seria efetivado em duas parcelas: a primeira, correspondente à metade do preço, a ser depositada no prazo de 30 (trinta) dias da assinatura do contrato; e a segunda, correspondente à outra metade do preço, no ato de entrega da obra concluída.

Maria, cinco dias após a assinatura da avença, toma conhecimento de que sobreveio decisão em processo judicial que determinou a penhora sobre todo o patrimônio de Jorge, reconhecendo que este possui dívida substancial com um credor que acaba de realizar ato de constrição sobre todos os seus bens (em virtude do valor elevado da dívida).

Diante de tal situação, Maria pode

(A) recusar o pagamento do preço até que a obra seja concluída ou, pelo menos, até o momento em que o empreiteiro prestar garantia suficiente de que irá realizá-la.

(B) resolver o contrato por onerosidade excessiva, haja vista que o fato superveniente e imprevisível tornou o acordo desequilibrado, afetando o sinalagma contratual.

(C) exigir o cumprimento imediato da prestação (atividade de construção), em virtude do vencimento antecipado da obrigação de fazer, a cargo do empreiteiro.

(D) desistir do contrato, sem qualquer ônus, pelo exercício do direito de arrependimento, garantido em razão da natureza de contrato de consumo.

41. Lúcio, viúvo, tendo como únicos parentes um sobrinho, Paulo, e um tio, Fernando, fez testamento de acordo com todas as formalidades legais e deixou toda a sua herança ao seu amigo Carlos, que tinha uma filha, Juliana. O herdeiro instituído no ato de última vontade morreu antes do testador. Morto Lúcio, foi aberta a sucessão.

Assinale a opção que indica como será feita a partilha.

(A) Juliana receberá todos os bens de Lúcio.
(B) Juliana receberá a parte disponível e Paulo, a legítima.
(C) Paulo e Fernando receberão, cada um, metade dos bens de Lúcio.
(D) Paulo receberá todos os bens de Lúcio.

42. Em cumprimento de mandado de busca e apreensão do Juízo Criminal, policiais encontraram fotografias de adolescentes vestidas, em posições sexuais, com foco nos órgãos genitais, armazenadas no computador de um artista inglês.

O advogado do artista, em sua defesa, alega a ausência de cena pornográfica, uma vez que as adolescentes não estavam nuas, e que a finalidade do armazenamento seria para comunicar às autoridades competentes.

Considerando o crime de posse de material pornográfico, previsto no Art. 241-B do ECA, merecem prosperar os argumentos da defesa?

(A) Sim, pois, para caracterização da pornografia, as adolescentes teriam que estar nuas.

(B) Não, uma vez que bastava afirmar que as fotos são de adolescentes, e não de crianças.

(C) Sim, uma vez que a finalidade do artista era apenas a de comunicar o fato às autoridades competentes.

(D) Não, pois a finalidade pornográfica restou demonstrada, e o artista não faz jus a excludente de tipicidade.

43. Maria, em uma maternidade na cidade de São Paulo, manifesta o desejo de entregar Juliana, sua filha recém-nascida, para adoção. Assim, Maria, encaminhada para a Vara da Infância e da Juventude, após ser atendida por uma assistente social e por uma psicóloga, é ouvida em audiência, com a assistência do defensor público e na presença do Ministério Público, afirmando desconhecer o pai da criança e não ter contato com sua família, que vive no interior do Ceará, há cinco anos.

Assim, após Maria manifestar o desejo formal de entregar a filha para adoção, o Juiz decreta a extinção do poder familiar, determinando que Juliana vá para a guarda provisória de família habilitada para adoção no cadastro nacional.

Passados oito dias do ato, Maria procura um advogado, arrependida, afirmando que gostaria de criar a filha.

De acordo com o ECA, Maria poderá reaver a filha?

(A) Sim, uma vez que a mãe poderá se retratar até a data da publicação da sentença de adoção.

(B) Sim, pois ela poderá se arrepender até 10 dias após a data de prolação da sentença de extinção do poder familiar.

(C) Não, considerando a extinção do poder familiar por sentença.

(D) Não, já que Maria somente poderia se retratar até a data da audiência, quando concordou com a adoção.

44. Dora levou seu cavalo de raça para banho, escovação e cuidados específicos nos cascos, a ser realizado pelos profissionais da Hípica X. Algumas horas depois de o animal ter sido deixado no local, a fornecedora do serviço entrou em contato com Dora para informar-lhe que, durante o tratamento, o cavalo apresentou sinais de doença cardíaca. Já era sabido por Dora que os equipamentos utilizados poderiam causar estresse no animal. Foi chamado o médico veterinário da própria Hípica X, mas o cavalo faleceu no dia seguinte.

Dora, que conhecia a pré-existência da doença do animal, ingressou com ação judicial em face da Hípica X pleiteando reparação pelos danos morais suportados, em decorrência do ocorrido durante o tratamento de higiene.

Nesse caso, à luz do Código de Defesa do Consumidor (CDC), é correto afirmar que a Hípica X

(A) não poderá ser responsabilizada se provar que a conduta no procedimento de higiene foi adequada, seguindo padrões fixados pelos órgão competentes, e que a doença do animal que o levou a óbito era pré-existente ao procedimento de higienização do animal.

(B) poderá ser responsabilizada em razão de o evento deflagrador da identificação da doença do animal ter ocorrido durante a sua higienização, ainda que se comprove ser pré-existente a doença e que tenham sido seguidos os padrões fixados por órgãos competentes para o procedimento de higienização, pois o nexo causal resta presumido na hipótese.

(C) não poderá ser responsabilizada somente se provar que prestou os primeiros socorros, pois a pre-existência da doença não inibiria a responsabilidade civil objetiva dos fornecedores do serviço; somente a conduta de chamar atendimento médico foi capaz de desconstruir o nexo causal entre o procedimento de higiene e o evento do óbito.

(D) poderá ser responsabilizada em solidariedade com o profissional veterinário, pois os serviços foram prestados por ambos os fornecedores, em responsabilidade objetiva, mesmo que Dora comprove que o procedimento de higienização do cavalo tenha potencializado o evento que levou ao óbito do animal, ainda que seguidos os padrões estipulados pelos órgãos competentes.

45. A Construtora X instalou um estande de vendas em um shopping center da cidade, apresentando folder de empreendimento imobiliário de dez edifícios residenciais com área comum que incluía churrasqueira, espaço gourmet, salão de festas, parquinho infantil, academia e piscina. A proposta fez tanto sucesso que, em apenas um mês, foram firmados contratos de compra e venda da integralidade das unidades.

A Construtora X somente realizou a entrega dois anos após o prazo originário de entrega dos imóveis e sem pagamento de qualquer verba pela mora, visto que o contrato previa exclusão de cláusula penal, e também deixou de entregar a área comum de lazer que constava do folder.

Nesse caso, à luz do Código de Defesa do Consumidor, cabe

(A) ação individual ou coletiva, em razão da propaganda enganosa evidenciada pela ausência da entrega da parte comum indicada no folder de venda.

(B) ação individual ou coletiva, em busca de ressarcimento decorrente da demora na entrega; contudo, não se configura, na hipótese, propaganda enganosa, mas apenas inadimplemento contratual, sendo viável a exclusão da cláusula penal.

(C) ação coletiva, somente, haja vista que cada adquirente, individualmente, não possui interesse processual decorrente da propaganda enganosa.

(D) ação individual ou coletiva, a fim de buscar tutela declaratória de nulidade do contrato, inválido de pleno direito por conter cláusula abusiva que fixou impedimento de qualquer cláusula penal.

46. Três Coroas Comércio de Artigos Eletrônicos Ltda. subscreveu nota promissória em favor do Banco Dois Irmãos S.A. com vencimento a dia certo. Após o vencimento, foi aceita uma proposta de moratória feita pelo devedor por 120 (cento e vinte) dias, sem alteração da data de vencimento indicada no título. O beneficiário exigiu dois avalistas simultâneos, e o devedor apresentou Montenegro e Bento, que firmaram avais em preto no título.

Sobre esses avais e a responsabilidade dos avalistas simultâneos, assinale a afirmativa correta.

(A) Por ser vedado, no direito brasileiro, o aval póstumo, os avais simultâneos são considerados não escritos, inexistindo responsabilidade cambial dos avalistas.

(B) O aval lançado na nota promissória após o vencimento ou o protesto tem efeito de fiança, respondendo os avalistas subsidiariamente perante o portador.

(C) O aval póstumo produz os mesmos efeitos do anteriormente dado, respondendo os avalistas solidariamente e autonomamente perante o portador.

(D) O aval póstumo é nulo, mas sua nulidade não se estende à obrigação firmada pelo subscritor (avalizado), em razão do princípio da autonomia.

47. Iguatu Têxtil S/A contratou o transporte de seus produtos do local de sua fábrica, em Iguatu/CE, até um dos polos de distribuição, em Fernão Dias/SP. Durante o trajeto, a carga será transportada, sucessivamente, pelas vias rodoviária, aérea e ferroviária. Será celebrado um único contrato, desde a origem até o destino, sob a execução e a responsabilidade únicas de um Operador de Transportes.

A situação descrita revela que as partes celebraram um contrato de transporte

(A) multimodal.
(B) combinado.
(C) cumulativo.
(D) de fato.

48. Leandro, Alcides e Inácio pretendem investir recursos oriundos de investimentos no mercado de capitais para constituir uma companhia fechada por subscrição particular do capital. A sociedade será administrada por Inácio e sua irmã, que não será sócia.

Considerando-se o tipo societário e a responsabilidade legal dos sócios a ele inerente, assinale a afirmativa correta.

(A) Leandro, Alcides e Inácio responderão limitadamente até o preço de emissão das ações por eles subscritas.

(B) Leandro, Alcides e Inácio responderão limitadamente até o valor das quotas por eles subscritas, mas solidariamente pela integralização do capital.

(C) Leandro, Alcides e Inácio responderão ilimitada, solidária e subsidiariamente pelas obrigações sociais.

(D) Leandro e Alcides responderão limitadamente até o preço de emissão das ações por eles subscritas, e Inácio, como administrador, ilimitada e subsidiariamente, pelas obrigações sociais.

49. Antes da decretação de falência da sociedade Talismã & Sandolândia Ltda., foi ajuizada ação de execução por título extrajudicial por Frigorífico Rio Sono Ltda., esta enquadrada como empresa de pequeno porte.

Com a notícia da decretação da falência pela publicação da sentença no Diário da Justiça, o advogado da exequente tomará ciência de que a execução do título extrajudicial

(A) não será suspensa, em razão do enquadramento da credora como empresa de pequeno porte.

(B) está suspensa pelo prazo improrrogável de 180 (cento e oitenta) dias, contados da publicação da sentença.

(C) não será suspensa, em razão de ter sido ajuizada pelo credor antes da decretação da falência.

(D) está suspensa, devendo o credor se submeter às regras do processo falimentar e ter seu crédito verificado e classificado.

50. Cruz Machado pretende iniciar o exercício individual de empresa e adotar como firma, exclusivamente, o nome pelo qual é conhecido pela população de sua cidade – "Monsenhor".

De acordo com as informações acima e as regras legais de formação de nome empresarial para o empresário individual, assinale a afirmativa correta.

(A) A pretensão de Cruz Machado é possível, pois o empresário individual pode escolher livremente a formação de sua firma.

(B) A pretensão de Cruz Machado não é possível, pois o empresário individual deve adotar denominação indicativa do objeto social como espécie de nome empresarial.

(C) A pretensão de Cruz Machado não é possível, pois o empresário individual opera sob firma constituída por seu nome, completo ou abreviado.

(D) A pretensão de Cruz Machado é possível, pois o empresário individual pode substituir seu nome civil por uma designação mais precisa de sua pessoa.

51. Uma fábrica da sociedade empresária Tratores Ltda. despejou 10 toneladas de lixo reciclável no rio Azul, que corta diversos municípios do estado do Paraná. Em decorrência de tal fato, constatou-se a redução da flora às margens do rio.

Sobre a medida cabível em tal cenário, assinale a afirmativa correta.

(A) É cabível ação popular, na qual deve figurar obrigatoriamente o Ministério Público como autor.

(B) É cabível ação civil pública, na qual deve figurar obrigatoriamente como autor um dos indivíduos afetados pelos danos.

(C) Não é cabível ação civil pública ou ação coletiva, considerando a natureza dos danos, mas o Ministério Público pode ajuizar ação pelo procedimento comum, com pedido de obrigação de não fazer.

(D) É cabível ação civil pública, na qual o Ministério Público, se não for autor, figurará como fiscal da lei.

52. Marina propôs ação de reconhecimento e extinção de união estável em face de Caio, que foi regularmente citado para comparecer à audiência de mediação.

Sobre a audiência de mediação, assinale a afirmativa correta.

(A) Se houver interesse de incapaz, o Ministério Público deverá ser intimado a comparecer à audiência de mediação.

(B) É faculdade da parte estar acompanhada de advogado ou defensor público à audiência.

(C) Em virtude do princípio da unidade da audiência, permite-se apenas uma única sessão de mediação que, se restar frustrada sem acordo, deverá ser observado o procedimento comum.

(D) É lícito que, para a realização de mediação extrajudicial, Marina e Caio peçam a suspensão do processo.

53. José ajuizou ação de indenização por danos morais, materiais e estéticos em face de Pedro. O juiz competente, ao analisar a petição inicial, considerou os pedidos incompatíveis entre si, razão pela qual a indeferiu, com fundamento na inépcia.

Nessa situação hipotética, assinale a opção que indica o recurso que José deverá interpor.

(A) Apelação, sendo facultado ao juiz, no prazo de cinco dias, retratar-se do pronunciamento que indeferiu a petição inicial.

(B) Apelação, sendo os autos diretamente remetidos ao Tribunal de Justiça após a citação de Pedro para a apresentação de contrarrazões.

(C) Apelação, sendo que o recurso será diretamente remetido ao Tribunal de Justiça, sem a necessidade de citação do réu para apresentação de contrarrazões.

(D) Agravo de Instrumento, inexistindo previsão legal de retratação por parte do magistrado.

54. Alexandre ajuizou ação em face da prestadora de serviço de iluminação pública de sua cidade, questionando os valores cobrados nas últimas contas, bem como pleiteando a condenação da Ré no pagamento de indenização por danos morais. A título de tutela provisória, requereu a retirada de seu nome dos cadastros de inadimplentes, tendo a juíza competente deferido liminarmente a tutela da evidência sob o fundamento de que a ré costuma apresentar contestações padronizadas em processos semelhantes, o que caracterizaria abuso de direito de defesa.

Sobre o procedimento adotado, assinale a afirmativa correta.

(A) O juiz errou ao conceder liminarmente a tutela da evidência, na medida em que esta somente é cabível quando há súmula vinculante sobre o tema.

(B) O juiz acertou ao conceder liminarmente a tutela da evidência, pois a apresentação de contestação padronizada em outro processo configura abuso de direito de defesa.

(C) O juiz acertou ao conceder liminarmente a tutela da evidência, uma vez que, assim como na tutela de urgência, é dever do juiz conceder a tutela independentemente da oitiva do réu.

(D) O juiz errou ao conceder liminarmente a tutela da evidência, pois é necessária a oitiva do réu antes de concedê-la com fundamento no abuso do direito de defesa.

55. Cláudia, intimada pelo juízo da Vara Z para pagar a Cleide o valor de R$ 20.000,00, com fundamento em cumprimento definitivo de sentença, realiza, no prazo de 15 dias, o pagamento de R$ 5.000,00.

De acordo com o que dispõe o CPC/2015, deve incidir

(A) multa de 10% e honorários advocatícios sobre R$ 15.000,00.

(B) multa de 10% sobre R$ 15.000,00 e honorários advocatícios sobre R$ 20.000,00.

(C) multa de 10% e honorários advocatícios sobre R$ 20.000,00.

(D) multa de 10% e honorários advocatícios sobre R$ 5.000,00.

56. Luciana, por meio de seu advogado, propôs demanda em face de Carlos, perante determinado Juizado Especial Cível, na qual pediu, a título de indenização por danos materiais, a condenação do réu ao pagamento de R$ 20.000,00. Ao julgar parcialmente procedente o pedido, o juízo a quo condenou o demandado ao pagamento de R$ 15.000,00. Luciana se conformou com a decisão, ao passo que Carlos recorreu, a fim de diminuir o valor da condenação para R$10.000,00 e, bem assim, requereu a condenação da recorrida ao pagamento de custas e honorários. Embora tenha diminuído o valor da condenação para R$ 10.000,00, conforme requerido no recurso, o órgão ad quem não condenou Luciana ao pagamento de custas e honorários.

Diante de tal quadro, é correto afirmar, especificamente no que se refere às custas e aos honorários, que

(A) o órgão recursal errou, pois a gratuidade prevista pela Lei nº 9.099/95 só abrange o primeiro grau de jurisdição.

(B) o órgão ad quem acertou, uma vez que, no âmbito do segundo grau, somente o recorrente vencido pode arcar com a sucumbência.

(C) o órgão ad quem acertou, uma vez que, no âmbito do segundo grau, somente é possível condenação em custas e honorários se houver litigância de má-fé.

(D) o órgão recursal agiu corretamente, pois os processos que tramitam sob o rito da Lei nº 9.099/95 são gratuitos, indistintamente, em qualquer grau de jurisdição.

57. A associação "Amigos da Natureza", constituída há 2 anos, com a finalidade institucional de proteger o meio ambiente, tem interesse na propositura de uma ação civil pública, a fim de que determinado agente causador de dano ambiental seja impedido de continuar a praticar o ilícito.

Procurado pela associação, você, na qualidade de advogado, daria a orientação de

(A) não propor uma ação civil pública, visto que as associações não têm legitimidade para manejar tal instrumento, sem prejuízo de que outros legitimados, como o Ministério Público, o façam.

(B) propor uma ação civil pública, já que a associação está constituída há pelo menos 1 ano e tem, entre seus fins institucionais, a defesa do meio ambiente.

(C) apenas propor a ação civil pública quando a associação estiver constituída há pelo menos 3 anos.

(D) que a associação tem iniciativa subsidiária, de modo que só pode propor a ação civil pública após demonstração de inércia do Ministério Público.

58. Patrícia foi a um shopping center a fim de comprar um celular para sua filha, Maria, de 10 anos, que a acompanhava. Não encontrando o modelo desejado, Patrícia saiu da loja, esclarecendo o ocorrido para a criança que, inconformada com o fato, começou a chorar. Patrícia chamou a atenção de sua filha, o que fez com que seu colega de trabalho Henrique, que passava pelo local, a advertisse, de que não deveria assim agir com a criança, iniciando uma discussão e acabando por empurrá-la contra a parede.

Em razão do comportamento de Henrique, Patrícia sofre uma pequena lesão na perna. Ela efetuou o registro e a perícia confirmou a lesão; contudo, dois dias depois, ela compareceu à Delegacia e desistiu da representação. Em razão de a vítima ser do sexo feminino, o Ministério Público ofereceu denúncia contra Henrique pela prática do crime de lesão corporal no âmbito da violência doméstica e familiar contra a mulher, previsto no Art. 129, § 9º, do Código Penal.

Considerando as informações narradas, o advogado de Henrique deverá alegar que

(A) apesar de o crime ser de lesão corporal no âmbito da violência doméstica e familiar contra a mulher, será cabível, em caso de condenação, a substituição da pena privativa de liberdade por restritiva de direito.

(B) o crime em tese praticado é de lesão corporal leve simples, de modo que, apesar de irrelevante a vontade da vítima para o oferecimento da denúncia, pode ser oferecida proposta de suspensão condicional do processo.

(C) apesar de o crime ser de lesão corporal no âmbito da violência doméstica e familiar contra a mulher, deverá ser rejeitada a denúncia por depender de representação da vítima.

(D) o crime em tese praticado é de lesão corporal leve simples, devendo a denúncia ser rejeitada por depender de representação da vítima.

59. Mário foi denunciado pela prática de crime contra a Administração Pública, sendo imputada a ele a responsabilidade pelo desvio de R$ 500.000,00 dos cofres públicos.

Após a instrução e confirmação dos fatos, foi proferida sentença condenatória aplicando a pena privativa de liberdade de 3 anos de reclusão, que transitou em julgado. Na decisão, nada consta sobre a perda do cargo público por Mário.

Diante disso, ele procura um advogado para esclarecimentos em relação aos efeitos de sua condenação.

Considerando as informações narradas, o advogado de Mário deverá esclarecer que

(A) a perda do cargo, nos crimes praticados por funcionário público contra a Administração, é efeito automático da condenação, sendo irrelevante sua não previsão em sentença, desde que a pena aplicada seja superior a 04 anos.

(B) a perda do cargo, nos crimes praticados por funcionário público contra a Administração, é efeito automático da condenação, desde que a pena aplicada seja superior a 01 ano.

(C) a perda do cargo não é efeito automático da condenação, devendo ser declarada em sentença, mas não poderia ser aplicada a Mário diante da pena aplicada ser inferior a 04 anos.

(D) a perda do cargo não é efeito automático da condenação, devendo ser declarada em sentença, mas poderia ter sido aplicada, no caso de Mário, mesmo sendo a pena inferior a 04 anos.

60. Matheus, José e Pedro, irmãos, foram condenados pela prática dos crimes de homicídio simples contra inimigo, roubo majorado pelo concurso de agentes e estupro simples, respectivamente. Após cumprirem parte das penas privativas de liberdade aplicadas, a mãe dos condenados procura o advogado da família para esclarecimentos sobre a possibilidade de serem beneficiados por decreto de indulto.

Com base apenas nas informações narradas, o advogado deverá esclarecer que, em tese,

(A) Matheus e José poderão ser beneficiados, pois os crimes praticados por eles não são classificados como hediondos, diferentemente do que ocorre com o crime imputado a Pedro.

(B) apenas José poderá ser beneficiado, pois os crimes praticados por Matheus e Pedro são classificados como hediondos.

(C) Matheus, José e Pedro poderão ser beneficiados, pois, apesar de hediondos os delitos praticados pelos três, o indulto poderá ser concedido em respeito ao princípio da individualização da pena.

(D) Matheus, José e Pedro poderão ser beneficiados, tendo em visto que nenhum dos delitos praticados é classificado como hediondo.

61. Jorge foi condenado, definitivamente, pela prática de determinado crime, e se encontrava em cumprimento dessa pena. Ao mesmo tempo, João respondia a uma ação penal pela prática de crime idêntico ao cometido por Jorge.

Durante o cumprimento da pena por Jorge e da submissão ao processo por João, foi publicada e entrou em vigência uma lei que deixou de considerar as condutas dos dois como criminosas. Ao tomarem conhecimento da vigência da lei nova, João e Jorge o procuram, como advogado, para a adoção das medidas cabíveis.

Com base nas informações narradas, como advogado de João e de Jorge, você deverá esclarecer que

(A) não poderá buscar a extinção da punibilidade de Jorge em razão de a sentença condenatória já ter transitado em julgado, mas poderá buscar a de João, que continuará sendo considerado primário e de bons antecedentes.

(B) poderá buscar a extinção da punibilidade dos dois, fazendo cessar todos os efeitos civis e penais da condenação de Jorge, inclusive não podendo ser considerada para fins de reincidência ou maus antecedentes.

(C) poderá buscar a extinção da punibilidade dos dois, fazendo cessar todos os efeitos penais da condenação de Jorge, mas não os extrapenais.

(D) não poderá buscar a extinção da punibilidade dos dois, tendo em vista que os fatos foram praticados anteriormente à edição da lei.

62. Pretendendo causar unicamente um crime de dano em determinado estabelecimento comercial, após discussão com o gerente do local, Bruno, influenciado pela ingestão de bebida alcoólica, arremessa uma grande pedra em direção às janelas do estabelecimento. Todavia, sua conduta imprudente fez com que a pedra acertasse a cabeça de Vitor, que estava jantando no local com sua esposa, causando sua morte. Por outro lado, a janela do estabelecimento não foi atingida, permanecendo intacta.

Preocupado com as consequências de seus atos, após indiciamento realizado pela autoridade policial, Bruno procura seu advogado para esclarecimentos.

Considerando a ocorrência do resultado diverso do pretendido pelo agente, o advogado deve esclarecer que Bruno tecnicamente será responsabilizado pela(s) seguinte(s) prática(s) criminosa(s):

(A) homicídio culposo e tentativa de dano, em concurso material.

(B) homicídio culposo, apenas.

(C) homicídio culposo e tentativa de dano, em concurso formal.

(D) homicídio doloso, apenas.

63. Cadu, com o objetivo de matar toda uma família de inimigos, pratica, durante cinco dias consecutivos, crimes de homicídio doloso, cada dia causando a morte de cada um dos cinco integrantes da família, sempre com o mesmo modus operandi e no mesmo local. Os fatos, porém, foram descobertos, e o autor, denunciado pelos cinco crimes de homicídio, em concurso material.

Com base nas informações expostas e nas previsões do Código Penal, provada a autoria delitiva em relação a todos os delitos, o advogado de Cadu

(A) não poderá buscar o reconhecimento da continuidade delitiva, tendo em vista que os crimes foram praticados com violência à pessoa, somente cabendo reconhecimento do concurso material.

(B) não poderá buscar o reconhecimento de continuidade delitiva, tendo em vista que os crimes foram praticados com violência à pessoa, podendo, porém, o advogado pleitear o reconhecimento do concurso formal de delitos.

(C) poderá buscar o reconhecimento da continuidade delitiva, mesmo sendo o delito praticado com violência contra a pessoa, cabendo, apenas, aplicação da regra de exasperação da pena de 1/6 a 2/3.

(D) poderá buscar o reconhecimento da continuidade delitiva, mas, diante da violência contra a pessoa e da diversidade de vítimas, a pena mais grave poderá ser aumentada em até o triplo.

64. Durante as investigações de um crime de associação criminosa (Art. 288 do CP), a autoridade policial representa pela decretação da prisão temporária do indiciado Jorge, tendo em vista que a medida seria imprescindível para a continuidade das investigações.

Os autos são encaminhados ao Ministério Público, que se manifesta favoravelmente à representação da autoridade policial, mas deixa de requerer expressamente, por conta própria, a decretação da prisão temporária. Por sua vez, o magistrado, ao receber o procedimento, decretou a prisão temporária pelo prazo de 10 dias, ressaltando que a lei admite a prorrogação do prazo de 05 dias por igual período. Fez o magistrado constar, ainda, que Jorge não poderia permanecer acautelado junto com outros detentos que estavam presos em razão de preventivas decretadas.

Considerando apenas as informações narradas, o advogado de Jorge, ao ser constituído, deverá alegar que

(A) o prazo fixado para a prisão temporária de Jorge é ilegal.

(B) a decisão do magistrado de determinar que Jorge ficasse separado dos demais detentos é ilegal.

(C) a prisão temporária decretada é ilegal, tendo em vista que a associação criminosa não está prevista no rol dos crimes hediondos e nem naquele que admite a decretação dessa espécie de prisão.

(D) a decretação da prisão foi ilegal, pelo fato de ter sido decretada de ofício, já que não houve requerimento do Ministério Público.

65. Maria recebe ligação de duas delegacias diferentes, informando a prisão em flagrante de seus dois filhos. Após contatar seu advogado, Maria foi informada de que Caio, seu filho mais velho, praticou, em Niterói, um crime de lesão corporal grave consumado, mas somente veio a ser preso no Rio de Janeiro. Soube, ainda, que Bruno, seu filho mais novo, foi preso por praticar um crime de roubo simples (pena: 04 a 10 anos de reclusão e multa) em Niterói e um crime de extorsão majorada (pena: 04 a 10 anos de reclusão, aumentada de 1/3 a 1/2, e multa) em São Gonçalo, sendo certo que a prova do roubo influenciaria na prova da extorsão, já que o carro subtraído no roubo foi utilizado quando da prática do segundo delito.

Considerando apenas as informações constantes do enunciado, o advogado de Maria deverá esclarecer que o(s) juízo(s) competente(s) para julgar Caio e Bruno será(ão),

(A) Niterói, nos dois casos, sendo que, entre os crimes de roubo e extorsão, há, de acordo com o Código de Processo Penal, continência.

(B) Niterói, nos dois casos, sendo que, entre os crimes de roubo e extorsão, há, de acordo com o Código de Processo Penal, conexão.

(C) Rio de Janeiro e São Gonçalo, respectivamente, sendo que, entre os crimes de roubo e extorsão, há, de acordo com o Código de Processo Penal, continência.

(D) Niterói e São Gonçalo, respectivamente, sendo que, entre os crimes de roubo e extorsão, há, de acordo com o Código de Processo Penal, conexão.

66. Maicon, na condução de veículo automotor, causou lesão corporal de natureza leve em Marta, desconhecida que dirigia outro automóvel, que inicialmente disse ter interesse em representar em face do autor dos fatos, diante da prática do crime do Art. 303, caput, do Código de Trânsito Brasileiro.

Em audiência preliminar, com a presença de Maicon e Marta acompanhados por seus advogados e pelo Ministério Público, houve composição dos danos civis, reduzida a termo e homologada pelo juiz em sentença. No dia seguinte, Marta se arrepende, procura seu advogado e afirma não ter interesse na execução do acordo celebrado.

Considerando apenas as informações narradas, o advogado de Marta deverá

(A) interpor recurso de apelação da sentença que homologou a composição dos danos civis.

(B) esclarecer que o acordo homologado acarretou renúncia ao direito de representação.

(C) interpor recurso em sentido estrito da sentença que homologou composição dos danos civis.

(D) esclarecer que, sendo crime de ação penal de natureza pública, não caberia composição dos danos civis, mas sim transação penal, de modo que a sentença é nula.

67. Caio vinha sendo investigado pela prática de crime de organização criminosa. Durante os atos de investigação, agentes da Polícia Civil descobriram que ele realizaria ação no exercício da atividade criminosa da organização que deixaria clara a situação de flagrante e permitiria a obtenção de provas. Todavia, a investigação também indicava que nos dias seguintes outros atos do grupo criminoso seriam praticados por Caio, o que permitiria a identificação de outros envolvidos na organização. Diante disso, a autoridade policial determina diretamente e em sigilo que ocorra ação controlada, comunicando apenas ao Ministério Público, retardando a intervenção policial para que a medida se concretizasse de forma mais eficaz à formação da prova e obtenção de informações.

Considerando apenas as informações narradas, o advogado de Caio poderá buscar a invalidade da chamada "ação controlada", porque

(A) não foi deferido acesso aos autos, antes do encerramento da diligência, à defesa técnica, mas tão só ao Ministério Público e ao delegado.

(B) não é instrumento previsto na Lei de Organização Criminosa, diferente da infiltração de agentes, devidamente disciplinada no diploma legal.

(C) não houve prévia comunicação ao juiz competente, que nos termos da lei, poderia, inclusive, estabelecer os limites do ato.

(D) não poderia haver retardo na realização da prisão em flagrante, sob pena de não mais ser admitida medida cautelar restritiva de liberdade, apesar de ser possível o retardo na formação e obtenção das provas.

68. Um Delegado de Polícia, ao tomar conhecimento de um suposto crime de ação penal pública incondicionada, determina, de ofício, a instauração de inquérito policial. Após adotar diligência, verifica que, na realidade, a conduta investigada era atípica.

O indiciado, então, pretende o arquivamento do inquérito e procura seu advogado para esclarecimentos, informando que deseja que o inquérito seja imediatamente arquivado.

Considerando as informações narradas, o advogado deverá esclarecer que a autoridade policial

(A) deverá arquivar imediatamente o inquérito, fazendo a decisão de arquivamento por atipicidade coisa julgada material.

(B) não poderá arquivar imediatamente o inquérito, mas deverá encaminhar relatório final ao Poder Judiciário para arquivamento direto e imediato por parte do magistrado.

(C) deverá elaborar relatório final de inquérito e, após o arquivamento, poderá proceder a novos atos de investigação, independentemente da existência de provas novas.

(D) poderá elaborar relatório conclusivo, mas a promoção de arquivamento caberá ao Ministério Público, havendo coisa julgada em caso de homologação do arquivamento por atipicidade.

69. Pablo e Leonardo foram condenados, em primeira instância, pela prática do crime de furto qualificado, à pena de 02 anos e 06 meses de reclusão e 12 dias-multa, por fatos que teriam ocorrido quando Pablo tinha 18 anos e Leonardo, 21 anos. A pena-base foi aumentada, não sendo reconhecidas atenuantes ou agravantes nem causas de aumento ou diminuição.

Intimados da sentença, o promotor e o advogado de Leonardo não tiveram interesse em apresentar recurso, mas o advogado de Pablo apresentou recurso de apelação.

Por ocasião do julgamento do recurso, entenderam os desembargadores por reconhecer que o crime restou tentado, bem como que deveria ser aplicada a atenuante da menoridade relativa a Pablo.

Com base nas informações expostas, os efeitos da decisão do Tribunal

(A) não poderão ser estendidos a Leonardo, tendo em vista que houve trânsito em julgado da sua condenação.

(B) poderão ser integralmente estendidos a Leonardo, aplicando-se a atenuante e a causa de diminuição de pena da tentativa.

(C) poderão ser parcialmente estendidos a Leonardo, aplicando-se a causa de diminuição de pena da tentativa, mas não a atenuante.

(D) não poderão ser estendidos a Leonardo, pois, ainda que sem trânsito em julgado, em recurso exclusivo de Pablo não poderia haver reformatio in mellius para o corréu.

70. Jorge era caixa bancário e trabalhava para o Banco Múltiplo S/A. Recebia salário fixo de R$ 4.000,00 mensais. Além disso, recebia comissão de 3% sobre cada seguro de carro, vida e previdência oferecido e aceito pelos clientes do Banco, o que fazia concomitantemente com suas atividades de caixa, computando-se o desempenho para suas metas e da agência. Os produtos em referência não eram do banco, mas, sim, da Seguradora Múltiplo S/A, empresa do mesmo grupo econômico do empregador de Jorge.

Diante disso, observando o entendimento jurisprudencial consolidado do TST, bem como as disposições da CLT, assinale a afirmativa correta.

(A) Os valores recebidos a título de comissão não devem integrar a remuneração de Jorge, por se tratar de liberalidade.

(B) Os valores recebidos a título de comissão não devem integrar a remuneração de Jorge, porque relacionados a produtos de terceiros.

(C) Os valores recebidos a título de comissão devem integrar a remuneração de Jorge.

(D) Os valores recebidos a título de comissão não devem integrar a remuneração de Jorge, uma vez que ocorreram dentro do horário normal de trabalho, para o qual Jorge já é remunerado pelo banco.

71. Paulo é policial militar da ativa da Brigada Militar do Rio Grande do Sul. Como policial militar, trabalha em regime de escala 24h x 72h. Nos dias em que não tem plantão no quartel, atua como segurança em uma joalheria de um shopping center, onde tem que trabalhar três dias por semana, não pode se fazer substituir por ninguém, recebe remuneração fixa mensal e tem que cumprir uma rotina de 8 horas a cada dia laborado. Os comandos do trabalho lhe são repassados pelo gerente-geral da loja, sendo que ainda ajuda nas arrumações de estoque, na conferência de mercadorias e em algumas outras funções internas. Paulo não teve a CTPS anotada pela joalheria.

Diante dessa situação, à luz das normas da CLT e da jurisprudência consolidada do TST, assinale a afirmativa correta.

(A) Estão preenchidos os requisitos da relação de emprego, razão pela qual Paulo tem vínculo empregatício com a joalheria, independentemente do fato de ser policial militar da ativa, e de sofrer eventual punição disciplinar administrativa prevista no estatuto do Policial Militar.

(B) Estão preenchidos os requisitos da relação de emprego, mas Paulo não poderá ter vínculo empregatício com a joalheria, em razão da punição disciplinar administrativa prevista no estatuto do Policial Militar.

(C) Não estão presentes os requisitos da relação de emprego, uma vez que Paulo poderá ser requisitado pela Brigada Militar e não poderá trabalhar nesse dia para a joalheria.

(D) Estão preenchidos os requisitos da relação de emprego, sendo indiferente à relação de emprego uma eventual punição disciplinar administrativa prevista no estatuto do Policial Militar, mas Paulo não pode ter vínculo empregatício com a joalheria tendo em vista que a função pública exige dedicação exclusiva.

72. Considerando a grave crise financeira que o país atravessa, a fim de evitar a dispensa de alguns funcionários, a metalúrgica Multiforte Ltda. pretende suspender sua produção por um mês.

O Sindicato dos Empregados da indústria metalúrgica contratou você para, como advogado, buscar a solução para o caso.

Segundo o texto da CLT, assinale a opção que apresenta a solução de acordo mais favorável aos interesses dos empregados.

(A) Implementar a suspensão dos contratos de trabalho dos empregados por 30 dias, por meio de acordo individual de trabalho.

(B) Conceder férias coletivas de 30 dias.

(C) Promover o lockout.

(D) Implementar a suspensão dos contratos de trabalho dos empregados por 30 dias, por meio de acordo coletivo de trabalho.

73. Felisberto foi contratado como técnico pela sociedade empresária Montagens Rápidas Ltda., em janeiro de 2018, recebendo salário correspondente ao mínimo legal. Ele não está muito satisfeito, mas espera, no futuro, galgar degraus dentro da empresa.

O empregado em questão trabalha na seguinte jornada: de segunda a sexta-feira, das 10h às 19h48min com intervalo de uma hora para refeição, tendo assinado acordo particular por ocasião da admissão para não trabalhar aos sábados e trabalhar mais 48 minutos de segunda a sexta-feira.

Com base na situação retratada e na Lei, considerando que a norma coletiva da categoria de Felisberto é silente a respeito, assinale a afirmativa correta.

(A) Há direito ao pagamento de horas extras, porque a compensação de horas teria de ser feita por acordo coletivo ou convenção coletiva, não se admitindo acordo particular para tal fim.

(B) Não existe direito ao pagamento de sobrejornada, porque as partes podem estipular qualquer quantidade de jornada, independentemente de limites.

(C) A Lei é omissa a respeito da forma pela qual a compensação de horas deva ser realizada, razão pela qual caberá ao juiz, valendo-se de bom senso e razoabilidade, julgar por equidade.

(D) A situação não gera direito a horas extras, porque é possível estipular compensação semanal de horas, inclusive por acordo particular, como foi o caso.

74. Em 2018, um sindicato de empregados acertou, em acordo coletivo com uma sociedade empresária, a redução geral dos salários de seus empregados em 15% durante 1 ano.

Nesse caso, conforme dispõe a CLT,

(A) uma contrapartida de qualquer natureza será obrigatória e deverá ser acertada com a sociedade empresária.

(B) a contrapartida será a garantia no emprego a todos os empregados envolvidos durante a vigência do acordo coletivo.

(C) a existência de alguma vantagem para os trabalhadores para validar o acordo coletivo será desnecessária.

(D) a norma em questão será nula, porque a redução geral de salário somente pode ser acertada por convenção coletiva de trabalho.

75. Lucas trabalhava em uma empresa estatal, cuja norma interna regulamentar previa a necessidade de sindicância administrativa para apuração de falta e aplicação de suspensão. Após quatro anos de contrato sem qualquer intercorrência, em determinada semana, Lucas faltou sem qualquer comunicação ou justificativa por dois dias consecutivos. Diante disso, logo após o seu retorno ao trabalho, seu superior hierárquico aplicou a pena de suspensão por três dias.

Na qualidade de advogado de Lucas, que tem interesse em manter o emprego, você deverá requerer

(A) a rescisão indireta do contrato por punição excessiva.
(B) a nulidade da punição, pois não foi observada a norma regulamentar da empresa.
(C) a conversão da suspensão em advertência.
(D) a ausência de nexo de causalidade e o decurso de tempo entre a punição e a falta.

76. Em sede de reclamação trabalhista, o autor forneceu o endereço da ré na inicial, para o qual foi expedida notificação citatória.

Decorridos cinco dias da expedição da citação, não tendo havido qualquer comunicado ao juízo, houve a realização da audiência, à qual apenas compareceu o autor e seu advogado, o qual requereu a aplicação da revelia e confissão da sociedade empresária-ré.

O juiz indagou ao advogado do autor o fundamento para o requerimento, já que não havia nenhuma referência à citação no processo, além da expedição da notificação.

Diante disso, na qualidade de advogado do autor, à luz do texto legal da CLT, assinale a opção correta.

(A) Presume-se recebida a notificação 48h após ser postada, sendo o não recebimento ônus de prova do destinatário.
(B) A mera ausência do réu, independentemente de citado ou não, enseja revelia e confissão.
(C) Descabe o requerimento de revelia e confissão se não há confirmação no processo do recebimento da notificação citatória.
(D) O recebimento da notificação é presunção absoluta; logo, são cabíveis de plano a revelia e a confissão.

77. Vando ajuizou reclamação trabalhista em desfavor da sociedade empresária Cetro Dourado Ltda., na qual trabalhou por 5 anos e 3 meses, na condição de vigia noturno.

A sociedade empresária não compareceu à audiência, daí porque o pedido foi julgado procedente à sua revelia. Contudo, a sociedade empresária interpôs recurso ordinário no prazo legal e efetuou o recolhimento das custas e do depósito recursal, mas com valor inferior ao devido (R$ 10,00 a menos nas custas e R$ 500,00 a menos no depósito recursal).

Com base na situação retratada, na lei e no entendimento consolidado do TST, assinale a afirmativa correta.

(A) O recurso não pode ser conhecido, porque houve revelia; assim, a sociedade empresária fica juridicamente impedida de recorrer.
(B) Na Justiça do Trabalho, não existe possibilidade de se sanar vício referente à diferença no preparo, motivo pelo qual o recurso será considerado deserto.
(C) O juiz deverá assinalar prazo de 5 dias para que a sociedade empresária efetue o recolhimento da diferença das custas e do depósito recursal, sob pena de deserção.
(D) Em tese, seria possível que a sociedade empresária recolhesse a diferença das custas, mas não há previsão jurisprudencial de prazo para complementar o depósito recursal.

78. Uma entidade filantrópica foi condenada em reclamação trabalhista movida por uma ex-empregada, em fevereiro de 2018. A sentença transitou em julgado e agora se encontra na fase de execução. Apresentados os cálculos e conferida vista à executada, o juiz homologou a conta apresentada pela exequente.

Em relação à pretensão da entidade de ajuizar embargos de devedor para questionar a decisão homologatória, assinale a afirmativa correta.

(A) Não há necessidade de garantia do juízo, no caso apresentado, para o ajuizamento de embargos de devedor.
(B) Se a executada deseja questionar os cálculos, deverá garantir o juízo com dinheiro ou bens e, então, ajuizar embargos de devedor.
(C) A executada, por ser filantrópica, poderá ajuizar embargos à execução, desde que garanta a dívida em 50%.
(D) A entidade filantrópica não tem finalidade lucrativa, daí por que não pode ser empregadora, de modo que a execução contra ela não se justifica, e ela poderá ajuizar embargos a qualquer momento.

79. Uma sociedade empresária ajuizou ação de consignação em pagamento em face do seu ex-empregado, com o objetivo de realizar o depósito das verbas resilitórias devidas ao trabalhador e obter quitação judicial da obrigação. No dia designado para a audiência una, a empresa não compareceu nem se justificou, estando presente o ex-empregado.

Indique, de acordo com a CLT, o instituto jurídico que ocorrerá em relação ao processo.

(A) Revelia.
(B) Remarcação da audiência.
(C) Arquivamento.
(D) Confissão ficta.

80. Gustavo foi empregado da empresa Pizzaria Massa Deliciosa. Após a extinção do seu contrato, ocorrida em julho de 2018, as partes dialogaram e confeccionaram um termo de acordo extrajudicial, que levaram à Justiça do Trabalho para homologação. O acordo em questão foi assinado pelas partes e por um advogado, que era comum às partes.

Considerando o caso narrado, segundo os ditames da CLT, assinale a afirmativa correta.

(A) Viável a homologação do acordo extrajudicial, porque fruto de manifestação de vontade das partes envolvidas.
(B) Não será possível a homologação, porque empregado e empregador não podem ter advogado comum.
(C) Impossível a pretensão, porque, na Justiça do Trabalho, não existe procedimento especial de jurisdição voluntária, mas apenas contenciosa.
(D) Para a validade do acordo proposto, seria necessário que o empregado ganhasse mais de duas vezes o teto da Previdência Social.

Folha de Respostas

1	A	B	C	D
2	A	B	C	D
3	A	B	C	D
4	A	B	C	D
5	A	B	C	D
6	A	B	C	D
7	A	B	C	D
8	A	B	C	D
9	A	B	C	D
10	A	B	C	D
11	A	B	C	D
12	A	B	C	D
13	A	B	C	D
14	A	B	C	D
15	A	B	C	D
16	A	B	C	D
17	A	B	C	D
18	A	B	C	D
19	A	B	C	D
20	A	B	C	D
21	A	B	C	D
22	A	B	C	D
23	A	B	C	D
24	A	B	C	D
25	A	B	C	D
26	A	B	C	D
27	A	B	C	D
28	A	B	C	D
29	A	B	C	D
30	A	B	C	D
31	A	B	C	D
32	A	B	C	D
33	A	B	C	D
34	A	B	C	D
35	A	B	C	D
36	A	B	C	D
37	A	B	C	D
38	A	B	C	D
39	A	B	C	D
40	A	B	C	D
41	A	B	C	D
42	A	B	C	D
43	A	B	C	D
44	A	B	C	D
45	A	B	C	D
46	A	B	C	D
47	A	B	C	D
48	A	B	C	D
49	A	B	C	D
50	A	B	C	D
51	A	B	C	D
52	A	B	C	D
53	A	B	C	D
54	A	B	C	D
55	A	B	C	D
56	A	B	C	D
57	A	B	C	D
58	A	B	C	D
59	A	B	C	D
60	A	B	C	D
61	A	B	C	D
62	A	B	C	D
63	A	B	C	D
64	A	B	C	D
65	A	B	C	D
66	A	B	C	D
67	A	B	C	D
68	A	B	C	D
69	A	B	C	D
70	A	B	C	D
71	A	B	C	D
72	A	B	C	D
73	A	B	C	D
74	A	B	C	D
75	A	B	C	D
76	A	B	C	D
77	A	B	C	D
78	A	B	C	D
79	A	B	C	D
80	A	B	C	D

GABARITO COMENTADO

1. Gabarito "C"
Comentário: De acordo com o art. 35, *caput* e parágrafo único, do CED, o advogado tem o dever de guardar sigilo dos fatos de que tome conhecimento no exercício da profissão, abrangendo, também, os fatos de que tenha tido conhecimento em virtude de funções desempenhadas na Ordem dos Advogados do Brasil. Ademais, o art. 36, § 2º, do CED, dispõe que o advogado, quando no exercício das funções de mediador, conciliador e árbitro, se submete às regras de sigilo profissional. Portanto, as advogadas Rafaela e Lena, respectivamente, árbitra em determinada lide e mediadora, submetem-se, por imperativo ético, ao dever de guardar sigilo dos fatos que tenham tomado conhecimento em razão do exercício de referidas funções. Assim, incorretas as alternativas "A", "B" e "D", que restringem o dever de sigilo apenas a uma das advogadas. Correta, porém, a alternativa "C". Destaque-se que somente se houver justa causa será admitida a quebra do sigilo profissional, conforme preconiza o art. 37 do CED: o sigilo profissional cederá em face de circunstâncias excepcionais que configurem justa causa, como nos casos de grave ameaça ao direito à vida e à honra ou que envolvam defesa própria.

2. Gabarito "C"
Comentário: A prescrição da pretensão da cobrança judicial de honorários advocatícios consuma-se após o decurso de 5 (cinco) anos, contados na forma estabelecidas nos incisos I a V, do art. 25 do EAOAB. No caso do problema em tela, verifica-se que os honorários sucumbenciais foram arbitrados em sentença, cujo trânsito em julgado operou-se em 21/11/2013. Ora, somente após o trânsito em julgado é que se torna exigível a verba honorária, razão por que este é o termo inicial da prescrição quinquenal de que trata o referido art. 25 do EAOAB. Perceba o leitor que as alternativas "A", "B" e "C" indicam o prazo de cinco anos, porém, com divergência no tocante ao termo inicial de contagem. Veja-se que a data da distribuição da ação jamais poderia ser o início de fluência do prazo prescricional, até porque, nesse momento, não haveria honorários sucumbenciais já arbitrados. Também a data da intimação da sentença que tenha arbitrado referidos honorários não pode ser o termo inicial da prescrição de sua cobrança, pois é possível que haja posterior modificação por força de recursos. Logo, somente com o trânsito em julgado tem início o prazo de prescrição da cobrança judicial, pelo advogado, dos honorários sucumbenciais que lhe tenham sido arbitrados. Incorreta, por fim, a alternativa "D", pois a verba sucumbencial tem prazo para ser cobrada, não se tratando, ainda que tenha, de fato, natureza alimentar, de pretensão imprescritível.

3. Gabarito "B"
Comentário: De acordo com o art. 7º, § 4º, do EAOAB, o Poder Judiciário e o Poder Executivo devem instalar, em todos os juizados, fóruns, tribunais, delegacias de polícia e presídios, salas especiais permanentes para os advogados, com uso e controle assegurados à OAB (a palavra "controle", importante advertir, foi declarada inconstitucional pelo STF no julgamento da ADI 1.127-8, razão por que referidas salas, embora utilizadas pelos advogados e OAB, não serão por esta controladas!). Dito isso, vamos às alternativas. **A:** incorreta, pois a salas especiais e permanentes devem ser instaladas, pelo Judiciário e Executivo, respectivamente, em todos os fóruns, juizados, delegacias de polícia e presídios; **B:** correta, nos termos do já citado art. 7º, § 4º, do EAOAB; **C:** incorreta, pois também é direito dos advogados disporem de salas especiais permanentes nas delegacias de polícia, tratando-se, diga-se de passagem, de um dever do Poder Executivo instalá-las; **D:** incorreta, pois a alternativa excluiu os juizados especiais e delegacias de polícia, locais que também devem contar com salas especiais permanentes para uso dos advogados e da OAB.

4. Gabarito "C"
Comentário: De acordo com o art. 15, § 4º, do EAOAB, nenhum advogado pode integrar mais de uma sociedade de advogados, constituir mais de uma sociedade unipessoal de advocacia, ou integrar, simultaneamente, uma sociedade de advogados e uma sociedade unipessoal de advocacia, com sede ou filial na mesma área territorial do respectivo Conselho Seccional. Assim, analisemos cada uma das alternativas. **A:** incorreta, pois Pasquale não poderá integrar, simultaneamente, duas ou mais sociedades no mesmo Conselho Seccional, tenham elas natureza pluripessoal ou unipessoal (individual); **B:** incorreta, eis que o advogado Pasquale, que já é sócio da sociedade X, não poderá ser titular, no mesmo Conselho Seccional, de outra sociedade, ainda que de natureza individual; **C:** correta, pois, como visto no art. 15, § 4º, do EAOAB, nenhum advogado poderá integrar mais de uma sociedade de advogados (pluripessoal ou unipessoal), com sede ou filial na mesma área territorial do respectivo Conselho Seccional; **D:** incorreta, por colidir frontalmente com a proibição contida no art. 15, § 4º, do EAOAB. Em suma, um advogado somente será dado integrar uma única sociedade de advogados, da espécie que for (individual ou pluripessoal), em cada Conselho Seccional.

5. Gabarito "A"
Comentário: Nos termos do art. 41 do EAOAB, é permitido ao advogado que tenha sofrido qualquer sanção disciplinar requerer, um ano após seu cumprimento, a reabilitação, em face de provas efetivas de bom comportamento. Porém, quando a sanção disciplinar resultar da prática de crime, o pedido de reabilitação depende também da correspondente reabilitação criminal (art. 41, parágrafo único, do EAOAB). Assim, analisemos as alternativas. **A:** correta. Considerando que Júlio e Tatiana sofreram sanção disciplinar não decorrente da prática de crime, a reabilitação poderá ser requerida após um ano do cumprimento da penalidade imposta, desde que haja provas efetivas de bom comportamento. Com relação ao advogado Rodrigo, além de referidos requisitos, ainda deverá, antes de pleitear sua reabilitação perante a OAB, ter alcançado sua reabilitação criminal, visto que a sanção disciplinar que lhe foi imposta em processo ético-disciplinar resultou da prática de crime. Trata-se, é bom repetir, de exigência contida no art. 41, parágrafo único, do EAOAB; **B:** incorreta, pois todos os três advogados farão jus à reabilitação, desde que satisfeitos os requisitos do art. 41 do EAOAB; **C:** incorreta, pois a reabilitação, quando a infração ética decorrer da prática de crime, exigirá, também, prévia reabilitação criminal; **D:** incorreta, pois a reabilitação poderá ser concedida a todos os advogados, desde que preencham os requisitos do art. 41 do EAOAB. Destaque-se que o prazo para pedir reabilitação é de um ano após o cumprimento da sanção disciplinar, exigindo-se, ainda, provas efetivas de bom comportamento. Há requisito adicional (prévia reabilitação criminal) apenas quando a infração ética decorrer da prática de crime.

6. Gabarito "A"
Comentário: Nos termos do art. 4º do CED, o advogado, ainda que vinculado ao cliente ou constituinte, mediante relação empregatícia ou por contrato de prestação permanente de serviços, ou como integrante de departamento jurídico, ou de órgão de assessoria jurídica, público ou privado, deve zelar pela sua liberdade e independência. O parágrafo único do dispositivo em comento prevê ser legítima a recusa, pelo advogado, do patrocínio de causa e de manifestação, no âmbito consultivo, de pretensão concernente a direito que também lhe seja aplicável ou que contrarie orientação que tenha manifestado anteriormente. Assim, correta a alternativa "A", eis que Juan e Pablo, por já terem, em demanda trabalhista, sustentado determinada tese jurídica, não poderão ser compelidos, ainda que haja relação empregatícia, a defender tese contrária àquela anteriormente defendida, sendo, portanto, legítima a recusa ao patrocínio de causas nesse sentido, bem como atuação consultiva. As alternativas "B", "C" e "D" violam o art. 4º do CED.

7. Gabarito "B"
Comentário: Nos termos do art. 18 do CED, o mandato judicial ou extrajudicial não se extingue pelo decurso de tempo, salvo se o contrário for consignado no respectivo instrumento. Em simples palavras, se na procuração não houver designação de um prazo de vigência, o mandato permanecerá válido até que seja extinto por outra causa (por exemplo, pela renúncia, pela revogação ou substabelecimento sem reserva de poderes). Assim sendo, analisemos as alternativas. **A e D:** incorretas, pois ausente previsão de prazo no instrumento de mandato, este permanecerá válido, inexistindo previsão na legislação de ética profissional da advocacia que extinga o contrato após o decurso de 15 ou 20 anos; **B:** correta, nos termos do art. 18 do CED; **C:** incorreta, pois a ausência de prazo no instrumento de mandato não é causa de nulidade ou anulabilidade.

8. Gabarito "C"
Comentário: Nos termos do art. 60, *caput*, e § 1°, do EAOAB, a Subseção pode ser criada pelo Conselho Seccional, que fixa sua área territorial e seus limites de competência e autonomia. A área territorial da Subseção pode abranger um ou mais municípios, ou parte de município, inclusive da capital do Estado, contando com um mínimo de 15 (quinze) advogados, nela profissionalmente domiciliados. Assim, passamos aos comentários de cada alternativa. **A**: incorreta, pois o Conselho Seccional poderá criar subseção com abrangência territorial correspondente a mais de um município. Além disso, para a criação da subseção, necessária que conte com, pelo menos, 15 (quinze) advogados nela profissionalmente domiciliados. Portanto, poderiam ser criadas duas subseções em um mesmo município, desde que respeitado o limite numérico trazido pelo art. 60 do EAOAB; **B**: incorreta, pois se admite a criação de subseção que abranja o território de um único município, ou parte de um município ou mais de um município; **C**: correta, nos exatos termos do art. 60, *caput* e § 1°, do EAOAB; **D**: incorreta, pois seria possível a criação das subseções W e Y, embora no território de um mesmo município, sendo necessário, porém, que em cada uma delas houvesse, pelo menos, quinze advogados profissionalmente domiciliados.

9. Gabarito "B"
Comentário: A assertiva que se coaduna com o pensamento do jusfilósofo Ihering é "B", pois o Direito é dinâmico, uma força viva que acompanha os conflitos sociais de uma dada sociedade num específico recorte de tempo.

10. Gabarito "D"
Comentário: A assertiva "D" representa o pensamento do jusfilósofo Dowrkin, que defende que o sistema jurídico é composto por regras e princípios, colocando-se como grande crítico do positivismo jurídico, sobretudo das teorias de seu antecessor em Oxford Herbert Hart. Para dar uma decisão justa no caso "Riggs contra Palmer" o juiz teve que usar o princípio de "que ninguém pode se beneficiar de sua própria iniquidade ou ilicitude", pois as regras tipificadas gerariam uma decisão injusta para o caso.

11. Gabarito "D"
Comentário: A: incorreta. A nova Constituição revoga, por completo, o texto da Constituição antiga. Se a nova Constituição desejar manter algum conteúdo previsto na antiga Constituição, ela terá de fazer isso expressamente; **B:** incorreta. Mais uma vez, com a entrada em vigor de uma nova Constituição, o texto da antiga, em regra, é totalmente revogado. O fenômeno da recepção opera em relação às normas infraconstitucionais antigas, desde que tais regras sejam materialmente compatíveis com a nova Constituição, ou seja, possuam conteúdo que não violam o Texto Maior; **C:** incorreta. No Brasil, em regra, como já mencionado, as normas da Constituição pretérita são revogadas pela nova Constituição;**D:** correta. De fato, a entrada em vigor de uma nova Constituição, tacitamente, revoga por completo o texto da Constituição pretérita.

12. Gabarito "A"
Comentário: A: correta. De fato as restrições mencionadas podem ser estabelecidas durante o estado de defesa (art. 136, § 1°, I, "a", "b" e "c", da CF). Além disso, o tempo de duração da medida não poderá ser superior a 30 dias, prorrogável uma vez por igual período (art. 136, § 2°, da CF). Por fim, vale lembrar que o estado de defesa é decretado para preservar ou prontamente restabelecer, em locais restritos e determinados, a ordem pública ou a paz social ameaçada por grave e iminente instabilidade institucional ou atingidas por calamidades de grandes proporções na natureza (art. 136, *caput*, da CF); **B:** incorreta. Como mencionado, as medidas restritivas relacionadas ao sigilo de correspondência e comunicação telefônica, além de outras, podem ser estabelecidas durante o estado de defesa; **C:** incorreta. É a CF quem determina que medida deva ser efetivada por decreto presidencial (art. 136, § 1°, da CF). Portanto, não há inconstitucionalidade a ser apontada; **D:** incorreta. A primeira parte da alternativa está correta. Ocorre que a segunda parte menciona que as restrições aos direitos podem ser estabelecidas por prazo indeterminado, o que não é verdade. Dispõe a CF que decreto que instituir o estado de defesa determinará o tempo de sua duração, especificará as áreas a serem abrangidas e indicará, nos termos e limites da lei, as medidas coercitivas a vigorarem (art. 136, § 1°, da CF). Além disso, nas disposições gerais relacionadas aos estados de exceção, o Texto Maior determina que cessado o estado de defesa ou o estado de sítio, cessarão também seus efeitos, sem prejuízo da responsabilidade pelos ilícitos cometidos por seus executores ou agentes (art. 141 da CF). Por fim, o parágrafo único do último dispositivo mencionado informa que logo que cesse o estado de defesa ou o estado de sítio, as medidas aplicadas em sua vigência serão relatadas pelo Presidente da República, em mensagem ao Congresso Nacional, com especificação e justificação das providências adotadas, com relação nominal dos atingidos e indicação das restrições aplicadas.

13. Gabarito "C"
Comentário: A:incorreta. A solicitação de urgência para a apreciação de matéria pelo Congresso Nacional é prerrogativa do Presidente da República e ele só pode fazer isso nos projetos de sua iniciativa (não necessariamente os de iniciativa privativa, mas todos que tenha apresentado), conforme determina o art. 64, § 1°, da CF; **B:** incorreta. Como mencionado, a prerrogativa para solicitar o regime de urgência constitucional é dada ao Presidente da República e em relação aos projetos de lei de sua iniciativa; **C:** correta, o fundamento é encontrado no mencionado art. 64, § 1°, da CF; **D:** incorreta. Ao contrário do mencionado, a solicitação de urgência pelo Presidente da República é admitida constitucionalmente.

14. Gabarito "B"
Comentário: A: incorreta. O fato de Afonso ser originário de país de língua portuguesa, nascido em Portugal, como mencionado na questão, faz com que ele se enquadre na hipótese de naturalização trazida pelo art. 12, II, "a", da CF. Os requisitos, portanto, são muito mais simples, ou seja, apenas residência por um ano ininterrupto e idoneidade moral. Os quinze anos ininterruptos de residência na República Federativa do Brasil e a não condenação penal são requisitos da nacionalidade extraordinária, previstos no art. 12, II, "b", da **CF**; B: correta. Afonso, por ser originário de Portugal, país de língua portuguesa, e já residir de forma ininterrupta há mais de um ano no Brasil, de fato, precisa apenas comprovar sua idoneidade moral para adquirir a qualidade de brasileiro naturalizado. Fora isso, Afonso possui a idade mínima para concorrer ao cargo de Prefeito, e, desde que preenchidos os demais pressupostos legais, pode candidatar-se ao cargo de prefeito da cidade de Salvador; **C:** incorreta. Com a comprovação da idoneidade moral e desde que preenchidos os demais pressupostos legais, Afonso poderá, além de se naturalizar, alistar-se como eleitor e exercer os direitos políticos elencados na CF, exceto as situações em que a própria Constituição exige a nacionalidade originária (brasileiro nato); **D:** incorreta. Afonso não será considerado brasileiro nato. Preenchidos os requisitos mencionados, Afonso adquirirá a nacionalidade derivada, ou seja, será considerado brasileiro naturalizado.

15. Gabarito "C"
Comentário: A: incorreta. A atuação do poder constituinte derivado reformador, manifestado por meio de emendas constitucional, é meio de alteração formal da CF. O próprio texto constitucional é modificado. Por outro lado, na mutação constitucional o texto permanece intacto, apenas sua interpretação é modificada; **B:** incorreta. Mais uma vez a alternativa fez menção à alteração formal do texto da CF, que ocorre por meio do processo legislativo das emendas constitucionais (art. 60 da CF); **C:**correta. A mutação tem relação não com o aspecto formal do texto constitucional, mas com a interpretação dada à Constituição, como mencionado na alternativa. Não são necessárias técnicas de revisão ou reforma constitucional para que o fenômeno se opere; **D:** incorreta.A alteração do texto constitucional antigo por um novo não configura mutação constitucional, mas atuação do poder constituinte originário.

16. Gabarito "A"
Comentário: A: correta. Determina o art. 14, § 7°, da CF a inelegibilidade, no território de jurisdição do titular, do cônjuge e dos parentes consanguíneos ou afins, até o segundo grau ou por adoção, do Presidente da República, de Governador de Estado ou Território, do Distrito Federal, de Prefeito ou de quem os haja substituído dentro dos seis meses anteriores ao pleito, salvo se já titular de mandato eletivo e candidato à reeleição. Além disso, o art. 1.595, *caput*, do CC ensina que cada cônjuge ou companheiro é aliado aos parentes do outro pelo vínculo da afinidade. O § 1° do mesmo dispositivo, ao tratar do parentesco por afinidade, informa que

ele limita-se aos ascendentes, aos descendentes e aos irmãos do cônjuge ou companheiro. Sendo assim, Letícia, filha de Mariana que é casada com Juliano, Governador do estado X, embora possua a idade mínima, não pode concorrer ao cargo de Deputada estadual no estado x. É inelegível para se candidatar no estado em que o seu "padrasto" governa, enquanto o mandato dele perdurar; **B:** incorreta. Ao contrário, como mencionado nos fundamentos da alternativa anterior, a vedação constitucional abrange o parentesco por afinidade; **C:** incorreta. A idade mínima foi preenchida, conforme dispõe o art. 14, § 3º, III, "c", da CF. O problema repousa na inelegibilidade relacionada ao parentesco, prevista no art. 14, § 7º, da CF; **D:** incorreta.A inelegibilidade reflexa (ou por parentesco), prevista no citado art. 14, § 7º, da CF,abrange os familiares dos Chefes dos executivos (Presidente da República, Governadores e Prefeitos). Essa inelegibilidade não se aplica aos demais cargos eletivos. BV

17. Gabarito "C"
Comentário: A: incorreta. Ao contrário do mencionado, Marina não poderia dar continuidade à sua iniciativa, pois o exercício do direito de reunião, embora não exija autorização do Poder Público, depende de previa comunicação justamente para que não seja frustrada outra reunião já agendada para o mesmo dia e local. É o que determina o art. 5º, XVI, da CF; **B:** incorreta. Como afirmado, não há necessidade de prévia autorização, apenas prévia comunicação; **C:** correta. Determina o citado art. 5º, XVI, da CF que todos podem reunir-se pacificamente, sem armas, em locais abertos ao público, independentemente de autorização, desde que não frustrem outra reunião anteriormente convocada para o mesmo local, sendo apenas exigido prévio aviso à autoridade competente;**D:** incorreta. O exercício do direito de reunião é garantido constitucionalmente, desde que preenchidos os requisitos do inciso XVI do art. 5º da CF (reunião pacífica, sem armas, em local aberto ao público, prévia comunicação e não frustração de outra reunião agendada para o mesmo dia e local). BV

18. Gabarito "B"
Comentário: Os efeitos da condição do *status* de refugiado são extensivos ao cônjuge, aos **ascendentes** e descendentes, assim como aos demais membros do grupo familiar que do refugiado dependerem economicamente, desde que se encontrem em território nacional (art. 2º da Lei 9.474/1997).

19. Gabarito "C
Comentário: "Nas hipóteses de grave violação de direitos humanos, o Procurador-Geral da República, com a finalidade de assegurar o cumprimento de obrigações decorrentes de tratados internacionais de direitos humanos dos quais o Brasil seja parte, poderá suscitar, perante o Superior Tribunal de Justiça, em qualquer fase do inquérito ou processo, incidente de deslocamento de competência para a Justiça Federal" (art. 109, § 5º, da CF). Trata-se da denominada *federalização* dos crimes contra os direitos humanos, e um caso conhecido é o IDC 2-DF/STJ de relatoria da ministra Laurita Vaz, pois o caso tinha como pano de fundo a atuação de um grupo de extermínio e o incidente de deslocamento de competência foi parcialmente acolhido.[1] É importante asseverar, com base na jurisprudência do STJ, que o incidente de deslocamento só será provido se ficar comprovado que a justiça estadual constitui verdadeira barreira ao cumprimento dos compromissos internacionais de proteção dos direitos humanos assumidos pelo Brasil. Dito de outra forma e agora com ênfase na razão de ser do instituto, deve-se ter consciência que um caso de grave violação dos direitos humanos previstos em tratados internacionais do qual o Brasil é parte, embora ocorrido no âmbito de um estado-membro da federação, é capaz de ensejar no cenário internacional a responsabilidade do Estado brasileiro, de modo que o deslocamento de competência para a órbita federal, em casos como esse, dá a oportunidade, no plano interno, para o órgão de Justiça da União examinar e decidir a questão, antes de arcar com o pesado ônus dessa violação

20. Gabarito "A"
Comentário: Os Estados possuem imunidade de execução, o que significa que não poderá ser decretada execução forçada – como o sequestro, o arresto e o embargo – contra os bens de um Estado estrangeiro. Essa imunidade é considerada absoluta por grande parcela da doutrina[2] e prevalece no STF a orientação de que, "salvo renúncia, é absoluta a imunidade do Estado estrangeiro à jurisdição executória".[3] Logo, se a existência da demanda for comunicada ao Estado estrangeiro e esse não renunciar expressamente à imunidade de jurisdição, o processo deve ser extinto sem resolução de mérito.[4] Por conclusão, temos que a imunidade de execução pode ser renunciada pelo próprio Estado[5] ou relativizada quando a execução for de bens não afetos aos serviços diplomáticos e consulares do Estado estrangeiro – por exemplo, recursos financeiros vinculados a atividades empresariais disponíveis em contas bancárias.[6] E caso este não possua bens estranhos à sua representação diplomática nos limites da jurisdição brasileira, deve ser expedida carta rogatória, acompanhada de gestões diplomáticas, para se proceder à cobrança do crédito.

21. Gabarito "D"
Comentário: O asilo diplomático (espécie de asilo político) é o acolhimento, pelo Estado, em sua representação diplomática, do estrangeiro que busca proteção. Os locais onde esse asilo pode ocorrer são as missões diplomáticas – **não as repartições consulares** – e, por extensão, os imóveis residenciais cobertos pela inviolabilidade nos termos da Convenção de Viena sobre Relações Diplomáticas; e, ainda, consoante o costume, os navios de guerra porventura acostados ao litoral. O Regulamento da Lei de Migração define que esse asilo pode ser solicitado no exterior em legações,[7] navios de guerra e acampamentos ou aeronaves militares brasileiros (art. 109, I, do Dec. 9.199/2017). Portanto, a assertiva correta á "D".

22. Gabarito "A"
Comentário: A: correta, nos termos da tese de repercussão geral 225/STF: "O art. 6º da Lei Complementar 105/01 não ofende o direito ao sigilo bancário, pois realiza a igualdade em relação aos cidadãos, por meio do princípio da capacidade contributiva, bem como estabelece requisitos objetivos e o translado do dever de sigilo da esfera bancária para a fiscal". Ver também o art. 197, II, do CTN; **B:** incorreta, pois cabe ao contribuinte, no caso de não estarem preenchidos os requisitos do art. 6º da LC 105/2001 (deve haver processo administrativo instaurado ou procedimento fiscal em curso e decisão fundamentada no sentido de que os exames dos dados bancários sejam indispensáveis para a fiscalização tributária), impugnar administrativamente a decisão – art. 5º, XXXIV, *a*, da CF; **C** e **D:** incorretas, conforme comentário à primeira alternativa.

23. Gabarito "C"
Comentário: A: incorreta, pois os novos critérios de fiscalização não implicam instituição ou majoração de tributo, apenas facilitam o trabalho do fisco. Essas novas normas relativas à fiscalização aplicam-se ao lançamento tributário atual, como autorizado expressamente pelo art. 144, § 1º, do CTN. Os fatos geradores continuam sendo regulados pelas leis vigentes à época de suas

---

1. IDC 2-DF, rel. Min. Laurita Vaz, julgado em 27.10.2010 (Inform. STJ 453). O STJ decidiu, no dia 10.12.2014, que uma causa relativa à violação de Direitos Humanos deve passar da Justiça Estadual para a Justiça Federal, configurando o chamado Incidente de Deslocamento de Competência. A causa trata do desaparecimento de três moradores de rua e da suspeita de tortura contra um quarto indivíduo.

2. Para parte da doutrina, a imunidade de execução foi relativizada na medida em que bens de uso comercial sem função pública podem ser objeto de penhora. É a visão, por exemplo, de Antenor Madruga. Na mesma linha é RO 348201101910008, TRT-10ª Região, DF.

3. Vide ACO 543 AgR, Tribunal Pleno, e RE-AgR 222.368/PE, ambos do STF. E mais recentemente a ACO 709 (2013), STF, em que a União, representada pela Caixa Econômica Federal (CEF), promovia a execução fiscal de dívida ativa do Fundo de Garantia do Tempo de Serviço (FGTS) contra o Consulado Geral da França em São Paulo.

4. STF, ACO 645 AgR, Tribunal Pleno, DJ 17.08.2007.

5. Importante esclarecer que a renúncia à imunidade de jurisdição no referente às ações civis e administrativas não abrange as medidas de execução de sentença, para as quais é necessária nova renúncia.

6. Vide TST, SBDI-2 ROMS 282/2003-000-10-00-1. Relator: Renato de Lacerda Paiva. Brasília, DF, 28.06.2005. *DJ* 26.08.2005.

7. Considera-se legação a sede de toda missão diplomática ordinária e, quando o número de solicitantes de asilo exceder a capacidade normal dos edifícios, a residência dos chefes de missão e os locais por eles destinados para esse fim (art. 109, § 1º, do Dec. 9.199/2017).

ocorrências, no que se refere à hipótese de incidência, base de cálculo, alíquota etc.; **B:** incorreta, conforme comentário anterior; **C:** correta, pois reproduz o disposto no art. 144, § 1º, do CTN; **D:** incorreta, pois não se aplica anterioridade anual ou nonagesimal, uma vez que não se trata de instituição ou majoração de tributo – art. 150, III, *b* e *c*, da CF.

24. Gabarito "D"
Comentário: A: incorreta, pois a execução pode ser garantida por meio de seguro garantia, conforme expressamente previsto no art. 9º, II, da Lei de Execução Fiscal – LEF (Lei 6.830/1980). Ademais, na execução fiscal, qualquer intimação ao representante judicial da Fazenda Pública será feita pessoalmente – art. 25 da LEF; **B:** incorreta, pois a intimação do Procurador da União deve ser pessoal – art. 25 da LEF; **C:** incorreta, conforme comentários anteriores; **D:** correta – arts. 9º, II, e 25 da LEF.

25. Gabarito "B"
Comentário: A: incorreta, pois, no caso de território federal dividido em Municípios, cada um deles detém competência tributária para instituir seus próprios tributos – art. 147 da CF. Compete à União, no caso desse território, os tributos federais e os estaduais; **B:** correta, conforme comentário anterior; **C** e **D:** incorretas, pois a competência é exclusiva do Município – art. 147 da CF.

26. Gabarito "D"
Comentário: A: incorreta, pois, quando se trata de serviço público de utilização compulsória, caso da coleta de lixo, sua disponibilização ao contribuinte dá ensejo à tributação (= utilização potencial), ainda que o serviço não seja efetivamente utilizado por esse contribuinte – art. 79, I, *b*, do CTN; **B:** incorreta, pois a coleta de lixo é serviço específico (pode ser destacado em unidade autônoma de utilidade) e divisível (é passível de utilização separadamente por cada usuário), o que permite a cobrança de taxa – art. 79, II e III, do CTN e Súmula Vinculante 19/STF; **C:** incorreta, pois, em se tratando de serviço público específico e divisível, é possível a cobrança de taxa – art. 145, II, da CF e art. 77 do CTN; **D:** correta, conforme comentários à primeira alternativa.

27. Gabarito "D"
Comentário: A a C: incorretas, pois Raul e Alberto não eram agentes públicos quando cometeram a fraude e não há prova da participação de agentes públicos no ilícito. Não havendo agentes públicos, não se aplica a Lei de Improbidade Administrativa (art. 1º da Lei 8.429/1992), que poderia se aplicar aos particulares em questão caso, havendo a participação de um agente público no evento ilícito, os particulares tivessem induzido, concorrido ou se beneficiado do ato (art. 3º da Lei 8.429/1992); **D:** correta, pois a Lei de Improbidade se aplica apenas aos agentes públicos (art. 1º) e aos particulares que tiverem induzido, concorrido ou se beneficiado do ato de improbidade praticado pelo agente público (art. 3º), sendo que no caso o enunciado da questão deixa claro que não há participação de agentes públicos na fraude.

28. Gabarito "A"
Comentário: A: correta; de acordo com o § 6º do art. 37 da CF, as pessoas jurídicas concessionárias de serviço público respondem objetivamente. Esta responsabilidade objetiva admite excludentes de responsabilidade, o que faz com que tenha por fundamento a teoria do risco administrativo. Diferente seria se não houvesse excludentes de responsabilidade, caso em que a teoria adotada seria a teoria do risco integral. Vale ressaltar que, no caso, a concessionária de serviço público não poderia invocar como excludente de sua responsabilidade o "fato de terceiro" (no caso, do dono do veículo que deixou destroços na pista de rolamento), pois a responsabilidade pela retirada dos destroços deixados por terceiro é da empresa concessionária, que então deve ser responsabilizada objetivamente, não cabendo discutir se agiu com culpa ou dolo em não retirar os tais destroços; **B:** incorreta, pois a concessionária responde objetivamente nos termos do art. 37, § 6º, da CF; **C:** incorreta, pois a teoria adotada em nossa ordem jurídica sobre a responsabilidade das concessionárias de serviço público é a teoria do risco administrativo, em que a responsabilidade é objetiva, mas admite-se excludentes de responsabilidade. Porém, no caso a excludente de responsabilidade (fato de terceiro) não poderá ser invocada, pois era responsabilidade da concessionária manter a rodovia em boas condições e sem destroços em suas pistas; **D:** incorreta, pois a responsabilidade da concessionária é objetiva (art. 37, § 6º, da CF), não se discutindo, assim, culpa ou dolo de sua parte.

29. Gabarito "B"
Comentário: A: incorreta, pois a lei prevê que o recurso administrativo tramitará no máximo (e não "no mínimo") por três instâncias administrativas (art. 57 da Lei 9.784/1999); **B:** correta (art. 56, § 1º, da Lei 9.784/1999); **C:** incorreta, pois o art. 22, *caput*, da Lei 9.784/1999 estabelece que os atos do processo não dependem de forma determinada senão quando a lei expressamente a exigir. Assim, a alternativa já pode ser considerada incorreta simplesmente por dizer que todos os atos subsequentes praticados pela Administração devem apresentar forma determinada. Não bastasse, como a lei também não exige forma determinada para interpor o recurso (a lei simplesmente diz que será feito um requerimento expondo os fundamentos do recurso – art. 60, *caput*), também neste ponto a alternativa está incorreta; **D:** incorreta, pois o art. 56, *caput*, da Lei 9.784/1999 estabelece que o recurso administrativo pode se insurgir tanto em face de questões de legalidade, como de mérito.

30. Gabarito "B"
Comentário: A: incorreta, pois a Administração somente pode pagar parcelas se o contratado cumpriu o requisito para o pagamento da respectiva parcela. Eventual alegação de desequilíbrio econômico-financeiro do contrato deve ser analisada de forma autônoma, observando o contrato como um todo, e depende de pedido da sociedade empresária e decisão específica da Administração sobre esse assunto; **B:** correta; de fato, "o pagamento da despesa só será efetuado quando ordenado após sua regular liquidação" (art. 62 da Lei 4.320/1964), sendo que a liquidação no caso significa apurar se houve a prestação efetiva do serviço ao qual se refere aquele pagamento (art. 63, § 2º, III, da Lei 4.320/1964). No caso em tela, como a empresa não cumpriu a sua parte no contrato, o gestor realmente tem que instaurar processo para investigar e punir o inadimplemento (arts. 86 e ss da Lei 8.666/1993), sendo que a questão relativa ao desequilíbrio econômico financeiro também poderá ser analisada em apartado (art. 65, II, "d", da Lei 8.666/1993); **C:** incorreta. Em primeiro lugar, não pode haver pagamento sem prestação do serviço (art. 63, § 2º, III, da Lei 4.320/1964). Em segundo lugar, a imprevisibilidade é requisito para a aplicação da Teoria da Imprevisão no outro ponto que envolve o problema, que é a discussão sobre o desequilíbrio contratual superveniente (art. 65, II, "d", da Lei 8.666/1993); **D:** incorreta, pois não pode haver pagamento sem prestação do serviço (art. 63, § 2º, III, da Lei 4.320/1964).

31. Gabarito "C"
Comentário: A: incorreta, pois a Constituição é expressa no sentido de que o princípio da razoável duração do processo também se aplica aos processos administrativos (art. 5º, LXXVIII); **B:** incorreta, pois a ação popular é uma ação coletiva em que o cidadão busca anular ato lesivo ao patrimônio público, ao meio ambiente, ao patrimônio histórico e cultural ou à moralidade administrativa (art. 5º, LXIII); no caso em tela Maria sofre lesão ao seu direito individual à razoável duração do processo, de modo que pode e se recomenda ingressar com uma ação individual (e não com uma ação coletiva), podendo ser um mandado de segurança; **C:** correta. No caso em tela tem-se lesão, por ato omissivo, a um direito constitucional, que é o direito à razoável duração do processo administrativo (art. 5º, LXXVIII, da CF); essa ilegalidade ou abuso de poder dá ensejo ao ajuizamento de um mandado de segurança individual (art. 5º, LXIX, da CF); **D:** incorreta, pois deve-se impetrar habeas data para conhecimento ou retificação de informação constante de bancos de dados públicos a respeito do impetrante (art. 5º, LXXII, da CF); no caso, não se quer isso, mas sim que a Administração aprecie um pedido de licença formulado e não apreciado ainda.

32. Gabarito "D"
Comentário: A a C: incorretas, pois no caso se aplica o instituto da reintegração, pelo qual o reintegrado deve voltar exatamente para o cargo que anteriormente ocupava (art. 28, *caput*, da Lei 8.112/1990); Alfredo, por sua vez, será reconduzido ao seu cargo de origem (art. 28, § 2º, da Lei 8.112/1990); **D:** correta, nos exatos termos do que dispõe o art. 28, *caput* e § 2º, da Lei 8.112/1990).

33. Gabarito "B"
Comentário: A: incorreta, pois a lei permite a adoção de subsídios tarifários para usuários que não tenham capacidade de pagamento (art. 29, § 2º, da Lei 11.445/2007), não havendo previsão de isenção de tarifa para esse caso; **B:** correta, pois, de acordo com o § 2º do art. 29 da Lei 11.445/2007), "poderão ser adotados **subsídios** tarifários e não tarifários para os usuários e localidades que não tenham capacidade de pagamento ou escala econômica suficiente para cobrir o custo integral dos serviços"; **C e D:** incorretas, pois na estrutura legal de remuneração e de cobrança de tarifas de saneamento básico há previsão de outros critérios, como o da capacidade de pagamento dos consumidores (vide o art. 30 da Lei 11.445/2007).

34. Gabarito "C"
Comentário: A: incorreta, pois o Código Florestal prevê que todas as propriedades rurais devem ser objeto de inscrição no Cadastro Ambiental Rural (art. 29, *caput*, da Lei 12.651/2012); **B:** incorreta, pois a lei não prevê a perda do imóvel como sanção pelo não cadastramento do imóvel no CAR (vide arts. 29 e 30 da Lei 12.651/2012); **C:** correta, nos termos da obrigação prevista para todos os imóveis rurais no art. 29, *caput*, da Lei 12.651/2012, bem como nos termos do § 2º do art. 29 da Lei 12.651/2012, que estabelece que o registro não será considerado título para fins do reconhecimento do direito de propriedade ou posse; **D:** incorreta. De fato, Gabriela tem a obrigação de registrar o imóvel no CAR (art. 29, *caput*, da Lei 12.651/2012), porém, o registro não autoriza procedimento simplificado para concessão de licença ambiental, mas, ao contrário, acaba por se tornar um requisito para a concessão de licença ambiental, como no caso previsto no art. 4º, § 6º, IV, da Lei 12.651/2012.

35. Gabarito "C"
Comentário: A: incorreta, pois a necessidade dos moradores era apenas o transporte. Não havia, portanto, a "*necessidade de salvar-se ou a pessoa de sua família*", elemento essencial para caracterizar o vício do estado de perigo (CC, art. 156); **B:** incorreta, pois o dolo é um artifício malicioso utilizado para enganar a outra parte (CC, art. 145); **C:** correta, pois a hipótese enquadra-se perfeitamente na previsão do art. 157 do Código Civil, que estabelece o vício do consentimento denominado lesão. Verifica-se quando uma pessoa "*sob premente necessidade ou por inexperiência, se obriga a prestação manifestamente desproporcional ao valor da prestação oposta*".

36. Gabarito "A"
Comentário: A questão envolve a obrigação de "*restituir coisa certa*", na hipótese, o carro da marca Y. Se ainda estivéssemos dentro do prazo do empréstimo (por exemplo: no dia 1º de novembro), a perda da coisa sem culpa de Pedro extinguiria a obrigação, ou seja, Pedro não iria ter que pagar nada a Lúcio (CC, art. 238). Contudo, existe um elemento adicional na questão. Pedro estava em mora, pois não devolveu o bem na data, lugar e forma combinada. Com isso, amplia-se a responsabilidade do devedor e uma das consequências é justamente torná-lo responsável pela perda da coisa, mesmo na hipótese de fortuito ou força maior (CC, art. 399). Com isso, a única alternativa que obedece aos termos da lei é a alternativa A.

37. Gabarito "C"
Comentário: Para atender plenamente à sua função social, um imóvel precisa ter livre acesso às vias públicas e a lei, atenta para tal necessidade, impõe o instituto da passagem forçada (CC, art. 1.285), a qual será fornecida pelo vizinho "*cujo imóvel mais natural e facilmente se prestar à passagem*" (CC, art. 1.285 parágrafo primeiro). Não se deve confundir o instituto com a servidão de passagem, na qual o imóvel dominante não está encravado, mas apenas ganhará mais comodidade com a interferência na propriedade do prédio serviente.

38. Gabarito "D"
Comentário: A aquisição da propriedade imóvel por usucapião é originária e, portanto, vem ao domínio do possuidor de forma livre de ônus e encargos, como é o caso da hipoteca anteriormente constituída para garantir obrigação pessoal do antigo proprietário do imóvel. Logo, não há direito de regresso em face de Jonathan, permanecendo ao credor Jorge os meios regulares de cobrança perante o devedor Eriberto.

39. Gabarito "B"
Comentário: A: incorreta, pois "O credor pode renunciar à solidariedade em favor de um, de alguns ou de todos os devedores" (CC, art. 282); **B:** correta, pois Paula tem o direito de cobrar a integralidade do débito de Marcos, o qual terá regresso contra os demais codevedores solidários. A parte de eventual insolvente (Júlio) será dividida entre todos os devedores solidários, inclusive aqueles anteriormente exonerados pelo credor (CC, art. 283); **C:** incorreta no que se refere ao regresso, pois Júlio é insolvente e sua quota será dividida entre todos os codevedores (CC, art. 283); **D:** incorreta no que se refere à cobrança integral de Mirna, a qual foi exonerada da solidariedade e, como consequência lógica, só pode ser cobrada pela sua quota-parte.

40. Gabarito "A"
Comentário: A questão não trata de Contrato de Empreitada. Trata, a rigor, da hipótese de fundada dúvida sobre a situação patrimonial da outra parte contratual. Assim, "*Se, depois de concluído o contrato, sobrevier a uma das partes contratantes diminuição em seu patrimônio capaz de comprometer ou tornar duvidosa a prestação pela qual se obrigou, pode a outra recusar-se à prestação que lhe incumbe, até que aquela satisfaça a que lhe compete ou dê garantia bastante de satisfazê-la*" (CC, art. 477). Percebe-se que Maria tem o direito de recusar o pagamento do preço até que a obra seja concluída ou, pelo menos, até o momento em que o empreiteiro prestar garantia suficiente de que irá realizá-la.

41. Gabarito "D"
Comentário: A: incorreta, pois não há direito de representação (CC, art. 1.851) no caso de sucessão testamentária. O testador poderia ter previsto a hipótese e redigido cláusula de substituição testamentária, estabelecendo Juliana como beneficiária substituta de Carlos. Como a questão não mencionou a ocorrência de tal cláusula, a deixa não subsiste e será destinada ao herdeiro legítimo do testador; **B:** incorreta, pois não houve tal disposição no testamento, nem tampouco há previsão legal para tanto; **C:** incorreta, pois o sobrinho do falecido prefere ao tio do falecido (CC, art. 1.843); **D:** correta, pois, como a deixa testamentária não prevalece, os bens serão destinados aos herdeiros legítimos e nessa categoria o sobrinho prefere ao tio.

42. Gabarito "D"
Comentário: Segundo consta do enunciado, policiais, em cumprimento de mandado de busca e apreensão, lograram localizar com um artista inglês, armazenadas em seu computador, fotografias de adolescentes que, embora vestidas, estavam em posições sexuais, com foco nos órgãos genitais. O advogado do artista, com vistas a afastar a configuração do crime previsto no art. 241-B do ECA, alegou que não se tratava de cena pornográfica, na medida em que as adolescentes foram fotografadas com roupa. Tal alegação não deve prosperar, na medida em que a caracterização do que vem a ser *cena pornográfica* não tem como pressuposto o fato de a adolescente estar nua. Só o fato de elas estarem em posições sexuais, com foco nos órgãos genitais, já basta para configurar cena pornográfica, que corresponde a qualquer situação de libidinagem. No mais, não está configurada a excludente de ilicitude (e não de tipicidade) presente no art. 241-B, § 2º, do ECA, já que o agente não se insere nas hipóteses contidas nos incisos deste dispositivo legal.

43. Gabarito "B"
Comentário: Segundo dispõe o art. 166, § 5º, do ECA, cuja redação foi alterada por meio da Lei 13.509/2017, *o consentimento é retratável até a data da realização da audiência especificada no § 1º deste artigo, e os pais podem exercer o arrependimento no prazo de 10 (dez) dias, contado da data de prolação da sentença de extinção do poder familiar.*

44. Gabarito "A"
Comentário: O examinador entendeu haver responsabilidade civil pelo fato do serviço, embora tenha colocado a saúde do animal em risco, não a saúde do próprio consumidor. Para que haja a caracterização do defeito de serviço deve ocorrer o chamado acidente de consumo nos termos do art. 14 do CDC "o serviço é defeituoso quando não fornece a segurança que o consumidor dele pode esperar, levando-se em consideração as circunstâncias relevantes, entre as quais: I - o modo de seu fornecimento; II - o resultado e os riscos que razoavelmente dele se esperam; III - a época em

que foi fornecido". Entendemos que nesse caso houve vício de serviço, o que não altera o gabarito oficial, mas o fundamento estaria no art. 20 do Código de Defesa do Consumidor. No entanto, nossos comentários serão feitos com fundamento no art. 14, já que esse parece ter sido o entendimento da banca examinadora.
A: correta. Trata-se de excludente de responsabilidade. Nos termos do art. 14, § 3º, o fornecedor de serviços só não será responsabilizado quando provar a culpa exclusiva do consumidor ou de terceiro. Tendo em vista que a consumidora não avisou sobre a doença do animal, o fornecedor não responde pelos danos, havendo quebra de nexo de causalidade; **B:** incorreta. O nexo de causalidade é o elo entre a conduta praticada e o resultado da ação. Houve culpa exclusiva da consumidora por ter deixado de avisar sobre os riscos, não havendo, portanto, responsabilidade do fornecedor; **C:** incorreta. Vide resposta da alternativa anterior. A desconstituição do nexo de causalidade ocorreu por culpa exclusiva do consumidor. Ademais, a responsabilidade civil do profissional liberal (médico veterinário) é subjetiva, nos termos do art. 14, § 4º, do CDC; **D:** incorreta. Vide resposta da alternativa anterior. RD

45. Gabarito "A"
Comentário: A: correta. A publicidade enganosa justifica a tutela coletiva, por configurar um direito difuso (art. 1º da LACP). Vale dizer: a publicidade enganosa atingiu a coletividade de pessoas, sendo impossível identificar os sujeitos de direito (art. 81, I, do CDC). Da mesma forma, perfeitamente cabível a ação individual, nos termos do art. 6º, VII, do CDC; **B:** incorreta. Trata-se de publicidade enganosa; **C:** incorreta. Vide justificativa da alternativa A; **D:** incorreta. É cabível, nesse caso, o ressarcimento de danos e pedido de nulidade de cláusula, nos termos do art. 51 do CDC. A nulidade de uma cláusula contratual abusiva não invalida o contrato, exceto quando de sua ausência, apesar dos esforços de integração, decorrer ônus excessivo a qualquer das partes (art. 51, § 2º, do CDC).

46. Gabarito "C"
Comentário: A questão pretende confundir o candidato sobre as regras do aval póstumo e do endosso póstumo, assim considerados aqueles realizados após o vencimento do título. Enquanto o endosso póstumo tem mero efeito de cessão civil de crédito, não valendo como ato cambial, o aval póstumo é totalmente válido e produz os mesmos efeitos daquele dado antes do fim do prazo (art. 900 do CC).

47. Gabarito "A"
Comentário: Uma das questões mais criticáveis dos últimos tempos do Exame de Ordem. A caracterização do transporte, ainda que se insira no contexto dos contratos empresariais, é uma questão atinente à Logística, não ao Direito. Enfim, chama-se modal de transporte a via pela qual a mercadoria será levada ao destino: terrestre, marítima ou aérea. Quando é utilizada mais de uma via no mesmo trajeto, o transporte se chama multimodal.

48. Gabarito "A"
Comentário: A responsabilidade dos acionistas é limitada ao preço de emissão das ações subscritas (art. 1º da Lei 6.404/1976), independentemente de se tratar de companhia aberta ou fechada. A responsabilidade do administrador, por sua vez, não é responsável pelas obrigações sociais em virtude de ato regular de gestão (art. 158 da LSA).

49. Gabarito "D"
Comentário: A: incorreta. A proteção constitucional às microempresas e empresas de pequeno porte não traz nenhum benefício específico em relação à suspensão das ações individuais em trâmite contra o devedor falido; **B:** incorreta. O prazo é improrrogável somente na recuperação judicial (art. 6º, §4º, da Lei 11.101/2005); **C:** incorreta. A suspensão está prevista no *caput* do art. 6º da LF; **D:** correta, conforme os arts. 6º a 20 da Lei de Falências.

50. Gabarito "C"
Comentário: Nos termos do art. 1.156 do CC, o nome do empresário será necessariamente firma constituída por seu nome, completo ou abreviado, podendo adicionar o ramo de atividade. Trata-se de aplicação do princípio da veracidade do nome empresarial, que veda o uso de apelidos (como "Monsenhor") ou hipocorísticos ("Zé" em vez de "José", "Chico" no lugar de "Francisco" etc.) na composição da firma.

51. Gabarito "D"
Comentário: A: incorreta, pois a ação popular tem como autor o cidadão (pessoa física que vota e pode ser votada), e não o MP (L. 4717/65, art. 1º); **B:** incorreta, porque na ACP a legitimidade ativa é de alguma pessoa jurídica (MP, Defensoria, associação, União, Estado e Município etc.) e não de pessoa física (L. 7.357/85, art. 5º); **C:** incorreta, considerando que o dano ambiental é passível de proteção por meio de ACP, por expressa previsão legal (L. 7.357/85, art. 1º, I); **D:** correta. Dano ambiental admite proteção via ACP (vide alternativa "C"), o MP é legitimado (vide alternativa "B") e, se não for autor, atua como fiscal da lei (L. 7.347/85, art. 5º, § 1º) – sendo que na terminologia do NCPC, fala-se em "fiscal da ordem jurídica".

52. Gabarito "D"
Comentário: A: incorreta, pois não há previsão legal de participação do MP nessa audiência do art. 334 do NCPC; **B:** incorreta, porque é obrigatória a participação de advogado (NCPC, art. 334, § 9º); **C:** incorreta, pois é possível realizar mais de uma sessão de mediação, mas desde que em até dois meses da data de realização da primeira sessão (NCPC, art. 334, § 2º); **D:** correta, pois é sempre possível que as partes, de comum acordo, requeiram a suspensão do processo (NCPC, art. 313, II).

53. Gabarito "A"
Comentário: A: correta. Se estamos diante de uma sentença, o recurso cabível é a apelação (NCPC, art. 1.009), sendo que, nesse caso de indeferimento liminar da inicial, é possível ao juiz reconsiderar sua decisão (NCPC, art. 331, *caput*); **B:** incorreta, pois nesse caso é possível ao juiz se retratar (em regra o juiz não pode se retratar, mas sendo indeferimento liminar, é possível – vide alternativa "A"); **C:** incorreta, pois no caso de apelação antes da citação, se o juiz não reconsiderar (vide alternativa "A"), o réu será citado para apresentar contrarrazões (NCPC, art. 331, § 1º); **D:** incorreta, porque não cabe agravo de sentença (NCPC, arts. 1009 e 1015).

54. Gabarito "D"
Comentário: A: incorreta, pois o Código traz duas situações em que cabe a tutela de evidência liminarmente (NCPC, art. 311, parágrafo único); **B:** incorreta, considerando não ser critério para concessão de tutela de evidência o que se verifica em outro processo individual; não existe essa previsão no art. 311 do NCPC; **C:** incorreta, pois existem quatro hipóteses de tutela de evidência, sendo que somente em duas dessas situações é que será possível a concessão da tutela de evidência liminarmente, conforme exposto em "A"; **D:** correta, devendo ser assinalada pois o juiz não agiu corretamente. Uma das hipóteses em que é possível a concessão de tutela de evidência é diante do "abuso de direito de defesa" (NCPC, art. 311, I). Ora, só se pode falar em abuse desse direito após a manifestação da parte, não sendo possível se levar em conta processo anterior. Logo, o juiz não poderia ter decidido liminarmente (NCPC, art. 311, parágrafo único, que não faz menção à hipótese de direito de defesa, constante do inciso I).

55. Gabarito "A"
Comentário: A questão se refere à multa no caso do cumprimento de sentença, bem como os honorários advocatícios aí devidos. Como só houve pagamento parcial, há multa e honorários em relação à parte não paga (NCPC, art. 523, § 2º). Assim, a única alternativa correta é a "A".

56. Gabarito "B"
Comentário: A: incorreta Atenção: a segunda parte da alternativa - gratuidade só abrange o primeiro grau – está correta (Lei 9.099/95, art. 55), e pode induzir o candidato a entender essa resposta como correta. Porém, no caso concreto, o colégio recursal *não errou*, pois a fixação não deveria ocorrer no caso narrado, pois "Em segundo grau, o recorrente, vencido, pagará as custas e honorários de advogado" (Lei 9099/95, art. 55, parte final); **B:** correta. Como o recorrente foi vencedor no recurso (ainda que perdedor na causa), não paga honorários (vide alternativa "A"); **C:** incorreta, pois a fixação de honorários independe de má-fé, mas sim de recurso da parte e de esse recurso não ser provido; **D:** incorreta, pois a gratuidade só existe em 1º grau, nos Juizados (Lei 9.099/95, art. 55).

57. Gabarito "B"
Comentário: A: incorreta, pois associações são legitimadas para ajuizar ACP, desde que observados alguns requisitos (Lei 7.347/1985, art. 5º, V); **B:** correta, porque esses são os requisitos previstos em lei para que a associação tenha legitimidade ativa (Lei 7.347/1985, art. 5º, V, alíneas); **C:** incorreta, pois o prazo é de pelo menos 1 ano de constituição (Lei 7.347/1985, art. 5º, V, alíneas); **D:** incorreta, considerando que a legitimidade ativa dos entes previstos em lei (Lei 7.347/1985, art. 5º) é concorrente, ou seja, qualquer um pode ajuizar, não havendo preferência

58. Gabarito "D"
Comentário: Embora o crime de lesão corporal narrado no enunciado tenha como vítima uma mulher (Patrícia), não há que se falar, neste caso, na incidência da Lei 11.340/2006 (Lei Maria da Penha). Isso porque não se trata de situação de violência doméstica. Com efeito, o simples fato de a ofendida ser mulher não a torna passível de proteção nos termos da Lei Maria da Penha, sob pena de violação do princípio da igualdade entre homem e mulher. Em suma, a situação descrita acima não se insere no contexto de violência doméstica e familiar contra a mulher, cujas hipóteses estão contempladas no art. 5º da Lei 11.340/2006. De ver-se que, se se pudesse enquadrar a situação acima narrada como violência doméstica contra a mulher, a ação penal, é importante saber, seria pública incondicionada. Isso porque, em decisão tomada no julgamento da ADIn n. 4.424, de 09.02.2012, o STF estabeleceu a natureza incondicionada da ação penal nos crimes de lesão corporal, independente de sua extensão, praticados contra a mulher no ambiente doméstico (Súmula 542, do STJ). Cuidado: tal decisão, como se pode notar, é restrita aos crimes de lesão corporal, não se aplicando, pois, ao crime de ameaça, que, por força do que estabelece o art. 147, parágrafo único, do CP, continua a ser de ação penal pública condicionada à representação da vítima, que deverá, bem por isso, manifestar seu desejo em ver processado o autor deste delito. Como o delito de que foi vítima Patrícia escapa à incidência da Lei Maria da Penha, é de rigor, sendo a lesão corporal de natureza leve, o oferecimento de representação por parte da vítima, sem o que o MP não poderá, ante a ausência desta condição de procedibilidade, promover a ação penal em face de Henrique. Deve o magistrado ao qual foi oferecida a denúncia desprovida de representação, portanto, rejeitá-la.
Dica: a natureza da ação penal do crime de lesão corporal praticado no contexto da Lei Maria da Penha constitui objeto frequente de questionamento em provas da OAB.

59. Gabarito "D"
Comentário: A despeito de a perda de cargo, função pública ou mandato eletivo não ser efeito automático da condenação, cabendo ao juiz, bem por isso, a esse respeito manifestar-se quando da prolação da sentença (art. 92, I, CP), é certo que, no caso narrado no enunciado, ela (perda) se impõe, haja vista que a pena aplicada a Mário, condenado pelo cometimento de crime contra a Administração Pública, é superior a um ano (art. 92, I, *a*, do CP). Se o delito imputado a Mário não fosse praticado com violação de dever para com a Administração Pública (nem com abuso de poder), a perda do cargo somente se daria se a pena aplicada fosse superior a quatro anos, tal como estabelece o art. 92, I, *b*, do CP. A propósito, a Lei 13.715/2018 alterou a redação do art. 92, II, do CP, ampliando as hipóteses de perda do poder familiar como decorrência da prática criminosa, a saber: quando o crime for praticado pelo titular do poder familiar contra o outro (titular do mesmo poder familiar).

60. Gabarito "A"
Comentário: Enquanto a *graça* (também chamada de *indulto individual*) visa ao benefício de pessoa determinada, cuja pena imposta será, conforme o caso, extinta ou comutada, o *indulto* propriamente dito (ou *indulto coletivo*) é concedido a um grupo de condenados que preenchem determinados requisitos contidos no decreto. Ambas (graça e indulto) constituem ato privativo do presidente da República. A Lei de Crimes Hediondos (Lei 8.072/1990), em seu art. 2º, I, veda a concessão de anistia, graça e indulto para crimes hediondos (bem como os a eles equiparados). O CF/88, por sua vez, vedou tão somente a concessão, para tais crimes, de graça e anistia (art. 5º, XLIII). Considerando que, dos crimes a que faz referência o enunciado, somente o imputado a Pedro (estupro simples) é considerado hediondo (art. 1º, V, da Lei 8.072/1990), é certo que poderão ser beneficiados pelo indulto os irmãos Matheus e José, na medida em que os crimes a que foram condenados e pelos quais cumprem pena não são hediondos tampouco equiparados a tais. Vale a observação de que o homicídio simples não é hediondo; somente assim será considerado quando praticado em atividade típica de grupo de extermínio (art. 1º, I, Lei 8.072/1990). O mesmo se diga em relação ao crime de roubo majorado, cujas hipóteses estão contempladas no art. 157, § 2º e 2º-A, do CP. Somente é considerado hediondo o roubo seguido de morte (latrocínio), capitulado no art. 157, § 3º, II, do CP, tal como estabelece o art. 1º, II, da Lei 8.072/1990.
Dica: o roubo seguido de morte (latrocínio), que até então estava capitulado no art. 157, § 3º, segunda parte, do CP, encontra-se previsto, por força das modificações introduzidas pela Lei 13.654/2018, no art. 157, § 3º, II, do CP. A descrição típica e a pena cominada não foram alteradas.

61. Gabarito "C"
Comentário: O enunciado retrata hipótese de *abolitio criminis*, que corresponde à situação em que a lei nova deixa de considerar infração penal determinado fato até então tido como tal. Em outras palavras, a lei nova exclui do âmbito de incidência do Direito Penal um fato que, sob a égide da lei anterior, era considerado criminoso. Sua previsão está no art. 2º, *caput*, do CP e o seu reconhecimento leva à extinção da punibilidade (art. 107, III, CP). Alcança a execução (condenação com trânsito em julgado) e os efeitos penais da sentença condenatória; subsistem, entretanto, os efeitos extrapenais da condenação, tal como a obrigação de reparar o dano causado pelo delito. Exemplo é o que se deu com o adultério, que, então previsto no art. 240 do CP, deixou de ser considerado crime com o advento da Lei 11.106/2005. Em assim sendo, é certo afirmar que tanto Jorge quanto João fazem jus à extinção de punibilidade como decorrência do fenômeno da *abolitio criminis*.
Dica: é recorrente questionar-se acerca do juízo competente para aplicar a abolitio criminis, já que este fenômeno pode ocorrer em momentos distintos. Se tal se der no curso das investigações do inquérito policial ou mesmo durante a ação penal, caberá o reconhecimento da abolitio criminis e a consequente extinção de punibilidade ao juiz natural de primeiro grau; já se a ação penal estiver em grau de recurso e sobrevier lei abolidora, a competência recairá sobre o respectivo tribunal; por fim, se a condenação tiver sido alcançada pelo trânsito em julgado, a competência para o reconhecimento da abolitio criminis será do juízo da vara das execuções criminais, tal como estabelecem o art. 66, I, da LEP e a Súmula 611, do STF.

62. Gabarito "B"
Comentário: É hipótese de *aberratio delicti*, *aberratio criminis* ou resultado diverso do pretendido, instituto disciplinado no art. 74 do CP. Em casos assim, o agente, por acidente ou erro na execução do crime, produz resultado que, de início, não era por ele desejado. Ou seja, o agente, desejando cometer certo crime, acaba, por erro na execução deste ou mesmo por acidente, cometendo delito diverso. O art. 74 do CP contempla duas espécies de *aberratio delicti*: com unidade simples ou resultado único, que corresponde à hipótese narrada no enunciado. Neste caso, o agente somente atinge o bem jurídico diverso do pretendido. Será punido, segundo o art. 74, 1ª parte, do CP, pelo resultado não intencional a título de culpa, desde que, é claro, haja previsão nesse sentido; com unidade complexa ou resultado duplo: é a hipótese contida no art. 74, 2º parte, do CP. Aqui, a conduta do agente atinge, a um só tempo, tanto o bem por ele visado quanto o não visado. Neste caso, deve-se lançar mão da regra do concurso formal, aplicando-se a pena do crime mais grave, aumentada de um sexto a metade. No caso narrado no enunciado, Bruno queria, desde o início, ao lançar a pedra, atingir tão somente as janelas do estabelecimento, mas, por erro na execução do crime, acaba por produzir resultado diverso, qual seja, a morte de Victor. Neste caso, como houve resultado único, já que a janela não foi quebrada, como queria Bruno, este responderá pelo delito que efetivamente praticou, na modalidade culposa: homicídio culposo (art. 121, § 3º, CP).

63. Gabarito "D"
Comentário: O art. 71, parágrafo único, do CP enuncia a possibilidade de reconhecer-se a continuidade delitiva no contexto dos crimes dolosos violentos, praticados contra vítimas diferentes e com ofensa a bens personalíssimos, como a vida. Neste caso, a pena de um dos crimes, se idêntica, ou a mais grave, se diversas, poderá ser aumentada até o triplo. É importante a observação de que prevalecia o entendimento, então sufragado na Súmula 605, do STF, no sentido do descabimento da continuidade delitiva nos

crimes contra a vida, como é o caso, por excelência, do homicídio. Hoje, este entendimento (e, por conseguinte, a súmula) encontra-se superado, de tal sorte que inexiste óbice ao reconhecimento da continuação delitiva na hipótese narrada no enunciado.

64. Gabarito "A"
Comentário: A: correta. Não sendo hediondo tampouco a ele equiparado o delito em que incorreu Jorge, o prazo de prisão temporária será de 5 dias, podendo, eventualmente, em nova representação formulada pela autoridade policial ou pelo MP, este por meio de requerimento, desde que imprescindível para o prosseguimento das investigações do inquérito policial, ser prorrogada por mais 5 dias, nos termos do art. 2º da Lei 7.960/1989. Em se tratando, no entanto, de crime hediondo ou delito a ele equiparado (tortura, tráfico de drogas e terrorismo), a *custódia temporária* será decretada por *até* 30 dias, prorrogável por igual período em caso de extrema e comprovada necessidade, em consonância com o disposto no art. 2º, § 4º, da Lei 8.072/1990 (Lei de Crimes Hediondos). É ilegal, assim, a prisão temporária, pelo prazo de 10 dias, decretada em desfavor de Jorge; **B:** incorreta. Por força do que dispõe o art. 3º da Lei 7.960/1989, é obrigatória a separação dos presos temporários dos demais detentos (preventivos e condenados); **C:** incorreta. É fato que o crime de associação criminosa (art. 288, CP) não é considerado hediondo, pois não faz parte do rol do art. 1º da Lei 8.072/1990; a despeito disso, constitui crime em cuja apuração é autorizada a decretação da custódia temporária, conforme estabelece o art. 1º, III, *l*, da Lei 7.960/1989; **D:** incorreta. De fato, a prisão temporária não pode ser decretada de ofício pelo juiz; na hipótese narrada no enunciado, o magistrado decretou a custódia temporária com base em representação que lhe foi formulada pela autoridade policial. Dessa forma, não se pode dizer que a decretação foi por iniciativa do juiz. Ademais disso, esta modalidade de prisão processual pode ser decretada tanto mediante representação do delegado de polícia quanto a requerimento do MP, tal como estabelece o art. 2º, *caput*, da Lei 7.960/1989.
Dica: um dos temas mais recorrentes, em matéria de prisão temporária, é a iniciativa para a sua decretação. Caberá somente ao juiz decretar esta modalidade de prisão provisória, mas somente poderá fazê-lo a requerimento do MP ou em face de representação da autoridade policial. Ou seja, é imprescindível que haja provocação do MP ou do delegado. No caso da prisão preventiva, a situação é diversa. O juiz poderá agir de ofício, decretando a custódia preventiva, desde que na fase de instrução processual (ação penal); durante o inquérito policial, é-lhe vedado atuar sem provocação. Assim, caberá ao delegado de polícia e ao MP (e também ao querelante) requerer a decretação da prisão.

65. Gabarito "D"
Comentário: Pelo que consta do enunciado, os crimes imputados aos filhos de Maria não têm relação entre si. Apenas coincidiu de terem sido praticados na mesma data. Analisemos, portanto, em separado, cada um deles. No caso de Caio, o delito que cometeu, lesão corporal de natureza grave, consumou-se na comarca de Niterói. Apenas a prisão foi efetiva, por razões não informadas, na comarca do Rio de Janeiro. É certo que o auto de prisão em flagrante, neste caso, deve ser lavrado pela autoridade policial com circunscrição na cidade do Rio de Janeiro, à qual o conduzido foi apresentado, tal como estabelece o art. 290 do CPP. Entretanto, a competência para o processamento e julgamento caberá ao juízo de direito da comarca de Niterói, local em que o crime se consumou. É o que estabelece a regra de competência contida no art. 70, *caput*, do CPP, que acolheu a teoria do resultado. Já com relação a Bruno, considerando que foram praticados, em conexão, dois delitos diversos, o juízo competente será o do local no qual foi cometido o delito mais grave, que, no caso, é o de extorsão. A competência, portanto, é do juízo de direito da comarca de São Gonçalo, na forma do art. 78, II, *a*, CPP.

66. Gabarito "B"
Comentário: A solução desta questão deve ser extraída do art. 74, parágrafo único, da Lei 9.099/1995, que assim dispõe: *tratando-se de ação penal de iniciativa privada ou de ação penal pública condicionada à representação, o acordo homologado acarreta a renúncia ao direito de queixa ou representação.*

67. Gabarito "C"
Comentário: A: incorreta. Por razões óbvias, até que a diligência, na ação controlada, seja concluída, o acesso aos autos será restrito ao juiz, ao MP e ao delegado de polícia (art. 8º, § 2º, Lei 12.850/2013; **B:** incorreta. Estão contempladas, na Lei de Organização Criminosa (Lei 12.850/2013), tanto a infiltração de agentes (art. 10) quanto a ação controlada (art. 8º); **C:** correta. O art. 8º, § 1º, da Lei 12.850/2013 (Organização Criminosa) reza que a ação controlada será *comunicada* ao juiz competente, que estabelecerá, conforme o caso, os limites da medida e comunicará o MP. Perceba que, neste caso, o legislador não impôs a necessidade de o magistrado autorizar o retardamento da intervenção policial; exigiu tão somente a comunicação, providência esta não tomada no caso narrado no enunciado; **D:** incorreta. O retardamento da intervenção policial refere-se, na maioria dos casos, à não realização da prisão em flagrante, que deixa de ser levada a efeito mesmo diante da concretização do crime praticado pela organização criminosa. O objetivo, aqui, é, postergando a prisão para momento mais oportuno, reunir um acervo probatório mais robusto, tanto no que se refere à materialidade quanto à autoria, identificando-se outros membros da organização, inclusive aquele que exerce a sua liderança.

68. Gabarito "D"
Comentário: A: incorreta, dado que é vedado ao delegado de polícia, sob qualquer pretexto, promover o arquivamento de autos de inquérito policial (art. 17 do CPP); **B:** incorreta. O magistrado somente poderá determinar o arquivamento dos autos de inquérito policial a requerimento do MP; **C:** incorreta. Uma vez ordenado o arquivamento do inquérito policial pelo juiz de direito, por falta de base para a denúncia, nada obsta que a autoridade policial proceda a novas pesquisas, desde que de outras provas tenha conhecimento – art. 18 do CPP. Isso porque a decisão que determina o arquivamento do inquérito policial gera, em regra, coisa julgada formal; **D:** correta. Conforme ponderamos acima, uma vez arquivado o inquérito policial, por falta de base para a denúncia, nada obsta que a autoridade policial proceda a novas pesquisas, desde que de outras provas tenha conhecimento – art. 18 do CPP. Isso porque a decisão que determina o arquivamento do inquérito policial gera, em regra, coisa julgada formal. Agora, se o arquivamento do inquérito se der por ausência de tipicidade, como é a hipótese retratada no enunciado, a decisão, neste caso, tem efeito preclusivo, é dizer, produz coisa julgada material, impedindo, dessa forma, o desarquivamento do inquérito. A esse respeito, *Informativo STF* 375.
Dica: com o advento da Lei 13.964/2019, conhecida como Pacote Anticrime, posterior, portanto, à elaboração desta questão, alterou-se toda a sistemática que rege o arquivamento do inquérito policial. Até então, tínhamos que cabia ao membro do MP promover (requerer) o arquivamento e ao juiz, se concordasse, determiná-lo. Pois bem. Com a modificação operada na redação do art. 28 do CPP pela Lei 13.964/2019, o representante do *parquet* deixa de requerer o arquivamento e passa a, ele mesmo, determiná-lo, sem qualquer interferência do magistrado, cuja atuação, nesta etapa, em homenagem ao sistema acusatório, deixa de existir. No entanto, ao determinar o arquivamento do IP, o membro do MP deverá submeter sua decisão, segundo a nova redação conferida ao art. 28, *caput*, do CPP, à instância revisora dentro do próprio Ministério Público, para fins de homologação. Sem prejuízo disso, caberá ao promotor que determinou o arquivamento comunicar a sua decisão ao investigado, à autoridade policial e à vítima. Esta última, por sua vez, ou quem a represente, poderá, se assim entender, dentro do prazo de 30 dias, a contar da comunicação de arquivamento, submeter a matéria à revisão da instância superior do órgão ministerial (art. 28, § 1º, CPP). Por fim, o § 2º deste art. 28, com a redação que lhe deu a Lei 13.964/2019, estabelece que, nas ações relativas a crimes praticados em detrimento da União, Estados e Municípios, a revisão do arquivamento do IP poderá ser provocada pela chefia do órgão a quem couber a sua representação judicial. Este novo art. 28 do CPP, que, como dissemos, alterou todo o procedimento que rege o arquivamento do IP, no entanto, teve suspensa, por força de decisão cautelar proferida pelo STF, a sua eficácia. O ministro Luiz Fux, relator, ponderou em sua decisão, tomada na ADI 6.305, de 22.01.2020, que, embora se trate de inovação louvável, a sua implementação, no prazo de 30 dias (*vacatio legis*), revela-se inviável, dada a dimensão dos impactos sistêmicos e financeiros que por certo ensejarão a adoção do novo procedimento de arquivamento do inquérito policial.

69. Gabarito "C"
Comentário: Segundo o enunciado, Pablo, com 18 anos, e Leonardo, com 21 anos, foram condenados, em primeira instância, porque praticaram, em concurso, o crime de furto qualificado. Sucede que, intimados da sentença, somente o advogado de Pablo interpôs recurso de apelação; tanto Leonardo quanto o MP deixaram de recorrer. Em segunda instância, o Tribunal deu provimento ao recurso de Pablo para o fim de reconhecer que o crime restou tentado, bem como que deveria ser aplicada a atenuante da menoridade relativa ao recorrente. A questão que se coloca é saber se a reforma da decisão em segundo grau de jurisdição alcança Leonardo, cujo advogado achou por bem não recorrer de sua condenação. Tudo vai depender do motivo que serviu de base à reforma. Assim, se o motivo que deu ensejo à reforma da decisão for de caráter pessoal, o benefício não poderá ser estendido ao corréu que não recorreu. É este o caso da atenuante da menoridade relativa reconhecida em relação a Pablo, que, ao tempo do crime, contava com 18 anos. Por óbvio, não poderia Leonardo ter se beneficiado, já que contava, quando da prática criminosa, com 21 anos. Agora, não se tratando de motivo de caráter pessoal, o condenado que não interpôs recurso será, sim, beneficiado pela reforma. É o caso do reconhecimento do crime tentado. Se o delito em que incorreram é o mesmo (teoria monista), é justo que a tentativa seja reconhecida em benefício dos dois, ainda que um deles não tenha recorrido. Leonardo, bem por isso, será beneficiado pela reforma da decisão de primeira instância no que toca ao reconhecimento do crime tentado; entretanto, não será alcançado pelo reconhecimento da menoridade relativa, já que se trata de motivo de ordem pessoal, que somente aproveitará Pablo. Este é o chamado efeito *extensivo*, que diz respeito à ampliação do alcance do recurso ao corréu que, embora não haja recorrido, também foi beneficiado pelo resultado do recurso interposto por outro corréu. Em outras palavras, o corréu que não recorreu será beneficiado por recurso que não haja interposto. É o que se extrai do art. 580 do CPP.

70. Gabarito "C"
Comentário: "C" é a afirmativa correta. Isso porque, nos termos do art. 457, § 1º, da CLT, integram o salário a importância fixa estipulada, as gratificações legais e as comissões pagas pelo empregador. Devemos entender que as comissões eram pagas pelo mesmo empregador, na medida em que as empresas pertencem ao mesmo grupo econômico, disposto no art. 2º, § 2º, da CLT que dispõe: "Sempre que uma ou mais empresas, tendo, embora, cada uma delas, personalidade jurídica própria, estiverem sob a direção, controle ou administração de outra, ou ainda quando, mesmo guardando cada uma sua autonomia, integrem grupo econômico, serão responsáveis solidariamente pelas obrigações decorrentes da relação de emprego."

71. Gabarito "A"
Comentário: "A" é a assertiva correta. Isso porque todos os requisitos da relação de emprego, quais sejam, subordinação, onerosidade, pessoalidade, pessoa física, não eventualidade (habitualidade) estão presentes, razão pela qual deve ser reconhecida a relação de emprego. Desta forma, nos termos da súmula 386 do TST, preenchidos os requisitos do art. 3º da CLT, é legítimo o reconhecimento de relação de emprego entre policial militar e empresa privada, independentemente do eventual cabimento de penalidade disciplinar prevista no Estatuto do Policial Militar.

72. Gabarito "B"
Comentário: "B" é a afirmativa correta. Isso porque não é interessante para o empregado a suspensão do contrato de trabalho, na medida em que nesta as obrigações contratuais são suspensas por ambos os contratantes, ou seja, empregado e empregador, sem romper a relação de emprego. Assim, o trabalhador não presta serviços ao empregador que, em contrapartida, não pagará a esse obreiro seu salário. O *lockout* que consiste na paralisação das atividades por iniciativa do empregador, com o objetivo de frustrar a negociação ou dificultar o atendimento de reivindicações dos respectivos empregados, é prática expressamente proibida na ordem jurídica brasileira no art. 17 da Lei de Greve (Lei 7.783/1989). Desta forma, a solução mais favorável aos empregados é a concessão de férias coletivas, na forma dos arts. 139 e seguintes da CLT.

73. Gabarito "D"
Comentário: "D" é a afirmativa correta. Isso porque no caso em análise há compensação de jornada de trabalho, que encontra-se previsto no art. 59, § 2º, da CLT e nada mais é que a compensação do excesso de *horas* trabalhadas em um dia com a correspondente diminuição em outro dia. Em outras palavras, o trabalhador labora mais em alguns dias para descansar em outro. No caso em debate, a compensação é feita no período de uma semana. Nessa linha, ensina o art. 59, § 6º, da CLT que caso o excesso de horas trabalhadas em um dia for compensado pela correspondente diminuição em outro dia, de maneira que a compensação ocorra no mesmo mês, o regime de compensação de jornada poderá ser estabelecido por acordo individual, tácito ou escrito.

74. Gabarito "B"
Comentário: "B" é a assertiva correta. A redução de salários é permitida por convenção coletiva ou acordo coletivo de trabalho, nos termos do art. 7º, VI, da CF. Desta forma, o art. 611-A, § 3º, da CLT ensina que caso seja pactuada cláusula que reduza o salário ou a jornada, a convenção coletiva ou o acordo coletivo de trabalho deverão prever a proteção dos empregados contra dispensa imotivada durante o prazo de vigência do instrumento coletivo. Importante lembrar que a inexistência de expressa indicação de contrapartidas recíprocas em convenção coletiva ou acordo coletivo de trabalho não ensejará sua nulidade por não caracterizar um vício do negócio jurídico, na forma do art. 611-A, § 2º, da CLT.

75. Gabarito "B"
Comentário: A: incorreta, pois a rescisão indireta do contrato, art. 483 da CLT colocaria fim ao contrato de trabalho, não atendendo a necessidade do empregado; **B:** correta, pois como não foi observada a norma regulamentar interna, de observância obrigatória, que determinava a sindicância administrativa prévia, deve ser pleiteada sua nulidade; **C:** incorreta, pois não há previsão na lei acerca de advertência; **D:** incorreta, pois a punição foi imposta logo após o cometimento das faltas.

76. Gabarito "A"
Comentário: A: correta, pois reflete a disposição da súmula 16 do TST, que dispõe: "Presume-se recebida a notificação 48 (quarenta e oito) horas depois de sua postagem. O seu não recebimento ou a entrega após o decurso desse prazo constitui ônus de prova do destinatário."; **B:** incorreta, pois somente a ausência da reclamada devidamente citada/notificada implicaria os efeitos da revelia; **C:** incorreta, pois há na jurisprudência (súmula 16 do TST) matéria relativa à presunção de recebimento da notificação; **D:** incorreta, pois o recebimento ou não da notificação é de presunção relativa, na medida em que pode ser ilidida por prova em contrário. Veja súmula 122 do TST.

77. Gabarito "C"
Comentário: "C" é a resposta correta. Isso porque a OJ 140 da SDI 1 do TST entende que em caso de recolhimento insuficiente das custas processuais ou do depósito recursal somente haverá deserção do recurso se, concedido o prazo de 5 (cinco) dias previsto no § 2º do art. 1.007 do CPC de 2015, o recorrente não complementar e comprovar o valor devido.

78. Gabarito "A"
Comentário: "A" é a assertiva correta. Isso porque, nos termos do art. 884, § 6º, da CLT a exigência da garantia ou penhora não se aplica às entidades filantrópicas e/ou àqueles que compõem ou compuseram a diretoria dessas instituições.

79. Gabarito "C"
Comentário: "C" é a assertiva correta. Nos termos do art. 844 da CLT, o não comparecimento do consignante acarretará no arquivamento do processo.

80. Gabarito "B"
Comentário: "B" é a assertiva correta. Nos termos do art. 855-B da CLT, o processo de homologação de acordo extrajudicial terá início por petição conjunta, sendo obrigatória a representação das partes por advogado. O § 1º do mesmo dispositivo legal determina que as partes não poderão ser representadas por advogado comum. Entretanto, faculta-se ao trabalhador ser assistido pelo advogado do sindicato de sua categoria.

2018.3 – XXVII EXAME DE ORDEM

1. Guilherme é bacharel em Direito, não inscrito na OAB como advogado. Ao se deparar com situações de ilegalidade que ameaçam a liberdade de locomoção de seus amigos César e João, e com situação de abuso de poder que ameaça direito líquido e certo de seu amigo Antônio, Guilherme, valendo-se de seus conhecimentos jurídicos, impetra habeas corpus em favor de César na Justiça Comum Estadual, em 1ª instância; habeas corpus em favor de Antônio, perante o Tribunal de Justiça, em 2ª instância; e mandado de segurança em favor de João, na Justiça Federal, em 1ª instância.

Considerando o que dispõe o Estatuto da OAB acerca da atividade da advocacia, assinale a afirmativa correta.

(A) Guilherme pode impetrar habeas corpus em favor de César, mas não pode impetrar habeas corpus em favor de Antônio, nem mandado de segurança em favor de João.

(B) Guilherme pode impetrar habeas corpus em favor de César e Antônio, mas não pode impetrar mandado de segurança em favor de João.

(C) Guilherme pode impetrar habeas corpus em favor de César e Antônio, e também pode impetrar mandado de segurança em favor de João.

(D) Guilherme pode impetrar mandado de segurança em favor de João, mas não pode impetrar habeas corpus em favor de César e Antônio.

2. Ricardo Silva, Carlos Santos e Raul Azevedo são advogados e constituem a sociedade Silva, Santos e Azevedo Sociedade de Advogados, para exercício conjunto da profissão. A sociedade consolida-se como referência de atuação em determinado ramo do Direito. Anos depois, Carlos Santos falece e seus ex-sócios pretendem manter seu sobrenome na sociedade.

Sobre a manutenção do sobrenome de Carlos Santos na sociedade, de acordo com o Estatuto e com o Regulamento Geral da OAB, assinale a afirmativa correta.

(A) É permitida, desde que expressamente autorizada por seus herdeiros.

(B) É vedada, pois da razão social não pode constar o nome de advogado falecido.

(C) É permitida, desde que prevista tal possibilidade no ato constitutivo da sociedade ou na alteração contratual em vigor.

(D) É permitida, independentemente da previsão no ato constitutivo ou na alteração contratual em vigor, ou de autorização dos herdeiros, desde que autorizada pelo Conselho da respectiva Seccional.

3. O advogado Nelson celebrou, com determinado cliente, contrato de prestação de serviços profissionais de advocacia. No contrato, Nelson inseriu cláusula que dispunha sobre a forma de contratação de profissionais para serviços auxiliares relacionados a transporte e a cópias de processos. Todavia, o pacto não tratava expressamente sobre o pagamento de custas e emolumentos.

Considerando o caso narrado, assinale a afirmativa correta.

(A) O contrato celebrado viola o disposto no Código de Ética e Disciplina da OAB, pois é vedada a referência a outras atividades diversas da atuação do advogado, como os serviços auxiliares mencionados. Por sua vez, quanto às custas e aos emolumentos, na ausência de disposição em contrário, presume-se que sejam atendidos pelo cliente.

(B) O contrato celebrado viola o disposto no Código de Ética e Disciplina da OAB, pois é vedada a referência a outras atividades diversas da atuação do advogado, como os serviços auxiliares mencionados. Por sua vez, quanto às custas e aos emolumentos, na ausência de disposição em contrário, presume-se que sejam antecipados pelo advogado.

(C) O Código de Ética e Disciplina da OAB autoriza que o contrato de prestação de serviços de advocacia disponha sobre a forma de contratação de profissionais para serviços auxiliares. Por sua vez, quanto às custas e aos emolumentos, na ausência de disposição em contrário, presume-se que sejam atendidos pelo cliente.

(D) O Código de Ética e Disciplina da OAB autoriza que o contrato de prestação de serviços de advocacia disponha sobre a forma de contratação de profissionais para serviços auxiliares. Por sua vez, quanto às custas e aos emolumentos, na ausência de disposição em contrário, presume-se que sejam antecipados pelo advogado.

4. A advogada Mariana, gestante, ao ingressar em certo Tribunal de Justiça, foi solicitada a passar por aparelho de raios X e por detector de metais.

Considerando o caso narrado, de acordo com o Estatuto da Advocacia e da OAB, assinale a afirmativa correta.

(A) Mariana tem o direito de não ser submetida a aparelho de raios X, embora deva passar pelo detector de metais, independentemente de motivação.

(B) Mariana tem o direito de não ser submetida a aparelho de raios X. Quanto ao detector de metais, deverá passar pelo aparelho apenas se evidenciada situação especial de segurança, em ato motivado.

(C) Mariana deverá, por medida de segurança, passar pelo aparelho de raios X e pelo detector de metais, a menos que haja contraindicação médica expressa.

(D) Mariana tem o direito, independentemente do teor da alegação sobre segurança, de não ser submetida ao detector de metais, nem ao aparelho de raios X.

5. O advogado Mário dos Santos, presidente do Conselho Seccional Y da OAB, foi gravemente ofendido em razão do seu cargo, gerando violação a prerrogativas profissionais. O fato obteve grande repercussão no país.

Considerando o caso narrado, de acordo com o Regulamento Geral do Estatuto da Advocacia e da OAB, assinale a afirmativa correta.

(A) Compete ao Conselho Seccional Y da OAB promover o desagravo público, ocorrendo a sessão na sede do Conselho Seccional Y.

(B) Compete ao Conselho Federal da OAB promover o desagravo público, ocorrendo a sessão na sede do Conselho Federal.

(C) Compete ao Conselho Seccional Y da OAB promover o desagravo público, ocorrendo a sessão na sede da subseção do território em que ocorreu a violação a prerrogativas profissionais.

(D) Compete ao Conselho Federal da OAB promover o desagravo público, ocorrendo a sessão na sede do Conselho Seccional Y.

6. O advogado Sebastião é empregado de certa sociedade limitada, competindo-lhe, entre outras atividades da advocacia, atuar nos processos judiciais em que a pessoa jurídica é parte. Em certa demanda, na qual foram julgados procedentes os pedidos formulados pela sociedade, foram fixados honorários de sucumbência em seu favor.

Considerando o caso narrado e o disposto no Regulamento Geral do Estatuto da Advocacia e da OAB, assinale a afirmativa correta.

(A) Os referidos honorários integram a remuneração de Sebastião e serão considerados para efeitos trabalhistas, embora não sejam considerados para efeitos previdenciários.

(B) Os referidos honorários integram a remuneração de Sebastião e serão considerados para efeitos trabalhistas e para efeitos previdenciários.

(C) Os referidos honorários não integram a remuneração de Sebastião e não serão considerados para efeitos trabalhistas, embora sejam considerados para efeitos previdenciários.

(D) Os referidos honorários não integram a remuneração de Sebastião e não serão considerados para efeitos trabalhistas, nem para efeitos previdenciários.

7. Lúcio pretende se inscrever como advogado junto à OAB. Contudo, ocorre que ele passou por determinada situação conflituosa que foi intensamente divulgada na mídia, tendo sido publicado, em certos jornais, que Lúcio não teria idoneidade moral para o exercício das atividades de advogado.

Considerando que Lúcio preenche, indubitavelmente, os demais requisitos para a inscrição, de acordo com o Estatuto da Advocacia e da OAB, assinale a afirmativa correta.

(A) A inidoneidade moral apenas poderá ser suscitada junto à OAB por advogado inscrito e deve ser declarada por meio de decisão da diretoria do conselho competente, por maioria absoluta, em procedimento que observe os termos do processo disciplinar.

(B) A inidoneidade moral poderá ser suscitada junto à OAB por qualquer pessoa e deve ser declarada por meio de decisão de, no mínimo, dois terços dos votos de todos os membros do conselho competente, em procedimento que observe os termos do processo disciplinar.

(C) A inidoneidade moral apenas poderá ser suscitada junto à OAB por advogado inscrito e deve ser declarada por meio de decisão, por maioria absoluta, de todos os membros do conselho competente, em procedimento que observe os termos do processo disciplinar.

(D) A inidoneidade moral poderá ser suscitada junto à OAB por qualquer pessoa e deve ser declarada por meio de decisão, por maioria simples, do Tribunal de Ética e Disciplina do conselho competente, em procedimento que observe os termos do processo disciplinar.

8. Gilda, empregada terceirizada contratada pela sociedade empresária XX Ltda. para prestar serviços ao Município ABCD, procura o auxílio de Judite, advogada, para o ajuizamento de reclamação trabalhista em face do empregador e do tomador de serviços.

Considerando a existência de decisão transitada em julgado que condenou os réus, solidariamente, ao pagamento de verbas de natureza trabalhista, assinale a afirmativa correta.

(A) Em execução contra o Município ABCD, Judite terá direito autônomo a executar a sentença quanto aos honorários incluídos na condenação por arbitramento ou por sucumbência, podendo requerer que o precatório seja expedido em seu favor.

(B) Em caso de falência da sociedade empresária XX Ltda., os honorários arbitrados em favor de Judite serão considerados crédito privilegiado, sendo obrigatória sua habilitação perante o juízo falimentar.

(C) Em execução contra o Município ABCD, o juiz deve determinar que os honorários contratuais sejam pagos diretamente a Judite, desde que o contrato de honorários seja anexado aos autos após a expedição do precatório, exceto se Gilda provar que já os pagou.

(D) Judite poderá cobrar judicialmente os honorários contratuais devidos por Gilda, devendo renunciar ao mandato se, em sede de sentença, a demanda for julgada procedente.

9. Algo *mais fundamental do que a liberdade e a justiça, que são os direitos dos cidadãos, está em jogo quando deixa de ser natural que um homem pertença à comunidade em que nasceu...*

ARENDT, Hannah. As origens do Totalitarismo. São Paulo: Cia das Letras, 2012.

A situação atual dos refugiados no mundo provoca uma reflexão jusfilosófica no sentido do que já havia pensado Hannah Arendt, logo após a II Guerra Mundial, em sua obra As Origens do Totalitarismo. Nela, a autora sustenta que o mais fundamental de todos os direitos humanos é o direito a ter direitos, o que não ocorre com os apátridas.

Segundo a obra em referência, assinale a opção que apresenta a razão pela qual o homem perde sua qualidade essencial de homem e sua própria dignidade.

(A) Ser privado de direitos subjetivos específicos previstos no ordenamento jurídico pátrio.

(B) Viver sob um regime de tirania que viola a liberdade de crença e limita a liberdade de expressão.

(C) Cumprir pena de privação da liberdade, quando executada em penitenciárias sob condições desumanas.

(D) Deixar de pertencer a uma comunidade organizada, disposta e capaz de garantir quaisquer direitos.

10. *Concebo, na espécie humana, dois tipos de desigualdade: uma que chamo de natural ou física, por ser estabelecida pela natureza e que consiste na diferença das idades, da saúde, das forças do corpo e das qualidades do espírito e da alma; a outra, que se pode chamar de desigualdade moral ou política, porque depende de uma espécie de convenção e que é estabelecida ou, pelo menos, autorizada pelo consentimento dos homens.*

ROUSSEAU, Jean-Jacques. Discurso Sobre a Origem e os Fundamentos da Desigualdade entre os Homens. Coleção Os Pensadores. São Paulo: Abril Cultural, 1978.

Levando em consideração o trecho acima, assinale a afirmativa que apresenta a perspectiva de Rousseau sobre como se coloca o problema da desigualdade.

(A) As desigualdades naturais são a causa das desigualdades morais, uma vez que as diferenças naturais se projetam na vida política.

(B) As desigualdades naturais são inaceitáveis; por isso, o homem funda a sociedade civil por meio do contrato social.

(C) As desigualdades naturais são aceitáveis, mas as desigualdades morais não o são, pois consistem em privilégios de uns sobre os outros.
(D) Todas as formas de desigualdade consistem num fato objetivo, devendo ser compreendidas e toleradas, pois elas geram o progresso humano e produzem mais bens do que males.

11. Após cumprimento de todas as formalidades constitucionais e legais exigíveis, o Estado Alfa se desmembra (desmembramento por formação), ocasionando o surgimento de um novo Estado-membro: o Estado Beta. Preocupados com a possibilidade de isso influenciar nas grandes decisões políticas regionais, um grupo de cidadãos inicia um movimento exigindo a imediata elaboração de uma Constituição para o novo Estado Beta.

Os líderes políticos locais, sem maiores conhecimentos sobre a temática, buscam assessoramento jurídico junto a advogados constitucionalistas, sendo-lhes corretamente informado que, segundo a inteligência do sistema jurídico-constitucional brasileiro,

(A) com a criação do Estado Beta no âmbito da República Federativa do Brasil, passou este a fazer parte do pacto federativo, subordinando-se tão somente à Constituição Federal, e não a qualquer outra constituição.
(B) tendo passado o Estado Beta a ser reconhecido como um ente autônomo, adquiriu poderes para se estruturar por meio de uma Constituição, sem a necessidade desta se vincular a padrões de simetria impostos pela Constituição Federal.
(C) pelo fato de o Estado Beta ter sido reconhecido como um ente federado autônomo, passa a ter poderes para se estruturar por meio de uma Constituição, que deverá observar o princípio da simetria, conforme os padrões fixados na Constituição Federal.
(D) o reconhecimento do Estado Beta como um ente federado autônomo assegurou-lhe poderes para se estruturar por meio de uma Constituição, cujo texto, porém, não poderá se diferenciar daquele fixado pela Constituição Federal.

12. O Estado Y, bastante conhecido pela exuberância de suas praias, que atraem milhares de turistas todos os anos, edita lei estadual impedindo a pesca de peixes regionais típicos, ameaçados de extinção, e limitando o transporte marítimo de passageiros.

A partir da hipótese narrada, nos termos da Constituição da República Federativa do Brasil, assinale a afirmativa correta.

(A) O Estado Y possui competência legislativa concorrente com a União para dispor sobre pesca, mas poderá legislar sobre transporte e navegação marítima, caso Lei Complementar federal o autorize.
(B) O Estado Y tem competência comum com os demais entes federados para legislar sobre a matéria; logo, a lei estadual é constitucional.
(C) A lei editada pelo Estado Y é inconstitucional, porque compete privativamente à União legislar sobre a proteção do meio ambiente e o controle da poluição.
(D) A lei editada pelo Estado Y é inconstitucional, porque trata de pesca e navegação marítima, que são de competência exclusiva da União, apesar de o Estado Y ter competência privativa para legislar sobre meio ambiente.

13. Os produtores rurais do Município X organizaram uma associação civil sem fins lucrativos para dinamizar a exploração de atividade econômica pelos associados, bem como para fins de representá-los nas demandas de caráter administrativo e judicial.

Anderson, proprietário de uma fazenda na região, passa a receber, mensalmente, carnê contendo a cobrança de uma taxa associativa, embora nunca tivesse manifestado qualquer interesse em ingressar na referida entidade associativa.

Em consulta junto aos órgãos municipais, Anderson descobre que a associação de produtores rurais, embora tenha sido criada na forma da lei, jamais obteve autorização estatal para funcionar. Diante disso, procura um escritório de advocacia especializado, para pleitear, judicialmente, a interrupção da cobrança e a suspensão das atividades associativas.

Sobre a questão em comento, assinale a afirmativa correta.

(A) Anderson pode pleitear judicialmente a interrupção da cobrança, a qual revela-se indevida, pois ninguém pode ser compelido a associar-se ou a permanecer associado, ressaltando-se que a falta de autorização estatal não configura motivo idôneo para a suspensão das atividades da associação.
(B) As associações representativas de classes gozam de proteção absoluta na ordem constitucional, de modo que podem ser instituídas independentemente de autorização estatal e apenas terão suas atividades suspensas quando houver decisão judicial com trânsito em julgado.
(C) A Constituição de 1988 assegura a plena liberdade de associação para fins lícitos, vedando apenas aquelas de caráter paramilitar, de modo que Anderson não pode insurgir-se contra a cobrança, vez que desempenha atividade de produção e deve associar-se compulsoriamente.
(D) A liberdade associativa, tendo em vista sua natureza de direito fundamental, não pode ser objeto de qualquer intervenção do Poder Judiciário, de modo que Anderson apenas poderia pleitear administrativamente a interrupção da cobrança dos valores que entende indevidos.

14. A Lei X do Município Sigma estabelece que, em certo bairro, considerado área residencial, fica vedada a instalação de mais de um centro empresarial de grandes proporções, com área superior a 5.000 m² (cinco mil metros quadrados) e que reúna, em suas dependências, mais de 10 (dez) lojas distintas.

Ante a existência de um estabelecimento comercial com tais características no bairro "Y", a administradora Alfa, visando abrir um shopping center no mesmo bairro, procura você, na qualidade de advogado(a), para obter esclarecimentos quanto à viabilidade deste empreendimento.

Diante da situação narrada, com base na ordem jurídico-constitucional vigente e na jurisprudência dos Tribunais Superiores, assinale a afirmativa correta.

(A) Apenas a União tem competência para, por meio de lei e outros atos normativos, organizar o uso e a ocupação do solo; logo, apenas por esse motivo, a Lei X do Município Sigma é manifestamente inconstitucional.
(B) A Constituição da República de 1988 atribui aos Municípios competência para promover o zoneamento urbano, mas a Lei X do Município Sigma, ao impedir a instalação de estabelecimentos comerciais do mesmo ramo em determinada área, ofende o princípio da livre concorrência.

(C) A Constituição da República de 1988 dispõe ser competência estadual e distrital promover, no que couber, o adequado ordenamento territorial, mediante planejamento e controle do uso, do parcelamento e da ocupação do solo, não podendo a lei do Município Sigma dispor sobre a matéria.

(D) Compete privativamente à União dispor sobre o zoneamento urbano e legislar sobre Direito Civil e Comercial; logo, somente os Estados e o Distrito Federal poderiam ser autorizados, mediante lei complementar, a legislar sobre a matéria.

15. Em determinado órgão integrante da administração pública federal, vinculado ao Ministério da Fazenda, foi apurado que aproximadamente 100 (cem) cargos estavam vagos. O Presidente da República, mediante decreto, delegou ao Ministro da Fazenda amplos poderes para promover a reestruturação do aludido órgão público, inclusive com a possibilidade de extinção dos cargos vagos.

Sobre a hipótese, com fundamento na ordem jurídico-constitucional vigente, assinale a afirmativa correta.

(A) Somente mediante lei em sentido formal é admitida a criação e extinção de funções e cargos públicos, ainda que vagos; logo, o decreto presidencial é inconstitucional por ofensa ao princípio da reserva legal.

(B) A Constituição de 1988 atribui exclusivamente ao Presidente da República a possibilidade de, mediante decreto, dispor sobre a extinção de funções ou cargos públicos, não admitindo que tal competência seja delegada aos Ministros de Estado.

(C) O referido decreto presidencial se harmoniza com o texto constitucional, uma vez que o Presidente da República pode dispor, mediante decreto, sobre a extinção de funções ou cargos públicos, quando vagos, sendo permitida a delegação dessa competência aos Ministros de Estado.

(D) A Constituição de 1988 não permite que cargos públicos legalmente criados, ainda que vagos, sejam extintos, ressalvada a excepcional hipótese de excesso de gastos orçamentários com pessoal; portanto, o Decreto presidencial é inconstitucional.

16. O Supremo Tribunal Federal (STF), em decisão definitiva de mérito proferida em sede de Ação Direta de Inconstitucionalidade, declarou inconstitucional determinada lei do Estado Alfa.

Meses após a referida decisão, o Estado Sigma, após regular processo legislativo e sanção do Governador, promulga uma lei estadual com teor idêntico àquele da lei federal que fora declarada inconstitucional pelo STF.

Com base no ordenamento jurídico-constitucional vigente, assinale a afirmativa correta.

(A) As decisões proferidas em sede de controle concentrado, como no caso da Ação Direta de Inconstitucionalidade, gozam de efeitos erga omnes e vinculam o Poder Legislativo e o Poder Executivo; logo, a inconstitucionalidade da lei do Estado Sigma pode ser arguída em reclamação ao STF.

(B) A norma editada pelo Estado Sigma, ao contrariar decisão definitiva de mérito proferida pela Suprema Corte, órgão de cúpula do Poder Judiciário ao qual compete, precipuamente, a guarda da Constituição, já nasce nula de pleno direito e não produz quaisquer efeitos.

(C) A decisão definitiva de mérito proferida pelo STF em sede de Ação Direta de Inconstitucionalidade não possui efeito vinculante, razão pela qual inexiste óbice à edição de lei estadual com teor idêntico àquele de outra lei estadual que fora declarada inconstitucional pela Suprema Corte.

(D) A referida decisão proferida pelo STF, declarando a inconstitucionalidade da lei do Estado Alfa, apenas vincula os demais órgãos do Poder Judiciário e a administração pública direta e indireta, não o Poder Legislativo em sua função típica de legislar; logo, pode ser proposta nova ADI.

17. O Procurador-Geral de Justiça resolve representar perante o Tribunal de Justiça, solicitando intervenção estadual no Município Alfa, sob a alegação de que esse ente federado tem violado frontalmente diversos princípios, de reprodução obrigatória, indicados na Constituição Estadual.

Com base na hipótese narrada, assinale a afirmativa correta.

(A) A intervenção estadual no Município Alfa pode ser decretada, ex officio, pelo Governador de Estado, independentemente da representação.

(B) A intervenção estadual no Município Alfa dependerá de provimento do Tribunal de Justiça requisitando ao Governador de Estado que decrete a referida medida.

(C) A intervenção estadual não é possível, pois, devido à sua natureza excepcional, o rol previsto na Constituição da República não contempla a violação a princípios.

(D) A intervenção estadual no Município Alfa, após o acolhimento da representação pelo Tribunal de Justiça, ainda dependerá do controle político da Assembleia Legislativa Estadual.

18. Maria e João são pais de uma criança deficiente que utiliza cadeira de rodas. O casal, de classe média, optou por matricular o filho em uma escola particular. No ato da matrícula, foi-lhes informado, pela administração da escola, que teriam de pagar um valor adicional, uma vez que haveria um trabalho extraordinário, por parte da escola, para garantir o acesso dessa criança com deficiência, em igualdade de condições, a jogos e a atividades recreativas, esportivas e de lazer, no sistema escolar.

Insatisfeitos com essa informação, Maria e João decidiram consultar você, como advogado(a), para saber se tal cobrança seria legalmente aceitável e se não haveria alguma proteção específica para pessoas com deficiência contra esse tipo de cobrança.

Diante disso, assinale a opção que apresenta a resposta correta a ser dada ao casal.

(A) A cobrança é aceitável e justificada, mesmo que desagrade ao casal, porque, de fato, a criança cadeirante precisará de atenção especial e ajuda para sua mobilidade. Nada na legislação pátria impede tal cobrança. A solução seria a matrícula da criança em uma escola pública.

(B) A cobrança do valor adicional na matrícula é moralmente reprovável, pois expressa um tipo de preconceito. Contudo, do ponto de vista estritamente legal, o caso se situa no campo da liberdade contratual das partes, não havendo vedação legal a tal cobrança.

(C) A Lei Brasileira de Inclusão da Pessoa com Deficiência admite esse tipo de cobrança, uma vez que reconhece o trabalho adicional a ser feito nas escolas, contudo prevê que as famílias hipossuficientes sejam isentas dessa cobrança, sendo devido à escola uma compensação tributária.

(D) A escola particular deve adotar as medidas inclusivas previstas na lei, tais como garantir o acesso da criança com deficiência, em igualdade de condições, a jogos e a atividades recreativas, sendo vedada a cobrança de valores adicionais de qualquer natureza em suas anuidades, no cumprimento dessas medidas.

19. Você, como advogado(a), representa um Fórum de Organizações Não Governamentais que atua na defesa da cidadania plena para as mulheres. Segundo informações do Tribunal Superior Eleitoral, existe, para a próxima eleição, um percentual bastante reduzido de candidatas à Câmara dos Deputados, na maioria esmagadora dos partidos políticos.

Sabendo que isso é a expressão de uma cultura machista, em que os partidos não estimulam a candidatura de mulheres, cabe a você explicar às organizações do Fórum que representa que a legislação brasileira determina que

(A) todos os partidos e coligações devem reservar ao menos 50% de suas vagas para candidaturas parlamentares para mulheres, sendo que, desse percentual, 30% devem ser destinadas a mulheres negras.

(B) cada partido ou coligação deverá reservar, das vagas para candidaturas parlamentares que podem ser preenchidas pelos partidos políticos, o mínimo de 30% e o máximo de 70% para candidaturas de cada sexo.

(C) os partidos devem registrar, no TSE, planos decenais em que são estabelecidas as estratégias para o aumento gradativo da participação de mulheres tanto nas vagas para candidaturas parlamentares quanto nas próprias instâncias partidárias.

(D) tanto os partidos quanto as coligações são livres para preencher a lista de candidaturas às eleições parlamentares, não havendo nenhum tipo de obrigação relativamente a uma eventual distribuição percentual das vagas conforme o sexo.

20. Em 14 de dezembro de 2009, o Brasil promulgou a Convenção de Viena sobre o Direito dos Tratados de 1969, por meio do Decreto nº 7.030. A Convenção codificou as principais regras a respeito da conclusão, entrada em vigor, interpretação e extinção de tratados internacionais.

Tendo por base os dispositivos da Convenção, assinale a afirmativa correta.

(A) Para os fins da Convenção, "tratado" significa qualquer acordo internacional concluído por escrito entre Estados e/ou organizações internacionais.

(B) Os Estados são soberanos para formular reservas, independentemente do que disponha o tratado.

(C) Um Estado não poderá invocar o seu direito interno para justificar o descumprimento de obrigações assumidas em um tratado internacional devidamente internalizado.

(D) Os tratados que conflitem com uma norma imperativa de Direito Internacional geral têm sua execução suspensa até que norma ulterior de Direito Internacional geral da mesma natureza derrogue a norma imperativa com eles conflitante.

21. A Lei de Migração, Lei nº 13.445/17, dispõe sobre os direitos do estrangeiro em território nacional de uma forma mais ampla e abrangente do que a legislação anterior, revogada.

A normativa em vigor dispõe que o estrangeiro no Brasil terá acesso ao sistema público de saúde e direito à educação pública, vedada a discriminação em razão da nacionalidade e da sua condição migratória.

Isso significa que o acesso à educação pública no Brasil é assegurado

(A) somente aos estrangeiros portadores de visto de estudante ou permanente.

(B) a todos os migrantes, exceto os refugiados, que são regidos por legislação especial.

(C) apenas aos estrangeiros cujos países assegurem reciprocidade aos brasileiros.

(D) a todos os migrantes, inclusive os apátridas e os refugiados.

22. A União concedeu isenção de Imposto sobre a Renda aos portadores da doença Beta. João e Maria são portadores da referida doença, sendo João servidor público do Estado ABC e Maria, servidora pública do Município XYZ. Em razão de retenção indevida do tributo, João e Maria desejam propor ação de restituição de Imposto sobre a Renda retido na fonte.

Com base nesse relato, assinale a afirmativa correta.

(A) João e Maria devem ajuizar ação em face da União, sendo a competência da Justiça Federal.

(B) João deve ajuizar ação em face do Estado ABC, enquanto Maria deve ajuizar ação em face do Município XYZ, sendo a competência da Justiça Estadual.

(C) João deve ajuizar ação em face da União e do Estado ABC e Maria, em face da União e do Município XYZ, sendo a competência da Justiça Federal.

(D) João e Maria devem ajuizar ação em face do respectivo ente empregador, sendo a competência da Justiça Federal, tendo em vista o interesse da União.

23. O Município M resolve ele mesmo fiscalizar e cobrar o Imposto sobre a Propriedade Territorial Rural (ITR) dos imóveis rurais localizados em seu território.

Acerca desse cenário, assinale a afirmativa correta.

(A) O ITR não pode ser fiscalizado e cobrado pelo Município M, por se tratar de tributo de competência da União.

(B) O Município M poderá optar, na forma da lei, por fiscalizar e cobrar diretamente o ITR.

(C) A fiscalização e a cobrança do ITR pelo Município M autorizam-no a reter 50% do produto da arrecadação do imposto, como contraprestação pela fiscalização e cobrança no lugar da União.

(D) A partir da opção por fiscalizar e cobrar o ITR, o Município M passa a ter competência para alterar as alíquotas do imposto, inclusive para sua redução.

24. A sociedade empresária ABC, atuante na área de prestação de serviços de limpeza, em dificuldades financeiras, não estava conseguindo realizar o pagamento dos tributos federais. Diante disso, ela se ofereceu à Administração Pública Federal para realizar o pagamento dos tributos mediante prestação direta de serviços de limpeza em prédios públicos ou, alternativamente, transferir para o Fisco um imóvel de sua propriedade.

A respeito desse cenário, assinale a afirmativa correta.

(A) As propostas são inadmissíveis, pois os tributos somente podem ser pagos em dinheiro.

(B) As propostas são admissíveis, em razão do princípio da menor onerosidade para o devedor (favor debitoris).

(C) A proposta de transferência de imóvel do contribuinte para a Fazenda Pública Federal para pagamento de tributo é admissível por expressa permissão legal.

(D) A proposta de prestação direta de serviços para pagamento de tributo é admissível, em circunstâncias excepcionais, como forma subsidiária de garantia do recebimento do crédito pela Fazenda Pública.

25. Em dezembro de 2017, João adquiriu o domínio útil de um terreno de marinha. No ano de 2018, foi surpreendido com a chegada de duas notificações: uma da Secretaria de Patrimônio da União (SPU), para pagamento do foro anual à União; outra do Município, contendo a cobrança do IPTU do imóvel.

Acerca desse cenário, assinale a afirmativa correta.

(A) A cobrança do IPTU é devida, pois o titular do domínio útil também é contribuinte do IPTU.

(B) A dupla cobrança é indevida, pois, tratando-se do mesmo imóvel, a base de cálculo e o fato gerador do foro anual e do IPTU seriam idênticos, configurando um bis in idem vedado em matéria tributária.

(C) A cobrança do IPTU é indevida, pois, sendo o imóvel de propriedade da União, goza da imunidade recíproca.

(D) Como ambos os tributos (foro anual e IPTU) destinam-se a entes federados distintos, é admissível a dupla cobrança.

26. A pessoa jurídica Sigma teve lavrado contra si um auto de infração. A autuação fiscal lhe impôs multa pela falta de exibição de notas fiscais durante um determinado período. Após ser citada em sede de execução fiscal, a pessoa jurídica Sigma alegou, em embargos à execução, que não apresentou as notas fiscais porque elas haviam sido furtadas por seu antigo gerente geral, que, com elas, praticara ilícito criminal, tendo sido, por isso, condenado na esfera penal por sonegação fiscal e furto daquelas notas.

Com base nessa narrativa, no que tange ao pagamento da multa tributária, assinale a afirmativa correta.

(A) A responsabilidade é pessoal do antigo gerente por ter cometido infração conceituada na lei como crime.

(B) A empresa deve arcar com o pagamento da multa, sendo possível, posteriormente, uma ação de regresso em face do antigo gerente geral.

(C) O antigo gerente não pode ser responsabilizado na esfera cível/tributária, por já ter sido condenado na esfera penal.

(D) O caso é de responsabilidade solidária, por ter a empresa nomeado o antigo gerente para cargo de tamanha confiança.

27. A sociedade empresária Beta assinou, na década de 1990, contrato de concessão de serviço de transporte público. Desde então, vem utilizando os mesmos ônibus no transporte de passageiros, não se preocupando com a renovação da frota, tampouco com o conforto dos usuários ou com o nível de emissão de poluentes. Em paralelo, com a natural evolução tecnológica, sabe-se que os veículos atualmente estão mais bem equipados, são mais seguros e, naturalmente, emitem menos poluentes.

Com base no caso narrado, assinale a afirmativa correta.

(A) A renovação da frota visa a atender ao princípio da atualidade, que exige das concessionárias o emprego de equipamentos modernos.

(B) Constitui interesse público a utilização de ônibus novos, mais econômicos, eficientes e confortáveis; por isso, independentemente de lei autorizativa, pode o poder concedente encampar o contrato de concessão, retomando o serviço público.

(C) Se a concessionária desrespeitar os parâmetros de qualidade do serviço estabelecidos no contrato, a concessão poderá ser extinta unilateralmente pelo poder concedente, aplicando-se o instituto da rescisão.

(D) Ao fim da concessão, os veículos utilizados retornam ao poder concedente, independentemente de expressa previsão no edital e no contrato.

28. Com a finalidade de contratar obras públicas relacionadas à melhoria da mobilidade urbana, o Estado X optou pela adoção do Regime Diferenciado de Contratação. Após a abertura das propostas, constatou-se que houve empate entre as sociedades Ômega S/A e Gama S/A, duas grandes empresas que atuam no setor de referência, sendo, a primeira, empresa brasileira e, a segunda, sociedade estrangeira com sede no Brasil.

Considerando a ordem de critérios de desempate estabelecida na legislação específica, assinale a afirmativa correta.

(A) O Estado X deverá, de plano, proceder a sorteio para promover o desempate.

(B) A preferência por serviços realizados por empresa brasileira, em nenhum momento poderá ser utilizada como critério de desempate.

(C) As sociedades deverão ser consideradas vencedoras e ratear, igualmente, o objeto do contrato, mediante a constituição de consórcio.

(D) Os licitantes empatados poderão apresentar nova proposta fechada, em ato contínuo à classificação.

29. Desde 1980, Jorge é docente em determinada universidade federal, ocupando o cargo efetivo de professor titular na Faculdade de Direito. No início do ano 2000, foi designado para ocupar a chefia de patrimônio da mesma instituição de ensino, cargo comissionado que exerce cumulativamente com o de professor. Mesmo tendo cumprido os requisitos para a aposentadoria voluntária do cargo efetivo, decide permanecer em atividade, até atingir a idade-limite para a aposentadoria compulsória.

Com base na situação narrada, assinale a afirmativa correta.

(A) A aposentadoria compulsória, que ocorrerá aos 70 (setenta) anos de idade, só atingirá o cargo de professor. Neste caso, inexistindo impedimentos infraconstitucionais, Jorge poderá continuar exercendo a chefia de patrimônio.

(B) A aposentadoria compulsória, que ocorrerá aos 75 (setenta e cinco) anos de idade, só atingirá o cargo de professor. Neste caso, inexistindo impedimentos infraconstitucionais, Jorge poderá continuar exercendo a chefia de patrimônio.

(C) Não cabe ao Tribunal de Contas da União apreciar, para fins de registro, a legalidade da(s) aposentadoria(s) compulsória(s) concedida(s), tendo em vista que a atribuição constitucional somente diz respeito às aposentadorias voluntárias ou por invalidez permanente.

(D) Cabe ao Tribunal de Contas da União apreciar, para fins de registro, a legalidade das admissões de pessoal, tanto as que envolvem provimento de cargo efetivo quanto as que dizem respeito a provimento de cargo em comissão.

30. A União construiu uma usina nuclear para fins de geração de energia elétrica. A fim de minimizar os riscos de acidentes relacionados à utilização do urânio, foram empregados, no empreendimento, os mais modernos e seguros equipamentos. Do mesmo modo, o pessoal designado para trabalhar na usina recebeu todos os treinamentos exigidos nas legislações brasileira e internacional.

Entretanto, em decorrência de uma intensa, imprevisível e excepcional chuva que caiu na região, parte da usina ficou alagada. Isso gerou superaquecimento nas instalações, fato que culminou na liberação de um pequeno volume de gases radioativos armazenados, causando náuseas e vômitos na população que mora próxima à usina.

Com base na situação narrada, assinale a afirmativa correta.

(A) A União não pode ser responsabilizada pelos danos causados à população, tendo em vista a ausência de culpa (responsabilidade subjetiva) por parte do Poder Público.

(B) Em razão de as chuvas constituírem um evento imprevisível e excepcional, não se cogita a responsabilidade da União pelos danos causados à população.

(C) A União pode ser responsabilizada pelas consequências advindas do vazamento de gases radioativos, independentemente de culpa, pois a responsabilidade é objetiva.

(D) A União não pode ser responsabilizada pelos danos causados à população, dado competir aos Estados a exploração dos serviços e das instalações nucleares, cabendo a eles a responsabilidade pelos danos.

31. No ano corrente, a União decidiu criar uma nova empresa pública, para a realização de atividades de relevante interesse econômico. Para tanto, fez editar a respectiva lei autorizativa e promoveu a inscrição dos respectivos atos constitutivos no registro competente. Após a devida estruturação, tal entidade administrativa está em vias de iniciar suas atividades.

Acerca dessa situação hipotética, na qualidade de advogado(a), assinale a afirmativa correta.

(A) A participação de outras pessoas de direito público interno, na constituição do capital social da entidade administrativa, é permitida, desde que a maioria do capital votante permaneça em propriedade da União.

(B) A União não poderia ter promovido a inscrição dos atos constitutivos no registro competente, na medida em que a criação de tal entidade administrativa decorre diretamente da lei.

(C) A entidade administrativa em análise constitui uma pessoa jurídica de direito público, que não poderá contar com privilégios fiscais e trabalhistas.

(D) Os contratos com terceiros destinados à prestação de serviços para a entidade administrativa, em regra, não precisam ser precedidos de licitação.

32. Após a contratação, sob o regime de empreitada por preço unitário, da sociedade empresária Faz de Tudo Ltda. para a construção do novo edifício-sede de uma agência reguladora, a Administração verifica que os quantitativos constantes da planilha orçamentária da licitação – e replicados pela contratada – são insuficientes para executar o empreendimento tal como projetado. Por isso, será necessário aumentar as quantidades de alguns serviços. Em termos financeiros, o acréscimo será de 20% – que corresponde a R$ 2.000.000,00 – em relação ao valor inicial atualizado do contrato.

Com base na situação narrada, assinale a afirmativa correta.

(A) O acréscimo de serviços poderá ser combinado apenas verbalmente, não sendo necessária sua redução a termo.

(B) Por se tratar de cláusula exorbitante, mesmo que a sociedade empresária Faz de Tudo Ltda. não concorde com o acréscimo, a alteração poderá ser determinada unilateralmente pela Administração.

(C) O contratado só está obrigado a aceitar os acréscimos de até 15% (quinze por cento) em relação ao valor inicial atualizado do contrato; superado esse limite, a alteração só pode ocorrer com o consentimento da sociedade empresária Faz de Tudo Ltda.

(D) Diante da deficiência do projeto básico, a Administração deve obrigatoriamente anular o contrato após serem oportunizados o contraditório e a ampla defesa à sociedade empresária Faz de Tudo Ltda.

33. A União edita o Decreto nº 123, que fixa as regras pelas quais serão outorgados direitos de uso dos recursos hídricos existentes em seu território, garantindo que seja assegurado o controle quantitativo e qualitativo dos usos da água.

Determinada sociedade empresária, especializada nos serviços de saneamento básico, interessada na outorga dos recursos hídricos, consulta seu advogado para analisar a possibilidade de assumir a prestação do serviço.

Desse modo, de acordo com a Lei da Política Nacional de Recursos Hídricos, assinale a opção que indica o uso de recursos hídricos que pode ser objeto da referida outorga pela União.

(A) O lançamento de esgotos em corpo de água que separe dois Estados da Federação, com o fim de sua diluição.

(B) A captação da água de um lago localizado em terreno municipal.

(C) A extração da água de um rio que banhe apenas um Estado.

(D) O uso de recursos hídricos para a satisfação das necessidades de pequenos núcleos populacionais, distribuídos pelo meio rural.

34. Tendo em vista a elevação da temperatura do meio ambiente urbano, bem como a elevação do nível dos oceanos, a União deverá implementar e estruturar um mercado de carbono, em que serão negociados títulos mobiliários representativos de emissões de gases de efeito estufa evitadas.

Sobre o caso, assinale a afirmativa correta.

(A) É possível a criação de mercado de carbono, tendo como atores, exclusivamente, a União, os Estados, os Municípios e o Distrito Federal.

(B) Não é constitucional a criação de mercado de carbono no Brasil, tendo em vista a natureza indisponível e inalienável de bens ambientais.

(C) A criação de mercado de carbono é válida, inclusive sendo operacionalizado em bolsa de valores aberta a atores privados.

(D) A implementação de mercado de carbono pela União é cogente, tendo o Brasil a obrigação de reduzir a emissão de gases de efeito estufa, estabelecida em compromissos internacionais.

35. Ao visitar a página de Internet de uma rede social, Samuel deparou-se com uma publicação, feita por Rafael, que dirigia uma série de ofensas graves contra ele.

Imediatamente, Samuel entrou em contato com o provedor de aplicações responsável pela rede social, solicitando que o conteúdo fosse retirado, mas o provedor quedou-se inerte por três meses, sequer respondendo ao pedido. Decorrido esse tempo, o próprio Rafael optou por retirar, espontaneamente, a publicação. Samuel decidiu, então, ajuizar ação indenizatória por danos morais em face de Rafael e do provedor.

Sobre a hipótese narrada, de acordo com a legislação civil brasileira, assinale a afirmativa correta.

(A) Rafael e o provedor podem ser responsabilizados solidariamente pelos danos causados a Samuel enquanto o conteúdo não foi retirado.

(B) O provedor não poderá ser obrigado a indenizar Samuel quanto ao fato de não ter retirado o conteúdo, tendo em vista não ter havido determinação judicial para que realizasse a retirada.

(C) Rafael não responderá pelo dever de indenizar, pois a difusão do conteúdo lesivo se deu por fato exclusivo de terceiro, isto é, do provedor.

(D) Rafael não responderá pelo dever de indenizar, pois o fato de Samuel não ter solicitado diretamente a ele a retirada da publicação configura fato exclusivo da vítima.

36. Arnaldo foi procurado por sua irmã Zulmira, que lhe ofereceu R$ 1 milhão para adquirir o apartamento que ele possui na orla da praia. Receoso, no entanto, que João, o locatário que atualmente ocupa o imóvel e por quem Arnaldo nutre profunda antipatia, viesse a cobrir a oferta, exercendo seu direito de preferência, propôs a Zulmira que constasse da escritura o valor de R$ 2 milhões, ainda que a totalidade do preço não fosse totalmente paga.

Realizado nesses termos, o negócio

(A) pode ser anulado no prazo decadencial de dois anos, em virtude de dolo.

(B) é viciado por erro, que somente pode ser alegado por João.

(C) é nulo em virtude de simulação, o que pode ser suscitado por qualquer interessado.

(D) é ineficaz, em razão de fraude contra credores, inoponíveis seus efeitos perante João.

37. Em 2010, Juliana, sem herdeiros necessários, lavrou testamento público deixando todos os seus bens para sua prima, Roberta. Em 2016, Juliana realizou inseminação artificial heteróloga e, nove meses depois, nasceu Carolina. Em razão de complicações no parto, Juliana faleceu poucas horas após o procedimento.

Sobre a sucessão de Juliana, assinale a afirmativa correta.

(A) Carolina herdará todos os bens de Juliana.

(B) Roberta herdará a parte disponível e Carolina, a legítima.

(C) Roberta herdará todos os bens de Juliana.

(D) A herança de Juliana será declarada jacente.

38. Renata financiou a aquisição de seu veículo em 36 parcelas e vinha pagando pontualmente todas as prestações. Entretanto, a recente perda de seu emprego fez com que não conseguisse manter em dia a dívida, tendo deixado de pagar, justamente, as duas últimas prestações (35ª e 36ª).

O banco que financiou a aquisição, diante do inadimplemento, optou pela resolução do contrato.

Tendo em vista o pagamento das 34 parcelas anteriores, pode-se afirmar que a conduta da instituição financeira viola o princípio da boa-fé, em razão do(a)

(A) dever de mitigar os próprios danos.

(B) proibição de comportamento contraditório (venire contra factum proprium).

(C) adimplemento substancial.

(D) dever de informar.

39. Perpétua e Joaquim resolveram mover ação de indenização por danos morais contra um jornal de grande circulação. Eles argumentam que o jornal, ao noticiar que o filho dos autores da ação fora morto em confronto com policiais militares, em 21/01/2015, publicou o nome completo do menor e sua foto sem a tarja preta nos olhos, o que caracteriza afronta aos artigos 17, 18, 143 e 247 do Estatuto da Criança e do Adolescente. Esses artigos do ECA proíbem a divulgação da imagem e da identidade de menor envolvido em ato infracional.

Diante dos fatos narrados, assinale a afirmativa correta.

(A) O jornal agiu com abuso no direito de informar e deve indenizar pelos danos causados.

(B) O jornal não incorreu em ilícito, pois pode divulgar a imagem de pessoa suspeita da prática de crime.

(C) Restou caracterizado o ilícito, mas, tratando-se de estado de emergência, não há indenização de danos.

(D) Não houve abuso do direito ante a absoluta liberdade de expressão do jornal noticiante.

40. Ana, que sofre de grave doença, possui um filho, Davi, com 11 anos de idade. Ante o falecimento precoce de seu pai, Davi apenas possui Ana como sua representante legal.

De forma a prevenir o amparo de Davi em razão de seu eventual falecimento, Ana pretende que, na sua ausência, seu irmão, João, seja o tutor da criança.

Para tanto, Ana, em vida, poderá nomear João por meio de

(A) escritura pública de constituição de tutela.

(B) testamento ou qualquer outro documento autêntico.

(C) ajuizamento de ação de tutela.

(D) diretiva antecipada de vontade.

41. Fernando, 15 anos, mora com seus pais Ana e Aluísio, grandes empresários, titulares de vultoso patrimônio, e utiliza com frequência as redes sociais. Em seu perfil pessoal em certa rede social, realiza vídeos em que comenta a vida privada de seus colegas de escola, ofendendo-os e atribuindo-lhes apelidos constrangedores.

Sobre o caso apresentado, em eventual ação de indenização por danos morais, assinale a afirmativa correta.

(A) Será responsável o menor, na forma subjetiva.

(B) Apenas será responsável o menor caso este seja titular de patrimônio suficiente, na forma objetiva.

(C) Serão responsáveis os pais do menor, na forma subjetiva.

(D) Serão responsáveis os pais do menor, caso este não tenha condições de fazê-lo, na forma objetiva.

42. Os irmãos João, 12 anos, Jair, 14 anos, e José, 16 anos, chegam do interior com os pais, em busca de melhores condições de vida para a família. Os três estão matriculados regularmente em estabelecimento de ensino e gostariam de trabalhar para ajudar na renda da casa.

Sobre as condições em que os três irmãos conseguirão trabalhar formalmente, considerando os Direitos da Criança e do Adolescente, assinale a afirmativa correta.

(A) João: não; Jair: contrato de aprendizagem; José: contrato de trabalho especial, salvo atividades noturnas, perigosas ou insalubres.

(B) João: contrato de aprendizagem; Jair: contrato de trabalho especial, salvo atividades noturnas, perigosas ou insalubres; José: contrato de trabalho.

(C) João: não; Jair e José: contrato especial de trabalho, salvo atividades noturnas, perigosas ou insalubres

(D) João: contrato de aprendizagem; Jair: contrato de aprendizagem; José: contrato de aprendizagem.

43. Joaquim, adolescente com 15 anos de idade, sofre repetidas agressões verbais por parte de seu pai, José, pessoa rude que nunca se conformou com o fato de Joaquim não se identificar com seu sexo biológico. Os atentados verbais chegaram ao ponto de lançar Joaquim em estado de depressão profunda, inclusive sendo essa clinicamente diagnosticada.

Constatada a realidade dos fatos acima narrados, assinale a afirmativa correta.

(A) Os fatos descritos revelam circunstância de mero desajuste de convívio familiar, não despertando relevância criminal ou de tutela de direitos individuais do adolescente, refugindo do alcance da Lei nº 8.069/90 (ECA).

(B) O juízo competente poderá determinar o afastamento de José da residência em que vive com Joaquim, como medida cautelar para evitar o agravamento do dano psicológico do adolescente, podendo, inclusive, fixar pensão alimentícia provisória para o suporte de Joaquim.

(C) O juiz poderá afastar cautelarmente José da moradia comum com Joaquim, sem que isso implique juízo definitivo de valor sobre os fatos – razão pela qual não é viável a estipulação de alimentos ao adolescente, eis que irreversíveis.

(D) A situação descrita não revela motivação legalmente reconhecida como suficiente a determinar o afastamento de José da moradia comum, recomendando somente o aconselhamento educacional do pai.

44. Dias atrás, Elisa, portadora de doença grave e sob risco imediato de morte, foi levada para atendimento na emergência do hospital X, onde necessitou realizar exame de imagem e fazer uso de medicamentos. Ocorre que o seu plano de saúde, contratado dois meses antes, negou a cobertura de alguns desses fármacos e do exame de imagem, pelo fato de o plano de Elisa ainda estar no período de carência, obrigando a consumidora a custear parcela dos medicamentos e o valor integral do exame de imagem.

Nesse caso, à luz do Código de Defesa do Consumidor (CDC) e da Lei nº 9.656/98, que dispõe sobre os planos e seguros privados de assistência à saúde, assinale a afirmativa correta.

(A) As cláusulas que limitam os direitos da consumidora são nulas de pleno direito, sendo qualquer período de carência imposto por contrato de adesão reversível pela via judiciária, por caracterizar-se como cláusula abusiva.

(B) As cláusulas que limitam os direitos da consumidora, como a que fixou a carência do plano de saúde em relação ao uso de medicamentos e exame de imagem, são lícitas, e devem ser observadas no caso de Elisa, em respeito ao equilíbrio da relação contratual.

(C) As cláusulas que preveem o período de carência estão previstas em norma especial que contradiz o disposto no CDC, uma vez que não podem excetuar a proteção integral e presunção de vulnerabilidade existente na relação jurídica de consumo.

(D) O plano de saúde deve cobrir integralmente o atendimento de Elisa, por se tratar de situação de emergência e por, pelo tempo de contratação do plano, não poder haver carência para esse tipo de atendimento, ainda que lícitas as cláusulas que limitem o direito da consumidora.

45. O posto de gasolina X foi demandado pelo Ministério Público devido à venda de óleo diesel com adulterações em sua fórmula, em desacordo com as especificações da Agência Nacional de Petróleo (ANP). Trata-se de relação de consumo e de dano coletivo, que gerou sentença condenatória.

Você foi procurado(a), como advogado(a), por um consumidor que adquiriu óleo diesel adulterado no posto de gasolina X, para orientá-lo.

Assinale a opção que contém a correta orientação a ser prestada ao cliente.

(A) Cuida-se de interesse individual homogêneo, bastando que, diante da sentença condenatória genérica, o consumidor liquide e execute individualmente, ou, ainda, habilite-se em execução coletiva, para definir o quantum debeatur.

(B) Deverá o consumidor se habilitar no processo de conhecimento nessa qualidade, sendo esse requisito indispensável para fazer jus ao recebimento de indenização, de caráter condenatória a decisão judicial.

(C) Cuida-se de interesse difuso, afastando a possibilidade de o consumidor ter atuado como litisconsorte e sendo permitida apenas a execução coletiva.

(D) Deverão os consumidores individuais ingressar com medidas autônomas, distribuídas por conexão à ação civil pública originária, na medida em que o montante indenizatório da sentença condenatória da ação coletiva será integralmente revertido em favor do Fundo de Reconstituição de Bens Lesados.

46. Roberto desligou-se de seu emprego e decidiu investir na construção de uma hospedagem do tipo pousada no terreno que possuía em Matinhos. Roberto contratou um arquiteto para mobiliar a pousada, fez cursos de hotelaria e, com os ensinamentos recebidos, contratou empregados e os treinou. Ele também contratou um desenvolvedor de sites de Internet e um profissional de marketing para divulgar sua pousada.

Desde então, Roberto dedica-se exclusivamente à pousada, e os resultados são promissores. A pousada está sempre cheia de hóspedes, renovando suas estratégias de fidelização; em breve, será ampliada em sua capacidade.

Considerando a descrição da atividade econômica explorada por Roberto, assinale a afirmativa correta.

(A) A atividade não pode ser considerada empresa em razão da falta tanto de profissionalismo de seu titular quanto de produção de bens.
(B) A atividade não pode ser considerada empresa em razão de a prestação de serviços não ser um ato de empresa.
(C) A atividade pode ser considerada empresa, mas seu titular somente será empresário a partir do registro na Junta Comercial.
(D) A atividade pode ser considerada empresa e seu titular, empresário, independentemente de registro na Junta Comercial.

47. Dirce Reis trabalha como advogada e presta apoio jurídico aos empreendedores da cidade de São Francisco interessados na constituição de sociedades cooperativas. Um grupo de prestadores de serviços procurou a consultora para receber informações sobre o funcionamento de uma cooperativa.

Sobre as regras básicas de funcionamento de uma cooperativa, assinale a afirmativa correta.

(A) O estatuto da cooperativa deve ser aprovado previamente pela Junta Comercial do Estado da Federação onde estiver a sede, sendo arquivado no Registro Civil de Pessoas Jurídicas.
(B) Na sociedade cooperativa, cada sócio tem direito a um só voto nas deliberações sociais, tenha ou não capital a sociedade, e qualquer que seja o valor de sua participação.
(C) A responsabilidade dos sócios de uma cooperativa é sempre limitada ao valor do capital social, mas todos respondem solidária e ilimitadamente pela sua integralização.
(D) Sob pena de nulidade, o capital social da cooperativa deverá ser igual ou superior a 100 salários mínimos, que também será variável durante toda sua existência.

48. Resende & Piraí Ltda. sacou duplicata de serviço em face de Italva Louças e Metais S/A, que a aceitou. Antes do vencimento, o título foi endossado para Walter. Há um aval em preto no título dado por Casimiro Cantagalo em favor do sacador. Após o vencimento, ocorrido em 11 de setembro de 2018, a duplicata foi levada a protesto por falta de pagamento, em 28 de setembro do mesmo ano.

Com base nas informações dadas, assinale a opção que indica contra quem Walter, endossatário da duplicata, poderá promover a ação de execução.

(A) Italva Louças e Metais S/A, exclusivamente, em razão da perda do direito de ação em face dos coobrigados pela apresentação da duplicata a protesto por falta de pagamento além do prazo de 1 (um) dia útil após o vencimento.
(B) Resende & Piraí Ltda. e Casimiro Cantagalo, somente, pois a duplicata foi apresentada a protesto tempestivamente, assegurando o portador seu direito de ação em face dos coobrigados, mas não em face do aceitante.
(C) Resende & Piraí Ltda. e Italva Louças e Metais S/A, somente, em razão da perda do direito de ação em face do avalista pela apresentação da duplicata a protesto por falta de pagamento além do prazo de 1 (um) dia útil após o vencimento.
(D) Resende & Piraí Ltda., Italva Louças e Metais S/A e Casimiro Cantagalo, pois a duplicata foi apresentada a protesto tempestivamente, assegurando o portador seu direito de ação em face dos coobrigados e do aceitante.

49. Móveis Combinados Ltda. (franqueador) pretende licenciar a Ananás Móveis e Decorações Ltda. ME (franqueado) o direito de uso de marca, associado ao direito de distribuição semiexclusiva de produtos moveleiros.

De acordo com os termos da Circular de Oferta de Franquia elaborada pelo franqueador, eventualmente poderá o franqueado ter acesso ao uso de tecnologia de implantação e administração de negócios desenvolvidos pelo primeiro, mediante remuneração direta, sem ficar caracterizado vínculo empregatício entre as partes.

Tendo em vista as disposições legais sobre o contrato celebrado, assinale a afirmativa correta.

(A) Se o contrato de franquia empresarial vier a ser celebrado, o franqueador deverá licenciar ao franqueado o direito de uso de marca e, eventualmente, também o direito de uso de tecnologia de implantação e administração de negócio ou de sistema operacional desenvolvido.
(B) O contrato de franquia empresarial pode ser ajustado verbalmente ou por escrito; neste caso, deverá ser assinado na presença de duas testemunhas e terá eficácia em relação a terceiros com o arquivamento na Junta Comercial.
(C) A circular oferta de franquia deverá ser entregue a Ananás Móveis e Decorações Ltda. ME, no mínimo, 30 dias antes da assinatura do contrato ou pré-contrato, ou ainda do pagamento de taxa de adesão ao sistema pelo franqueado.
(D) Se Móveis Combinados Ltda. veicular informações falsas na circular de oferta de franquia, sem prejuízo das sanções penais cabíveis, Ananás Móveis e Decorações Ltda. ME poderá arguir a nulidade de pleno direito do contrato e exigir devolução de até metade do valor que já houver pago.

50. A Fazenda Pública do Estado de Pernambuco ajuizou ação de execução fiscal em face de sociedade empresária. No curso da demanda, houve o processamento da recuperação judicial da sociedade.

Em relação à execução fiscal em curso, assinale a afirmativa correta.

(A) Fica suspensa com o processamento da recuperação até seu encerramento.
(B) Não é suspensa com o processamento da recuperação judicial.
(C) Fica suspensa com o processamento da recuperação judicial até o máximo de 180 (cento e oitenta) dias.
(D) É extinta com o processamento da recuperação judicial.

51. Márcia está muito doente e necessita fazer uso contínuo do medicamento XYZ para sobreviver. Embora, durante os últimos anos, tenha obtido os medicamentos no único hospital público da cidade em que reside, foi informada de que aquela era a última caixa e que, no mês seguinte, o medicamento não seria mais fornecido pela rede pública.

Diante de tal circunstância, desejando obter o fornecimento do medicamento, Márcia procura você, como advogado(a), para elaborar a petição inicial e ajuizar a demanda que obrigue o Poder Público ao fornecimento do medicamento XYZ. A petição inicial distribuída trouxe o pedido de medicamentos em caráter antecedente e tão somente a indicação do pedido de tutela final, expondo na lide o direito que busca realizar e o perigo de dano à saúde de Márcia.

A respeito do caso mencionado, assinale a afirmativa correta.

(A) O(A) advogado(a) de Márcia fez uso da denominada tutela da evidência, em que se requer a demonstração do perigo de dano ou de risco ao resultado útil do processo.

(B) O procedimento adotado está equivocado, pois a formulação completa da causa de pedir e do pedido final é requisito do requerimento de tutela antecedente.

(C) O(A) advogado(a) agiu corretamente, sendo possível a formulação de requerimento de tutela antecipada antecedente para o fornecimento de medicamento.

(D) Ocorrerá o indeferimento de plano da petição inicial, caso o juiz entenda que não há elementos para a concessão da tutela antecipada.

52. Amanda ajuizou execução por quantia certa em face de Carla, fundada em contrato de empréstimo inadimplido que havia sido firmado entre elas, pelo valor, atualizado na data-base de 20/3/2017, de R$ 50 mil.

Carla foi citada e não realizou o pagamento no prazo legal, tampouco apresentou embargos, limitando-se a indicar à penhora um imóvel de sua titularidade. Carla informou que o referido imóvel valeria R$ 80 mil. Amanda, após consultar três corretores de imóveis, verificou que o valor estaria bem próximo ao de mercado, de modo que pretende dar seguimento aos atos de leilão e recebimento do crédito.

Diante de tal situação, assinale a afirmativa que melhor atende aos interesses de Amanda.

(A) Ela deverá requerer ao juízo a avaliação do imóvel por oficial de justiça avaliador, ato indispensável para dar seguimento ao leilão.

(B) Deverá ser requerida ao juízo a avaliação do imóvel por especialista na área (perito); sem isso, o leilão não poderá prosseguir.

(C) Ela deverá requerer ao juízo que este faça inspeção judicial no imóvel, de modo a confirmar seu valor.

(D) Ela deverá requerer que seja realizado o leilão, com dispensa da avaliação judicial do bem, manifestando ao juízo concordância com a estimativa de valor feita por Carla.

53. Em virtude de acidente sofrido nas dependências da loja da operadora de celular Fale Mais S/A, Luana ajuizou ação em face da empresa em questão, buscando indenização por danos materiais e morais, com a concessão de tutela de urgência para o pagamento imediato de despesas médicas. Os aspectos fáticos de suas alegações foram comprovados por meio de documentos, sendo certo que sua tese jurídica encontra respaldo em julgamento de incidente de resolução de demandas repetitivas.

Sobre o caso, assinale a afirmativa correta.

(A) Será possível a concessão da tutela da evidência, podendo ser dispensada, para tanto, a prévia oitiva da ré.

(B) A concessão da tutela de urgência poderá ser liminar e independerá da demonstração de perigo de dano ou de risco ao resultado útil do processo.

(C) A tutela antecipada que for concedida em caráter incidental torna-se estável se, da decisão que a conceder, não for interposto o respectivo recurso, levando à extinção do processo.

(D) Concedida a tutela de urgência ou da evidência, somente poderá ser revogada até o fim da instrução processual.

54. Diego e Thaís, maiores e capazes, ambos sem filhos, são formalmente casados pelo regime legal da comunhão parcial de bens. Ocorre que, devido a problemas conjugais e divergências quanto à divisão do patrimônio comum do casal, o matrimônio teve fim de forma conturbada, o que motivou Thaís a ajuizar ação de divórcio litigioso cumulada com partilha de bens em face do ex-cônjuge.

Na petição inicial, a autora informa que tem interesse na realização de audiência de conciliação ou de mediação. Diego, regularmente citado, busca orientação jurídica sobre os possíveis desdobramentos da demanda ajuizada por sua ex-cônjuge.

Na qualidade de advogado(a) de Diego, assinale a opção que apresenta os esclarecimentos corretos que foram prestados.

(A) Diego, ainda que de forma injustificada, possui a faculdade de deixar de comparecer à audiência regularmente designada para fins de solução consensual do conflito, não sofrendo qualquer sanção processual em virtude da ausência.

(B) Descabe, no processo contencioso de divórcio ajuizado por Thaís, a solução consensual da controvérsia, uma vez que o direito em questão possui feição extrapatrimonial e, portanto, indisponível.

(C) Ante a existência de vínculo prévio entre as partes, a audiência a ser realizada para fins de autocomposição entre Diego e Thaís deverá ser conduzida por um conciliador, que poderá sugerir soluções para o litígio, vedada a utilização de qualquer tipo de constrangimento ou intimidação.

(D) A partir de requerimento que venha a ser formulado por Diego e Thaís, o juiz pode determinar a suspensão do processo enquanto os litigantes se submetem à mediação extrajudicial.

55. Maria comprou um apartamento da empresa Moradia S/A e constatou, logo após sua mudança, que havia algumas infiltrações e problemas nas instalações elétricas.

Maria consultou seu advogado, que sugeriu o ajuizamento de ação de produção antecipada de prova, com o objetivo de realizar uma perícia no imóvel, inclusive com o objetivo de decidir se ajuizaria, posteriormente, ação para reparação dos prejuízos.

Diante desse contexto, assinale a afirmativa correta.

(A) A produção antecipada de provas é cabível, porque visa a obter prévio conhecimento dos fatos e da situação do imóvel, para justificar ou evitar o ajuizamento de ação de reparação dos prejuízos.

(B) A produção antecipada de provas é obrigatória, uma vez que Maria não poderia ingressar diretamente com ação para reparação dos prejuízos.

(C) A produção antecipada de provas é incabível, porque apenas pode ser ajuizada quando há urgência ou risco de que a verificação dos fatos venha a se tornar impossível posteriormente, o que não foi demonstrado na hipótese concreta.

(D) A produção antecipada de provas é incabível, vez que o seu ajuizamento apenas pode ocorrer mediante pedido conjunto de Maria e da empresa Moradia S/A.

56. Em razão da realização de obras públicas de infraestrutura em sua rua, que envolveram o manejo de retroescavadeiras e britadeiras, a residência de Daiana acabou sofrendo algumas avarias. Daiana ingressou com ação judicial em face do ente que promoveu as obras, a fim de que este realizasse os reparos necessários em sua residência. Citado o réu, este apresentou a contestação.

Contudo, antes do saneamento do processo, diante do mal-estar que vivenciou, Daiana consultou seu advogado a respeito da possibilidade de, na mesma ação, adicionar pedido de condenação em danos morais.

Considerando o caso narrado, assinale a afirmativa correta.

(A) É possível o aditamento, uma vez que, até o saneamento do processo, é permitido alterar ou aditar o pedido sem o consentimento do réu.

(B) Não é possível o aditamento, uma vez que o réu foi citado e apresentou contestação.

(C) É possível o aditamento, eis que, até o saneamento do processo, é permitido aditar ou alterar o pedido, desde que com o consentimento do réu.

(D) É possível o aditamento, porquanto, até a prolação da sentença, é permitido alterar ou aditar o pedido, desde que não haja recusa do réu.

57. Pedro ajuizou ação indenizatória contra Diego, tendo o juiz de primeira instância julgado integralmente improcedentes os pedidos formulados na petição inicial, por meio de sentença que veio a ser mantida pelo Tribunal em sede de apelação.

Contra o acórdão, Pedro interpôs recurso especial, sob o argumento de que teria ocorrido violação de dispositivo da legislação federal. A Presidência do Tribunal, no entanto, inadmitiu o recurso especial, ao fundamento de que o acórdão recorrido se encontra em conformidade com entendimento do Superior Tribunal de Justiça exarado no regime de julgamento de recurso repetitivo.

Diante dessa situação hipotética, assinale a opção que indica o recurso que Pedro deverá interpor.

(A) Agravo em recurso especial, para que o Superior Tribunal de Justiça examine se o recurso especial preenche ou não os requisitos de admissibilidade.

(B) Agravo interno, para demonstrar ao Plenário do Tribunal, ou ao seu Órgão Especial, que o acórdão recorrido versa sobre matéria distinta daquela examinada pelo Superior Tribunal de Justiça no regime de julgamento do recurso repetitivo.

(C) Agravo interno, para demonstrar ao Superior Tribunal de Justiça que o acórdão recorrido versa sobre matéria distinta daquela examinada pelo mesmo Tribunal Superior no regime de julgamento do recurso repetitivo.

(D) Recurso Extraordinário, para demonstrar ao Supremo Tribunal Federal que o recurso especial deveria ter sido admitido pela Presidência do Tribunal de origem.

58. Talles, desempregado, decide utilizar seu conhecimento de engenharia para fabricar máquina destinada à falsificação de moedas. Ao mesmo tempo, pega uma moeda falsa de R$ 3,00 (três reais) e, com um colega também envolvido com falsificações, tenta colocá-la em livre circulação, para provar o sucesso da empreitada.

Ocorre que aquele que recebe a moeda percebe a falsidade rapidamente, em razão do valor suspeito, e decide chamar a Polícia, que apreende a moeda e o maquinário já fabricado. Talles é indiciado pela prática de crimes e, já na Delegacia, liga para você, na condição de advogado(a), para esclarecimentos sobre a tipicidade de sua conduta.

Considerando as informações narradas, em conversa sigilosa com seu cliente, você deverá esclarecer que a conduta de Talles configura

(A) atos preparatórios, sem a prática de qualquer delito.

(B) crimes de moeda falsa e de petrechos para falsificação de moeda.

(C) crime de petrechos para falsificação de moeda, apenas.

(D) crime de moeda falsa, apenas, em sua modalidade tentada.

59. No dia 05/03/2015, Vinícius, 71 anos, insatisfeito e com ciúmes em relação à forma de dançar de sua esposa, Clara, 30 anos mais nova, efetua disparos de arma de fogo contra ela, com a intenção de matar.

Arrependido, após acertar dois disparos no peito da esposa, Vinícius a leva para o hospital, onde ela ficou em coma por uma semana. No dia 12/03/2015, porém, Clara veio a falecer, em razão das lesões causadas pelos disparos da arma de fogo. Ao tomar conhecimento dos fatos, o Ministério Público ofereceu denúncia em face de Vinícius, imputando-lhe a prática do crime previsto no Art. 121, § 2º, inciso VI, do Código Penal, uma vez que, em 09/03/2015, foi publicada a Lei nº 13.104, que previu a qualificadora antes mencionada, pelo fato de o crime ter sido praticado contra a mulher por razão de ser ela do gênero feminino.

Durante a instrução da 1ª fase do procedimento do Tribunal do Júri, antes da pronúncia, todos os fatos são confirmados, pugnando o Ministério Público pela pronúncia nos termos da denúncia. Em seguida, os autos são encaminhados ao(a) advogado(a) de Vinícius para manifestação.

Considerando apenas as informações narradas, o(a) advogado(a) de Vinicius poderá, no momento da manifestação para a qual foi intimado, pugnar pelo imediato

(A) reconhecimento do arrependimento eficaz.

(B) afastamento da qualificadora do homicídio.

(C) reconhecimento da desistência voluntária.

(D) reconhecimento da causa de diminuição de pena da tentativa.

60. Pedro e Paulo combinam de praticar um crime de furto em determinada creche, com a intenção de subtrair computadores. Pedro, então, sugere que o ato seja praticado em um domingo, quando o local estaria totalmente vazio e nenhuma criança seria diretamente prejudicada.

No momento da empreitada delitiva, Pedro auxilia Paulo a entrar por uma janela lateral e depois entra pela porta dos fundos da unidade. Já no interior do local, eles verificam que a creche estava cheia em razão de comemoração do "Dia das Mães"; então, Pedro pega um laptop e sai, de imediato, pela porta dos fundos, mas Paulo, que estava armado sem que Pedro soubesse, anuncia o assalto e subtrai bens e joias de crianças, pais e funcionários. Captadas as imagens pelas câmeras de segurança, Pedro e Paulo são identificados e denunciados pelo crime de roubo duplamente majorado.

Com base apenas nas informações narradas, a defesa de Pedro deverá pleitear o reconhecimento da

(A) participação de menor importância, gerando causa de diminuição de pena.
(B) cooperação dolosamente distinta, gerando causa de diminuição de pena.
(C) cooperação dolosamente distinta, gerando aplicação da pena do crime menos grave.
(D) participação de menor importância, gerando aplicação da pena do crime menos grave.

61. Leonardo, nascido em 20/03/1976, estava em dificuldades financeiras em razão de gastos contínuos com entorpecente para consumo. Assim, em 05/07/2018, subtraiu, em comunhão de ações e desígnios com João, nascido em 01/01/1970, o aparelho de telefonia celular de seu pai, Gustavo, nascido em 05/11/1957, tendo João conhecimento de que Gustavo era genitor do comparsa.

Após a descoberta dos fatos, Gustavo compareceu em sede policial, narrou o ocorrido e indicou os autores do fato, que vieram a ser denunciados pelo crime de furto qualificado pelo concurso de agentes. No momento da sentença, confirmados os fatos, o juiz reconheceu a causa de isenção de pena em relação aos denunciados, considerando a condição de a vítima ser pai de um dos autores do fato.

Inconformado com o teor da sentença, Gustavo, na condição de assistente de acusação habilitado, demonstrou seu interesse em recorrer.

Com base apenas nas informações expostas, o(a) advogado(a) de Gustavo deverá esclarecer que

(A) os dois denunciados fazem jus a causa de isenção de pena da escusa absolutória, conforme reconhecido pelo magistrado, já que a circunstância de a vítima ser pai de Leonardo deve ser estendida para João.
(B) nenhum dos dois denunciados faz jus à causa de isenção de pena da escusa absolutória, devendo, confirmada a autoria, ambos ser condenados e aplicada pena.
(C) somente Leonardo faz jus a causa de isenção de pena da escusa absolutória, não podendo esta ser estendida ao coautor.
(D) somente João faz jus a causa de isenção de pena da escusa absolutória, não podendo esta ser estendida ao coautor.

62. Inconformado com o fato de Mauro ter votado em um candidato que defendia ideologia diferente da sua, João desferiu golpes de faca contra seu colega, assim agindo com a intenção de matá-lo. Acreditando ter obtido o resultado desejado, João levou o corpo da vítima até uma praia deserta e o jogou no mar. Dias depois, o corpo foi encontrado, e a perícia constatou que a vítima morreu afogada, e não em razão das facadas desferidas por João.

Descobertos os fatos, João foi preso, denunciado e pronunciado pela prática de dois crimes de homicídios dolosos, na forma qualificada, em concurso material.

Ao apresentar recurso contra a decisão de pronúncia, você, advogado(a) de João, sob o ponto de vista técnico, deverá alegar que ele somente poderia ser responsabilizado

(A) pelo crime de lesão corporal, considerando a existência de causa superveniente, relativamente independente, que, por si só, causou o resultado.
(B) por um crime de homicídio culposo, na forma consumada.
(C) por um crime de homicídio doloso qualificado, na forma tentada, e por um crime de homicídio culposo, na forma consumada, em concurso material.
(D) por um crime de homicídio doloso qualificado, na forma consumada.

63. Cátia procura você, na condição de advogado(a), para que esclareça as consequências jurídicas que poderão advir do comportamento de seu filho, Marlon, pessoa primária e de bons antecedentes, que agrediu a ex-namorada ao encontrá-la em um restaurante com um colega de trabalho, causando-lhe lesão corporal de natureza leve.

Na oportunidade, você, como advogado(a), deverá esclarecer que:

(A) o início da ação penal depende de representação da vítima, que terá o prazo de seis meses da descoberta da autoria para adotar as medidas cabíveis.
(B) no caso de condenação, em razão de ser Marlon primário e de bons antecedentes, poderá a pena privativa de liberdade ser substituída por restritiva de direitos.
(C) em razão de o agressor e a vítima não estarem mais namorando quando ocorreu o fato, não será aplicada a Lei nº 11.340/06, mas, ainda assim, não será possível a transação penal ou a suspensão condicional do processo.
(D) no caso de condenação, por ser Marlon primário e de bons antecedentes, mostra-se possível a aplicação do sursis da pena.

64. Vanessa cumpre pena em regime semiaberto em razão de segunda condenação definitiva por crime de tráfico armado. Durante o cumprimento, após preencher o requisito objetivo, requer ao juízo da execução, por meio de seu advogado, a progressão para o regime aberto. Considerando as peculiaridades do caso, a reincidência específica e o emprego de arma, o magistrado, em decisão fundamentada, entende por exigir a realização do exame criminológico.

Com o resultado, o magistrado competente concedeu a progressão de regime, mas determinou que Vanessa comparecesse em juízo, quando determinado, para informar e justificar suas atividades; que não se ausentasse, sem autorização judicial, da cidade onde reside; e que prestasse, durante o período restante de cumprimento de pena, serviços à comunidade.

Intimada da decisão, considerando as informações expostas, poderá a defesa técnica de Vanessa apresentar recurso de agravo à execução, alegando que

(A) a lei veda a fixação de condições especiais não previstas em lei.
(B) poderiam ter sido fixadas condições especiais não previstas em lei, mas não prestação de serviços à comunidade.
(C) não poderia ter sido fixada a condição de proibição de se ausentar da cidade em que reside sem autorização judicial.
(D) a decisão foi inválida como um todo, porque é vedada a exigência de exame criminológico para progressão de regime, ainda que em decisão fundamentada.

65. Após ser instaurado inquérito policial para apurar a prática de um crime de lesão corporal culposa praticada na direção de veículo automotor (Art. 303 da Lei nº 9.503/97 – pena: detenção de seis meses a dois anos), foi identificado que o autor dos fatos seria Carlos, que, em sua Folha de Antecedentes Criminais, possuía três anotações referentes a condenações, com trânsito em julgado, pela prática da mesma infração penal, todas aptas a configurar reincidência quando da prática do delito ora investigado.

Encaminhados os autos ao Ministério Público, foi oferecida denúncia em face de Carlos pelo crime antes investigado; diante da reincidência específica do denunciado civilmente identificado, foi requerida a decretação da prisão preventiva. Recebidos os autos, o juiz competente decretou a prisão preventiva, reiterando a reincidência de Carlos e destacando que essa circunstância faria com que todos os requisitos legais estivessem preenchidos.

Ao ser intimado da decisão, o(a) advogado(a) de Carlos deverá requerer

(A) a liberdade provisória dele, ainda que com aplicação das medidas cautelares alternativas.

(B) o relaxamento da prisão dele, tendo em vista que a prisão, em que pese ser legal, é desnecessária.

(C) a revogação da prisão dele, tendo em vista que, em que pese ser legal, é desnecessária.

(D) o relaxamento da prisão dele, pois ela é ilegal.

66. No âmbito de ação penal, foi proferida sentença condenatória em desfavor de Bernardo pela suposta prática de crime de uso de documento público falso, sendo aplicada pena privativa de liberdade de cinco anos. Durante toda a instrução, o réu foi assistido pela Defensoria Pública e respondeu ao processo em liberdade.

Ocorre que Bernardo não foi localizado para ser intimado da sentença, tendo o oficial de justiça certificado que compareceu em todos os endereços identificados. Diante disso, foi publicado edital de intimação da sentença, com prazo de 90 dias. Bernardo, ao tomar conhecimento da intimação por edital 89 dias após sua publicação, descobre que a Defensoria se manteve inerte, razão pela qual procura, de imediato, um advogado para defender seus interesses, assegurando ser inocente.

Considerando apenas as informações narradas, o(a) advogado(a) deverá esclarecer que

(A) houve preclusão do direito de recurso, tendo em vista que a Defensoria Pública se manteve inerte.

(B) foi ultrapassado o prazo recursal de cinco dias, mas poderá ser apresentada revisão criminal.

(C) é possível a apresentação de recurso de apelação, pois o prazo de cinco dias para interposição de apelação pelo acusado ainda não transcorreu.

(D) é possível apresentar medida para desconstituir a sentença publicada, tendo em vista não ser possível a intimação do réu sobre o teor de sentença condenatória por meio de edital.

67. Após receber denúncia anônima, por meio de disque-denúncia, de grave crime de estupro com resultado morte que teria sido praticado por Lauro, 19 anos, na semana pretérita, a autoridade policial, de imediato, instaura inquérito policial para apurar a suposta prática delitiva. Lauro é chamado à Delegacia e apresenta sua identidade recém-obtida; em seguida, é realizada sua identificação criminal, com colheita de digitais e fotografias.

Em que pese não ter sido encontrado o cadáver até aquele momento das investigações, a autoridade policial, para resguardar a prova, pretende colher material sanguíneo do indiciado Lauro para fins de futuro confronto, além de desejar realizar, com base nas declarações de uma testemunha presencial localizada, uma reprodução simulada dos fatos; no entanto, Lauro se recusa tanto a participar da reprodução simulada quanto a permitir a colheita de seu material sanguíneo. É, ainda, realizado o reconhecimento de Lauro por uma testemunha após ser-lhe mostrada a fotografia dele, sem que fossem colocadas imagens de outros indivíduos com características semelhantes.

Ao ser informado sobre os fatos, na defesa do interesse de seu cliente, o(a) advogado(a) de Lauro, sob o ponto de vista técnico, deverá alegar que

(A) o inquérito policial não poderia ser instaurado, de imediato, com base em denúncia anônima isoladamente, sendo exigida a realização de diligências preliminares para confirmar as informações iniciais.

(B) o indiciado não poderá ser obrigado a fornecer seu material sanguíneo para a autoridade policial, ainda que seja possível constrangê-lo a participar da reprodução simulada dos fatos, independentemente de sua vontade.

(C) o vício do inquérito policial, no que tange ao reconhecimento de pessoa, invalida a ação penal como um todo, ainda que baseada em outros elementos informativos, e não somente no ato viciado.

(D) a autoridade policial, como regra, deverá identificar criminalmente o indiciado, ainda que civilmente identificado, por meio de processo datiloscópico, mas não poderia fazê-lo por fotografias.

68. Flávio apresentou, por meio de advogado, queixa-crime em desfavor de Gabriel, vulgo "Russinho", imputando-lhe a prática do crime de calúnia, pois Gabriel teria imputado falsamente a Flávio a prática de determinada contravenção penal.

Na inicial acusatória, assinada exclusivamente pelo advogado, consta como querelado apenas o primeiro nome de Gabriel, o apelido pelo qual é conhecido, suas características físicas e seu local de trabalho, tendo em vista que Flávio e sua defesa técnica não identificaram a completa qualificação do suposto autor do fato. A peça inaugural não indicou rol de testemunhas, apenas acostando prova documental que confirmaria a existência do crime. Ademais, foi acostada ao procedimento a procuração de Flávio em favor de seu advogado, na qual consta apenas o nome completo de Flávio e seus dados qualificativos, além de poderes especiais para propor eventuais queixas-crime que se façam pertinentes.

Após citação de Gabriel em seu local de trabalho para manifestação, considerando apenas as informações expostas, caberá à defesa técnica do querelado pleitear, sob o ponto de vista técnico, a rejeição da queixa-crime,

(A) sob o fundamento de que não poderia ter sido apresentada sem a completa qualificação do querelado, sendo insuficiente o fornecimento de características físicas marcantes, apelido e local de trabalho que poderiam identificá-lo.

(B) porque, apesar de fornecidos imprescindíveis poderes especiais, a síntese do fato criminoso não consta da procuração.
(C) porque a classificação do crime não foi adequada de acordo com os fatos narrados, e a tipificação realizada vincula a autoridade judicial.
(D) tendo em vista que não consta, da inicial, o rol de testemunhas.

69. Paulo, ofendido em crime contra o patrimônio, apesar de sua excelente condição financeira, veio a descobrir, após a identificação da autoria, que o autor dos fatos adquiriu, com os proventos da infração, determinado bem imóvel. Diante da descoberta, procurou você, na condição de advogado(a), para a adoção das medidas cabíveis.

Com base apenas nas informações expostas, a defesa técnica do ofendido deverá esclarecer ser cabível

(A) o sequestro, desde que após o oferecimento da denúncia, mas exige requerimento do Ministério Público ou decisão do magistrado de ofício.
(B) o arresto, ainda que antes do oferecimento da denúncia, mas a ação principal deverá ser proposta no prazo máximo de 30 dias, sob pena de levantamento.
(C) o sequestro, ainda que antes do oferecimento da denúncia, podendo a decisão judicial ser proferida a partir de requerimento do próprio ofendido.
(D) o arresto, que deve ser processado em autos em apartados, exigindo requerimento do Ministério Público ou decisão do magistrado de ofício.

70. Paula trabalha na residência de Sílvia três vezes na semana como passadeira. Em geral, comparece às segundas, quartas e sextas, mas, se necessário, mediante comunicação prévia, comparece em outro dia da semana, exceto sábados, domingos e feriados.

A CTPS não foi assinada e o pagamento é por dia de trabalho. Quando Paula não comparece, não recebe o pagamento e não sofre punição, mas Sílvia costuma sempre pedir que a ausência seja previamente comunicada.

Paula procura você, como advogado(a), com dúvida acerca da sua situação jurídica. À luz da legislação específica em vigor, assinale a opção que contempla a situação de Paula.

(A) Paula é diarista, pois trabalha apenas 3 vezes na semana.
(B) Paula é autônoma, porque gerencia seu próprio trabalho, dias e horários.
(C) Paula é empregada eventual.
(D) Paula é empregada doméstica.

71. Gilda e Renan são empregados da sociedade empresária Alfa Calçados Ltda. há 8 meses, mas, em razão da crise econômica no setor, o empregador resolveu dispensá-los em outubro de 2018. Nesse sentido, concedeu aviso prévio indenizado de 30 dias a Gilda e aviso prévio trabalhado de 30 dias a Renan.

Em relação ao prazo máximo, previsto na CLT, para pagamento das verbas devidas pela extinção, assinale a afirmativa correta.

(A) Ambos os empregados receberão em até 10 dias contados do término do aviso prévio.
(B) Gilda receberá até o 10º dia do término do aviso e Renan, até o 1º dia útil seguinte ao término do aviso prévio.
(C) Gilda e Renan receberão seus créditos em até 10 dias contados da concessão do aviso prévio.
(D) Gilda receberá até o 1º dia útil seguinte ao término do aviso prévio e Renan, até o 10º dia do término do aviso.

72. Em determinada localidade, existe a seguinte situação: a convenção coletiva da categoria para o período 2018/2019 prevê o pagamento de adicional de 70% sobre as horas extras realizadas de segunda-feira a sábado. Ocorre que a sociedade empresária Beta havia assinado um acordo coletivo para o mesmo período, porém alguns dias antes, prevendo o pagamento dessas horas extras com adicional de 60%.

De acordo com a CLT, assinale a opção que indica o adicional que deverá prevalecer.

(A) Prevalecerá o adicional de 70%, por ser mais benéfico aos empregados.
(B) Diante da controvérsia, valerá o adicional de 50% previsto na Constituição Federal.
(C) Deverá ser respeitada a média entre os adicionais previstos em ambas as normas coletivas, ou seja, 65%.
(D) Valerá o adicional de 60% previsto em acordo coletivo, que prevalece sobre a convenção.

73. Renato trabalha na empresa Ramos Santos Ltda. exercendo a função de técnico de manutenção. De segunda a sexta-feira, ele trabalha das 8h às 17h, com uma hora de almoço, e, aos sábados, das 8h às 12h, sem intervalo.

Ocorre que, por reivindicação de alguns funcionários, a empresa instituiu um culto ecumênico toda sexta-feira, ao final do expediente, cujo comparecimento é facultativo. O culto ocorre das 17h às 18h, e Renato passou a frequentá-lo.

Diante dessa situação, na hipótese de você ser procurado como advogado(a) em consulta formulada por Renato sobre jornada extraordinária, considerando o enunciado e a legislação trabalhista em vigor, assinale a afirmativa correta.

(A) Renato não faz jus a qualquer valor de horas extras.
(B) Renato tem direito a uma hora extra semanal, pois o culto foi instituído pela empregadora.
(C) Renato tem direito a uma hora extra diária, de segunda a sexta-feira, em razão do horário de trabalho das 8h às 17h.
(D) Renato tem direito a nove horas extras semanais, sendo cinco de segunda a sexta-feira e mais as 4 aos sábados.

74. Uma sociedade empresária do ramo de informática, visando à redução de custos, decidiu colocar metade de seus funcionários em teletrabalho, com possibilidade de revogação, caso não desse certo.

Sobre o regime de teletrabalho, com base na legislação trabalhista em vigor, assinale a afirmativa correta.

(A) Poderá ser realizada a alteração do regime de teletrabalho para o presencial por determinação do empregador, garantido o prazo de transição mínimo de 15 dias, com correspondente registro em aditivo contratual.
(B) Os materiais fornecidos pelo empregador para a realização do teletrabalho representam utilidades e integram a remuneração do empregado.
(C) A jornada do empregado em teletrabalho que exceder o limite constitucional será paga como hora extra.

(D) A empresa pode implementar, por vontade própria, o teletrabalho, sendo desnecessária a concordância expressa do empregado, já que seria mais vantajoso para ele.

75. O sindicato dos empregados em tinturaria de determinado município celebrou, em 2018, acordo coletivo com uma tinturaria, no qual, reconhecendo-se a condição financeira difícil da empresa, aceitou a redução do percentual de FGTS para 3% durante 2 anos.

Sobre o caso apresentado, de acordo com a previsão da CLT, assinale a afirmativa correta.

(A) É válido o acerto realizado porque fruto de negociação coletiva, ao qual a reforma trabalhista conferiu força legal.
(B) Somente se houver homologação do acordo coletivo pela Justiça do Trabalho é que ele terá validade em relação ao FGTS.
(C) A cláusula normativa em questão é nula, porque constitui objeto ilícito negociar percentual de FGTS.
(D) A negociação acerca do FGTS exigiria que, ao menos, fosse pago metade do valor devido, o que não aconteceu no caso apresentado.

76. Seu escritório foi contratado pela empresa Alumínio Brilhante Ltda. para assisti-la juridicamente em uma audiência. Você foi designado(a) para a audiência. Forneceram-lhe cópia da defesa e dos documentos, e afirmaram que tudo já havia sido juntado aos autos do processo eletrônico. Na hora da audiência, tendo sido aberta esta, bem como os autos eletrônicos do processo, o juiz constatou que a defesa não estava nos autos, mas apenas os documentos.

Diante disso, o juiz facultou-lhe a opção de apresentar defesa. Nos exatos termos previstos na CLT, você deverá

(A) entregar a cópia escrita que está em sua posse.
(B) aduzir defesa oral em 20 minutos.
(C) requerer o adiamento da audiência para posterior entrega da defesa.
(D) requerer a digitalização da sua defesa para a juntada no processo.

77. Juca ajuizou ação trabalhista em face da sua ex-empregadora, empresa privada do ramo de mineração.

Paulo também ajuizou ação, mas em face de seu ex-empregador, uma empresa de prestação de serviços, e do Município de Nova Iguaçu, no Rio de Janeiro, para quem prestou serviços, requerendo a responsabilização subsidiária. Os respectivos advogados atribuíram o valor correspondente a 20 salários mínimos à causa de Juca e de 15 salários mínimos à causa de Paulo.

Diante disso, assinale a afirmativa correta.

(A) A causa de Juca correrá sob o procedimento sumaríssimo e a de Paulo, sob o ordinário.
(B) Ambas as causas correrão sob o procedimento sumaríssimo.
(C) Ambas as causas correrão sob o procedimento ordinário.
(D) A causa de Juca correrá sob o procedimento ordinário e a de Paulo, sob o sumaríssimo.

78. A sociedade empresária Alfa S. A. está sendo executada na Justiça do Trabalho e, em 13/03/2018, recebeu citação para pagamento da dívida que possui em relação a um processo. Mesmo citada, a sociedade empresária permaneceu inerte, pelo que, no 10º dia contado da citação, o juízo iniciou, a requerimento do exequente a tentativa de bloqueio pelo sistema Bacen-Jud e, paralelamente, inscreveu o nome do executado no Banco Nacional de Devedores Trabalhistas (BNDT).

Diante da situação apresentada e dos termos da CLT, assinale a afirmativa correta.

(A) A atitude do magistrado está correta, eis que não houve o pagamento voluntário da dívida no prazo legal, sendo a inserção imediata no BNDT uma adequada medida coercitiva judicial.
(B) A Lei deixa ao arbítrio do juiz determinar a partir de quando o nome do devedor deve ser inserido em cadastro restritivo de crédito, inclusive no BNDT.
(C) A Justiça do Trabalho não atua mais com inserção e retirada do nome de devedores no BNDT, pelo que a atitude do magistrado é inócua e contrária às regras da CLT.
(D) A decisão que determinou a inserção do nome do devedor no BNDT está equivocada, porque somente poderia ocorrer 45 dias depois de ele não pagar, nem garantir o juízo.

79. Em reclamação trabalhista ajuizada em fevereiro de 2018, os pedidos formulados por Paulo em face do seu ex-empregador foram julgados totalmente procedentes.

Em relação à verba honorária, de acordo com a CLT, sabendo-se que o patrocínio de Paulo foi feito por advogado particular por ele contratado, assinale a afirmativa correta.

(A) Não haverá condenação em honorários advocatícios, porque o autor não está assistido pelo sindicato de classe.
(B) Haverá condenação em honorários de, no mínimo, 10% e de, no máximo, 20% em favor do advogado.
(C) Haverá condenação em honorários de, no mínimo, 5% e de, no máximo, 15% em favor do advogado.
(D) Somente se a assistência do advogado do autor for gratuita é que haverá condenação em honorários, de até 20%.

80. Em uma reclamação trabalhista, o autor afirmou ter sido vítima de discriminação estética, pois fora dispensado pelo ex-empregador por não ter querido raspar o próprio bigode. Requereu, na petição inicial, tutela de urgência para ser imediatamente reintegrado em razão de prática discriminatória. O juiz, não convencido da tese de discriminação, indeferiu a tutela de urgência e determinou a designação de audiência, com a respectiva citação.

Como advogado(a) do autor, assinale a opção que contém, de acordo com a Lei e o entendimento consolidado do TST, a medida judicial a ser manejada para reverter a situação e conseguir a tutela de urgência desejada.

(A) Interpor recurso ordinário seguido de medida cautelar.
(B) Nada poderá ser feito, por tratar-se de decisão interlocutória, que é irrecorrível na Justiça do Trabalho.
(C) Impetrar mandado de segurança.
(D) Interpor agravo de instrumento.

Folha de Respostas

#						#				
1	A	B	C	D		41	A	B	C	D
2	A	B	C	D		42	A	B	C	D
3	A	B	C	D		43	A	B	C	D
4	A	B	C	D		44	A	B	C	D
5	A	B	C	D		45	A	B	C	D
6	A	B	C	D		46	A	B	C	D
7	A	B	C	D		47	A	B	C	D
8	A	B	C	D		48	A	B	C	D
9	A	B	C	D		49	A	B	C	D
10	A	B	C	D		50	A	B	C	D
11	A	B	C	D		51	A	B	C	D
12	A	B	C	D		52	A	B	C	D
13	A	B	C	D		53	A	B	C	D
14	A	B	C	D		54	A	B	C	D
15	A	B	C	D		55	A	B	C	D
16	A	B	C	D		56	A	B	C	D
17	A	B	C	D		57	A	B	C	D
18	A	B	C	D		58	A	B	C	D
19	A	B	C	D		59	A	B	C	D
20	A	B	C	D		60	A	B	C	D
21	A	B	C	D		61	A	B	C	D
22	A	B	C	D		62	A	B	C	D
23	A	B	C	D		63	A	B	C	D
24	A	B	C	D		64	A	B	C	D
25	A	B	C	D		65	A	B	C	D
26	A	B	C	D		66	A	B	C	D
27	A	B	C	D		67	A	B	C	D
28	A	B	C	D		68	A	B	C	D
29	A	B	C	D		69	A	B	C	D
30	A	B	C	D		70	A	B	C	D
31	A	B	C	D		71	A	B	C	D
32	A	B	C	D		72	A	B	C	D
33	A	B	C	D		73	A	B	C	D
34	A	B	C	D		74	A	B	C	D
35	A	B	C	D		75	A	B	C	D
36	A	B	C	D		76	A	B	C	D
37	A	B	C	D		77	A	B	C	D
38	A	B	C	D		78	A	B	C	D
39	A	B	C	D		79	A	B	C	D
40	A	B	C	D		80	A	B	C	D

GABARITO COMENTADO

1. Gabarito "A"
Comentário: Dentre as atividades consideradas privativas de advocacia está a de postulação judicial, consoante prevê o art. 1º, I, do EAOAB. Porém, não se trata de regra absoluta a necessidade de advogado para toda e qualquer postulação em juízo, eis que nossa legislação excepciona diversas hipóteses, dentre elas, a impetração de *habeas corpus* em qualquer instância ou tribunal (art. 1º, § 1º, do EAOAB). Assim, conforme relatado no enunciado, César e João, amigos de Guilherme, bacharel em Direito, tinham sua liberdade de locomoção sob ameaça, o que ensejaria o manejo de *habeas corpus*. Já Antônio, por ser vítima de abuso de poder que lhe ameaçava direito líquido e certo, necessitaria da impetração de mandado de segurança. Ora, nada obstante estejamos diante de duas ações de índole constitucional (*habeas corpus* e mandado de segurança), impetradas perante o Poder Judiciário, apenas o mandado de segurança exige capacidade postulatória, inserindo-se no âmbito das atividades privativas de advocacia, diversamente do *habeas corpus*, que pode ser impetrado por qualquer pessoa, independentemente de advogado. O enunciado, ao que parece, fez confusão em sua parte final, eis que, após haver descrito que César e João sofriam ameaça em sua liberdade de locomoção, afirma que o bacharel Guilherme impetrou *habeas corpus* em favor de César e Antônio (e não de João, que sofria ameaça em sua liberdade de locomoção), e mandado de segurança em favor de João (que não sofria ameaça em sua liberdade de locomoção, mas, sim, abuso de poder que lhe tolhia direito líquido e certo). Nada obstante a nítida falha do enunciado e a intenção da banca examinadora em cobrar do candidato conhecimentos acerca das atividades privativas de advocacia, assinalou-se como correta a alternativa "A". De fato, com relação a César, cabível seria o *habeas corpus*, eis que sua liberdade de locomoção estava sob ameaça. E, para tal ação, não se exige capacidade postulatória, ou seja, independe de advogado a impetração. Porém, com relação a Antônio, a ação cabível seria a de mandado de segurança, e não *habeas corpus*, como referido na parte final do enunciado. Em suma, a banca examinadora trocou os nomes dos amigos de Guilherme, gerando, com isso, falha insanável que deveria ter ensejado a anulação da questão! Porém, infelizmente, o gabarito foi mantido e, em nosso sentir, de forma equivocada. Nada obstante, apenas para o leitor melhor compreender o tema envolvido no enunciado, um bacharel em Direito, por não ser inscrito como advogado, jamais poderia impetrar um mandado de segurança, por se tratar de ação que exige a intervenção de advogado, diversamente com o que ocorre com o *habeas corpus*, que, como dito, não exige capacidade postulatória. Portanto, a alternativa "menos errada", tendo em vista que o enunciado trocou os nomes e, portanto, as ações cabíveis para cada um dos amigos de Guilherme, é a "B". Porém, como dito, a banca examinadora, ao publicar o gabarito da 1ª fase, e mesmo após a divulgação do resultado definitivo, optou por manter a alternativa "A" como a correta.

2. Gabarito "C"
Comentário: A questão cobra do candidato um assunto "clássico" no tema "sociedade de advogados", qual seja, a possibilidade de manutenção de nome de sócio falecido no nome societário. E a resposta se encontra no art. 16, § 1º, parte final, do EAOAB: "A razão social deve ter, obrigatoriamente, o nome de, pelo menos, um advogado responsável pela sociedade, podendo permanecer o de sócio falecido, desde que prevista tal possibilidade no ato constitutivo". Portanto, correta a alternativa "C", cabendo exclusivamente à vontade dos sócios, quando da elaboração do ato constitutivo da sociedade, prever a possibilidade de permanência de nome de sócio falecido no nome da sociedade. Em outras palavras, havendo expressa previsão no ato constitutivo, admite-se a manutenção do nome de sócio que tenha falecido. No silêncio de referido ato, o nome da sociedade deverá ser alterado caso nele constasse nome (ou sobrenome) de sócio que tenha morrido.

3. Gabarito "C"
Comentário: Assim dispõe o art. 48, § 3º, do CED: "O contrato de prestação de serviços poderá dispor sobre a forma de contratação de profissionais para serviços auxiliares, bem como sobre o pagamento de custas e emolumentos, os quais, na ausência de disposição em contrário, presumem-se devam ser atendidos pelo cliente. Caso o contrato preveja que o advogado antecipe tais despesas, ser-lhe-á lícito reter o respectivo valor atualizado, no ato de prestação de contas, mediante comprovação documental". Portanto, correta a alternativa "C", estando as demais em descompasso com o referido dispositivo normativo. Perceba o leitor: a questão cobrou conhecimento do "texto de lei". Nada mais!

4. Gabarito "D"
Comentário: O art. 7º-A do Estatuto da OAB, a este incluído pela Lei 13.363/2016, dispõe sobre direitos das advogadas que se encontrem em condições especiais (gestantes, lactantes, adotantes ou que tenham dado à luz). Especificamente quanto às advogadas gestantes, dispõe o inciso I, "a", do referido dispositivo legal, ser direitos delas a entrada em tribunais sem que sejam submetidas a detectores de metais e aparelhos de raios X. Correta, assim, a alternativa "D", estando as demais em descompasso com o teor do que preconiza o referido art. 7º-A, I, "a", do EAOAB. Trata-se de questão que cobra do candidato apenas o conhecimento da "lei seca".

5. Gabarito "D"
Comentário: O desagravo público é prerrogativa dos advogados prevista no art. 7º, XVII e §5º do EAOAB e arts. 18 a 19 do Regulamento Geral do Estatuto da OAB (RGOAB), com as alterações promovidas pela Resolução 1/2018 do CFOAB. Com relação à competência para promover o desagravo público de advogado que tenha sido ofendido em razão do exercício profissional ou por força de cargo ou função da OAB, prevê o art. 19 do RGOAB que caberá ao Conselho Federal fazê-lo quando o ofendido for Conselheiro Federal ou Presidente de Conselho Seccional, bem como quando a ofensa a qualquer advogado se revestir de relevância e grave violação às prerrogativas profissionais, com repercussão nacional. A sessão pública de desagravo, nesses casos, ocorrerá na sede do Conselho Seccional em que tenha ocorrido a ofensa, contando com representantes do CFOAB, exceto no caso de o ofendido de Conselheiro Federal, quando, então, o desagravo será promovido no próprio Conselho Federal. Correta, portanto, a alternativa "D".

6. Gabarito "D"
Comentário: Os honorários de sucumbência, por decorrerem precipuamente do exercício da advocacia e só acidentalmente da relação de emprego, não integram o salário ou a remuneração, não podendo, assim, ser considerados para efeitos trabalhistas ou previdenciários (art. 14 do Regulamento Geral do Estatuto da OAB – RGOAB). Portanto, de plano, incorretas estão as alternativas "A" e "B", por afirmarem que os honorários sucumbenciais recebidos por advogado empregado integram sua remuneração, sendo considerados para efeitos trabalhistas e/ou previdenciários. A alternativa "C" é incorreta pelo fato de, em sua parte final, consignar que os honorários sucumbenciais recebidos por advogado empregado são considerados para efeitos previdenciários. Portanto, correta a alternativa "D", estando em perfeita consonância com o referido art. 14 do RGOAB.

7. Gabarito "B"
Comentário: O art. 8º do Estatuto da OAB nos traz o rol dos requisitos necessários à inscrição como advogado, dentre os quais, a idoneidade moral (inciso VI). Acerca dessa exigência, o § 3º do mesmo dispositivo legal prescreve que a inidoneidade moral, suscitada por qualquer pessoa, deve ser declarada mediante decisão que obtenha no mínimo dois terços dos votos de todos os membros do conselho competente, em procedimento que observe os termos do processo disciplinar. Assim, analisemos as alternativas! **A** e **C**: incorretas, pois a declaração de inidoneidade moral poderá ser suscitada não somente por advogado, mas, na dicção legal, por qualquer pessoa. Além disso, o reconhecimento da inidoneidade exigirá maioria qualificada (dois terços), não bastante maioria absoluta dos membros do Conselho competente; **B**: correta, nos exatos termos do art. 8º, § 3º, do EAOAB; **D**: incorreta, pois a inidoneidade moral deverá, uma vez suscitada

por qualquer pessoa, ser analisada pelo conselho competente, somente sendo declarada por decisão da maioria qualificada de seus membros (dois terços no mínimo).

8. Gabarito "A"
Comentário: A: correta. Nos termos do art. 23 do Estatuto da OAB, os honorários incluídos na condenação, por arbitramento ou sucumbência, pertencem ao advogado, tendo este direito autônomo para executar a sentença nesta parte, podendo requerer que o precatório, quando necessário, seja expedido em seu favor; **B:** incorreta, pois o art. 24, *caput*, do EAOAB, prevê que em caso de concurso de credores, como é o caso da falência, o crédito de honorários terá natureza privilegiada, podendo a execução dos honorários ser promovida nos mesmos autos da ação em que tenha atuado o advogado, se assim lhe convier (§ 1º); **C:** incorreta. O valor dos honorários contratuais somente poderá ser destacado do montante a ser recebido pelo cliente quando o respectivo contrato for juntado aos autos antes da expedição do precatório, consoante prevê o art. 22, § 4º, do EAOAB; **D:** incorreta. A procedência ou improcedência da ação patrocinada pelo advogado não influencia na forma de cobrança judicial dos honorários contratuais. Ou seja, caso o cliente fique em débito no tocante aos honorários convencionados, poderá o advogado promover a cobrança judicial, devendo, antes, renunciar ao mandato (art. 54 do CED). Repise-se que tal procedimento independe de a demanda ter sido julgada procedente ou improcedente.

9. Gabarito "D"
Comentário: A assertiva correta conforme o pensamento de Hannah Arendt é a "D", porque o homem perde sua qualidade essencial de homem e sua própria dignidade quando deixar de pertencer a uma comunidade organizada, disposta e capaz de garantir quaisquer direitos. Que retrata bem o caso e o drama atual dos refugiados espalhados pelo mundo.

10. Gabarito "C"
Comentário: Para Rousseau, as desigualdades naturais são aceitáveis, mas as desigualdades morais não o são, pois consistem em privilégios de uns sobre os outros.

11. Gabarito "C"
Comentário: A: incorreta. Determina o art. 25 da CF/88 que os **Estados** organizam-se e **regem-se pelas Constituições e leis que adotarem**, observados os princípios desta Constituição; **B:** incorreta. O Estado Beta tem poderes para se estruturar por meio de uma Constituição, mas ao fazer isso terá de respeitar a relação de paralelismo que deve existir entre a Constituição Federal de 1988 e as Constituições Estaduais, ou seja, deverá respeitar o princípio da simetria. O art. 25 da CF/88 após mencionar que os Estados organizam-se e regem-se pelas Constituições e leis que adotarem, afirma que isso será feito desde que **observados os princípios desta Constituição (CF/88)**; **C:** correta. É exatamente o que determina o citado *caput* do art. 25 da CF/88; **D:** incorreta. **Os textos constitucionais podem ser diferentes**, e normalmente são, desde que os princípios previstos na CF/88 (texto federal) sejam respeitados. BV

12. Gabarito "A"
Comentário: A: correta. De fato, a competência para legislar sobre pesca é concorrente (entre a União, os Estados e o Distrito Federal, conforme determina art. 24, VI, da CF/88. Por outro lado, a competência para legislar sobre navegação marítima e transporte é privativa da União, de acordo com o art. 22, X e XI, da CF. Essa competência é delegável, sendo assim, pode a União autorizar, por meio de lei complementar federal, que o Estado Y legisle sobre transporte e navegação marítima; **B:** incorreta. O Estado tem competência concorrente para legislar sobre pesca como mencionado. Para tratar do transporte marítimo de passageiros dependerá de autorização da União por meio de lei complementar federal; **C:** incorreta. A legislação sobre o meio ambiente e o controle da poluição é da competência concorrente entre a União, os Estados e o Distrito Federal, de acordo com o art. 24, VI, da CF. Ocorre que o problema apresentado envolve outros assuntos, conforme explicado nos fundamentos anteriores; **D:** incorreta. Como mencionado, a legislação sobre pesca é concorrente entre a União, os Estados e o Distrito Federal e a sobre navegação marítima privativa da União, podendo ser delegada. BV

13. Gabarito "A"
Comentário: A: correta. De acordo com o inciso XX do art. 5º da CF ninguém poderá ser compelido a associar-se ou a permanecer associado. Portanto, Anderson poderá pleitear judicialmente a interrupção da cobrança indevida. Além disso, a Constituição garante a plena liberdade de associação e determina no inciso XVIII do art. 5º que a sua criação **não depende de autorização**, sendo vedada, inclusive, a interferência estatal em seu funcionamento; **B:** incorreta. As associações podem ser instituídas independentemente de autorização estatal, como já mencionado, mas a **suspensão das suas atividades** não depende do trânsito em julgado, **apenas de decisão judicial**. Para que as associações sejam **dissolvidas** é que a Constituição exige a decisão judicial **transitada em julgado**, conforme determina o inciso XIX do art. 5º; **C:** incorreta. A primeira parte está correta, pois, de fato, a Constituição assegura a plena liberdade de associação para fins lícitos e proíbe as de caráter paramilitar. Ocorre que Anderson, ao contrário do mencionado, pode insurgir-se contra a cobrança, pois **não pode ser compelido a associar-se ou a permanecer associado**. É o que determina o inciso XX do art. 5º da CF/88; **D:** incorreta. A natureza de direito fundamental não impede que haja intervenção do Poder Judiciário. É necessário, de acordo com o inciso XIX do art. 5º da CF, que o **Judiciário intervenha** nas hipóteses de suspensão das atividades e para dissolver as associações. Na suspensão será imprescindível a decisão judicial e na dissolução a decisão judicial terá de ter transitado em julgado, conforme explicado anteriormente. BV

14. Gabarito "B"
Comentário: A: incorreta. A inconstitucionalidade não decorre da competência para tratar do uso e organização do solo, pois os Municípios têm competência para tanto (art. 30, VIII, da CF/88), mas do fato da norma violar o princípio da livre concorrência. Determina a súmula vinculante nº 49 que ofende o princípio da livre concorrência lei municipal que impede a instalação de estabelecimentos comerciais do mesmo ramo em determinada área; **B:** correta. De fato, o art. 30, VIII, da CF/88 atribui aos Municípios essa competência, mas a proibição de instalação para de estabelecimentos comerciais do mesmo ramo em determinada área, ofende o princípio da livre concorrência, conforme determina a mencionada súmula vinculante nº 49; **C:** incorreta. De acordo com o art. 30, VIII, da CF que compete aos Municípios a promoção, no que couber, do adequado ordenamento territorial, mediante planejamento e controle do uso, do parcelamento e da ocupação do solo urbano; **D:** incorreta. A União legisla, de forma privativa, sobre Direito Civil e Comercial, conforme determina o art. 22, I, da CF. Por outro lado, em relação ao zoneamento urbano, a competência é dos Municípios, segundo o citado art. 30, VIII, da CF/88. BV

15. Gabarito "C"
Comentário: A: incorreta. É possível que o Presidente da República, mediante decreto, extinga funções ou cargos públicos, quando vagos, conforme determina o art. 84, VI, "a", da CF/88; **B:** incorreta. A delegação aos Ministros de Estado é permitida pelo parágrafo único do art. 84 da CF/88; **C:** correta. É o que determina o citado art. 84, VI, "a" e parágrafo único, da CF/88; **D:** incorreta. Os cargos podem ser extintos. O decreto está de acordo com o texto constitucional, conforme demonstrado. BV

16. Gabarito "D"
Comentário: A: incorreta. De acordo com o § 2º do art. 102 da CF, as decisões definitivas de mérito, proferidas pelo STF nas ações de controle concentrado, como no caso da ADI, produzem eficácia contra todos (*erga omnes*) e efeito vinculante relativamente aos demais órgãos do Poder Judiciário e à administração pública direta e indireta, nas esferas federal, estadual e municipal. Não obrigam, portanto, a função legislativa, ainda que exercida de forma atípica por outro poder. Logo, a inconstitucionalidade da lei do Estado Sigma **não** pode ser arguida em reclamação ao STF; **B:** incorreta. A norma não nasce nula, pois a função legislativa, como já mencionado, não é atingida pelo efeito vinculante advindo das decisões definitivas dadas pelo STF nas ações do controle concentrado. Sendo assim, o judiciário terá de ser provocado para que a norma seja declarada inconstitucional; **C:** incorreta. Ao contrário

do mencionado, a decisão definitiva de mérito proferida pelo STF em sede de ADI possui efeito vinculante, conforme determina o § 2º do art. 102 da CF. A não existência de óbice à edição de lei estadual com teor idêntico àquele de outra lei estadual que fora declarada inconstitucional pela Suprema Corte tem por fundamento a abrangência do efeito vinculante. A função de produzir normas abstratas e genéricas (função legislativa ou atividade legiferante) não é atingida pelo efeito vinculante das decisões definitivas de mérito dadas pelo Supremo nas ações do controle concentrado de constitucionalidade; **D:** correta. De fato, de acordo com o citado art. 102, § 2º, da CF, a referida decisão proferida pelo STF vincula apenas os demais órgãos do Poder Judiciário e a administração pública direta e indireta, não o Poder Legislativo em sua função típica de legislar. Sendo assim, pode ser proposta nova ADI.

17. Gabarito "B"
Comentário: **A:** incorreta. Na hipótese de desrespeito aos princípios indicados na Constituição Estadual, a intervenção estadual no Município Alfa **dependerá de provimento do Tribunal de Justiça**, conforme determina o art. 35, IV, da CF/88; **B:** correta. É o que determina o mencionado art. 35, IV, da CF/88; **C:** incorreta. A intervenção, ainda que considerada medida excepcional, é possível nessa hipótese, pois a violação a princípios **encontra-se dentro rol taxativo** previsto na CF/88. **D:** incorreta. Nessa hipótese de intervenção é dispensado o controle pela Assembleia Legislativa. De acordo com o § 3º do art. 36 da CF, nos casos do art. 34, VI e VII, ou do art. 35, IV (hipótese trazida pelo problema), **dispensada a apreciação** pelo Congresso Nacional ou **pela Assembleia Legislativa**, o decreto limitar-se-á a suspender a execução do ato impugnado, se essa medida bastar ao restabelecimento da normalidade.

18. Gabarito "D"
Comentário: A cobrança que a escola mencionou é ilegal, isso porque toda escola particular deve adotar as medidas inclusivas previstas na lei, tais como garantir o acesso da criança com deficiência, em igualdade de condições, a jogos e a atividades recreativas, sendo vedada a cobrança de valores adicionais de qualquer natureza em suas anuidades, no cumprimento dessas medidas (art. 28, XV e § 1º, do Estatuto da Pessoa com Deficiência).

19. Gabarito "B"
Comentário: A e C: incorretas. Não há previsão dessas regras no ordenamento jurídico brasileiro; B: correta. De fato, determina o art. 10, § 3º, da Lei 9.504/97 (lei que trata das normas sobre as eleições) que cada partido ou coligação preencherá o mínimo de 30% (trinta por cento) e o máximo de 70% (setenta por cento) para candidaturas de cada sexo; D: incorreta. Existe obrigação quanto à distribuição de percentual de vagas no art. 10, § 3º, da Lei 9.504/97, conforme explicado.

20. Gabarito "C"
Comentário: **A:** incorreta, tratado é todo acordo formal concluído entre pessoas jurídicas do Direito Internacional Público que tenha por escopo a produção de efeitos jurídicos. Ou consoante o art. 2, ponto 1, *a*, da Convenção de Viena sobre Direito dos Tratados, tratado é um acordo internacional concluído por escrito entre Estados e regido pelo Direito Internacional, quer conste de um instrumento único, quer de dois ou mais instrumentos conexos, qualquer que seja sua denominação específica; **B:** incorreta. De acordo com a Convenção de Viena sobre Direito dos Tratados, um tratado pode proibir expressamente a formulação de reservas[1] (art. 19, *a*, da Convenção de Viena sobre o Direito dos Tratados) e que, se ele nada dispuser sobre o assunto, entende-se que as reservas a um tratado internacional são possíveis, a não ser que sejam incompatíveis com seu objeto e sua finalidade (art. 19, *c*, da Convenção de Viena sobre o Direito dos Tratados); **C:** correta (art. 27 da Convenção de Viena sobre Direito dos Tratados); **D:** incorreta. o *jus cogens* não é exatamente uma fonte de direito internacional, mas sim uma norma jurídica. De acordo com o segundo relatório de Dire Tladi, relator especial da Comissão de Direito Internacional para o tema, divulgado em 2017, o costume é fonte mais comum de produção de normas de *jus cogens*. Isso ocorre porque uma mera abstenção durante a formação de norma costumeira vincula os estados, diferentemente dos tratados, que exigem conduta positiva, no sentido de aderir ao texto convencional. De toda forma, reconhece Tladi que os princípios gerais de direito podem servir de base para a criação de normas de *jus cogens*, e que os tratados internacionais podem refletir normas de direito cogente. De toda forma, o direito cogente não diz respeito propriamente a uma fonte de direito internacional (meio apto a produzir norma), mas a uma norma jurídica propriamente dita, que, por resguardar valores fundamentais da comunidade internacional, apresenta as qualidades especiais de (i) criar obrigações *erga omnes*; e de (ii) prevalecer sobre as demais normas de direito internacional. A própria definição de *jus cogens*, codificada no tipificado no art. 53 da Convenção de Viena sobre Direito dos Tratados é a definição de um tipo especial de norma; não de uma fonte: "É nulo um tratado que, no momento de sua conclusão, conflite com uma norma imperativa de Direito Internacional Geral. Para os fins da presente Convenção, uma norma imperativa de Direito Internacional Geral é uma norma aceita e reconhecida pela comunidade internacional dos Estados como um todo, como norma da qual nenhuma derrogação é permitida e que só pode ser modificada por norma ulterior de Direito Internacional Geral da mesma natureza". A proibição da agressão, da escravidão, da tortura, de crimes contra a humanidade e de genocídio são exemplos de normas imperativas de Direito Internacional geral.

21. Gabarito "D"
Comentário: Consoante o art. 5º da CF/1988, o estrangeiro tem aqui proteção da ordem jurídica como qualquer nacional, apenas com a diferença de não se beneficiar dos direitos políticos. O acesso à educação pública no Brasil é assegurado a todos os migrantes, inclusive os apátridas e os refugiados (art. 4º, VIII e X, da Lei de Migração).

22. Gabarito "B"
Comentário: **A:** incorreta. Embora a competência tributária (= competência para legislar) seja da União, no caso de imposto de renda retido na fonte por Estados e Municípios, nos casos previstos nos arts. 157, I, e 158, I, da CF, sua receita é destinada a estes entes (Estados e Municípios). Por essa razão, são eles (Estados e Municípios que retiveram o imposto de renda e se apropriaram de sua receita) que possuem legitimidade passiva processual para figurar nas ações de restituição do imposto indevidamente retido – Súmula 447/STJ; **B:** correta, conforme comentários anteriores, lembrando que a Justiça Estadual é a competente para as demandas de particulares contra Estados e Municípios; C e D: incorretas, conforme comentários anteriores.

23. Gabarito "B"
Comentário: **A:** incorreta, pois, apesar de o ITR ser tributo da competência federal, a Constituição Federal prevê a possibilidade de os municípios optarem pela fiscalização e cobrança, nos termos do art. 153, § 4º, III; **B:** correta, conforme comentário anterior – art. 153, § 4º, III, da CF; **C:** incorreta, pois com a fiscalização e cobrança do ITR o município passa a ficar com a totalidade do ITR arrecadado – art. 158, II, *in fine*, da CF; **D:** incorreta, pois a competência tributária jamais pode ser delegada, de modo que a opção prevista no art. art. 153, § 4º, III, da CF restringe-se à fiscalização e à cobrança do itr pelos municípios, não abrangendo a competência para legislar sobre o imposto.

24. Gabarito "C"
Comentário: **A:** incorreta, pois é possível a dação de bens imóveis em pagamento, como modalidade de extinção do crédito tributário – art. 156, XI, do CTN; **B:** incorreta, pois a prestação de serviços não é modalidade de extinção do crédito. Ademais, implicaria violação do dever de a administração licitar para adquirir bens e serviços (esse dever de licitar não se aplica estritamente à aquisição de imóveis – há dispensa de licitação no caso do art. 24, X, da Lei 8.666/1993); **C:** correta, conforme o art. 156, XI, do CTN; **D:** incorreta, pois somente a dação de bens imóveis em pagamento é admitida como modalidade de extinção do crédito art. 156 do CTN.

25. Gabarito "A"
Comentário: **A:** correta, pois não somente o proprietário, mas também o titular do domínio útil e mesmo o possuidor com *animus domini* podem ocupar a posição de contribuinte do IPTU, art. 34 do CTN; **B:** incorreta, pois o foro anual não tem natureza tributária, mas sim de contraprestação pela ocupação da área pertencente União; **C:** incorreta, pois a incidência se dá sobre o domínio útil, não sobre a propriedade – art. 32 do CTN; **D:** incorreta,

---

1. O Tribunal Penal Internacional (TPI) foi constituído na Conferência de Roma, em 17.07.1998, onde se aprovou o Estatuto de Roma – tratado que não admite a apresentação de reservas.

pois a questão não é quanto à distinção dos entes, mas a natureza distinta das cobranças. IPTU é tributo incidente sobre o domínio útil, enquanto o foro é contraprestação pela ocupação da área pertencente União.

26. Gabarito "A"
Comentário: A: correta, nos termos do art. 137, I, do CTN; **B:** incorreta, pois quando há tipificação penal, a responsabilidade tributária por esse mesmo evento é pessoal do agente, nos termos do art. 137, I, do CTN; **C:** incorreta, conforme comentário anterior; **D:** incorreta, pois a responsabilidade pessoal do agente, prevista no art. 137, I, do CTN, implica afastamento da responsabilidade do contribuinte.

27. Gabarito "A"
Comentário: A: correta; a Lei 8.987/95 impõe que os concessionários de serviço público prestem um serviço adequado; de acordo com a lei, o serviço adequado impõe a atualidade desse serviço (art. 6º, § 1º); e, ao definir a atualidade, a lei estabelece que esta "compreende a modernidade das técnicas, do equipamento e das instalações e a sua conservação, bem como a melhoria e expansão do serviço" (art. 6º, § 2º); **B:** incorreta, pois a encampação depende de lei autorizativa específica (art. 37 da Lei 8.987/95); **C:** incorreta, pois o descumprimento de suas obrigações permite a extinção unilateral da concessão, mas aplicando-se o instituto da *caducidade* (art. 38, § 1º, I) e não da *rescisão*; **D:** incorreta, pois esse retorno, que tem o nome de reversão, será feito nos termos do previsto no edital e no contrato (art. 35, § 1º, da Lei 8.987/95).

28. Gabarito "D"
Comentário: A: incorreta; considerando que no caso concreto foi adotado o Regime Diferenciado de Contratação (Lei 12.462/11), que só pode ser aplicado nos casos especificamente elencados na lei (vide art. 1º da Lei 12.462/11), as regras previstas na Lei 8.666/93 só serão aplicadas no que não contrariarem a Lei 12.462/11; dessa forma, aplica-se a regra sobre empate prevista expressamente na Lei 12.462/11, que impõe a tentativa de aplicação de três medidas antes de usar o sorteio como critério de desempate (art. 25); **B:** incorreta, pois o terceiro critério de desempate previsto na Lei 12.462/11 (art. 25, III) é o previsto na Lei 8.666/93, que confere preferência à empresa brasileira (art. 3º, § 2º, II, da Lei 8.666/93); **C:** incorreta, pois nem na Lei 12.462/11 (Regime Diferenciado de Contratações) nem na Lei 8.666/93 (Lei Geral de Licitações) há regra nesse sentido para se determinar com quem a Administração deve contratar em caso de empate entre licitantes; **D:** correta, pois este é o primeiro critério de desempate previsto na Lei 12.462/11 (art. 25, I), que se aplica no caso com primazia em relação à Lei 8.666/93, em função de ter-se adotado o Regime Diferenciado de Contratação.

29. Gabarito "B"
Comentário: A: incorreta, pois há Lei Complementar estabelecendo que a aposentadoria compulsória se dará aos 75 anos (art. 2º, I, da LC 152/15) no âmbito dos entes federativos e suas autarquias e fundações, nos termos da permissão dada pelo art. 40, § 1º, II, da CF, que estabelece a aposentadoria compulsória aos 70 anos, mas permite que lei complementar a eleve para 75 anos, o que acabou se realizando; **B:** correta, pois o art. 2º, I, da LC 152/15, autorizado pelo art. 40, § 1º, II, da CF, alterou para 75 anos a aposentadoria compulsória nos entes federativos, incluindo as suas autarquias e fundações, como é o caso de uma universidade federal; essa regra se aplica ao cargo efetivo de professor de Jorge; quanto ao cargo em comissão, ele é acumulável com o cargo efetivo de professor (art. 37, XVI, "b", da CF) e também é acumulável com os proventos de aposentadoria que Jorge passará a receber quando se aposentar do cargo de professor (art. 37, § 10, da CF); **C:** incorreta, pois o art. 71, III, da CF confere ao Tribunal de Contas a competência para apreciar qualquer tipo de aposentadoria; **D:** incorreta, pois o art. 71, III, da CF não confere ao Tribunal de Contas a competência para apreciar as nomeações para cargo em comissão.

30. Gabarito "C"
Comentário: A e **D:** incorretas, pois a responsabilidade do Poder Público é objetiva (art. 37, § 4º, da CF); **B:** incorreta, pois a responsabilidade pelo dano nuclear é objetiva e se adota a teoria do risco integral, não havendo que se falar em excludentes de responsabilidade; **C:** correta; em geral a responsabilidade do Poder Público é objetiva (art. 37, § 4º, da CF), independendo de culpa ou dolo, o que já seria suficiente para resolver essa questão; no entanto, há de se lembrar que, em se tratando de dano nuclear, tem-se responsabilidade objetiva que também não admite excludente de responsabilidade, por se adotar a teoria do risco integral.

31. Gabarito "A"
Comentário: A: correta, pois a Lei 13.303/16 (Estatuto das Empresas Estatais) não exige que a maioria do capital votante permaneça em propriedade da União, podendo ser também em propriedade de um Estado, do Distrito Federal ou de um Município (art. 3º, parágrafo único); admite-se que tenham capital numa empresa pública entidades da administração indireta dos entes políticos mas, por conta da regra citada, a maioria do capital votante terá de permanecer em propriedade de um dos entes políticos citados; **B:** incorreta, pois, em se tratando de empresa estatal, a lei apenas tem o poder de autorizar a sua criação, devendo os atos constitutivos serem registrados no registro público competente para que ela enfim esteja devidamente criada; ao contrário do que ocorre com pessoas de direito público, que são criadas diretamente pela lei que as houver instituído (art. 37, XIX, da CF); **C:** incorreta, pois uma empresa pública é considerada uma pessoa jurídica de direito *privado* estatal e não uma pessoa jurídica de direito *público*; **D:** incorreta, pois os contratos em questão devem sim ser submetidos a licitação (art. 28, *caput*, da Lei 13.303/16), observando-se as específicas regras de licitação do Estatuto das Empresas Estatais (Lei 13.303/16).

32. Gabarito "B"
Comentário: A: incorreta; não só os contratos como seus aditamentos deverão ser lavrados, sendo considerados nulos os acertos verbais, salvo situações muito específicas de pequeno valor, que não é o caso dessa questão (art. 60, parágrafo único, da Lei 8.666/93); **B:** correta, nos termos do que autoriza o art. 65, I, da Lei 8.666/93; vale ressaltar que a alteração pretendida está dentro do limite de 25% do valor do valor atualizado do contrato, para acréscimos ou supressões nos respectivos quantitativos de serviços (art. 65, § 1º, da Lei 8.666/93); **C:** incorreta, pois o limite de alteração é de 25% do valor do valor atualizado do contrato, para acréscimos ou supressões nos respectivos quantitativos de serviços (art. 65, § 1º, da Lei 8.666/93); **D:** incorreta, pois a lei prevê solução menos radical e custosa, que é a alteração contratual nos limites previstos nas regras do art. 65 da Lei 8.666/93.

33. Gabarito "A"
Comentário: A: correta; considerando que, nesse caso, está-se diante de bem pertencente à União, já que o corpo d'água passa por dois Estados da Federação, ela é a competente para a outorga, nos termos do art. 14 da Lei 9.433/97; **B:** incorreta, pois nesse caso se tem um bem municipal, cabendo ao Município a outorga, nos termos do art. 14 Lei 9.433/97; **C:** incorreta, pois nesse caso se tem um bem estadual, cabendo ao Estado correspondente a outorga, nos termos do art. 14 Lei 9.433/97; **D:** incorreta, pois nesse caso não será necessário o ato de outorga, em função do baixo impacto do uso, nos termos do art. 12, § 1º, I, da Lei 9.433/97.

34. Gabarito "C"
Comentário: A: incorreta; há dois tipos de mercado de carbono, o regulamentado e o voluntário; o voluntário independe de regulamentação estatal e de uma entidade chancelada em tratados internacionais, e é baseado em certificações internacionais confiáveis; **B:** incorreta; a criação desse mercado é constitucional, pois o objetivo aqui é reduzir as emissões de gases de efeito estufa, algo que certamente atende aos ditames constitucionais; **C:** correta; de fato, há dois mercados hoje, o regulamentado e voluntário; no Brasil ainda não há um marco regulatório desse mercado, mas os atores privados já vêm comercializando créditos de carbono há muito tempo; **D:** incorreta; os países desenvolvidos aderentes dos pactos respectivos têm metas de redução da emissão desses gases e são grandes clientes das empresas e entidades brasileiras que geram economia desses gases e, assim, recebem créditos de carbono para vender para atores desses países que precisam reduzir a emissão ou aumentar seus créditos para tanto.

35. Gabarito: B
Comentário: A: incorreta, pois o provedor apenas poderia ser responsabilizado se houvesse uma ordem judicial para retirada (art. 19 Lei 12.965/2014). A

responsabilidade não deriva, portanto, do descumprimento de uma notificação privada. Isso ocorre apenas em casos excepcionais (art. 19, §2º e art. 21); **B:** correta, pois nos termos do art. 19, *caput* da Lei 12.965/2014 o provedor de aplicações de internet somente poderá ser responsabilizado civilmente por danos decorrentes de conteúdo gerado por terceiros se, após ordem judicial específica, não tomar as providências cabíveis para a remoção do conteúdo; **C:** incorreta, pois Rafael foi o autor do dano, e todo aquele que violar direito e causar dano a outrem fica obrigado a repará-lo (art. 186 CC); **D:** incorreta. O fato de Rafael não ter sido diretamente notificado para retirar o conteúdo lesivo não o exime da responsabilidade, pois, como autor do dano, ele fica obrigado a repará-lo (art. 186 CC). Ademais não há que se falar em culpa exclusiva da vítima, uma vez que Samuel em nada contribuiu para que o dano ocorresse (art. 945 CC).

36. Gabarito: "C"
Comentário: A: incorreta, pois o dolo ocorre quando alguém maliciosamente induz outrem à prática de um ato que, se soubesse das reais circunstâncias não o praticaria (art. 145 CC). Neste caso, o locatário não está sendo induzido a praticar nada. E ainda que fosse dolo, o prazo para anulação é de 4 anos (art. 178, II CC); **B:** incorreta, pois o erro ocorre quando alguém, sem indução nenhuma possui uma noção falsa sobre determinado objeto ou situação (art. 138 e 139 CC). O erro que enseja a anulação do negócio é o erro substancial. Neste caso fica nítido que João não incidiu em erro; **C:** correta, pois trata-se de negócio jurídico simulado, uma vez que existe declaração não verdadeira (art. 167, §1º, II CC). Trata-se de caso de nulidade (art. 167 *caput* CC), que pode ser alegado por qualquer interessado (art. 168, *caput* CC); **D:** incorreta, pois o vício não está no campo da eficácia (condição termo e encargo), mas sim da validade dos negócios jurídicos (art. 167 CC).

37. Gabarito: "A"
Comentário: A: correta, pois trata-se de caso de rompimento de testamento. Neste passo, sobrevindo descendente sucessível ao testador, que não o tinha ou não o conhecia quando testou, rompe-se o testamento em todas as suas disposições, se esse descendente sobreviver ao testador (art. 1.973 CC). Logo, Carolina herdará todos os bens; **B:** incorreta. Carolina herdará todos os bens e Roberta ficará excluída da sucessão, pois pela ordem de sucessão hereditária, o descendente tem prioridade sobre o colateral (art. 1.829, I CC); **C:** incorreta. Roberta não herdará nenhum bem de Juliana, pois trata-se de hipótese de rompimento de testamento e o descendente tem prioridade ao colateral (art. 1.973 e art. 1.829, CC); **D:** incorreta. A herança de Juliana não será declarada jacente, pois ela tem herdeiros vivos e conhecidos. A herança jacente somente ocorre quando alguém morre sem deixar testamento nem herdeiro legítimo notoriamente conhecido (art. 1.819 CC).

38. Gabarito: "C"
Comentário: A: incorreta, pois na responsabilidade contratual, diante do inadimplemento, impõe-se ao devedor o dever de indenizar os prejuízos ao credor (art. 389 CC). A teoria do dever de mitigar o próprio dano questiona se o devedor é responsável inclusive pelo prejuízo que poderia ser evitado pelo credor mediante esforço razoável. A história trazida não se encaixa em nada nessa hipótese; **B:** incorreta, pois quando falamos em *venire contra factum proprium* temos quatro elementos: comportamento, geração de expectativa, investimento na expectativa gerada e comportamento contraditório. Neste passo, Renata não apresentou comportamento contraditório, uma vez que sua intenção era de pagar o carro até o final. Apenas não o fez por circunstâncias alheias a sua vontade, isto é, a perda do emprego (art. 422 CC); **C:** correta, pois essa teoria sustenta que não se deve considerar resolvida a obrigação quando a atividade do devedor, embora não tenha sido perfeita ou não atingido plenamente o fim proposto, aproxima-se consideravelmente do seu resultado final. Decorre do princípio da boa-fé e da função social do contrato (art. 422 CC); **D:** incorreta, pois o problema da hipótese trazida não foi falta de informação e sim desproporção da conduta do banco frente ao adimplemento quase que completo de Renata. O dever de informação decorre do princípio da boa-fé objetiva previsto no art. 113 CC, que porém nada tem a ver com o caso em questão.

39. Gabarito "A"
Comentário: É claro o art. 143, parágrafo único, do ECA ao estabelecer que *qualquer notícia a respeito do fato não poderá identificar a criança ou adolescente, vedando-se fotografia, referência a nome, apelido, filiação,* *parentesco, residência e, inclusive, iniciais do nome e sobrenome*. Mais: o ECA considera infração administrativa, prevista no art. 247, § 1º, a conduta consistente em exibir fotografia de criança ou adolescente envolvido na prática de ato infracional, ou ainda qualquer ilustração que lhe diga respeito ou se refira a atos que lhe sejam atribuídos, de forma a permitir sua identificação.

40. Gabarito "B"
Comentário: A solução desta questão deve ser extraída dos arts. 36 e 37 do ECA e 1.728, I, e 1.729, parágrafo único, do Código Civil. Quanto à tutela, valem alguns esclarecimentos. Previsão legal: arts. 36, 37 e 38 do ECA. Conceito: Constitui forma de colocação da criança ou do adolescente em família substituta que pressupõe a perda ou a suspensão do poder familiar (art. 36, parágrafo único, do ECA). Também regulariza a posse de fato. Limite de idade: a tutela somente será deferida a pessoa com até 18 anos incompletos – art. 36, *caput*, do ECA. Características e pontos relevantes: **a)** ao contrário da guarda, em que se confere ao seu detentor o direito de representação para a prática de atos determinados, na tutela é conferido ao tutor amplo direito de representação, que deverá, por conta disso, administrar bens e interesses do pupilo; **b)** determina o art. 38 do ECA que, no que concerne à destituição da tutela, aplica-se o art. 24, que prescreve que a perda ou suspensão do poder familiar somente será decretada em processo judicial no qual seja assegurado o contraditório; **c)** os arts. 1.736 e seguintes do CC listam as hipóteses de escusa da tutela. Ex.: mulheres casadas; maiores de 60 anos. Classificação: **a)** tutela testamentária: prevista nos arts. 37 do ECA e 1.729 do CC, é aquela instituída por vontade dos pais, em conjunto; deve constar de testamento ou de outro documento autêntico; **b)** tutela legítima: à falta de tutor nomeado pelos pais, incumbe a tutela aos parentes consanguíneos do menor, conforme ordem estabelecida no art. 1.731 do CC; **c)** tutela dativa: diante da falta de tutor testamentário ou legítimo, ou quando estes forem excluídos ou escusados da tutela, ou ainda quando removidos por inidoneidade, o juiz nomeará tutor idôneo – art. 1.732 do CC.

41. Gabarito "ANULADA"
Comentário: A: incorreta, pois num primeiro momento os responsáveis são os pais, de forma objetiva (art. 932, I CC). O menor apenas responde subsidiariamente de forma subjetiva (art. 928, caput CC); **B:** incorreta, pois o menor tem responsabilidade subsidiária, na forma subjetiva (art. 928, caput CC); **C:** incorreta, pois os pais são responsáveis de forma objetiva (art. 932, I CC); **D:** incorreta, pois os pais do menor têm responsabilidade primária. Caso os pais não tenham obrigação de responder pelo prejuízo ou não dispuserem de meios suficientes, daí o incapaz responde pelos prejuízos que causar de forma subsidiária (art. 928, caput CC);

42. Gabarito "A"
Comentário: Esta questão envolve o direito à profissionalização e à proteção no trabalho, previsto nos arts. 60 a 69 do ECA. Segundo o art. 7º, XXXIII, da CF, é proibido o trabalho *noturno, perigoso* ou *insalubre* a menores de 18 anos, e de qualquer trabalho a menores de 16 anos, salvo na condição de aprendiz, se contar, no mínimo, com 14 anos. Temos, portanto, três situações distintas: **a)** menos de 14 anos: trabalho proibido (é o caso de João); **b)** entre 14 e 16 anos: somente na condição de aprendiz (é o caso de Jair); **c)** entre 16 e 18 anos: qualquer trabalho, menos noturno, insalubre e perigoso (é o caso de José);

43. Gabarito "B"
Comentário: É caso de aplicação de medida cautelar de afastamento do agressor, a qual deverá contemplar a fixação de alimentos em benefício da criança ou adolescente, tal como estabelece o art. 130 do ECA.

44. Gabarito "D"
Comentário: A: incorreta. A carência está expressamente prevista no art. 12 da Lei 9.659/98, e constitui o período previsto em contrato no qual o consumidor arca com o pagamento das prestações mensais sem ter o direito de acesso a determinadas coberturas. Para que a carência possa ser levantada pelo plano de saúde, deve haver cláusula contratual expressa de forma clara e de modo que o consumidor compreenda as restrições ali estabelecidas (art. 54 do CDC). **B:** incorreta. (vide justificativa da alternativa "D"). **C:** incorreta. A Lei 9.656/98 é lei especial que deve ser interpretada em conjunto com o

Código de Defesa do Consumidor e não contradiz as normas principiológicas do CDC. **D:** correta. As cláusulas que definem as carências são lícitas e devem ser observadas pela consumidora. No entanto, a carência para procedimentos de urgência e emergências somente podem ser limitadas ao prazo máximo de vinte e quatro horas (art. 12, V, alínea *c*, da Lei 9.656/98). Nesse caso, após 24 horas da contratação do plano, a cobertura deve ser integral e absoluta. Demais, disso, já entendeu o STJ que "é possível que o plano de saúde estabeleça as doenças que terão cobertura, mas não o tipo de tratamento utilizado, sendo abusiva a negativa de cobertura do procedimento, tratamento, medicamento ou material considerado essencial para sua realização de acordo com o proposto pelo médico (REsp 2019/0070457-2). RD

45. Gabarito "A"
Comentário: A: correta. Trata-se de Ação Civil Pública que defende Direito Individual Homogêneo (art. 81, parágrafo único, III, do CDC), que se caracteriza por ser um direito transindividual, divisível, em que pode ser identificado o sujeito de direito e que tem como origem uma circunstância de fato. Nesse caso, nos termos do art. 95 da lei consumerista, tendo ocorrido a procedência do pedido, a condenação deverá ser genérica, fixando a responsabilidade dos réus e determinando, no seu art. 97, que a liquidação e execução de sentença podem ser promovidas pela vítima e seus sucessores, bem como pelos legitimados da ação coletiva. **B:** incorreta. O consumidor poderá executar individualmente os valores a dele devidos. **C:** incorreta. O interesse difuso é o direito transindividual, indivisível, em que não se pode identificar o sujeito de direito, sendo que os titulares estão ligados por uma circunstância de fato (art.81, parágrafo único, I, do CDC). Nesse caso, tendo em vista a possibilidade de identificar os prejudicados pelos distribuidores de petróleo para a indenização, trata-se de direito individual homogêneo. **D:** incorreta. Veja justificativa da alternativa "A".

46. Gabarito: "D"
Comentário: A: incorreta. Roberto é profissional porque: (i) exerce a atividade com habitualidade; (ii) exerce a atividade em nome próprio; e (iii) possui monopólio de informações sobre a atividade em relação aos clientes, isto é, conhece o negócio em detalhes que não são acessíveis às pessoas que não se dedicam ao mesmo ramo. Além disso, a atividade empresária não se resume à produção de bens, estando a prestação de serviços abrangida pela parte final do art. 966 do CC; **B:** incorreta, conforme mencionado na parte final do comentário anterior; **C:** incorreta. Ainda que ausente o registro, a atividade é empresária. O registro é condição de sua regularidade, não da caracterização do empresário; **D:** correta, conforme comentário à alternativa anterior. HS

47. Gabarito: "B"
Comentário: A: incorreta. A sociedade cooperativa é simples por força de lei (art. 982, parágrafo único, do CC), de maneira que seus atos constitutivos são aprovados diretamente pelo Registro Civil de Pessoas Jurídicas (art. 1.150 do CC); **B:** correta, nos termos do art. 1.904, VI, do CC); **C:** incorreta. A responsabilidade dos sócios pode ser limitada ou ilimitada (art. 1.095 do CC); **D:** incorreta. A exigência do capital mínimo mencionado é para a EIRELI (art. 980-A do CC). A sociedade cooperativa sequer é obrigada a ter capital social (art. 1.094, I, do CC). HS

48. Gabarito: "D"
Comentário: A: incorreta. A duplicata goza de prazo diferenciado para protesto, de 30 dias após o vencimento, nos termos do art. 13, § 4º, da Lei 5.474/1968; **B:** incorreta. O aceitante é o devedor principal da duplicata, de forma que o pagamento pode sempre ser dele exigido; **C:** incorreta, nos termos do comentário à alternativa "A"; **D:** correta, nos termos do art. 13, § 4º, da Lei das Duplicatas. HS

49. Gabarito: "A"
Comentário: A: correta. O franqueador é obrigado a cumprir as condições expostas na Circular de Oferta de Franquia (art. 3º da Lei 8.955/1994); **B:** incorreta. O contrato de franquia é necessariamente celebrado por escrito (art. 6º da Lei 8.955/1994); **C:** incorreta. O prazo é de 10 dias antes da assinatura do contrato (art. 4º da Lei 8.955/1994); **D:** incorreta. O contrato é anulável, não nulo (art. 4º, parágrafo único, da Lei 8.955/1994). HS

50. Gabarito: "B"
Comentário: A execução fiscal está entre as exceções relacionadas à suspensão das ações individuais em face do devedor em caso de recuperação judicial (art. 6º, §7º, da Lei 11.101/2005), seguindo seu curso normal até o trânsito em julgado da decisão. HS

51. Gabarito "C"
Comentário: A: incorreta, considerando que na tutela de evidência (CPC, art. 311) não se fala em perigo de dano ou de risco ao resultado útil do processo; **B:** incorreta, pois para pleitear tutela antecipada antecedente, não é necessário apontar a causa de pedir e pedido na íntegra, mas tão somente indicar o que é urgente (CPC, art. 303, *caput* e § 1º, inc. I); **C:** correta, pois no Código atual é possível, ao se pleitear tutela de urgência, apenas formular o pedido da tutela antecipada antecedente (CPC, art. 303), com o posterior aditamento da causa de pedir e do pedido; **D:** incorreta, considerando que se não houver elementos para a concessão da tutela antecipada, o juiz determinará a emenda da inicial, no prazo de cinco dias (CPC, art. 303, § 6º).

52. Gabarito "D"
Comentário: A: incorreta, pois se houver concordância das partes acerca do valor, a realização de avaliação não é obrigatória (CPC, art. 871, I); **B:** incorreta, já que, se for realizada avaliação, em regra será feita pelo oficial de justiça (CPC, art. 829, § 1º), e só em alguns excepcionais a avaliação será feita por perito (CPC, art. 870, parágrafo único); **C:** incorreta, já que inspeção judicial, feita pelo juiz, não se presta a avaliar bens, mas a inspecionar pessoas e coisas (CPC, art. 481); **D:** correta, pois se o exequente concordar com o valor indicado pelo executado para o bem, o leilão será realizado sem a necessidade de avaliação (CPC, 871, I).

53. Gabarito "A"
Comentário: A: correta. A situação narra na alternativa (existência de tese fixada em IRDR) é uma daquelas em que cabe tutela de evidência, inclusive sem a oitiva do réu| (CPC, art. 311, II e parágrafo único); **B:** incorreta, pois como exposto no item anterior, a existência de tese fixada em IRDR é requisito para concessão de tutela de evidência, e não de urgência; **C:** incorreta. Apesar de a afirmação sobre a estabilização da tutela antecipada ser correta (CPC, art. 304, *caput* e § 1º), a questão trata de tutela de evidência e não de urgência; **D:** incorreta, pois a tutela provisória, que se divide em tutela de evidência e de urgência, pode ser alterada a qualquer tempo (CPC, art. 302, III).

54. Gabarito: "D"
Comentário: A: incorreta, pois a ausência injustificada à audiência pode acarretar a aplicação de multa (CPC, art. 334, § 8º); **B:** incorreta, considerando que é possível acordo em processos que tratem de direito de família (CPC, art. 694); **C:** incorreta, pois se exitir vínculo entre as partes, o Código indica a solução via mediação (CPC, art. 165, § 3º); **D:** correta, por ser possível a suspensão do processo para tentativa de mediação, mesmo em causas de direito de família (CPC, 694, parágrafo único).

55. Gabarito: "A"
Comentário: A: correta, pois cabe a produção antecipada de provas para avaliar se o caso de depois se ajuizar ação de indenização (CPC, art. 381, III); **B:** incorreta, porque a lei nada dispõe a respeito de obrigatoriedade de produção prévia de provas, de modo que nada impede que se produza a prova durante a tramitação do processo; **C:** incorreta, considerando que é possível a produção antecipada de provas para situações em que há urgência (art. 381 I), como para situações em que não há urgência (art. 381, II e III); **D:** incorreta, pois apenas uma das partes pode ter interesse na produção prévia de provas, caso em que a outra parte será citada, de modo a existir o contraditório (CPC, art. 382, § 1º).

56. Gabarito "C"
Comentário: A: incorreta, pois o aditamento da inicial sem o consentimento do réu é admitido até a citação (CPC, art. 329, I); **B:** incorreta, considerando que o aditamento é proibido somente após o saneamento (CPC, art. 329,

II); **C**: correta, pois o Código prevê que o aditamento pode ser feito até o saneamento, mas desde que o réu concorde (CPC, art. 329, II); **D**: incorreta, considerando que o aditamento pode ser feito até o saneamento (e não até a sentença), e, uma vez realizada a citação, desde que o réu concorde (conforme exposto em alternativas anteriores).

57. Gabarito "B"
Comentário: **A**: incorreta, pois apesar de algumas exceções, a regra é que da decisão de admissibilidade do recurso especial caiba agravo em recurso especial (CPC, art. 1.030, §§ 1º e 2º); **B**: correta. Já que o REsp não foi admitido com base em repetitivo, cabível o agravo interno, a ser julgado pelo Tribunal de Justiça (CPC, art. 1.030, § 2º) – sendo essa uma das exceções mencionadas na alternativa anterior; **C**: incorreta, considerando que agravo interno será julgado pelo TJ, não pelo STJ; **D**: incorreta, pois só cabe recurso extraordinário de acórdão (CPC, art. 1.029), e a decisão mencionada é somente do Presidente de Tribunal, de modo que uma decisão monocrática.

58. Gabarito: "C"
Comentário: O crime de falsidade ideológica (art. 299, CP) tem como pressuposto a existência de uma conduta (ação ou omissão) *dolosa*. Ou seja, este crime, por falta de previsão legal, não comporta a modalidade culposa. O enunciado não deixa dúvida alguma de que a omissão atribuída a Rodrigo foi resultado de esquecimento seu. É dizer: ao deixar de inserir, na ata, informação relevante, ele não o fez de forma deliberada, proposital, razão penal qual a conduta praticada, embora reprovável, é atípica, impondo-se, dessa forma, a sua absolvição.

59. Gabarito: "B"
Comentário: A e C: incorretas. Pelo enunciado, Vinícius, depois de efetuar disparos de arma de fogo contra Clara, sua esposa, imbuído do propósito de matá-la, arrepende-se do que acabara de fazer e, de forma voluntária, socorre-a ao hospital, onde ela permanece por uma semana em coma até o seu falecimento, o que se deu em razão dos ferimentos produzidos pelos disparos de arma de fogo efetuados por Vinícius. Tanto o arrependimento eficaz quanto a desistência voluntária (art. 15 do CP) somente têm lugar na hipótese de o resultado visado pelo agente não ser implementado. No caso narrado no enunciado, para o reconhecimento dos institutos previstos no art. 15 do CP, de rigor que Clara não tivesse morrido. Considerando que ela morreu, ainda que Vinícius tenha se arrependido e socorrido a esposa ao hospital, ele será responsabilizado por homicídio doloso. Vale lembrar que, se considerarmos que o atirador esgotou todos os meios de que dispunha para atingir o resultado almejado (disparo de dois projéteis), há de se reconhecer o arrependimento eficaz, isso, é claro, se, de forma voluntária, lograr evitar o resultado; agora, se o agente, também por ato voluntário, interromper o *iter criminis*, restará configurada a desistência voluntária, desde que com isso o resultado por ele almejado não seja implementado. Perceba que, na desistência voluntária, como o próprio nome sugere, o sujeito ativo, ainda dispondo de meios para alcançar o resultado, resolve, por ato voluntário, interromper a execução do delito (conduta negativa); no arrependimento eficaz, diferentemente, ele faz tudo o que pretendia para atingir o resultado, que não é alcançado porque ele (agente) agiu (conduta positiva) para evitá-lo. Quero, com isso, que fique bem clara a diferença entre a desistência voluntária e o arrependimento eficaz, tema sempre presente em provas de Ordem; **B**: correta. Temos, no caso narrado no enunciado, que a conduta (disparo de arma de fogo) ocorreu em 05/03/2015 e o resultado (morte) se deu uma semana depois, ou seja, 12/03/2015. Neste meio tempo, mais especificamente em 09/03/2015, foi publicada e entrou em vigor a Lei 13.104/2015, que, ao inserir o inciso VI no § 2º do art. 121 do CP, estabeleceu nova qualificadora para o crime de homicídio, a caracterizar-se pelo fato de ele ser praticado contra a mulher por razão de ser ela do gênero feminino. Em princípio, tal dispositivo teria incidência no caso narrado no enunciado. Sucede que a conduta foi praticada antes de a Lei 13.104/2015 (que introduziu esta nova qualificadora) entrar em vigor, embora o resultado tenha sido produzido depois. Neste caso, a solução deve ser extraída do art. 4º do CP, segundo o qual *considera-se praticado o crime no momento da ação ou omissão, ainda que outro seja o momento do resultado*. Ou seja: deve ser aplicada a legislação em vigor ao tempo da conduta (ação ou omissão), ainda que o resultado tenha sido produzido em momento posterior, quando já em vigor lei nova. Esta é a chamada teoria da atividade, adotada pelo CP. De rigor, portanto, o afastamento da qualificadora do art. 121, § 2º, VI, do CP; **D**: incorreta, na medida em que o resultado visado pelo agente foi implementado, não havendo, por isso, que se falar em tentativa.

60. Gabarito: "C"
Comentário: Pela leitura do enunciado, fica evidente que Pedro, desde o início da empreitada criminosa, não sabia, nem tinha como saber, que o furto que pretendia praticar junto com Paulo poderia acabar em roubo. Tanto é assim que adotou a cautela de efetuar a subtração em dia de domingo, quando a escola estaria vazia. Some-se a isso o fato de Pedro desconhecer que Paulo portava uma arma de fogo, com a qual, no curso da execução do furto, anunciou um assalto e subtraiu bens e joias de crianças, pais e funcionários, sem que Pedro disso participasse, já que ele, ao notar que a escola estava cheia, pegou um laptop e tratou de logo deixar o local. Houve, aqui, um desvio subjetivo entre os agentes. É dizer, em dado momento da execução do crime que combinaram cometer, um dos concorrentes, neste caso Paulo, mudando o "plano" anteriormente traçado, passa a agir de forma diversa do combinado, praticando, sem a anuência e a participação do outro concorrente, neste caso Pedro, crime mais grave (roubo). A solução deve ser extraída do art. 29, § 2º, do CP (cooperação dolosamente distinta), segundo o qual *se algum dos concorrentes quis participar de crime menos grave, ser-lhe-á aplicada a pena deste; essa pena será aumentada até a ½ (metade), na hipótese de ter sido previsível o resultado mais grave*. Dessa forma, trazendo esta norma para o problema proposto no enunciado, Pedro deverá responder tão somente pelo crime que queria praticar (e de fato praticou), qual seja, furto consumado qualificado; já Paulo deverá ser responsabilizado pelo crime de roubo, delito que efetivamente praticou.

61. Gabarito: "B"
Comentário: Segundo consta do enunciado, Flávia e Luiza, a pretexto de conhecer melhor Paulo, vão até a casa deste, depois de saírem de uma festa de aniversário. Já na casa de Paulo, mancomunadas, aproveitam o momento em que ele vai ao banheiro para, fazendo uso de uma madeira, trancá-lo e ali isolá-lo. A partir daí, passam a subtrair seus pertences, após o que deixam o local. De se ver que não houve, por parte de Flávia e Luiza, emprego de violência tampouco grave ameaça. Ao trancar Paulo no banheiro, para que este não interferisse na sua ação, elas nada mais fizeram do que reduzir a vítima à impossibilidade de resistência (denominada pela doutrina como violência *imprópria*). O crime em que incorreram Flávia e Luiza, assim, foi o de roubo. Ponto importante e que, portanto, merece ser destacado, embora não interfira na solução desta questão, é saber se se trata de roubo *próprio* ou *impróprio*. Cuida-se de roubo próprio (art. 157, *caput*, do CP), na medida em que o meio de que elas se valeram para reduzir Paulo à impossibilidade de resistência foi empregado antes da subtração de seus pertences. O reconhecimento do roubo impróprio (art. 157, § 1º, do CP) tem como pressuposto o fato de a violência contra a pessoa ou grave ameaça verificar-se após a subtração da *res*. É este o caso do agente que, após efetuar a subtração de determinado bem (furto), ao deixar o local se depara com o proprietário da *res*, contra o qual o agente desfere um soco, que vem a ocasionar-lhe um desmaio e acaba por assegurar ao agente a detenção da coisa subtraída.

62. Gabarito: "D"
Comentário: O enunciado descreve típica hipótese de erro sobre o nexo causal, também chamado de erro sucessivo, dolo geral ou *aberratio causae*, a verifica-se quando o agente, imaginando já ter alcançado determinado resultado com um comportamento inicial (neste caso, as facadas desferidas na vítima), vem a praticar nova conduta (vítima, ainda viva, lançada ao mar), esta sim a causa efetiva da consumação (afogamento). Trata-se de um erro irrelevante para o Direito Penal, porquanto de natureza acidental, devendo o agente ser responsabilizado pelo resultado pretendido de início, que, é importante que se diga, corresponde ao efetivamente atingido. Deverá ser responsabilizado, portanto, por um único crime de homicídio doloso qualificado, na modalidade consumada.

63. Gabarito: "D"
Comentário: A: incorreta. Isso porque, na decisão tomada no julgamento da ADIn n. 4.424, de 09.02.2012, o STF estabeleceu a natureza *incondicionada*

da ação penal nos crimes de lesão corporal, independente de sua extensão, praticados contra a mulher no ambiente doméstico (entendimento esse atualmente consagrado na Súmula 542, do STJ). Importante que se diga que tal decisão é restrita aos crimes de lesão corporal, não se aplicando, por exemplo, ao crime de ameaça, que, por força do que estabelece o art. 147, parágrafo único, do CP, continua a ser de ação penal pública *condicionada* à representação da vítima, que deverá, bem por isso, manifestar seu desejo em ver processado o autor deste delito. De se ver que, se praticada no âmbito doméstico, exige-se que a renúncia à representação seja formulada perante o juiz e em audiência designada para esse fim (art. 16 da Lei 11.340/2006); **B:** incorreta, pois contraria o entendimento consagrado na Súmula 588 do STJ, que veda a substituição da pena privativa de liberdade por restritiva de direitos na hipótese narrada no enunciado; **C:** incorreta. Ainda que não estejam mais namorando, poderá, sim, ser aplicada a Lei Maria da Penha, já que se trata de relação íntima de afeto em que agressor e vítima conviveram (art. 5º, III, Lei 11.340/2006). Ademais, segundo entendimento sufragado na Súmula 536, do STJ, é fato que tanto a transação penal (art. 76, Lei 9.099/1995) quanto o *sursis* processual (art. 89, Lei 9.099/1995) não têm incidência no âmbito dos crimes sujeitos ao rito da Lei Maria da Penha; **D:** correta. Embora não tenha lugar, no contexto da Lei Maria da Penha, a suspensão condicional do processo (*sursis* processual), cabe, neste caso, o *sursis* (suspensão condicional da pena), desde que preenchidos os requisitos estabelecidos pelo art. 77 do CP.

64. Gabarito: "B"
Comentário: A solução desta questão deve ser extraída da Súmula 493, do STJ: *É inadmissível a fixação de pena substitutiva (art. 44 do CP) como condição especial ao regime aberto*. Dessa forma, não poderia o magistrado ter imposto a Vanessa, como condição à sua ida ao regime menos gravoso, a prestação de serviços à comunidade, por se tratar de modalidade de pena restritiva de direitos.

65. Gabarito "D"
Comentário: A prisão preventiva, neste caso, deve ser considerada ilegal, na medida em que não há essa modalidade de custódia provisória nos crimes culposos (art. 313, I, CPP).

66. Gabarito "C"
Comentário: Caberá a interposição de recurso de apelação por Bernardo na medida em que o prazo para esse recurso somente correrá depois do término do prazo fixado no edital, que, neste caso, é de 90 dias, conforme art. 392, § 2º, CPP.

67. Gabarito "A"
Comentário: A: correta. A jurisprudência consagrou o entendimento segundo o qual a *denúncia anônima*, também chamada *apócrifa*, não pode dar azo, por si só, à instauração de inquérito policial; antes, como providência preliminar, é necessário que a autoridade policial à qual a notícia anônima chegou ao conhecimento encete diligências preliminares a fim de verificar a procedência das informações para que, somente depois disso, proceda a inquérito, se assim for o caso; **B:** incorreta. Tendo em conta o fato de que ninguém poderá ser compelido a produzir prova contra si mesmo (princípio do *nemo tenetur se detegere*), a participação do investigado na reprodução simulada dos fatos (art. 7º do CPP) será facultativa; **C:** incorreta. Segundo entendimento pacífico firmando pela jurisprudência, vícios porventura existentes no inquérito não têm o condão de acarretar nulidades processuais. *Vide* a seguinte ementa: "Criminal. *Habeas corpus*. Homicídio duplamente qualificado. Inépcia da denúncia. Questão não apreciada na corte estadual. Supressão de instância. Auto de prisão em flagrante. Nulidade. Maus-tratos e torturas. Ausência de comprovação. Direitos constitucionais. Cientificação do interrogando. Oitiva do réu sem a presença de advogado. Inquérito. Peça informativa. Ausência de contraditório. Falta de fundamentação do decreto prisional. Inocorrência. Periculosidade do agente. 'Acerto de contas'. *Modus operandi*. Necessidade da custódia para garantia da ordem pública. Segregação justificada. Excesso de prazo. Superveniência de sentença de pronúncia. Alegação superada. Ordem parcialmente conhecida e, nesta extensão, denegada. Evidenciado que a Corte Estadual não apreciou a alegação de inépcia da denúncia, sobressai a incompetência desta Corte para o seu exame, sob pena de indevida supressão de instância. Hipótese na qual o impetrante não trouxe aos autos qualquer elemento comprobatório das alegações de que o paciente teria sido submetido a maus-tratos e torturas físicas, bem como de que o mesmo teria assinado o Termo de Qualificação e Interrogatório do Auto de Prisão em Flagrante Delito sem ter conhecimento de seu conteúdo, sendo certo que no referido documento restou consignada a cientificação do interrogando de seus direitos constitucionais. O posicionamento firmado nesta Corte é no sentido de que os eventuais vícios ocorridos no inquérito policial não são hábeis a contaminar a ação penal, pois aquele procedimento resulta em peça informativa e não probatória. A presença do advogado durante a lavratura do auto de prisão em flagrante não constitui formalidade essencial a sua validade. Configurada a periculosidade concreta do agente, o qual teria agido com a intenção de ceifar a vida de pessoa que havia prestado depoimento em seu desfavor em procedimento investigativo anterior, com inúmeros disparos de armas de fogo, em suposto 'acerto de contas', resta justificada a decretação da custódia preventiva para a garantia da ordem pública, com base no *modus operandi*, que se sobressalta na hipótese. Precedentes desta Corte. Evidenciado que foi proferida sentença de pronúncia em desfavor do acusado, resta superado o argumento de demora no término da instrução criminal. Ordem parcialmente conhecida e, nesta extensão, denegada" (STJ, HC 188.527/GO, 5ª T., rel. Min. Gilson Dipp, j. 17/03/2011, *DJ* 04/04/2011); **D:** incorreta. Regra geral, o civilmente identificado não será submetido a identificação criminal (art. 5º, LVIII, CF; art. 1º da Lei 12.037/2009). Há situações, no entanto, que, mesmo tendo sido apresentado documento de identificação, a autoridade poderá proceder à identificação criminal. Estas situações, que constituem exceção, estão elencadas no art. 3º da Lei 12.037/2009.

68. Gabarito "B"
Comentário: A: incorreta, na medida em que o fato de a peça acusatória, denúncia ou queixa, não contemplar a qualificação completa não tem o condão de impedir o seu oferecimento, desde que ela contenha esclarecimentos por meio dos quais o denunciado/querelado possa ser identificado e individualizado. É o que estabelece o art. 41 do CPP; **B:** correta, uma vez que é de rigor que a procuração outorgada ao advogado faça menção ao fato criminoso ao qual se refere. É importante que se diga que é despicienda a descrição pormenorizada do fato, bastando que se faça referência, de forma sucinta, a ele, tal como estabelece o art. 44 do CPP; **C:** incorreta. Isso porque o acusado, no processo penal, defende-se dos fatos que lhe são imputados, e não da capitulação que é atribuída ao crime na peça acusatória, denúncia ou queixa. Pouco importa, pois, a classificação operada pelo titular da ação penal na exordial. É nesse sentido que reza o art. 383 do CPP (*emendatio libelli*). Note que o fato, na *emendatio libelli*, permanece inalterado, sem prejuízo, por isso mesmo, para a defesa. A mudança, aqui, incide na classificação da conduta, levada a efeito pela acusação, no ato da propositura da ação, e retificada pelo juiz, de ofício, no momento da sentença. No caso narrado no enunciado, o crime a ser imputado é o de difamação (art. 139, CP), e não o de calúnia (art. 138, CP). Explico. É que constitui requisito, à configuração do delito de calúnia, que o fato falsamente imputado à vítima seja crime, pois o tipo penal somente faz menção a esta modalidade de infração penal. A falsa imputação de contravenção penal configura o crime de difamação, delito que deveria ter sido indicado na exordial; **D:** incorreta. A apresentação do rol de testemunhas é facultativa (art. 41, CPP).

69. Gabarito "C"
Comentário: Terá lugar, no caso narrado no enunciado, o sequestro de bem imóvel (art. 125, CPP). Trata-se de medida assecuratória que visa assegurar a efetiva reparação do prejuízo causado ao ofendido. Sequestro nada mais é do que a retenção judicial da coisa, com vistas a impedir que se disponha do bem, podendo recair tanto sobre bens imóveis (art. 125, CPP) quanto sobre bens móveis (art. 132, CPP), desde que adquiridos com o produto do crime, isto é, desde que se trate de provento da infração penal. Por força do que dispõe o art. 127 do CPP, o sequestro será determinado pelo juiz, a requerimento do MP ou do ofendido, ou mediante representação do delegado de polícia, no curso do processo ou ainda antes de oferecida da denúncia.

70. Gabarito: "D"
Comentário: "D" é a opção correta, pois Paula é considerada empregada doméstica que, nos termos do art. 1º da Lei Complementar 150/2015, é aquela pessoa que presta serviços de forma contínua, subordinada, onerosa

e pessoal e de finalidade não lucrativa à pessoa ou à família, no âmbito residencial destas, por mais de 2 (dois) dias por semana que ensina. Paula não pode ser considerada empregada eventual, pois há habitualidade em sua prestação de serviços, qual seja, de 3 vezes por semana. Também não será considerada autônoma (vide art. 442-B da CLT), na medida em que na relação existente mostra-se presente a subordinação.

71. Gabarito: "A"
Comentário: "A" é a opção correta. Isso porque, nos termos do art. 477, § 6º, da CLT, de acordo com a redação dada pela Lei 13.467/2017 (reforma trabalhista), independente da forma de aviso prévio, seja trabalhado ou indenizado, o prazo para pagamento das verbas rescisórias se dará em 10 dias contados da extinção do contrato de trabalho, ou seja, do término do aviso prévio.

72. Gabarito: "D"
Comentário: "D" é a opção correta. Isso porque nos termos do art. 620 da CLT as condições estabelecidas em acordo coletivo de trabalho **sempre** prevalecerão sobre as estipuladas em convenção coletiva de trabalho.

73. Gabarito: "A"
Comentário: "A" é a opção correta. Isso porque, nos termos do art. 4º, § 2º, I, da CLT o exercício de práticas religiosas por escolha própria do empregado não se considera tempo à disposição do empregador, não sendo computado como período extraordinário o que exceder a jornada normal, ainda que ultrapasse o limite de cinco minutos previsto no § 1º do art. 58 da CLT.

74. Gabarito: "A"
Comentário: A: correta, pois reflete a disposição do art. 75-C, § 2º, da CLT; **B:** incorreta, pois as utilidades mencionadas no enunciado não integram a remuneração do empregado, na forma do art. 75-D, parágrafo único, da CLT; **C:** incorreta, pois os empregados em regime de teletrabalho não estão sujeitos às normas de duração do trabalho, nos termos do art. 62, III, da CLT; **D:** incorreta, pois nos termos do art. 75-C da CLT a prestação de serviços na modalidade de teletrabalho deverá constar expressamente do contrato individual de trabalho, que especificará as atividades que serão realizadas pelo empregado. Já o § 1º do mesmo dispositivo ensina que poderá ser realizada a alteração entre regime presencial e de teletrabalho desde que haja mútuo acordo entre as partes, registrado em aditivo contratual.

75. Gabarito: "C"
Comentário: "C" é a opção correta. Isso porque, nos termos do art. 611-B, III, da CLT constitui objeto ilícito de convenção coletiva ou de acordo coletivo de trabalho, exclusivamente, a supressão ou a redução do valor dos depósitos mensais e da indenização rescisória do Fundo de Garantia do Tempo de Serviço (FGTS).

76. Gabarito: "B"
Comentário: "B" é a opção correta. Isso porque, nos termos do art. 847 da CLT não havendo acordo, o reclamado terá vinte minutos para aduzir sua defesa.

77. Gabarito: "A"
Comentário: "A" é a opção correta. Isso porque, embora ambas as ações possuam valor da causa de 20 salários mínimos, o que a princípio poderia levar a pensar em ajuizar a ação pelo procedimento sumaríssimo, a ação de Paulo não poderá tramitar pelo procedimento sumaríssimo tendo em vista ser proposta contra o Município, ou seja, administração pública direta, o que, nos termos do art. 852-A, parágrafo único, da CLT afasta a possibilidade da tramitação pelo procedimento sumaríssimo, devendo seguir o procedimento comum/ordinário.

78. Gabarito: "D"
Comentário: "D" é a opção correta. Isso porque, mesmo tendo a empresa se mostrado inerte, nos termos do art. 883-A da CLT a decisão judicial transitada em julgado somente poderá ser levada a protesto, gerar inscrição do nome do executado em órgãos de proteção ao crédito ou no Banco Nacional de Devedores Trabalhistas (BNDT), nos termos da lei, depois de transcorrido o prazo de quarenta e cinco dias a contar da citação do executado, se não houver garantia do juízo.

79. Gabarito: "C"
Comentário: "C" é a opção correta. Isso porque, para as ações ajuizadas após a entrada em vigor da Reforma Trabalhista (Lei 13.467/2017), nos termos do art. 791-A da CLT ao advogado, ainda que atue em causa própria, serão devidos honorários de sucumbência, fixados entre o mínimo de 5% (cinco por cento) e o máximo de 15% (quinze por cento) sobre o valor que resultar da liquidação da sentença, do proveito econômico obtido ou, não sendo possível mensurá-lo, sobre o valor atualizado da causa. Nesse sentido, o art. 6º da IN 41/2018 do TST dispõe que na Justiça do Trabalho, a condenação em honorários advocatícios sucumbenciais, prevista no art. 791-A, e parágrafos, da CLT, será aplicável apenas às ações propostas após 11 de novembro de 2017 (Lei nº 13.467/2017). Nas ações propostas anteriormente, subsistem as diretrizes do art. 14 da Lei nº 5.584/1970 e das Súmulas 219 e 329 do TST.

80. Gabarito: "C"
Comentário: A: incorreta, pois, por ser uma decisão interlocutória, não caberá recurso ordinário, que caberia somente se tratasse de uma sentença (vide súmula 414, I, do TST); **B:** incorreta, pois embora se trate de uma decisão interlocutória e por consequência não caiba recurso algum, poderá a parte interessada impetrar Mandado de Segurança; **C:** correta, nos termos da súmula 414, II, do TST no caso de a tutela provisória haver sido concedida ou indeferida antes da sentença (decisão interlocutória), cabe mandado de segurança, em face da inexistência de recurso próprio; D: incorreta, pois na Justiça do Trabalho o agravo de instrumento não é utilizado para atacar decisões interlocutórias, mas sim dos despachos que denegarem a interposição de recursos, na forma do art. 897, alínea b, da CLT.

2019.1 – XXVIII EXAME DE ORDEM

1. Eduardo contrata o advogado Marcelo para propor ação condenatória de obrigação de fazer em face de João. São convencionados honorários contratuais, porém o contrato de honorários advocatícios é omisso quanto à forma de pagamento. Proposta a ação, Marcelo cobra de Eduardo o pagamento de metade dos honorários acordados.

De acordo com o Estatuto da OAB, assinale a afirmativa correta.

(A) Marcelo pode cobrar de Eduardo metade dos honorários, pois na ausência de estipulação sobre a forma de pagamento, metade dos honorários é devida no início do serviço e metade é devida no final.

(B) Marcelo pode cobrar de Eduardo metade dos honorários, pois na ausência de estipulação sobre a forma de pagamento, os honorários são devidos integralmente desde o início do serviço.

(C) Marcelo não pode cobrar de Eduardo metade dos honorários, pois na ausência de estipulação sobre a forma de pagamento, os honorários somente são devidos após a decisão de primeira instância.

(D) Marcelo não pode cobrar de Eduardo metade dos honorários, pois na ausência de estipulação sobre a forma de pagamento, apenas um terço é devido no início do serviço.

2. A advogada Leia Santos confeccionou cartões de visita para sua apresentação e de seu escritório. Nos cartões, constava seu nome, número de inscrição na OAB, bem como o site do escritório na Internet e um QR code para que o cliente possa obter informações sobre o escritório. Já o advogado Lucas Souza elaborou cartões de visita que, além do seu nome e número de inscrição na OAB, apresentam um logotipo discreto e a fotografia do escritório.

Considerando as situações descritas e o disposto no Código de Ética e Disciplina da OAB, assinale a afirmativa correta.

(A) Leia e Lucas cometeram infrações éticas, pois inseriram elementos vedados pelo Código de Ética e Disciplina da OAB nos cartões de apresentação.

(B) Nenhum dos advogados cometeu infração ética, pois os elementos inseridos por ambos nos cartões de apresentação são autorizados.

(C) Apenas Leia cometeu infração ética, pois inseriu elementos vedados pelo Código de Ética e Disciplina da OAB nos cartões de apresentação. Os elementos empregados por Lucas são autorizados.

(D) Apenas Lucas cometeu infração ética, pois inseriu elementos vedados pelo Código de Ética e Disciplina da OAB nos cartões de apresentação. Os elementos empregados por Leia são autorizados.

3. Maria teve processo disciplinar recém instaurado contra si pelo Conselho Seccional da OAB, no qual está inscrita. No dia seguinte à sua notificação por meio de edital, encontra-se no fórum com Tânia, sua ex-colega de faculdade, que veio comentar com Maria sobre o conteúdo do referido processo.

De acordo com o Estatuto da OAB, Tânia poderia conhecer o conteúdo do processo disciplinar instaurado, em face de Maria,

(A) por qualquer meio, dada a natureza pública de sua tramitação.

(B) se fosse parte, defensora de parte ou autoridade judiciária competente, dada a natureza sigilosa de sua tramitação.

(C) caso tivesse tido acesso à notificação inicial, feita por meio de edital, dada a natureza pública de sua tramitação.

(D) em nenhuma hipótese, dada a natureza sigilosa de sua tramitação.

4. Em certo Estado da Federação X, há notícias fundadas acerca de irregularidades na Caixa de Assistência dos Advogados, em razão de malversação de receitas, gerando hipótese de intervenção.

Considerando a situação hipotética, assinale a afirmativa correta.

(A) Quanto à receita destinada à Caixa de Assistência dos Advogados, cabe-lhe metade da receita das anuidades recebidas pelo Conselho Seccional. Diante da notícia de malversação dos valores, a intervenção na Caixa de Assistência dos advogados é atribuição do Conselho Seccional do estado X.

(B) Quanto à receita destinada à Caixa de Assistência dos Advogados, não lhe podem ser destinados valores decorrentes das anuidades recebidas pelo Conselho Seccional, mas apenas contribuições específicas. Diante da notícia de malversação dos valores, a intervenção na Caixa de Assistência dos advogados é atribuição do Conselho Federal da OAB.

(C) Quanto à receita destinada à Caixa de Assistência dos Advogados, cabe-lhe metade da receita das anuidades recebidas pelo Conselho Seccional. Diante da notícia de malversação dos valores, a intervenção na Caixa de Assistência dos advogados é atribuição do Conselho Federal da OAB.

(D) Quanto à receita destinada à Caixa de Assistência dos Advogados, não lhe podem ser destinados valores decorrentes das anuidades recebidas pelo Conselho Seccional, mas apenas contribuições específicas. Diante da notícia de malversação dos valores, a intervenção na Caixa de Assistência dos advogados é atribuição do Conselho Seccional do estado X.

5. Gabriel, advogado, teve aplicada contra si penalidade de suspensão, em razão da prática das seguintes condutas: atuar junto a cliente para a realização de ato destinado a fraudar a lei; recusar-se a prestar contas ao cliente de quantias recebidas dele e incidir em erros reiterados que evidenciaram inépcia profissional.

Antes de decorrido o prazo para que pudesse requerer a reabilitação quanto à aplicação dessas sanções e após o trânsito em julgado das decisões administrativas, instaurou-se contra ele, em razão dessas punições prévias, novo processo disciplinar.

Com base no caso narrado, assinale a opção que indica a penalidade disciplinar a ser aplicada.

(A) De exclusão, para a qual é necessária a manifestação da maioria absoluta dos membros do Conselho Seccional competente.

(B) De suspensão, que o impedirá de exercer o mandato e implicará o cancelamento de sua inscrição na OAB.

(C) De exclusão, ficando o pedido de nova inscrição na OAB condicionado à prova de reabilitação.

(D) De suspensão, que o impedirá de exercer o mandato e o impedirá de exercer a advocacia em todo o território nacional, pelo prazo de doze a trinta meses.

6. Maria Lúcia é parte em um processo judicial que tramita em determinada Vara da Infância e Juventude, sendo defendida, nos autos, pelo advogado Jeremias, integrante da Sociedade de Advogados Y.

No curso da lide, ela recebe a informação de que a criança, cujos interesses são debatidos no feito, encontra-se em proeminente situação de risco, por fato que ocorrera há poucas horas. Ocorre que o advogado Jeremias não se encontra na cidade naquela data. Por isso, Maria Lúcia procura o advogado Paulo, o qual, após analisar a situação, conclui ser necessário postular, imediatamente, medida de busca e apreensão do infante.

Considerando o caso hipotético, assinale a afirmativa correta.

(A) Paulo poderá aceitar procuração de Maria Lúcia e postular a busca e apreensão, independentemente de prévio conhecimento de Jeremias ou da Sociedade de Advogados Y.

(B) Paulo poderá aceitar procuração de Maria Lúcia e postular a busca e apreensão, apenas após o prévio conhecimento de Jeremias, não sendo suficiente informar à Sociedade de Advogados Y, sob pena de cometimento de infração ética.

(C) Paulo poderá aceitar procuração de Maria Lúcia e postular a busca e apreensão, apenas após o prévio conhecimento de Jeremias ou da Sociedade de Advogados Y, sob pena de cometimento de infração ética.

(D) Paulo não poderá aceitar procuração de Maria Lúcia e postular a busca e apreensão, mesmo que seja promovido o prévio conhecimento de Jeremias e da Sociedade de Advogados Y, sem antes ocorrer a renúncia ou revogação do mandato, sob pena de cometimento de infração ética.

7. Em certo local, pretende-se a aquisição de um imóvel pelo Conselho Seccional respectivo da OAB, para funcionar como centro de apoio em informática aos advogados inscritos. Também se negocia a constituição de hipoteca sobre outro bem imóvel que já integra o patrimônio deste Conselho Seccional.

De acordo com o caso narrado, com fulcro no disposto no Regulamento Geral do Estatuto da Advocacia e da OAB, assinale a afirmativa correta.

(A) A aquisição do imóvel dependerá de autorização da maioria dos membros efetivos do Conselho Seccional; já a constituição da hipoteca é decisão que compete à Diretoria do Conselho Seccional.

(B) Tanto a aquisição do imóvel como a constituição da hipoteca dependerão de autorização da maioria dos membros efetivos do Conselho Seccional.

(C) Tanto a aquisição do imóvel como a constituição da hipoteca são decisões que competem à Diretoria do Conselho Seccional, dispensada autorização dos membros efetivos do Conselho Seccional.

(D) A aquisição do imóvel é decisão que compete à Diretoria do Conselho Seccional; já a constituição da hipoteca dependerá de autorização da maioria dos membros efetivos do Conselho Seccional.

8. Jorge é advogado, atuando no escritório modelo de uma universidade. Em certa ocasião, Jorge é consultado por um cliente, pois este gostaria de esclarecer dúvidas sobre honorários advocatícios. O cliente indaga a Jorge sobre o que seriam os honorários assistenciais.

Considerando o disposto no Estatuto da Advocacia e da OAB, assinale a opção que apresenta a resposta de Jorge.

(A) Os honorários assistenciais são aqueles pagos diretamente ao advogado que promove a juntada aos autos do seu contrato de honorários antes de expedir-se o mandado de levantamento ou precatório.

(B) Os honorários assistenciais são aqueles devidos ao advogado em periodicidade determinada, pela prestação de serviços advocatícios de forma continuada, nas situações que o cliente venha a ter necessidade, como contrapartida à chamada "advocacia de partido".

(C) Os honorários assistenciais são aqueles fixados pelo juiz ao advogado indicado para patrocinar causa de juridicamente necessitado, no caso de impossibilidade da Defensoria Pública no local da prestação do serviço.

(D) Os honorários assistenciais são aqueles fixados em ações coletivas propostas por entidades de classe em substituição processual.

9. *Isso pressupõe que a norma de justiça e a norma do direito positivo sejam consideradas como simultaneamente válidas. Tal, porém, não é possível, se as duas normas estão em contradição, quer dizer, entram em conflito uma com a outra. Nesse caso apenas uma pode ser considerada como válida.*

Hans Kelsen

Sobre a relação entre validade e justiça da norma, o jusfilósofo Hans Kelsen, em seu livro *O Problema da Justiça*, sustenta o princípio do positivismo jurídico, para afirmar que

(A) a validade de uma norma do direito positivo é independente da validade de uma norma de justiça.

(B) o direito possui uma textura aberta que confere, ao intérprete, a possibilidade de buscar um equilíbrio entre interesses conflitantes.

(C) o valor de justiça do ato normativo define a validade formal da norma; por isso valor moral e valor jurídico se confundem no direito positivo.

(D) a validade de uma norma jurídica se refere à sua dimensão normativa positiva, à sua dimensão axiológica, e também, à sua dimensão fática.

10. Uma das mais importantes questões para a Filosofia do Direito diz respeito ao procedimento que define uma norma jurídica como sendo válida.

Para o jusfilósofo Herbert Hart, em O Conceito de Direito, o fundamento de validade do Direito baseia-se na existência de uma regra de reconhecimento, sem a qual não seria possível a existência de ordenamentos jurídicos.

Segundo Hart, assinale a opção que define *regra de reconhecimento*.

(A) Regra que exige que os seres humanos pratiquem ou se abstenham de praticar certos atos, quer queiram quer não.

(B) Regra que estabelece critérios segundo os quais uma sociedade considera válida a existência de suas próprias normas jurídicas.

(C) Regra que impõe deveres a todos aqueles que são reconhecidos como cidadãos sob a tutela do Estado.

(D) Regra que reconhece grupos excluídos e minorias sociais como detentores de direitos fundamentais.

11. A população do Estado X, insatisfeita com os rumos da política nacional e os sucessivos escândalos de corrupção que assolam todas as esferas do governo, inicia uma intensa campanha pleiteando sua separação do restante da Federação brasileira. Um plebiscito é então organizado e 92% dos votantes opinaram favoravelmente à independência do Estado.

Sobre a hipótese, com base no texto constitucional, assinale a afirmativa correta.

(A) Diante do expressivo quórum favorável à separação do Estado X, a Assembleia Legislativa do referido ente deverá encaminhar ao Congresso Nacional proposta de Emenda Constitucional que, se aprovada, viabilizará a secessão do Estado X.

(B) Para o exercício do direito de secessão, exige-se lei estadual do ente separatista, dentro do período determinado por Lei Complementar federal, dependendo ainda de consulta prévia, mediante plebiscito, às populações dos demais Estados, após divulgação dos estudos de viabilidade, apresentados e publicados na forma da lei.

(C) Diante da autonomia dos entes federados, admite-se a dissolução do vínculo existente entre eles, de modo que o Estado X poderia formar um novo país, mas, além da aprovação da população local por meio de plebiscito ou referendo, seria necessária a edição de Lei Complementar federal autorizando a separação.

(D) A forma federativa de Estado é uma das cláusulas pétreas que norteiam a ordem constitucional brasileira, o que conduz à conclusão de que se revela inviável o exercício do direito de secessão por parte de qualquer dos entes federados, o que pode motivar a intervenção federal.

12. Numerosas decisões judiciais, contrariando portarias de órgãos ambientais e de comércio exterior, concederam autorização para que sociedades empresárias pudessem importar pneus usados.

Diante disso, o Presidente da República ingressa com Arguição de Descumprimento de Preceito Fundamental (ADPF), sustentando que tais decisões judiciais autorizativas da importação de pneus usados teriam afrontado preceito fundamental, representado pelo direito à saúde e a um meio ambiente ecologicamente equilibrado.

A partir do caso narrado, assinale a afirmativa correta.

(A) A ADPF não se presta para impugnar decisões judiciais, pois seu objeto está adstrito às leis ou a atos normativos federais e estaduais de caráter geral e abstrato, assim entendidos aqueles provenientes do Poder Legislativo em sua função legislativa.

(B) A ADPF tem por objetivo evitar ou reparar lesão a preceito fundamental resultante de ato do Poder Público, ainda que de efeitos concretos ou singulares; logo, pode impugnar decisões judiciais que violem preceitos fundamentais da Constituição, desde que observada a subsidiariedade no seu uso.

(C) Embora as decisões judiciais possam ser impugnadas por ADPF, a alegada violação do direito à saúde e a um meio ambiente ecologicamente equilibrado não se insere no conceito de preceito fundamental, conforme rol taxativo constante na Lei Federal nº 9.882/99.

(D) A ADPF não pode ser admitida, pois o Presidente da República, na qualidade de chefe do Poder Executivo, não detém legitimidade ativa para suscitar a inconstitucionalidade de ato proferido por membros do Poder Judiciário, sob pena de vulneração ao princípio da separação dos poderes.

13. Alisson, cidadão brasileiro, ingressa com requerimento administrativo, perante a Secretaria Fazendária do Município Y, pleiteando a revisão do valor do Imposto sobre a Propriedade Predial e Territorial Urbana (IPTU), uma vez que não concorda com os cálculos empregados pela autoridade fazendária.

Alisson, decorridos 90 dias sem qualquer atualização no andamento do feito, retorna à repartição administrativa indagando o porquê da demora. Ele obtém como resposta que o trâmite do procedimento é sigiloso, mas que seria possível obter uma certidão com as informações postuladas mediante o pagamento de determinada quantia, a título de "taxa".

Diante da situação hipotética apresentada, com base no texto constitucional, assinale a afirmativa correta.

(A) A atuação da Secretaria Fazendária revela-se inconstitucional, pois a obtenção de certidões em repartições públicas, contendo informações de interesse particular ou de interesse coletivo ou geral, é direito de todos, sem o pagamento de taxa, ressalvadas aquelas cujo sigilo seja imprescindível à segurança da sociedade e do Estado.

(B) Para a obtenção de certidão com informações de direito pessoal, como manifestação do direito de petição aos órgãos e poderes públicos, pode ser exigido o pagamento de taxas caso Alisson não demonstre ser hipossuficiente econômico.

(C) Embora inexista óbice à cobrança de taxas para cobrir as despesas com a emissão de certidões em repartições públicas, ainda que destinadas à defesa e ao esclarecimento de situações de interesse pessoal, Alisson poderá utilizar o habeas data para obter as informações relativas ao procedimento administrativo instaurado.

(D) Alisson não pode ter acesso ao feito, porque os procedimentos administrativos que versem sobre matéria tributária são de natureza sigilosa, somente podendo ser acessados, sem autorização judicial, por advogado regularmente constituído pelo contribuinte, bem como por órgãos da administração pública direta e indireta.

14. Agentes do Ministério do Trabalho, em inspeção realizada em carvoaria situada na zona rural do Estado K, constataram que os trabalhadores locais encontravam-se sob exploração de trabalho escravo, sujeitando-se a jornadas de 16 horas consecutivas de labor, sem carteira assinada ou qualquer outro direito social ou trabalhista, em condições desumanas e insalubres, percebendo, como contraprestação, valor muito inferior ao salário mínimo nacional.

Diante da situação narrada, com base na ordem constitucional vigente, assinale a afirmativa correta.

(A) Diante da vedação ao confisco consagrada na Constituição de 1988, o descumprimento da função social, agravado pela situação de grave violação aos direitos humanos dos trabalhadores, enseja responsabilização administrativa, cível e criminal do proprietário, mas não autoriza a expropriação da propriedade rural.

(B) O uso de mão de obra escrava autoriza a progressividade das alíquotas do imposto sobre a propriedade territorial rural e, caso tal medida não se revele suficiente, será possível que a União promova a expropriação e destinação das terras à reforma agrária e a programas de habitação popular, mediante prévia e justa indenização do proprietário.

(C) A hipótese narrada enseja a desapropriação por interesse social para fins de reforma agrária, uma vez que o imóvel rural não cumpre a sua função social, mediante prévia e justa indenização em títulos da dívida agrária.

(D) A exploração de trabalho escravo na referida propriedade rural autoriza sua expropriação pelo Poder Público, sem qualquer indenização ao proprietário e sem prejuízo de outras sanções previstas em lei, admitindo-se, até mesmo, o confisco de todo e qualquer bem de valor econômico apreendido na carvoaria.

15. Pablo, cidadão espanhol, decide passar férias no litoral do Nordeste brasileiro. Durante sua estadia, de modo acidental, corta-se gravemente com o facão que manuseava para abrir um coco verde, necessitando de imediato e urgente atendimento hospitalar. Ocorre que o hospital de emergência da localidade se recusa a atender Pablo, ao argumento de que, por ser estrangeiro, ele não faria jus aos serviços do Sistema Único de Saúde, devendo procurar um hospital particular.

Com base na situação fictícia narrada, assinale a afirmativa correta.

(A) A Constituição da República, no caput do Art. 5º, assegura a igualdade de todos os brasileiros natos e naturalizados perante a lei, sem distinções de qualquer natureza, de modo que Pablo, por ser estrangeiro, não faz jus ao direito social à saúde.

(B) A saúde, na qualidade de direito social, apenas pode ser prestada àqueles que contribuem para a manutenção da seguridade social; diante da impossibilidade de Pablo fazê-lo, por ser estrangeiro, não pode ser atendido pelos hospitais que integram o Sistema Único de Saúde.

(C) O Sistema Único de Saúde rege-se pelo princípio da universalidade da tutela à saúde, direito fundamental do ser humano; logo, ao ingressar no território brasileiro, Pablo, mesmo sendo cidadão espanhol, tem direito ao atendimento médico público e gratuito em caso de urgência.

(D) Pablo, apenas pode ser atendido em hospital público que integre o Sistema Único de Saúde caso se comprometa a custear todas as despesas com seu tratamento, salvo comprovação de ser hipossuficiente econômico, circunstância excepcional na qual terá direito ao atendimento gratuito.

16. A Mesa da Câmara dos Deputados encaminhou ao Ministro de Estado da Saúde pedido escrito de informações acerca da sua participação na formulação da política pública e na execução das ações de saneamento básico no território nacional.

Passados trinta dias do recebimento do documento, não há qualquer resposta por parte do ministério, sendo que o ministro da referida pasta entende que as questões suscitadas não demandam resposta ministerial, por não possuírem caráter técnico, mas apenas político.

Indignado, o Presidente da Mesa da Câmara dos Deputados submete a questão à apreciação de sua assessoria jurídica.

Sobre o caso narrado, assinale a opção que apresenta, de acordo com o sistema jurídico-constitucional brasileiro, a resposta correta.

(A) O Ministro de Estado da Saúde, em exercício no âmbito do Poder Executivo, somente está obrigado a responder aos pedidos oriundos do Presidente da República, a quem hierarquicamente se submete.

(B) Em razão do princípio da independência entre os poderes da República, a ausência da resposta por parte do Poder Executivo não poderá acarretar sanções jurídicas, embora possa gerar uma crise entre os poderes.

(C) A ausência de resposta poderá fazer com que o Ministro responsável pela pasta venha a responder por crime, perante o Superior Tribunal de Justiça, caso seja denunciado pelo Ministério Público.

(D) O Ministro de Estado da Saúde poderá vir a responder por crime de responsabilidade, não lhe sendo assegurada discricionariedade para deixar de responder ao pedido de informações formulado pela Mesa da Câmara dos Deputados.

17. Ante o iminente vencimento do prazo para adimplemento de compromissos internacionais assumidos pelo Brasil perante o Fundo Monetário Internacional, bem como diante da grave crise econômica enfrentada pelo Estado, o Presidente da República, no regular exercício do mandato, edita a Medida Provisória X. A medida dispõe sobre a possibilidade de detenção e sequestro, pelo governo federal, de bens imóveis com área superior a 250 m² situados em zonas urbanas, desde que não se trate de bem de família e que o imóvel esteja desocupado há mais de dois anos.

Sobre a Medida Provisória X, com base na CRFB/88, assinale a afirmativa correta.

(A) É inconstitucional, uma vez que a Constituição Federal de 1988 veda, expressamente, que tal espécie normativa disponha sobre matéria que vise a detenção ou o sequestro de bens.

(B) É inconstitucional, pois trata de matéria já regulamentada pelo legislador ordinário, qual seja, a possibilidade de desapropriação de bens imóveis urbanos por necessidade ou utilidade pública.

(C) Ela não se revela adequada ao cumprimento do requisito de urgência porque só produzirá efeitos no exercício financeiro seguinte, caso venha a ser convertida em lei até o último dia daquele em que foi editada.

(D) É constitucional, pois foram respeitados os requisitos de relevância e urgência, desde que seja submetida de imediato ao Congresso Nacional, perdendo eficácia se não for convertida em lei no prazo de 60 (sessenta) dias, prorrogável uma única vez por igual período.

18. O padrasto de Ana Maria, rotineiramente, abre sua correspondência física e entra em sua conta de e-mail sem autorização, ainda que a jovem seja maior de idade. Cansada dessa ingerência arbitrária e sem o amparo de sua própria mãe, a jovem busca apoio na organização de direitos humanos em que você atua.

Com base no Pacto Internacional dos Direitos Civis e Políticos (PIDCP), assinale a opção que indica o esclarecimento correto que você, como advogado(a), prestou a Ana Maria.

(A) O Pacto prevê a prevalência do poder familiar nas relações familiares e, como a conduta do padrasto tem a concordância da mãe de Ana Maria, ainda que seja inconveniente, essa conduta não pode ser considerada uma violação de direitos.

(B) O Pacto assegura o direito à privacidade nas relações em gerais, mas nas relações especificamente familiares admite ingerências arbitrárias se forem voltadas para a proteção e o cuidado.

(C) O Pacto dispõe que ninguém poderá ser objeto de ingerências arbitrárias ou ilegais em sua vida privada, em sua família, em seu domicílio ou em sua correspondência.

(D) O Pacto é omisso em relação à prática de ingerências arbitrárias na vida privada e na família, tratando apenas da proteção da privacidade na vida pública e em face da conduta do Estado.

19. Você foi procurada, como advogada, por um pequeno grupo de estudantes negros que cursa o terceiro ano do ensino médio em uma escola particular. Os estudantes relatam que se sentem violados na sua cultura, porque os programas das disciplinas pertinentes não tratam de temas ligados à História da África e da população negra no Brasil. Indagam a você, como advogado(a), se a Escola não teria a obrigação de fazê-lo.

Nesse caso, com base no Estatuto da Igualdade Racial, assinale a opção que apresenta a resposta correta a ser dada aos alunos.

(A) O estudo de temas ligados à história da população negra na África e no Brasil e da cultura afro-brasileira é importante no sentido ético, mas não há obrigação legal das escolas nesse sentido.

(B) As escolas públicas devem promover o estudo da História da África e da história da população negra no Brasil, mas esse dever não se estende aos estabelecimentos privados de ensino que possuem autonomia na definição de seus currículos.

(C) A adoção de conteúdos referentes à cultura afro-brasileira, bem como aqueles referentes à história da população negra no Brasil, depende de determinação dos Conselhos de Educação, seja o Conselho Nacional, sejam os respectivos Conselhos Estaduais.

(D) As escolas de ensino fundamental e médio devem promover o estudo da História da África e da história da população negra no Brasil, bem como da cultura afro-brasileira, o que deve ocorrer no âmbito de todo o currículo escolar.

20. Existem disputas sobre parcelas de territórios entre países da América Latina. O Brasil e o Uruguai, por exemplo, possuem uma disputa em torno da chamada "ilha brasileira", na foz do Rio Uruguai. Na hipótese de o Uruguai vir a reivindicar formalmente esse território, questionando a divisa estabelecida no tratado internacional de 1851, assinale a opção que indica o tribunal internacional ao qual ele deveria endereçar o pleito.

(A) Tribunal Permanente de Revisão do Mercosul.
(B) Corte Internacional de Justiça.
(C) Tribunal Penal Internacional.
(D) Tribunal Internacional do Direito do Mar.

21. Uma das funções da cooperação jurídica internacional diz respeito à obtenção de provas em outra jurisdição, nos termos das disposições dos tratados em vigor e das normas processuais brasileiras.

Para instruir processo a ser iniciado ou já em curso, no Brasil ou no exterior, não é admitida, no entanto, a solicitação de colheita de provas

(A) por carta rogatória ativa.
(B) por carta rogatória passiva.
(C) a representantes diplomáticos ou agentes consulares.
(D) pela via do auxílio direto.

22. O Distrito Federal instituiu, por lei distrital, a contribuição para o custeio do serviço de iluminação pública. Um contribuinte insurgiu-se judicialmente contra tal cobrança, alegando que a instituição pelo Distrito Federal seria inconstitucional.

Diante desse quadro, assinale a afirmativa correta.

(A) O contribuinte tem razão, uma vez que, em virtude das peculiaridades do Distrito Federal, é a União o ente federado competente pela instituição da contribuição para o custeio do serviço de iluminação pública na capital federal.

(B) O contribuinte tem razão, uma vez que, em virtude das peculiaridades do Distrito Federal, é o Estado de Goiás o responsável pela instituição da contribuição para o custeio do serviço de iluminação pública na capital federal.

(C) O contribuinte não tem razão, pois o Distrito Federal possui delegação de capacidade tributária ativa feita pela União para a cobrança da contribuição para o custeio do serviço de iluminação pública.

(D) O contribuinte não tem razão, pois o Distrito Federal pode instituir a contribuição para o custeio do serviço de iluminação pública, assim como os Municípios.

23. O médico João da Silva está há 4 (quatro) anos sem pagar a anuidade cobrada pelo Conselho Regional de Medicina (CRM). Diante desse cenário, o CRM poderá

(A) inscrever o débito em dívida ativa de natureza tributária, depois promovendo a competente ação de execução fiscal, regida pela Lei nº 6.830/80, para cobrança.

(B) promover a competente ação de execução fiscal regida pela Lei nº 6.830/80, sem necessidade de inscrição em dívida ativa, por serem as certidões de inadimplemento de anuidades expedidas pelos conselhos profissionais dotadas de natureza de título executivo extrajudicial.

(C) promover a competente ação de cobrança das anuidades, regida pelo Código de Processo Civil, a partir da comprovação do não pagamento das anuidades em atraso.

(D) promover a competente ação de execução das anuidades, regida pelo Código de Processo Civil, por serem as certidões de inadimplemento de anuidades expedidas pelos conselhos profissionais dotadas de natureza de título executivo extrajudicial.

24. A União, por meio de lei ordinária, instituiu nova contribuição social (nova fonte de custeio) para financiamento da seguridade social. Para tanto, adotou, além da não cumulatividade, fato gerador e base de cálculo distintos dos discriminados na Constituição da República.

A referida lei foi publicada em 1º de outubro de 2018, com entrada em vigor em 1º de fevereiro de 2019, determinando, como data de vencimento da contribuição, o dia 1º de março de 2019.

A pessoa jurídica XYZ não realizou o pagamento, razão pela qual, em 10 de março de 2019, foi aconselhada, por seu(sua) advogado(a), a propor uma ação Declaratória de Inexistência de Relação Jurídica, em face da União.

Assinale a opção que indica o fundamento que poderá ser alegado para contestar a nova contribuição.

(A) Ela somente poderia ser instituída por meio de Lei Complementar.

(B) Ela violou o princípio da anterioridade anual.

(C) Ela violou o princípio da anterioridade nonagesimal.
(D) Ela somente poderia ser instituída por Emenda Constitucional.

25. Pedro tem três anos de idade e é proprietário de um apartamento. Em janeiro deste ano, o Fisco notificou Pedro para o pagamento do Imposto Predial e Territorial Urbano (IPTU), por meio do envio do carnê de cobrança ao seu endereço. Os pais de Pedro, recebendo a correspondência, decidiram não pagar o tributo, mesmo possuindo recursos suficientes para tanto.

Diante da impossibilidade de cumprimento da obrigação por Pedro, assinale a afirmativa correta.

(A) Os pais de Pedro devem pagar o tributo, na qualidade de substitutos tributários.
(B) O Fisco deverá aguardar Pedro completar 18 anos para iniciar o processo de execução da dívida.
(C) Os pais de Pedro responderão pelo pagamento do tributo, uma vez que são responsáveis tributários na condição de terceiros.
(D) O Fisco deve cobrar o tributo dos pais de Pedro, já que são contribuintes do IPTU.

26. O Estado Y lavrou auto de infração em face da pessoa jurídica PJ para cobrança de créditos de Impostos sobre a Circulação de Mercadorias e Prestação de Serviços (ICMS), decorrentes da produção e venda de livros eletrônicos. Adicionalmente aos créditos de ICMS, o Estado Y cobrou o pagamento de multa em decorrência do descumprimento de obrigação acessória legalmente prevista.

Tendo isso em vista, assinale a afirmativa correta.

(A) Há imunidade tributária em relação aos livros eletrônicos; por outro lado, é incorreta a cobrança da multa pelo descumprimento da obrigação acessória.
(B) Há imunidade tributária em relação aos livros eletrônicos; no entanto, tendo em vista a previsão legal, é correta a cobrança de multa pelo descumprimento da obrigação acessória.
(C) É correta a cobrança do ICMS, uma vez que a imunidade tributária somente abrange o papel destinado à impressão de livros, jornais e periódicos; da mesma forma, é correta a cobrança de multa pelo descumprimento da obrigação acessória, em vista da previsão legal.
(D) É correta a cobrança do ICMS, uma vez que a imunidade tributária somente abrange o papel destinado à impressão de livros, jornais e periódicos; no entanto, é incorreta a cobrança da multa pelo descumprimento da obrigação acessória.

27. O Município Sigma pretende realizar obras de restauração em uma praça e instalar brinquedos fixos de madeira para o lazer das crianças. A obra foi orçada em R$ 100.000,00 (cem mil reais), razão pela qual o ente federativo optou pela modalidade convite, remetendo o respectivo instrumento convocatório para três sociedades cadastradas junto ao registro pertinente e, para uma quarta, não cadastrada. Além disso, a carta-convite foi afixada em local apropriado para o conhecimento dos demais interessados.

Na sessão de julgamento, compareceram apenas duas convidadas, certo que a sociedade Alfa apresentou a melhor proposta e preencheu os requisitos para a habilitação.

Diante dessa situação hipotética, assinale a afirmativa correta.

(A) O Município Sigma não poderia ter se utilizado da modalidade convite para a situação descrita.
(B) A licitação é inválida, pois o resumo do instrumento convocatório deveria ser publicado em jornal de circulação no Município Sigma.
(C) Se o Município Sigma não justificar a presença de apenas duas licitantes, diante da existência de limitações de mercado ou pelo desinteresse dos convidados, deverá repetir o convite.
(D) Não é cabível realizar o convite de sociedades que não estejam cadastradas no registro pertinente.

28. Sávio, servidor público federal, frustrado com a ineficiência da repartição em que trabalha, passou a faltar ao serviço. A Administração Pública, após constatar que Sávio acumulou sessenta dias de ausência nos últimos doze meses, instaurou processo administrativo disciplinar para apurar a conduta do referido servidor.

Tendo como premissa esse caso concreto, assinale a afirmativa correta.

(A) O processo administrativo disciplinar será submetido a um procedimento sumário, mais simples e célere, composto pelas fases da instauração, da instrução sumária - que compreende a indiciação, a defesa e o relatório - e do julgamento.
(B) A inassiduidade habitual configura hipótese de demissão do serviço público, ficando Sávio impedido de nova investidura em cargo público federal pelo prazo de cinco anos, a contar do julgamento.
(C) Na hipótese de ser imputada a pena de demissão a Sávio, é lícito à Administração Pública exigir depósito de dinheiro como requisito de admissibilidade do recurso administrativo, até mesmo como forma de ressarcir os custos adicionais que o poder público terá com o processamento do apelo.
(D) A falta de advogado constituído por Sávio no processo administrativo é causa de nulidade, tendo em vista que a ausência de defesa técnica prejudica o exercício da ampla defesa por parte do servidor arrolado.

29. O Governo do Estado Alfa, para impulsionar o potencial turístico de uma região cercada de belíssimas cachoeiras, pretende asfaltar uma pequena estrada que liga a cidade mais próxima ao local turístico. Com vistas à melhoria do serviço público e sem dinheiro em caixa para arcar com as despesas, o Estado decide publicar edital para a concessão da estrada, com fundamento na Lei nº 8.987/95, cabendo ao futuro concessionário a execução das obras.

Com base na hipótese apresentada, assinale a afirmativa correta.

(A) O edital poderá prever, em favor da concessionária, outras fontes de receita além daquela oriunda do pedágio; a renda adicional deve favorecer a modicidade tarifária, reduzindo a tarifa paga pelos usuários.
(B) Um grande investidor (pessoa física) pode ser contratado pelo poder concedente, caso demonstre capacidade de realização das obras.
(C) A concessão pode ser feita mediante licitação na modalidade tomada de preços, caso as obras necessárias estejam orçadas em até R$ 1.500.000,00 (um milhão e quinhentos mil reais).

(D) O poder concedente não poderá exigir no edital garantias do concessionário de que realizará as obras a contento, dado que a essência do contrato de concessão é a delegação de serviço público.

30. A União celebrou convênio com o Município Alfa para a implantação de um sistema de esgotamento sanitário. O Governo Federal repassou recursos ao ente local, ficando o município encarregado da licitação e da contratação da sociedade empresária responsável pelas obras. Após um certame conturbado, cercado de denúncias de favorecimento e conduzido sob a estreita supervisão do prefeito, sagrou-se vencedora a sociedade empresária Vale Tudo Ltda.

Em escutas telefônicas, devidamente autorizadas pelo Poder Judiciário, comprovou-se o direcionamento da licitação para favorecer a sociedade empresária Vale Tudo Ltda., que tem, como sócios, os filhos do prefeito do Município Alfa. Tendo sido feita perícia no orçamento, identificou-se superfaturamento no preço contratado.

Com base na situação narrada, assinale a afirmativa correta.

(A) Não compete ao Tribunal de Contas da União fiscalizar o emprego dos recursos em questão, pois, a partir do momento em que ocorre a transferência de titularidade dos valores, encerra-se a jurisdição da Corte de Contas Federal.

(B) O direcionamento da licitação constitui hipótese de frustração da licitude do certame, configurando ato de improbidade administrativa que atenta contra os princípios da Administração Pública e, por isso, sujeita os agentes públicos somente à perda da função pública e ao pagamento de multa civil.

(C) Apenas os agentes públicos estão sujeitos às ações de improbidade, de forma que terceiros, como é o caso da sociedade empresária Vale Tudo Ltda., não podem ser réus da ação judicial e, por consequência, imunes à eventual condenação ao ressarcimento do erário causado pelo superfaturamento.

(D) Por se tratar de ato de improbidade administrativa que causou prejuízo ao erário, os agentes públicos envolvidos e a sociedade empresária Vale Tudo Ltda. estão sujeitos ao integral ressarcimento do dano, sem prejuízo de outras medidas, como a proibição de contratar com o Poder Público ou receber incentivos fiscais por um prazo determinado.

31. Os analistas de infraestrutura de determinado Ministério, ocupantes de cargo efetivo, pleiteiam há algum tempo uma completa reestruturação da carreira, com o aumento de cargos e de remunerações. Recentemente, a negociação com o Governo Federal esfriou dado o cenário de crise fiscal severa. Para forçar a retomada das negociações, a categoria profissional decidiu entrar em greve, mantendo em funcionamento apenas os serviços essenciais.

Com base na hipótese apresentada, assinale a afirmativa correta.

(A) Compete à Justiça Federal – e não à Justiça do Trabalho – julgar a abusividade do direito de greve dos analistas de infraestrutura.

(B) A Administração Pública não poderá, em nenhuma hipótese, fazer o desconto dos dias não trabalhados em decorrência do exercício do direito de greve pelos servidores públicos civis.

(C) O direito de greve dos servidores públicos civis não está regulamentado em lei, o que impede o exercício de tal direito.

(D) O direito de greve é constitucionalmente assegurado a todas as categorias profissionais, incluindo os militares das Forças Armadas, os policiais militares e os bombeiros militares.

32. Determinado Município fez publicar decreto de desapropriação por utilidade pública de determinada área, com o objetivo de construir um hospital, o que incluiu o imóvel de Ana. A proprietária aceitou o valor oferecido pelo ente federativo, de modo que a desapropriação se consumou na via administrativa.

Após o início das obras, foi constatada a necessidade, de maior urgência, da instalação de uma creche na mesma localidade, de modo que o Município alterou a destinação a ser conferida à edificação que estava sendo erigida. Ana se arrependeu do acordo firmado com o poder público.

Diante dessa situação hipotética, na qualidade de advogado(a) de Ana, assinale a afirmativa correta.

(A) Ana deverá ajuizar ação de retrocessão do imóvel, considerando que o Município não possui competência para atuar na educação infantil, de modo que não poderia alterar a destinação do bem expropriado para esta finalidade.

(B) Cabe a Ana buscar a anulação do acordo firmado com o Município, que deveria ter ajuizado a indispensável ação de desapropriação para consumar tal modalidade de intervenção do estado na propriedade.

(C) O ordenamento jurídico não autoriza que Ana impugne a desapropriação amigável acordada com o Município, porque a nova destinação conferida ao imóvel atende ao interesse público, a caracterizar a chamada tredestinação lícita.

(D) Ana deverá ajuizar ação indenizatória em face do ente federativo, com base na desapropriação indireta, considerando que o Município não pode conferir finalidade diversa da constante no decreto expropriatório.

33. A sociedade empresária Foice Ltda., dá início à construção de galpão de armazenamento de ferro-velho. Com isso, dá início a Estudo de Impacto Ambiental - EIA. No curso do EIA, verificou-se que a construção atingiria área verde da Comunidade de Flores, de modo que 60 (sessenta) cidadãos da referida Comunidade solicitaram à autoridade competente que fosse realizada, no âmbito do EIA, audiência pública.

Sobre a situação, assinale a afirmativa correta.

(A) A audiência pública não é necessária, uma vez que apenas deve ser instalada quando houver solicitação do Ministério Público.

(B) A audiência pública não é necessária, uma vez que apenas deve ser instalada quando houver solicitação de associação civil legalmente constituída há pelo menos 1 (um) ano.

(C) A audiência pública é necessária, e, caso não realizada, a eventual licença ambiental concedida não terá validade.

(D) A audiência pública é necessária, salvo quando celebrado Termo de Ajustamento de Conduta com o Ministério Público.

34. O Ministro do Meio Ambiente recomenda ao Presidente da República a criação de uma Unidade de Conservação em área que possui relevante ecossistema aquático e grande diversidade biológica. Porém, em razão da grave crise financeira, o Presidente pretende que a União não seja compelida a pagar indenização aos proprietários dos imóveis inseridos na área da Unidade de Conservação a ser criada.

Considerando o caso, assinale a opção que indica a Unidade de Conservação que deverá ser criada.

(A) Estação Ecológica.
(B) Reserva Biológica.
(C) Parque Nacional.
(D) Área de Proteção Ambiental.

35. Mônica, casada pelo regime da comunhão total de bens, descobre que seu marido, Geraldo, alienou um imóvel pertencente ao patrimônio comum do casal, sem a devida vênia conjugal. A descoberta agrava a crise conjugal entre ambos e acaba conduzindo ao divórcio do casal.

Tempos depois, Mônica ajuíza ação em face de seu ex-marido, objetivando a invalidação da alienação do imóvel.

Sobre o caso narrado, assinale a afirmativa correta.

(A) O juiz pode conhecer de ofício do vício decorrente do fato de Mônica não ter anuído com a alienação do bem.
(B) O fato de Mônica não ter anuído com a alienação do bem representa um vício que convalesce com o decurso do tempo.
(C) O vício decorrente da ausência de vênia conjugal não pode ser sanado pela posterior confirmação do ato por Mônica.
(D) Para que a pretensão de Mônica seja acolhida, ela deveria ter observado o prazo prescricional de dois anos, a contar da data do divórcio.

36. Eduarda comprou um terreno não edificado, em um loteamento distante do centro, por R$ 50.000,00 (cinquenta mil reais). Como não tinha a intenção de construir de imediato, ela visitava o local esporadicamente. Em uma dessas ocasiões, Eduarda verificou que Laura, sem qualquer autorização, havia construído uma mansão com 10 quartos, sauna, piscina, cozinha gourmet etc., no seu terreno, em valor estimado em R$ 2.000.000,00 (dois milhões de reais).

Laura, ao ser notificada por Eduarda, antes de qualquer prazo de usucapião, verificou a documentação e percebeu que cometera um erro: construíra sua mansão no lote "A" da quadra "B", quando seu terreno, na verdade, é o lote "B" da quadra "A".

Diante do exposto, assinale a afirmativa correta.

(A) Eduarda tem o direito de exigir judicialmente a demolição da mansão construída por Laura, independentemente de qualquer indenização.
(B) Laura, apesar de ser possuidora de má-fé, tem direito de ser indenizada pelas benfeitorias necessárias realizadas no imóvel de Eduarda.
(C) Laura, como é possuidora de boa-fé, adquire o terreno de Eduarda e a indeniza, uma vez que construiu uma mansão em imóvel inicialmente não edificado.
(D) Eduarda, apesar de ser possuidora de boa-fé, adquire o imóvel construído por Laura, tendo em vista a incidência do princípio pelo qual a superfície adere ao solo.

37. Flora e Carlos pretendem contrair matrimônio. Flora tem 65 anos e, Carlos, 66. Por se tratar de segundas núpcias do futuro casal e já terem filhos oriundos de relacionamentos anteriores, eles não pretendem se tornar herdeiros um do outro e tampouco comunicar seus patrimônios. Diante do desconhecimento dos efeitos sucessórios do casamento, Flora e Carlos buscam aconselhamento jurídico sobre a possibilidade de sua pretensão.

Assinale a opção que indica a resposta correta dada pelo(a) advogado(a) consultado(a).

(A) Em razão da idade de Carlos, o regime de bens será o da separação obrigatória, o qual afasta a possibilidade do futuro casal ser herdeiro um do outro.
(B) O futuro casal deverá optar pelo regime da separação convencional de bens, que permitirá a exclusão da qualidade de herdeiro de Flora e Carlos.
(C) O cônjuge, no ordenamento jurídico brasileiro, sempre será herdeiro necessário, independentemente do regime de bens.
(D) O ordenamento brasileiro não oferece alternativa para a pretensão do futuro casal.

38. Maria decide vender sua mobília para Viviane, sua colega de trabalho. A alienante decidiu desfazer-se de seus móveis porque, após um serviço de dedetização, tomou conhecimento que vários já estavam consumidos internamente por cupins, mas preferiu omitir tal informação de Viviane. Firmado o acordo, 120 dias após a tradição, Viviane descobre o primeiro foco de cupim, pela erupção que se formou em um dos móveis adquiridos.

Poucos dias depois, Viviane, após investigar a fundo a condição de toda a mobília adquirida, descobriu que estava toda infectada. Assim, 25 dias após a descoberta, moveu ação com o objetivo de redibir o negócio, devolvendo os móveis adquiridos, reavendo o preço pago, mais perdas e danos.

Sobre o caso apresentado, assinale a afirmativa correta.

(A) A demanda redibitória é tempestiva, porque o vício era oculto e, por sua natureza, só podia ser conhecido mais tarde, iniciando o prazo de 30 (trinta) dias da ciência do vício.
(B) Em vez de rejeitar a coisa, redibindo o contrato, deveria a adquirente reclamar abatimento no preço, em sendo o vício sanável.
(C) O pedido de perdas e danos não pode prosperar, porque o efeito da sentença redibitória se limita à restituição do preço pago, mais as despesas do contrato.
(D) A demanda redibitória é intempestiva, pois quando o vício só puder ser conhecido mais tarde, o prazo de 30 (trinta) dias é contado a partir da ciência, desde que dentro de 90 (noventa) dias da tradição.

39. Os negócios de Clésio vão de mal a pior, e, em razão disso, ele toma uma decisão difícil: tomar um empréstimo de R$ 50.000,00 (cinquenta mil reais) com Antônia, dando, como garantia de pagamento, o penhor do seu relógio de ouro e diamantes, avaliado em R$ 200.00,00 (duzentos mil reais).

Antônia, por sua vez, exige que, no instrumento de constituição do penhor, conste uma cláusula prevendo que, em caso de não pagamento da dívida, o relógio passará a ser de sua propriedade. Clésio aceita a inserção da cláusula, mas consulta seus serviços, como advogado(a), para saber da validade de tal medida.

Sobre a cláusula proposta por Antônia, assinale a afirmativa correta.

(A) É válida, tendo em vista o fato de que as partes podem, no exercício de sua autonomia privada, estipular esse tipo de acordo.
(B) É nula, tendo em vista o fato de que o Código Civil brasileiro proíbe o pacto comissório.
(C) É válida, uma vez que Clésio como proprietário do bem, não está impedido de realizar o negócio por um preço muito inferior ao de mercado, não se configurando a hipótese como pacto comissório.
(D) É válida, ainda que os valores entre o bem dado em garantia e o empréstimo sejam díspares, nada impede sua inserção, eis que não há qualquer vedação ao pacto comissório no direito brasileiro.

40. Matheus, sem filhos, casado com Jane, no regime de comunhão parcial de bens, falece após enfarto fulminante. De seu parentesco em linha reta são ainda vivos Carlos, seu pai, e Irene, sua avó materna.

A partir da situação acima, assinale a opção que indica a sucessão de Matheus.

(A) Serão herdeiros Carlos, Irene e Jane, a última em concorrência, atribuído quinhão de 1/3 do patrimônio para cada um deles.
(B) Serão herdeiros Carlos e Jane, atribuído quinhão de 2/3 ao pai e de 1/3 à Jane, cônjuge concorrente.
(C) Carlos será herdeiro sobre a totalidade dos bens, enquanto Jane apenas herda, em concorrência com este, os bens particulares do falecido.
(D) Serão herdeiros Carlos e Jane, esta herdeira concorrente, atribuído quinhão de metade do patrimônio para cada um destes.

41. Aline manteve união estável com Marcos durante 5 (cinco) anos, época em que adquiriram o apartamento de 80 m² onde residem, único bem imóvel no patrimônio de ambos.

Influenciado por tormentosas discussões, Marcos abandonou o apartamento e a cidade, permanecendo Aline sozinha no imóvel, sustentando todas as despesas deste. Após 3 (três) anos sem notícias de seu paradeiro, Marcos retornou à cidade e exigiu sua meação no imóvel.

Sobre o caso concreto, assinale a afirmativa correta.

(A) Marcos faz jus à meação do imóvel em eventual dissolução de união estável.
(B) Aline poderá residir no imóvel em razão do direito real de habitação.
(C) Aline adquiriu o domínio integral, por meio de usucapião, já que Marcos abandonou o imóvel durante 2 (dois) anos.
(D) Aline e Marcos são condôminos sobre o bem, o que impede qualquer um deles de adquiri-lo por usucapião.

42. Carla, de 11 anos de idade, com os pais destituídos do poder familiar, cresce em entidade de acolhimento institucional faz dois anos, sem nenhum interessado em sua adoção habilitado nos cadastros nacional ou internacional.

Sensibilizado com a situação da criança, um advogado, que já possui três filhos, sendo um adotado, deseja acompanhar o desenvolvimento de Carla, auxiliando-a nos estudos e, a fim de criar vínculos com sua família, levando-a para casa nos feriados e férias escolares.

De acordo com o Estatuto da Criança e do Adolescente, de que forma o advogado conseguirá obter a convivência temporária externa de Carla com sua família?

(A) Acolhimento familiar.
(B) Guarda estatutária.
(C) Tutela.
(D) Apadrinhamento.

43. Bruno, com quase doze anos de idade, morador de Niterói, na Região Metropolitana do Rio de Janeiro, foi aprovado em um processo de seleção de jogadores de futebol, para a categoria de base de um grande clube, sediado no Rio de Janeiro, capital – cidade contígua à de sua residência.

Os treinamentos na nova equipe implicam deslocamento de Niterói ao Rio de Janeiro todos os dias, ida e volta. Ocorre que os pais de Bruno trabalham em horário integral, e não poderão acompanhá-lo.

Os pais, buscando orientação, consultam você, como advogado(a), sobre qual seria a solução jurídica para que Bruno frequentasse os treinos, desacompanhado.

Assinale a opção que apresenta sua orientação.

(A) Bruno precisará de um alvará judicial, que pode ter validade de até dois anos, para poder se deslocar sozinho entre as comarcas.
(B) Bruno pode, simplesmente, ir aos treinos sozinho, não sendo necessária qualquer autorização judicial para tanto.
(C) Não é possível a frequência aos treinos desacompanhado, pois o adolescente não poderá se deslocar entre comarcas sem a companhia de, ao menos, um dos pais ou do responsável legal.
(D) Bruno poderá ir aos treinos desacompanhado dos pais, mas será necessário obter autorização judicial ou a designação de um tutor, que poderá ser um representante do clube.

44. Mara adquiriu, diretamente pelo site da fabricante, o creme depilatório Belle et Belle, da empresa Bela Cosméticos Ltda. Antes de iniciar o uso, Mara leu atentamente o rótulo e as instruções, essas unicamente voltadas para a forma de aplicação do produto.

Assim que iniciou a aplicação, Mara sentiu queimação na pele e removeu imediatamente o produto, mas, ainda assim, sofreu lesões nos locais de aplicação. A adquirente entrou em contato com a central de atendimento da fornecedora, que lhe explicou ter sido a reação alérgica provocada por uma característica do organismo da consumidora, o que poderia acontecer pela própria natureza química do produto.

Não se dando por satisfeita, Mara procurou você, como advogado(a), a fim de saber se é possível buscar a compensação pelos danos sofridos.

Nesse caso de clara relação de consumo, assinale a opção que apresenta a orientação a ser dada a Mara.

(A) Poderá ser afastada a responsabilidade civil da fabricante, se esta comprovar que o dano decorreu exclusivamente de reação alérgica da consumidora, fator característico daquela destinatária final, não havendo, assim, qualquer ilícito praticado pela ré.

(B) Existe a hipótese de culpa exclusiva da vítima, na medida em que o CDC descreve que os produtos não colocarão em risco a saúde e a segurança do consumidor, excetuando aqueles de cuja natureza e fruição sejam extraídas a previsibilidade e a possibilidade de riscos perceptíveis pelo homem médio.

(C) O fornecedor está obrigado, necessariamente, a retirá-lo de circulação, por estar presente defeito no produto, sob pena de prática de crime contra o consumidor.

(D) Cuida-se da hipótese de violação ao dever de oferecer informações claras ao consumidor, na medida em que a periculosidade do uso de produto químico, quando composto por substâncias com potenciais alergênicos, deve ser apresentada em destaque ao consumidor.

45. João da Silva, idoso, ingressou com ação judicial para revisão de valores de reajuste do plano de saúde, contratado na modalidade individual. Alega que houve alteração do valor em decorrência da mudança de faixa etária, o que entende abusivo. Ao entrar em contato com a fornecedora, foi informado que o reajuste atendeu ao disposto pela agência reguladora, que é um órgão governamental, e que o reajuste seria adequado.

Sobre o reajuste da mensalidade do plano de saúde de João, de acordo com entendimento do STJ firmado em Tema de Recurso Repetitivo, bem como à luz do Código do Consumidor, assinale a afirmativa correta.

(A) Somente seria possível se o plano fosse coletivo, mesmo que isso não estivesse previsto em contrato, mas se encontrasse em acordo com percentual que não seja desarrazoado ou aleatório, portanto, não sendo abusivo.

(B) Poderia ser alterado por se tratar de plano individual, mesmo que em razão da faixa etária, desde que previsto em contrato, observasse as normas dos órgãos governamentais reguladores e o percentual não fosse desarrazoado, o que tornaria a prática abusiva.

(C) É possível o reajuste, ainda que em razão da faixa etária, sendo coletivo ou individual, mesmo que não previsto em contrato e em percentual que não onere excessivamente o consumidor ou discrimine o idoso.

(D) Não poderia ter sido realizado em razão de mudança de faixa etária, mesmo se tratando de plano individual, sendo correto o reajuste apenas com base na inflação, não havendo interferência do órgão governamental regulador nesse tema.

46. Inocência adquiriu um aparelho de jantar para sua nova residência em uma loja de artigos domésticos. A vendedora, sociedade limitada empresária, recebeu um cheque cruzado emitido pela compradora e, se comprometeu, a não o apresentar ao sacado antes de 10 de janeiro de 2019.

Em 13 de dezembro de 2018, exatamente uma semana após a compra, Inocência verificou, no extrato de sua conta-corrente bancária, que o cheque em referência havia sido apresentado a pagamento e devolvido por insuficiência de fundos, em decorrência da apresentação antecipada ao sacado.

Sobre a apresentação de cheque pós-datado antes da data indicada como sendo a de emissão, com base na jurisprudência pacificada, assinale a afirmativa correta.

(A) Caracteriza dano moral.
(B) Não pode ensejar qualquer indenização ao emitente.
(C) Pode ensejar apenas dano material.
(D) Pode ensejar indenização apenas se o cheque não estiver cruzado.

47. Indústria de Celulose Três Rios Ltda. requereu homologação de plano de recuperação extrajudicial no lugar do seu principal estabelecimento.

No plano de recuperação apresentado há um crédito quirografário em moeda estrangeira, com pagamento segundo a variação cambial do euro. Foi prevista ainda pelo devedor a supressão da variação cambial pela substituição da moeda euro pelo real.

O plano foi aprovado por credores que titularizam mais de três quintos dos créditos de cada classe, mas Licínio, o credor titular deste crédito, não o assinou.

De acordo com as disposições legais para homologação da recuperação extrajudicial, assinale a afirmativa correta.

(A) O plano pode ser homologado porque, mesmo sem a assinatura de Licínio, houve aprovação por credores que titularizam mais de três quintos dos créditos de cada classe.

(B) O plano não pode ser homologado porque, diante da supressão da variação cambial, o credor Licínio pode vetar sua aprovação, qualquer que seja o quórum de aprovação.

(C) O plano pode ser homologado porque o consentimento expresso de Licínio só é exigido para os créditos com garantia real, não se aplicando a exigência aos créditos quirografários.

(D) O plano não pode ser homologado por não ter atingido o quórum mínimo de aprovação, independentemente da supressão da cláusula de variação cambial.

48. Filadélfia emitiu nota promissória à vista em favor de Palmas. Antes da apresentação a pagamento, Palmas realizou endosso-mandato da cártula para Sampaio.

De posse do título, é correto afirmar que Sampaio

(A) poderá exercer todos os direitos inerentes ao título, inclusive realizar novo endosso sem as restrições daquele realizado em cobrança.

(B) poderá transferir o título na condição de procurador da endossante ou realizar endosso em garantia (endosso pignoratício).

(C) somente poderá transferir a nota promissória, por meio de novo endosso, na condição de procurador da endossante.

(D) não poderá realizar qualquer endosso do título, pois caso o faça será considerado como parcial, logo nulo.

49. Felipe Guerra, de nacionalidade portuguesa, residente em Maceió/AL, foi eleito diretor da Companhia Mangue do Porto Empreendimentos Imobiliários.

Sabe-se que a referida companhia tem sede em Florânia/RN; que ela não tem Conselho de Administração e que Felipe Guerra não é seu acionista.

Com base nessas informações, avalie a eleição de Felipe Guerra e assinale a afirmativa correta.

(A) Não foi regular, em razão de não ter a qualidade de acionista da companhia.
(B) Foi regular, ainda que seu domicílio seja em Estado diverso daquele da sede da companhia.
(C) Não foi regular, em razão de sua nacionalidade.
(D) Foi regular, diante da ausência de Conselho de Administração; do contrário, seria irregular.

50. Jacinto Almenara EIRELI teve um bem de sua propriedade arrecadado pelo administrador judicial na falência de Rubim & Divisa Ltda., mas foi informado que o referido bem já tinha sido alienado pela massa.

Ciente dessa circunstância, o(a) advogado(a) da EIRELI

(A) não poderá pleitear a restituição do bem nem receber o preço da venda em razão de já ter sido alienado pela massa falida.

(B) deverá habilitar o crédito no processo de falência, com a classificação de quirografário, diante da impossibilidade de sua restituição in natura.

(C) poderá pleitear a restituição em dinheiro, recebendo o preço obtido com a venda do bem arrecadado, devidamente atualizado.

(D) deverá ajuizar ação revocatória para obter indenização da massa falida pela venda ilegal do bem arrecadado, que deveria lhe ter sido restituído.

51. Amauri ingressou com ação ordinária em face de Mercadinho dos Suínos Ltda., em decorrência do consumo de alimento inapropriado vendido pelo réu. O pedido foi julgado procedente em decisão transitada em julgado, condenando a pessoa jurídica ré a indenizar o autor em R$ 10.000,00 (dez mil reais). Na fase de cumprimento de sentença, não foram encontrados bens penhoráveis pertencentes à sociedade, razão pela qual o juízo competente decretou, de ofício, a desconsideração da personalidade jurídica, penhorando um automóvel pertencente a Flávio, sócio majoritário da sociedade ré.

Diante de tal cenário, assinale a afirmativa correta.

(A) A decisão está correta, pois o CPC admite a desconsideração da personalidade jurídica, independentemente de requerimento da parte interessada.

(B) A decisão está incorreta, diante da necessidade de requerimento da parte para que haja a desconsideração da personalidade jurídica, a qual possui natureza jurídica de processo autônomo.

(C) A decisão está incorreta, pois a desconsideração da personalidade jurídica exige, cumulativamente, o requerimento da parte interessada e a instauração do incidente, nos termos do CPC.

(D) Não é admissível a desconsideração da personalidade jurídica à luz do CPC.

52. As irmãs Odete e Nara celebraram contrato bancário, com cláusula de solidariedade, com uma pequena instituição financeira, com o objetivo de constituir uma empresa na cidade de Campos.

Depois de sete anos, a instituição financeira, sem receber o valor que lhe era devido, propôs ação judicial em face das duas irmãs. Ocorre que a empresa familiar teve suas atividades encerradas por má gestão e as irmãs, há alguns anos, não mais se falam e, por isso, contrataram advogados(as) de escritórios de advocacia distintos para realizar a defesa judicial.

Sobre a hipótese apresentada, assinale a afirmativa correta.

(A) Caso o(a) advogado(a) de Nara perca o prazo do recurso de apelação, a alegação de prescrição no apelo interposto pelo advogado(a) de Odete, se acolhida, beneficiará Nara.

(B) O litisconsórcio formado pelas irmãs pode ser classificado como litisconsórcio passivo, necessário e unitário.

(C) Caberá à parte interessada alegar a prescrição, sendo vedado ao magistrado reconhecer a prescrição de ofício.

(D) Os prazos para as manifestações dos litisconsortes com advogados(as) de diferentes escritórios de advocacia serão contados em dobro, ainda quando os autos do processo forem eletrônicos.

53. João Paulo faleceu em Atibaia (SP), vítima de um ataque cardíaco fulminante. Empresário de sucesso, domiciliado na cidade de São Paulo (SP), João Paulo possuía inúmeros bens, dentre os quais se incluem uma casa de praia em Búzios (RJ), uma fazenda em Lucas do Rio Verde (GO) e alguns veículos de luxo, atualmente estacionados em uma garagem em Salvador (BA).

Neste cenário, assinale a opção que indica o foro competente para o inventário e a partilha dos bens deixados por João Paulo.

(A) Os foros de Búzios (RJ) e de Lucas do Rio Verde (GO), concorrentemente.

(B) O foro de São Paulo (SP).

(C) O foro de Salvador (BA).

(D) O foro de Atibaia (SP).

54. Mariana ajuizou ação de cobrança em face do Banco Racional S/A, para buscar a restituição de valores pagos a título de "Tarifa de Manutenção de Conta", cobrados durante o período em que era titular de conta corrente perante tal Banco.

O juízo de primeiro grau, após a apresentação de contestação pelo Banco Racional S/A, determinou que, em razão de o Superior Tribunal de Justiça ter afetado para julgamento, sob o rito de "Recursos Especiais Repetitivos", a questão concernente à legalidade da "Tarifa de Abertura de Conta", o processo ajuizado por Mariana deveria ficar suspenso até a publicação do acórdão paradigma.

Após ser intimado da decisão de suspensão, o(a) advogado(a) de Mariana analisou o processo afetado para julgamento pelo STJ, e entendeu que a questão debatida sob o rito de Recursos Repetitivos não era a mesma debatida no processo ajuizado por Mariana, porque discutia outra tarifa bancária. Diante disso, pretende insurgir-se contra a suspensão do processo, para que ele volte a tramitar regularmente.

Sobre o procedimento a ser adotado por Mariana, assinale a afirmativa correta.

(A) Deverá peticionar ao Superior Tribunal de Justiça, demonstrando a distinção de seu caso e requerendo o prosseguimento; caso seja negado o pedido, poderá interpor Agravo Interno.

(B) Deverá peticionar ao juízo de primeiro grau, demonstrando a distinção de seu caso e requerendo o prosseguimento; caso seja negado o pedido, poderá interpor Agravo de Instrumento.

(C) Deverá impetrar Mandado de Segurança em face da decisão de suspensão.

(D) Deverá peticionar ao juízo de primeiro grau, demonstrando a distinção de seu caso e requerendo o prosseguimento; caso seja negado o pedido, poderá interpor Agravo Interno.

55. Pedro propõe execução de alimentos, fundada em título extrajudicial, em face de Augusto, seu pai, no valor de R$ 10.000,00 (dez mil reais). Regularmente citado, Augusto não efetuou o pagamento do débito, não justificou a impossibilidade de fazê-lo, não provou que efetuou o pagamento e nem ofertou embargos à execução.

Pedro, então, requereu a penhora do único bem pertencente a Augusto que fora encontrado, qual seja, R$ 10.000,00 (dez mil reais), que estavam depositados em caderneta de poupança. O juiz defere o pedido.

Sobre a decisão judicial, assinale a afirmativa correta.

(A) Ela foi equivocada, pois valores depositados em caderneta, em toda e qualquer hipótese, são impenhoráveis.

(B) Ela foi correta, pois o Código de Processo Civil permite a penhora de quaisquer valores depositados em aplicações financeiras.

(C) Ela foi equivocada, na medida em que o Código de Processo Civil assegura a impenhorabilidade da caderneta de poupança até o limite de cem salários-mínimos, independentemente da natureza do débito.

(D) Ela foi correta, pois o Código de Processo Civil admite a penhora de valores depositados em caderneta de poupança para o cumprimento de obrigações alimentícias.

56. O fornecimento de energia elétrica à residência de Vicente foi interrompido em 2 de janeiro de 2018, porque, segundo a concessionária de serviço público, haveria um "gato" no local, ou seja, o medidor de energia teria sido indevidamente adulterado.

Indignado, Vicente, representado por um(a) advogado(a), propôs, aproximadamente um mês depois, demanda em face da fornecedora e pediu o restabelecimento do serviço, pois o medidor estaria hígido. A fim de provar os fatos alegados, o autor requereu a produção de prova pericial.

Citado poucos meses depois da propositura da demanda, a ré defendeu a correção de sua conduta, ratificou a existência de irregularidade no medidor de energia e, tal qual o autor, requereu a produção de perícia.

Em dezembro de 2018, após arbitrar o valor dos honorários periciais e antes da realização da perícia, o juiz atribuiu apenas ao autor, que efetivamente foi intimado para tanto, o pagamento de tal verba.

Sobre a hipótese apresentada, assinale a afirmativa correta.

(A) A decisão judicial está correta, uma vez que, se ambas as partes requererem a produção de perícia, apenas o autor deve adiantar o pagamento.

(B) O juiz decidiu de modo incorreto, pois se ambas as partes requererem a produção de perícia, autor e réu devem adiantar os honorários periciais.

(C) A decisão está equivocada, na medida em que os honorários periciais são pagos apenas ao final do processo.

(D) A decisão está correta, pois o magistrado tinha a faculdade de atribuir a apenas uma das partes o pagamento do montante.

57. Felipe, a fim de cobrar dívida proveniente de contrato de mútuo firmado com Aline, ajuizou demanda de conhecimento em face de João Alberto, fiador. Surpreendido pela citação, João Alberto procura, no mesmo dia, um(a) advogado(a).

Diante de tal quadro, assinale a opção que apresenta a medida mais adequada a ser adotada pelo(a) advogado(a) para obter a responsabilização de Aline.

(A) Realizar o chamamento ao processo de Aline.

(B) Efetuar a denunciação da lide de Aline.

(C) Sustentar a ilegitimidade passiva de João Alberto, na medida em que somente após eventual tentativa malsucedida de responsabilização de Aline, João Alberto poderia ser demandado.

(D) Não promover a intervenção de terceiros e aguardar a fase executiva, momento em que deverá ser requerido o benefício de ordem, de modo que os bens de Aline sejam executados antes dos de João Alberto.

58. Douglas foi condenado pela prática de duas tentativas de roubo majoradas pelo concurso de agentes e restrição da liberdade das vítimas (Art. 157, § 2º, incisos II e V, c/c. o Art. 14, inciso II, por duas vezes, na forma do Art. 70, todos do CP). No momento de fixar a sanção penal, o juiz aplicou a pena base no mínimo legal, reconhecendo a confissão espontânea do agente, mas deixou de diminuir a pena na segunda fase. No terceiro momento, o magistrado aumentou a pena do máximo, considerando as circunstâncias do crime, em especial a quantidade de agentes (5 agentes) e o tempo que durou a restrição da liberdade das vítimas. Ademais, reduziu, ainda na terceira fase, a pena do mínimo legal em razão da tentativa, novamente fundamentando na gravidade do delito e naquelas circunstâncias de quantidade de agentes e restrição da liberdade.

Após a aplicação da pena dos dois delitos, reconheceu o concurso formal de crimes, aumentando a pena de um deles de acordo com a quantidade de crimes praticados. O Ministério Público não recorreu.

Considerando as informações narradas, de acordo com a jurisprudência pacificada do Superior Tribunal de Justiça, o(a) advogado(a) de Douglas, quanto à aplicação da pena, deverá buscar

(A) a redução da pena na segunda fase diante do reconhecimento da atenuante da confissão espontânea.

(B) a redução do quantum de aumento em razão da presença das majorantes, que deverá ser aplicada de acordo com a quantidade de causas de aumento.

(C) o aumento do quantum de diminuição em razão do reconhecimento da tentativa, pois a fundamentação apresentada pelo magistrado foi inadequada.

(D) a redução do quantum de aumento em razão do reconhecimento do concurso de crimes, devido à fundamentação inadequada.

59. Frederico, de maneira intencional, colocou fogo no jardim da residência de seu chefe de trabalho, causando perigo ao patrimônio deste e dos demais vizinhos da região, já que o fogo se alastrou rapidamente, aproximando-se da rede elétrica e de pessoas que passavam pelo local. Ocorre que Frederico não se certificou, com as cautelas necessárias, que não haveria ninguém no jardim, de modo que a conduta por ele adotada causou a morte de uma criança, queimada, que brincava no local.

Desesperado, Frederico procura você, como advogado(a), e admite os fatos, indagando sobre eventuais consequências penais de seus atos.

Considerando apenas as informações narradas, o(a) advogado(a) de Frederico deverá esclarecer que a conduta praticada configura crime de

(A) homicídio doloso qualificado pelo emprego de fogo.
(B) incêndio doloso simples.
(C) homicídio culposo.
(D) incêndio doloso com aumento de pena em razão do resultado morte.

60. Fabrício cumpria pena em livramento condicional, em razão de condenação pela prática de crime de lesão corporal grave. Em 10 de janeiro de 2018, quando restavam 06 meses de pena a serem cumpridos, ele descobre que foi novamente condenado, definitivamente, por crime de furto que teria praticado antes dos fatos que justificaram sua condenação pelo crime de lesão. A pena aplicada em razão da nova condenação foi de 02 anos e 06 meses de pena privativa de liberdade em regime inicial semiaberto. Apesar disso, somente procura seu(sua) advogado(a) em 05 de agosto de 2018, esclarecendo o ocorrido.

Ao consultar os autos do processo de execução, o(a) advogado(a) verifica que, de fato, existe a nova condenação, mas que, até o momento, não houve revogação ou suspensão do livramento condicional.

Considerando apenas as informações narradas, o(a) advogado(a) de Fabrício, de acordo com a jurisprudência do Superior Tribunal de Justiça, deverá esclarecer que

(A) poderá haver a revogação do livramento condicional, tendo em vista que a nova condenação por crime doloso, aplicada pena privativa de liberdade, é causa de revogação obrigatória do benefício.
(B) não poderá haver a revogação do livramento condicional, tendo em vista que a nova condenação é apenas prevista como causa de revogação facultativa do benefício e não houve suspensão durante o período de prova.
(C) não poderá haver a revogação do livramento condicional, tendo em vista que a nova condenação não é prevista em lei como causa de revogação do livramento condicional, já que o fato que a justificou é anterior àquele que gerou a condenação em que cumpre o benefício.
(D) não poderá haver a revogação do livramento condicional, pois ultrapassado o período de prova, ainda que a nova condenação seja prevista no Código Penal como causa de revogação obrigatória do benefício.

61. David, em dia de sol, levou sua filha, Vivi, de 03 anos, para a piscina do clube. Enquanto a filha brincava na piscina infantil, David precisou ir ao banheiro, solicitando, então, que sua amiga Carla, que estava no local, ficasse atenta para que nada de mal ocorresse com Vivi. Carla se comprometeu a cuidar da filha de David.

Naquele momento, Vitor assumiu o posto de salva-vidas da piscina. Carla, que sempre fora apaixonada por Vitor, começou a conversar com ele e ambos ficam de costas para a piscina, não atentando para as crianças que lá estavam.

Vivi começa a brincar com o filtro da piscina e acaba sofrendo uma sucção que a deixa embaixo da água por tempo suficiente para causar seu afogamento. David vê quando o ato acontece através de pequena janela no banheiro do local, mas o fecho da porta fica emperrado e ele não consegue sair. Vitor e Carla não veem o ato de afogamento da criança porque estavam de costas para a piscina conversando.

Diante do resultado morte, David, Carla e Vitor ficam preocupados com sua responsabilização penal e procuram um advogado, esclarecendo que nenhum deles adotou comportamento positivo para gerar o resultado.

Considerando as informações narradas, o advogado deverá esclarecer que:

(A) Carla e Vitor, apenas, poderão responder por homicídio culposo, já que podiam atuar e possuíam obrigação de agir na situação.
(B) David, apenas, poderá responder por homicídio culposo, já que era o único com dever legal de agir por ser pai da criança.
(C) David, Carla, Vitor poderão responder por homicídio culposo, já que os três tinham o dever de agir.
(D) Vitor, apenas, poderá responder pelo crime de omissão de socorro.

62. Gabriela, senhora de 60 anos, é surpreendida com a notícia de que seus dois netos, Pedro e Luiz, ambos com 18 anos de idade, foram presos em flagrante na mesma data, qual seja o dia 05 de setembro de 2018. Pedro foi preso e indiciado pela suposta prática de crime de racismo, enquanto Luiz foi abordado com um fuzil municiado, sendo indiciado pelo crime de porte de arma de fogo de uso restrito (Art. 16 da Lei nº 10.826/03).

Gabriela, sem compreender a exata extensão da consequência dos atos dos netos, procurou a defesa técnica deles para esclarecimentos quanto às possibilidades de prescrição e concessão de indulto em relação aos delitos imputados.

Considerando as informações narradas, a defesa técnica de Pedro e Luiz deverá esclarecer que

(A) ambos os crimes são insuscetíveis de indulto e imprescritíveis.
(B) somente o crime de porte de arma de fogo é imprescritível, enquanto ambos os delitos são insuscetíveis de indulto.
(C) somente o crime de racismo é imprescritível, enquanto apenas o porte do fuzil é insuscetível de indulto.
(D) somente o crime de racismo é imprescritível, não sendo nenhum deles insuscetível de indulto.

63. Sílvio foi condenado pela prática de crime de roubo, ocorrido em 10/01/2017, por decisão transitada em julgado, em 05/03/2018, à pena base de 4 anos de reclusão, majorada em 1/3 em razão do emprego de arma branca, totalizando 5 anos e 4 meses de pena privativa de liberdade, além de multa.

Após ter sido iniciado o cumprimento definitivo da pena por Sílvio, foi editada, em 23/04/2018, a Lei nº 13.654/18, que excluiu a causa de aumento pelo emprego de arma branca no crime de roubo. Ao tomar conhecimento da edição da nova lei, a família de Sílvio procura um(a) advogado(a).

Considerando as informações expostas, o(a) advogado(a) de Sílvio

(A) não poderá buscar alteração da sentença, tendo em vista que houve trânsito em julgado da sentença penal condenatória.
(B) poderá requerer ao juízo da execução penal o afastamento da causa de aumento e, consequentemente, a redução da sanção penal imposta.

(C) deverá buscar a redução da pena aplicada, com afastamento da causa de aumento do emprego da arma branca, por meio de revisão criminal.

(D) deverá buscar a anulação da sentença condenatória, pugnando pela realização de novo julgamento com base na inovação legislativa.

64. Gabriel, nascido em 31 de maio 1999, filho de Eliete, demonstrava sua irritação em razão do tratamento conferido por Jorge, namorado de sua mãe, para com esta. Insatisfeito, Jorge, no dia 1º de maio de 2017, profere injúria verbal contra Gabriel.

Após a vítima contar para sua mãe sobre a ofensa sofrida, Eliete comparece, em 27 de maio de 2017, em sede policial e, na condição de representante do seu filho, renuncia ao direito de queixa. No dia 02 de agosto de 2017, porém, Gabriel, contra a vontade da mãe, procura auxílio de advogado, informando que tem interesse em ver Jorge responsabilizado criminalmente pela ofensa realizada.

Diante da situação narrada, o(a) advogado(a) de Gabriel deverá esclarecer que

(A) Jorge não poderá ser responsabilizado criminalmente, em razão da renúncia do representante legal do ofendido, sem prejuízo de indenização no âmbito cível.

(B) poderá ser proposta queixa-crime em face de Jorge, mas, para que o patrono assim atue, precisa de procuração com poderes especiais.

(C) Jorge não poderá ser responsabilizado criminalmente em razão da decadência, tendo em vista que ultrapassados três meses desde o conhecimento da autoria.

(D) poderá ser proposta queixa-crime em face de Jorge, pois, de acordo com o Código de Processo Penal, ao representante legal é vedado renunciar ao direito de queixa.

65. Marcus, advogado, atua em duas causas distintas que correm perante a Vara Criminal da Comarca de Fortaleza. Na primeira ação penal, Renato figura como denunciado em ação penal por crime de natureza tributária, enquanto, na segunda ação, Hélio consta como denunciado por crime de peculato.

Entendendo pela atipicidade da conduta de Renato, Marcus impetra habeas corpus, perante o Tribunal de Justiça, em busca do "trancamento" da ação penal. Já em favor de Hélio, impetra mandado de segurança, também perante o Tribunal de Justiça, sob o fundamento de que o magistrado de primeira instância, de maneira recorrente, não estava permitindo o acesso aos autos do processo.

Na mesma data são julgados o habeas corpus e o mandado de segurança por Câmara Criminal do Tribunal de Justiça do Ceará, sendo que a ordem de habeas corpus não foi concedida por maioria de votos, enquanto o mandado de segurança foi denegado por unanimidade.

Intimado da decisão proferida no habeas corpus e no mandado de segurança, caberá a Marcus apresentar, em busca de combatê-las,

(A) Recurso Ordinário Constitucional, nos dois casos.

(B) Recurso em Sentido Estrito e Recurso Ordinário Constitucional, respectivamente.

(C) Embargos infringentes, nos dois casos.

(D) Embargos infringentes e Recurso Ordinário Constitucional, respectivamente.

66. Miguel foi denunciado pela prática de um crime de extorsão majorada pelo emprego de arma e concurso de agentes, sendo a pretensão punitiva do Estado julgada inteiramente procedente e aplicada sanção penal, em primeira instância, de 05 anos e 06 meses de reclusão e 14 dias multa.

A defesa técnica de Miguel apresentou recurso alegando:

(I) preliminar de nulidade em razão de violação ao princípio da correlação entre acusação e sentença;

(II) insuficiência probatória, já que as declarações da vítima, que não presta compromisso legal de dizer a verdade, não poderiam ser consideradas;

(III) que deveria ser afastada a causa de aumento do emprego de arma, uma vez que o instrumento utilizado era um simulacro de arma de fogo, conforme laudo acostado aos autos.

A sentença foi integralmente mantida. Todos os desembargadores que participaram do julgamento votaram pelo não acolhimento da preliminar e pela manutenção da condenação. Houve voto vencido de um desembargador, que afastava apenas a causa de aumento do emprego de arma.

Intimado do teor do acórdão, o(a) advogado(a) de Miguel deverá interpor

(A) embargos infringentes e de nulidade, buscando o acolhimento da preliminar, sua absolvição e o afastamento da causa de aumento de pena reconhecida.

(B) embargos infringentes e de nulidade, buscando o acolhimento da preliminar e o afastamento da causa de aumento do emprego de arma, apenas.

(C) embargos de nulidade, buscando o acolhimento da preliminar, apenas.

(D) embargos infringentes, buscando o afastamento da causa de aumento do emprego de arma, apenas.

67. Jucilei foi preso em flagrante quando praticava crime de estelionato (Art. 171 do CP), em desfavor da Petrobras, sociedade de economia mista federal. De acordo com os elementos informativos, a fraude teria sido realizada na cidade de Angra dos Reis, enquanto a obtenção da vantagem ilícita ocorreu na cidade do Rio de Janeiro, sendo Jucilei preso logo em seguida, mas já na cidade de Niterói.

Ainda em sede policial, Jucilei entrou em contato com seu(sua) advogado(a), que compareceu à Delegacia para acompanhar seu cliente, que seria imediatamente encaminhado para a realização de audiência de custódia perante autoridade judicial.

Considerando as informações narradas, o(a) advogado(a) deverá esclarecer ao seu cliente que será competente para processamento e julgamento de eventual ação penal pela prática do crime do Art. 171 do Código Penal, o juízo junto à

(A) Vara Criminal Estadual da Comarca do Rio de Janeiro.

(B) Vara Criminal Estadual da Comarca de Angra dos Reis.

(C) Vara Criminal Federal com competência sobre a cidade do Rio de Janeiro.

(D) Vara Criminal Federal com competência sobre a cidade de Angra dos Reis.

68. A autoridade policial recebeu denúncia anônima informando que Gabriel seria autor de um crime de apropriação indébita (Art. 168 do CP. Pena: 01 a 04 anos de reclusão e multa). Realizou, então, diligências para verificar a relevância daquela informação e, após constatar que havia motivos para justificar o início de investigação, instaurou inquérito para apurar a infração penal antes mencionada, indiciando Gabriel.

O primeiro ato da investigação foi requerer, ao juízo competente, interceptação das comunicações telefônicas de Gabriel, pedido esse que foi deferido. Após a interceptação, a autoridade policial buscou obter outros elementos informativos, ouvindo a vítima e testemunhas que tinham conhecimento dos fatos e da autoria delitiva.

Após o fim do prazo de 15 dias fixado para interceptação, com nova representação da autoridade policial e requerimento do Ministério Público, o juiz deferiu a prorrogação da medida, reiterando os termos da decisão que autorizou a medida inicial e destacando que aqueles fundamentos persistiam e foram confirmados pelo teor das transcrições das conversas já obtidas.

Gabriel, no curso das investigações, foi intimado para prestar esclarecimentos, momento em que entrou em contato com seu advogado, que obteve acesso ao procedimento.

Considerando as informações narradas, o(a) advogado(a) de Gabriel poderá questionar a interceptação telefônica realizada, porque

(A) a primeira notícia do crime foi oriunda de denúncia anônima, o que impede que seja instaurada investigação, ainda que a autoridade policial realize diligências para confirmar a necessidade de iniciar procedimento investigatório.

(B) o crime investigado é punido com pena de reclusão que não ultrapassa 04 anos de pena privativa de liberdade.

(C) a prova da infração poderia ter sido obtida por outros meios disponíveis.

(D) a decisão de prorrogação do prazo da medida utilizou-se de fundamentação per relationem, o que não é admitido no Processo Penal brasileiro.

69. Adolfo e Arnaldo são irmãos e existe a informação de que estão envolvidos na prática de crimes. Durante investigação da suposta prática de crime de tráfico de drogas, foi deferida busca e apreensão na residência de Adolfo, em busca de instrumentos utilizados na prática delitiva.

O oficial de justiça, com mandado regularmente expedido, compareceu à residência de Adolfo às 03.00h, por ter informações de que às 07.00h ele deixaria o local. Apesar da não autorização para ingresso na residência por parte do proprietário, ingressou no local para cumprimento do mandado de busca e apreensão, efetivamente apreendendo um caderno com anotações que indicavam a prática do crime investigado.

Quando deixavam o local, os policiais e o oficial de justiça se depararam, na rua ao lado, com Arnaldo, sendo que imediatamente uma senhora o apontou como autor de um crime de roubo majorado pelo emprego de arma, que teria ocorrido momentos antes.

Diante disso, os policiais realizaram busca pessoal em Arnaldo, localizando um celular, que era produto do crime de acordo com a vítima, razão pela qual efetuaram a apreensão desse bem.

Ao tomar conhecimento dos fatos, a mãe de Adolfo e Arnaldo procurou você, como advogado(a), para a adoção das medidas cabíveis.

Assinale a opção que apresenta, sob o ponto de vista técnico, a medida que você poderá adotar.

(A) Pleitear a invalidade da busca e apreensão residencial de Adolfo e a da busca e apreensão pessoal em Arnaldo.

(B) Pleitear a invalidade da busca e apreensão residencial de Adolfo, mas não a da busca e apreensão pessoal de Arnaldo.

(C) Não poderá pleitear a invalidade das buscas e apreensões.

(D) Pleitear a invalidade da busca e apreensão pessoal de Arnaldo, mas não a da busca e apreensão residencial de Adolfo.

70. A sociedade empresária Beta Ltda. está passando por grave crise econômica e financeira e, em razão disso, resolveu reduzir drasticamente suas atividades, encerrando unidades e terceirizando grande parte dos seus serviços. Por conta disso, a empresa, que possuía 500 empregados, dispensou 450 deles no dia 23 de janeiro de 2018.

Diante do caso apresentado e dos preceitos da CLT, assinale a afirmativa correta.

(A) Trata-se de dispensa em massa, sendo nula porque não autorizada em norma coletiva.

(B) Equivocou-se a empresa, porque para realizar a dispensa coletiva ela é obrigada a oferecer antes adesão ao Programa de Demissão Voluntária (PDV).

(C) A ordem de antiguidade obrigatoriamente deve ser respeitada, pelo que os 50 empregados mais antigos não poderão ser dispensados.

(D) A dispensa ocorreu validamente, pois a dispensa coletiva é equiparada à dispensa individual.

71. Alaor, insatisfeito com o pequeno lucro do restaurante do qual era sócio, retirou-se da sociedade empresária e averbou, na respectiva junta comercial, novo contrato social, onde constava sua retirada.

O empresário, 36 meses após esse fato, foi surpreendido com sua citação em uma reclamação trabalhista ajuizada dias antes.

Sobre a hipótese apresentada, considerando a atual redação da CLT, assinale a afirmativa correta.

(A) Alaor responde solidariamente pelos débitos da sociedade na ação trabalhista em referência.

(B) Alaor responde subsidiariamente pelos débitos da sociedade na ação trabalhista em referência.

(C) Alaor não mais responde, na ação trabalhista em referência, pelos débitos da sociedade.

(D) No caso, primeiro responde a empresa devedora, depois, os sócios atuais e, em seguida, os sócios retirantes, que é o caso de Alaor.

72. Gerson Filho é motorista rodoviário e trabalha na sociedade empresária Viação Canela de Ouro Ltda. No dia 20 de agosto de 2018, ele se envolveu em grave acidente automobilístico, sendo, ao final da investigação, verificado que Gerson foi o responsável pelo sinistro, tendo atuado com dolo no evento danoso. Em razão disso, teve a perda da sua habilitação determinada pela autoridade competente.

O empregador procura você, como advogado(a), afirmando que não há vaga disponível para Gerson em outra atividade na empresa e desejando saber o que deverá fazer para solucionar a questão da maneira mais econômica e em obediência às normas de regência.

Diante desta situação e dos termos da CLT, assinale a afirmativa correta.

(A) O contrato de Gerson deverá ser suspenso.
(B) O empregador deverá interromper o contrato de Gerson.
(C) O contrato do empregado deverá ser rompido por justa causa.
(D) A empresa deverá dispensar Gerson sem justa causa.

73. Rita de Cássia é enfermeira em um hospital desde 10/01/2018, no qual trabalha em regime de escala de 12x36 horas, no horário das 7.00 às 19.00 horas. Tal escala encontra-se prevista na convenção coletiva da categoria da empregada. Alguns plantões cumpridos por Rita de Cássia coincidiram com domingos e outros, com feriados. Em razão disso, a empregada solicitou ao seu gestor que as horas cumpridas nesses plantões fossem pagas em dobro.

Sobre a pretensão da empregada, diante do que preconiza a CLT, assinale a afirmativa correta.

(A) Ela fará jus ao pagamento com adicional de 100% apenas nos feriados.
(B) Ela não terá direito ao pagamento em dobro nem nos domingos nem nos feriados.
(C) Ela terá direito ao pagamento em dobro da escala que coincidir com o domingo.
(D) Ela receberá em dobro as horas trabalhadas nos domingos e feriados.

74. Você, como advogado(a), foi procurado por Pedro para ajuizar ação trabalhista em face da ex-empregadora deste.

Pedro lhe disse que após encerrar o expediente e registrar o efetivo horário de saída do trabalho, ficava na empresa em razão de eventuais tiroteios que ocorriam na região. Nos meses de verão, ocasionalmente, permanecia na empresa para esperar o escoamento da água decorrente das fortes chuvas. Diariamente, após o expediente, havia culto ecumênico de participação voluntária e, dada sua atividade em setor de contaminação radioativa, era obrigado a trocar de uniforme na empresa, o que levava cerca de 20 minutos.

Considerando o labor de Pedro, de 10/12/2017 a 20/09/2018, e a atual legislação em vigor, assinale a afirmativa correta.

(A) Apenas o período de troca de uniforme deve ser requerido como horário extraordinário.
(B) Todo o tempo que Pedro ficava na empresa gera hora extraordinária, devendo ser pleiteado como tal em sede de ação trabalhista.
(C) Nenhuma das hipóteses gera labor extraordinário.
(D) Como apenas a questão religiosa era voluntária, somente essa não gera horário extraordinário.

75. Determinada sociedade empresária ampliou os benefícios de seus empregados para fidelizá-los e evidenciar sua responsabilidade social. Dentre outras medidas, aderiu voluntariamente ao programa de empresa cidadã e, assim, aumentou o período de licença maternidade e o de licença paternidade de seus empregados.

Marcondes, empregado da referida empresa, que será pai em breve, requereu ao setor de recursos humanos a ampliação do seu período de licença paternidade, e agora deseja saber quanto tempo ficará afastado.

Assinale a opção que, de acordo com a Lei, indica o período total da licença paternidade que Marcondes aproveitará.

(A) 5 dias.
(B) 10 dias.
(C) 15 dias.
(D) 20 dias.

76. Prolatada a sentença em uma reclamação trabalhista, o autor opõe embargos de declaração no 3º dia contado da publicação e afirma que existe erro material no julgado, pois o número do processo encontra-se equivocado, assim como o nome das partes.

Diante da situação retratada e dos termos da CLT, assinale a afirmativa correta.

(A) O juiz não precisará dar vista dos embargos à parte contrária, diante da natureza do erro.
(B) A Lei é omissa a respeito, daí porque o juiz usará da equidade para ver se é o caso de conferir vista à parte adversa.
(C) Havendo, no caso em exame, possibilidade de efeito modificativo do julgado, a parte contrária poderá se manifestar em 8 dias.
(D) Independentemente do recurso e seu efeito perante o julgado, é direito da parte contrária se manifestar sobre os embargos em 10 dias.

77. No curso de uma ação trabalhista que se encontra em fase de execução de sentença, a executada, citada para pagar e garantir o juízo, apresentou exceção de pré-executividade almejando a nulidade de todos os atos, uma vez que não havia sido regularmente citada.

Após regular trâmite, o juiz julgou procedente a exceção de pré-executividade e anulou todos os atos processuais praticados desde a citação, concedendo ainda prazo para a reclamada contestar a reclamação trabalhista.

Sobre a hipótese, assinale a opção que indica o recurso cabível, a ser manejado pelo exequente, contra a decisão da exceção de pré-executividade.

(A) Apelação.
(B) Recurso Ordinário.
(C) Agravo de Instrumento.
(D) Agravo de Petição.

78. Uma sociedade empresária consultou você, como advogado(a), para encontrar uma maneira de, periodicamente, firmar com seus empregados uma quitação de direitos, de modo a prevenir conflitos trabalhistas.

Diante disso, na qualidade de advogado(a) da empresa, assinale a opção que indica a solução proposta.

(A) Poderá ser firmado termo de quitação anual de obrigações trabalhistas, perante o sindicato da categoria dos empregados.
(B) Os termos de quitação firmados entre empregados e empregadores nada valem, apenas sendo válidos os acordos judiciais; logo, a empresa nada pode fazer.
(C) Poderá ser firmado termo anual de quitação de obrigações trabalhistas no sindicato profissional ou no sindicato patronal.
(D) Basta firmar termo de quitação anual das obrigações trabalhistas por mútuo consentimento.

79. Em uma greve ocorrida há dois dias dentro de uma indústria metalúrgica, o dirigente sindical, que é empregado da referida empresa, agrediu fisicamente o diretor com tapas e socos, sendo a agressão gravada pelo sistema de segurança existente no local.

O dono da empresa, diante dessa prática, pretende dispensar o empregado por justa causa. Em razão disso, ele procura você, como advogado(a), no dia seguinte aos fatos narrados, para obter sua orientação.

De acordo com o disposto na CLT, assinale a opção que apresenta sua recomendação jurídica e a respectiva justificativa.

(A) Dispensar imediatamente o empregado por justa causa e ajuizar ação de consignação em pagamento dos créditos porventura devidos.

(B) Apresentar notícia-crime e solicitar da autoridade policial autorização para dispensar o empregado por justa causa.

(C) Suspender o empregado e, em até 30 dias, ajuizar inquérito para apuração de falta grave.

(D) Não fazer nada, porque a justa causa teria de ser aplicada no dia dos fatos, ocorrendo então perdão tácito.

80. Francisco trabalhou em favor de uma empresa em Goiânia/GO. Após ser dispensado, mudou-se para São Paulo e neste Estado ajuizou reclamação trabalhista contra o ex-empregador. Este, após citado em Goiânia/GO, apresentou petição de exceção de incompetência territorial logo no segundo dia.

Em razão disso, o juiz suspendeu o processo e conferiu vista ao excepto. Em seguida, proferiu decisão acolhendo a exceção e determinando a remessa dos autos ao juízo distribuidor de Goiânia/GO, local onde os serviços de Francisco foram prestados e que, no entendimento do magistrado, seria o juízo competente para julgar a reclamação trabalhista.

Diante da situação retratada e do entendimento consolidado do TST, assinale a afirmativa correta.

(A) O reclamante nada poderá fazer por se tratar de decisão interlocutória.

(B) Francisco poderá interpor de imediato Recurso Ordinário no prazo de 8 dias.

(C) Sendo as decisões interlocutórias irrecorríveis, Pedro deverá impetrar Mandado de Segurança.

(D) O recurso cabível para tentar reverter a decisão é o Agravo de Petição.

Folha de Respostas

#					#				
1	A	B	C	D	41	A	B	C	D
2	A	B	C	D	42	A	B	C	D
3	A	B	C	D	43	A	B	C	D
4	A	B	C	D	44	A	B	C	D
5	A	B	C	D	45	A	B	C	D
6	A	B	C	D	46	A	B	C	D
7	A	B	C	D	47	A	B	C	D
8	A	B	C	D	48	A	B	C	D
9	A	B	C	D	49	A	B	C	D
10	A	B	C	D	50	A	B	C	D
11	A	B	C	D	51	A	B	C	D
12	A	B	C	D	52	A	B	C	D
13	A	B	C	D	53	A	B	C	D
14	A	B	C	D	54	A	B	C	D
15	A	B	C	D	55	A	B	C	D
16	A	B	C	D	56	A	B	C	D
17	A	B	C	D	57	A	B	C	D
18	A	B	C	D	58	A	B	C	D
19	A	B	C	D	59	A	B	C	D
20	A	B	C	D	60	A	B	C	D
21	A	B	C	D	61	A	B	C	D
22	A	B	C	D	62	A	B	C	D
23	A	B	C	D	63	A	B	C	D
24	A	B	C	D	64	A	B	C	D
25	A	B	C	D	65	A	B	C	D
26	A	B	C	D	66	A	B	C	D
27	A	B	C	D	67	A	B	C	D
28	A	B	C	D	68	A	B	C	D
29	A	B	C	D	69	A	B	C	D
30	A	B	C	D	70	A	B	C	D
31	A	B	C	D	71	A	B	C	D
32	A	B	C	D	72	A	B	C	D
33	A	B	C	D	73	A	B	C	D
34	A	B	C	D	74	A	B	C	D
35	A	B	C	D	75	A	B	C	D
36	A	B	C	D	76	A	B	C	D
37	A	B	C	D	77	A	B	C	D
38	A	B	C	D	78	A	B	C	D
39	A	B	C	D	79	A	B	C	D
40	A	B	C	D	80	A	B	C	D

GABARITO COMENTADO

1. Gabarito "D"
Comentário: De acordo com o que dispõe o art. 22, § 3º, do EAOAB, salvo estipulação em contrário, 1/3 (um terço) dos honorários é devido no início dos serviços, outro terço até a decisão de primeira instância e o restante no final. Assim, considerando que no contrato de honorários avençado entre Eduardo (cliente) e Marcelo (advogado) não constou a forma de pagamento, caberia a cobrança, por parte do causídico, de apenas um terço no início do serviço. Correta, portanto, a alternativa "D", estando as demais incorretas em razão de colidirem com o já referido dispositivo legal.

2. Gabarito "B"
Comentário: Nos termos do art. 44 do CED, na publicidade profissional que promover ou nos cartões e material de escritório de que se utilizar, o advogado fará constar seu nome ou o da sociedade de advogados, o número ou os números de inscrição na OAB. Poderão ser referidos apenas os títulos acadêmicos do advogado e as distinções honoríficas relacionadas à vida profissional, bem como as instituições jurídicas de que faça parte, e as especialidades a que se dedicar, o endereço, e-mail, site, página eletrônica, QR code, logotipo e a fotografia do escritório, o horário de atendimento e os idiomas em que o cliente poderá ser atendido. Especificamente nos cartões de visita, é vedada a inclusão de fotografias pessoais ou de terceiros, bem como menção a qualquer emprego, cargo ou função ocupado, atual ou pretérito, em qualquer órgão ou instituição, salvo o de professor universitário. Portanto, nenhum dos advogados referidos no enunciado cometeu qualquer infração ética, eis que os elementos inseridos nos seus cartões de visita são permitidos pelo Código de Ética. Correta, portanto, a alternativa "B".

3. Gabarito "B"
Comentário: O art. 72, § 2º, do EAOAB, estabelece a regra geral segundo a qual o processo disciplinar tramita em sigilo, só tendo acesso às suas informações as partes, seus defensores e a autoridade judiciária competente. Diversamente do que se tem nos processos judiciais, nos quais a publicidade é a regra, nos processos ético-disciplinares o sigilo é a regra. Correta, portanto, a alternativa "B", que espelha exatamente o que dispõe o referido dispositivo legal.

4. Gabarito "A"
Comentário: O art. 57 do Regulamento Geral do Estatuto da OAB (RGOAB) prevê que cabe à Caixa de Assistência dos Advogados metade da receita das anuidades, considerado o valor resultante após as deduções obrigatórias tratadas no art. 56 do mesmo diploma normativo. Já o art. 58 do Estatuto da OAB, tratando das competências do Conselho Seccional, prevê em seu inciso IV, competir-lhe fiscalizar a aplicação da receita das Subseções e Caixas de Assistência, motivo por que poderá intervir, parcial ou totalmente, em referidos órgãos da OAB quando constatar grave violação ao Estatuto da OAB, ao Regulamento Geral e ao seu Regimento Interno (art. 105, III, do RGOAB). A banca examinadora considerou como correta a alternativa "A", que, em nosso sentir, contém impropriedade técnica ao afirmar caber às Caixas de Assistência a metade da receita das anuidades recebidas pelo Conselho Seccional. Na verdade, como previsto no art. 57 do RGOAB, às Caixas de Assistência dos Advogados cabe metade da receita líquida das anuidades, eis que o repasse pelo Conselho Seccional de referido percentual ocorrerá após as deduções obrigatórias contidas no art. 56 do mesmo diploma. E este artigo determina o repasse de 60% das receitas brutas das anuidades a diversos órgãos nele referidos. Em outras palavras, caberá às Caixas de Assistência dos Advogados apenas 20% da receita obtida com as anuidades, ou seja, metade do valor líquido das anuidades, eis que, após as deduções obrigatórias de 60%, restarão apenas 40%, cabendo a metade às Caixas. Incorreta, tecnicamente, a alternativa "A", nada obstante tenha sido mantido o gabarito pela FGV. As demais alternativas estão incorretas, notadamente por afirmarem que a intervenção das Caixas de Assistência dos Advogados seria competência do Conselho Federal (alternativas "B" e "C"), bem como que não caberia àquele órgão o recebimento de valores decorrentes das anuidades recebidas pelo Conselho Seccional (alternativas "B" e "D").

5. Gabarito: "C"
Comentário: O art. 38, I, do Estatuto da OAB (EAOAB) dispõe que a pena de exclusão será aplicável no caso de o advogado ter sido, por três vezes, punido com suspensão. No caso relatado no enunciado, o advogado Gabriel foi condenado à pena de suspensão por três vezes, razão por que caberá a instauração de processo para a aplicação de exclusão, que, conforme exige o parágrafo único do precitado art. 38 do EAOAB, necessitará da manifestação favorável de 2/3 (dois terços) dos membros do Conselho Seccional competente, tratando-se, pois, de maioria qualificada. Analisemos, assim, as alternativas! **A:** incorreta, pois, como visto, a exclusão necessitará quórum de maioria qualificada (dois terços), e não maioria absoluta (50% + 1); **B** e **D:** incorretas, pois sendo o advogado condenado, por três vezes, à pena de suspensão, deverá ser excluído, consoante dispõe o art. 38, I, do EAOAB; **C:** correta. Importante anotar que o retorno de advogado excluído exigirá a satisfação dos requisitos do art. 8º, I, V, VI e VII do EAOAB (capacidade civil; não exercer atividade incompatível com a advocacia; idoneidade moral; prestar compromisso perante o Conselho), além da prova da reabilitação de que trata o art. 41 do EAOAB (art. 11, § 3º, do EAOAB).

6. Gabarito "A"
Comentário: O art. 14 do CED prevê que o advogado não deve aceitar procuração de quem já tenha patrono constituído, sem prévio conhecimento deste, salvo por motivo plenamente justificável ou para adoção de medidas judiciais urgentes e inadiáveis. No caso relatado no enunciado, fica clara a situação de urgência a desafiar a imediata tomada de medidas judiciais, tendentes à busca e apreensão da criança. Considerando que o advogado de Maria Lúcia não se encontra na cidade exatamente no dia em que surgiu a situação de urgência, perfeitamente possível que outro advogado, no caso, Paulo, proponha a medida judicial considerada urgente e inadiável, aceitando procuração de Maria Lúcia independentemente de prévio conhecimento de Jeremias. Assim, de plano, vê-se como incorreta a alternativa "D". As alternativas "B" e "C" estão incorretas pelo fato de afirmarem ser necessário o prévio conhecimento do anterior advogado (Jeremias) para que o novo causídico (Paulo) aceite a procuração. Correta, pois, a alternativa "A".

7. Gabarito "D"
Comentário: Nos termos do art. 48, *caput*, e parágrafo único, do Regulamento Geral do Estatuto da OAB, a alienação ou oneração de bens imóveis depende de aprovação do Conselho Federal ou do Conselho Seccional, competindo à Diretoria do órgão decidir pela aquisição de qualquer bem e dispor sobre os bens móveis. A alienação ou oneração de bens imóveis depende de autorização da maioria das delegações, no Conselho Federal, e da maioria dos membros efetivos, no Conselho Seccional. Assim, alienações (ex.: venda, locação, comodato etc.) e onerações (constituição de qualquer gravame ao bem, como hipoteca, penhor etc.) de bens imóveis dependem de autorização da maioria dos membros efetivos nos Conselhos Seccionais (art. 48, parágrafo único, do RGOAB). Já a aquisição (ex.: compra) de bens imóveis compete diretamente à Diretoria do Conselho Seccional, não se fazendo a exigência de que tal assunto seja analisados pelos membros efetivos de referido órgão. Correta, portanto, a alternativa "D".

8. Gabarito "D"
Comentário: Trata-se de questão que cobra do candidato pura e simplesmente o conceito de honorários assistenciais, trazido pelo art. 22, § 6º, do Estatuto da OAB, incluído pela Lei 13.725/2018, assim considerado como os fixados em ações coletivas propostas por entidades de classe em substituição processual, sem prejuízo aos honorários convencionais. Portanto, correta a alternativa "D", exatamente por corresponder à dicção do dispositivo legal citado. A alternativa "A" trata, em verdade, dos honorários contratuais, que admitem, quando juntado o contrato no processo judicial antes de expedido mandado de levantamento ou precatório, que o valor respectivo seja deduzido de eventual montante do cliente (art. 22, § 4º, do EAOAB). Já a alternativa "B" trata da denominada "advocacia de partido", que admite a cobrança de honorários de forma continuada pelo advogado, numa espécie de "mensalidade" para a prestação de serviços advocatícios de que o cliente necessitar.

Por fim, incorreta a alternativa "C", que trata da hipótese prevista no art. 22, § 1º do EAOAB (nomeação de advogado a pessoa necessitada quando, na Comarca, não houver Defensoria Pública, caso em que os honorários serão fixados pelo juiz e pagos pelo Estado).

9. Gabarito "A"
Comentário: Segundo Kelsen, a validade de uma norma do direito positivo é independente da validade de uma norma de justiça. No livro O *problema da justiça*, Kelsen tenta definir uma realidade jurídica com uma metodologia única, cristalina e objetiva, capaz de separar o valor jurídico do valor de justiça.

10. Gabarito "B"
Comentário: Para Herbert Hart, *regra de reconhecimento* é aquela que estabelece critérios segundo os quais uma sociedade considera válida a existência de suas próprias normas jurídicas.

11. Gabarito "D"
Comentário: A: incorreta. A forma federativa de estado adotada pelo Brasil é incompatível com o exercício do direito de separação (ou direito de secessão), pois é considerada **cláusula pétrea** (art. 60, § 4º, I, da CF/88). Assim, ainda que haja expressivo quórum favorável à separação do Estado X, não será possível a dissolução do vínculo federativo. Determina o *caput* do art. 1º da CF/88 que a República Federativa do Brasil, formada pela **união indissolúvel** dos Estados e Municípios e do Distrito Federal, constitui-se em Estado Democrático de Direito. Além disso, por conta de o estado federal fazer parte do rol de cláusulas pétreas, ainda que houvesse emenda constitucional autorizando a separação, ela seria considerada inconstitucional; **B:** incorreta. Como mencionado, é **vedado o exercício do direito de secessão**. Os requisitos citados dizem respeito à criação de Municípios. De acordo com § 4º do art. 18 da CF/88, a criação, a incorporação, a fusão e o desmembramento de Municípios, far-se-ão por lei estadual, dentro do período determinado por Lei Complementar Federal, e dependerão de consulta prévia, mediante plebiscito, às populações dos Municípios envolvidos, após divulgação dos Estudos de Viabilidade Municipal, apresentados e publicados na forma da lei; **C:** incorreta. O **vínculo é indissolúvel** e a forma federativa de estado é protegida pelo manto das cláusulas pétreas, conforme já mencionado; **D:** correta. De fato, a forma federativa de Estado é uma das cláusulas pétreas que norteiam a ordem constitucional brasileira. Determina o art. 60, § 4º, I, da CF que não será objeto de deliberação a proposta de emenda tendente a abolir a forma federativa de Estado. Sendo assim, o exercício do direito de secessão por parte de qualquer dos entes federados se revela inviável, podendo, inclusive, ensejar a intervenção federal.

12. Gabarito "B"
Comentário: A: incorreta. Ao contrário do mencionado, a ADPF pode ser utilizada para impugnar decisões judiciais. Seu objeto não está adstrito às leis ou a atos normativos produzidos pelo Legislativo. Decisões judiciais e atos administrativos que atentem preceitos fundamentais da CF também podem ser impugnados por essa ação; **B:** correta. De acordo com o *caput* do art. 1º da Lei nº 9.882/99, a ADPF visa evitar ou reparar lesão a preceito fundamental, resultante de ato do Poder Público. Podem ser incluídos no conceito de "atos do Poder Público" os normativos produzidos pelo Legislativo, as decisões judiciais, os atos administrativos que atentem preceitos fundamentais da CF, dentre outros. Vale lembrar que a ação é subsidiária e, portanto, só pode ser ajuizada quando não houver outro meio eficaz para sanar a lesividade, conforme determina o art. 4º, §1º, da Lei nº 9.882/99; **C:** incorreta. A Lei nº 9.882/99 não conceitua preceito fundamental, de modo que não existe um rol taxativo nesse sentido. Ao contrário, deixa em aberto para que o Supremo, ao conhecer das ações, defina. A Corte Maior já mencionou, por exemplo, que os direitos fundamentais, as cláusulas pétreas e o sistema constitucional tributário são considerados preceitos fundamentais; **D:** incorreta. Como mencionado, decisões judiciais podem ser impugnadas por meio de ADPF. O Presidente da República é legitimado ativo, conforme determina a CF, em seu art. 103, I. Não há violação ao princípio da separação dos poderes.

13. Gabarito: "A"
Comentário: A: correta. Determina o art. 5º, XXXIII, da CF que todos têm direito a receber dos órgãos públicos informações de seu interesse particular, ou de interesse coletivo ou geral, que serão prestadas no prazo da lei, sob pena de responsabilidade, ressalvadas aquelas cujo sigilo seja imprescindível à segurança da sociedade e do Estado; **B:** incorreta. Não há necessidade de Alisson demonstrar a hipossuficiência econômica, tendo em vista que o art. 5º, XXXIV, da CF assegura a todos, independentemente do pagamento de taxas, o direito de petição aos Poderes Públicos em defesa de direitos ou contra ilegalidade ou abuso de poder e a obtenção de certidões em repartições públicas, para defesa de direitos e esclarecimento de situações de interesse pessoal; **C:** incorreta. O objeto do *habeas data* diz respeito a informações relativas à pessoa do impetrante, constantes de registros ou bancos de dados de entidades governamentais ou de caráter público, conforme determina o art. 5º, LXXII, "a", da CF. Além disso, o remédio só poderá ser utilizado para obter essas informações após a recusa por parte da autoridade administrativa (Súmula 2 do STJ); **D:** incorreta. Conforme explicado, Alisson pode ter acesso ao feito e não há necessidade de constituição de advogado para tanto.

14. Gabarito "D"
Comentário: A: incorreta. Ao contrário do mencionado, a CF/88 autoriza a expropriação de propriedades em que haja exploração de trabalho escravo. Determina o art. 243 da CF/88 que as **propriedades rurais e urbanas** de qualquer região do País onde forem localizadas culturas ilegais de plantas psicotrópicas ou a **exploração de trabalho escravo** na forma da lei **serão expropriadas** e destinadas à reforma agrária e a programas de habitação popular, sem qualquer indenização ao proprietário e sem prejuízo de outras sanções previstas em lei, observado, no que couber, o disposto no art. 5º. Vale lembrar que o parágrafo único do art. 243 determina que **todo e qualquer bem de valor econômico** apreendido em decorrência do tráfico ilícito de entorpecentes e drogas afins e **da exploração de trabalho escravo será confiscado** e reverterá a fundo especial com destinação específica, na forma da lei; **B:** incorreta. A expropriação na hipótese de exploração de mão de obra não é medida subsidiária. Será aplicada, inclusive, **sem qualquer indenização ao proprietário** e sem prejuízo de outras sanções previstas em lei; **C:** incorreta. Como mencionado, não há indenização nessa hipótese de expropriação; **D:** correta. É o que determina o art. 243, *caput* e parágrafo único, da CF/88.

15. Gabarito "C"
Comentário: A: incorreta. A interpretação literal do *caput* do Art. 5º da CF/88 poderia levar à interpretação de que Pablo, por ser estrangeiro, apenas teria direito se residisse no Brasil, mas o STF já afirmou que deve ser dada interpretação sistemática a esse dispositivo. Os direitos fundamentais, por serem universais, são aplicáveis aos brasileiros (natos e naturalizados) e aos estrangeiros que residam ou não no Brasil. Além disso, o *caput* do art. 196 da CF determina que a saúde é **direito de todos** e dever do Estado, garantido mediante políticas sociais e econômicas que visem à redução do risco de doença e de outros agravos e ao **acesso universal** e igualitário às ações e serviços para sua promoção, proteção e recuperação. Desse modo, Pablo faz jus ao direito social à saúde.
B: incorreta. Como mencionado, o *caput* do art. 196 da CF protege a saúde como **direito de todos** e dever do Estado. Determina ainda o **acesso universal** e igualitário às ações e serviços para sua promoção, proteção e recuperação. Sendo assim, a saúde deve ser prestada a todos e independentemente de contribuição para a manutenção da seguridade social; **C:** correta. O acesso universal é garantido pelo citado *caput* do art. 196 da CF/88; **D:** incorreta. Como mencionado, o **princípio da universalidade** rege o Sistema Único de Saúde de modo que não há necessidade de Pablo comprovar a sua condição de hipossuficiência econômica para ser atendido. Além disso, ele não precisará custear todas as despesas com seu tratamento.

16. Gabarito "D"
Comentário: A: incorreta. O texto constitucional dispõe de forma diversa. O Ministro de Estado da Saúde também tem o dever de responder pedidos advindos de outros órgãos. De acordo com o § 2º do art. 50 da CF/88 as Mesas da Câmara dos Deputados e do Senado Federal poderão encaminhar pedidos escritos de informações a Ministros de Estado ou a qualquer das pessoas referidas no *caput* deste artigo, **importando em crime de responsabilidade a recusa**, ou o não atendimento, no prazo de trinta dias, bem como a prestação de informações falsa; **B:** incorreta. Os poderes são independentes, mas **devem conviver de forma harmônica**, de acordo com o art. 2º da CF/88. Além disso,

a ausência da resposta por parte do Poder Executivo poderá acarretar crime de responsabilidade, conforme o mencionado § 2º do art. 50 da CF/88; **C:** incorreta. A ausência de resposta gerará crime de responsabilidade (infração político-administrativa e crimes funcionais), não crime comum; **D:** correta. É o que determina o citado § 2º do art. 50 da CF/88. **BV**

17. Gabarito "A"
Comentário: A: correta. De acordo com o art. 62, § 1º, da CF há assuntos que não podem ser disciplinados por medida provisória, dentre os quais, a matéria que vise a detenção ou sequestro de bens (inciso II); **B:** incorreta. A inconstitucionalidade não decorre de o fato da matéria ser ou não disciplinada por lei, mas da proibição constitucional prevista no citado §1º do art. 62 da CF; **C:** incorreta. O requisito da urgência não será verificado quando a própria matéria não puder ser disciplinada por medida provisória; **D:** incorreta. Como é vedada a edição de medida provisória sobre essa matéria, ainda que haja respeito aos requisitos da relevância e urgência, ela será considerada inconstitucional. Por outro lado, o prazo de vigência de uma medida provisória que esteja de acordo com o texto constitucional, de fato, é de 60 (sessenta) dias, prorrogável uma única vez por igual período, conforme determina o art. 62, § 3º, da CF/88. **BV**

18. Gabarito "C"
Comentário: O Pacto Internacional dos Direitos Civis e Políticos tem previsão expressa que proíbe as práticas do padrasto de Ana Maria, trata-se do art. 17, ponto 1, do Pacto Internacional dos Direitos Civis e Políticos.

19. Gabarito "D"
Comentário: A escola tem sim a obrigação de promover o estudo da História da África e da história da população negra no Brasil, bem como da cultura afro-brasileira, o que deve ocorrer no âmbito de todo o currículo escolar das escolas de ensino fundamental e médio (art. 11 do Estatuto da Igualdade Racial).

20. Gabarito "B"
Comentário: O tribunal internacional com competência para julgar essa disputa sobre territórios é a Corte Internacional de Justiça. O Tribunal Permanente de Revisão do Mercosul é encarregado de julgar, em grau de recurso, as decisões proferidas pelos tribunais arbitrais ad hoc do Mercosul. E o Mercosul é uma união aduaneira que trata de questões comerciais. O Tribunal Penal Internacional é um tribunal permanente para julgar indivíduos acusados da prática de crimes de genocídio, de crimes de guerra, de crimes de agressão e de crimes contra a humanidade. Por fim, o Tribunal Internacional do Direito do Mar soluciona controvérsias marítimas.

21. Gabarito "C"
Comentário: A solicitação de colheita de provas em outra jurisdição pode ser feita por carta rogatória ativa e passiva, bem como pela via do auxílio direto. E não pode ser feita via representantes diplomáticos ou agentes consulares. Para fins de esclarecimento, o juiz que pede é denominado rogante (carta rogatória ativa) e o que recebe, rogado (carta rogatória passiva).

22. Gabarito "D"
Comentário: A e **B:** incorretas, pois a competência para a instituição da contribuição para custeio do serviço de iluminação pública é exclusiva dos Municípios e do Distrito Federal – art. 149-A da CF; **C:** incorreta, pois a competência é do próprio Distrito Federal, conforme comentário anterior, de modo que não caberia à União delegar a capacidade tributária ativa (= prerrogativa de ocupar o polo ativo da obrigação tributária, para cobrar o tributo). Ademais, a competência tributária, que é a competência para legislar sobre o tributo, é indelegável – art. 7º do CTN; **D:** correta, conforme comentários anteriores – art. 149-A da CF.

23. Gabarito "A"
Comentário: A: correta, pois a contribuição de interesse de categoria profissional, como é o caso da anuidade paga ao CRM, tem natureza tributária, nos termos do art. 149 da CF, devendo ser cobrada por meio de execução fiscal, nos termos da Lei 6.830/1980, a ser promovida pelo sujeito ativo, que é o próprio Conselho profissional; **B:** incorreta, pois a inscrição em dívida ativa é pressuposto para qualquer execução fiscal, seja o crédito de natureza tributário ou não tributária – art. 2º da Lei 6.830/1980; **C** e **D:** incorretas, conforme comentários anteriores.

24. Gabarito "A"
Comentário: A: correta, pois outra contribuição social diferente daquelas previstas expressamente nas alíneas do art. 195, I, da CF (incidentes sobre folha de salários, receita, lucro etc.) somente podem ser instituídas por lei complementar federal, observadas as demais condições previstas no § 4º desse art. 195, c/c art. 154, I, da CF; **B:** incorreta, pois as contribuições sociais sujeitam-se apenas à anterioridade nonagesimal, não à anual – art. 195, § 6º, da CF; **C:** incorreta, pois entre a publicação e o início da vigência decorreram mais que 90 dias – art. 195, § 6º, da CF; **D:** incorreta, pois a competência tributária é exercida por meio de lei do ente competente, no caso lei complementar federal – art. 195, § 4º, c/c art. 154, I, da CF.

25. Gabarito "C"
Comentário: A: incorreta, pois a responsabilidade dos pais, no caso, é por transferência, não por substituição. Responsabilidade por transferência é aquela que surge depois da ocorrência do fato gerador, por conta de um evento posterior que implica inclusão do terceiro (responsável, não contribuinte) para o polo passivo da obrigação tributária. Responsabilidade por substituição é aquela que surge com o fato gerador, ou seja, já na ocorrência do fato gerador e da obrigação tributária correspondente o terceiro (responsável, não contribuinte) ocupa o polo passivo dessa obrigação; **B:** incorreta, pois a capacidade tributária passiva (capacidade para ocupar o polo passivo da obrigação tributária) não tem qualquer relação com a capacidade civil – art. 126, I, do CTN; **C:** correta, conforme o art. 134, I, do CTN; **D:** incorreta, pois contribuinte é Pedro, pois ele é quem tem relação pessoal e direta com o fato gerador (Pedro é o proprietário e, portanto, o contribuinte do imposto sobre a propriedade) – art. 121, parágrafo único, I, do CTN.

26. Gabarito "B"
Comentário: A: incorreta. De fato, há imunidade tributária em relação ao livro eletrônico – art. 150, VI, *d*, da CF e tese de repercussão geral 593/STF. Entretanto, a exigência de obrigação acessória é, em princípio, devida, já que não afastada pela imunidade – art. 194, parágrafo único, do CTN; **B:** correta, conforme comentário anterior; **C** e **D:** incorretas, pois a imunidade não se refere apenas ao papel, mas ao próprio livro, nos termos do art. 150, VI, *d*, da CF. Ademais, o STF já fixou o entendimento de que a imunidade abrange o livro eletrônico, inclusive os suportes exclusivamente utilizados para fixá-lo – tese de repercussão geral 593/STF.

27. Gabarito "C"
Comentário: A: incorreta, pois, em se tratando de obra, a Lei 8.666/93 estabelece como valor máximo para a modalidade convite a quantia de R$ 150 mil, acima, portanto, do valor orçado da obra; vale salientar que o Decreto 9.412/18 atualizou esse valor e, hoje, o limite para a utilização de convite em obras é ainda maior, no caso, no importe de R$ 330 mil (art. 1º, I, "a" do Decreto); **B:** incorreta, pois o art. 22, § 3º, da Lei 8.666/93 admite que o instrumento convocatório, além de enviado aos convidados, possa ser afixado em local apropriado, em vez de ser publicado em outros meios; **C:** correta, pois quando, por limitações do mercado ou manifesto desinteresse dos convidados, for impossível a obtenção do número mínimo de licitantes exigidos para o convite, essas circunstâncias deverão ser devidamente justificadas no processo, sob pena de repetição do convite.; **D:** incorreta, pois o convite pode ser feito a pessoas previamente castradas ou não (art. 22, § 3º, da Lei 8.666/93).

28. Gabarito "A"
Comentário: A: correta; de acordo com o art. 139 da Lei 8.112/90, "Entende-se por inassiduidade habitual a falta ao serviço, sem causa justificada, por sessenta dias, interpoladamente, durante o período de doze meses"; a mesma lei dispõe que a inassiduidade habitual impõe aplicação da pena de demissão (art. 132, III); o art. 140 estabelece que, na apuração da inassiduidade habitual, será adotado o procedimento sumário previsto no art. 133; e, por fim, esse último dispositivo estabelece que o procedimento sumário, de fato, tem as

fases indicadas na alternativa, que, assim, é a correta e deve ser assinalada; **B:** incorreta; de fato a inassiduidade habitual é hipótese de demissão (art. 132, III, da Lei 8.112/90); porém, o impedimento de nova investidura em cargo público federal não está previsto para esse específico caso de demissão (art. 137 da Lei 8.112/90); **C:** incorreta, pois, de acordo com a Súmula Vinculante 21 do STF, "É inconstitucional a exigência de depósito ou arrolamento prévios de dinheiro ou bens para admissibilidade de recurso administrativo."; **D:** incorreta, pois, de acordo com a Súmula Vinculante 5 do STF, "a falta de defesa técnica por advogado no processo administrativo disciplinar não ofende a Constituição".

29. Gabarito "A"
Comentário: A: correta; nos termos do art. 11 da Lei 8.987/95, (...) poderá o poder concedente prever, em favor da concessionária, no edital de licitação, a possibilidade de outras fontes provenientes de receitas (...), com vistas a favorecer a modicidade das tarifas (...); **B:** incorreta, pois as concessões de serviço público só podem ser outorgadas em favor de uma pessoa jurídica ou de um consórcio de empresas, e nunca a uma pessoa física (art. 2º, II e III, da Lei 8.987/95); **C:** incorreta, pois as concessões de serviço público só podem ser outorgadas mediante licitação na modalidade concorrência (e não tomada de preços) (art. 2º, II e III, da Lei 8.987/95); **D:** incorreta, pois são cláusulas essenciais do contrato de concessão as relativas à qualidade da prestação do serviço (art. 23, III, da Lei 8.987/95).

30. Gabarito "D"
Comentário: A: incorreta, pois, de acordo com o art. 71, VI, da CF, compete ao Tribunal de Contas da União "fiscalizar a aplicação de quaisquer recursos repassados pela União mediante convênio, acordo, ajuste ou outros instrumentos congêneres, a Estado, ao Distrito Federal ou a Município"; **B:** incorreta, pois o direcionamento em questão se enquadra em hipótese mais grave de improbidade, que importa em prejuízo ao erário (art. 10, *caput* e XII, da Lei 8.429/92); **C:** incorreta, pois o art. 3º da Lei 8.429/92 estabelece que as disposições da lei "são aplicáveis, no que couber, àquele que, mesmo não sendo agente público, induza ou concorra para a prática do ato de improbidade ou dele se beneficie sob qualquer forma direta ou indireta"; **D:** correta; de fato tem-se caso de improbidade administrativa que causa prejuízo ao erário (art. 10, *caput* e XII, da Lei 8.429/92) e, assim sendo, caberá a aplicação das consequências e sanções previstas no art. 12, II, da lei citada, que incluem o integral ressarcimento do dano e a proibição de contratar com o Poder Público ou receber incentivos fiscais por um prazo determinado.

31. Gabarito "A"
Comentário: A: correta, pois os servidores submetidos ao regime estatutário (Lei 8.112/90) têm as suas demandas e questões funcionais julgadas pela Justiça Federal; **B:** incorreta, pois o STF decidiu em repercussão geral que "a administração pública deve proceder ao desconto dos dias de paralisação decorrentes do exercício do direito de greve pelos servidores públicos, em virtude da suspensão do vínculo funcional que dela decorre, permitida a compensação em caso de acordo. O desconto será, contudo, incabível se ficar demonstrado que a greve foi provocada por conduta ilícita do Poder Público" (RE 693456); **C:** incorreta, pois, apesar de ainda não haver lei específica sobre greve dos servidores públicos civis, o STF julgou procedente mandados de injunção (MIs 670/ES, 708/DF e 712/PA), para declarar mora legislativa abusiva e conceder ao servidor o direito de exercer greve, observados os preceitos da Lei 7.783/1989, que trata da greve na iniciativa privada; **D:** incorreta, pois a Constituição veda a greve dos militares das Forças Armadas (art. 142, § 3º, IV, CF) e, por extensão, dos militares dos Estados-membros, do Distrito Federal e dos Territórios (art. 42, § 1º, CF).

32. Gabarito "C"
Comentário: A, B e D: incorretas, pois o Município tem competência para atuar na área da educação infantil (art. 30, VI, da CF) e, no caso, concreto, a destinação do imóvel continua sendo de interesse público e, portanto, não há que se falar em tredestinação ilícita; **C:** correta; a tredestinação consiste na mudança de destinação de um imóvel desapropriado; quando se expede o decreto expropriatório, é necessário indicar a finalidade daquela desapropriação (exs.: construir uma escola, um hospital ou casas populares; alargar uma via pública etc.); a tredestinação ocorre quando a Administração Pública, de posse do imóvel desapropriado, acaba utilizando-o em finalidade distinta da prevista inicialmente; ocorre que essa mudança de finalidade pode se dar para atender outra demanda de interesse público; um exemplo dessa situação é a desapropriação de uma área para construir uma escola e depois acabar construindo um hospital; nesse caso, tem-se a chamada tredestinação lícita, não sendo possível questionar a desapropriação realizada e os atos subsequentes; foi o que aconteceu no caso narrado na questão, pois a troca de destinação (de um hospital para uma creche) manteve a motivação de atender ao interesse público, de modo que Ana não poderá requerer a reintegração do imóvel ao seu patrimônio.

33. Gabarito "C"
Comentário: A e B: incorretas, pois se 50 ou mais cidadãos (ou uma entidade civil ou o Ministério Público) solicitarem a audiência, ela deve ser realizada, nos termos do art. 2º da Resolução Conama 09/87; **C:** correta, nos termos dos art. 2º, *caput* e § 2º, da Resolução Conama 09/87, que trata da legitimidade do cidadão para requerer a audiência (caso 50 ou mais cidadãos a solicitem) e da invalidade da licença concedida caso esta seja outorgada sem que haja audiência pública, nos casos em que esta tiver sido devidamente requerida ou se tratar de imposição legal; **D:** incorreta, pois o fato de haver termo de ajustamento de conduta com o Ministério Público não tira a legitimidade do cidadão e de outras entidades de solicitar audiência pública no caso.

34. Gabarito "D"
Comentário: A: incorreta, pois a Estação Ecológica depende de desapropriação de áreas e, portanto, de pagamento de indenização aos proprietários dos imóveis (art. 9º, § 1º, da Lei 9.985/00); **B:** incorreta, pois a Reserva Biológica depende de desapropriação de áreas e, portanto, de pagamento de indenização aos proprietários dos imóveis (art. 10, § 1º, da Lei 9.985/00); **C:** incorreta, pois o Parque Nacional depende de desapropriação de áreas e, portanto, de pagamento de indenização aos proprietários dos imóveis (art. 11, § 1º, da Lei 9.985/00); **D:** correta, pois uma Área de Proteção Ambiental, por ser uma mera limitação administrativa que pode ser instituída em área particular, não importa, em regra, em pagamento de indenização aos proprietários dos imóveis, por não inviabilizar o uso da propriedade nos limites legais (art. 15 da Lei 9.985/00).

35. Gabarito: "B"
Comentário: A: incorreta, pois trata-se de negócio jurídico anulável e não nulo (art. 1.649 CC). Sendo assim, o juiz não pode conhecer de ofício o vício decorrente do fato de Mônica não ter anuído com a alienação do bem (art. 177 CC); **B:** correta, pois por se tratar de negócio jurídico anulável, o fato de não ter sido impugnado dentro do prazo legal faz com que ele convalesça com o decurso do tempo. Neste passo, o art. 1.649 CC prevê o prazo. Não sendo respeitado, perde-se a oportunidade de anulação; **C:** incorreta, pois o vício pode ser sanado pela confirmação de Mônica (art. 173 CC e art. 1.649, parágrafo único CC); **D:** incorreta, pois trata-se de prazo decadencial e não prescricional (art. 1.649, 178 e 179 CC).

36. Gabarito "C"
Comentário: A: incorreta, pois Eduarda não tem o direito de exigir a demolição da mansão de Laura, uma vez que Laura detém o direito de pagar indenização à Eduarda e ficar com a mansão, pois agiu de boa-fé (art. 1.255 parágrafo único CC); **B:** incorreta, pois Laura não é possuidora de má-fé, uma vez que seu erro se deu por uma confusão e não por um ato intencional de fraude. Sendo possuidora de boa-fé e considerando que o seu imóvel excede em muito o valor do terreno, ela adquire a propriedade de solo mediante pagamento de indenização à Eduarda (art. 1.255 parágrafo único CC); **C:** correta, pois nos termos do art. 1.255 CC aquele que de boa-fé edifica em terreno alheio em regra perde a construção para o proprietário do solo, mas tem o direito de ser indenizado. Porém, se o valor da construção exceder consideravelmente o valor do terreno, o dono da construção adquire também o solo, mediante pagamento indenização ao proprietário, sendo que o montante pode ser fixado judicialmente, se não houver acordo (art. 1.255 CC); **D:** incorreta, pois aquilo que está na

superfície presumivelmente é do proprietário do terreno até que se prove em contrário (art. 1.253 CC). Logo, esse princípio de que o que está na superfície adere ao solo é relativo. Neste passo, ficou provada a boa-fé de Laura, logo aplica-se a ela o previsto no art. 1.255 parágrafo único CC. GR

37. Gabarito: "D"
Comentário: A: incorreta, pois a idade de Carlos não impõe o regime da separação obrigatória, o que ocorre apenas para idosos acima de 70 anos (art. 1.641, II CC). Neste regime há o direito à meação, mas não à herança (Súmula 377 STF); **B:** incorreta, pois se o futuro casal escolher o regime da separação convencional de bens haverá concorrência do cônjuge sobrevivente com os descendentes do *de cujus* (art. 1.829, I CC); **C:** incorreta, pois o que define a qualidade do cônjuge em ser herdeiro é justamente o regime em que ele foi casado com o *de cujus*. Existem regimes em que o cônjuge sobrevivente não herda, mas apenas tem direito à meação (art. 1.829, I CC); **D:** correta, pois não existe no ordenamento jurídico brasileiro um regime em que não ocorre meação ou herança. Um ou outro sempre irá ocorrer. No caso da comunhão parcial, havendo bens particulares do *de cujus*, o cônjuge sobrevivente herda sobre eles (art. 1.829, I CC) e tem o direito de meação sobre os bens comuns. No regime da separação convencional, o cônjuge sobrevivente herda, mas não tem o direito a meação (art. 1.829, I CC) e no regime da comunhão universal, o cônjuge sobrevivente tem o direito à meação, mas não herda (art. 1.829, I CC). GR

38. Gabarito: "A"
Comentário: A: correta, pois em se tratando de vício oculto o prazo para o adquirente perceber o vício é de 180 dias a contar da tradição. No caso, ela percebeu com 120 dias, então está dentro do limite. Percebido o vício, ela tem 30 dias para reclamar contados da data em que notou o problema. Como reclamou com 25 dias, a ação também é tempestiva (art. 445 caput e §1º CC); **B:** incorreta, pois a Lei dá a opção à adquirente sobre o que fazer, isto é, ela escolhe se quer rejeitar a coisa ou pedir o abatimento do preço. Não importa se o vício é sanável ou não (art. 442 CC); **C:** incorreta, pois o pedido de perdas e danos é válido, uma vez que a alienante sabia do vício. Logo, a alienante deve devolver o valor que recebeu, despesas de contrato mais perdas e danos (art. 443 CC); **D:** incorreta, pois a demanda é tempestiva, porque quando o vício só puder ser conhecido mais tarde, o prazo de 30 dias é contado a partir da ciência, desde que dentro de 180 dias da tradição (art. 445, §1º CC). GR

39. Gabarito: "B"
Comentário: A: incorreta, pois o princípio da autonomia privada das partes se aplica até onde não haja vedação expressa de Lei. No caso em tela, o art. 1.428 CC proíbe que o credor fique com a coisa empenhada; **B:** correta, pois o Código Civil de fato proíbe o pacto comissório, isto é, é nula a cláusula que autoriza o credor pignoratício, anticrético ou hipotecário a ficar com o objeto da garantia, se a dívida não for paga no vencimento. Isso para evitar que haja abusos por parte do credor em ficar com o objeto da garantia, pois é possível que em muito exceda o valor da dívida; **C:** incorreta, pois apesar de Clésio não estar impedido por lei de realizar o negócio por um valor muito abaixo ao de mercado, está nítido que há uma situação desproporcional, onde por desespero ele acaba cedendo às exigências da credora. A Lei protege Clésio nesse caso. Na hipótese de o negócio ser realizado, ele pode ser anulado pelo vício da lesão (art.157 CC). Se eventualmente a cláusula for inserida no contrato, ela é considerada nula por configurar pacto comissório (art. 1.428 CC); **D:** incorreta, pois o CC expressamente proíbe o pacto comissório no art. 1.428 CC, onde está previsto que o credor não pode pegar para si o objeto de garantia da dívida. A Lei visa principalmente a coibir situações como essa, em que o valor do objeto empenhado seja consideravelmente maior do que a dívida, pois assim haveria um enriquecimento sem causa por parte do credor. GR

40. Gabarito: "D"
Comentário: A: incorreta, pois na falta de descendentes, são chamados à sucessão os ascendentes, em concorrência com o cônjuge sobrevivente (art. 1.836 c*aput* CC). Logo, apenas herdam Carlos e Jane. A avó Irene não herda, pois na classe dos ascendentes o grau mais próximo exclui o mais remoto, sem distinção de linhas (art. 1.836, §1º CC); **B:** incorreta. A cada um cabe metade da herança, pois só há um descendente em primeiro grau (art. 1.837 CC); **C:** incorreta, pois na ausência de descendentes, o cônjuge herda em concorrência com o ascendente (art. 1.836 *caput* CC). Sendo apenas um ascendente a Lei define que o quinhão a ser herdado é metade para ambos (art. 1.837 CC). Logo não há que se falar que Carlos herda sobre a totalidade dos bens e Jane herdaria em concorrência com ele apenas sobre os bens particulares; **D:** correta, pois a resposta está exatamente de acordo com o que prevê os arts. 1.836 e 1.837 CC. GR

41. Gabarito: "C"
Comentário: A: incorreta, pois Marcos não faz jus à meação. Por ter abandonado o lar a mais de 2 anos, Aline adquire a propriedade integral do bem pelo instituto da usucapião familiar (art. 1.240-A CC); **B:** incorreta, pois Aline pode residir no imóvel por direito de propriedade, e não por direito real de habitação. Isso porque ela preenche todos os requisitos para pleitear a usucapião familiar em face do ex-companheiro (art. 1.240-A CC); **C:** correta, pois o art. 1.240-A prevê que aquele que exercer, por 2 (dois) anos ininterruptamente e sem oposição, posse direta, com exclusividade, sobre imóvel urbano de até 250m² (duzentos e cinquenta metros quadrados) cuja propriedade divida com ex-cônjuge ou ex-companheiro que abandonou o lar, utilizando-o para sua moradia ou de sua família, adquirir-lhe-á o domínio integral, desde que não seja proprietário de outro imóvel urbano ou rural; **D:** incorreta, pois não há que se falar em condomínio no caso em tela, uma vez que a propriedade é exclusiva de Aline por meio da usucapião familiar (art. 1.240-A CC). GR

42. Gabarito "D"
Comentário: O enunciado se refere ao chamado programa de apadrinhamento, inovação introduzida por meio da Lei 13.509/2017, que inseriu no ECA o art. 19-B. Consiste em proporcionar à criança e ao adolescente sob acolhimento institucional ou familiar a oportunidade de estabelecer vínculos externos à instituição para fins de convivência familiar e comunitária e colaboração com o seu desenvolvimento sob os aspectos social, moral, físico, cognitivo, educacional e financeiro (§ 1º). Podem figurar como padrinho tanto a pessoa física quanto a jurídica, tal como estabelece o art. 19-B, § 3º, do ECA. Terão prioridade para o apadrinhamento crianças e adolescentes com remota possibilidade de reinserção familiar ou colocação em família adotiva (art. 19-B, § 4º, do ECA).

43. Gabarito: "B"
Comentário: As viagens diárias de Bruno, que é criança (ainda não alcançou 12 anos de idade), prescindem de autorização judicial na medida em que sua residência e a sede do clube no qual treinará ficam em cidades contíguas e na mesma região metropolitana (art. 83, § 1º, a, do ECA). Quanto a esse tema, reputo oportuno fazer algumas ponderações. O art. 83 da Lei 8.069/1990 (ECA), que rege a matéria, foi recentemente modificado pela Lei 13.812/2019. Antes, os adolescentes podiam viajar desacompanhados, sem qualquer restrição (dentro do território nacional); hoje, a partir das alterações implementadas pela Lei 13.812/2019, somente poderá viajar livremente sem qualquer restrição dentro do território nacional o adolescente que já tenha atingido 16 anos, isto é, a regra a ser aplicada para os adolescentes entre 12 e 16 anos (incompletos) é a mesma aplicada às crianças, tal como estabelece a nova redação do art. 83, *caput*, do ECA. As exceções foram elencadas no § 1º do mencionado dispositivo. Dessa forma, temos, atualmente, o seguinte: a) viagem – criança e adolescente menor de 16 anos: a1) regra: a criança e o adolescente menor de 16 anos não poderão viajar para fora da comarca na qual residem desacompanhadas dos pais ou responsável, sem expressa autorização judicial – art. 83, "*caput*", do ECA; a2) exceções: o art. 83, § 1º, do ECA estabelece algumas exceções (a autorização judicial não será exigida): quando se tratar de comarca contígua à da residência da criança ou do adolescente (menor de 16 anos), se na mesma unidade da Federação, ou incluída na mesma região metropolitana (hipótese do enunciado); a criança ou adolescente estiver acompanhada: de ascendente ou colateral maior, até o terceiro grau, comprovado documentalmente o parentesco; de pessoa maior, expressamente autorizada pelo pai, mãe ou responsável; b) viagem – adolescente a partir dos 16 anos: quanto ao adolescente com 16 anos ou mais, o ECA não impôs restrição alguma, isto é, poderá ele viajar sozinho pelo território nacional desacompanhado de seus pais, sem que para isso precise de autorização judicial. Tendo em conta o advento da Lei

13.812/2019 e a fim de uniformizar a interpretação que deve ser conferida aos arts. 83 a 85 do ECA, que dispõem acerca da autorização de viagem para crianças e adolescentes, o CNJ editou a Resolução 295, de 13/09/2019, cuja leitura se recomenda.

44. Gabarito "D"
Comentário: A: incorreta. Trata-se de defeito de produto, nos termos do art. 12 do Código de Defesa do Consumidor, em razão da falta de informação na rotulagem sobre eventuais reações alérgicas dos consumidores. **B:** incorreta. A culpa exclusiva do consumidor pode ser alegada nas relações de consumo (art. 12, § 3º, III), no entanto, a falta de informação tornou o produto defeituoso e obriga o fornecedor a indenizar. **C:** incorreta. O *recall* de produtos está definido no art. 10, § 1º, do CDC. Mencionado dispositivo legal obriga aos fornecedores de produtos e serviços a comunicar o defeito do produto caso seja descoberto depois da colocação do produto no mercado. Nesse caso, o fornecedor deveria fazer o *recall* avisando aos consumidores sobre os riscos do produto. Sendo assim, não seria o caso de, *necessariamente*, retirar o produto do mercado de consumo. **D:** correta. Trata-se de periculosidade inerente (ou latente do produto) nos termos do art. 9º do CDC. Deveria o fornecedor avisar sobre os riscos que os consumidores estão expostos pelo uso do produto, sob pena de incorrer nas penas do art. 63 do mesmo diploma legal. Ademais, art. 12 do CDC define o defeito de produto como sendo o problema por ele apresentado que coloque em risco a saúde e a segurança do consumidor, incluindo as hipóteses de informações insuficientes ou inadequadas sobre sua utilização e riscos. Sendo assim, a falta de informação torna do produto defeituoso e obriga o fornecedor a indenizar pelos danos causados aos consumidores. RD

45. Gabarito "B"
Comentário: A: incorreta. Os planos coletivos podem conter previsão de aumento por faixa etária, desde que não seja abusivo e que expressamente previsto em contrato e que esteja em acordo com as regras da ANS. **B:** correta. Eis os temos da decisão do STJ em sede de IRDR (tema 952): "o reajuste de mensalidade de plano de saúde individual ou familiar fundado na mudança de faixa etária do beneficiário é válido desde que (i) haja previsão contratual, (ii) sejam observadas as normas expedidas pelos órgãos governamentais reguladores e (iii) não sejam aplicados percentuais desarrazoados ou aleatórios que, concretamente e sem base atuarial idônea, onerem excessivamente o consumidor ou discriminem o idoso". **C** e **D:** incorretas. Vide justificativa da alternativa "B". RD

46. Gabarito: "A"
Comentário: Gabarito: Nos termos da Súmula 370 do STJ, a apresentação antecipada de cheque pré-datado caracteriza dano moral. HS

47. Gabarito: "B"
Comentário: Titulares de alguns créditos específicos possuem poderes de vetar o plano de recuperação extrajudicial se este contrariar frontalmente as garantias que detêm. É o caso dos créditos em moeda estrangeira, nos quais a variação cambial só pode ser afastada se o credor titular do respectivo crédito aprovar expressamente tal previsão (art. 163, §5º, da Lei 11.101/2005). HS

48. Gabarito: "C"
Comentário: O endosso-mandato é espécie de endosso impróprio, porque não transmite todos os direitos decorrentes do título (uma vez que o endossatário não se torna titular do crédito). Não obstante, quem recebe a letra com endosso-mandato pode exercer todos os direitos como se credor fosse, exceto o de novo endosso (afinal, não é dono do crédito), que fica limitado à constituição de novo procurador (art. 18 da Lei Uniforme de Genebra). HS

49. Gabarito: "B"
Comentário: A: incorreta. Os diretores não precisam ser acionistas (art. 146 da Lei 6.404/1976); **B:** correta, nos termos do art. 146 da LSA – basta que os administradores sejam residentes no país; **C:** incorreta. Não é necessário que os administradores sejam brasileiros, basta que residam no Brasil (art. 146 da LSA); **D:** incorreta. A única diferença entre as companhias que possuem e não possuem Conselho de Administração, no que toca à eleição dos diretores, é que, no primeiro caso, eles são eleitos pela Assembleia-Geral e, no segundo caso, pelo Conselho (art. 143 da LSA). HS

50. Gabarito: "C"
Comentário: A hipótese narrada no enunciado reflete o disposto no art. 86, I, da Lei de Falências, em que se procede à restituição em dinheiro das coisas arrecadadas. Nos termos do mencionado dispositivo legal, o proprietário tem o direito de receber o valor atualizado da venda do bem, antes mesmo do pagamento dos credores extraconcursais. HS

51. Gabarito "C"
Comentário: A: incorreta, pois a desconsideração da personalidade jurídica não será realizada de ofício pelo juiz, mas necessita de requerimento da parte ou do MP (CPC, art. 133, *caput*); **B:** incorreta. Há necessidade de requerimento da parte (como visto acima), mas estamos diante de um incidente, não de processo autônomo (CPC, art. 133); **C:** correta, pois como já visto (i) não cabe desconsideração de ofício, sendo necessário requerimento da parte, e (ii) o IDPJ é um incidente, não processo autônomo; **D:** incorreta, considerando que o atual Código prevê o incidente de desconsideração da personalidade jurídica (NCPC, art. 133).

52. Gabarito "A"
Comentário: A: correta, pois tratando-se de litisconsórcio passivo, se uma das litisconsortes alega prescrição em sede recursal e essa tese é acolhida, isso beneficia a outra litisconsorte (CPC, art. 1.005: "o recurso interposto por um dos litisconsortes a todos aproveita, salvo se distintos ou opostos os seus interesses"); **B:** incorreta, considerando que se existir solidariedade, não se trata de um litisconsórcio necessário, já que cada uma das devedoras poderia pagar integralmente a dívida; **C:** incorreta, pois é possível ao juiz reconhecer de ofício a prescrição, tratando-se de improcedência liminar do pedido (CPC, art. 332, § 1º); **D:** incorreta, pois os prazos dos litisconsortes com advogados distintos serão contados em dobro somente quando se tratar de processo físico, não se aplicando no processo eletrônico (CPC, art. 229, § 2º).

53. Gabarito "B"
Comentário: A questão traz diversas informações de locais, mas em síntese indaga acerca da competência para o processamento do inventário. Sendo assim, a informação relevante é o local do foro do domicílio do falecido, ou seja, São Paulo (CPC, art. 48).

54. Gabarito "B"
Comentário: A: incorreta, pois como o processo tramita em primeiro grau, a suspensão se deu nesse grau, de modo que eventual requerimento para que o processo volte a tramitar deve ser feito ao próprio juízo onde tramita a causa suspensa; **B:** correta, pois se houver distinção, a parte deve peticionar ao juiz de primeiro grau apontando isso, e caso o requerimento não seja acolhido, haverá uma decisão interlocutória, que é agravável de instrumento (CPC, art. 1.015 e art. 1.037, §§ 9º, 10 e 13); **C:** incorreta, considerando que havendo recurso específico previsto em lei, não é possível utilizar o mandado de segurança; **D:** incorreta. Ainda que a primeira parte esteja correta (conferir alternativa "B"), como estamos diante de uma decisão interlocutória, de modo que o recurso cabível é o agravo de instrumento (CPC, art. 1.015).

55. Gabarito "D"
Comentário: A: incorreta, considerando que em regra a poupança é bem penhorável; **B:** incorreta, pois ainda que a regra seja a penhorabilidade, há situações em que a poupança é impenhorável; **C:** incorreta, pois a poupança é impenhorável até o limite de 40 salários mínimos (CPC, art. 833, X); **D:** correta. A regra é que a poupança é impenhorável até os 40 salários mínimos (CPC, art. 833, X); contudo, tratando-se de execução de alimentos, não há impenhorabilidade, de qualquer valor (CPC, art. 833, § 2º).

56. Gabarito "B"
Comentário: A questão envolve o ônus financeiro da prova, mais especificamente quem é o responsável pelo pagamento da perícia. Prevê o Código que se autor e réu requerem prova pericial, o custo deverá ser rateado entre as partes (CPC, art. 95).

57. Gabarito "A"
Comentário: A: correta, pois se o processo foi ajuizado apenas contra o fiador, cabe o chamamento ao processo para se colocar a devedora principal no polo passivo da demanda (CPC, art. 130, I); **B:** incorreta, pois no caso estamos diante de solidariedade, e não de ação de regresso, hipótese na qual seria possível utilizar a denunciação da lide; **C:** incorreta, pois como o fiador é efetivamente devedor, não há que se falar em ilegitimidade; **D:** incorreta, pois a definição de quem paga ocorre no processo de conhecimento, de modo que esse debate ocorre no conhecimento, e não na execução.

58. Gabarito: "C"
Comentário: De fato, deverá o advogado contratado por Douglas buscar o aumento do *quantum* de diminuição da pena pela tentativa, dado que a fundamentação apresentada pelo magistrado, na sentença, revela-se inadequada. Com efeito, é pacífico na jurisprudência que a redução prevista no art. 14, parágrafo único, do CP deve ser pautada pelo *iter criminis* percorrido pelo agente, ou seja, deve-se levar em conta, na aferição da fração a incidir, a maior ou menor proximidade da conduta ao resultado almejado pelo agente: quanto mais próximo chegar à consumação, menor será a fração de diminuição; se, ao contrário, permanecer distante do momento consumativo do crime, deverá incidir uma fração maior. É defeso, portanto, ao magistrado que utilize como critério para diminuição circunstância que não tenha pertinência com o caminho percorrido pelo crime. A gravidade do delito, a quantidade de agentes e a duração da restrição da liberdade são circunstâncias que não têm qualquer relação na avaliação da diminuição a ser operada na tentativa. Na jurisprudência do STJ: "Para a jurisprudência do Superior Tribunal de Justiça, conforme o critério objetivo, a redução prevista no art. 14, parágrafo único, do Código Penal, deve ser pautada pelo *iter criminis* percorrido pelo agente" (HC 158.303/DF, Rel. Ministro ADILSON VIEIRA MACABU (DESEMBARGADOR CONVOCADO DO TJ/RJ), QUINTA TURMA, julgado em 14/02/2012, DJe 06/03/2012).

59. Gabarito: "D"
Comentário: Consta que Frederico, de forma intencional (agiu com dolo), ateou fogo no jardim da residência de seu chefe, causando perigo ao patrimônio deste e dos demais vizinhos da região, já que o fogo se alastrou rapidamente, aproximando-se da rede elétrica e de pessoas que passavam pelo local. Está-se aqui a falar do crime de incêndio, previsto no art. 250 do CP, cuja conduta consiste em causar (provocar) incêndio de forma a expor a perigo a vida, a integridade física ou o patrimônio de outrem. Acontece que, agindo de forma descuidada (sem as devidas cautelas), Frederico deixou de verificar que, no jardim em que ateou fogo, havia uma criança brincando. Perceba que o enunciado é claro ao afastar o dolo de Frederico em relação à morte da criança quando afirma que ele "*não se certificou, com as cautelas necessárias, que não haveria ninguém no jardim (...)*". Dessa forma, podemos afastar a ocorrência do delito de homicídio doloso (assertiva "A"). De outro lado, o enunciado deixa claro que a conduta anterior de Frederico (causar incêndio) é dolosa, já que ele "*de maneira intencional, colocou fogo no jardim da residência de seu chefe de trabalho (...)*". Até aqui, temos um crime doloso (incêndio) seguido de um evento culposo (morte). Para uma perfeita adequação da conduta descrita no enunciado, devemos recorrer ao art. 258 do CP, que estabelece que, se do crime doloso de perigo comum resulta morte, a pena é aplicada em dobro. Portanto, a pena prevista para o crime de incêndio doloso, praticado por Frederico, deve ser aplicada em dobro, por conta do evento morte, produzido a título de culpa.

60. Gabarito: "D"
Comentário: A solução desta questão deve ser extraída da Súmula 617, do STJ: "*A ausência de suspensão ou revogação do livramento condicional antes do término do período de prova enseja a extinção da punibilidade pelo integral cumprimento da pena.*"

61. Gabarito: "A"
Comentário: Esta questão trata do chamado *crime omissivo impróprio*. A responsabilidade penal de David deve ser afastada. Embora ele, pelo fato de ser pai de Vivi, tenha, em relação a ela, o dever, imposto por lei, de cuidado e proteção, não podia, no momento do afogamento da filha, agir, pois estava trancado no banheiro. Além disso, não se pode alegar que deixou a filha à própria sorte. Isso porque, antes de deixar o local e se dirigir ao banheiro, adotou a precaução de pedir à sua amiga Carla que prestasse atenção na sua filha. Dessa forma, em momento algum David agiu de forma descuidada ou negligente com sua filha. No que toca a Carla e Vitor, a situação é diferente. Carla, mesmo ciente de que se comprometera com David a cuidar de sua filha enquanto este ia ao banheiro, agindo com negligência, não viu quando Vivi, presa ao filtro da piscina, se afogava. De ver-se que Carla, embora não tenha o dever legal de cuidado e proteção em relação a Vivi, assumiu o risco de protegê-la enquanto o pai estava ausente. Não o tendo feito e disso decorrendo a morte da garota, deverá Carla ser responsabilizada por homicídio culposo, já que a sua responsabilidade decorre do art. 13, § 2º, *b*, do CP; neste mesmo dispositivo está incurso Vitor, que, pelo fato de ser salva-vidas, tem o dever de zelar pela segurança dos banhistas da piscina. A morte de Vivi adveio, também, da conduta omissiva de Vitor, que faltou com a devida atenção no momento em que a garota se afogava. Deverá, assim como Carla, ser responsabilizado por homicídio culposo (art. 121, § 3º, CP).

62. Gabarito: "C"
Comentário: Segundo o art. 5º, XLII, da CF, *a prática do racismo constitui crime inafiançável e imprescritível, sujeito a pena de reclusão, nos termos da lei*. Dessa forma, o crime em que incorreu Pedro é imprescritível e inafiançável. Já o crime de porte de arma de fogo de uso restrito (art. 16 da Lei 10.826/2003), em que incorreu Luiz, pelo fato de se tratar de delito hediondo, nos termos do art. 1º, parágrafo único, da Lei 8.072/1990, é insuscetível de anistia, graça e indulto (art. 2º, I, da Lei 8.072/1990; art. 5º, XLIII, CF). Note que o crime de posse/porte ilegal de arma de fogo de uso restrito (art. 16, Lei 10.826/2003) foi incluído no rol dos delitos hediondos pela Lei 13.497/2017, que alterou a Lei 8.072/1990 (Crimes Hediondos). Posteriormente à elaboração desta questão, entrou em vigor a Lei 13.964/2019, que alterou o rol de crimes hediondos, passando a considerar como tal tão somente o crime de posse ou porte ilegal de arma de fogo de uso *proibido*, deixando de fazê-lo em relação à posse/porte de arma de fogo de uso *restrito*, que, portanto, deixa de ser delito hediondo.

63. Gabarito: "B"
Comentário: Com o advento da Lei 13.654/2018, o art. 157, § 2º, I, do CP, que impunha aumento de pena no caso de a violência ou ameaça, no crime de roubo, ser exercida com emprego de *arma*, foi revogado. Em relação à incidência desta causa de aumento, a jurisprudência havia consolidado o entendimento segundo o qual o termo *arma* tem acepção ampla, ou seja, estão inseridas no seu conceito tanto as armas *próprias*, como, por excelência, a de fogo, quanto as *impróprias* (faca, punhal, foice etc.). Pois bem. Além de revogar o dispositivo acima, esta mesma lei promoveu a inclusão da mesma causa de aumento de pena (emprego de arma) no § 2º-A, I, do CP. Até aí, nenhum problema. Como bem sabemos, o deslocamento de determinado comportamento típico de um para outro dispositivo, por força da regra da continuidade típico-normativa, não tem o condão de descriminalizar a conduta. Sucede que a Lei 13.654/2018, ao deslocar esta causa de aumento do art. 157, § 2º, I, do CP para o art. 157, § 2º-A, I, também do CP, limitou o alcance do termo *arma*, já que passou a referir-se tão somente à arma de *fogo*, do que se conclui que somente incorrerá nesta causa de aumento o agente que se valer, para a prática do roubo, de arma de fogo (revólver, pistola, fuzil etc.); doravante, portanto, se o agente utilizar, para o cometimento deste delito, arma branca, o roubo será simples, já que, repita-se, a nova redação do dispositivo especificou que tipo de arma é apta a configurar o aumento: arma de fogo. Outro detalhe: pela redação anterior, o agente que fizesse uso de arma (de fogo ou branca) estaria sujeito a um aumento de pena da ordem de um terço até metade; a partir de agora, se utilizar arma (necessariamente de fogo), sujeitar-se-á a um incremento da ordem de dois terços. Como bem sabemos, tal inovação (aumento de pena) não poderá retroagir e atingir fatos ocorridos antes da entrada em vigor desta lei, já que constitui *lex gravior*. De outro lado – e

é isso que nos interessa –, essa mesma norma que excluiu a arma que não seja de fogo deverá retroagir para beneficiar o agente (*novatio legis in mellius*) que praticou o crime de roubo com emprego de arma branca antes de ela entrar em vigor. Com efeito, com fundamento nos arts. 5º, XL, da CF, e 2º, parágrafo único, do CP, a lei posterior que de alguma forma favoreça o agente deverá retroagir e alcançar fatos pretéritos, ainda que se tenha operado o trânsito em julgado da sentença condenatória. Caberá ao advogado de Sílvio, dessa forma, pleitear ao juízo da execução o afastamento da causa de aumento pelo emprego de arma branca no cometimento do crime de roubo por ele praticado, na medida em que a lei nova deixou de considerar tal circunstância (emprego de arma branca) como causa de aumento de pena a incidir no roubo. Este quadro, que acima explicitamos e que deve ser levado em conta para a resolução desta questão, perdurou até o dia 23 de janeiro de 2020, data em que entrou em vigor a Lei 13.964/2019 (pacote anticrime). Duas modificações foram promovidas por esta lei nas majorantes do crime de roubo. Em primeiro lugar, foi reinserida a causa de aumento na hipótese de o agente se valer, para a prática do crime de roubo, de arma branca (inserção do inciso VII no § 2º do art. 157 do CP). Em outras palavras, o legislador restaurou a causa de aumento referente ao cometimento do roubo com o emprego de arma branca. Lembremos que, com a edição da Lei 13.654/2018, o emprego de arma branca, no roubo, deixou de configurar causa de aumento. Pois bem. Além disso, a Lei 13.964/2019 introduziu no art. 157 do CP o § 2º-B, que estabelece nova causa de aumento de pena para o roubo, quando a violência ou grave ameaça for exercida com emprego de arma de fogo de uso restrito ou proibido. Neste caso, a pena prevista no *caput* será aplicada em dobro. Em resumo, com a entrada em vigor do pacote anticrime, temos o seguinte: violência/grave ameaça exercida com emprego de arma branca (art. 157, § 2º, VII, CP): aumento de pena da ordem de um terço até metade; violência/grave ameaça exercida com emprego de arma de fogo, desde que não seja de uso restrito ou proibido (art. 157, § 2º-A, I, CP): a pena será aumentada de dois terços; violência/grave ameaça exercida com emprego de arma de fogo de uso restrito ou proibido (art. 157, § 2º-B, CP): a pena será aplicada em dobro.

64. Gabarito "B"
Comentário: A: incorreta. Quando se deram os fatos, Gabriel ainda não contava com 18 anos de idade, razão pela qual sua mãe o representava. Nessa qualidade, ao saber da injúria de que foi vítima o filho, sendo autor seu namorado, Jorge, ela se dirigiu à delegacia e, ali sendo, manifestou o desejo de não dar prosseguimento ao feito, renunciando ao direito de exercer a queixa-crime. Vale lembrar que o crime de que Gabriel foi vítima (injúria verbal – art. 140, CP) é de ação penal privada, nos termos do art. 145, *caput*, do CP. Pois bem. Em momento posterior, ao alcançar a maioridade, Gabriel, em atitude contrária à da mãe, decide levar adiante a queixa, contratando, para tanto, advogado, com vistas a ver processado Jorge. E nada há que impeça Gabriel de assim agir. Ao completar 18 anos, ele poderá, sim, promover a queixa crime contra Jorge, namorado de sua mãe, pelo cometimento do crime de injúria, já que os prazos decadenciais, para ele (Gabriel) e sua mãe (ao tempo em que o representava) são independentes. Incorreta, portanto, a assertiva; **B:** correta, pois reflete a regra presente no art. 44 do CPP, que impõe que a queixa seja oferecida por procurador com poderes especiais; **C:** incorreta. O prazo decadencial corresponde a 6 meses, conforme reza o art. 38, *caput*, do CPP, interregno ainda não superado; **D:** incorreta, na medida em que nada obsta que o representante legal renuncie ao direito de queixa (art. 50, *caput*, CPP).

65. Gabarito "A"
Comentário: A Constituição Federal contempla hipóteses de cabimento de recurso ordinário, a ser dirigido, a depender do caso, ao STF (art. 102, II, CF) ou ao STJ (art. 105, II, da CF). No caso narrado no enunciado, a fim de combater a decisão desfavorável a seus clientes, Marcus deverá interpor recurso ordinário constitucional perante do STJ, conforme art. 105, II, *a* e *b*, da CF (HC e mandado de segurança decididos em última ou única instância por tribunal estadual, respectivamente), já que as decisões a serem desafiadas foram proferidas por Câmara Criminal do Tribunal de Justiça do Estado do Ceará.

66. Gabarito "D"
Comentário: Antes de mais nada, é importante que se diga que os embargos infringentes, recurso exclusivo da defesa, somente podem ser opostos quando a decisão desfavorável ao réu, em segunda instância, não for unânime – art. 609, parágrafo único, CPP. No caso acima narrado, temos que, no julgamento do recurso interposto pela defesa técnica de Miguel, o Tribunal confirmou a decisão proferida pelo juízo *a quo*, rejeitando, inclusive, a preliminar de nulidade. A exceção ficou por conta do voto de um dos desembargadores, que divergiu dos demais julgadores e afastou a causa de aumento do emprego de arma. Cabem, portanto, os embargos infringentes, uma vez que a decisão, como se pode ver, não foi unânime. Pois bem. Neste caso, qual será o objeto dos embargos? Ele poderá ultrapassar o limite da divergência, que, neste caso, reside na existência ou não do aumento decorrente do emprego de arma? Resposta: a matéria a ser discutida em sede de embargos está restrita ao limite da divergência contida na decisão embargada. No caso aqui tratado, somente pode ser objeto de questionamento, na oposição de embargos, a existência ou não da causa de aumento do emprego de arma. É o que estabelece o art. 609, parágrafo único, CPP.

67. Gabarito "A"
Comentário: Há, no caso narrado no enunciado, dois pontos a abordar. O primeiro deles diz respeito ao local em que se deu a consumação do crime narrado no enunciado. Em conformidade como art. 70, *caput*, do CPP, a competência será determinada pelo lugar em que se consumar a infração penal. Pois bem. Na hipótese descrita no enunciado, temos que a fraude empregada para a realização do crime de estelionato teria sido realizada na cidade de Angra dos Reis-RJ, e a vantagem indevida sido obtida na cidade do Rio de Janeiro-RJ. Posteriormente, segundo ainda consta, a prisão em flagrante teria ocorrido na cidade de Niterói-RJ. Pela leitura do tipo penal do art. 171 do CP, forçoso concluir que a consumação do crime de estelionato, que é classificado como material, é alcançada com a efetiva obtenção da vantagem indevida pelo agente. Temos, então, que o crime descrito no enunciado consumou-se na comarca do Rio de Janeiro-RJ, na medida em que ali o agente auferiu a vantagem indevida, sendo este, portanto, o foro competente para o processamento e julgamento do feito. Resta agora estabelecer – e esse é o segundo ponto a ser abordado – se o julgamento deve se dar pela Justiça Federal ou Estadual, levando-se em conta que o crime foi praticado contra a Petrobras, sociedade de economia mista federal. A solução deve ser extraída da Súmula 42 do STJ: "Compete à Justiça comum estadual processar e julgar as causas cíveis em que é parte sociedade de economia mista e os crimes praticados em seu detrimento". Ou seja, a competência será da Vara Criminal Estadual da Comarca do Rio de Janeiro.

68. Gabarito "C"
Comentário: A: incorreta. A denúncia anônima (também chamada de *apócrifa* ou *inqualificada*), segundo tem entendido a jurisprudência, não é apta, por si só, a autorizar a instauração de inquérito policial, dando início à persecução penal. Antes disso, a autoridade policial deverá fazer uma averiguação prévia a fim de verificar a procedência da denúncia apócrifa, para, depois disso, determinar, se for o caso, a instauração de inquérito. No caso acima narrado, a autoridade policial, tomando conhecimento de denúncia anônima, antes de proceder a inquérito, realizou diligências para verificar a veracidade daquela informação e, somente após constatar que havia motivos para justificar o início de investigação, instaurou inquérito. Dessa forma, pode-se afirmar que agiu bem o delegado de polícia. O que ele não poderia fazer é, diante de uma denúncia apócrifa, determinar, de pronto, a instauração de IP, sem antes se certificar da verossimilhança dos fatos que chegaram ao seu conhecimento. Nesse sentido: "(...) *a autoridade policial, ao receber uma denúncia anônima, deve antes realizar diligências preliminares para averiguar se os fatos narrados nessa 'denúncia' são materialmente verdadeiros, para, só então, iniciar as investigações*" (STF, HC 95.244, 1ª T., rel. Min. Dias Toffoli, DJE de 29.04.2010). No mesmo sentido: "**1.** Elementos dos autos que evidenciam não ter havido investigação preliminar para corroborar o que exposto em *denúncia anônima. O Supremo Tribunal Federal assentou ser possível a deflagração da persecução penal pela chamada denúncia anônima, desde que esta seja seguida de diligências realizadas para averiguar os fatos nela*

noticiados antes da instauração do inquérito policial. Precedente. 2. A interceptação telefônica é subsidiária e excepcional, só podendo ser determinada quando não houver outro meio para se apurar os fatos tidos por criminosos, nos termos do art. 2º, inc. II, da Lei n. 9.296/1996. Precedente. 3. Ordem concedida para se declarar a ilicitude das provas produzidas pelas interceptações telefônicas, em razão da ilegalidade das autorizações, e a nulidade das decisões judiciais que as decretaram amparadas apenas na denúncia anônima, sem investigação preliminar" (HC 108147, Relator(a): Min. Cármen Lúcia, Segunda Turma, julgado em 11.12.2012, Processo Eletrônico DJe-022 Divulg 31.01.2013 Public 01.02.2013); **B**: incorreta. Somente se veda o emprego da interceptação telefônica para investigar crimes cuja pena cominada não seja de reclusão. No caso do enunciado, sendo a pena de reclusão (pouco importa a quantidade de pena), possível, em tese, o uso da interceptação telefônica (art. 2º, III, Lei 9.296/1996); **C**: correta. De fato, por se tratar de meio invasivo de prova, a interceptação telefônica deve ser utilizada com parcimônia. Isso significa dizer que ela deve assumir um caráter subsidiário em relação a outras provas, ou seja, ainda que não existam outras provas, não será a interceptação telefônica a primeira a ser realizada (art. 2º, II, Lei 9.296/1996); **D**: incorreta, na medida em que a chamada fundamentação *per relationem*, que é aquela por meio da qual se faz remissão às alegações de uma das partes, é admitida pela jurisprudência.

69. Gabarito "B"
Comentário: É fato que a casa é, por imperativo constitucional (art. 5º, XI, da CF), asilo inviolável do indivíduo e sua família, de tal sorte que ninguém poderá nela penetrar sem o consentimento do morador; entretanto, o próprio texto constitucional estabeleceu exceções a esta inviolabilidade domiciliar, a saber: se durante o dia, o ingresso sem o consentimento do morador poderá se dar diante de situação de flagrante delito, desastre ou para prestar socorro, ou ainda para cumprimento de ordem judicial; se durante à noite, o ingresso, diante da recalcitrância do morador, poderá se dar também em situação de flagrante, desastre ou para prestar socorro. Durante a noite, portanto, não poderá o oficial de Justiça/autoridade policial, à revelia do morador, ingressar em seu domicílio para dar cumprimento a ordem judicial; deverá, pois, aguardar o amanhecer. Não foi isso que fez o oficial de Justiça no caso narrado no enunciado. Bem ao contrário, a fim de dar cumprimento a ordem judicial de busca e apreensão, ingressou, sem autorização do morador, durante a madrugada, em domicílio alheio, e ali logrou apreender um caderno com anotações que indicavam a prática do crime investigado. Ainda que tivesse a notícia de que o investigado pretendia deixar o local logo ao amanhecer, cabia ao oficial aguardar o dia clarear para dar cumprimento à ordem judicial. Desta feita, a busca e apreensão residencial de Adolfo é passível de nulidade. Além disso, o oficial de justiça incorrerá no crime de abuso de autoridade previsto no art. 22, § 1º, III, da Lei 13.869/2019. Do enunciado ainda consta que, quando deixavam o local, os policiais e o oficial de justiça se depararam, na rua ao lado, com Arnaldo, tendo uma senhora o apontado como autor de um crime de roubo majorado pelo emprego de arma, que teria ocorrido momentos antes. Diante disso, os policiais realizaram busca pessoal em Arnaldo, com o qual localizaram um celular, que era produto do crime de acordo com a vítima, razão pela qual efetuaram a apreensão desse bem. Neste caso, a busca e apreensão foi realizada de forma lícita, nos termos do art. 240, § 2º, do CPP. Mesmo porque Arnaldo se encontrava em situação de flagrante delito.

70. Gabarito: "D"
Comentário: "D" é a opção correta. A demissão tratada na questão de fato é uma demissão em massa. Ocorre que, nos termos do art. 477-A da CLT, as dispensas imotivadas individuais, plúrimas ou coletivas equiparam-se para todos os fins, não havendo necessidade de autorização prévia de entidade sindical ou de celebração de convenção coletiva ou acordo coletivo de trabalho para sua efetivação.

71. Gabarito: "C"
Comentário: "C" é a opção correta. Isso porque nos termos do art. 10-A da CLT o sócio retirante responde subsidiariamente pelas obrigações trabalhistas da sociedade relativas ao período em que figurou como sócio, somente em ações ajuizadas até dois anos depois de averbada a modificação do contrato. Assim, por conta da reclamação trabalhista ter sido ajuizada 36 meses após sua retirada, Alaor não mais responde pelas dívidas da sociedade.

72. Gabarito: "C"
Comentário: "C" é a opção correta. O contrato deverá ser rompido por justa causa do empregado, na forma do art. 482, alínea m, da CLT, pois a perda da habilitação necessária para sua profissão se deu por conduta dolosa do empregado.

73. Gabarito: "B"
Comentário: "B" é a opção correta. Nos termos do art. 59-A da CLT, mediante acordo individual escrito, convenção coletiva ou acordo coletivo de trabalho, é permitido às partes estabelecer horário de trabalho de 12 horas seguidas por 36 horas ininterruptas de descanso, devendo ser observados ou indenizados os intervalos para repouso e alimentação. Contudo, o parágrafo único do mesmo dispositivo legal ensina que a remuneração mensal pactuada pelo horário acima estabelecido já abrange os pagamentos devidos pelo descanso semanal remunerado e pelo descanso em feriados, sendo considerados compensados os feriados e as prorrogações de trabalho noturno. Importante notar que o enunciado indicou a data de "10/01/2018", devendo, portanto ser aplicadas as regras estabelecidas pela nova legislação trabalhista, Lei 13.467/2017.

74. Gabarito: "A"
Comentário: A: correta. Nos termos do art. 4º, § 2º, VIII, da CLT, a troca de uniforme não será considerada como tempo à disposição quando não for obrigatório seu uso. Assim, sendo obrigatória a troca, será considerada como tempo à disposição do empregador, devendo ser computado na jornada de trabalho do empregado; **B:** correta, pois o tempo que permanecia na empresa por conta dos tiroteios, chuvas e culto, na forma do art. 4º, § 2º e inciso I, da CLT não é considerado tempo à disposição do empregador; **C:** incorreta, pois a troca de uniforme irá gerar labor extraordinário, art. 4º, § 2º, VIII, da CLT; **D:** incorreta, pois a permanência por escolha própria nas dependências da empresa para atividade religiosa não é considerada tempo à disposição, art. 4º, § 2º, I, da CLT.

75. Gabarito: "D"
Comentário: "D" é a opção correta. Isso porque, nos termos do art. 1º, II, da Lei 11.770/2008 para os empregados da empresa que aderir ao programa Empresa Cidadã, a licença-paternidade de 5 dias prevista no art. 10, § 1º, do ADCT será prorrogada por mais 15 dias, totalizando 20 dias de licença-paternidade.

76. Gabarito: "A"
Comentário: "A" é a opção correta. Isso porque, os embargos de declaração (art. 897-A da CLT) somente serão levados ao contraditório em caso de possibilidade de modificação no julgado. Nesse sentido o art. 897-A, 2º, da CLT ensina que eventual efeito modificativo dos embargos de declaração somente poderá ocorrer em virtude da correção de vício na decisão embargada e desde que ouvida a parte contrária, no prazo de 5 (cinco) dias.

77. Gabarito: "D"
Comentário: "D" é a opção correta. Nos termos do art. 897, alínea a, da CLT das decisões na execução caberá a interposição de agravo de petição, no prazo de 8 dias.

78. Gabarito: "A"
Comentário: "A" é a opção correta. Isso porque, nos termos do art. 507-B da CLT é facultado a empregados e empregadores, na vigência ou não do contrato de emprego, firmar o termo de quitação anual de obrigações trabalhistas, perante o sindicato dos empregados da categoria. Esse termo deverá discriminar as obrigações de dar e fazer cumpridas mensalmente e a quitação anual dada pelo empregado, com eficácia liberatória das parcelas nele especificadas, na forma do parágrafo único do art. 507-B da CLT.

79. Gabarito: "C"
Comentário: "C" é a opção correta. Por ser dirigente sindical o empregado possui garantia de emprego (art. 8º, VIII, da CF e art. 543, § 3º, da CLT). Por essa razão não pode ser dispensado salvo por cometimento de falta grave. Contudo, no caso do dirigente sindical, a dispensa por falta grave deve ser precedida de inquérito Judicial para apuração de falta grave na forma dos arts.

853 a 855 da CLT. Nessa linha, determina o art. 494 da CLT que o empregado estável que cometer falta grave poderá ser suspenso de suas atividades, mas a dispensa apenas será válida após o processamento do inquérito judicial que apurará a prática daquela pelo empregado. O art. 853 da CLT ensina que o inquérito deverá ser proposto no prazo decadencial de 30 (trinta) dias, contados da data da suspensão do empregado ou caso não haja suspensão 30 dias contados do cometimento da falta grave.

80. Gabarito: "B"
Comentário: "B" é a opção correta. Entende o TST que tal decisão possui natureza de decisão interlocutória terminativa de feito e, por meio da Súmula 214, item "c", sustenta que a decisão que acolhe exceção de incompetência territorial, com a remessa dos autos para Tribunal Regional distinto daquele a que se vincula o juízo excepcionado, consoante o disposto no art. 799, § 2º, da CLT é impugnável via recurso ordinário, art. 895, I, da CLT).

2019.2 – XXIX EXAME DE ORDEM

1. Júnior é bacharel em Direito. Formou-se no curso jurídico há seis meses e não prestou, ainda, o Exame de Ordem para sua inscrição como advogado, embora pretenda fazê-lo em breve. Por ora, Júnior é inscrito junto à OAB como estagiário e exerce estágio profissional de advocacia em certo escritório credenciado pela OAB, há um ano. Nesse exercício, poucas semanas atrás, juntamente com o advogado José dos Santos, devidamente inscrito como tal, prestou consultoria jurídica sobre determinado tema, solicitada por um cliente do escritório. Os atos foram assinados por ambos. Todavia, o cliente sentiu-se lesado nessa consultoria, alegando culpa grave na sua elaboração.

Considerando o caso hipotético, bem como a disciplina do Estatuto da Advocacia e da OAB, assinale a opção correta.

(A) Júnior não poderia atuar como estagiário e deverá responder em âmbito disciplinar por essa atuação indevida. Já a responsabilidade pelo conteúdo da atuação na atividade de consultoria praticada é de José.

(B) Júnior não poderia atuar como estagiário e deverá responder em âmbito disciplinar por essa atuação indevida. Já a responsabilidade pelo conteúdo da atuação na atividade de consultoria praticada é solidária entre Júnior e José.

(C) Júnior poderia atuar como estagiário. Já a responsabilidade pelo conteúdo da atuação na atividade de consultoria praticada é solidária entre Júnior e José.

(D) Júnior poderia atuar como estagiário. Já a responsabilidade pelo conteúdo da atuação na atividade de consultoria praticada é de José.

2. O advogado X foi preso em flagrante enquanto furtava garrafas de vinho, de valor bastante expressivo, em determinado supermercado. Conduzido à delegacia, foi lavrado o auto de prisão em flagrante, sem a presença de representante da OAB.

Com base no disposto no Estatuto da Advocacia e da OAB, assinale a afirmativa correta.

(A) A lavratura do auto de prisão em flagrante foi eivada de nulidade, em razão da ausência de representante da OAB, devendo a prisão ser relaxada.

(B) A lavratura do auto de prisão em flagrante não é viciada, desde que haja comunicação expressa à seccional da OAB respectiva.

(C) A lavratura do auto de prisão em flagrante foi eivada de nulidade, em razão da ausência de representante da OAB, devendo ser concedida liberdade provisória não cumulada com aplicação de medidas cautelares diversas da prisão.

(D) A lavratura do auto de prisão em flagrante não é viciada e independe de comunicação à seccional da OAB respectiva.

3. A Sociedade de Advogados X pretende associar-se aos advogados João e Maria, que não a integrariam como sócios, mas teriam participação nos honorários a serem recebidos.

Sobre a pretensão da Sociedade de Advogados X, de acordo com o disposto no Regulamento Geral do Estatuto da Advocacia e da OAB, assinale a afirmativa correta.

(A) É autorizada, contudo deve haver formalização em contrato averbado no registro da Sociedade de Advogados. A associação pretendida deverá implicar necessariamente vínculo empregatício.

(B) É autorizada, contudo deve haver formalização em contrato averbado no registro da Sociedade de Advogados. A associação pretendida não implicará vínculo empregatício.

(C) É autorizada, independentemente de averbação no registro da Sociedade. A associação pretendida não implicará vínculo empregatício.

(D) Não é autorizada, pois os advogados João e Maria passariam a integrar a Sociedade X como sócios, mediante alteração no registro da sociedade.

4. O advogado João, conselheiro em certo Conselho Seccional da OAB, foi condenado, pelo cometimento de crime de tráfico de influência, a uma pena privativa de liberdade. João respondeu ao processo todo em liberdade, apenas tendo sido decretada a prisão após o trânsito em julgado da sentença condenatória.

Quanto aos direitos de João, considerando o disposto no Estatuto da Advocacia e da OAB, assinale a afirmativa correta.

(A) João tem direito à prisão domiciliar em razão de suas atividades profissionais, ou à prisão em sala de Estado Maior, durante todo o cumprimento da pena que se inicia, a critério do juiz competente.

(B) João tem direito a ser preso em sala de Estado Maior durante o cumprimento integral da pena que se inicia. Apenas na falta desta, em razão de suas atividades profissionais, terá direito à prisão domiciliar.

(C) João não tem direito a ser preso em sala de Estado Maior em nenhum momento do cumprimento da pena que se inicia, nem terá direito, em decorrência de suas atividades profissionais, à prisão domiciliar.

(D) João tem direito a ser preso em sala de Estado Maior apenas durante o transcurso de seu mandato como conselheiro, mas não terá direito, em decorrência de suas atividades profissionais, à prisão domiciliar.

5. O Conselho Seccional X da OAB proferiu duas decisões, ambas unânimes e definitivas, em dois processos distintos. Acerca da matéria que é objeto do processo 1, há diversos julgados, em sentido diametralmente oposto, proferidos pelo Conselho Seccional Y da OAB. Quanto ao processo 2, há apenas uma decisão contrária, outrora proferida pelo Conselho Federal da OAB. De acordo com a situação narrada, assinale a afirmativa correta.

(A) Cabe recurso da decisão proferida no processo 1 ao Conselho Federal da OAB, com fundamento na divergência com as decisões emanadas do Conselho Seccional Y. Também cabe recurso da decisão proferida no processo 2 ao Conselho Federal da OAB, com base na divergência com a decisão anterior do Conselho Federal.

(B) Não cabe recurso da decisão proferida no processo 1 ao Conselho Federal da OAB, com fundamento na divergência com as decisões emanadas do Conselho Seccional Y. No entanto, cabe recurso da decisão proferida no processo 2 ao Conselho Federal da OAB, com base na divergência com a decisão anterior do Conselho Federal.

(C) Cabe recurso da decisão proferida no processo 1 ao Conselho Federal da OAB, com fundamento na divergência com as decisões emanadas do Conselho Seccional Y. No entanto, não cabe recurso da decisão proferida no processo 2 ao Conselho Federal da OAB, com base na divergência com a decisão anterior do Conselho Federal.

(D) Não cabem recursos das decisões proferidas no processo 1 e no processo 2, tendo em vista a definitividade das decisões emanadas do Conselho Seccional.

6. A conduta de um juiz em certa comarca implicou violação a prerrogativas de advogados previstas na Lei nº 8.906/94, demandando representação administrativo-disciplinar em face do magistrado.

Considerando a hipótese narrada, de acordo com o Regulamento Geral do Estatuto da Advocacia e da OAB, assinale a afirmativa correta.

(A) É competência dos presidentes do Conselho Federal, do Conselho Seccional ou da Subseção formularem a representação administrativa cabível. Em razão da natureza da autoridade e da providência, o ato não pode ser delegado a outro advogado.

(B) É competência apenas dos presidentes do Conselho Federal ou do Conselho Seccional formularem a representação administrativa cabível. Todavia, pode ser designado outro advogado, investido de poderes bastantes, para o ato.

(C) É competência apenas do presidente do Conselho Seccional formular a representação administrativa cabível. Em razão da natureza da autoridade e da providência, o ato não pode ser delegado a outro advogado.

(D) É competência dos presidentes do Conselho Federal, do Conselho Seccional ou da Subseção formularem a representação administrativa cabível. Todavia, pode ser designado outro advogado, investido de poderes bastantes, para o ato.

7. Milton, advogado, exerceu fielmente os deveres decorrentes de mandato outorgado para defesa do cliente Tomás, em juízo. Todavia, Tomás deixou, injustificadamente, de efetuar o pagamento dos valores acordados a título de honorários.

Em 08/04/19, após negar-se ao pagamento devido, Tomás solicitou a Milton que agendasse uma reunião para que este esclarecesse, de forma pormenorizada, questões que entendia pertinentes e necessárias sobre o processo. Contudo, Milton informou que não prestaria nenhum tipo de informação judicial sem pagamento, a fim de evitar o aviltamento da atuação profissional.

Em 10/05/19, Tomás solicitou que Milton lhe devolvesse alguns bens móveis que haviam sido confiados ao advogado durante o processo, relativos ao objeto da demanda. Milton também se recusou, pois pretendia alienar os bens para compensar os honorários devidos.

Considerando o caso narrado, assinale a afirmativa correta.

(A) Apenas a conduta de Milton praticada em 08/04/19 configura infração ética.

(B) Ambas as condutas de Milton, praticadas em 08/04/19 e em 10/05/19, configuram infrações éticas.

(C) Nenhuma das condutas de Milton, praticadas em 08/04/19 e em 10/05/19, configura infração ética.

(D) Apenas a conduta de Milton praticada em 10/05/19 configura infração ética.

8. Os sócios de certa sociedade de advogados divergiram intensamente quanto à solução de questões relativas a conduta disciplinar, relação com clientes e honorários. Em razão disso, passaram a pesquisar quais as atribuições do Tribunal de Ética e Disciplina, do Conselho Seccional da OAB respectivo, que poderiam ajudar a solver suas dificuldades.

Considerando o caso narrado, bem como os limites de competência do Tribunal de Ética e Disciplina do Conselho Seccional, previstos no Código de Ética e Disciplina da OAB, assinale a afirmativa correta.

(A) Não compete ao Tribunal de Ética e Disciplina responder a consultas realizadas em tese por provocação dos advogados, atuando apenas diante de situações concretas.

(B) Compete ao Tribunal de Ética e Disciplina atuar como um conciliador em pendências concretas relativas à partilha de honorários entre advogados contratados conjuntamente.

(C) Não compete ao Tribunal de Ética e Disciplina ministrar cursos destinados a solver dúvidas usuais dos advogados no que se refere à conduta ética que deles é esperada.

(D) Compete ao Tribunal de Ética e Disciplina coordenar as ações do Conselho Seccional respectivo e dos demais Conselhos Seccionais, com o objetivo de reduzir a ocorrência das infrações disciplinares mais frequentes.

9. *Mas a justiça não é a perfeição dos homens?*

PLATÃO, *A República*. Lisboa: Calouste Gulbenkian, 1993.

O conceito de justiça é o mais importante da Filosofia do Direito. Há uma antiga concepção segundo a qual justiça é dar a cada um o que lhe é devido. No entanto, Platão, em seu livro *A República*, faz uma crítica a tal concepção.

Assinale a opção que, conforme o livro citado, melhor explica a razão pela qual Platão realiza essa crítica.

(A) Platão defende que justiça é apenas uma maneira de proteger o que é mais conveniente para o mais forte.

(B) A justiça não deve ser considerada algo que seja entendido como virtude e sabedoria, mas uma decorrência da obediência à lei.

(C) Essa ideia implicaria fazer bem ao amigo e mal ao inimigo, mas fazer o mal não produz perfeição, e a justiça é uma virtude que produz a perfeição humana.

(D) Esse é um conceito decorrente exclusivamente da ideia de troca entre particulares, e, para Platão, o conceito de justiça diz respeito à convivência na cidade.

10. *Costuma-se dizer que o ordenamento jurídico regula a própria produção normativa. Existem normas de comportamento ao lado de normas de estrutura... elas não regulam um comportamento, mas o modo de regular um comportamento...*

BOBBIO, Norberto. *Teoria do Ordenamento Jurídico*. São Paulo: Polis; Brasília EdUnB, 1989.

A atuação de um advogado deve se dar com base no ordenamento jurídico. Por isso, não basta conhecer as leis; é preciso compreender o conceito e o funcionamento do ordenamento. Bobbio, em seu livro *Teoria do Ordenamento Jurídico*, afirma que a unidade do ordenamento jurídico é assegurada por suas fontes.

Assinale a opção que indica o fato que, para esse autor, interessa notar para uma teoria geral do ordenamento jurídico, em relação às fontes do Direito.

(A) No mesmo momento em que se reconhece existirem atos ou fatos dos quais se faz depender a produção de normas jurídicas, reconhece-se que o ordenamento jurídico, além de regular o comportamento das pessoas, regula também o modo pelo qual se devem produzir as regras.

(B) As fontes do Direito definem o ordenamento jurídico como um complexo de normas de comportamento referidas a uma dada sociedade e a um dado momento histórico, de forma que garante a vinculação entre interesse social e comportamento normatizado.

(C) Como forma de institucionalização do direito positivo, as fontes do Direito definem o ordenamento jurídico exclusivamente em relação ao processo formal de sua criação, sem levar em conta os elementos morais que poderiam definir uma norma como justa ou injusta.

(D) As normas, uma vez definidas como jurídicas, são associadas num conjunto específico, chamado de direito positivo. Esse direito positivo é o que comumente chamamos de ordenamento jurídico. Portanto, a fonte do Direito que institui o Direito como ordenamento é a norma, anteriormente definida como jurídica.

11. O Estado Alfa promulgou, em 2018, a Lei Estadual X, concedendo unilateralmente isenção sobre o tributo incidente em operações relativas à circulação interestadual de mercadorias (ICMS) usadas como insumo pela indústria automobilística.

O Estado Alfa, com isso, atraiu o interesse de diversas montadoras em ali se instalarem. A Lei Estadual X, no entanto, contraria norma da Constituição da República que dispõe caber a lei complementar regular a forma de concessão de incentivos, isenções e benefícios fiscais relativos ao ICMS, mediante deliberação dos Estados e do Distrito Federal. Em razão da Lei Estadual X, o Estado Beta, conhecido polo automobilístico, sofrerá drásticas perdas em razão da redução na arrecadação tributária, com a evasão de indústrias e fábricas para o Estado Alfa.

Diante do caso narrado, com base na ordem jurídico-constitucional vigente, assinale a afirmativa correta.

(A) O Governador do Estado Beta não detém legitimidade ativa para a propositura da Ação Direta de Inconstitucionalidade em face da Lei Estadual X, uma vez que, em âmbito estadual, apenas a Mesa da Assembleia Legislativa do respectivo ente está no rol taxativo de legitimados previsto na Constituição.

(B) A legitimidade do Governador do Estado Beta restringe-se à possibilidade de propor, perante o respectivo Tribunal de Justiça, representação de inconstitucionalidade de leis ou atos normativos estaduais ou municipais em face da Constituição Estadual.

(C) A legitimidade ativa do Governador para a Ação Direta de Inconstitucionalidade vincula-se ao objeto da ação, pelo que deve haver pertinência da norma impugnada com os objetivos do autor da ação; logo, não podem impugnar ato normativo oriundo de outro Estado da Federação.

(D) O Governador do Estado Beta é legitimado ativo para propor Ação Direta de Inconstitucionalidade em face da Lei Estadual X, a qual, mesmo sendo oriunda de ente federativo diverso, provoca evidentes reflexos na economia do Estado Beta.

12. O Deputado Federal X, defensor de posições políticas estatizantes, convencido de que seria muito lucrativo o fato de o Estado passar a explorar, ele próprio, atividades econômicas, pretende propor projeto de lei que viabilize a criação de diversas empresas públicas. Esses entes teriam, como único pressuposto para sua criação, a possibilidade de alcançar alto grau de rentabilidade. Com isso, seria legalmente inviável a criação de empresas públicas deficitárias.

Antes de submeter o projeto de lei à Câmara, o Deputado Federal X consulta seus assistentes jurídicos, que, analisando a proposta, informam, corretamente, que seu projeto é

(A) inconstitucional, pois a criação de empresas públicas, sendo ato estratégico da política nacional, é atribuição exclusiva do Presidente da República, que poderá concretizá-la por meio de decreto.

(B) constitucional, muito embora deva o projeto de lei seguir o rito complementar, o que demandará a obtenção de um quórum de maioria absoluta em ambas as casas do Congresso Nacional.

(C) inconstitucional, pois a exploração direta da atividade econômica pelo Estado só será permitida quando necessária à segurança nacional ou caracterizado relevante interesse nacional.

(D) constitucional, pois a Constituição Federal, ao estabelecer a livre concorrência entre seus princípios econômicos, não criou obstáculos à participação do Estado na exploração da atividade econômica.

13. Durval, cidadão brasileiro e engenheiro civil, desempenha trabalho voluntário na ONG Transparência, cujo principal objetivo é apurar a conformidade das contas públicas e expor eventuais irregularidades, apresentando reclamações e denúncias aos órgãos e entidades competentes.

Ocorre que, durante o ano de 2018, a Secretaria de Obras do Estado Alfa deixou de divulgar em sua página da Internet informações referentes aos repasses de recursos financeiros, bem como foram omitidos os registros das despesas realizadas. Por essa razão, Durval compareceu ao referido órgão e protocolizou pedido de acesso a tais informações, devidamente especificadas.

Em resposta à solicitação, foi comunicado que os dados requeridos são de natureza sigilosa, somente podendo ser disponibilizados mediante requisição do Ministério Público ou do Tribunal de Contas.

A partir do enunciado proposto, com base na legislação vigente, assinale a afirmativa correta.

(A) A decisão está em desacordo com a ordem jurídica, pois os órgãos e entidades públicas têm o dever legal de promover, mesmo sem requerimento, a divulgação, em local de fácil acesso, no âmbito de suas competências, de informações de interesse coletivo ou geral que produzam ou custodiem.

(B) Assiste razão ao órgão público no que concerne tão somente ao sigilo das informações relativas aos repasses de recursos financeiros, sendo imprescindível a requisição do Ministério Público ou do Tribunal de Contas para acessar tais dados.

(C) Assiste razão ao órgão público no que concerne tão somente ao sigilo das informações relativas aos registros das despesas realizadas, sendo imprescindível a requisição do Ministério Público ou do Tribunal de Contas para acessar tais dados.

(D) Assiste razão ao órgão público no que concerne ao sigilo das informações postuladas, pois tais dados apenas poderiam ser pessoalmente postulados por Durval caso estivesse devidamente assistido por advogado regularmente inscrito na Ordem dos Advogados do Brasil.

14. O diretor da unidade prisional de segurança máxima ABC expede uma portaria vedando, no âmbito da referida entidade de internação coletiva, quaisquer práticas de cunho religioso direcionadas aos presos, apresentando, como motivo para tal ato, a necessidade de a Administração Pública ser laica.

A partir da situação hipotética narrada, assinale a afirmativa correta.

(A) A motivação do ato administrativo encontra-se equivocada, uma vez que o preâmbulo da Constituição da República de 1988 faz expressa menção à "proteção de Deus", também assegurando aos entes federados ampla liberdade para estabelecer e subvencionar os cultos religiosos e igrejas.

(B) O ato expedido pelo diretor encontra plena correspondência com a ordem constitucional brasileira, a qual veda, aos entes federados, estabelecer cultos religiosos ou igrejas, subvencioná-los ou firmar qualquer espécie de colaboração de interesse público.

(C) A Constituição da República de 1988 dispõe que, nos termos da lei, é assegurada assistência religiosa nas entidades civis e militares de internação coletiva, de modo que a portaria expedida pelo diretor viola um direito fundamental dos internos.

(D) Inexiste incompatibilidade entre a portaria e a Constituição da República de 1988, uma vez que a liberdade religiosa apenas se apresenta no ensino confessional, ministrado, em caráter facultativo, nos estabelecimentos públicos e privados de ensino, não sendo tal direito extensível aos presos.

15. O senador João fora eleito Presidente do Senado Federal. Ao aproximar-se o fim do exercício integral do seu mandato bienal, começa a planejar seu futuro na referida casa legislativa.

Ciente do prestígio que goza entre seus pares, discursa no plenário, anunciando a intenção de permanecer na função até o fim de seu mandato como senador, o que ocorrerá em quatro anos. Assim, para que tal desejo se materialize, será necessário que seja reeleito nos dois próximos pleitos (dois mandatos bienais).

Sobre a intenção do senador, segundo o sistema jurídico-constitucional brasileiro, assinale a afirmativa correta.

(A) Será possível, já que não há limites temporais para o exercício da presidência nas casas legislativas do Congresso Nacional.

(B) Não será possível, pois a Constituição proíbe a reeleição para esse mesmo cargo no período bienal imediatamente subsequente.

(C) É parcialmente possível, pois, nos moldes da reeleição ao cargo de Presidente da República, ele poderá concorrer à reeleição uma única vez.

(D) Não é possível, pois o exercício da referida presidência inviabiliza a possibilidade de, no futuro, vir a exercê-la novamente.

16. Em 2005, visando a conferir maior estabilidade e segurança jurídica à fiscalização das entidades dedicadas à pesquisa e à manipulação de material genético, o Congresso Nacional decidiu discipliná-las por meio da Lei Complementar X, embora a Constituição Federal não reserve a matéria a essa espécie normativa. Posteriormente, durante o ano de 2017, com os avanços tecnológicos e científicos na área, entrou em vigor a Lei Ordinária Y prevendo novos mecanismos fiscalizatórios a par dos anteriormente estabelecidos, bem como derrogando alguns artigos da Lei Complementar X.

Diante da situação narrada, assinale a afirmativa correta.

(A) A Lei Ordinária Y é formalmente inconstitucional, não podendo dispor sobre matéria já tratada por Lei Complementar, em razão da superioridade hierárquica desta em relação àquela.

(B) Embora admissível a edição da Lei Ordinária Y tratando de novos mecanismos a par dos já existentes, a revogação de dispositivos da Lei Complementar X exigiria idêntica espécie normativa.

(C) A Lei Complementar X está inquinada de vício formal, já que a edição dessa espécie normativa encontra-se vinculada às hipóteses taxativamente elencadas pela Constituição Federal de 1988.

(D) A Lei Complementar X, por tratar de matéria a respeito da qual não se exige a referida espécie normativa, pode vir a ser revogada por Lei Ordinária posterior que verse sobre a mesma temática.

17. O Município X, visando à interligação de duas importantes zonas da cidade, após o regular procedimento licitatório, efetua a contratação de uma concessionária que ficaria responsável pela construção e administração da via.

Ocorre que, em análise do projeto básico do empreendimento, constatou-se que a rodovia passaria em área de preservação ambiental e ensejaria graves danos ao ecossistema local. Com isso, antes mesmo de se iniciarem as obras, Arnaldo, cidadão brasileiro e vereador no exercício do mandato no Município X, constitui advogado e ingressa com Ação Popular postulando a anulação da concessão.

Com base na legislação vigente, assinale a afirmativa correta.

(A) A Ação Popular proposta por Arnaldo não se revela adequada ao fim de impedir a obra potencialmente lesiva ao meio ambiente.

(B) A atuação de Arnaldo, na qualidade de cidadão, é subsidiária, sendo necessária a demonstração de inércia por parte do Ministério Público.

(C) A ação popular, ao lado dos demais instrumentos de tutela coletiva, é adequada à anulação de atos lesivos ao meio ambiente, mas Arnaldo não precisaria constituir advogado para ajuizá-la.

(D) Caso Arnaldo desista da Ação Popular, o Ministério Público ou qualquer cidadão que esteja no gozo de seus direitos políticos poderá prosseguir com a demanda.

18. Uma Organização de Direitos Humanos afirma estar tramitando, no Congresso Nacional, um Projeto de Lei propondo que o trabalhador tenha direito a férias, mas que seja possível que o empregador determine a não remuneração dessas férias. No mesmo Projeto de Lei, fica estipulado que, nos feriados nacionais, não haverá remuneração.

A Organização procura você, como advogado(a), para redigir um parecer quanto a um eventual controle de convencionalidade, caso esse projeto seja transformado em lei.

Assim, com base no Protocolo Adicional à Convenção Americana Sobre Direitos Humanos em Matéria de Direitos Econômicos, Sociais e Culturais – Protocolo de San Salvador –, assinale a opção que apresenta seu parecer sobre o fato apresentado.

(A) O Brasil, embora tenha ratificado a Convenção Americana de Direitos Humanos, não é signatário do Protocolo Adicional à Convenção Americana Sobre Direitos Humanos em Matéria de Direitos Econômicos, Sociais e Culturais – Protocolo de San Salvador. Portanto, independentemente do que disponha esse Protocolo, ele não configura uma base jurídica que permita fazer um controle de convencionalidade.

(B) Tanto o direito a férias remuneradas quanto o direito à remuneração nos feriados nacionais estão presentes no Protocolo de San Salvador. Considerando que o Brasil é signatário desse Protocolo, caso o Projeto de Lei venha a ser convertido em Lei pelo Congresso Nacional, é possível submetê-lo ao controle de convencionalidade, com base no Protocolo de San Salvador.

(C) A despeito de as férias remuneradas e a remuneração nos feriados nacionais estarem previstos no Protocolo de San Salvador, não é possível fazer o controle de convencionalidade caso o Projeto de Lei seja aprovado, porque se trata apenas de um Protocolo e, como tal, não possui força de Convenção como é o caso da Convenção Americana Sobre Direitos Humanos.

(D) Se o Projeto de Lei for aprovado, não será possível submetê-lo a um controle de convencionalidade com base no Protocolo de San Salvador, porque os direitos em questão não estão previstos no referido Protocolo, que sequer trata de condições justas, equitativas e satisfatórias de trabalho.

19. No âmbito dos sistemas internacionais de proteção dos Direitos Humanos, existem hoje três sistemas regionais: africano, (inter)americano e europeu. Existem semelhanças e diferenças entre esses sistemas. Assinale a opção que corretamente expressa uma grande diferença entre o sistema (inter)americano e o europeu.

(A) O sistema europeu foi instituído a partir da Convenção para a Proteção dos Direitos do Homem e das Liberdades Fundamentais, de 1950, e já está em pleno funcionamento. Já o sistema (inter)americano foi instituído pela Convenção Americana Sobre Direitos Humanos, de 1998, e ainda não está em pleno funcionamento.

(B) O sistema (inter)americano conta com uma Comissão Interamericana de Direitos Humanos, mas não possui uma Corte ou Tribunal. Já o sistema europeu possui um Tribunal, mas não possui uma Comissão de Direitos Humanos.

(C) O sistema europeu é baseado em um Conselho de Ministros e admite denúncias de violações de direitos humanos que sejam feitas pelos Estados-partes da Convenção, mas não admite petições individuais. Já o sistema (inter)americano não possui o Conselho de Ministros e admite petições individuais.

(D) O sistema (inter)americano possui uma Comissão e uma Corte para conhecer de assuntos relacionados ao cumprimento dos compromissos assumidos pelos Estados-partes na Convenção Americana Sobre Direitos Humanos. Já o sistema europeu não possui uma Comissão com as mesmas funções que a Comissão Interamericana, mas um Tribunal Europeu dos Direitos do Homem, que é efetivo e permanente.

20. A cláusula arbitral de um contrato de fornecimento de óleo cru, entre uma empresa brasileira e uma empresa norueguesa, estabelece que todas as controvérsias entre as partes serão resolvidas por arbitragem, segundo as regras da Câmara de Comércio Internacional - CCI.

Na negociação, a empresa norueguesa concordou que a sede da arbitragem fosse o Brasil, muito embora o idioma escolhido fosse o inglês. Como contrapartida, incluiu, entre as controvérsias a serem decididas por arbitragem, a determinação da responsabilidade por danos ambientais resultantes do manuseio e descarga no terminal.

Na eventualidade de ser instaurada uma arbitragem solicitando indenização por danos de um acidente ambiental, o Tribunal Arbitral a ser constituído no Brasil

(A) tem competência para determinar a responsabilidade pelo dano, em respeito à autonomia da vontade consagrada na Lei Brasileira de Arbitragem.

(B) deverá declinar de sua competência, por não ser matéria arbitrável.

(C) deverá proferir o laudo em português, para que seja passível de execução no Brasil.

(D) não poderá decidir a questão, porque a cláusula arbitral é nula.

21. João da Silva prestou serviços de consultoria diretamente ao Comitê Olímpico Internacional (COI), entidade com sede na Suíça, por ocasião dos Jogos Olímpicos realizados no Rio de Janeiro, em 2016. Até o presente momento, João não recebeu integralmente os valores devidos.

Na hipótese de recorrer a uma cobrança judicial, o pedido deve ser feito

(A) na justiça federal, pois o COI é uma organização internacional estatal.

(B) na justiça estadual, pois o COI não é um organismo de direito público externo.

(C) por auxílio direto, intermediado pelo Ministério Público, nos termos do tratado Brasil-Suíça.

(D) na justiça federal, por se tratar de uma organização internacional com sede no exterior.

22. A Fazenda Pública apurou que fato gerador, ocorrido em 12/10/2007, referente a um imposto sujeito a lançamento por declaração, não havia sido comunicado pelo contribuinte ao Fisco. Por isso, efetuou o lançamento de ofício do tributo em 05/11/2012, tendo sido o contribuinte notificado desse lançamento em 09/11/2012, para pagamento em 30 dias. Não sendo a dívida paga, nem tendo o contribuinte impugnado o lançamento, a Fazenda Pública inscreveu, em 05/10/2017, o débito em dívida ativa, tendo ajuizado a ação de execução fiscal em 08/01/2018.

Diante desse cenário, assinale a afirmativa correta.

(A) A cobrança é indevida, pois o crédito tributário foi extinto pelo decurso do prazo decadencial.

(B) A cobrança é indevida, pois já teria se consumado o prazo prescricional para propor a ação de execução fiscal.

(C) A cobrança é devida, pois a inscrição em dívida ativa do crédito tributário, em 05/10/2017, suspendeu, por 180 dias, a contagem do prazo prescricional para propositura da ação de execução fiscal.

(D) A cobrança é devida, pois não transcorreram mais de 10 anos entre a ocorrência do fato gerador (12/10/2007) e a inscrição em dívida ativa do crédito tributário (05/10/2017).

23. O Município X, na tentativa de fazer com que os cofres municipais pudessem receber determinado tributo com mais celeridade, publicou, em maio de 2017, uma lei que alterava a data de recolhimento daquela exação. A lei dispunha que os efeitos das suas determinações seriam imediatos.

Nesse sentido, assinale a afirmativa correta.

(A) Segundo a Lei de Introdução às Normas do Direito Brasileiro (LINDB), a lei é válida, mas apenas poderia entrar em vigor 45 (quarenta e cinco) dias após a sua publicação.

(B) A lei é inconstitucional, uma vez que não respeitou o princípio da anterioridade.

(C) A lei é constitucional, uma vez que, nessa hipótese, não se sujeita ao princípio da anterioridade.

(D) A lei é válida, mas só poderia vigorar 90 (noventa) dias após a sua publicação.

24. A União lavrou auto de infração para a cobrança de créditos de Imposto sobre a Renda, devidos pela pessoa jurídica PJ. A cobrança foi baseada no exame, considerado indispensável por parte da autoridade administrativa, de documentos, livros e registros de instituições financeiras, incluindo os referentes a contas de depósitos e aplicações financeiras de titularidade da pessoa jurídica PJ, após a regular instauração de processo administrativo. Não houve, neste caso, qualquer autorização do Poder Judiciário.

Sobre a possibilidade do exame de documentos, livros e registros de instituições financeiras pelos agentes fiscais tributários, assinale a afirmativa correta.

(A) Não é possível, em vista da ausência de previsão legal.

(B) É expressamente prevista em lei, sendo indispensável a existência de processo administrativo instaurado.

(C) É expressamente prevista em lei, sendo, no entanto, dispensável a existência de processo administrativo instaurado.

(D) É prevista em lei, mas deve ser autorizada pelo Poder Judiciário, conforme exigido por lei.

25. A União, diante de grave desastre natural que atingiu todos os estados da Região Norte, e considerando ainda a severa crise econômica e financeira do país, edita Medida Provisória, que institui Empréstimo Compulsório, para que as medidas cabíveis e necessárias à reorganização das localidades atingidas sejam adotadas.

Sobre a constitucionalidade da referida tributação, assinale a afirmativa correta.

(A) O Empréstimo Compulsório não pode ser instituído para atender às despesas extraordinárias decorrentes de calamidade pública.

(B) O Empréstimo Compulsório deve ser instituído por meio de Lei Complementar, sendo vedado pela CRFB/88 que Medida Provisória trate desse assunto.

(C) Nenhum tributo pode ser instituído por meio de Medida Provisória.

(D) A União pode instituir Empréstimo Compulsório para atender às despesas decorrentes de calamidade pública, sendo possível, diante da situação de relevância e urgência, a edição de Medida Provisória com esse propósito.

26. O Chefe do Executivo do Município X editou o Decreto 123, em que corrige o valor venal dos imóveis para efeito de cobrança do Imposto Predial e Territorial Urbano (IPTU), de acordo com os índices inflacionários anuais de correção monetária.

No caso narrado, a medida

(A) fere o princípio da legalidade, pois a majoração da base de cálculo somente pode ser realizada por meio de lei em sentido formal.

(B) está de acordo com o princípio da legalidade, pois a majoração da base de cálculo do IPTU dispensa a edição de lei em sentido formal.

(C) está de acordo com o princípio da legalidade, pois a atualização monetária da base de cálculo do IPTU pode ser realizada por meio de decreto.

(D) fere o princípio da legalidade, pois a atualização monetária da base de cálculo do IPTU não dispensa a edição de lei em sentido formal.

27. Luciana, imbuída de má-fé, falsificou documentos com a finalidade de se passar por filha de Astolfo (recentemente falecido, com quem ela não tinha qualquer parentesco), movida pela intenção de obter pensão por morte do pretenso pai, que era servidor público federal. Para tanto, apresentou os aludidos documentos forjados e logrou a concessão do benefício junto ao órgão de origem, em março de 2011, com registro no Tribunal de Contas da União, em julho de 2014. Contudo, em setembro de 2018, a administração verificou a fraude, por meio de processo administrativo em que ficou comprovada a má-fé de Luciana, após o devido processo legal.

Sobre essa situação hipotética, no que concerne ao exercício da autotutela, assinale a afirmativa correta.

(A) A administração tem o poder-dever de anular a concessão do benefício diante da má-fé de Luciana, pois não ocorreu a decadência.

(B) O transcurso do prazo de mais de cinco anos da concessão da pensão junto ao órgão de origem importa na decadência do poder-dever da administração de anular a concessão do benefício.

(C) O controle realizado pelo Tribunal de Contas por meio do registro sana o vício do ato administrativo, de modo que a administração não mais pode exercer a autotutela.

(D) Ocorreu a prescrição do poder-dever da administração de anular a concessão do benefício, na medida em que transcorrido o prazo de três anos do registro perante o Tribunal de Contas.

28. O Ministério Público ajuizou ação civil pública por improbidade em desfavor de Felipe dos Santos, servidor público federal estável, com fulcro no Art. 10, inciso IV, da Lei nº 8429/92. O servidor teria facilitado a alienação de bens públicos a certa sociedade empresária, alienação essa que, efetivamente, causou lesão ao erário, sendo certo que, nos autos do processo, restou demonstrado que o agente público não agiu com dolo, mas com culpa.

Com base na hipótese apresentada, assinale a opção que está em consonância com a legislação de regência.

(A) Felipe não pode sofrer as sanções da lei de improbidade, pois todas as hipóteses capituladas na lei exigem o dolo específico para a sua caracterização.

(B) É passível a caracterização da prática de ato de improbidade administrativa por Felipe, pois a modalidade culposa é admitida para a conduta a ele imputada.

(C) Não é cabível a caracterização de ato de improbidade por Felipe, na medida em que apenas os atos que atentam contra os princípios da Administração Pública admitem a modalidade culposa.

(D) Felipe não praticou ato de improbidade, pois apenas os atos que importam em enriquecimento ilícito admitem a modalidade culposa.

29. O poder público, com fundamento na Lei nº 8.987/1995, pretende conceder à iniciativa privada uma rodovia que liga dois grandes centros urbanos. O edital, publicado em maio de 2018, previu a duplicação das pistas e a obrigação de o futuro concessionário desapropriar os terrenos necessários à ampliação. Por se tratar de projeto antigo, o poder concedente já havia declarado, em janeiro de 2011, a utilidade pública das áreas a serem desapropriadas no âmbito do futuro contrato de concessão.

Com base na hipótese apresentada, assinale a afirmativa correta.

(A) O ônus das desapropriações necessárias à duplicação da rodovia não pode ser do futuro concessionário, mas sim do poder concedente.

(B) O poder concedente e o concessionário só poderão adentrar os terrenos necessários à ampliação da rodovia após a conclusão do processo de desapropriação.

(C) O decreto que reconheceu a utilidade pública dos terrenos caducou, sendo necessária a expedição de nova declaração.

(D) A declaração de utilidade pública pode ser emitida tanto pelo poder concedente quanto pelo concessionário.

30. Determinado jornal publicou a notícia de que, nos últimos dez anos, a mesma empreiteira (sociedade empresária Beta) venceu todas as grandes licitações promovidas pelo Ministério Alfa. A sociedade empresária Beta, ciente do risco de serem descobertos os pagamentos sistemáticos de propina a servidores públicos em troca de vantagens competitivas, resolve procurar as autoridades competentes para propor a celebração de acordo de leniência.

Com base na hipótese apresentada, assinale a afirmativa correta.

(A) É requisito do acordo de leniência o compromisso da sociedade empresária de fazer cessar seu envolvimento na irregularidade investigada, qual seja, o pagamento de propina a servidores públicos em troca das vantagens competitivas.

(B) A assinatura do acordo de leniência está condicionada à efetiva colaboração da sociedade empresária na elucidação dos fatos, mas a pessoa jurídica não precisa indicar os agentes públicos recebedores da propina.

(C) Para premiar a colaboração da sociedade empresária Beta, o poder público pode isentá-la do pagamento de multa pela prática de atos lesivos à Administração Pública.

(D) A proposta e os termos do acordo propriamente dito são sempre sigilosos, medida necessária para impedir que outras instituições públicas venham a utilizar as informações em prejuízo da sociedade empresária leniente.

31. O Município Alfa planeja estabelecer uma parceria público-privada para a construção e operação do metrô, cujo contrato terá vigência de trinta e cinco anos. Como a receita com a venda das passagens é inferior ao custo de implantação/operação do serviço, o ente local aportará recursos como complementação da remuneração do parceiro privado.

Sobre a questão, assinale a afirmativa correta.

(A) Como o parceiro privado será remunerado pela tarifa do serviço de transporte e por uma contrapartida do poder público, a concessão será celebrada na modalidade administrativa.

(B) A contrapartida do parceiro público somente pode se dar em dinheiro, não sendo permitido qualquer outro mecanismo, a exemplo da outorga de direitos em face da Administração Pública.

(C) A vigência do futuro contrato é adequada, mas, por se tratar de negócio com duração de trinta e cinco anos, não poderá haver prorrogação contratual.

(D) Independentemente da proporção da contrapartida do parceiro público frente ao total da receita auferida pelo parceiro privado, não haverá necessidade de autorização legislativa específica.

32. Virgílio é proprietário de um imóvel cuja fachada foi tombada pelo Instituto do Patrimônio Histórico e Artístico Nacional – IPHAN, autarquia federal, após o devido processo administrativo, diante de seu relevante valor histórico e cultural.

O logradouro em que o imóvel está localizado foi assolado por fortes chuvas, que comprometeram a estrutura da edificação, a qual passou a apresentar riscos de desabamento. Em razão disso, Virgílio notificou o Poder Público e comprovou não ter condições financeiras para arcar com os custos da respectiva obra de recuperação.

Certo de que a comunicação foi recebida pela autoridade competente, que atestou a efetiva necessidade da realização de obras emergenciais, Virgílio procurou você, como advogado(a), para, mediante orientação jurídica adequada, evitar a imposição de sanção pelo Poder Público.

Sobre a hipótese apresentada, assinale a opção que apresenta a orientação correta.

(A) Virgílio poderá demolir o imóvel.

(B) A autoridade competente deve mandar executar a recuperação da fachada tombada, às expensas da União.

(C) Somente Virgílio é obrigado a arcar com os custos de recuperação do imóvel.

(D) As obras necessárias deverão ser realizadas por Virgílio, independentemente de autorização especial da autoridade competente.

33. Em decorrência de grave dano ambiental em uma Unidade de Conservação, devido ao rompimento de barragem de contenção de sedimentos minerais, a Defensoria Pública estadual ingressa com Ação Civil Pública em face do causador do dano.

Sobre a hipótese, assinale a afirmativa correta.

(A) A Ação Civil Pública não deve prosseguir, uma vez que a Defensoria Pública não é legitimada a propor a referida ação judicial.

(B) A Defensoria Pública pode pedir a recomposição do meio ambiente cumulativamente ao pedido de indenizar, sem que isso configure bis in idem.

(C) Tendo em vista que a conduta configura crime ambiental, a ação penal deve anteceder a Ação Civil Pública, vinculando o resultado desta.

(D) A Ação Civil Pública não deve prosseguir, uma vez que apenas o IBAMA possui competência para propor Ação Civil Pública quando o dano ambiental é causado em Unidade de Conservação.

34. Em 2017, Maria adquire de Eduarda um terreno inserido em área de Unidade de Conservação de Proteção Integral. Em 2018, Maria descobre, por meio de documentos e fotos antigas, que Eduarda promoveu desmatamento irregular no imóvel.

Sobre a responsabilidade civil ambiental, assinale a afirmativa correta.

(A) Maria responde civilmente pela recomposição ambiental, ainda que tenha agido de boa-fé ao adquirir o terreno.
(B) Maria não pode responder pela aplicação de multa ambiental, tendo em vista o princípio da intranscendência da pena.
(C) Eduarda não pode responder pela recomposição ambiental, mas apenas pela multa ambiental, tendo em vista a propriedade ter sido transmitida.
(D) Maria responde nas esferas administrativa, civil e penal solidariamente com Eduarda, tendo em vista o princípio da reparação integral do dano ambiental.

35. Arnaldo institui usufruto de uma casa em favor das irmãs Bruna e Cláudia, que, no intuito de garantir uma fonte de renda, alugam o imóvel. Dois anos depois da constituição do usufruto, Cláudia falece, e Bruna, mesmo sem "cláusula de acrescer" expressamente estipulada, passa a receber integralmente os valores decorrentes da locação.

Um ano após o falecimento de Cláudia, Arnaldo vem a falecer. Seus herdeiros pleiteiam judicialmente uma parcela dos valores integralmente recebidos por Bruna no intervalo entre o falecimento de Cláudia e de Arnaldo e, concomitantemente, a extinção do usufruto em função da morte de seu instituidor.

Diante do exposto, assinale a afirmativa correta.

(A) Na ausência da chamada "cláusula de acrescer", parte do usufruto teria se extinguido com a morte de Cláudia, mas o usufruto como um todo não se extingue com a morte de Arnaldo.
(B) Bruna tinha direito de receber a integralidade dos aluguéis independentemente de estipulação expressa, tendo em vista o grau de parentesco com Cláudia, mas o usufruto automaticamente se extingue com a morte de Arnaldo.
(C) A morte de Arnaldo só extingue a parte do usufruto que caberia a Bruna, mas permanece em vigor no que tange à parte que cabe a Cláudia, legitimando os herdeiros desta a receberem metade dos valores decorrentes da locação, caso esta permaneça em vigor.
(D) A morte de Cláudia extingue integralmente o usufruto, pois instituído em caráter simultâneo, razão pela qual os herdeiros de Arnaldo têm direito de receber a integralidade dos valores recebidos por Bruna, após o falecimento de sua irmã.

36. Eva celebrou com sua neta Adriana um negócio jurídico, por meio do qual doava sua casa de praia para a neta caso esta viesse a se casar antes da morte da doadora. O ato foi levado a registro no cartório do Registro de Imóveis da circunscrição do bem. Pouco tempo depois, Adriana tem notícia de que Eva não utilizava a casa de praia há muitos anos e que o imóvel estava completamente abandonado, deteriorando-se a cada dia. Adriana fica preocupada com o risco de ruína completa da casa, mas não tem, por enquanto, nenhuma perspectiva de casar-se.

De acordo com o caso narrado, assinale a afirmativa correta.

(A) Adriana pode exigir que Eva autorize a realização de obras urgentes no imóvel, de modo a evitar a ruína da casa.
(B) Adriana nada pode fazer para evitar a ruína da casa, pois, nos termos do contrato, é titular de mera expectativa de fato.
(C) Adriana pode exigir que Eva lhe transfira desde logo a propriedade da casa, mas perderá esse direito se Eva vier a falecer sem que Adriana tenha se casado.
(D) Adriana pode apressar-se para casar antes da morte de Eva, mas, se esta já tiver vendido a casa de praia para uma terceira pessoa ao tempo do casamento, a doação feita para Adriana não produzirá efeito.

37. Mariana e Maurílio são filhos biológicos de Aldo. Este, por sua vez, nunca escondeu ser mais próximo de seu filho Maurílio, com quem diariamente trabalhava. Quando do falecimento de Aldo, divorciado na época, seus filhos constataram a existência de testamento, que destinou todos os bens do falecido exclusivamente para Maurílio.

Sobre a situação narrada, assinale a afirmativa correta.

(A) O testamento de Aldo deverá ser integralmente cumprido, e, por tal razão, todos os bens do autor da herança serão transmitidos a Maurílio.
(B) A disposição de última vontade é completamente nula, porque Mariana é herdeira necessária, devendo os bens ser divididos igualmente entre os dois irmãos.
(C) Deverá haver redução da disposição testamentária, respeitando-se, assim, a legítima de Mariana, herdeira necessária, que corresponde a um quinhão de 50% da totalidade herança.
(D) Deverá haver redução da disposição testamentária, respeitando a legítima de Mariana, herdeira necessária, que corresponde a um quinhão de 25% da totalidade da herança.

38. Asdrúbal praticou feminicídio contra sua esposa Ermingarda, com quem tinha três filhos, dois menores de 18 anos e um maior.

Nesse caso, quanto aos filhos, assinale a afirmativa correta.

(A) Asdrúbal terá suspenso o poder familiar sobre os três filhos, por ato de autoridade policial.
(B) Asdrúbal perderá o poder familiar sobre os filhos menores, por ato judicial.
(C) Asdrúbal terá suspenso o poder familiar sobre os filhos menores, por ato judicial.
(D) Asdrúbal perderá o poder familiar sobre os três filhos, por ato de autoridade policial.

39. Gumercindo, 77 anos de idade, vinha sofrendo os efeitos do Mal de Alzheimer, que, embora não atingissem sua saúde física, perturbavam sua memória. Durante uma distração de seu enfermeiro, conseguiu evadir-se da casa em que residia. A despeito dos esforços de seus familiares, ele nunca foi encontrado, e já se passaram nove anos do seu desaparecimento. Agora, seus parentes lidam com as dificuldades relativas à administração e disposição do seu patrimônio.

Assinale a opção que indica o que os parentes devem fazer para receberem a propriedade dos bens de Gumercindo.

(A) Somente com a localização do corpo de Gumercindo será possível a decretação de sua morte e a transferência da propriedade dos bens para os herdeiros.

(B) Eles devem requerer a declaração de ausência, com nomeação de curador dos bens, e, após um ano, a sucessão provisória; a sucessão definitiva, com transferência da propriedade dos bens, só poderá ocorrer depois de dez anos de passada em julgado a sentença que concede a abertura da sucessão provisória.

(C) Eles devem requerer a sucessão definitiva do ausente, pois ele já teria mais de oitenta anos de idade, e as últimas notícias dele datam de mais de cinco anos.

(D) Eles devem requerer que seja declarada a morte presumida, sem decretação de ausência, por ele se encontrar desaparecido há mais de dois anos, abrindo-se, assim, a sucessão.

40. Em 05/05/2005, Aloísio adquiriu uma casa de 500 m2 registrada em nome de Bruno, que lhe vendeu o imóvel a preço de mercado. A escritura e o registro foram realizados de maneira usual. Em 05/09/2005, o imóvel foi alugado, e Aloísio passou a receber mensalmente o valor de R$ 3.000,00 pela locação, por um período de 6 anos. Em 10/10/2009, Aloísio é citado em uma ação reinvindicatória movida por Elisabeth, que pleiteia a retomada do imóvel e a devolução de todos os valores recebidos por Aloísio a título de locação, desde o momento da sua celebração.

Uma vez que Elisabeth é judicialmente reconhecida como a verdadeira proprietária do imóvel em 10/10/2011, pergunta-se: é correta a pretensão da autora ao recebimento de todos os aluguéis recebidos por Aloísio?

(A) Sim. Independentemente da sentença de mérito, a própria contestação automaticamente transforma a posse de Aloísio em posse de má-fé desde o seu nascedouro, razão pela qual todos os valores recebidos pelo possuidor devem ser ressarcidos.

(B) Não. Sem a ocorrência de nenhum outro fato, somente após uma sentença favorável ao pedido de Elisabeth, na reivindicatória, é que seus argumentos poderiam ser considerados verdadeiros, o que caracterizaria a transformação da posse de boa-fé em posse de má-fé. Como o possuidor de má-fé tem direito aos frutos, Aloísio não é obrigado a devolver os valores que recebeu pela locação.

(C) Não. Sem a ocorrência de nenhum outro fato, e uma vez que Elisabeth foi vitoriosa em seu pleito, a posse de Aloísio passa a ser qualificada como de má-fé desde a sua citação no processo – momento em que Aloísio tomou conhecimento dos fatos ao final reputados como verdadeiros –, exigindo, em tais condições, a devolução dos frutos recebidos entre 10/10/2009 e a data de encerramento do contrato de locação.

(D) Não. Apesar de Elisabeth ter obtido o provimento judicial que pretendia, Aloísio não lhe deve qualquer valor, pois, sendo possuidor com justo título, tem, em seu favor, a presunção absoluta de veracidade quanto a sua boa-fé.

41. Márcia transitava pela via pública, tarde da noite, utilizando uma bicicleta que lhe fora emprestada por sua amiga Lúcia. Em certo momento, Márcia ouviu gritos oriundos de uma rua transversal e, ao se aproximar, verificou que um casal discutia violentamente. Ricardo, em estado de fúria e munido de uma faca, desferia uma série de ofensas à sua esposa Janaína e a ameaçava de agressão física.

De modo a impedir a violência iminente, Márcia colidiu com a bicicleta contra Ricardo, o que foi suficiente para derrubá-lo e impedir a agressão, sem que ninguém saísse gravemente ferido. A bicicleta, porém, sofreu uma avaria significativa, de tal modo que o reparo seria mais caro do que adquirir uma nova, de modelo semelhante.

De acordo com o caso narrado, assinale a afirmativa correta.

(A) Lúcia não poderá ser indenizada pelo dano material causado à bicicleta.

(B) Márcia poderá ser obrigada a indenizar Lúcia pelo dano material causado à bicicleta, mas não terá qualquer direito de regresso.

(C) Apenas Ricardo poderá ser obrigado a indenizar Lúcia pelo dano material causado à bicicleta.

(D) Márcia poderá ser obrigada a indenizar Lúcia pelo dano material causado à bicicleta e terá direito de regresso em face de Janaína.

42. Júlio, após completar 17 anos de idade, deseja, contrariando seus pais adotivos, buscar informações sobre a sua origem biológica junto à Vara da Infância e da Juventude de seu domicílio. Lá chegando, a ele é informado que não poderia ter acesso ao seu processo, pois a adoção é irrevogável. Inconformado, Júlio procura um amigo, advogado, a fim de fazer uma consulta sobre seus direitos.

De acordo com o Estatuto da Criança e do Adolescente, assinale a opção que apresenta a orientação jurídica correta para Júlio.

(A) Ele poderá ter acesso ao processo, desde que receba orientação e assistência jurídica e psicológica.

(B) Ele não poderá ter acesso ao processo até adquirir a maioridade.

(C) Ele poderá ter acesso ao processo apenas se assistido por seus pais adotivos.

(D) Ele não poderá ter acesso ao processo, pois a adoção é irrevogável.

43. Gabriel, adolescente com 17 anos de idade, entrou armado em uma loja de conveniência na cidade de Belo Horizonte, Minas Gerais, exigindo que o operador de caixa entregasse todo o dinheiro que ali existisse. Um dos clientes da loja, policial civil em folga, reagiu ao assalto, atirando em Gabriel, mas não acertando.

Assustado, Gabriel empreendeu fuga, correndo em direção a Betim, comarca limítrofe a Belo Horizonte e onde residem seus pais, lá sendo capturado por policiais que se encontravam em uma viatura.

Sobre o caso, assinale a opção que indica quem será competente para as medidas judiciais necessárias, inclusive a eventual estipulação de medida socioeducativa, desconsiderando qualquer fator de conexão, continência ou prevenção.

(A) O Juiz da Infância e da Juventude da comarca de Belo Horizonte, ou o juiz que exerce essa função, por ser a capital do estado.

(B) O Juiz da Infância e da Juventude, ou o juiz que exerce essa função, da comarca de Belo Horizonte, por ser o foro onde ocorreu o ato infracional cometido por Gabriel.

(C) O Juiz Criminal da comarca de Betim, por ser onde residem os pais do adolescente.

(D) O Juiz da Infância e da Juventude, ou o juiz que exerce essa função, da comarca de Betim, por ser onde residem os pais do adolescente.

44. Antônio é deficiente visual e precisa do auxílio de amigos ou familiares para compreender diversas questões da vida cotidiana, como as contas de despesas da casa e outras questões de rotina. Pensando nessa dificuldade, Antônio procura você, como advogado(a), para orientá-lo a respeito dos direitos dos deficientes visuais nas relações de consumo.

Nesse sentido, assinale a afirmativa correta.

(A) O consumidor poderá solicitar às fornecedoras de serviços, em razão de sua deficiência visual, o envio das faturas das contas detalhadas em Braille.

(B) As informações sobre os riscos que o produto apresenta, por sua própria natureza, devem ser prestadas em formatos acessíveis somente às pessoas que apresentem deficiência visual.

(C) A impossibilidade operacional impede que a informação de serviços seja ofertada em formatos acessíveis, considerando a diversidade de deficiências, o que justifica a dispensa de tal obrigatoriedade por expressa determinação legal.

(D) O consumidor poderá solicitar as faturas em Braille, mas bastará ser indicado o preço, dispensando-se outras informações, por expressa disposição legal.

45. A concessionária de veículo X adquiriu, da montadora, trinta unidades de veículo do mesmo modelo e de cores diversificadas, a fim de guarnecer seu estoque, e direcionou três veículos desse total para uso da própria pessoa jurídica. Ocorre que cinco veículos apresentaram problemas mecânicos decorrentes de falha na fabricação, que comprometiam a segurança dos passageiros. Desses automóveis, um pertencia à concessionária e os outros quatro, a particulares que adquiriram o bem na concessionária.

Nesse caso, com base no Código de Defesa do Consumidor (CDC), assinale a afirmativa correta.

(A) Entre os consumidores particulares e a montadora inexiste relação jurídica, posto que a aquisição dos veículos se deu na concessionária.

(B) Entre os consumidores particulares e a montadora, por se tratar de falha na fabricação, há relação jurídica protegida pelo CDC; a relação jurídica entre a concessionária e a montadora, no que se refere à unidade adquirida pela pessoa jurídica para uso próprio, é de direito comum civil.

(C) Existe, entre a concessionária e a montadora, relação jurídica regida pelo CDC, mesmo que ambas sejam pessoas jurídicas, no que diz respeito ao veículo adquirido pela concessionária para uso próprio, e não para venda.

(D) Somente há relação jurídica protegida pelo CDC entre o consumidor e a concessionária, que deverá ingressar com ação de regresso contra a montadora, caso seja condenada em ação judicial, não sendo possível aos consumidores demandarem diretamente contra a montadora.

46. Luzia Betim pretende iniciar uma sociedade empresária em nome próprio. Para tanto, procura assessoria jurídica quanto à necessidade de inscrição no Registro Empresarial para regularidade de exercício da empresa.

Na condição de consultor(a), você responderá que a inscrição do empresário individual é

(A) dispensada até o primeiro ano de início da atividade, sendo obrigatória a partir de então.

(B) obrigatória antes do início da atividade.

(C) dispensada, caso haja opção pelo enquadramento como microempreendedor individual.

(D) obrigatória, se não houver enquadramento como microempresa ou empresa de pequeno porte.

47. Madeireira Juína Ltda. requereu a homologação de plano de recuperação extrajudicial em Juara/MT, lugar de seu principal estabelecimento. Após o pedido de homologação e antes da publicação do edital para apresentação de impugnação ao plano, um dos credores com privilégio geral que haviam assinado o plano pretende desistir unilateralmente da adesão. Tal credor possui um terço dos créditos de sua classe submetidos ao plano.

Com relação ao credor com privilégio geral, após a distribuição do pedido de homologação, assinale a afirmativa correta.

(A) Não poderá desistir da adesão ao plano, mesmo com a anuência expressa dos demais signatários.

(B) Poderá desistir da adesão em razão da natureza contratual do plano, que permite, a qualquer tempo, sua denúncia.

(C) Não poderá desistir da adesão ao plano, salvo com a anuência expressa dos demais signatários.

(D) Poderá desistir da adesão ao plano, desde que seja titular de mais de 1/4 do total dos créditos de sua classe.

48. Ribamar é sócio da sociedade empresária Junco, Fiquene & Cia. Ltda. Após uma infrutífera negociação de plano de recuperação judicial, a assembleia de credores rejeitou o plano, acarretando a decretação de falência da sociedade. O desgaste, que já existia entre Ribamar e os demais sócios, intensificou-se com a decretação da falência, ensejando pedido de retirada da sociedade, com base nas disposições reguladoras da sociedade limitada.

Diante dos fatos narrados, assinale a afirmativa correta.

(A) A decretação da falência suspende o exercício do direito de retirada do sócio Ribamar.

(B) A sociedade deverá apurar os haveres do sócio dissidente Ribamar, que serão pagos como créditos extraconcursais.

(C) O juiz da falência deverá avaliar o pedido de retirada do sócio Ribamar e, eventualmente, deferi-lo na ação de dissolução parcial.

(D) A decretação de falência não suspende o direito de retirada do sócio Ribamar, mas o pagamento de seus haveres deverá ser incluído como crédito subordinado.

49. Álvares Florence tem um filho relativamente incapaz e consulta você, como advogado(a), para saber da possibilidade de transferir para o filho parte das quotas que possui na sociedade empresária Redenção da Serra Alimentos Ltda., cujo capital social se encontra integralizado.

Apoiado na disposição do Código Civil sobre o assunto, você respondeu que

(A) é permitido o ingresso do relativamente incapaz na sociedade, bastando que esteja assistido por seu pai no instrumento de alteração contratual.

(B) não é permitida a participação de menor, absoluta ou relativamente incapaz, em sociedade, exceto nos tipos de sociedades por ações.

(C) não é permitida a participação de incapaz em sociedade, mesmo que esteja representado ou assistido, salvo se a transmissão das quotas se der em razão de sucessão causa mortis.

(D) é permitido o ingresso do relativamente incapaz na sociedade, desde que esteja assistido no instrumento de alteração contratual, devendo constar a vedação do exercício da administração da sociedade por ele.

50. André de Barros foi desapossado de nota promissória com vencimento à vista no valor de R$ 34.000,00 (trinta e quatro mil reais), pagável em Lagoa Vermelha/RS, que lhe foi endossada em branco pela sociedade empresária Arvorezinha Materiais de Limpeza Ltda.

Em relação aos direitos cambiários decorrentes da nota promissória, assinale a afirmativa correta.

(A) A sociedade empresária endossante ficará desonerada se o título não for restituído a André de Barros no prazo de 30 (trinta) dias da data do desapossamento.

(B) André de Barros poderá obter a anulação do título desapossado e um novo título em juízo, bem como impedir que seu valor seja pago a outrem.

(C) A sociedade empresária endossante não poderá opor ao portador atual exceção fundada em direito pessoal ou em nulidade de sua obrigação.

(D) O subscritor da nota promissória ficará desonerado perante o portador atual se provar que o título foi desapossado de André de Barros involuntariamente.

51. Maria, ao perceber que o seu bem imóvel foi arrematado por preço vil, em processo de execução de título extrajudicial, procurou você, como advogado(a), para saber que defesa poderá invalidar a arrematação. Você verifica que, no 28º dia após o aperfeiçoamento da arrematação, a carta de arrematação foi expedida. Uma semana depois, você prepara a peça processual.

Assinale a opção que indica a peça processual correta a ser proposta.

(A) Impugnação à execução.
(B) Petição simples nos próprios autos do processo de execução.
(C) Ação autônoma de invalidação da arrematação.
(D) Embargos do executado.

52. Em virtude do rompimento de uma represa, o Ministério Público do Estado do Acre ajuizou ação em face da empresa responsável pela sua construção, buscando a condenação pelos danos materiais e morais sofridos pelos habitantes da região atingida pelo incidente. O pedido foi julgado procedente, tendo sido fixada a responsabilidade da ré pelos danos causados, mas sem a especificação dos valores indenizatórios. Em virtude dos fatos narrados, Ana Clara teve sua casa destruída, de modo que possui interesse em buscar a indenização pelos prejuízos sofridos. Na qualidade de advogado(a) de Ana Clara, assinale a orientação correta a ser dada à sua cliente.

(A) Considerando que Ana Clara não constou do polo ativo da ação indenizatória, não poderá se valer de seus efeitos.

(B) Ana Clara e seus sucessores poderão promover a liquidação e a execução da sentença condenatória.

(C) A sentença padece de nulidade, pois o Ministério Público não detém legitimidade para ajuizar ação no lugar das vítimas.

(D) A prolatação de condenação genérica, sem especificar vítimas ou valores, contraria disposição legal.

53. Na vigência do Código de Processo Civil de 2015, José ajuizou ação contra Luíza, postulando uma indenização de R$ 100.000,00 (cem mil reais), tendo o pedido formulado sido julgado integralmente procedente, por meio de sentença transitada em julgado.

Diante disso, José deu início ao procedimento de cumprimento de sentença, tendo Luíza (executada) apresentado impugnação, a qual, no entanto, foi rejeitada pelo respectivo juízo, por meio de decisão contra a qual não foi interposto recurso no prazo legal. Prosseguiu-se ao procedimento do cumprimento de sentença para satisfação do crédito reconhecido em favor de José.

Ocorre que, após o trânsito em julgado da sentença exequenda e a rejeição da impugnação, o Supremo Tribunal Federal proferiu acórdão, em sede de controle de constitucionalidade concentrado, reconhecendo a inconstitucionalidade da lei que fundamentou o título executivo judicial que havia condenado Luíza na fase de conhecimento.

Diante da decisão do Supremo Tribunal Federal sobre a situação hipotética, Luiza poderá

(A) interpor recurso de agravo de instrumento contra a decisão que rejeitou sua impugnação, mesmo já tendo se exaurido o prazo legal para tanto, uma vez que o Supremo Tribunal Federal reconheceu a inconstitucionalidade da lei que fundamentou a sentença exequenda.

(B) interpor recurso de apelação contra a decisão que rejeitou sua impugnação, mesmo já tendo se exaurido o prazo legal para tanto, uma vez que o Supremo Tribunal Federal reconheceu a inconstitucionalidade da lei que fundamentou a sentença exequenda.

(C) oferecer nova impugnação ao cumprimento de sentença, alegando a inexigibilidade da obrigação, tendo em vista que, após o julgamento de sua primeira impugnação, o Supremo Tribunal Federal reconheceu a inconstitucionalidade da lei que fundamentou a sentença proferida na fase de conhecimento, que serviu de título executivo judicial.

(D) ajuizar ação rescisória, em virtude de a sentença estar fundada em lei julgada inconstitucional pelo Supremo Tribunal Federal, em sede de controle concentrado de constitucionalidade.

54. Raquel, servidora pública federal, pretende ajuizar ação em face da União, pleiteando a anulação de seu ato de demissão, bem como requerendo a condenação da ré ao pagamento de indenização por danos morais, no valor de R$ 50.000,00 (cinquenta mil reais), tendo em vista o sofrimento causado por ato que considera ilegal.

Na qualidade de advogado(a) de Raquel, a respeito do rito a ser seguido na hipótese, assinale a afirmativa correta.

(A) A ação deverá seguir o rito dos Juizados Especiais Federais (Lei nº 10.259/01), uma vez que o valor da causa é inferior a 60 (sessenta) salários mínimos.

(B) Tendo em vista que a ré é um ente público, aplica-se à hipótese o rito disposto na Lei nº 12.153/09, que regulamenta os Juizados Especiais da Fazenda Pública.

(C) Poderá ser utilizado tanto o rito comum como o dos Juizados Especiais, já que, no foro onde estiver instalada a Vara do Juizado Especial, sua competência é relativa.

(D) O rito a ser observado será o rito comum, pois não é de competência dos Juizados Especiais pretensão que impugna pena de demissão imposta a servidor público civil.

55. Maria ajuizou ação em face de José, sem mencionar, na inicial, se pretendia ou não realizar audiência de conciliação ou mediação. Assim, o juiz designou a referida audiência, dando ciência às partes. O réu informou ter interesse na realização de tal audiência, enquanto Maria, devidamente intimada, quedou-se silente. Chegado o dia da audiência de conciliação, apenas José, o réu, compareceu.

A respeito do caso narrado, assinale a opção que apresenta possível consequência a ser suportada por Maria.

(A) Não existem consequências previstas na legislação pela ausência da autora à audiência de conciliação ou mediação.
(B) Caso não compareça, nem apresente justificativa pela ausência, Maria será multada em até 2% da vantagem econômica pretendida ou do valor da causa.
(C) Diante da ausência da autora à audiência de conciliação ou mediação, o processo deverá ser extinto.
(D) Diante da ausência da autora à audiência de conciliação ou mediação, as alegações apresentadas pelo réu na contestação serão consideradas verdadeiras.

56. O Tribunal de Justiça do Estado X, em mandado de segurança de sua competência originária, denegou a ordem em ação dessa natureza impetrada por Flávio. Este, por seu advogado, inconformado com a referida decisão, interpôs recurso especial.

Sobre a hipótese, assinale a afirmativa correta.

(A) O Superior Tribunal de Justiça poderá conhecer do recurso especial, por aplicação do princípio da fungibilidade recursal.
(B) O recurso especial não é cabível na hipótese, eis que as decisões denegatórias em mandados de segurança de competência originária de Tribunais de Justiça somente podem ser impugnadas por meio de recurso extraordinário.
(C) O recurso especial não deve ser conhecido, na medida em que o recurso ordinário é que se mostra cabível no caso em tela.
(D) As decisões denegatórias de mandados de segurança de competência originária de Tribunais são irrecorríveis, razão pela qual o recurso não deve ser conhecido.

57. Pedro, na qualidade de advogado, é procurado por Alfredo, para que seja proposta uma demanda em face de João, já que ambos não conseguiram se compor amigavelmente. A fim de embasar suas alegações de fato, Alfredo entrega a Pedro contundentes documentos, que efetivamente são juntados à petição inicial, pela qual, além da procedência dos pedidos, Pedro requer a concessão de liminar em favor de seu cliente.

Malgrado a existência de tese firmada em julgamento de recurso repetitivo favorável a Alfredo, o juiz indefere a liminar, sob o fundamento de que não existe urgência capaz de justificar o requerimento.

Posto isso, a decisão está

(A) correta, pois, ainda que o autor tenha razão, o devido processo legal impõe que seu direito seja reconhecido apenas na sentença, exceto na hipótese de urgência, o que não é o caso.

(B) incorreta, pois, se as alegações de fato puderem ser comprovadas apenas documentalmente e houver tese firmada em julgamento de casos repetitivos, como no caso, a liminar pode ser deferida.
(C) correta, pois a liminar só poderia ser deferida se, em vez de tese firmada em sede de recurso repetitivo, houvesse súmula vinculante favorável ao pleito do autor.
(D) incorreta, pois a tutela de evidência sempre pode ser concedida liminarmente.

58. Inconformado com o comportamento de seu vizinho, que insistia em importunar sua filha de 15 anos, Mário resolve dar-lhe uma "lição" e desfere dois socos no rosto do importunador, nesse momento com o escopo de nele causar diversas lesões. Durante o ato, entendendo que o vizinho ainda não havia sofrido na mesma intensidade do constrangimento de sua filha, decide matá-lo com uma barra de ferro, o que vem efetivamente a acontecer.

Descobertos os fatos, o Ministério Público oferece denúncia em face de Mário, imputando-lhe a prática dos crimes de lesão corporal dolosa e homicídio, em concurso material. Durante toda a instrução, Mário confirma os fatos descritos na denúncia.

Considerando apenas as informações narradas e confirmada a veracidade dos fatos expostos, o(a) advogado(a) de Mário, sob o ponto de vista técnico, deverá buscar o reconhecimento de que Mário pode ser responsabilizado

(A) apenas pelo crime de homicídio, por força do princípio da consunção, tendo ocorrido a chamada progressão criminosa.
(B) apenas pelo crime de homicídio, por força do princípio da alternatividade, sendo aplicada a regra do crime progressivo.
(C) apenas pelo crime de homicídio, com base no princípio da especialidade.
(D) pelos crimes de lesão corporal e homicídio, em concurso formal.

59. Em 05/10/2018, Lúcio, com o intuito de obter dinheiro para adquirir uma moto em comemoração ao seu aniversário de 18 anos, que aconteceria em 09/10/2018, sequestra Danilo, com a ajuda de um amigo ainda não identificado. No mesmo dia, a dupla entra em contato com a família da vítima, exigindo o pagamento da quantia de R$ 50.000,00 (cinquenta mil reais) para sua liberação. Duas semanas após a restrição da liberdade da vítima, período durante o qual os autores permaneceram em constante contato com a família da vítima exigindo o pagamento do resgate, a polícia encontrou o local do cativeiro e conseguiu libertar Danilo, encaminhando, de imediato, Lúcio à Delegacia. Em sede policial, Lúcio entra em contato com o advogado da família.

Considerando os fatos narrados, o(a) advogado(a) de Lúcio, em entrevista pessoal e reservada, deverá esclarecer que sua conduta

(A) não permite que seja oferecida denúncia pelo Ministério Público, pois o Código Penal adota a Teoria da Ação para definição do tempo do crime, sendo Lúcio inimputável para fins penais.
(B) não permite que seja oferecida denúncia pelo órgão ministerial, pois o Código Penal adota a Teoria do Resultado para definir o tempo do crime, e, sendo este de natureza formal, sua consumação se deu em 05/10/2018.

(C) configura fato típico, ilícito e culpável, podendo Lúcio ser responsabilizado, na condição de imputável, pelo crime de extorsão mediante sequestro qualificado na forma consumada.

(D) configura fato típico, ilícito e culpável, podendo Lúcio ser responsabilizado, na condição de imputável, pelo crime de extorsão mediante sequestro qualificado na forma tentada, já que o crime não se consumou por circunstâncias alheias à sua vontade, pois não houve obtenção da vantagem indevida.

60. Após discussão em uma casa noturna, Jonas, com a intenção de causar lesão, aplicou um golpe de arte marcial em Leonardo, causando fratura em seu braço. Leonardo, então, foi encaminhado ao hospital, onde constatou-se a desnecessidade de intervenção cirúrgica e optou-se por um tratamento mais conservador com analgésicos para dor, o que permitiria que ele retornasse às suas atividades normais em 15 dias.

A equipe médica, sem observar os devidos cuidados exigidos, ministrou o remédio a Leonardo sem observar que era composto por substância à qual o paciente informara ser alérgico em sua ficha de internação. Em razão da medicação aplicada, Leonardo sofreu choque anafilático, evoluindo a óbito, conforme demonstrado em seu laudo de exame cadavérico.

Recebidos os autos do inquérito, o Ministério Público ofereceu denúncia em face de Jonas, imputando-lhe o crime de homicídio doloso.

Diante dos fatos acima narrados e considerando o estudo da teoria da equivalência, o(a) advogado(a) de Jonas deverá alegar que a morte de Leonardo decorreu de causa superveniente

(A) absolutamente independente, devendo ocorrer desclassificação para que Jonas responda pelo crime de lesão corporal seguida de morte.

(B) relativamente independente, devendo ocorrer desclassificação para o crime de lesão corporal seguida de morte, já que a morte teve relação com sua conduta inicial.

(C) relativamente independente, que, por si só, causou o resultado, devendo haver desclassificação para o crime de homicídio culposo.

(D) relativamente independente, que, por si só, produziu o resultado, devendo haver desclassificação para o crime de lesão corporal, não podendo ser imputado o resultado morte.

61. Sandra, mãe de Enrico, de 4 anos de idade, fruto de relacionamento anterior, namorava Fábio. Após conturbado término do relacionamento, cujas discussões tinham como principal motivo a criança e a relação de Sandra com o ex-companheiro, Fábio comparece à residência de Sandra, enquanto esta trabalhava, para buscar seus pertences. Na ocasião, ele encontrou Enrico e uma irmã de Sandra, que cuidava da criança.

Com raiva pelo término da relação, Fábio, aproveitando-se da distração da tia, conversa com a criança sobre como seria legal voar do 8º andar apenas com uma pequena toalha funcionando como paraquedas. Diante do incentivo de Fábio, Enrico pula da varanda do apartamento com a toalha e vem a sofrer lesões corporais de natureza grave, já que cai em cima de uma árvore.

Descobertos os fatos, a família de Fábio procura advogado para esclarecimentos sobre as consequências jurídicas do ato.

Considerando as informações narradas, sob o ponto de vista técnico, deverá o advogado esclarecer que a conduta de Fábio configura

(A) conduta atípica, já que não houve resultado de morte a partir da instigação ao suicídio.

(B) crime de instigação ao suicídio consumado, com pena inferior àquela prevista para quando há efetiva morte.

(C) crime de instigação ao suicídio na modalidade tentada.

(D) crime de homicídio na modalidade tentada.

62. João, por força de divergência ideológica, publicou, em 03 de fevereiro de 2019, artigo ofensivo à honra de Mário, dizendo que este, quando no exercício de função pública na Prefeitura do município de São Caetano, desviou verba da educação em benefício de empresa de familiares.

Mário, inconformado com a falsa notícia, apresentou queixa-crime em face de João, sendo a inicial recebida em 02 de maio de 2019. Após observância do procedimento adequado, o juiz designou data para a realização da audiência de instrução e julgamento, sendo as partes regularmente intimadas. No dia da audiência, apenas o querelado João e sua defesa técnica compareceram.

Diante da ausência injustificada do querelante, poderá a defesa de João requerer ao juiz o reconhecimento

(A) da decadência, que é causa de extinção da punibilidade.

(B) do perdão do ofendido, que é causa de extinção da punibilidade.

(C) do perdão judicial, que é causa de exclusão da culpabilidade.

(D) da peremção, que é causa de extinção da punibilidade.

63. Durante a madrugada, Lucas ingressou em uma residência e subtraiu um computador. Quando se preparava para sair da residência, ainda dentro da casa, foi surpreendido pela chegada do proprietário. Assustado, ele o empurrou e conseguiu fugir com a coisa subtraída.

Na manhã seguinte, arrependeu-se e resolveu devolver a coisa subtraída ao legítimo dono, o que efetivamente veio a ocorrer. O proprietário, revoltado com a conduta anterior de Lucas, compareceu em sede policial e narrou o ocorrido. Intimado pelo Delegado para comparecer em sede policial, Lucas, preocupado com uma possível responsabilização penal, procura o advogado da família e solicita esclarecimentos sobre a sua situação jurídica, reiterando que já no dia seguinte devolvera o bem subtraído.

Na ocasião da assistência jurídica, o(a) advogado(a) deverá informar a Lucas que poderá ser reconhecido(a)

(A) a desistência voluntária, havendo exclusão da tipicidade de sua conduta.

(B) o arrependimento eficaz, respondendo o agente apenas pelos atos até então praticados.

(C) o arrependimento posterior, não sendo afastada a tipicidade da conduta, mas gerando aplicação de causa de diminuição de pena.

(D) a atenuante da reparação do dano, apenas, não sendo, porém, afastada a tipicidade da conduta.

64. Glauber foi denunciado pela prática de um crime de roubo majorado. Durante a audiência de instrução e julgamento, que ocorreu na ausência do réu, em razão do temor da vítima e da impossibilidade de realização de videoconferência, o Ministério Público solicitou que a vítima descrevesse as características físicas do autor do fato. Após a vítima descrever que o autor seria branco e baixo e responder às perguntas formuladas pelas partes, ela foi conduzida à sala especial, para a realização de reconhecimento formal.

No ato de reconhecimento, foram colocados, com as mesmas roupas, lado a lado, Glauber, branco e baixo, Lucas, branco e alto, e Thiago, negro e baixo, apesar de a carceragem do Tribunal de Justiça estar repleta de presos para a realização de audiências, inclusive com as características descritas pela ofendida. A vítima reconheceu Glauber como o autor dos fatos, sendo lavrado auto subscrito pelo juiz, pela vítima e por duas testemunhas presenciais.

Considerando as informações narradas, o advogado de Glauber, em busca de futuro reconhecimento de nulidade da instrução ou absolvição de seu cliente, de acordo com o Código de Processo Penal e a jurisprudência dos Tribunais Superiores, deverá consignar, na assentada da audiência, seu inconformismo em relação ao reconhecimento realizado pela vítima,

(A) em razão da oitiva da vítima na ausência do réu, já que o direito de autodefesa inclui o direito de presença em todos os atos do processo.

(B) tendo em vista que, de acordo com as previsões do Código de Processo Penal, ela não poderia ter descrito as características do autor dos fatos antes da realização do reconhecimento.

(C) em razão das características físicas apresentadas pelas demais pessoas colocadas ao lado do réu quando da realização do ato, tendo em vista a possibilidade de participarem outras pessoas com características semelhantes.

(D) tendo em vista que o auto de reconhecimento deveria ter sido subscrito pelo juiz, pelo réu, por seu defensor e pelo Ministério Público, além de três testemunhas presenciais.

65. Vanessa foi condenada pela prática de um crime de furto qualificado pela 1ª Vara Criminal de Curitiba, em razão de suposto abuso de confiança que decorreria da relação entre a vítima e Vanessa.

Como as partes não interpuseram recurso, a sentença de primeiro grau transitou em julgado. Apesar de existirem provas da subtração de coisa alheia móvel, a vítima não foi ouvida por ocasião da instrução por não ter sido localizada. Durante a execução da pena por Vanessa, a vítima é localizada, confirma a subtração por Vanessa, mas diz que sequer conhecia a autora dos fatos antes da prática delitiva. Vanessa procura seu advogado para esclarecimento sobre eventual medida cabível.

Considerando apenas as informações narradas, o advogado de Vanessa deve esclarecer que

(A) não poderá apresentar revisão criminal, tendo em vista que a pena já está sendo executada, mas poderá ser buscada reparação civil.

(B) caberá apresentação de revisão criminal, sendo imprescindível a representação de Vanessa por advogado, devendo a medida ser iniciada perante o próprio juízo da condenação.

(C) não poderá apresentar revisão criminal em favor da cliente, tendo em vista que a nova prova não é apta a justificar a absolvição de Vanessa, mas tão só a redução da pena.

(D) caberá apresentação de revisão criminal, podendo Vanessa apresentar a ação autônoma independentemente de estar assistida por advogado, ou por meio de procurador legalmente habilitado.

66. Vitor foi denunciado pela prática de um crime de peculato. O magistrado, quando da análise da inicial acusatória, decide rejeitar a denúncia em razão de ausência de justa causa.

O Ministério Público apresentou recurso em sentido estrito, sendo os autos encaminhados ao Tribunal, de imediato, para decisão. Todavia, Vitor, em consulta ao sítio eletrônico do Tribunal de Justiça, toma conhecimento da existência do recurso ministerial, razão pela qual procura seu advogado e demonstra preocupação com a revisão da decisão do juiz de primeira instância.

Considerando as informações narradas, de acordo com a jurisprudência do Supremo Tribunal Federal, o advogado de Vitor deverá esclarecer que

(A) o Tribunal não poderá conhecer do recurso apresentado, tendo em vista que a decisão de rejeição da denúncia é irrecorrível.

(B) o Tribunal não poderá conhecer do recurso apresentado, pois caberia recurso de apelação, e não recurso em sentido estrito.

(C) ele deveria ter sido intimado para apresentar contrarrazões, apesar de ainda não figurar como réu, mas tão só como denunciado.

(D) caso o Tribunal dê provimento ao recurso, os autos serão encaminhados para o juízo de primeira instância para nova decisão sobre recebimento ou não da denúncia.

67. Luiz foi denunciado pela prática de um crime de estelionato. Durante a instrução, o ofendido apresentou, por meio de assistente de acusação, documento supostamente assinado por Luiz, que confirmaria a prática delitiva. Ao ter acesso aos autos, Luiz informa ao patrono ter certeza de que aquele documento seria falso, pois não foi por ele assinado.

Com base nas informações narradas, de acordo com as previsões do Código de Processo Penal, o advogado de Luiz poderá

(A) alegar apenas a insuficiência de provas e requerer a extração de cópias para o Ministério Público, mas não poderá, neste processo, verificar a veracidade do documento.

(B) alegar, desde que seja procurador com poderes especiais, a falsidade do documento para fins de instauração de incidente de falsidade.

(C) arguir, com procuração com poderes gerais, a falsidade do documento, gerando incidente de falsidade em autos em apartado.

(D) alegar, oralmente, a falsidade do documento, devendo o incidente ser decidido nos autos principais.

68. Tomás e Sérgio foram denunciados como incursos nas sanções penais do crime do Art. 217-A do Código Penal (estupro de vulnerável), narrando a acusação que, no delito, teria ocorrido ato libidinoso diverso da conjunção carnal, já que os denunciados teriam passado as mãos nos seios da criança, e que teria sido praticado em concurso de agentes.

Durante a instrução, foi acostado ao procedimento laudo elaborado por um perito psicólogo oficial, responsável pela avaliação da criança apontada como vítima, concluindo que o crime teria, de fato, ocorrido. As partes tiveram acesso posterior ao conteúdo do laudo, apesar de intimadas da realização da perícia anteriormente.

O magistrado responsável pelo julgamento do caso, avaliando a notícia concreta de que Tomás e Sérgio, durante o deslocamento para a audiência de instrução e julgamento, teriam um plano de fuga, o que envolveria diversos comparsas armados, determinou que o interrogatório fosse realizado por videoconferência.

No momento do ato, os denunciados foram ouvidos separadamente um do outro pelo magistrado, ambos acompanhados por defesa técnica no estabelecimento penitenciário e em sala de audiência durante todo ato processual. Insatisfeitos com a atuação dos patronos e acreditando na existência de ilegalidades no procedimento, Tomás e Sérgio contratam José para assistência técnica.

Considerando apenas as informações narradas, José deverá esclarecer que

(A) o interrogatório dos réus não poderia ter sido realizado separadamente, tendo em vista que o acusado tem direito a conhecer todas as provas que possam lhe prejudicar.

(B) não poderia ter sido realizado interrogatório por videoconferência, mas tão só oitiva das testemunhas na ausência dos acusados, diante do direito de presença do réu e ausência de previsão legal do motivo mencionado pelo magistrado.

(C) o laudo acostado ao procedimento foi válido em relação à sua elaboração, mas o juiz não ficará adstrito aos termos dele, podendo aceitá-lo ou rejeitá-lo, no todo ou em parte.

(D) o laudo deverá ser desentranhado dos autos, tendo em vista que elaborado por apenas um perito oficial, sendo certo que a lei exige que sejam dois profissionais e que seja oportunizada às partes apresentação de quesitos complementares.

69. Anderson, Cláudio e Jorge arquitetam um plano para praticar crime contra a agência de um banco, empresa pública federal, onde Jorge trabalhava como segurança. Encerrado o expediente, em 03/12/2017, Jorge permite a entrada de Anderson e Cláudio no estabelecimento e, em conjunto, destroem um dos cofres da agência e subtraem todo o dinheiro que estava em seu interior.

Após a subtração do dinheiro, os agentes roubam o carro de Júlia, que trafegava pelo local, e fogem, sendo, porém, presos dias depois, em decorrência da investigação realizada.

Considerando que a conduta dos agentes configura os crimes de furto qualificado (pena: 2 a 8 anos e multa) e roubo majorado (pena: 4 a 10 anos e multa, com causa de aumento de 1/3 até metade), praticados em conexão, após solicitação de esclarecimentos pelos envolvidos, o(a) advogado(a) deverá informar que

(A) a Justiça Federal será competente para julgamento de ambos os delitos conexos.

(B) a Justiça Estadual será competente para julgamento de ambos os delitos conexos.

(C) a Justiça Federal será competente para julgamento do crime de furto qualificado e a Justiça Estadual, para julgamento do crime de roubo majorado, havendo separação dos processos.

(D) tanto a Justiça Estadual quanto a Federal serão competentes, considerando que não há relação de especialidade entre estas, prevalecendo o critério da prevenção.

70. A sociedade empresária Ômega Ltda. deseja reduzir em 20% o seu quadro de pessoal, motivo pelo qual realizou um acordo coletivo com o sindicato de classe dos seus empregados, prevendo um Programa de Demissão Incentivada (PDI), com vantagens econômicas para aqueles que a ele aderissem.

Gilberto, empregado da empresa havia 15 anos, aderiu ao referido Programa em 12/10/2018, recebeu a indenização prometida sem fazer qualquer ressalva e, três meses depois, ajuizou reclamação trabalhista contra o ex-empregador. Diante da situação apresentada e dos termos da CLT, assinale a afirmativa correta.

(A) A adesão ao Programa de Demissão Incentivada (PDI) não impede a busca, com sucesso, por direitos lesados.

(B) A quitação plena e irrevogável pela adesão ao Programa de Demissão Incentivada (PDI) somente ocorreria se isso fosse acertado em convenção coletiva, mas não em acordo coletivo.

(C) O empregado não terá sucesso na ação, pois conferiu quitação plena.

(D) A demanda não terá sucesso, exceto se Gilberto previamente devolver em juízo o valor recebido pela adesão ao Programa de Demissão Incentivada (PDI).

71. Rogério foi admitido, em 08/12/2017, em uma locadora de automóveis, como responsável pelo setor de contratos, razão pela qual não necessitava comparecer diariamente à empresa, pois as locações eram feitas on-line. Rogério comparecia à locadora uma vez por semana para conferir e assinar as notas de devolução dos automóveis.

Assim, Rogério trabalhava em sua residência, com todo o equipamento fornecido pelo empregador, sendo que seu contrato de trabalho previa expressamente o trabalho remoto a distância e as atividades desempenhadas.

Após um ano trabalhando desse modo, o empregador entendeu que Rogério deveria trabalhar nas dependências da empresa. A decisão foi comunicada a Rogério, por meio de termo aditivo ao contrato de trabalho assinado por ele, com 30 dias de antecedência.

Ao ser dispensado em momento posterior, Rogério procurou você, como advogado(a), indagando sobre possível ação trabalhista por causa desta situação.

Sobre a hipótese de ajuizamento, ou não, da referida ação, assinale a afirmativa correta.

(A) Não se tratando da modalidade de teletrabalho, deverá ser requerida a desconsideração do trabalho em domicílio, já que havia comparecimento semanal nas dependências do empregador.

(B) Não deverá ser requerido o pagamento de horas extras pelo trabalho sem limite de horário, dado o trabalho em domicílio, porém poderá ser requerido trabalho extraordinário em virtude das ausências de intervalo de 11h entre os dias de trabalho, bem como o intervalo para repouso e alimentação.

(C) Em vista da modalidade de teletrabalho, a narrativa não demonstra qualquer irregularidade a ser requerida em eventual demanda trabalhista.

(D) Deverá ser requerido que os valores correspondentes aos equipamentos usados para o trabalho em domicílio sejam considerados salário-utilidade.

72. Fábio trabalha em uma mineradora como auxiliar administrativo. A sociedade empresária, espontaneamente, sem qualquer previsão em norma coletiva, fornece ônibus para o deslocamento dos funcionários para o trabalho, já que ela se situa em local cujo transporte público modal passa apenas em alguns horários, de forma regular, porém insuficiente para a demanda. O fornecimento do transporte pela empresa é gratuito, e Fábio despende cerca de uma hora para ir e uma hora para voltar do trabalho no referido transporte. Além do tempo de deslocamento, Fábio trabalha em uma jornada de 8 horas, com uma hora de pausa para repouso e alimentação.

Insatisfeito, ele procura você, como advogado(a), a fim de saber se possui algum direito a reclamar perante a Justiça do Trabalho.

Considerando que Fábio foi contratado em dezembro de 2017, bem como a legislação em vigor, assinale a afirmativa correta.

(A) Fábio faz jus a duas horas extras diárias, em razão do tempo despendido no transporte.
(B) Fábio não faz jus às horas extras, pois o transporte fornecido era gratuito.
(C) Fábio faz jus às horas extras, porque o transporte público era insuficiente, sujeitando o trabalhador aos horários estipulados pelo empregador.
(D) Fábio não faz jus a horas extras, porque o tempo de transporte não é considerado tempo à disposição do empregador.

73. Em uma grande empresa que atua na prestação de serviços de telemarketing e possui 250 funcionários, trabalham as empregadas listadas a seguir:

Alice, que foi contratada a título de experiência, e, um pouco antes do término do seu contrato, engravidou;

Sofia, que foi contratada a título temporário, e, pouco antes do termo final de seu contrato, sofreu um acidente do trabalho;

Larissa, que foi indicada pelo empregador para compor a CIPA da empresa;

Maria Eduarda, que foi eleita para a comissão de representantes dos empregados, na forma da CLT alterada pela Lei nº 13.467/17 (reforma trabalhista).

Diante das normas vigentes e do entendimento consolidado do TST, assinale a opção que indica as empregadas que terão garantia no emprego.

(A) Sofia e Larissa, somente.
(B) Alice e Maria Eduarda, somente.
(C) Alice, Sofia e Maria Eduarda, somente.
(D) Alice, Sofia, Larissa e Maria Eduarda.

74. Plínio foi contratado, em 30/11/2017, como auxiliar administrativo de uma fábrica de motores. Graças ao seu ótimo desempenho, foi promovido, passando a gerente de operações, cargo dispensado do registro de horário, com padrão salarial cinco vezes mais elevado que o cargo efetivo imediatamente abaixo. Plínio era o responsável pela empresa, apenas enviando relatório mensal à diretoria. Em razão da nova função, Plínio passou a receber uma gratificação equivalente a 50% do salário básico recebido na função anteriormente exercida.

O rendimento de Plínio, oito meses após a promoção, deixou de ser satisfatório, por questões pessoais. Em decorrência disso, a empresa retirou de Plínio a função gerencial e ele voltou à função que exercia antes, deixando de receber a gratificação de função.

Diante disso, assinale a afirmativa correta.

(A) O cargo que Plínio passou a ocupar não era de confiança, razão pela qual a alteração contratual equivale a rebaixamento, sendo, portanto, ilícita.
(B) O cargo que Plínio passou a ocupar era de confiança, porém não poderia haver o retorno ao cargo anterior com a perda da gratificação de função, razão pela qual a alteração contratual equivale a rebaixamento, sendo, portanto, ilícita.
(C) O cargo que Plínio passou a ocupar era de confiança, e a reversão ao cargo efetivo foi lícita, mas não a perda da remuneração, pois equivale a diminuição salarial, o que é constitucionalmente vedado.
(D) O cargo que Plínio passou a ocupar era de confiança, razão pela qual se admite a reversão ao cargo anterior, sendo lícita a perda da gratificação de função.

75. Os empregados de uma sociedade empresária do setor metalúrgico atuavam em turnos ininterruptos de revezamento, cumprindo jornada de 6 horas diárias, conforme previsto na Constituição Federal, observado o regular intervalo.

O sindicato dos empregados, provocado pela sociedade empresária, convocou assembleia no ano de 2018, e, após debate e votação, aprovou acordo coletivo para que a jornada passasse a ser de 8 horas diárias, com o respectivo acréscimo salarial, observado o regular intervalo, mas sem que houvesse qualquer vantagem adicional para os trabalhadores.

Diante da situação apresentada e de acordo com a previsão da CLT, assinale a afirmativa correta.

(A) É nulo o acordo coletivo em questão, e caberá ao interessado nessa declaração ajuizar ação de cumprimento.
(B) A validade de tal estipulação, por não prever benefício para os trabalhadores, depende de homologação da Justiça do Trabalho.
(C) É obrigatório que a contrapartida seja a estabilidade de todos os funcionários na vigência do acordo coletivo.
(D) O acordo coletivo é válido, porque sua estipulação não depende da indicação de vantagem adicional para os empregados.

76. Em sede de impugnação à sentença de liquidação, o juiz julgou improcedente o pedido, ocorrendo o mesmo em relação aos embargos à execução ajuizados pela executada. A princípio, você, na qualidade de advogado(a) da executada, entendeu por bem não apresentar recurso. Contudo, foi apresentado o recurso cabível pelo exequente.

Diante disso, assinale a afirmativa correta.

(A) A parte exequente interpôs agravo de petição, e a executada poderá interpor agravo de petição na modalidade de recurso adesivo.
(B) Ambas as partes poderiam interpor agravo de petição na hipótese, porém não mais existe essa possibilidade para a executada, pois esta não apresentou o recurso no prazo próprio.

(C) A parte autora interpôs recurso de revista, e não resta recurso para a parte executada.

(D) A parte autora apresentou recurso ordinário, e a executada poderá apresentar agravo de petição.

77. Em março de 2019, durante uma audiência trabalhista que envolvia a sociedade empresária ABC S/A, o juiz indagou à pessoa que se apresentou como preposto se ela era empregada da empresa, recebendo como resposta que não. O juiz, então, manifestou seu entendimento de que uma sociedade anônima deveria, obrigatoriamente, fazer-se representar por empregado, concluindo que a sociedade empresária não estava adequadamente representada. Decretou, então, a revelia, excluiu a defesa protocolizada e sentenciou o feito na própria audiência, julgando os pedidos inteiramente procedentes.

Diante desse quadro e do que prevê a CLT, assinale a afirmativa correta.

(A) Nada há a ser feito, porque uma S/A, por exceção, precisa conduzir um empregado para representá-la.

(B) O advogado da ré deverá interpor recurso ordinário no prazo de 8 dias, buscando anular a sentença, pois o preposto não precisa ser empregado da reclamada.

(C) O advogado da ré deverá impetrar mandado de segurança, porque a exigência de que o preposto seja empregado, por não ser prevista em Lei, violou direito líquido e certo da empresa.

(D) Uma vez que a CLT faculta ao juiz aceitar ou não como preposto pessoa que não seja empregada, o advogado deverá formular um pedido de reconsideração judicial.

78. O réu, em sede de reclamação trabalhista, ajuizada em 20/04/2018, apresentou defesa no processo eletrônico, a qual não foi oferecida sob sigilo. Feito o pregão, logo após a abertura da audiência, a parte autora manifestou interesse em desistir da ação.

Sobre a desistência da ação pela parte autora, assinale a afirmativa correta.

(A) O juiz deverá, imediatamente, homologar a desistência.

(B) Não é possível desistir da ação após a propositura desta.

(C) Oferecida a contestação, ainda que eletronicamente, o reclamante não poderá, sem o consentimento do reclamado, desistir da ação.

(D) O oferecimento da defesa pelo réu em nada se relaciona à questão da desistência de pedidos ou da demanda.

79. Augusto foi empregado de uma lavanderia por 2 anos, tendo sido desligado em setembro de 2018. Após receber as verbas da ruptura, procurou um advogado com a intenção de ajuizar reclamação trabalhista para postular horas extras não recebidas durante o pacto laboral.

Após a entrevista e colheita de todas as informações, o advogado de Augusto entrou em contato com a ex-empregadora na tentativa de formular um acordo, que, após debatido e negociado, teve sucesso e foi reduzido a termo. Então, as partes ajuizaram uma homologação de acordo extrajudicial na Justiça do Trabalho, em petição conjunta assinada pelo advogado de cada requerente, mas que não foi homologado pelo juiz, por este entender que o valor da conciliação era desfavorável ao trabalhador. Desse modo, o magistrado extinguiu o feito sem resolução do mérito.

Diante da situação e dos termos da CLT, assinale a afirmativa correta.

(A) Agiu corretamente o juiz, porque não há previsão desse tipo de demanda na Justiça do Trabalho.

(B) As partes poderão interpor recurso ordinário da decisão que negou a homologação desejada.

(C) Augusto e seu ex-empregador deverão propor novamente a ação, que deverá ser levada à livre distribuição para outro juízo.

(D) Nada poderá ser feito na ação proposta, porque o juiz não é obrigado a homologar acordo.

80. Considere as situações a seguir.

I. Victor é um artista mirim e precisa de autorização judicial para poder participar de uma peça cinematográfica como ator coadjuvante.

II. A empresa FFX Ltda. foi multada por um auditor fiscal do trabalho e deseja anular judicialmente o auto de infração, alegando vícios e nulidades.

III. O empregado Regis teve concedido pelo INSS auxílio-doença comum, mas entende que deveria receber auxílio-doença acidentário, daí porque pretende a conversão judicial do benefício.

IV. Jonilson, advogado, foi contratado por um cliente para o ajuizamento de uma ação de despejo, mas esse cliente não pagou os honorários contratuais que haviam sido acertados.

Diante da norma de regência acerca da competência, assinale a opção que indica quem deverá ajuizar ação na Justiça do Trabalho para ver seu pleito atendido.

(A) Victor e Jonilson

(B) Regis e a empresa FFX Ltda.

(C) Victor e Regis

(D) Apenas a empresa FFX Ltda

Folha de Respostas

#	A	B	C	D
1	A	B	C	D
2	A	B	C	D
3	A	B	C	D
4	A	B	C	D
5	A	B	C	D
6	A	B	C	D
7	A	B	C	D
8	A	B	C	D
9	A	B	C	D
10	A	B	C	D
11	A	B	C	D
12	A	B	C	D
13	A	B	C	D
14	A	B	C	D
15	A	B	C	D
16	A	B	C	D
17	A	B	C	D
18	A	B	C	D
19	A	B	C	D
20	A	B	C	D
21	A	B	C	D
22	A	B	C	D
23	A	B	C	D
24	A	B	C	D
25	A	B	C	D
26	A	B	C	D
27	A	B	C	D
28	A	B	C	D
29	A	B	C	D
30	A	B	C	D
31	A	B	C	D
32	A	B	C	D
33	A	B	C	D
34	A	B	C	D
35	A	B	C	D
36	A	B	C	D
37	A	B	C	D
38	A	B	C	D
39	A	B	C	D
40	A	B	C	D
41	A	B	C	D
42	A	B	C	D
43	A	B	C	D
44	A	B	C	D
45	A	B	C	D
46	A	B	C	D
47	A	B	C	D
48	A	B	C	D
49	A	B	C	D
50	A	B	C	D
51	A	B	C	D
52	A	B	C	D
53	A	B	C	D
54	A	B	C	D
55	A	B	C	D
56	A	B	C	D
57	A	B	C	D
58	A	B	C	D
59	A	B	C	D
60	A	B	C	D
61	A	B	C	D
62	A	B	C	D
63	A	B	C	D
64	A	B	C	D
65	A	B	C	D
66	A	B	C	D
67	A	B	C	D
68	A	B	C	D
69	A	B	C	D
70	A	B	C	D
71	A	B	C	D
72	A	B	C	D
73	A	B	C	D
74	A	B	C	D
75	A	B	C	D
76	A	B	C	D
77	A	B	C	D
78	A	B	C	D
79	A	B	C	D
80	A	B	C	D

GABARITO COMENTADO

1. Gabarito "D"
Comentário: Nos termos do art. 3º, § 2º, do EAOAB, o estagiário de advocacia, regularmente inscrito, pode praticar os atos previstos no art. 1º, na forma do regimento geral, em conjunto com advogado e sob responsabilidade deste. Ou seja, Júnior, por ser estagiário inscrito na OAB, conforme afirma o enunciado, pode praticar atos privativos de advocacia previstos no art. 1º do EAOAB, entre eles, assessoria, consultoria e direção jurídicas (art. 1º, II), desde que o faça em conjunto com um advogado, a quem estará atrelada a responsabilidade pelo ato realizado pelo estagiário. Assim, de plano, estão incorretas as alternativas "A" e "B", pois afirmam ser impossível que Júnior tivesse atuado como estagiário na atividade de consultoria jurídica. Incorreta, também, a alternativa "C", pois, como dito, a responsabilidade pelos atos praticados pelo estagiário é do advogado, conforme disposto no art. 3º, §2º, parte final, do EAOAB. Correta, pois, a alternativa "D".

2. Gabarito "B"
Comentário: Considera-se prerrogativa do advogado a de não ser preso em flagrante, por motivo ligado à profissão, salvo por crime inafiançável, quando, então, assegura-se a presença de um representante da OAB durante a lavratura do respectivo auto, sob pena de nulidade (art. 7º, IV e § 3º, do EAOAB). Nos demais casos que não se relacionem com o exercício da profissão, a prisão em flagrante deverá apenas ser comunicada à OAB. Assim, analisemos cada uma das alternativas. **A** e **C:** incorretas, pois a presença de representante da OAB somente se faz necessária quando a prisão em flagrante decorrer da prática de um crime inafiançável praticado pelo advogado por motivo ligado à profissão. O enunciado deixa claro que o advogado X foi preso em flagrante enquanto furtava garrafas de vinho. Ora, o furto de vinho não é crime que tenha qualquer relação com o exercício profissional, razão por que não se aplica a prerrogativa tratada no art. 7º, IV e § 3º, do EAOAB; **B:** correta. De fato, não há qualquer vício na lavratura do auto de prisão em flagrante em desfavor do advogado X, independentemente da presença de representante da OAB, eis que, como dito, o crime por ele praticado não guarda qualquer relação com o exercício da profissão. A única peculiaridade é que, conforme determina a parte final do art. 7º, IV, do EAOAB, nos demais casos (leia-se: naqueles que não guardarem relação com a profissão), a OAB apenas deverá ser comunicada; **D:** incorreta. A despeito de não haver vício na lavratura do auto de prisão em flagrante do advogado X, eis que o crime por ele praticado não tinha nexo com sua atividade profissional, o Estatuto da OAB exige a comunicação da prisão à OAB. Não confunda o leitor a "comunicação da prisão", que é posterior à lavratura do auto de prisão, com a "presença de representante da OAB", que, obviamente, deve ocorrer antes da lavratura do referido auto.

3. Gabarito "B"
Comentário: Nos exatos termos do art. 39 do Regulamento Geral do Estatuto da OAB, a sociedade de advogados pode associar-se com advogados, sem vínculo de emprego, para participação nos resultados. No parágrafo único do mesmo dispositivo há previsão de que os contratos referidos neste artigo são averbados no registro da sociedade de advogados. Analisemos as alternativas! **A:** incorreta, pois a associação de um advogado a uma sociedade de advogados não gera vínculo empregatício, consoante dispõe o art. 39 do RGOAB; **B:** correta. De fato, o contrato de associação deve ser devidamente averbado no registro da sociedade de advogados, sem, porém, gerar vínculo de emprego entre advogado e sociedade; **C:** incorreta, pois o art. 39, parágrafo único, do RGOAB, impõe que os contratos de associação sejam averbados no registro da sociedade de advogados; **D:** incorreta, pois o Regulamento Geral autoriza, em seu art. 39, a associação entre advogados e sociedades de advogados. Frise-se que os advogados associados não se tornam sócios, nem empregados, mas, apenas, associados da sociedade, mediante vínculo contratual.

4. Gabarito "C"
Comentário: O direito do advogado de permanecer em sala de Estado Maior, com comodidades condignas, ou, à sua falta, em prisão domiciliar, encontra como marco temporal o trânsito em julgado da sentença (art. 7º, V, do EAOAB). Considerando que o advogado João somente foi preso após o trânsito em julgado da sentença condenatória, não fará jus à prerrogativa tratada no referido dispositivo legal. Esclarece-se que o direito ora tratado independe do tipo de crime cometido pelo advogado, ou seja, relacionado ou não ao exercício profissional. Em outras palavras, por qualquer crime que tenha sido praticado, independentemente de guardar qualquer relação com o exercício profissional, o advogado, antes do trânsito em julgado da sentença, terá o direito de permanecer preso em Sala de Estado Maior, ou, à falta, em prisão domiciliar. Cessa a prerrogativa com o advento do trânsito em julgado, quando, então, o advogado passará a cumprir pena como qualquer outro criminoso irrecorrivelmente condenado. Analisamos, pois, as alternativas. **A:** incorreta, pois o direito de o advogado permanecer preso em sala de Estado Maior, ou, à falta, em prisão domiciliar, vigora antes do trânsito em julgado da sentença, o que não é o caso relatado no enunciado com relação a João (art. 7º, V, do EAOAB); **B:** incorreta, tendo em vista que a permanência do advogado em sala de Estado Maior ou prisão domiciliar é restrita ao período anterior ao trânsito em julgado; **C:** correta, nos termos já explicitados nos comentários anteriores, notadamente em razão do disposto no art. 7º, V, do EAOAB; **D:** incorreta, pois o direito de um advogado permanecer preso cautelarmente em sala de Estado Maior, ou, à falta, em prisão domiciliar, não decorre do fato de ser detentor de mandato em qualquer órgão da OAB, mas pelo só fato de ser advogado.

5. Gabarito "A"
Comentário: Nos termos do art. 75 do EAOAB, cabe recurso ao Conselho Federal de todas as decisões definitivas proferidas pelo Conselho Seccional, quando não tenham sido unânimes ou, sendo unânimes, contrariem esta lei, decisão do Conselho Federal ou de outro Conselho Seccional e, ainda, o regulamento geral, o Código de Ética e Disciplina e os Provimentos. Partindo de referido dispositivo legal, analisemos as assertivas a seguir. **A:** correta. Se o Conselho Seccional X proferiu duas decisões em dois processos distintos, sendo que, em ambos os casos, as referidas decisões conflitam com decisões de outro Conselho Seccional (no caso do processo 1) e do Conselho Federal (no caso do processo 2), abre-se caminho para a interposição de recurso para o Conselho Federal, nos moldes trazidos no art. 75 do EAOAB; **B:** incorreta, pois a divergência entre decisões de Conselhos Seccionais desafia recurso para o Conselho Federal da OAB, assim como quando a divergência for com relação a decisões do próprio Conselho Federal; **C:** incorreta, pois em ambos os processos há divergência entre a decisão do Conselho Seccional X com decisões do Conselho Seccional Y e o Conselho Federal, fato suficiente a ensejar recurso para o Conselho Federal; **d:** incorreta, pois é cabível recurso para o Conselho Federal da OAB de decisões proferidas por Conselhos Seccionais, desde que presentes as hipóteses do art. 75 do EAOAB.

6. Gabarito "D"
Comentário: A questão em tela pode ser respondida com base na literalidade do art. 15, *caput*, e parágrafo único, do Regulamento Geral do Estado da OAB. Confira-se: Art. 15. Compete ao Presidente do Conselho Federal, do Conselho Seccional ou da Subseção, ao tomar conhecimento de fato que possa causar, ou que já causou, violação de direitos ou prerrogativas da profissão, adotar as providências judiciais e extrajudiciais cabíveis para prevenir ou restaurar o império do Estatuto, em sua plenitude, inclusive mediante representação administrativa. Parágrafo único. O Presidente pode designar advogado, investido de poderes bastantes, para as finalidades deste artigo. Correta, portanto, a alternativa "D", estando as demais em descompasso com o referido dispositivo normativo.

7. Gabarito "B"
Comentário: Segundo dispõe o art. 12 do Código de Ética e Disciplina (CED), a conclusão ou desistência da causa, tenha havido, ou não, extinção do mandato, obriga o advogado a devolver ao cliente bens, valores e documentos que lhe hajam sido confiados e ainda estejam em seu poder, bem como a prestar-lhe contas, pormenorizadamente, sem prejuízo de esclarecimentos complementares que se mostrem pertinentes e necessários. O parágrafo único do citado dispositivo ainda dispõe que a parcela dos honorários paga pelos serviços até então prestados não se inclui entre os valores a ser devolvidos. Portanto, correta a alternativa "B", pois a despeito de o cliente do advogado

Milton não ter efetuado o pagamento de seus honorários, não desaparecem os deveres éticos do patrono, notadamente o de prestar contas acerca de aspectos processuais da causa por ele acompanhada, bem como a devolução de bens móveis relacionados ao objeto da demanda.

8. Gabarito "B"
Comentário: A: incorreta, pois o art. 71, II, do CED, dispõe ser competência dos Tribunais de Ética e Disciplina responder a consultas formuladas, em tese, sobre matéria ético-disciplinar. Ou seja, o TED responde a consultas hipotéticas, e não sobre casos concretos; **B:** correta. De fato, compete ao TED atuar como órgão mediador ou conciliador nas questões que envolvam, dentre outros casos, partilha de honorários contratados em conjunto ou decorrentes de substabelecimento, bem como os que resultem de sucumbência, nas mesmas hipóteses (art. 71, VI, "b", do CED); **C:** incorreta, pois o art. 71, V, do CED, dispõe competir ao TED organizar, promover e ministrar cursos, palestras, seminários e outros eventos da mesma natureza acerca da ética profissional do advogado ou estabelecer parcerias com as Escolas de Advocacia, com o mesmo objetivo; **D:** incorreta. Não se trata de competência do TED coordenar as ações do Conselho Federal e dos demais Conselhos Seccionais voltadas para o objetivo de reduzir a ocorrência das infrações disciplinares mais frequentes, mas, sim, à Corregedoria-Geral do Processo Disciplinar (art. 72, § 3º, do CED).

9. Gabarito "C"
Comentário: A resposta correta segundo o pensamento de Platão externado no livro "A República" é a "C", isto porque a concepção de justiça materializada no ideal de "dar a cada um o que lhe é devido" não geraria perfeição. Ao contrário, implicaria fazer bem ao amigo e mal ao inimigo, e fazer o mal não produz perfeição.

10. Gabarito "A"
Comentário: A assertiva correta conforme o pensamento de Bobbio articulado no livro *Teoria do Ordenamento Jurídico é a "A"*. Kelsen distingue entre os ordenamentos normativos dois tipos de sistemas, um que chama estático (as normas estão relacionadas entre si no que se refere ao seu conteúdo) e outro dinâmico (as normas que o compõem derivam umas das outras através de sucessivas delegações de poder, isto é, através da autoridade).

11. Gabarito "D"
Comentário: A: incorreta. Ao contrário do mencionado, o governador do estado Beta é legitimado ativo para a propositura de ação direta de inconstitucionalidade (ADI) no STF, conforme determina o art. 103, V, da CF. **B:** incorreta. O mencionado art. 103, V, da CF legitima os governadores, tanto dos Estados como do Distrito Federal, a proporem ADI no STF. Quanto à legitimidade para as ações do controle concentrado no âmbito dos Estados, as regras vêm previstas nas Constituições Estaduais dos respectivos estados, conforme determina o § 2º do art. 125 da CF. Esse dispositivo proíbe apenas que a atribuição da legitimação para agir seja dada pelo texto estadual a um único órgão; **C:** incorreta. De fato, a legitimidade ativa do governador para a ADI vincula-se ao objeto da ação, de modo que deve haver pertinência da norma impugnada com os objetivos do autor da ação, mas isso **não** impede o governador de impugnar ato normativo oriundo de outro Estado da Federação. Se ele demonstrar que a lei do outro Estado impacta economicamente ou de alguma outra maneira o estado que ele representa, ele poderá impugnar a norma por meio de ADI; **D:** correta. Conforme determina o art. 103, V, da CF, o governador do Estado Beta, de fato, é legitimado ativo para propor ADI no STF em face da Lei Estadual X, a qual, mesmo advinda de ente federativo diverso, provoca evidentes reflexos na economia do Estado Beta.

12. Gabarito "C"
Comentário: A: incorreta. De acordo com o art. 37, XIX, da CF somente por lei específica poderá ser criada autarquia e autorizada a instituição de empresa pública, de sociedade de economia mista e de fundação, cabendo à lei complementar, neste último caso, definir as áreas de sua atuação; **B:** incorreta. O projeto, ainda que aprovado por maioria absoluta, será considerado inconstitucional. O objetivo de alcançar o alto grau de rentabilidade é insuficiente para que a Constituição autorize a exploração direta de atividade econômica pelo Estado; **C:** correta. Determina o art. 173 da CF/88 que ressalvados os casos previstos nesta Constituição, a exploração direta de atividade econômica pelo Estado só será permitida quando **necessária aos imperativos da segurança nacional ou a relevante interesse coletivo**, conforme definidos em lei; **D:** incorreta. A atividade econômica, conforme já apresentada pela descrição do art. 173 da CF/88, só poderá ser exercida pelo Estado se ela for necessária aos imperativos da segurança nacional ou a relevante interesse coletivo.

13. Gabarito "A"
Comentário: A: correta. Determina o art. 8º da Lei 12.527/11 (lei do acesso a informações) que é dever dos órgãos e entidades públicas promover, **independentemente de requerimento**, a **divulgação** em local de fácil acesso, no âmbito de suas competências, de informações de interesse coletivo ou geral por eles produzidas ou custodiadas; **B** e **C:** incorretas. A lei além de não exigir requisição para acessar tais dados determina, como mencionado, que é dever dos órgãos e entidades públicas promover, independentemente de requerimentos, a divulgação em local de fácil acesso; **D:** incorreta. O acesso a informações deve ser garantido independentemente da assistência por advogado regularmente inscrito na Ordem dos Advogados do Brasil.

14. Gabarito "C"
Comentário: A: incorreta. O STF (ADI 2076) entende que o **preâmbulo** não cria direitos e deveres **nem tem força normativa**, apenas reflete a posição ideológica do constituinte. Vale lembrar que o Brasil é um país laico, ou seja, não professa uma religião oficial. Sendo assim, o art. 19, I, da CF, **veda** aos entes federativos o **estabelecimento de cultos religiosos** ou igrejas, a concessão de subsídios, o embaraço ao funcionamento ou a manutenção, com eles ou seus representantes, de relações de dependência ou aliança, ressalvada, na forma da lei, a colaboração de interesse público; **B:** incorreta. A proibição existe, conforme já demonstrada pelo art. 19, I, da CF, mas isso não significa que o ato expedido pelo diretor encontre respaldo constitucional. Pelo contrário, o art. 5º, VII, da CF **assegura**, nos termos da lei, a **prestação de assistência religiosa nas entidades civis e militares de internação coletiva**; **C:** correta. A portaria expedida pelo diretor viola o citado art. 5º, VII, da CF que, de fato, trata de um dos direitos fundamentais dos internos; **D:** incorreta. Ao contrário, **existe** incompatibilidade entre a portaria e a CF/88. A liberdade religiosa se apresenta de diversas maneiras no texto constitucional e o seu exercício deve ser garantido, inclusive, às pessoas que estão em estabelecimentos prisionais. Sobre o ensino religioso, o § 1º do art. 210 da CF/88 determina ser de matrícula facultativa e disciplina dos horários normais das escolas públicas de ensino fundamental.

15. Gabarito "B"
Comentário: A: incorreta. Ao contrário, há limite temporal para o exercício da presidência nas casas legislativas do Congresso Nacional. O mandato é de dois anos e é proibida a recondução para o mesmo cargo na eleição imediatamente subsequente, conforme determina o § 4º do art. 57 da CF/88; **B:** correta. Como mencionado, a Constituição, em seu art. 57, § 4º, proíbe a recondução para esse mesmo cargo no período bienal imediatamente subsequente. De acordo com o citado dispositivo, cada uma das Casas reunir-se-á em sessões preparatórias, a partir de 1º de fevereiro, no primeiro ano da legislatura, para a posse de seus membros e eleição das respectivas Mesas, para **mandato de 2 (dois) anos, vedada a recondução para o mesmo cargo na eleição imediatamente subsequente**; **C:** incorreta. Mais uma vez, é proibida a recondução para o mesmo cargo na eleição imediatamente subsequente; **D:** incorreta. É possível que o exercício da referida presidência ocorra novamente no futuro. O que o texto constitucional proíbe é a recondução para o mesmo cargo na eleição imediatamente subsequente.

16. Gabarito "D"
Comentário: A: incorreta. Como o tratamento do assunto (pesquisa e manipulação de material genético) não está reservado à lei complementar, a lei ordinária pode regulamentá-lo. Portanto, a Lei Ordinária Y é constitucional. Além disso, não há superioridade hierárquica entre a lei complementar e a lei ordinária. Elas tratam de conteúdos diversos e são aprovadas por quóruns diferenciados (art. 69 da CF/88); **B:** incorreta. A revogação de dispositivos da Lei Complementar X apenas exigiria idêntica espécie normativa se o assunto por ela disciplinado fosse reservado à lei complementar; **C:** incorreta. Não há vício formal na Lei Complementar X, pois o quórum para aprovação dessa espécie legislativa é superior (art. 69 da CF/88) ao da aprovação das

leis ordinárias. Assim, se o tema pode ser disciplinado por lei ordinária que é aprovada por maioria simples, poderá também ser disciplinado por lei complementar que é aprovada pelo quórum fortificado de maioria absoluta; **D**: correta. De fato, a Lei Complementar X, por tratar de matéria a respeito não reservada à lei complementar, pode vir a ser revogada por Lei Ordinária posterior que verse sobre a mesma temática. BV

17. Gabarito "D"
Comentário: A: incorreta. Ao contrário, a ação se revela adequada à finalidade de impedir a obra potencialmente lesiva ao meio ambiente, pois essa proteção é um dos objetivos da ação popular. De acordo com o art. 5º, LXXIII, da CF qualquer cidadão é parte legítima para propor ação popular que vise a anular ato lesivo ao patrimônio público ou de entidade de que o Estado participe, à moralidade administrativa, ao meio ambiente e ao patrimônio histórico e cultural, ficando o autor, salvo comprovada má-fé, isento de custas judiciais e do ônus da sucumbência; **B**: incorreta. A atuação subsidiária do Ministério Público ocorrerá caso o autor desista da ação ou dê motivo à absolvição da instância, conforme determina o *caput* do art. 9º da Lei 4.717/65 (Lei da Ação Popular). Nessas hipóteses serão publicados editais com o prazo de 30 (trinta) dias, afixado na sede do juízo e publicado três vezes no jornal oficial do Distrito Federal, ou da Capital do Estado ou Território em que seja ajuizada a ação. A publicação será gratuita e deverá iniciar-se no máximo 3 (três) dias após a entrega, na repartição competente, sob protocolo, de uma via autenticada do mandado, de acordo com o art. 7º, II, da Lei 4.717/65; **C**: incorreta. A constituição de advogado se faz necessária; **D**: correta. É o que determina o citado *caput* do art. 9º da Lei 4.717/65. Sendo assim, caso Arnaldo desista da Ação Popular, o Ministério Público ou qualquer cidadão que esteja no gozo de seus direitos políticos poderá prosseguir com a demanda. BV

18. Gabarito "B"
Comentário: Com base no Protocolo de San Salvador, a assertiva correta é a "B", pois o direito a férias remuneradas e o direito à remuneração nos feriados nacionais estão presentes no Protocolo de San Salvador, e o Brasil é signatário desse Protocolo, portanto, essa lei é passível de controle de convencionalidade (art.7º, h, do Protocolo de San Salvador).

19. Gabarito "D"
Comentário: A única assertiva correta é a "D", isto porque de fato o sistema europeu de proteção dos direitos humanos não conta com um órgão similar à Comissão Americana sobre Direitos Humanos. O sistema europeu tem o Tribunal Europeu dos Direitos do Homem no centro de sua sistemática de funcionamento.

20. Gabarito "Anulada"
Comentário: O Tribunal Arbitral deve declinar de sua competência porque danos ambientais não é matéria arbitrável. A opção por arbitragem só pode se dar quando se tratar de direitos patrimoniais disponíveis, que não é o caso do direito ambiental (art. 1º da Lei 9.307/96).
Atenção: Essa questão acabou sendo anulada pela banca. Então, independentemente do comentário que fizemos, você deve computar como uma questão que você acertou, seja qual for a resposta que você deu. Assim, fica mais real o simulado, pois em algumas provas questões são anuladas.

21. Gabarito "B"
Comentário: Na justiça estadual, pois o COI é uma organização não governamental e não uma organização internacional estatal.

22. Gabarito "B"
Comentário: A: incorreta, pois o prazo decadencial quinquenal (= de 5 anos) no caso de tributo lançado por declaração inicia-se a partir do primeiro dia do exercício seguinte ao que o lançamento poderia ter sido efetuado (art. 173, I, do CTN), no caso, em 01/01/2008, de modo que terminaria apenas em 01/01/2013. Como o lançamento foi realizado e concluído (com a notificação) antes disso, em 09/11/2012, não houve decadência – ver Súmula 622/STJ; **B**: correta, pois o prazo prescricional é de 5 anos a partir do lançamento, mais especificamente, a partir do vencimento, já que somente aí nasce o direito de o fisco executar a dívida (= *actio nata*) – art. 174 do CTN. Impor-

tante destacar que a suspensão de 180 dias do prazo prescricional, prevista no art. 2º, § 3º, da Lei 6.830/1980, não se aplica para créditos tributários, já que a matéria (prescrição tributária) somente pode ser regulada por lei complementar federal – art. 146, III, *b*, da CF. Como o vencimento se deu em 09/12/2012, a execução fiscal deveria ter sido iniciada até 09/12/2017; **C**: incorreta, pois a suspensão de 180 dias do prazo prescricional, prevista no art. 2º, § 3º, da Lei 6.830/1980, não se aplica para créditos tributários, já que a matéria (prescrição tributária) somente pode ser regulada por lei complementar federal – art. 146, III, *b*, da CF – Ver AI no Ag 1.037.765/SP-STJ; **D**: incorreta, pois o prazo prescricional (para cobrança) é de 5 anos contados do lançamento até o início da execução fiscal – art. 174 do CTN.

23. Gabarito "C"
Comentário: A: incorreta, pois a LINDB traz apenas regra subsidiária, ou seja, aplica-se o prazo de 45 dias apenas se a lei não dispuser de modo diverso (art. 1º da LINDB); **B**: incorreta, pois a alteração de vencimento de tributo não se sujeita ao princípio da anterioridade – Súmula Vinculante 50/STF; **C**: correta, conforme comentário anterior; **D**: incorreta, pois a lei dispõe sobre o início de sua vigência, sendo inaplicável o princípio da anterioridade anual ou nonagesimal.

24. Gabarito "B"
Comentário: A: incorreta, pois o art. 6º da LC 105/2001 prevê a possibilidade de a fiscalização tributária examinar documentos, livros e registros de instituições financeiras, inclusive os referentes a contas de depósitos e aplicações financeiras, quando houver processo administrativo instaurado ou procedimento fiscal em curso e tais exames sejam considerados indispensáveis pela autoridade administrativa competente. O dispositivo foi considerado constitucional pelo STF, conforme a tese de repercussão geral 225; **B**: correta, conforme o art. 6º da LC 105/2001; **C**: incorreta, pois o exame dos registros de instituições financeiras pressupõe instauração regular de processo administrativo ou procedimento fiscal; **D**: incorreta, pois a prerrogativa prevista no art. 6º da LC 105/2001 dispensa autorização judicial.

25. Gabarito "B"
A: incorreta, pois a despesa extraordinária decorrente de calamidade pública é situação que dá ensejo à instituição de empréstimo compulsório – art. 148, I, da CF; **B**: correta, nos termos dos arts. 148, I, e 62, § 1º, III, da CF; **C**: incorreta, pois não há essa vedação. Os tributos que exigem simples lei ordinária federal podem ser instituídos por medida provisória, observado o disposto no art. 62, § 2º, da CF; **D**: incorreta, pois empréstimo compulsório somente pode ser instituído por lei complementar federal, sendo que medida provisória não pode regular matéria reservada a lei complementar – art. 62, § 1º, III, da CF.

26. Gabarito "C"
A: incorreta, pois a simples correção monetária da base de cálculo do IPTU pode ser feita por decreto, desde que respeitados os índices oficiais de inflação (o reajuste não pode ser superior ao índice oficial de inflação, ou seria aumento real que exige lei) – Súmula 160/STJ; **B**: incorreta, pois não se trata de majoração real do tributo (que exigiria lei em sentido formal), mas apenas correção monetária da sua base de cálculo (que não exige lei em sentido formal) – art. 97, II, do CTN; **C**: correta, conforme comentários anteriores; **D**: incorreta, conforme comentários anteriores.

27. Gabarito: "A"
Comentário: A: correta; o art. 54, *caput*, da Lei 9.784/99 confere à Administração o direito de anular atos benéficos aos particulares, desde que esta o faça no prazo máximo de 5 anos da data da prática do ato, salvo comprovada má-fé. No caso em tela, o ato de concessão da pensão foi praticado em março de 2011 e se aperfeiçoou, por ser um ato complexo, em julho de 2014, sendo que a sua anulação se deu em setembro de 2018; dessa forma, entre 2014 (data do aperfeiçoamento do ato) e 2018 (data da anulação do ato) não houve decadência, visto que esta se dá em 5 anos; e mesmo que se considere como data da prática do ato o ano de 2011 (quando houve a percepção do primeiro pagamento), também não há decadência, pois, como ficou comprovada a *má-fé* da interessada, nesse caso a decadência não opera nem mesmo após passados os 5 anos previstos em lei; é importante considerar o ano de 2011 como início do prazo para anular, pois o § 1º do art. 54 da Lei 9.784/99 estabelece que,

quanto aos atos que geram efeitos patrimoniais contínuos (como é o caso da pensão), o prazo de decadência contar-se-á da percepção do primeiro pagamento; de qualquer maneira, como houve má-fé da interessada, a decadência não se operou; **B:** incorreta, pois, de acordo com o art. 54 da Lei 9.784/99 essa é sim a regra, mas, em caso de comprovada má-fé do beneficiário do ato, a decadência não se opera nem após o transcurso do prazo de 5 anos; **C:** incorreta; o controle realizado pelo Tribunal de Contas apenas aperfeiçoa o ato, que é um ato do tipo *complexo*; ele não tem o condão de tornar um ato inválido em um ato válido agora; **D:** incorreta, pois o prazo decadencial é de 5 anos, e não de 3 anos (art. 54, *caput*, da Lei 9.784/99); ademais, como o beneficiário do ato estava de má-fé, nem mesmo em 5 anos a decadência terá se operado.

28. Gabarito "B"
Comentário: A, C e **D:** incorretas, pois na modalidade de improbidade prevista no art. 10 da Lei 8.429/92 a lei estabelece que tanto uma conduta dolosa como uma conduta *culposa* são admitidas para a configuração dos tipos previstos no dispositivo; já nas demais modalidades de improbidade (violação aos princípios da Administração, enriquecimento ilícito do agente ou benefício financeiro/tributário violando a Lei Complementar do ISS), aí sim se exige sempre dolo para a configuração dessas outras modalidades; **B:** correta, pois, como se viu, na modalidade de improbidade prevista no art. 10 da Lei 8.429/92 a lei estabelece que tanto uma conduta dolosa como uma conduta *culposa* são admitidas para a configuração dos tipos previstos no dispositivo; veja como o dispositivo inicia a descrição dos tipos de improbidade dentro dessa modalidade de prejuízo ao erário: *"Art. 10. Constitui ato de improbidade administrativa que causa lesão ao erário qualquer ação ou omissão, dolosa ou culposa, que enseje (...)"* (g.n.).

29. Gabarito "C"
Comentário: A: incorreta; a Lei 8.987/95 dispõe que o edital da concessão vai dispor sobre quem terá o ônus de desapropriar áreas (art. 18, XII), podendo ser tanto a Administração como o concessionário (art. 31, VI); apenas a declaração de utilidade pública de um bem para fins de desapropriação é que tem de ser feita pela Administração (art. 29, VIII), mas os demais atos para desapropriar podem ser colocados como encargos da Administração; **B:** incorreta, pois o art. 7º do Dec.-lei 3.365/41 estabelece que "Declarada a utilidade pública, ficam as autoridades administrativas autorizadas a penetrar nos prédios compreendidos na declaração, podendo recorrer, em caso de oposição, ao auxílio de força policial" (g.n.); **C:** correta; o art. 10 do Dec.-lei 3.365/41 dispõe que "A desapropriação deverá efetivar-se mediante acordo ou intentar-se judicialmente, dentro de **cinco anos**, contados da data da expedição do respectivo decreto e findos os quais este caducará" (g.n.); no caso em tela, o decreto de utilidade pública foi expedido em 2011, de modo que, no ano de 2018, ele já terá perdido a sua validade, o que impõe que a Administração faça novo decreto expropriatório de utilidade pública; **D:** incorreta, pois apenas o poder público pode fazer a declaração de utilidade pública (art. 6º do Dec.-lei 3.365/41 e art. 29, VIII, da Lei 8.987/95); já entrar com ação judicial para a desapropriação ou fazer um acordo com o desapropriado, nesses dois casos o concessionário poderá agir, se estiver autorizado (art. 31, VI, da Lei 8.987/95).

30. Gabarito "A"
Comentário: A: correta, pois o art. 16, § 1º, II, da Lei 12.846/13 estabelece que é requisito do acordo de leniência que "a pessoa jurídica cesse completamente seu envolvimento na infração investigada a partir da data de propositura do acordo"; **B:** incorreta, pois o art. 16, § 1º, III, da Lei 12.846/13 estabelece que é requisito do acordo de leniência que "a pessoa jurídica admita sua participação no ilícito e coopere plena e permanentemente com as investigações e o processo administrativo", o que inclui, obviamente, o dever de indicar os agentes públicos recebedores da propina; **C:** incorreta, pois a celebração do acordo de leniência não tem o condão de isentar o pagamento de multa, mas apenas o de reduzir em até 2/3 o valor da multa aplicável (art. 16, § 2º, da Lei 12.846/13); **D:** incorreta, pois o acordo deve, na verdade, tornar-se público, como regra; o art. 16, § 6º, da Lei 12.846/13 dispõe que "a proposta de acordo de leniência somente **se tornará pública** após a efetivação do respectivo acordo, salvo no interesse das investigações e do processo administrativo".

31. Gabarito "C"
Comentário: A: incorreta, pois quando há tarifa paga pelo usuário mais contraprestação paga pelo Poder Público tem-se a chamada *concessão patrocinada* (art. 2º, § 1º, da Lei 11.079/04) e não a *concessão administrativa*; **B:** incorreta, pois, nos termos do art. 6º da Lei 11.079/04, "A contraprestação da Administração Pública nos contratos de parceria público-privada poderá ser feita por: I – ordem bancária; II – cessão de créditos não tributários; III – outorga de direitos em face da Administração Pública; IV – outorga de direitos sobre bens públicos dominicais; V – outros meios admitidos em lei"; **C:** correta, pois o art. 5º, I, da Lei 11.079/04 admite prorrogação do contrato, mas desde que respeitado o máximo de 35 anos de contrato; **D:** incorreta, pois, segundo o art. 10, § 3º, da Lei 11.079/04, "as concessões patrocinadas em que mais de 70% (setenta por cento) da remuneração do parceiro privado for paga pela Administração Pública dependerão de autorização legislativa específica"; ou seja, a depender da proporção da contrapartida pública, será necessário autorização legislativa para que aconteça a parceria público-privada.

32. Gabarito "B"
Comentário: A: incorreta, pois, no caso, Virgílio tem apenas o direito de, comprovando ao Poder Público a sua impossibilidade financeira, requerer que não lhe seja aplicada a multa, bem como que o Poder Público faça as obras necessárias as expensas deste, sob pena de poder pedir o cancelamento do tombamento (art. 19, *caput* e §§ 1º e 2º, do Dec.-lei 25/37); **B:** correta, pois esse é o comando previsto no art. 19, § 1º, do Dec.-lei 25/37; **C:** incorreta, pois, comprovando ao Poder Público a sua impossibilidade financeira, o particular pode requerer que o Poder Público faça as obras necessárias as expensas deste (art. 19. § 1º, do Dec.-lei 25/37); **D:** incorreta, pois no caso Virgílio não tem esse dever (art. 19, § 1º, do Dec.-lei 25/37). Ademais, caso tivesse esse dever, teria que pedir autorização especial ao poder público para reparar o bem tombado (art. 17, *caput*, do Dec.-lei 25/37).

33. Gabarito "B"
Comentário: A: incorreta, pois a Defensoria Pública é legitimada para essa ação civil pública, nos termos do art. 5º, II, da Lei 7.347/85; **B:** correta; segundo o STJ, "A cumulação de obrigação de fazer, não fazer e pagar não configura *bis in idem*, porquanto a indenização, em vez de considerar lesão específica já ecologicamente restaurada ou a ser restaurada, põe o foco em parcela do dano que, embora causada pelo mesmo comportamento pretérito do agente, apresenta efeitos deletérios de cunho futuro, irreparável ou intangível" (RE 1.198.727-MG); **C:** incorreta, pois as instâncias civil e penal são independentes entre si, sem contar que os critérios de responsabilização de uma são diferentes dos da outra; **D:** incorreta, pois a legitimidade para ação civil pública ambiental é ampla e legitimados como a Defensoria e Ministério Público, por exemplo, são universais.

34. Gabarito "Anulada"
Comentário: A: correta, pois a responsabilidade no caso é *propter rem*, aderindo àquele que adquiriu a coisa sobre a qual houve o dano ambiental; ou seja, essa obrigação "tem natureza real e é transmitida ao sucessor no caso de transferência de domínio ou posse do imóvel rural" (art. 7º, § 2º, da Lei 12.651/12), daí porque Maria responde civilmente; vale salientar que o STJ editou a Súmula 623 no mesmo sentido, qual seja, a de "as obrigações ambientais possuem natureza *propter rem*, sendo admissível cobrá-las do proprietário ou possuidor atual e/ou dos anteriores, à escolha do credor"; **B** e **C:** incorretas, pois a obrigação de recomposição em questão é de natureza real e atinge novos proprietários, como é o caso de Maria (art. 7º, § 2º, da Lei 12.651/12); se Maria não atender ao dever de recomposição, que já nasce para ela no momento em que se torna proprietária do imóvel, imediatamente já estará sujeita às multas correspondentes; **D:** incorreta, pois o princípio da reparação integral do dano ambiental diz respeito à esfera civil, e não à esfera penal ou administrativas, ainda que nessas duas esferas se possa discutir a reparação ambiental; na esfera penal Maria só responderá se também praticar um crime ambiental, valendo salientar que não há que se falar em responsabilidade solidária em matéria de responsabilidade penal, pois não é possível acionar um só dos "devedores penais" solidários, sendo de rigor acionar todos os que cometerem o crime ambiental.

Atenção: Essa questão acabou sendo anulada pela banca. Então, independentemente do comentário que fizemos, você deve computar como uma questão que você acertou, seja qual for a resposta que você deu. Assim, fica mais real o simulado, pois em algumas provas questões são anuladas.

35. Gabarito: "A"
Comentário: A: correta, pois a morte de um dos usufrutuários gera a extinção do usufruto com relação a ele. Porém o usufruto como um todo não se extingue com a morte do instituidor. Logo, o direito de Bruna permanece intacto (art. 1.411 CC); **B:** incorreta, pois Cláudia apenas teria direito de receber a integralidade dos aluguéis se houvesse estipulação expressa, uma vez que o direito de acrescer nunca se dá de forma tácita (art. 1.411 CC). Nada tem a ver o grau de parentesco. Ademais, o usufruto não se extingue com a morte do instituidor, mas sim com o falecimento do usufrutuário (art. 1.410, I CC); **C:** incorreta, pois a morte de Arnaldo não extingue o usufruto. O usufruto perante Cláudia está extinto, pois ela faleceu, logo seus herdeiros não possuem nenhum direito (art. 1.410, I e 1.411 CC); **D:** incorreta, pois a morte de Cláudia apenas extingue o usufruto referente ao seu quinhão. Conforme art. 1.411 CC, extingue-se a parte em relação a quem faleceu. Destarte, os herdeiros de Arnaldo têm direito de receber os aluguéis da parte de Cláudia apenas entre o período entre sua morte e a morte de Arnaldo. GR

36. Gabarito: "A"
Comentário: A: correta, pois se verifica-se que a doação de Eva a Adriana foi feita mediante condição suspensiva, isto é, a ocorrência do casamento. Portanto, até este momento tem apenas um direito eventual sobre o bem. Neste passo, nos termos do art. 130 CC "ao titular do direito eventual, nos casos de condição suspensiva ou resolutiva, é permitido praticar os atos destinados a conservá-lo". Logo, ela pode exigir que a avó autorize a realização de obras urgentes no imóvel, de modo a evitar a ruína da casa; **B:** incorreta, pois ela pode exigir atos de conservação nos termos do art. 130 CC, uma vez que ela possui expectativa de direito sobre o bem (art.125 CC); **C:** incorreta, pois Adriana não pode exigir a transferência da propriedade, uma vez que a doação é um ato de liberalidade (art. 538 CC), logo fica ao inteiro arbítrio do proprietário; **D:** incorreta. Enquanto Eva for viva o bem não pode ser disposto de nenhuma forma, pois Adriana possui expectativa de direito sobre ele. Isso significa que se à época do casamento o bem tiver sido vendido essa venda poderá ser anulada. O fundamento está no art. 126 CC: "Se alguém dispuser de uma coisa sob condição suspensiva, e, pendente esta, fizer quanto àquelas novas disposições, estas não terão valor, realizada a condição, se com ela forem incompatíveis". GR

37. Gabarito: "D"
Comentário: A: incorreta, pois considerando que Aldo tinha herdeiros necessários, ele apenas poderia dispor de metade da herança (art.1.789 CC). Daí dizer que o testamento não pode ser integralmente cumprido, mas algumas partes precisarão ser corrigidas por meio da redução de disposição testamentária (art. 1.967 CC); **B:** incorreta, pois o testamento é válido. Apenas a parte excedente da disposição é considerada nula. Neste sentido, Aldo poderia dispor de 50% do patrimônio, pois os outros 50% integram a legítima que é intocável direito dos herdeiros necessários (art.1.846 CC). Assim, os bens não serão divididos igualmente, pois da parte disponível Maurílio ficará com 50% e da parte legítima fica com 25%. Mariana, por sua vez, tem direito a 25% da legítima. Logo, no cálculo final Maurílio ficará com 75% da herança e Mariana com apenas 25%; **C:** incorreta, pois deverá haver redução das disposições testamentárias (art. 1.967 CC), porém a parcela de direito de Mariana é de apenas 25%, conforme explicado na alternativa C; **D:** correta, pois deverá haver redução das disposições testamentárias (art. 1.967 CC) e o quinhão que Mariana receberá é de 25%, como já explicado. GR

38. Gabarito: "B"
Comentário: A: incorreta, pois trata-se de caso de perda do poder familiar quanto aos filhos menores, e não de suspensão (art. 1.638, I, alínea *a* CC). Referente ao filho maior de 18 anos, o poder já estava extinto (art.1.635, III CC); **B:** correta, pois Asdrúbal perderá o poder familiar quanto aos filhos menores por decisão judicial, pois aquele que pratica feminicídio contra a mãe das crianças está sujeito a essa pena (art. 1.638, I, alínea *a* CC); **C:** incorreta, pois trata-se de caso de perda e não de suspensão do poder familiar quanto aos filhos menores (art. 1.638, I, alínea *a* CC); **D:** incorreta. Não há que se falar em perda do poder familiar quanto ao filho maior de 18 anos, pois ele já estava extinto (art.1.635, III CC). GR

39. Gabarito: "C"
Comentário: A: incorreta, pois nesse caso é possível iniciar um procedimento judicial de declaração de ausência, a fim de arrecadar os seus bens e dar andamento à transferência de propriedade aos herdeiros (art. 22 CC); **B:** incorreta, pois neste caso não é necessário aguardar 10 anos para requerer a sucessão definitiva, mas apenas 5 anos, pois Gumercindo conta oitenta anos de idade e cinco datam as últimas notícias dele (art. 38 CC); **C:** correta, nos termos do art. 38 CC, uma vez que devido a sua idade a Lei concede uma prazo menor para a abertura da sucessão definitiva; **D:** incorreta, pois a morte presumida sem decretação de ausência apenas se dá nos casos do art. 7º CC, e a hipótese em tela não se encaixa em nenhuma delas. Poder-se-ia pensar que se encaixa no inciso II, art. 7º, porém o caso ali tratado é de pessoas que sumiram em campanha ou foram feitas prisioneiras e nunca mais apareceram. GR

40. Gabarito: "C"
Comentário: A: incorreta, pois até a citação na ação reivindicatória a posse era de boa-fé. Logo, os valores recebidos antes disso não podem ser requeridos de volta (art. 1.201, parágrafo único CC). A posse se transformará em posse de má-fé apenas após a citação (e não a contestação), logo é apenas após esse ato processual que os alugueres poderão ser cobrados (art. 1.202 CC); **B:** incorreta, pois prevê o art. 1.202 CC que "a posse de boa-fé só perde este caráter no caso e desde o momento em que as circunstâncias façam presumir que o possuidor não ignora que possui indevidamente". A citação é uma circunstância que dá ciência ao possuidor de que a posse pode vir a ser declarada indevida. No caso de procedência da ação da reivindicatória, o efeito da sentença retroagirá à data da citação e os alugueres deverão ser pagos desde então; **C:** correta, pois de fato os alugueres apenas poderão ser cobrados após a ciência inequívoca de Aluísio quanto à posse indevida, o que se dá com a citação. Nos termos do art. 1.202, a citação se configura como a "circunstância que faz presumir que o possuidor não ignora que possui indevidamente a coisa"; **D:** incorreta, pois apesar de possuir justo título, a presunção de boa-fé não é absoluta, mas sim relativa. O art. 1.201 parágrafo único abre a possibilidade de se obter prova em contrário e a sentença judicial procedente em ação reivindicatória é prova mais do que válida. GR

41. Gabarito: "D"
Comentário: A: incorreta. Lúcia tem o direito de ser indenizada, com base no art. 929 CC, pois não foi culpada pela situação de perigo; **B:** incorreta, pois sendo obrigada a indenizar Lúcia, Márcia terá direito de regresso contra o terceiro causador do dano, no caso, Janaína (art. 930, *caput* CC); **C:** incorreta, pois Lúcia não tem nenhuma relação jurídica com Ricardo, mas sim com Márcia, afinal o empréstimo da bicicleta foi para ela. Logo, apenas dela poderá ser cobrada indenização (art. 929 CC); **D:** correta, pois considerando que houve uma relação de empréstimo entre Lúcia e Márcia e houve um dano ao bem causado por Márcia, Lúcia terá o direito de ser indenizada e Márcia poderá buscar ação de regresso contra o culpado pela lesão, isto é, Janaína (art. 929 e 930 CC). GR

42. Gabarito "A"
Comentário: O art. 48, parágrafo único, do ECA confere ao adotado menor de 18 anos o direito de acesso ao processo no qual a adoção foi aplicada, asseguradas orientação e assistência jurídica e psicológica. O *caput* do mesmo dispositivo estabelece que o adotado, ao alcançar a maioridade, tem direito de conhecer sua origem biológica, bem assim de obter acesso irrestrito ao processo de adoção e seus eventuais incidentes, independentemente, neste caso, de orientação e assistência jurídica e psicológica.

43. Gabarito "B"
Comentário: Por força do que estabelece o art. 147, § 1º, do ECA, o critério de fixação de competência, no que toca ao cometimento do ato infracional, é o lugar em que este se deu, tal como se ocorre no Código de Processo Penal. Sucede que, no ECA, há, em relação ao CPP, uma especificidade. A

competência para o julgamento do ato infracional firmar-se-á em razão do local onde se deu a ação ou omissão (conduta). Adotou-se, portanto, a teoria da atividade. Já o CPP, em seu art. 70, *caput*, diferentemente, acolheu a teoria do resultado, pela qual será competente o juízo do lugar onde se deu a consumação. No caso narrado no enunciado, o processamento e julgamento, pelo Juiz da Infância e da Juventude, ou o juiz que exerce essa função (art. 146, ECA), deverá se dar, de uma forma ou de outra, na comarca de Belo Horizonte, local no qual foi praticado o ato infracional (conduta).

44. Gabarito "A"
Comentário: A: correta. O Estatuto da Pessoa com Deficiência (Lei 13.146/2015) incluiu ao Código de Defesa do Consumidor, parágrafo único do art. 6º, que garante às pessoas com deficiência o direito básico à informação. **B:** incorreta. Na forma do art. 6º, inciso III, do CDC, todo consumidor tem o direito básico "a informação adequada e clara sobre os diferentes produtos e serviços, com especificação correta de quantidade, características, composição, qualidade, tributos incidentes e preço, bem como sobre os riscos que apresentem". **C** e **D:** incorretas. Ver justificativa da alternativa "A".

45. Gabarito "C"
Comentário: A: incorreta. Aplica-se o Código de Defesa do Consumidor ao destinatário final de produto ou serviço, nos termos do art. 2º da lei consumerista (consumidor é pessoa física ou jurídica que adquire ou utiliza produto ou serviço como destinatário final). Ademais, para o caso em estudo, a concessionária e a montadora teriam responsabilidade civil solidária (art. 25 do CDC). Note-se que a jurisprudência do STJ segue no sentido de que é solidária a responsabilidade do fabricante e da concessionária por vício do produto, em veículos automotores, podendo o consumidor acionar qualquer um dos coobrigados. Veja: STJ, 4ª Turma, Rel. Min. Raul Araújo, REsp 2018/0209842-3, DJe 15/04/2019. **B:** incorreta. Vide comentários à alternativa "C". **C:** correta. A teoria finalista mitigada, adotada pelo Superior Tribunal de Justiça, admite a incidência da lei consumerista quando o destinatário final do produto, ainda que para com a finalidade de lucro, seja vulnerável. (Veja: REsp 1.599.535-RS, Rel. Min. Nancy Andrighi, por unanimidade, julgado em 14/3/2017, DJe 21/3/2017). Assim, o Código de Defesa do Consumidor é aplicável ao adquirente final (consumidores particulares) e a concessionária para o veículo que adquiriu com a finalidade de uso próprio, excluindo os automóveis por essa revendidos. **D:** incorreta. Vide nota da alternativa "A".

46. Gabarito: "B"
Comentário: A inscrição do empresário é obrigatória antes do início de sua atividade, nos termos do art. 967 do Código Civil, sem qualquer exceção em relação às microempresas e empresas de pequeno porte.

47. Gabarito: "C"
Comentário: Nos termos do art. 161, §5º, da Lei 11.101/2005, o credor que tiver manifestado sua adesão ao plano de recuperação extrajudicial dele não poderá desistir após a distribuição do pedido de homologação, qualquer que seja o valor de seus créditos, salvo se obtiver a anuência dos demais signatários.

48. Gabarito: "A"
Comentário: Com a falência, o valor do ativo deve ser utilizado para pagamento dos créditos na ordem prevista nos arts. 83 e 84 da Lei de Falências. A retirada de sócio implicaria a apuração de seus haveres e pagamento para ele de valores que deveriam ser destinados aos credores. Por tal razão, o art. 116, II, da Lei de Falências estabelece que o direito de retirada fica suspenso com a decretação da quebra.

49. Gabarito: "D"
Comentário: A participação do incapaz em sociedade empresária é permitida e regulada pelo art. 974, §3º, do Código Civil, que estabelece as seguintes condições para a entrada de pessoa incapaz no quadro social: (i) o capital social deve estar totalmente integralizado; (ii) o sócio incapaz não pode ter poderes de administração; e (iii) deve estar devidamente representado ou assistido.

50. Gabarito: "B"
Comentário: A: incorreta. Não há qualquer previsão legal nesse sentido. Ao contrário, como se trata de endosso em branco, o título se caracteriza como "ao portador", cabendo à endossante pagá-lo, em tese, a quem o apresente; **B:** correta, nos termos do art. 909 do CC; **C:** incorreta. O art. 906 do CC autoriza a oposição de exceções pessoais e de nulidade da obrigação; **D:** incorreta. O art. 905, parágrafo único, do CC, aplicável por analogia, afirma que a obrigação é devida ainda que o título tenha entrado em circulação contra a vontade do emitente.

51. Gabarito "C"
Comentário: Todas as alternativas se referem a instrumentos processuais que, de alguma maneira, se prestam a impugnar decisões judiciais. No sistema anterior, existiam embargos específicos para a arrematação. Mas, no CPC 2015, a expressa previsão, com base no art. 903, § 4º, é ação autônoma ("Após a expedição da carta de arrematação ou da ordem de entrega, a invalidação da arrematação poderá ser pleiteada por ação autônoma (...)").

52. Gabarito "B"
Comentário: A: incorreta. A legitimidade da ação coletiva é defina pelo art. 5º da LACP e pelo art. 82 do CDC. Trata-se de legitimação extraordinária, em que a parte postula em nome próprio, direito alheio. **B:** correta. Trata-se de Ação Civil Pública que defende Direito Individual Homogêneo (art. 81, parágrafo único, III, do CDC), que se caracteriza por ser um direito transindividual, divisível, em que pode ser identificado o sujeito de direito e que tem como origem uma circunstância de fato. Nesse caso, nos termos do art. 95 da lei consumerista, tendo ocorrido a procedência do pedido, a condenação deverá ser genérica, fixando a responsabilidade dos réus e determinando, no seu art. 97, que a liquidação e execução de sentença podem ser promovidas pela vítima e seus sucessores, bem como pelos legitimados da ação coletiva. **C:** incorreta. A legitimidade do Ministério Público para as ações coletivas está definida pelo art. 5º da LACP e pelo art. 82 do CDC. **D:** incorreta. O art. 95 do CDC determina, expressamente, que a condenação deve ser genérica, fixando a responsabilidade dos réus.

53. Gabarito "D"
Comentário: A e B: incorretas; tendo em vista que já houve trânsito em julgado, não se mostra mais possível o uso de recurso; C: incorreta, pois o enunciado aponta que a impugnação já foi apresentada e rejeitada; D: correta, pois a previsão do Código é o uso da rescisória nessas situações em que, após o trânsito, sobrevém decisão do STF em sentido inverso ao que consta do título (art. 525, §§ 12 e 15).

54. Gabarito "D"
Comentário: Em regra, deverá ser utilizado o JEF para causas com valor até 60 salários-mínimos, quando a União for ré (uso obrigatório e não facultativo). Porém, a Lei 10.259/2001 traz algumas exceções, situações nas quais não se pode utilizar esse Juizado, qualquer que seja o valor da causa. É o caso de anulação de demissão (art. 3º, § 1º, IV), de modo que a causa deverá ser proposta em Vara Federal tradicional, pelo procedimento comum.

55. Gabarito "B"
Comentário: A: incorreta, pois a ausência injustificada de qualquer das partes acarreta a aplicação de multa (CPC, art. 334, § 8º); **B:** correta, como exposto em "A", sendo esse o valor da multa (CPC, art. 334, § 8º); **C:** incorreta, considerando que há multa e não extinção do processo (a extinção por ausência do autor ocorre nos Juizados); **D:** incorreta, pois o momento de apresentar contestação, cuja ausência acarreta revelia, é após a audiência.

56. Gabarito "C"
Comentário: Quando se está diante de (i) acórdão, (ii) que aprecia ação constitucional de competência originária de Tribunal, (iii) decididos em única instância, (iv) cuja decisão é denegatória, cabível o recurso ordinário constitucional (ROC, CPC, art. 1.027, II, "a").
A: incorreta, pois não há fungibilidade entre REsp e ROC, por ausência de previsão legal e por se tratar de erro grosseiro usar o recurso errado; **B:**

incorreta, pois não cabe RE, mas ROC; **C:** correta, pois se houver o uso do recurso errado (requisito de admissibilidade cabimento), o recurso não será conhecido; **D:** incorreta, pois como já exposto, cabível o ROC.

57. Gabarito "B"
Comentário: A: incorreta, pois o CPC prevê "liminar" (tutela provisória) não só na urgência, mas também na evidência (art. 311); **B:** esta a alternativa correta, pois o juiz errou ao indeferir a liminar, pois uma das hipóteses de tutela de evidência é, exatamente, a existência de documentos aliados à tese repetitiva firmada (CPC, art. 311, II e p.u.); **C:** incorreta, pois também tese repetitiva justifica a tutela de evidência; **D:** incorreta, pois das quatro hipóteses de tutela de evidência, em apenas duas é possível a concessão liminar, sem a prévia oitiva da parte contrária (art. 311, p.u.).

58. Gabarito: "A"
Comentário: É do enunciado que Mário, cansado de ver sua filha, de 15 anos, ser importunada por seu vizinho, resolve agredi-lo, com o escopo, num primeiro momento, de causar-lhe lesões corporais. E assim o faz, colocando em prática seu intento. Ocorre que, no curso da execução do crime que almejava praticar (lesão corporal), quando já atingira seu algoz com dois socos, Mário, constatando que o castigo ainda era insuficiente, altera o seu *animus* e passa a agir com o intuito de tirar a vida do vizinho, o que de fato vem a acontecer. Para tanto, faz uso de uma barra de ferro. O mais importante, aqui, é observar que o agente (Mário), num primeiro momento, agira com o propósito tão somente de causar lesões corporais em seu vizinho; em momento posterior, mas ainda no decorrer da execução do crime que pretendia praticar, passa a agir com propósito diverso, qual seja, o de matar seu vizinho. Em outros termos: houve alteração do dolo. Pois bem. Está-se diante da chamada *progressão criminosa*, que constitui hipótese de incidência do princípio da consunção e tem como consequência a absorção dos crimes de lesão corporal pelo crime-fim, o homicídio consumado. Não há, pois, por essa razão, que se falar em concurso material ou formal de crimes.

59. Gabarito: "C"
Comentário: Segundo consta do enunciado, Lúcio, quando ainda contava com 17 anos de idade, imbuído do propósito de conseguir dinheiro para adquirir uma moto, já que alcançaria a maioridade dali a poucos dias, decide, na companhia de um comparsa, sequestrar Danilo. E assim o faz. Aos 05/10/2018, Lúcio, prestes a completar 18 anos (o que aconteceria em 09/10/2018), sequestra a vítima, cuja família, no mesmo dia, é contatada e da qual é exigido o valor de resgate, correspondente a cinquenta mil reais. Até aqui, pelo que foi narrado, possível inferir que os agentes, entre eles Lúcio, praticaram o crime de extorsão mediante sequestro, capitulado no art. 159 do CP. Pois bem. Consta ainda que o sequestrado permaneceu nesta condição pelo interregno correspondente a duas semanas, após o que foi libertado pela polícia, que logrou localizar o local do cativeiro. Ou seja, a vítima teve a sua liberdade restringida (foi arrebatada) quando Lúcio ainda era menor (17 anos), sendo libertada quando ele já atingira a maioridade. A questão que aqui se coloca é saber se Lúcio deve ser responsabilizado na qualidade de imputável ou como inimputável. Antes de mais nada, é importante que se diga que, para os efeitos do ECA (Estatuto da Criança e do Adolescente), deve ser considerada a idade do adolescente à data da conduta (ação ou omissão). Suponhamos, assim, que a prática da conduta tenha se dado a poucos dias de o adolescente atingir a maioridade (o disparo de uma arma de fogo em alguém, por exemplo) e o resultado tenha sido produzido quando o agente completou 18 anos (morte da vítima); valerá, aqui, a data do fato e não a do resultado, de forma que o agente ficará sujeito a uma medida socioeducativa, isto é, não responderá criminalmente. Incorporou-se, portanto, a teoria da atividade, consagrada no art. 4º do Código Penal, segundo a qual se considera praticado o crime no momento da ação ou omissão (conduta), ainda que outro seja o do resultado. É o que estabelece o art. 104, parágrafo único, do ECA. Aplicando tal regra ao caso narrado no enunciado, forçoso concluir que Lúcio deve ser responsabilizado como menor, certo? Errado. Isso porque o crime de extorsão mediante sequestro é classificado como *permanente*, isto é, a sua consumação se protrai no tempo por vontade do agente. Com isso, no momento em que Lúcio alcançou a maioridade, a conduta ainda estava em curso (o delito ainda estava se consumando), razão pela qual Danilo deve ser responsabilizado como imputável. *Vide*, a esse respeito, a Súmula 711, do STF. Outro ponto que merece destaque e é decisivo no acerto da questão: a consumação deste crime se dá com a mera atividade de sequestrar a vítima, ou seja, opera-se a consumação no exato instante em que a vítima é arrebatada pelo sequestrador. Dito isso, vê-se que o crime narrado no enunciado atingiu a consumação. Por fim, há de se reconhecer a forma qualificada do art. 159, § 1º, do CP, na medida em que a vítima teve a sua liberdade tolhida por período superior a 24 horas.

60. Gabarito: "D"
Comentário: As chamadas *causas supervenientes relativamente independentes* excluem a imputação, desde que sejam aptas, por si sós, a produzir o resultado; os fatos anteriores, no entanto, serão imputados a quem os praticou (art. 13, § 1º, do CP). Exemplo clássico e sempre lembrado pela doutrina é aquele em que a vítima de tentativa de homicídio é socorrida e levada ao hospital e, ali estando, vem a falecer, não em razão dos ferimentos que experimentou, mas por conta de incêndio ocorrido na enfermaria do hospital. Este evento (incêndio) do qual decorreu a morte da vítima constitui causa superveniente relativamente independente que, por si só, gerou o resultado. O nexo causal, nos termos do art. 13, § 1º, do CP, é interrompido (há imprevisibilidade). O agente, por isso, responderá por homicídio na forma tentada (e não na modalidade consumada). Perceba que, neste caso, estamos a falar de causa *relativamente* independente porque, não fosse a tentativa de homicídio, o ofendido não seria, por óbvio, hospitalizado e não seria, por consequência, vítima do incêndio que produziu, de fato, a sua morte. Dito isso e considerando o que consta do enunciado proposto, Jonas deverá ser responsabilizado apenas por lesão corporal (fratura no braço da vítima), na medida em que a morte de Leonardo decorreu de reação alérgica (choque anafilático) ocorrida em razão de erro médico. Assim, pode-se entender que a reação alérgica ao medicamento equivocadamente ministrado constitui causa superveniente relativamente independente que, por si só, produziu o resultado, excluindo-se, assim, a imputação do evento fatal a Jonas, nos termos do art. 13, § 1º, do CP. Aplicando-se a teoria da causalidade adequada, pode-se concluir que Jonas apenas deverá responder pelos ferimentos (lesões) provocados em Leonardo durante a briga, não se compreendendo na linha de desdobramento normal de referida conduta a morte da vítima em razão de choque anafilático pela ingestão de medicamento que lhe causou alergia.

61. Gabarito: "D"
Comentário: Inconformado com o término do relacionamento que mantinha com Sandra, Fábio convence Enrico, uma criança de 4 anos fruto de relacionamento anterior de Sandra, a atirar-se do 8º andar do prédio onde residia. Para tanto, valendo-se da distração da irmã de Sandra, sob o cuidado de quem o infante se encontrava, argumenta com a criança sobre como seria legal voar do 8º andar apenas com uma pequena toalha funcionando como paraquedas. O menor, induzido que foi por Fábio, pula da varanda do apartamento com a toalha e vem a sofrer lesões corporais de natureza grave, já que cai sobre uma árvore. O candidato, num primeiro momento, antes mesmo de proceder a uma reflexão mais acurada, concluirá que Fábio, que induziu Enrico a suicidar-se, deverá ser responsabilizado pelo crime do art. 122 do CP, que a doutrina convencionou chamar de *participação em suicídio*. Tal conclusão, no entanto, está incorreta. É que, para que reste caracterizado o crime de participação em suicídio, é condição indispensável que a vítima tenha um mínimo de capacidade de compreender o significado de um ato suicida. Evidente não ser este o caso de uma criança com 4 anos de idade, que nenhuma ideia faz das consequências que podem decorrer de seu ato. Tanto que acreditou que, se fizesse uso de uma toalha, poderia voar. Dessa forma, o crime de Fábio não é o do art. 122 do CP. Com efeito, ele deverá ser responsabilizado pelo delito de homicídio doloso, na modalidade tentada, uma vez que o evento morte não ocorreu por circunstâncias alheias à sua vontade. Cuidado: a causa de aumento de pena prevista no art. 122, II, do CP, a incidir na hipótese de a vítima ser menor, somente terá lugar se esta contar com mais de 14 e menos de 18 anos. Nesse sentido, conferir o magistério de Guilherme de Souza Nucci, ao tratar da causa de aumento prevista no art. 122, II, do CP: "(...) No tocante ao menor, deve-se entender a pessoa entre 14 e 18 anos, porque o menor de 14 anos, se não tem capacidade nem mesmo para consentir num ato sexual, certamente não a terá para a eliminação da própria vida. Por fim, é de se ressaltar que o suicídio com resistência nula – pelos abalos ou situações

supramencionadas, incluindo-se a idade inferior a 14 anos – é vítima de homicídio, e não de induzimento, instigação ou auxílio a suicídio" (*Código Penal Comentado*, 18. ed., p. 799). Este comentário refere-se à redação anterior do art. 122 do CP, em vigor ao tempo em que foi elaborada esta questão. Em 26 de dezembro de 2019, foi publicada (e entrou em vigor) a Lei 13.968, que conferiu nova conformação jurídica ao crime de participação em suicídio. Além de alterações promovidas neste delito, inseriu-se, no mesmo dispositivo, o crime de induzimento, instigação ou auxílio a automutilação. A mudança mais significativa, a nosso ver, diz respeito ao momento consumativo do crime. Até então, tínhamos que o delito de participação em suicídio era *material*, exigindo-se, à sua consumação, a produção de resultado naturalístico consistente na morte ou lesão grave. Com a mudança operada na redação deste dispositivo, este crime passa a ser *formal*, de sorte que a consumação será alcançada com o mero ato de induzir, instigar ou auxiliar a vítima a suicidar-se ou a automutilar-se. A morte, se ocorrer, configurará a forma qualificada prevista no art. 122, § 2º; se sobrevier, da tentativa de suicídio ou da automutilação, lesão grave ou gravíssima, restará configurada a forma qualificada do art. 122, § 1º. Perceba que a morte e a lesão grave, na redação anterior, constituíam pressuposto à consumação da participação em suicídio; hoje, trata-se de circunstâncias que qualificam o crime de induzimento, instigação ou auxílio a suicídio ou a automutilação. O § 3º do dispositivo em análise estabelece causas de aumento de pena. Reza que a pena será duplicada: se o crime é praticado por motivo egoístico, torpe ou fútil; e se a vítima é menor ou tem diminuída, por qualquer causa, a capacidade de resistência. O § 4º, por sua vez, impõe um aumento de pena de até o dobro se a conduta é realizada por meio da internet ou rede social ou ainda transmitida em tempo real. Se o sujeito ativo for líder ou coordenador de grupo ou de rede virtual, sua pena será aumentada em metade (§ 5). O § 6º trata da hipótese em que o crime do § 1º deste artigo resulta em lesão corporal de natureza gravíssima e é cometido contra menor de 14 anos ou contra vítima que, por enfermidade ou deficiência mental, não tem o necessário discernimento para a prática do ato, ou que, por qualquer outra causa, está impedido de oferecer resistência, caso em que o agente responderá pelo delito do art. 129, § 2º, do CP (hipótese descrita no enunciado); agora, se contra essas mesmas vítimas for cometido o crime do art. 122, § 2º, do CP (suicídio consumado ou morte decorrente da automutilação), o crime em que incorrerá o agente será o de homicídio (art. 121, CP). É o que estabelece o art. 122, § 7º, CP. Questão que por certo suscitará acalorados debates na doutrina e na jurisprudência diz respeito à competência para o julgamento deste crime. Seria o Tribunal do Júri competente para o julgamento tanto da conduta de participação em suicídio quanto a de participação em automutilação? Não há dúvidas que o sujeito que induz, instiga ou presta auxílio a alguém com o fim de que este dê cabo de sua própria vida deve ser julgado pelo Tribunal Popular, como sempre ocorreu. Ou seja, nunca se discutiu a competência do Tribunal do Júri para o julgamento do crime do art. 122 do CP na sua redação original. Sucede que, agora, com a nova redação conferida a este dispositivo e a inclusão de nova conduta desprovida de *animus necandi*, surge a dúvida quanto à competência para o julgamento da participação em automutilação. Aguardemos.

62. Gabarito: "D"
Comentário: Nos crimes cuja ação penal é de iniciativa privativa do ofendido, incumbirá a este, entre outros encargos a que está sujeito, comparecer a qualquer ato do processo a que deva estar presente; se não o fizer, operar-se-á o fenômeno da *perempção*, que constitui modalidade de causa extintiva da punibilidade aplicável ao querelante que, por desídia, demonstra desinteresse pelo prosseguimento da ação (art. 107, IV, CP). Suas hipóteses de cabimento estão elencadas no art. 60 do CPP. Evidente que, sendo a ausência justificada, não há que se falar em perempção.

63. Gabarito: "D"
Comentário: Antes de analisar cada alternativa, façamos a adequação típica da conduta descrita no enunciado. Em outras palavras, em que crime incorreu Lucas? Segundo consta, ao ingressar na residência, o objetivo de Lucas era tão somente o de subtrair o computador (*animus furandi*); ocorre, todavia, que, logo após se apoderar do bem e quando já se preparava para deixar o local, Lucas é surpreendido com a presença do proprietário do imóvel. Assustado, ele o empurra e logra deixar o local com o produto do crime. Note que Lucas, num primeiro momento, queria praticar o crime de furto e, posteriormente, já na posse do bem subtraído, acaba por empregar violência (empurrão) com o propósito de assegurar a impunidade ou a detenção da coisa. Pois bem. Dito isso, forçoso concluir que o crime em que incorreu Lucas é o de roubo impróprio (art. 157, § 1º, do CP), cujo pressuposto é justamente o fato de a violência contra a pessoa ou grave ameaça verificar-se após a subtração da *res*. O roubo próprio, por sua vez, que é a modalidade mais comum desse crime, se dá quando a violência ou grave ameaça é empregada com o fim de retirar os bens da vítima. Em outras palavras, a violência ou a grave ameaça, no roubo próprio, constitui meio para o agente chegar ao seu objetivo, que é o de efetuar a subtração. Passemos agora à análise de cada alternativa. **A:** incorreta. Tendo em conta que o roubo impróprio alcança a sua consumação com o emprego da violência ou grave ameaça, não há que se falar em desistência voluntária, na medida em que tal instituto pressupõe ausência de consumação, entre outros requisitos (art. 15, primeira parte, CP); **B:** incorreta. A exemplo da desistência voluntária, o arrependimento eficaz (art. 15, segunda parte, do CP) também pressupõe ausência de consumação; **C:** incorreta. Já o arrependimento posterior (art. 16, CP) tem como pressuposto que o crime tenha se consumado. Ocorre que o reconhecimento desta causa de redução de pena exige, entre outros requisitos, que o crime tenha sido praticado sem violência ou grave ameaça à pessoa. Como já ponderado acima, não é este o caso do roubo impróprio (ou mesmo o próprio); **D:** correta. Lucas, que cometeu o crime de roubo impróprio, fará jus ao reconhecimento da circunstância atenuante presente no art. 65, III, *b*, do CP.

64. Gabarito "C"
Comentário: A: incorreta. Embora o direito de autodefesa inclua o direito de presença do réu em todos os atos do processo, é certo que, havendo motivo plausível (humilhação, temor ou sério constrangimento à vítima), poderá o juiz, sendo inviável proceder-se à inquirição por meio de videoconferência, determinar a retirada do acusado da sala de audiência, assegurada a permanência de seu defensor (art. 217, CPP); **B:** incorreta. Ao contrário do que se afirma na assertiva, a primeira formalidade a ser cumprida, no ato de reconhecimento de pessoas, é justamente a descrição da pessoa que tiver de ser reconhecida por aquela que fará o reconhecimento (art. 226, I, CPP); **C:** correta. Se, no momento do reconhecimento, havia pessoas com características semelhantes às de Glauber, elas deveriam ter sido utilizadas (art. 226, II, CPP). Se não foram (quando era possível), poderá o advogado de Glauber se valer deste vício para buscar a anulação do julgamento, por infringência à regra contida no art. 226, II, CPP; **D:** incorreta, já que tal formalidade não está prescrita em lei (art. 226, IV, do CPP).

65. Gabarito "D"
Comentário: A: incorreta. Transitada em julgado a sentença penal condenatória, a revisão pode ser requerida a qualquer tempo, antes ou depois de extinta a pena (art. 622, *caput*, do CPP); **B:** incorreta, pois contraria o disposto no art. 623 do CPP, que estabelece que a revisão poderá ser pedida pelo próprio réu ou por procurador legalmente habilitado ou, no caso de morte do condenado, pelo cônjuge, ascendente, descendente ou irmão. Admite-se, pois, que o próprio condenado ajuíze a ação revisional, ainda que não se faça representar por advogado; **C:** incorreta. O julgamento da revisão criminal cabe aos tribunais (art. 624, CPP); **D:** correta. Vide comentário à assertiva "B".

66. Gabarito "C"
Comentário: A solução da questão deve ser extraída da Súmula 707, STF: "Constitui nulidade a falta de intimação do denunciado para oferecer contrarrazões ao recurso interposto da rejeição da denúncia, não a suprimindo a nomeação de defensor dativo".

67. Gabarito "B"
Comentário: Na dicção do art. 146 do CPP, a arguição de falsidade, feita por procurador, exige que sejam a este conferidos poderes especiais. Procedimento do incidente de falsidade: depois de mandar autuar em apartado a impugnação, o juiz ouvirá a parte contrária, que, dentro do prazo de 48 horas, oferecerá resposta, tal como estabelece o art. 145, I, do CPP; após, assinará o prazo de 3 dias, sucessivamente, a cada uma das partes, para prova de suas alegações (art. 145, II, do CPP); conclusos os

autos, poderá ordenar as diligências que reputar necessárias (art. 145, III, do CPP); reconhecida a falsidade, o juiz determinará, por decisão contra a qual não cabe recurso, o desentranhamento do documento e o remeterá ao MP (art. 145, IV, do CPP).

68. Gabarito "C"
Comentário: A: incorreta. Se de um lado é fato que ao acusado é concedida a garantia de conhecer todas as provas que contra ele pesam, isso não quer dizer que os interrogatórios devam ser feitos conjuntamente, na hipótese de haver mais de um réu. É do art. 191 do CPP que, o interrogatório, havendo mais de um acusado, será feito em separado. Isso para se evitar a influência de um corréu sobre o outro, no ato do interrogatório. Dessa forma, o interrogatório, no caso narrado no enunciado, deve, sim, ser feito separadamente. Agiu bem o magistrado, portanto; **B:** incorreta. Embora se trate de providência de caráter excepcional, assim considerada pela lei processual penal (art. 185, § 2°, CPP), é certo que, na hipótese narrada no enunciado, deveria o magistrado responsável pelo julgamento do caso, tendo em vista a notícia concreta de que Tomás e Sérgio, durante o deslocamento para a audiência de instrução e julgamento, teriam um plano de fuga, determinar que o interrogatório fosse realizado por videoconferência, hipótese contemplada no art. 185, § 2°, I, do CPP; **C:** correta. O juiz, fazendo uso da prerrogativa que lhe confere o art. 182 do CPP, poderá aceitar ou rejeitar o laudo, no todo ou em parte. É dizer, o magistrado não ficará vinculado ao laudo; **D:** incorreta. A redação anterior do art. 159 do CPP estabelecia que a perícia fosse realizada por *dois* profissionais. Atualmente, com a modificação a que foi submetido este dispositivo (pela Lei 11.690/2008), a perícia será levada a efeito por *um* perito oficial portador de diploma de curso superior. À falta deste, determina o § 1° do art. 159 que o exame seja feito por duas pessoas idôneas, detentoras de diploma de curso superior preferencialmente na área específica, dentre aquelas que tiverem habilitação técnica relacionada com a natureza do exame.

69. Gabarito "A"
Comentário: Não há dúvida de que o crime de furto qualificado praticado por Anderson, Cláudio e Jorge é da competência da Justiça Federal, já que cometido em detrimento de empresa pública federal (art. 109 da CF). Ocorre que, ao deixarem a agência bancária, logo em seguida ao cometimento do furto, os agentes efetuaram um roubo de veículo, que lhes serviu de fuga, tendo como vítima Júlia, crime este conexo com o furto contra a agência bancária. Em princípio, a competência para o julgamento do roubo seria da Justiça Estadual. Sucede que, diante da conexão existente entre esses dois delitos, tendo em vista a força atrativa da Justiça Federal em face da Estadual, o julgamento de ambos os crimes caberá àquela (Justiça Federal). É esse o entendimento sedimentado na Súmula 122 do STJ: *Compete à Justiça Federal o processo e julgamento unificado dos crimes conexos de competência federal e estadual, não se aplicando a regra do art. 78, II, a, do Código de Processo Penal.*

70. Gabarito: "C"
Comentário: "C" é a alternativa correta. Isso porque nos termos do art. 477-B da CLT o Plano de Demissão Voluntária ou Incentivada, seja para dispensa individual, plúrima ou coletiva, previsto em convenção coletiva ou acordo coletivo de trabalho, enseja quitação plena e irrevogável dos direitos decorrentes da relação empregatícia, salvo disposição em contrário estipulada entre as partes. Como no acordo não houve disposição em contrário das partes, ou seja, não houve qualquer ressalva das partes, Gilberto não teria sucesso na demanda.

71. Gabarito: "C"
Comentário: A: incorreta, pois se trata da modalidade teletrabalho, previsto nos arts. 75-A a 75-E da CLT; **B:** opção incorreta, pois os empregados em teletrabalho estão excluídos do regime de duração do trabalho, conforme art. 62, III, da CLT; **C:** correta, pois se trata da modalidade teletrabalho, previsto nos arts. 75-A a 75-E da CLT. Nessa modalidade de contrato poderá ser realizada a alteração do regime de teletrabalho para o presencial por determinação do empregador, garantido prazo de transição mínimo de quinze dias, com correspondente registro em aditivo contratual, na forma do art. 75-C, § 2°, da CLT. **D:** incorreta, pois os equipamentos utilizados não são considerados salário-utilidade, art. 75-D, parágrafo único, da CLT.

72. Gabarito: "D"
Comentário: "D" é a resposta correta. Isso porque o enunciado trata do instituto denominado horas in itinere, sobre o qual o art. 58, § 2°, da CLT dispõe que o tempo gasto pelo empregado desde a sua residência até a efetiva ocupação do posto de trabalho e para o seu retorno, caminhando ou por qualquer meio de transporte, inclusive o fornecido pelo empregador, não será computado na jornada de trabalho, por não ser tempo à disposição do empregador. Por essa razão Fábio não fará jus ao pedido de horas extras.

73. Gabarito: "C"
Comentário: "C" é a alternativa correta. Isso porque Alice possui a garantia de emprego da gestante, prevista no art. 10, II, b, do ADCT, mesmo na hipótese de admissão mediante contrato por tempo determinado, súmula 244, III, TST. Sofia possui a estabilidade por acidente do trabalho, prevista no art. 118 da Lei 8.213/1991, ainda que submetida a contrato de trabalho por tempo determinado, súmula 378, III, do TST. Larissa, contudo, não possui garantia de emprego, pois, nos termos do art. 165 da CLT, somente os titulares da representação dos empregados nas CIPA (s) não poderão sofrer despedida arbitrária, gozando da garantia provisória de emprego decorrente de acidente de trabalho. Isso porque ela foi indicada pelo empregador e não eleita pelos empregados. Por último, Maria Eduarda possui a garantia de emprego prevista no art. 510-D, § 3°, da CLT.

74. Gabarito: "D"
Comentário: Nos termos do art. 468 da CLT nos contratos individuais de trabalho só é lícita a alteração das respectivas condições por mútuo consentimento, e ainda assim desde que não resultem, direta ou indiretamente, prejuízos ao empregado, sob pena de nulidade da cláusula infringente desta garantia. Nesse sentido, dispõe o § 1° do citado dispositivo legal que não se considera alteração unilateral a determinação do empregador para que o respectivo empregado reverta ao cargo efetivo, anteriormente ocupado, deixando o exercício de função de confiança. Nesse sentido, antes da reforma trabalhista (Lei 13.467/2017) o TST entendia por meio da súmula 372, I que percebida a gratificação de função por dez ou mais anos pelo empregado, se o empregador, sem justo motivo, revertê-lo a seu cargo efetivo, não poderá retirar-lhe a gratificação tendo em vista o princípio da estabilidade financeira. Contudo, a Lei 13.467/2017 (reforma trabalhista) inseriu o § 2° ao art. 468 da CLT ensinando que a alteração contratual acima estudada, com ou sem justo motivo, não assegura ao empregado o direito à manutenção do pagamento da gratificação correspondente, que não será incorporada, independente do tempo de exercício da respectiva função. Desta forma, pela atual legislação em vigor, seria correta a alternativa "D".

75. Gabarito: "D"
Comentário: Nos termos do art. 611-A, § 2°, da CLT a inexistência de expressa indicação de contrapartidas recíprocas em convenção coletiva ou acordo coletivo de trabalho não ensejará sua nulidade por não caracterizar um vício do negócio jurídico.

76. Gabarito: "A"
Comentário: "A" é a opção correta. O recurso adesivo será cabível das decisões de procedência parcial, ou seja, quando houver sucumbência recíproca. Deverá ser interposto perante a autoridade competente para admitir o recurso principal, no mesmo prazo das contrarrazões ao recurso principal e ficará vinculado ao seu recebimento. Não há previsão do recurso adesivo na CLT, sendo aplicado subsidiariamente o art. 997 do CPC/2015, por força do art. 769 da CLT e art. 15 CPC/2015. Por meio da Súmula 283 o TST entendeu que o recurso adesivo é compatível com o processo do trabalho e cabe, no prazo de 8 (oito) dias, nas hipóteses de interposição de recurso ordinário, de agravo de petição, de revista e de embargos, sendo desnecessário que a matéria nele veiculada esteja relacionada com a do recurso interposto pela parte contrária.

77. Gabarito: "B"
Comentário: "B" é a opção correta. Inicialmente, cumpre apontar que, de acordo com o enunciado, o Juiz proferiu uma sentença (art. 203, § 1°, CPC), ato impugnável mediante recurso ordinário, na forma do art. 895, I, da CLT, no prazo de 8 dias. Com isso, mostra-se inviável a impetração de Mandado

de Segurança. No recurso ordinário a parte deverá pugnar pela nulidade da sentença, na medida em que, conforme o art. 843, § 1º, da CLT, é facultado ao empregador fazer-se substituir por preposto que tenha conhecimento do fato, e cujas declarações obrigarão o proponente. O § 4º do mesmo art. 843 da CLT determina que o preposto não precisa ser empregado da parte reclamada.

78. Gabarito: "C"
Comentário: "C" é a opção correta. Isso porque, oferecida a contestação, ainda que eletronicamente, o reclamante não poderá, sem o consentimento do reclamado, desistir da ação, nos termos do art. 841, § 3º, da CLT. O encaminhamento da contestação pelo PJe, antes da audiência inaugural, "com sigilo", não impede a desistência unilateral do reclamante. Por outro lado, se a contestação foi encaminhada pelo PJe "sem sigilo", a desistência da reclamação somente será possível com o consentimento da reclamada.

79. Gabarito: "B"
Comentário: A: incorreta, pois o processo de homologação de acordo extrajudicial está previsto nos arts. 855-B a 855-E da CLT; **B:** correta, pois, nos termos do art. 855-D da CLT, a decisão proferida se denomina sentença, ato impugnável via recurso ordinário, nos termos do art. 895, I, da CLT; **C:** incorreta, pois a propositura de nova ação não se mostra viável, tendo em vista o ato ser impugnável via recurso ordinário, art. 895, I, da CLT; **D:** incorreta, pois embora o juiz não seja obrigado a homologar acordo (súmula 418 do TST), o ato do Juiz por possuir conteúdo de sentença é impugnável via recurso ordinário, art. 895, I, da CLT.

80. Gabarito: "D"
Comentário: I: incorreta. Nos termos do art. 406 da CLT a competência para autorização do trabalho do menor é da Justiça Comum Estadual, especificamente do Juiz da Infância e Juventude; **II:** correta, nos termos do art. 114, VII, da CF; **III:** incorreta, pois, nos termos do art. 109, I, da CF, a competência para ações acidentárias será da Justiça Comum Estadual; **IV:** opção incorreta, pois a relação entre o advogado e seu cliente é regida pelo Código Civil. Não se trata de uma relação de trabalho, mas sim de uma relação de natureza civil, o que afasta a competência da Justiça do Trabalho, determinando a competência da Justiça Comum Estadual.

2019.3 – XXX EXAME DE ORDEM

1. Em certa situação, uma advogada, inscrita na OAB, foi ofendida em razão do exercício profissional durante a realização de uma audiência judicial. O ocorrido foi amplamente divulgado na mídia, assumindo grande notoriedade e revelando, de modo urgente, a necessidade de desagravo público.

Considerando que o desagravo será promovido pelo Conselho competente, seja pelo órgão com atribuição ou pela Diretoria *ad referendum*, assinale a afirmativa correta.

(A) A atuação se dará apenas mediante provocação, a pedido da ofendida ou de qualquer outra pessoa. É condição para concessão do desagravo a solicitação de informações à pessoa ou autoridade apontada como ofensora.

(B) A atuação se dará de ofício ou mediante pedido, o qual deverá ser formulado pela ofendida, seu representante legal ou advogado inscrito na OAB. É condição para concessão do desagravo a solicitação de informações à pessoa ou autoridade apontada como ofensora.

(C) A atuação se dará de ofício ou mediante provocação, seja da ofendida ou de qualquer outra pessoa. Não é condição para concessão do desagravo a solicitação de informações à pessoa ou autoridade apontada como ofensora.

(D) A atuação se dará de ofício ou mediante pedido, o qual deverá ser formulado pela ofendida, seu representante legal ou advogado inscrito na OAB. Não é condição para concessão do desagravo a solicitação de informações à pessoa ou autoridade apontada como ofensora.

2. O advogado Geraldo foi regularmente constituído por certo cliente para defendê-lo em um processo judicial no qual esse cliente é réu. Geraldo ofereceu contestação, e o processo segue atualmente seu trâmite regular, não tendo sido, por ora, designada audiência de instrução e julgamento.

Todavia, por razões insuperáveis que o impedem de continuar exercendo o mandato, Geraldo resolve renunciar. Em 12/02/2019, Geraldo fez a notificação válida da renúncia. Três dias depois da notificação, o mandante constituiu novo advogado, substituindo-o. Todo o ocorrido foi informado nos autos.

Considerando o caso narrado, de acordo com o Estatuto da Advocacia e da OAB, assinale a afirmativa correta.

(A) Geraldo continuará a representar o mandante durante os dez dias seguintes à notificação da renúncia.

(B) O dever de Geraldo de representar o mandante cessa diante da substituição do advogado, independentemente do decurso de prazo.

(C) Geraldo continuará a representar o mandante até que seja proferida e publicada sentença nos autos, ainda que recorrível.

(D) Geraldo continuará a representar o mandante até o término da audiência de instrução e julgamento.

3. Beatriz, advogada regularmente inscrita na OAB, deseja organizar uma chapa para concorrer à diretoria de Subseção. Ao estudar os pressupostos para a formação da chapa, a realização das eleições e o futuro exercício do cargo, Beatriz concluiu corretamente que

(A) a chapa deverá ser integrada por advogados em situação regular junto à OAB, que exerçam cargos em comissão, desde que atuem, efetivamente, na profissão há mais de cinco anos.

(B) a eleição será realizada na segunda quinzena do mês de novembro, do último ano do mandato, sendo o comparecimento obrigatório para todos os advogados inscritos na OAB.

(C) o mandato é de três anos, iniciando-se em primeiro de fevereiro do ano seguinte ao da eleição.

(D) o mandato extingue-se automaticamente, antes do seu término, sempre que o titular faltar, sem motivo justificado, a mais de três reuniões ordinárias.

4. O advogado Carlos não adimpliu suas obrigações relativas às anuidades devidas à OAB. Assinale a opção que, corretamente, trata das consequências de tal inadimplemento.

(A) Carlos deverá quitar o débito em 15 dias contados da notificação para tanto, sob pena de suspensão, independentemente de processo disciplinar. Na terceira suspensão por não pagamento de anuidade, seja a mesma ou anuidades distintas, será cancelada sua inscrição.

(B) Carlos deverá quitar o débito no prazo fixado em notificação, sob pena de suspensão mediante processo disciplinar. Após 15 dias de suspensão, caso não realizado o pagamento da mesma anuidade, será cancelada sua inscrição.

(C) Carlos deverá quitar o débito em 15 dias contados da notificação para tanto, sob pena de suspensão, mediante processo disciplinar. Na terceira suspensão por não pagamento de anuidades, será cancelada sua inscrição.

(D) Carlos deverá quitar o débito em 15 dias contados da notificação para tanto, sob pena de suspensão, independentemente de processo disciplinar. Na segunda suspensão por não pagamento de anuidades distintas, será cancelada sua inscrição, após o transcurso de processo disciplinar.

5. Jailton, advogado, após dez anos de exercício da advocacia, passou a apresentar comportamentos incomuns. Após avaliação médica, ele foi diagnosticado com uma doença mental curável, mediante medicação e tratamento bastante demorado.

Segundo as disposições do Estatuto da Advocacia e da OAB, o caso do advogado Jailton incide em causa de

(A) suspensão do exercício profissional.
(B) impedimento para o exercício profissional.
(C) cancelamento da inscrição profissional.
(D) licença do exercício profissional.

6. Antônio e José são advogados e atuam em matéria trabalhista. Antônio tomou conhecimento de certos fatos relativos à vida pessoal de seu cliente, que respondia a processo considerado de interesse acadêmico. Após o encerramento do feito judicial, Antônio resolveu abordar os fatos que deram origem ao processo em sua dissertação pública de mestrado. Então, a fim de se resguardar, Antônio notificou o cliente, indagando se este solicitava sigilo sobre os fatos pessoais ou se estes podiam ser tratados na aludida dissertação. Tendo obtido resposta favorável do cliente, Antônio abordou o assunto na dissertação.

Por sua vez, o advogado José também soube de fatos pessoais de seu cliente, em razão de sua atuação em outro processo. Entretanto, José foi difamado em público, gravemente, por uma das partes da demanda. Por ser necessário à defesa de sua honra, José divulgou o conteúdo particular de que teve conhecimento.

Considerando os dois casos narrados, assinale a afirmativa correta.

(A) Antônio infringiu o disposto no Código de Ética e Disciplina da OAB, violando o dever de sigilo profissional. Por outro lado, José não cometeu infração ética, já que o dever de sigilo profissional cede na situação descrita.

(B) Antônio e José infringiram, ambos, o disposto no Código de Ética e Disciplina da OAB, violando seus deveres de sigilo profissional.

(C) José infringiu o disposto no Código de Ética e Disciplina da OAB, violando o dever de sigilo profissional. Por outro lado, Antônio não cometeu infração ética, já que o dever de sigilo profissional cede na situação descrita.

(D) Antônio e José não cometeram infração ética, já que o dever de sigilo profissional, em ambos os casos, cede nas situações descritas.

7. Maria, formada em uma renomada faculdade de Direito, é transexual. Após a aprovação no Exame de Ordem e do cumprimento dos demais requisitos, Maria receberá a carteira de identidade de advogado, relativa à sua inscrição originária. Sobre a hipótese apresentada, de acordo com o disposto na Lei 8.906/94 e no Regulamento Geral do Estatuto da Advocacia e da OAB, assinale a afirmativa correta.

(A) É admitida a inclusão do nome social de Maria, em seguida ao nome registral, havendo exigência normativa de que este seja o nome pelo qual Maria se identifica e é socialmente reconhecida, mediante mero requerimento formulado pela advogada.

(B) É admitida a inclusão do nome social de Maria, desde que, por exigência normativa, este seja o nome pelo qual Maria se identifica e que consta em registro civil de pessoas naturais, originariamente ou por alteração, mediante mero requerimento formulado pela advogada.

(C) É admitida a inclusão do nome social de Maria, independentemente de menção ao nome registral, havendo exigência normativa de que este seja o nome pelo qual Maria se identifica, e é socialmente reconhecida, e de que haja prévia aprovação em sessão do Conselho Seccional respectivo.

(D) Não há previsão na Lei 8.906/94 e no Regulamento Geral do Estatuto da Advocacia e da OAB sobre a inclusão do nome social de Maria na carteira de identidade do advogado, embora tal direito possa advir de interpretação do disposto na Constituição Federal, desde que haja cirurgia prévia de redesignação sexual e posterior alteração do nome registral da advogada para aquele pelo qual ela se identifica e é socialmente reconhecida.

8. João Pedro, advogado conhecido no Município Alfa, foi eleito para mandato na Câmara Municipal, na legislatura de 2012 a 2015. Após a posse e o exercício do cargo de vereador em 2012 e 2013, João Pedro licenciou-se do mandato em 2014 e 2015 a convite do Prefeito, para exercer o cargo de Procurador-Geral do Município Alfa.

Diante desses fatos, João Pedro,

(A) em 2012 e 2013, poderia exercer a advocacia a favor de entidades paraestatais.

(B) em 2012 e 2013, não poderia exercer a advocacia contra empresa concessionária de serviço público estadual.

(C) em 2014 e 2015, poderia exercer a advocacia privada, desde que não atuasse contra o Município Alfa ou entidade que lhe seja vinculada.

(D) em 2014 e 2015, não poderia exercer a advocacia a favor de autarquia vinculada ao Município Alfa.

9. *Um juiz pode dar uma sentença favorável a uma querelante com um rostinho bonito ou proveniente de determinada classe social, na realidade porque gosta do rosto ou da classe, mas ostensivamente pelas razões que apresentar para sua decisão.*

Neil MacCormick

Existem diferentes motivos pelos quais uma decisão é tomada, segundo MacCormick. Alguns argumentos podem ser até mesmo inconfessáveis, porém, de qualquer forma, a autoridade que decide precisa persuadir um auditório quanto à sua decisão.

Assinale a opção que, segundo Neil MacCormick, em seu livro *Argumentação Jurídica e Teoria do Direito*, apresenta a noção essencial daquilo que a fundamentação de uma decisão deve fazer.

(A) Dar boas razões ostensivamente justificadoras em defesa da decisão, de modo que o processo de argumentação seja apresentado como processo de justificação.

(B) Realizar uma dedução silogística por intermédio da qual a decisão seja a premissa maior, resultante da lei, que deve ser considerada a premissa menor do raciocínio lógico.

(C) Proceder a um ato de vontade no qual cabe ao juiz escolher uma norma válida contida no ordenamento jurídico vigente e aplicá-la ao caso concreto.

(D) Alinhar-se à jurisprudência dominante em respeito às decisões dos tribunais superiores expressas na firma de precedentes, enunciados e súmulas.

10. *É preciso repetir mais uma vez aquilo que os adversários do utilitarismo raramente fazem o favor de reconhecer: a felicidade que os utilitaristas adotaram como padrão do que é certo na conduta não é a do próprio agente, mas a de todos os envolvidos.*

John Stuart *Mill*

Na defesa que Stuart Mill faz do utilitarismo como princípio moral, em seu texto *Utilitarismo*, ele afirma que o utilitarismo exige que o indivíduo não coloque seus interesses acima dos interesses dos demais, devendo, por isso, ser imparcial e até mesmo benevolente.

Assim, no texto em referência, Stuart Mill afirma que, para aproximar os indivíduos desse ideal, a *utilidade* recomenda que

(A) as leis e os dispositivos sociais coloquem, o máximo possível, a felicidade ou o interesse de cada indivíduo em harmonia com os interesses do todo.

(B) o Direito Natural, que possui como base a própria natureza das coisas, seja o fundamento primeiro e último de todas as leis, para que o desejo de ninguém se sobreponha ao convívio social.

(C) os sentimentos morais que são inatos aos seres humanos e conformam, de fato, uma parte de nossa natureza, já que estão presentes em todos, sejam a base da legislação.

(D) as leis de cada país garantam a liberdade de cada indivíduo em buscar sua própria felicidade, ainda que a felicidade de um não seja compatível com a felicidade de outro.

11. Em março de 2017, o Supremo Tribunal Federal, em decisão definitiva de mérito proferida no âmbito de uma Ação Declaratória de Constitucionalidade, com eficácia contra todos (*erga omnes*) e efeito vinculante, declarou que a lei federal, que autoriza o uso de determinado agrotóxico no cultivo de soja, é constitucional, desde que respeitados os limites e os parâmetros técnicos estabelecidos pela Agência Nacional de Vigilância Sanitária (ANVISA).

Inconformados com tal decisão, os congressistas do partido Y apresentaram um projeto de lei perante a Câmara dos Deputados visando proibir, em todo o território nacional, o uso do referido agrotóxico e, com isso, "derrubar" a decisão da Suprema Corte. Em outubro de 2017, o projeto de lei é apresentado para ser votado.

Diante da hipótese narrada, assinale a afirmativa correta.

(A) A superação legislativa das decisões definitivas de mérito do Supremo Tribunal Federal, no âmbito de uma ação declaratória de constitucionalidade, deve ser feita pela via da emenda constitucional, ou seja, como fruto da atuação do poder constituinte derivado reformador; logo, o projeto de lei proposto deve ser impugnado por mandado de segurança em controle prévio de constitucionalidade.

(B) Embora as decisões definitivas de mérito proferidas pelo Supremo Tribunal Federal nas ações declaratórias de constitucionalidade não vinculem o Poder Legislativo em sua função típica de legislar, a Constituição de 1988 veda a rediscussão de temática já analisada pela Suprema Corte na mesma sessão legislativa, de modo que o projeto de lei apresenta vício formal de inconstitucionalidade.

(C) Como as decisões definitivas de mérito proferidas pelo Supremo Tribunal Federal em sede de controle concentrado de constitucionalidade gozam de eficácia contra todos e efeito vinculante, não poderia ser apresentado projeto de lei que contrariasse questão já pacificada pela Suprema Corte, cabendo sua impugnação pela via da reclamação constitucional.

(D) O Poder Legislativo, em sua função típica de legislar, não fica vinculado às decisões definitivas de mérito proferidas pelo Supremo Tribunal Federal no controle de constitucionalidade, de modo que o projeto de lei apresentado em data posterior ao julgamento poderá ser regularmente votado e, se aprovado, implicará a superação ou reação legislativa da jurisprudência.

12. Em decorrência de um surto de dengue, o Município Alfa, após regular procedimento licitatório, firmou ajuste com a sociedade empresária *Mata Mosquitos Ltda.*, pessoa jurídica de direito privado com fins lucrativos, visando à prestação de serviços relacionados ao combate à proliferação de mosquitos e à realização de campanhas de conscientização da população local. Nos termos do ajuste celebrado, a sociedade empresarial passaria a integrar, de forma complementar, o Sistema Único de Saúde (SUS).

Diante da situação narrada, com base no texto constitucional, assinale a afirmativa correta.

(A) O ajuste firmado entre o ente municipal e a sociedade empresária é inconstitucional, eis que a Constituição de 1988 veda a participação de entidades privadas com fins lucrativos no Sistema Único de Saúde, ainda que de forma complementar.

(B) A participação complementar de entidades privadas com fins lucrativos no Sistema Único de Saúde é admitida, sendo apenas vedada a destinação de recursos públicos para fins de auxílio ou subvenção às atividades que desempenhem.

(C) O ajuste firmado entre o Município Alfa e a sociedade empresária Mata Mosquito Ltda. encontra-se em perfeita consonância com o texto constitucional, que autoriza a participação de entidades privadas com fins lucrativos no Sistema Único de Saúde e o posterior repasse de recursos públicos.

(D) As ações de vigilância sanitária e epidemiológica, conforme explicita a Constituição de 1988, não se encontram no âmbito de atribuições do Sistema Único de Saúde, razão pela qual devem ser prestadas exclusivamente pelo poder público.

13. As chuvas torrenciais que assolaram as regiões Norte e Nordeste do país resultaram na paralisação de serviços públicos essenciais ligados às áreas de saúde, educação e segurança. Além disso, diversos moradores foram desalojados de suas residências, e o suprimento de alimentos e remédios ficou prejudicado em decorrência dos alagamentos.

O Presidente da República, uma vez constatado o estado de calamidade pública de grande proporção, decretou estado de defesa. Dentre as medidas coercitivas adotadas com o propósito de restabelecer a ordem pública estava o uso temporário de ambulâncias e viaturas pertencentes ao Município Alfa.

Diante do caso hipotético narrado, assinale a afirmativa correta.

(A) A fundamentação empregada pelo Presidente da República para decretar o estado de defesa viola a Constituição de 1988, porque esta exige, para tal finalidade, a declaração de estado de guerra ou resposta a agressão armada estrangeira.

(B) Embora seja admitida a decretação do estado de defesa para restabelecer a ordem pública em locais atingidos por calamidades de grandes proporções da natureza, não pode o Presidente da República, durante a vigência do período de exceção, determinar o uso temporário de bens pertencentes a outros entes da federação.

(C) O estado de defesa, no caso em comento, viola o texto constitucional, porque apenas poderia vir a ser decretado pelo Presidente da República caso constatada a ineficácia de medidas adotadas durante o estado de sítio.

(D) A União pode determinar a ocupação e o uso temporário de bens e serviços públicos, respondendo pelos danos e custos decorrentes, porque a necessidade de restabelecer a ordem pública em locais atingidos por calamidades de grandes proporções da natureza é fundamento idôneo para o estado de defesa.

14. O Supremo Tribunal Federal reconheceu a periculosidade inerente ao ofício desempenhado pelos agentes penitenciários, por tratar-se de atividade de risco. Contudo, ante a ausência de norma que regulamente a concessão da aposentadoria especial no Estado Alfa, os agentes penitenciários dessa unidade federativa encontram-se privados da concessão do referido direito constitucional.

Diante disso, assinale a opção que apresenta a medida judicial adequada a ser adotada pelo Sindicato dos Agentes Penitenciários do Estado Alfa, organização sindical legalmente constituída e em funcionamento há mais de 1 (um) ano, em defesa da respectiva categoria profissional.

(A) Ele pode ingressar com mandado de injunção coletivo para sanar a falta da norma regulamentadora, dispensada autorização especial dos seus membros.

(B) Ele não possui legitimidade ativa para ingressar com mandado de injunção coletivo, mas pode pleitear aplicação do direito constitucional via ação civil pública.

(C) Ele tem legitimidade para ingressar com mandado de injunção coletivo, cuja decisão pode vir a ter eficácia ultra partes, desde que apresente autorização especial dos seus membros.

(D) Ele pode ingressar com mandado de injunção coletivo, mas, uma vez reconhecida a mora legislativa, a decisão não pode estabelecer as condições em que se dará o exercício do direito à aposentadoria especial, sob pena de ofensa à separação dos Poderes.

15. Durante campeonato oficial de judô promovido pela Federação de Judô do Estado Alfa, Fernando, um dos atletas inscritos, foi eliminado da competição esportiva em decorrência de uma decisão contestável da arbitragem que dirigiu a luta.

Na qualidade de advogado(a) contratado(a) por Fernando, assinale a opção que apresenta a medida juridicamente adequada para o caso narrado.

(A) Fernando poderá ingressar com processo perante a justiça desportiva para contestar o resultado da luta e, uma vez esgotadas as instâncias desportivas e proferida decisão final sobre o caso, não poderá recorrer ao Poder Judiciário.

(B) Fernando poderá impugnar o resultado da luta perante o Poder Judiciário, independentemente de esgotamento das instâncias da justiça desportiva, em virtude do princípio da inafastabilidade da jurisdição.

(C) Fernando, uma vez esgotadas as instâncias da justiça desportiva (que terá o prazo máximo de 60 dias, contados da instauração do processo, para proferir decisão final), poderá impugnar o teor da decisão perante o Poder Judiciário.

(D) A ordem jurídica, que adotou o princípio da unidade de jurisdição a partir da Constituição de 1988, passou a prever a exclusividade do Poder Judiciário para dirimir todas as questões que venham a ser judicializadas em território nacional, deslegitimando a atuação da justiça desportiva.

16. Giuseppe, italiano, veio ainda criança para o Brasil, juntamente com seus pais. Desde então, nunca sofreu qualquer tipo de condenação penal, constituiu família, sendo pai de um casal de filhos nascidos no país, possui título de eleitor e nunca deixou de participar dos pleitos eleitorais. Embora tenha se naturalizado brasileiro na década de 1990, não se sente brasileiro. Nesse sentido, Giuseppe afirma que é muito grato ao Brasil, mas que, apesar do longo tempo aqui vivido, não partilha dos mesmos valores espirituais e culturais dos brasileiros.

Giuseppe mora em Vitória/ES e descobriu o envolvimento do Ministro de Estado Alfa em fraude em uma licitação cujo resultado beneficiou, indevidamente, a empresa de propriedade de seus irmãos. Indignado com tal atitude, Giuseppe resolveu, em nome da intangibilidade do patrimônio público e do princípio da moralidade administrativa, propor ação popular contra o Ministro de Estado Alfa, ingressando no juízo de primeira instância da justiça comum, não no Supremo Tribunal Federal.

Sobre o caso, com base no Direito Constitucional e na jurisprudência do Supremo Tribunal Federal, assinale a afirmativa correta.

(A) A ação não deve prosperar, uma vez que a competência para processá-la e julgá-la é do Supremo Tribunal Federal, e falta legitimidade ativa para o autor da ação, porque não possui a nacionalidade brasileira, não sendo, portanto, classificado como cidadão brasileiro.

(B) A ação deve prosperar, porque a competência para julgar a ação popular em tela é do juiz de primeira instância da justiça comum, e o autor da ação tem legitimidade ativa porque é cidadão no pleno gozo de seus direitos políticos, muito embora não faça parte da nação brasileira.

(C) A ação não deve prosperar, uma vez que a competência para julgar a mencionada ação popular é do Supremo Tribunal Federal, muito embora não falte legitimidade *ad causam* para o autor da ação, que é cidadão brasileiro, detentor da nacionalidade brasileira e no pleno gozo dos seus direitos políticos.

(D) A ação deve prosperar, porque a competência para julgar a ação popular em tela tanto pode ser do juiz de primeira instância da justiça comum quanto do Supremo Tribunal Federal, e não falta legitimidade *ad causam* para o autor da ação, já que integra o povo brasileiro.

17. Bento ficou surpreso ao ler, em um jornal de grande circulação, que um cidadão americano adquiriu fortuna ao encontrar petróleo em sua propriedade, situada no Estado do Texas. Acresça-se que um amigo, com formação na área de Geologia, tinha informado que as imensas propriedades de Bento possuíam rochas sedimentares normalmente presentes em regiões petrolíferas.

Antes de pedir um aprofundado estudo geológico do terreno, Bento buscou um advogado especialista na matéria, a fim de saber sobre possíveis direitos econômicos que lhe caberiam como resultado da extração do petróleo em sua propriedade. O advogado respondeu que, segundo o sistema jurídico-constitucional brasileiro, caso seja encontrado petróleo na propriedade, Bento

(A) poderá, por ser proprietário do solo e, por extensão, do subsolo de sua propriedade, explorar, per se, a atividade, auferindo para si os bônus e ônus econômicos advindos da exploração.

(B) receberá indenização justa e prévia pela desapropriação do terreno em que se encontra a jazida, mas não terá direito a qualquer participação nos resultados econômicos provenientes da atividade.

(C) terá assegurada, nos termos estabelecidos pela via legislativa ordinária, participação nos resultados econômicos decorrentes da exploração da referida atividade em sua propriedade.

(D) não terá direito a qualquer participação no resultado econômico da atividade, pois, embora seja proprietário do solo, as riquezas extraídas do subsolo são de propriedade exclusiva da União.

18. Um rapaz, que era pessoa em situação de rua, acabou de sair da prisão. Ele fora condenado pelo crime de latrocínio e, posteriormente, a defensoria pública ajuizou, a seu favor, uma ação de revisão criminal, na qual ele foi absolvido por ausência de provas, caracterizando, assim, um erro judiciário. Nesse período, ele ficou cinco anos preso. Agora a família indaga se existe um direito de indenização em função de condenação por erro judiciário.

Assinale a opção que apresenta a informação que você, na condição de advogado(a) especializado(a) em Direitos Humanos, deve prestar à família, com base na *Convenção Americana Sobre Direitos Humanos*.

(A) O direito à indenização está previsto na Convenção Americana Sobre Direitos Humanos de forma geral, mas não há previsão expressa de indenização por erro judiciário; portanto, essa é uma construção argumentativa que deve ser produzida no caso concreto.

(B) A indenização por erro judiciário não é uma matéria própria do campo dos Direitos Humanos, por isso não existe tal previsão nem na Convenção Americana Sobre Direitos Humanos, nem em nenhum outro tratado de Direitos Humanos de que o Brasil seja signatário.

(C) A Convenção Americana Sobre Direitos Humanos assegura o direito à indenização por erro judiciário, mas o restringe aos erros que resultam em condenação na esfera civil, excluindo eventuais erros que ocorram na jurisdição penal.

(D) A Convenção Americana Sobre Direitos Humanos dispõe que toda pessoa tem direito de ser indenizada conforme a lei, no caso de haver sido condenada em sentença transitada em julgado por erro judiciário.

19. Em uma cidade brasileira de fronteira, foi detectado um intenso movimento de entrada de pessoas de outro país para trabalhar, residir e se estabelecer temporária ou definitivamente no Brasil. Após algum tempo, houve uma reação de moradores da cidade que começaram a hostilizar essas pessoas, exigindo que as autoridades brasileiras proibissem sua entrada e a regularização documental.

Você foi procurado(a), como advogado(a), por instituições humanitárias, para redigir um parecer jurídico sobre a situação. Nesse sentido, com base na Lei 13.445/17 (Lei da Migração), assinale a afirmativa correta.

(A) A admissão de imigrantes por meio de entrada e regularização documental não caracteriza uma diretriz específica da política migratória brasileira, e sim um ato discricionário do chefe do Poder Executivo.

(B) A promoção de entrada e a regularização documental de imigrantes são coisas distintas. A política migratória brasileira adota o princípio da regularização documental dos imigrantes, mas não dispõe sobre promoção de entrada regular de imigrantes.

(C) A política migratória brasileira rege-se pelos princípios da promoção de entrada regular e de regularização documental, bem como da acolhida humanitária e da não criminalização da migração.

(D) O imigrante, de acordo com a Lei da Migração, é a pessoa nacional de outro país que vem ao Brasil para estadas de curta duração, sem pretensão de se estabelecer temporária ou definitivamente no território nacional.

20. Uma arbitragem, conduzida na Argentina segundo as regras da Câmara de Comércio Internacional – CCI, condenou uma empresa com sede no Brasil ao pagamento de uma indenização à sua ex-sócia argentina.

Para ser executável no Brasil, esse laudo arbitral

(A) dispensa homologação pelo STJ, nos termos da Convenção de Nova York.

(B) precisa ser homologado pelo Judiciário argentino e depois, pelo STJ.

(C) precisa ser homologado pelo STJ, por ser laudo arbitral estrangeiro.

(D) dispensa homologação, por ser laudo arbitral proveniente de país do Mercosul.

21. Victor, após divorciar-se no Brasil, transferiu seu domicílio para os Estados Unidos. Os dois filhos brasileiros de sua primeira união continuaram vivendo no Brasil. Victor contraiu novo matrimônio nos Estados Unidos com uma cidadã norte-americana e, alguns anos depois, vem a falecer nos Estados Unidos, deixando um imóvel e aplicações financeiras nesse país.

A regra de conexão do direito brasileiro estabelece que a sucessão de Victor será regida

(A) pela lei brasileira, em razão da nacionalidade brasileira do *de cujus*.

(B) pela lei brasileira, porque o *de cujus* tem dois filhos brasileiros.

(C) pela lei norte-americana, em razão do último domicílio do *de cujus*.

(D) pela lei norte-americana, em razão do local da situação dos bens a serem partilhados.

22. A sociedade empresária ABC Ltda. foi autuada pelo Fisco do Estado Z apenas pelo descumprimento de uma determinada obrigação tributária acessória, referente à fiscalização do ICMS prevista em lei estadual (mas sem deixar de recolher o tributo devido). Inconformada, realiza a impugnação administrativa por meio do auto de infração. Antes que sobreviesse a decisão administrativa da impugnação, outra lei estadual extingue a previsão da obrigação acessória que havia sido descumprida. Diante desse cenário, assinale a afirmativa correta.

(A) A lei estadual não é instrumento normativo hábil para extinguir a previsão dessa obrigação tributária acessória referente ao ICMS, em virtude do caráter nacional desse tributo.

(B) O julgamento administrativo, nesse caso, deverá levar em consideração apenas a legislação tributária vigente na época do fato gerador.

(C) Não é possível a extinção dos efeitos da infração a essa obrigação tributária acessória após a lavratura do respectivo auto de infração.

(D) A superveniência da extinção da previsão dessa obrigação acessória, desde que não tenha havido fraude, nem ausência de pagamento de tributo, constitui hipótese de aplicação da legislação tributária a ato pretérito.

23. Otávio, domiciliado no Estado X, possui ações representativas do capital social da Sociedade BETA S/A, com sede no Estado Y, e decide doar parte da sua participação acionária a Mário, seu filho, então domiciliado no Estado Z.

Com dúvidas quanto ao Estado para o qual deverá ser recolhido o imposto sobre a Transmissão Causa Mortis e Doação (ITCD) incidente nessa operação, Mário consulta seu escritório, destacando que o Estado Z estabelece alíquotas inferiores às praticadas pelos demais Estados.

Com base nisso, assinale a afirmativa correta.

(A) O ente competente para exigir o ITCD na operação em análise é o Estado X, onde tem domicílio o doador.
(B) O ITCD deverá ser recolhido ao Estado Y, uma vez que o bem a ser doado consiste em participação acionária relativa à sociedade ali estabelecida, e o imposto compete ao Estado da situação do bem.
(C) O ITCD deverá ser recolhido ao Estado Z, uma vez que o contribuinte do imposto é o donatário.
(D) Doador ou donatário poderão recolher o imposto ao Estado X ou ao Estado Z, pois o contribuinte do imposto é qualquer das partes na operação tributada.

24. Projeto de Resolução do Senado Federal pretende fixar nacionalmente as alíquotas mínimas do Imposto sobre a Propriedade de Veículos Automotores (IPVA), tributo de competência estadual.

Um Senador, membro da Comissão de Constituição, Justiça e Cidadania do Senado Federal, que terá de elaborar parecer sobre o tema, consulta você sobre sua opinião jurídica acerca desse projeto de Resolução.

Diante desse cenário, assinale a afirmativa correta.

(A) O Senado, por ser órgão do Poder Legislativo da União, não possui competência constitucional para, por Resolução, dispor sobre o tema, por se tratar de ingerência indevida da União na autonomia dos Estados.
(B) É lícito ao Senado instituir a referida Resolução, pois existe autorização expressa na Constituição para tal fixação por Resolução do Senado.
(C) A fixação de alíquota mínima de tributo, por mera Resolução do Senado, viola o princípio da legalidade tributária.
(D) Resolução do Senado poderia tratar do tema, desde que ratificada por ao menos dois terços dos membros do Conselho Nacional de Política Fazendária (CONFAZ).

25. O Estado Y concedeu, em 2018, por iniciativa própria e isoladamente, mediante uma lei ordinária estadual, isenção fiscal do Imposto sobre Circulação de Mercadorias e Serviços (ICMS) a um determinado setor de atividade econômica, como forma de atrair investimentos para aquele Estado.

Diante desse cenário, assinale a afirmativa correta.

(A) É suficiente lei ordinária estadual para a concessão de tal isenção de ICMS, por se tratar de tributo de competência estadual.
(B) Ainda que se trate de tributo de competência estadual, somente por lei estadual complementar seria possível a concessão de tal isenção de ICMS.
(C) A lei ordinária estadual pode conceder tal isenção de ICMS, desde que condicionada a uma contrapartida do contribuinte beneficiado.
(D) Apesar de se tratar de tributo de competência estadual, a concessão de tal isenção de ICMS pelo Estado deve ser precedida de deliberação dos Estados e do Distrito Federal (CONFAZ).

26. No final do ano de 2018, o Município X foi gravemente afetado por fortes chuvas que causaram grandes estragos na localidade. Em razão disso, a Assembleia Legislativa do Estado Y, em que está localizado o Município X, aprovou lei estadual ordinária concedendo moratória quanto ao pagamento do Imposto Predial e Territorial Urbano (IPTU) do ano subsequente, em favor de todos os contribuintes desse imposto situados no Município X.

Diante desse cenário, assinale a afirmativa correta.

(A) Lei ordinária não é espécie normativa adequada para concessão de moratória.
(B) Lei estadual pode conceder moratória de IPTU, em situação de calamidade pública ou de guerra externa ou sua iminência.
(C) Lei estadual não pode, em nenhuma hipótese, conceder moratória de IPTU.
(D) A referida moratória somente poderia ser concedida mediante despacho da autoridade administrativa em caráter individual.

27. A sociedade empresária Feliz S/A, após apresentar a melhor proposta em licitação para a contratação de obra de grande vulto, promovida por certa empresa pública federal, apresentou os documentos exigidos no edital e foi habilitada. Este último ato foi objeto de recurso administrativo, no qual restou provado que a mencionada licitante foi constituída para burlar a sanção que lhe fora aplicada, já que se constituíra por transformação da sociedade empresária Alegre S/A, com os mesmos sócios e dirigentes, mesmo patrimônio, igual endereço e idêntico objeto social.

A sociedade empresária Alegre S/A, em decorrência de escândalo que envolvia pagamento de propina e fraudes em licitações, foi penalizada em diversos processos administrativos. Após os trâmites previstos na Lei 12.846/13 (Lei Anticorrupção Empresarial), diante do reconhecimento de haver praticado atos lesivos à Administração Pública, ela foi penalizada com a aplicação de multa e a declaração de inidoneidade para licitar ou contratar com a Administração Pública, pelo prazo de quatro anos.

Diante dessa situação hipotética, assinale a afirmativa correta.

(A) A exclusão da sociedade empresária Feliz S/A da licitação em curso é legítima, pois, diante da transformação, subsiste a responsabilidade da sociedade Alegre S/A.
(B) O reconhecimento da responsabilização administrativa da sociedade empresária Alegre S/A, por ato lesivo contra a Administração Pública, dependia da comprovação do elemento subjetivo culpa.
(C) A penalização da sociedade empresária Alegre S/A impede a responsabilização individual de seus dirigentes; por isso, não pode ser estendida à sociedade Feliz S/A.
(D) A imposição da sanção de declaração de inidoneidade à sociedade empresária Alegre S/A deveria impedir a aplicação de multa por ato lesivo à Administração Pública pelos mesmos fatos, sob pena de *bis in idem*.

28. Determinada empresa pública estadual, com vistas a realizar a aquisição de bens necessários para o adequado funcionamento de seus serviços de informática, divulgou, após a devida fase de preparação, o respectivo instrumento convocatório, no qual indicou certa marca, que é comercializada por diversos fornecedores, por considerá-la a única capaz de atender ao objeto do contrato, e adotou a sequência de fases previstas na lei de regência. No curso da licitação, a proposta apresentada pela sociedade empresária Beta foi considerada a melhor, mas a sociedade empresária Alfa considerou que houve um equívoco no julgamento e apresentou recurso administrativo para impugnar tal fato, antes da habilitação, que não foi aceito. Foi dado prosseguimento ao certame, com a inabilitação da sociedade Beta, de modo que a vencedora foi a sociedade empresária Sigma, consoante resultado homologado. Considerando o regime licitatório aplicável às empresas estatais e as circunstâncias do caso concreto, assinale a afirmativa correta.

(A) Existe vício insanável no instrumento convocatório, pois é vedada a indicação de marca, mesmo nas circunstâncias apontadas.
(B) A homologação foi equivocada, na medida em que a empresa pública não observou a sequência das fases previstas em lei ao efetuar o julgamento das propostas antes da habilitação.
(C) O recurso da sociedade Alfa foi apresentado em momento oportuno e a ele deveria ter sido conferido efeito suspensivo com a postergação da fase da habilitação.
(D) A homologação do resultado implica a constituição de direito relativo à celebração do contrato em favor da sociedade empresária Sigma.

29. Determinado Estado da Federação passa por grave problema devido à superlotação de sua população carcerária, tendo os órgãos de inteligência estatal verificado a possibilidade de rebelião e fuga dos apenados. Visando ao atendimento do princípio constitucional da dignidade da pessoa humana e tendo em vista a configurada situação de grave e iminente risco à segurança pública, o ente federativo instaurou processo administrativo e, em seguida, procedeu à contratação, mediante inexigibilidade de licitação, de certa sociedade empresária para a execução de obras de ampliação e reforma de seu principal estabelecimento penal. Diante das disposições da Lei 8.666/93, no que tange à obrigatoriedade de licitação, o Estado contratante agiu

(A) corretamente, diante da impossibilidade fática de licitação decorrente do iminente risco de rebelião e grave perturbação da ordem pública.
(B) corretamente, haja vista que, apesar de ser possível a licitação, seu demorado trâmite procedimental acarretaria risco à ordem social.
(C) erradamente, eis que as circunstâncias do caso concreto autorizariam a dispensa de licitação, observados os trâmites legais.
(D) erradamente, uma vez que a prévia licitação é obrigatória na espécie, diante das circunstâncias do caso concreto.

30. O mandato de João como dirigente de determinada agência reguladora federal terminou pelo decurso do prazo, em junho de 2019, sem sua recondução ao cargo. No mês seguinte, João recebeu vultosa e tentadora proposta de certa sociedade empresária para prestar serviço de consultoria na área do setor regulado pela citada agência. Levando em conta que a lei específica da agência em tela seguiu as normas gerais de gestão de recursos humanos das agências reguladoras previstas na Lei nº 9.986/00, João

(A) está impedido de aceitar a proposta, pois precisa cumprir quatro meses de quarentena, contados do término do seu mandato, período durante o qual ficará vinculado à agência, fazendo jus à remuneração compensatória equivalente à do cargo de direção que exerceu e aos benefícios a ele inerentes, sob pena de incorrer na prática de crime de advocacia administrativa.
(B) está impedido de aceitar a proposta, pois precisa cumprir noventa dias de quarentena, contados do término do seu mandato, período durante o qual não ficará vinculado à agência, nem fará jus a qualquer remuneração compensatória, sob pena de incorrer na prática de ato de improbidade administrativa.
(C) pode aceitar a proposta, desde que abra mão da remuneração compensatória equivalente à do cargo de direção que exerceu e aos benefícios a ele inerentes, que receberia durante noventa dias após o término de seu mandato, sob pena de incorrer na prática de enriquecimento ilícito.
(D) pode aceitar a proposta, inclusive acumulando sua nova remuneração da iniciativa privada com a remuneração compensatória equivalente à do cargo de direção que exerceu e aos benefícios a ele inerentes, a que faz jus durante noventa dias após o término de seu mandato.

31. José, servidor público federal ocupante exclusivamente de cargo em comissão, foi exonerado, tendo a autoridade competente motivado o ato em reiterado descumprimento da carga horária de trabalho pelo servidor. José obteve, junto ao departamento de recursos humanos, documento oficial com extrato de seu ponto eletrônico, comprovando o regular cumprimento de sua jornada de trabalho.

Assim, o servidor buscou assistência jurídica junto a um advogado, que lhe informou corretamente, à luz do ordenamento jurídico, que

(A) não é viável o ajuizamento de ação judicial visando a invalidar o ato de exoneração, eis que o próprio texto constitucional estabelece que cargo em comissão é de livre nomeação e exoneração pela autoridade competente, que não está vinculada ou limitada aos motivos expostos para a prática do ato administrativo.
(B) não é viável o ajuizamento de ação judicial visando a invalidar o ato de exoneração, eis que tal ato é classificado como vinculado, no que tange à liberdade de ação do administrador público, razão pela qual o Poder Judiciário não pode se imiscuir no controle do mérito administrativo, sob pena de violação à separação dos Poderes.
(C) é viável o ajuizamento de ação judicial visando a invalidar o ato de exoneração, eis que, apesar de ser dispensável a motivação para o ato administrativo discricionário de exoneração, uma vez expostos os motivos que conduziram à prática do ato, estes passam a vincular a Administração Pública, em razão da teoria dos motivos determinantes.
(D) é viável o ajuizamento de ação judicial visando a invalidar o ato de exoneração, eis que, por se tratar de um ato administrativo vinculado, pode o Poder Judiciário proceder ao exame do mérito administrativo, a fim de aferir a conveniência e a oportunidade de manutenção do ato, em razão do princípio da inafastabilidade do controle jurisdicional.

32. Após comprar um terreno, Roberto iniciou a construção de sua casa, sem prévia licença, avançando para além dos limites de sua propriedade e ocupando parcialmente a via pública, inclusive com possibilidade de desabamento de parte da obra e risco à integridade dos pedestres.

No regular exercício da fiscalização da ocupação do solo urbano, o poder público municipal, observadas as formalidades legais, valendo-se da prerrogativa de direito público que, calcada na lei, autoriza-o a restringir o uso e o gozo da liberdade e da propriedade privada em favor do interesse da coletividade, determinou que Roberto demolisse a parte irregular da obra.

O poder administrativo que fundamentou a determinação do Município é o poder

(A) de hierarquia, e, pelo seu atributo da coercibilidade, o particular é obrigado a obedecer às ordens emanadas pelos agentes públicos, que estão em nível de superioridade hierárquica e podem usar meios indiretos de coerção para fazer valer a supremacia do interesse público sobre o privado.

(B) disciplinar, e o particular está sujeito às sanções impostas pela Administração Pública, em razão do atributo da imperatividade, desde que haja a prévia e imprescindível chancela por parte do Poder Judiciário.

(C) regulamentar, e os agentes públicos estão autorizados a realizar atos concretos para aplicar a lei, ainda que tenham que se valer do atributo da autoexecutoriedade, a fim de concretizar suas determinações, independentemente de prévia ordem judicial.

(D) de polícia, e a fiscalização apresenta duplo aspecto: um preventivo, por meio do qual os agentes públicos procuram impedir um dano social, e um repressivo, que, face à transgressão da norma de polícia, redunda na aplicação de uma sanção.

33. Renato, proprietário de terra rural inserida no Município X, pretende promover a queimada da vegetação existente para o cultivo de cana-de-açúcar. Assim, consulta seu advogado, indagando sobre a possibilidade da realização da queimada. Sobre o caso narrado, assinale a afirmativa correta.

(A) A queimada poderá ser autorizada pelo órgão estadual ambiental competente do SISNAMA, caso as peculiaridades dos locais justifiquem o emprego do fogo em práticas agropastoris ou florestais.

(B) A queimada poderá ser autorizada pelo órgão municipal ambiental competente, após audiência pública realizada pelo Município X no âmbito do SISNAMA.

(C) A queimada não pode ser realizada, constituindo, ainda, ato tipificado como crime ambiental caso a área esteja inserida em Unidade de Conservação.

(D) A queimada não dependerá de autorização, caso Renato comprove a manutenção da área mínima de cobertura de vegetação nativa, a título de reserva legal.

34. Pedro, proprietário de fazenda com grande diversidade florestal, decide preservar os recursos ambientais nela existentes, limitando, de forma perpétua, o uso de parcela de sua propriedade por parte de outros possuidores a qualquer título, o que realiza por meio de instrumento particular, averbado na matrícula do imóvel no registro de imóveis competente. Assinale a opção que indica o instrumento jurídico a que se refere o caso descrito.

(A) Zoneamento Ambiental.
(B) Servidão Ambiental.
(C) Área Ambiental Restrita.
(D) Área de Relevante Interesse Ecológico.

35. Joana doou a Renata um livro raro de Direito Civil, que constava da coleção de sua falecida avó, Marta. Esta, na condição de testadora, havia destinado a biblioteca como legado, em testamento, para sua neta, Joana (legatária). Renata se ofereceu para visitar a biblioteca, circunstância na qual se encantou com a coleção de clássicos franceses.

Renata, então, ofereceu-se para adquirir, ao preço de R$ 1.000,00 (mil reais), todos os livros da coleção, oportunidade em que foi informada, por Joana, acerca da existência de ação que corria na Vara de Sucessões, movida pelos herdeiros legítimos de Marta. A ação visava impugnar a validade do testamento e, por conseguinte, reconhecer a ineficácia do legado (da biblioteca) recebido por Joana. Mesmo assim, Renata decidiu adquirir a coleção, pagando o respectivo preço.

Diante de tais situações, assinale a afirmativa correta.

(A) Quanto aos livros adquiridos pelo contrato de compra e venda, Renata não pode demandar Joana pela evicção, pois sabia que a coisa era litigiosa.

(B) Com relação ao livro recebido em doação, Joana responde pela evicção, especialmente porque, na data da avença, Renata não sabia da existência de litígio.

(C) A informação prestada por Joana a Renata, acerca da existência de litígio sobre a biblioteca que recebeu em legado, deve ser interpretada como cláusula tácita de reforço da responsabilidade pela evicção.

(D) O contrato gratuito firmado entre Renata e Joana classifica-se como contrato de natureza aleatória, pois Marta soube posteriormente do risco da perda do bem pela evicção.

36. Vilmar, produtor rural, possui contratos de compra e venda de safra com diversos pequenos proprietários. Com o intuito de adquirir novos insumos, Vilmar procurou Geraldo, no intuito de adquirir sua safra, cuja expectativa de colheita era de cinco toneladas de milho, que, naquele momento, estava sendo plantado em sua fazenda. Como era a primeira vez que Geraldo contratava com Vilmar, ele ficou em dúvida quanto à estipulação do preço do contrato.

Considerando a natureza aleatória do contrato, bem como a dúvida das partes a respeito da estipulação do preço deste, assinale a afirmativa correta.

(A) A estipulação do preço do contrato entre Vilmar e Geraldo pode ser deixada ao arbítrio exclusivo de uma das partes.

(B) Se Vilmar contratar com Geraldo a compra da colheita de milho, mas, por conta de uma praga inesperada, para cujo evento o agricultor não tiver concorrido com culpa, e este não conseguir colher nenhuma espiga, Vilmar não deverá lhe pagar nada, pois não recebeu o objeto contratado.

(C) Se Vilmar contratar com Geraldo a compra das cinco toneladas de milho, tendo sido plantado o exato número de sementes para cumprir tal quantidade, e se, apesar disso, somente forem colhidas três toneladas de milho, em virtude das poucas chuvas, Geraldo não receberá o valor total, em virtude da entrega em menor quantidade.

(D) A estipulação do preço do contrato entre Vilmar e Geraldo poderá ser deixada ao arbítrio de terceiro, que, desde logo, prometerem designar.

37. Lucas, interessado na aquisição de um carro seminovo, procurou Leonardo, que revende veículos usados.

Ao final das tratativas, e para garantir que o negócio seria fechado, Lucas pagou a Leonardo um percentual do valor do veículo, a título de sinal. Após a celebração do contrato, porém, Leonardo informou a Lucas que, infelizmente, o carro que haviam negociado já havia sido prometido informalmente para um outro comprador, velho amigo de Leonardo, motivo pelo qual Leonardo não honraria a avença.

Frustrado, diante do inadimplemento de Leonardo, Lucas procurou você, como advogado(a), para orientá-lo.

Nesse caso, assinale a opção que apresenta a orientação dada.

(A) Leonardo terá de restituir a Lucas o valor pago a título de sinal, com atualização monetária, juros e honorários de advogado, mas não o seu equivalente.

(B) Leonardo terá de restituir a Lucas o valor pago a título de sinal, mais o seu equivalente, com atualização monetária, juros e honorários de advogado.

(C) Leonardo terá de restituir a Lucas apenas metade do valor pago a título de sinal, pois informou, tão logo quanto possível, que não cumpriria o contrato.

(D) Leonardo não terá de restituir a Lucas o valor pago a título de sinal, pois este é computado como início de pagamento, o qual se perde em caso de inadimplemento.

38. Juliana, Lorena e Júlia são filhas de Hermes, casado com Dóris. Recentemente, em razão de uma doença degenerativa, Hermes tornou-se paraplégico e começou a exigir cuidados maiores para a manutenção de sua saúde.

Nesse cenário, Dóris e as filhas Juliana e Júlia se revezavam a fim de suprir as necessidades de Hermes, causadas pela enfermidade. Quanto a Lorena, esta deixou de visitar o pai após este perder o movimento das pernas, recusando-se a colaborar com a família, inclusive financeiramente.

Diante desse contexto, Hermes procura você, como advogado(a), para saber quais medidas ele poderá tomar para que, após sua morte, seu patrimônio não seja transmitido a Lorena.

Sobre o caso apresentado, assinale a afirmativa correta.

(A) A pretensão de Hermes não poderá ser concretizada segundo o Direito brasileiro, visto que o descendente, herdeiro necessário, não poderá ser privado de sua legítima pelo ascendente, em nenhuma hipótese.

(B) Não é necessário que Hermes realize qualquer disposição ainda em vida, pois o abandono pelos descendentes é causa legal de exclusão da sucessão do ascendente, por indignidade.

(C) Existe a possibilidade de deserdar o herdeiro necessário por meio de testamento, mas apenas em razão de ofensa física, injúria grave e relações ilícitas com madrasta ou padrasto atribuídas ao descendente.

(D) É possível que Hermes disponha sobre deserdação de Lorena em testamento, indicando, expressamente, o seu desamparo em momento de grave enfermidade como causa que justifica esse ato.

39. Alberto, adolescente, obteve autorização de seus pais para casar-se aos dezesseis anos de idade com sua namorada Gabriela. O casal viveu feliz nos primeiros meses de casamento, mas, após certo tempo de convivência, começaram a ter constantes desavenças. Assim, a despeito dos esforços de ambos para que o relacionamento progredisse, os dois se divorciaram pouco mais de um ano após o casamento. Muito frustrado, Alberto decidiu reunir algumas economias e adquiriu um pacote turístico para viajar pelo mundo e tentar esquecer o ocorrido.

Considerando que Alberto tinha dezessete anos quando celebrou o contrato com a agência de turismo e que o fez sem qualquer participação de seus pais, o contrato é

(A) válido, pois Alberto é plenamente capaz.

(B) nulo, pois Alberto é absolutamente incapaz.

(C) anulável, pois Alberto é relativamente incapaz.

(D) ineficaz, pois Alberto não pediu a anuência de Gabriela.

40. Lucas, um grande industrial do ramo de couro, decidiu ajudar Pablo, seu amigo de infância, na abertura do seu primeiro negócio: uma pequena fábrica de sapatos. Lucas doou 50 prensas para a fábrica, mas Pablo achou pouco e passou a constantemente importunar o amigo com novas solicitações. Após sucessivos e infrutíferos pedidos de empréstimos de toda ordem, a relação entre os dois se desgasta a tal ponto que Pablo, totalmente fora de controle, atenta contra a vida de Lucas. Este, porém, sobrevive ao atentado e decide revogar a doação feita a Pablo. Ocorre que Pablo havia constituído penhor sobre as prensas, doadas por Lucas, para obter um empréstimo junto ao Banco XPTO, mas, para não interromper a produção, manteve as prensas em sua fábrica.

Diante do exposto, assinale a afirmativa correta.

(A) Para a constituição válida do penhor, é necessário que as coisas empenhadas estejam em poder do credor. Como isso não ocorreu, o penhor realizado por Pablo é nulo.

(B) Tendo em vista que o Banco XPTO figura como terceiro de má-fé, a realização do penhor é causa impeditiva da revogação da doação feita por Lucas.

(C) Como causa superveniente da resolução da propriedade de Pablo, a revogação da doação operada por Lucas não interfere no direito de garantia dado ao Banco XPTO.

(D) Em razão da tentativa de homicídio, a revogação da doação é automática, razão pela qual os direitos adquiridos pelo Banco XPTO resolvem-se junto com a propriedade de Pablo.

41. Arnaldo, publicitário, é casado com Silvana, advogada, sob o regime de comunhão parcial de bens. Silvana sempre considerou diversificar sua atividade profissional e pensa em se tornar sócia de uma sociedade empresária do ramo de tecnologia. Para realizar esse investimento, pretende vender um apartamento adquirido antes de seu casamento com Arnaldo; este, mais conservador na área negocial, não concorda com a venda do bem para empreender.

Sobre a situação descrita, assinale a afirmativa correta.

(A) Silvana não precisa de autorização de Arnaldo para alienar o apartamento, pois destina-se ao incremento da renda familiar.

(B) A autorização de Arnaldo para alienação por Silvana é necessária, por conta do regime da comunhão parcial de bens.
(C) Silvana não precisa de autorização de Arnaldo para alienar o apartamento, pois se trata de bem particular.
(D) A autorização de Arnaldo para alienação por Silvana é necessária e decorre do casamento, independentemente do regime de bens.

42. Roberta produziu, em seu computador, vídeo de animação em que se percebe a simulação de atos pornográficos entre crianças. O vídeo não mostra nenhuma imagem reconhecível, nenhuma pessoa identificável, mas apresenta, inequivocamente, figuras de crianças, e bem jovens.

Sobre o fato apresentado, sob a perspectiva do Estatuto da Criança e do Adolescente, assinale a afirmativa correta.

(A) Não é ilícito penal: o crime ocorre quando se simula a atividade pornográfica com imagens reais de crianças.
(B) É crime, pois o Estatuto da Criança e do Adolescente prevê a conduta típica de simular a participação de criança ou adolescente em cena pornográfica por meio de qualquer forma de representação visual.
(C) É crime se houver a divulgação pública do filme, pois a mera produção de filme envolvendo simulacro de imagem de criança ou adolescente em situação pornográfica não é reprovada pelo Estatuto da Criança e do Adolescente.
(D) Não é ilícito penal, pois a animação somente se afigura como simulação suficientemente apta a despertar a reprovabilidade criminal se reproduzir a imagem real de alguma criança diretamente identificável.

43. Pedro, 16 anos, foi apreendido em flagrante quando subtraía um aparelho de som de uma loja. Questionado sobre sua família, disse não ter absolutamente nenhum familiar conhecido. Encaminhado à autoridade competente, foi-lhe designado defensor dativo, diante da completa carência de pessoas que por ele pudessem responder.

Após a prática dos atos iniciais, Pedro requereu ao juiz a substituição do seu defensor por um advogado conhecido, por não ter se sentido bem assistido tecnicamente, não confiando no representante originariamente designado.

Com base nessa narrativa, assinale a afirmativa correta.

(A) É direito do adolescente ter seu defensor substituído por outro de sua preferência, uma vez que não deposita confiança no que lhe foi designado.
(B) A defesa técnica deve permanecer incumbida ao defensor atualmente designado, pois não é facultado ao adolescente optar por sua substituição.
(C) O processo deve ser suspenso, adiando-se os atos até que seja solucionada a questão da representação do adolescente.
(D) A substituição somente deverá ser realizada se evidenciada imperícia técnica, não podendo a mera preferência do adolescente ser motivo para a substituição.

44. Durante período de intenso calor, o Condomínio do Edifício X, por seu representante, adquiriu, junto à sociedade empresária Equipamentos Aquáticos, peças plásticas recreativas próprias para uso em piscinas, produzidas com material atóxico. Na primeira semana de uso, os produtos soltaram gradualmente sua tinta na vestimenta dos usuários, o que gerou apenas problema estético, na medida em que a pigmentação era atóxica e podia ser removida facilmente das roupas dos usuários por meio de uso de sabão.

O Condomínio do Edifício X, por seu representante, procurou você, como advogado(a), buscando orientação para receber de volta o valor pago e ser indenizado pelos danos morais suportados.

Nesse caso, cuida-se de

(A) fato do produto, sendo excluída a responsabilidade civil da sociedade empresária, respondendo pelo evento o fabricante das peças; não cabe indenização por danos extrapatrimoniais, por ser o Condomínio pessoa jurídica, que não sofre essa modalidade de dano.
(B) inaplicabilidade do CDC, haja vista a natureza da relação jurídica estabelecida entre o Condomínio e a sociedade empresária, cabendo a responsabilização civil com base nas regras gerais de Direito Civil, e incabível pleitear indenização por danos morais, por ter o Condomínio a qualidade de pessoa jurídica.
(C) aplicabilidade do CDC somente por meio de medida de defesa coletiva dos condôminos, cuja legitimidade será exercida pelo Condomínio, na defesa dos interesses a título coletivo.
(D) vício do produto, sendo solidária a responsabilidade da sociedade empresária e do fabricante das peças; o Condomínio do Edifício X é parte legítima para ingressar individualmente com a medida judicial por ser consumidor, segundo a teoria finalista mitigada.

45. O Ministério Público ajuizou ação coletiva em face de *Vaquinha Laticínios*, em função do descumprimento de normas para o transporte de alimentos lácteos.

A sentença condenou a ré ao pagamento de indenização a ser revertida em favor de um fundo específico, bem como a indenizar os consumidores genericamente considerados, além de determinar a publicação da parte dispositiva da sentença em jornais de grande circulação, a fim de que os consumidores tomassem ciência do ato judicial.

João, leitor de um dos jornais, procurou você como advogado(a) para saber de seus direitos, uma vez que era consumidor daqueles produtos.

Nesse caso, à luz do Código do Consumidor, trata-se de hipótese

(A) de interesse difuso; por esse motivo, as indenizações pelos prejuízos individuais de João perderão preferência no concurso de crédito frente às condenações decorrentes das ações civis públicas derivadas do mesmo evento danoso.
(B) de interesses individuais homogêneos; nesses casos, tem-se, por inviável, a liquidação e execução individual, devendo João aguardar que o Ministério Público, autor da ação, receba a verba indenizatória genérica para, então, habilitar-se como interessado junto ao referido órgão.
(C) de interesses coletivos; em razão disso, João poderá liquidar e executar a sentença individualmente, mas o mesmo direito não poderia ser exercido por seus sucessores, sendo inviável a sucessão processual na hipótese.
(D) de interesses individuais homogêneos; João pode, em legitimidade originária ou por seus sucessores, por meio de

46. Determinadas pessoas naturais, em razão de sua atividade profissional, e certas espécies de pessoas jurídicas, todas devidamente registradas no órgão competente, gozam de tratamento simplificado, favorecido e diferenciado em relação aos demais agentes econômicos – microempresas e empresas de pequeno porte.

De acordo com a Lei Complementar 123, de 14 de dezembro de 2006, as microempresas e as empresas de pequeno porte, quanto à forma jurídica, são

(A) cooperativa de produção, empresário individual, empresa pública e sociedade limitada.
(B) empresário individual, empresa individual de responsabilidade limitada, sociedade simples e sociedade empresária, exceto por ações.
(C) cooperativa de crédito, empresário individual, empresa individual de responsabilidade limitada e sociedade simples.
(D) empresário individual, profissional liberal, empresa Individual de responsabilidade limitada e sociedade por ações.

47. Nos contratos de comissão, corretagem e agência, é dever do corretor, do comissário e do agente atuar com toda diligência, atendo-se às instruções recebidas da parte interessada. Apesar dessa característica comum, cada contrato conserva sua tipicidade em razão de seu *modus operandi*.

A esse respeito, assinale a afirmativa correta.

(A) O agente pratica, em nome próprio, os atos a ele incumbidos à conta do proponente; o comissário não pode tomar parte – sequer como mandatário – nos negócios que vierem a ser celebrados em razão de sua intermediação; o corretor pode receber poderes do cliente para representá-lo na conclusão dos contratos.
(B) O comissário pratica, em nome próprio, os atos a ele incumbidos à conta do comitente; o corretor não pode tomar parte – sequer como mandatário – nos negócios que vierem a ser celebrados em razão de sua mediação; o agente pode receber poderes do proponente para representá-lo na conclusão dos contratos.
(C) O corretor pratica, em nome próprio, os atos a ele incumbidos à conta do cliente; o agente não pode tomar parte – sequer como mandatário – nos negócios que vierem a ser celebrados no interesse do proponente; o comissário pode receber poderes do comitente para representá-lo na conclusão dos contratos.
(D) Tanto o comissário quanto o corretor praticam, em nome próprio, os atos a eles incumbidos pelo comitente ou cliente, mas o primeiro tem sua atuação restrita à zona geográfica fixada no contrato; o agente deve atuar com exclusividade tão somente na mediação para realização de negócios em favor do proponente.

48. Além da impontualidade, a falência pode ser decretada pela prática de atos de falência por parte do devedor empresário individual ou dos administradores da sociedade empresária.

Assinale a opção que constitui um ato de falência por parte do devedor.

(A) Deixar de pagar, no vencimento, obrigação líquida materializada em título executivo protestado por falta de pagamento, cuja soma ultrapasse o equivalente a 40 (quarenta) salários mínimos na data do pedido de falência.
(B) Transferir, durante a recuperação judicial, estabelecimento a terceiro sem o consentimento de todos os credores e sem ficar com bens suficientes para solver seu passivo, em cumprimento à disposição de plano de recuperação.
(C) Não pagar, depositar ou nomear à penhora, no prazo de 3 (três) dias, contados da citação, bens suficientes para garantir a execução.
(D) Deixar de cumprir, no prazo estabelecido, obrigação assumida no plano de recuperação judicial, após o cumprimento de todas as obrigações previstas no plano que vencerem até dois anos depois da concessão da recuperação judicial.

49. Amambaí Inovação e Engenharia S/A obteve, junto ao Instituto Nacional da Propriedade Industrial (INPI), patente de invenção no ano de 2013. Dois anos após, chegou ao conhecimento dos administradores a prática de atos violadores de direitos de patente. No entanto, a ação para reparação de dano causado ao direito de propriedade industrial só foi intentada no ano de 2019.

Você é consultado(a), como advogado(a), sobre o caso. Assinale a opção que apresenta seu parecer.

(A) A reparação do dano causado pode ser pleiteada, porque o direito de patente é protegido por 20 (vinte) anos, a contar da data do depósito.
(B) A pretensão indenizatória, na data da propositura da ação, encontrava-se prescrita, em razão do decurso de mais de 3 (três) anos.
(C) A pretensão indenizatória, na data da propositura da ação, não se encontrava prescrita porque o prazo de 5 (cinco) anos não havia se esgotado.
(D) A reparação do dano causado não pode ser pleiteada, porque a patente concedida não foi objeto de licenciamento pelo seu titular.

50. Rolim Crespo, administrador da sociedade Indústrias Reunidas Novo Horizonte do Oeste Ltda., consultou sua advogada para lhe prestar orientação quanto à inserção de cláusula compromissória em um contrato que a pessoa jurídica pretende celebrar com uma operadora de planos de saúde empresariais. Pela leitura da proposta, verifica-se que não há margem para a negociação das cláusulas, por tratar-se de contrato padronizado, aplicado a todos os aderentes.

Quanto à cláusula compromissória inserida nesse contrato, assinale a opção que apresenta a orientação dada pela advogada.

(A) É necessária a concordância expressa e por escrito do aderente com a sua instituição, em documento anexo ou em negrito, com a assinatura ou o visto para essa cláusula.
(B) É nula de pleno direito, por subtrair do aderente o direito fundamental de acesso à justiça, e o contrato não deve ser assinado.
(C) Somente será eficaz se o aderente tomar a iniciativa de instituir a arbitragem, e, como a iniciativa foi do proponente e unilateral, ela é nula.

(D) Somente será eficaz se houver a assinatura do aderente no contrato, vedada qualquer forma de manifestação da vontade em documento anexo ou, simplesmente, com o visto para essa cláusula.

51. Carolina foi citada para comparecer com seu advogado ao Centro Judiciário de Solução de Conflitos (CEJUSC) da comarca da capital, para Audiência de Mediação (Art. 334 do CPC), interessada em restabelecer o diálogo com Nestor, seu ex-marido.

O fato de o advogado de seu ex-cônjuge conversar intimamente com o mediador Teófilo, que asseverava ter celebrado cinco acordos na qualidade de mediador na última semana, retirou sua concentração e a deixou desconfiada da lisura daquela audiência. Não tendo sido possível o acordo nessa primeira oportunidade, foi marcada uma nova sessão de mediação para buscar a composição entre as partes, quinze dias mais tarde.

Sobre o caso narrado, assinale a afirmativa correta.

(A) Carolina pode comparecer sem seu advogado na próxima sessão de mediação.
(B) O advogado só pode atuar como mediador no CEJUSC se realizar concurso público específico para integrar quadro próprio do tribunal.
(C) Pode haver mais de uma sessão destinada à conciliação e à mediação, não podendo exceder 2 (dois) meses da data de realização da primeira sessão, desde que necessária(s) à composição das partes.
(D) O mediador judicial pode atuar como advogado da parte no CEJUSC, pois o CPC apenas impede o exercício da advocacia nos juízos em que desempenhe suas funções.

52. João dirigia seu carro a caminho do trabalho quando, ao virar em uma esquina, foi atingido por Fernando, que seguia na faixa ao lado. Diante dos danos ocasionados a seu veículo, João ingressou com ação, junto a uma Vara Cível, em face de Fernando, alegando que este trafegava pela faixa que teria como caminho obrigatório a rua para onde aquele seguiria.

Realizada a citação, Fernando procurou seu advogado, alegando que, além de oferecer sua defesa nos autos daquele processo, gostaria de formular pedido contra João, uma vez que este teria invadido a faixa sem antes acionar a "seta", sendo, portanto, o verdadeiro culpado pelo acidente.

Considerando o caso narrado, o advogado de Fernando deve

(A) instruí-lo a ajuizar nova ação, uma vez que não é possível formular pedido contra quem deu origem ao processo.
(B) informar-lhe que poderá, na contestação, propor reconvenção para manifestar pretensão própria, sendo desnecessária a conexão com a ação principal ou com o fundamento da defesa, bastando a identidade das partes.
(C) informar-lhe sobre a possibilidade de propor a reconvenção, advertindo-o, porém, que, caso João desista da ação, a reconvenção restará prejudicada.
(D) informar-lhe que poderá, na contestação, propor reconvenção para manifestar pretensão própria, desde que conexa com a ação principal ou com o fundamento da defesa.

53. Um advogado, com estudos apurados em torno das regras do CPC, resolve entrar em contato com o patrono da parte adversa de um processo em que atua. Sua intenção é tentar um saneamento compartilhado do processo.

Diante disso, acerca das situações que autorizam a prática de negócios jurídicos processuais, assinale a afirmativa correta.

(A) As partes poderão apresentar ao juiz a delimitação consensual das questões de fato e de direito da demanda litigiosa.
(B) As partes não poderão, na fase de saneamento, definir a inversão consensual do ônus probatório, uma vez que a regra sobre produção de provas é matéria de ordem pública.
(C) As partes poderão abrir mão do princípio do contraditório consensualmente de forma integral, em prol do princípio da duração razoável do processo.
(D) As partes poderão afastar a audiência de instrução e julgamento, mesmo se houver provas orais a serem produzidas no feito e que sejam essenciais à solução da controvérsia.

54. Daniel, sensibilizado com a necessidade de Joana em alugar um apartamento, disponibiliza-se a ser seu fiador no contrato de locação, fazendo constar nele cláusula de benefício de ordem. Um ano e meio após a assinatura do contrato, Daniel é citado em ação judicial visando à cobrança de aluguéis atrasados.

Ciente de que Joana possui bens suficientes para fazer frente à dívida contraída, Daniel consulta você, como advogado(a), sobre a possibilidade de Joana também figurar no polo passivo da ação.

Diante do caso narrado, assinale a opção que apresenta a modalidade de intervenção de terceiros a ser arguida por Daniel em sua contestação.

(A) Assistência.
(B) Denunciação da lide.
(C) Chamamento ao processo.
(D) Nomeação à autoria.

55. Cláudio, em face da execução por título extrajudicial que lhe moveu Daniel, ajuizou embargos à execução, os quais foram julgados improcedentes. O advogado de Cláudio, inconformado, interpõe recurso de apelação. Uma semana após a interposição do referido recurso, o advogado de Daniel requer a penhora de um automóvel pertencente a Cláudio.

Diante do caso concreto e considerando que o juízo não concedeu efeito suspensivo aos embargos, assinale a afirmativa correta.

(A) A penhora foi indevida, tendo em vista que os embargos à execução possuem efeito suspensivo decorrente de lei.
(B) O recurso de apelação interposto por Cláudio é dotado de efeito suspensivo por força de lei, tornando a penhora incorreta.
(C) A apelação interposta em face de sentença que julga improcedentes os embargos à execução é dotada de efeito meramente devolutivo, o que não impede a prática de atos de constrição patrimonial, tal como a penhora.
(D) O recurso de apelação não deve ser conhecido, pois o pronunciamento judicial que julga os embargos do executado tem natureza jurídica de decisão interlocutória, devendo ser impugnada por meio de agravo de instrumento.

56. A Associação "X", devidamente representada por seu advogado, visando à proteção de determinados interesses coletivos, propôs ação civil pública, cujos pedidos foram julgados improcedentes. Ademais, a associação foi condenada ao pagamento de honorários advocatícios no percentual de 20% (vinte por cento) sobre o valor da causa.

Diante de tal quadro, especificamente sobre os honorários advocatícios, a sentença está

(A) correta no que se refere à possibilidade de condenação ao pagamento de honorários e, incorreta, no que tange ao respectivo valor, porquanto fixado fora dos parâmetros estabelecidos pelo Art. 85 do CPC.

(B) incorreta, pois as associações não podem ser condenadas ao pagamento de honorários advocatícios, exceto no caso de litigância de má-fé, no âmbito da tutela individual e coletiva.

(C) correta, pois o juiz pode fixar os honorários de acordo com seu prudente arbítrio, observados os parâmetros do Art. 85 do CPC.

(D) incorreta, pois as associações são isentas do pagamento de honorários advocatícios em ações civis públicas, exceto no caso de má-fé, hipótese em que também serão condenadas ao pagamento do décuplo das custas.

57. O edifício Vila Real ajuizou ação de execução das contribuições de condomínio em atraso em face de Paper & Paper Ltda., proprietária da unidade 101. Citada a ré em janeiro de 2018, não houve o pagamento da dívida e, preenchidos os requisitos legais para tanto, houve a desconsideração da personalidade jurídica da devedora, a fim de que seus sócios Ana e Guilherme, casados, fossem citados, o que ocorreu em dezembro de 2018. Posteriormente, o condomínio exequente identificou que Ana e Guilherme venderam a Consuelo um imóvel de sua propriedade, em julho de 2018. Considerando que a execução em tela é capaz de reduzir à insolvência de Paper & Paper Ltda. e que não foram localizados bens penhoráveis de Ana e Guilherme, assinale a afirmativa correta.

(A) A alienação realizada por Ana e Guilherme configura fraude à execução, e deverá ser reconhecida independentemente da intimação de Consuelo.

(B) A alienação realizada por Ana e Guilherme configura fraude à execução e seu reconhecimento não pode se dar antes da intimação de Consuelo, que poderá opor embargos de terceiro.

(C) A alienação realizada por Ana e Guilherme não configura fraude à execução, pois realizada antes da citação dos sócios.

(D) A alienação realizada por Ana e Guilherme não configura fraude à execução, uma vez que a insolvência atingiria apenas a devedora original, e não os sócios.

58. Gabriel foi condenado pela prática de um crime de falso testemunho, sendo-lhe aplicada a pena de 03 anos de reclusão, em regime inicial aberto, substituída a pena privativa de liberdade por duas restritivas de direitos (prestação de serviços à comunidade e limitação de final de semana).

Após cumprir o equivalente a 01 ano da pena aplicada, Gabriel deixa de cumprir a prestação de serviços à comunidade. Ao ser informado sobre tal situação pela entidade beneficiada, o juiz da execução, de imediato, converte a pena restritiva de direitos em privativa de liberdade, determinando o cumprimento dos 03 anos da pena imposta em regime semiaberto, já que Gabriel teria demonstrado não preencher as condições para cumprimento de pena em regime aberto.

Para impugnar a decisão, o(a) advogado(a) de Gabriel deverá alegar que a conversão da pena restritiva de direitos em privativa de liberdade

(A) foi válida, mas o regime inicial a ser observado é o aberto, fixado na sentença, e não o semiaberto.

(B) foi válida, inclusive sendo possível ao magistrado determinar a regressão ao regime semiaberto, restando a Gabriel cumprir apenas 02 anos de pena privativa de liberdade, pois os serviços à comunidade já prestados são considerados pena cumprida.

(C) não foi válida, pois o descumprimento da prestação de serviços à comunidade não é causa a justificar a conversão em privativa de liberdade.

(D) não foi válida, pois, apesar de possível a conversão em privativa de liberdade pelo descumprimento da prestação de serviços à comunidade, deveria o apenado ser previamente intimado para justificar o descumprimento.

59. Enquanto assistia a um jogo de futebol em um bar, Francisco começou a provocar Raul, dizendo que seu clube, que perdia a partida, seria rebaixado. Inconformado com a indevida provocação, Raul, que estava acompanhado de um cachorro de grande porte, atiça o animal a atacar Francisco, o que efetivamente acontece. Na tentativa de se defender, Francisco desfere uma facada no cachorro de Raul, o qual vem a falecer. O fato foi levado à autoridade policial, que instaurou inquérito para apuração.

Francisco, então, contrata você, na condição de advogado(a), para patrocinar seus interesses.

Considerando os fatos narrados, com relação à conduta praticada por Francisco, você, como advogado(a), deverá esclarecer que seu cliente

(A) não poderá alegar qualquer excludente de ilicitude, em razão de sua provocação anterior.

(B) atuou escorado na excludente de ilicitude da legítima defesa.

(C) praticou conduta atípica, pois a vida do animal não é protegida penalmente.

(D) atuou escorado na excludente de ilicitude do estado de necessidade.

60. Mário trabalhava como jardineiro na casa de uma família rica, sendo tratado por todos como um funcionário exemplar, com livre acesso a toda a residência, em razão da confiança estabelecida. Certo dia, enfrentando dificuldades financeiras, Mário resolveu utilizar o cartão bancário de seu patrão, Joaquim, e, tendo conhecimento da respectiva senha, promoveu o saque da quantia de R$ 1.000,00 (mil reais).

Joaquim, ao ser comunicado pelo sistema eletrônico do banco sobre o saque feito em sua conta, efetuou o bloqueio do cartão e encerrou sua conta. Sem saber que o cartão se encontrava bloqueado e a conta encerrada, Mário tentou novo saque no dia seguinte, não obtendo êxito. De posse das filmagens das câmeras de segurança do banco, Mário foi identificado como o autor dos fatos, tendo admitido a prática delitiva.

Preocupado com as consequências jurídicas de seus atos, Mário procurou você, como advogado(a), para esclarecimentos em relação à tipificação de sua conduta.

Considerando as informações expostas, sob o ponto de vista técnico, você, como advogado(a) de Mário, deverá esclarecer que sua conduta configura

(A) os crimes de furto simples consumado e de furto simples tentado, na forma continuada.

(B) os crimes de furto qualificado pelo abuso de confiança consumado e de furto qualificado pelo abuso de confiança tentado, na forma continuada.

(C) um crime de furto qualificado pelo abuso de confiança consumado, apenas.

(D) os crimes de furto qualificado pelo abuso de confiança consumado e de furto qualificado pelo abuso de confiança tentado, em concurso material.

61. Regina dá à luz seu primeiro filho, Davi. Logo após realizado o parto, ela, sob influência do estado puerperal, comparece ao berçário da maternidade, no intuito de matar Davi. No entanto, pensando tratar-se de seu filho, ela, com uma corda, asfixia Bruno, filho recém-nascido do casal Marta e Rogério, causando-lhe a morte. Descobertos os fatos, Regina é denunciada pelo crime de homicídio qualificado pela asfixia com causa de aumento de pena pela idade da vítima.

Diante dos fatos acima narrados, o(a) advogado(a) de Regina, em alegações finais da primeira fase do procedimento do Tribunal do Júri, deverá requerer

(A) o afastamento da qualificadora, devendo Regina responder pelo crime de homicídio simples com causa de aumento, diante do erro de tipo.

(B) a desclassificação para o crime de infanticídio, diante do erro sobre a pessoa, não podendo ser reconhecida a agravante pelo fato de quem se pretendia atingir ser descendente da agente.

(C) a desclassificação para o crime de infanticídio, diante do erro na execução (aberratio ictus), podendo ser reconhecida a agravante de o crime ser contra descendente, já que são consideradas as características de quem se pretendia atingir.

(D) a desclassificação para o crime de infanticídio, diante do erro sobre a pessoa, podendo ser reconhecida a agravante de o crime ser contra descendente, já que são consideradas as características de quem se pretendia atingir.

62. Durante ação penal em que Guilherme figura como denunciado pela prática do crime de abandono de incapaz (Pena: detenção, de 6 meses a 3 anos), foi instaurado incidente de insanidade mental do acusado, constatando o laudo que Guilherme era, na data dos fatos (e permanecia até aquele momento), inteiramente incapaz de entender o caráter ilícito do fato, em razão de doença mental. Não foi indicado, porém, qual seria o tratamento adequado para Guilherme. Durante a instrução, os fatos imputados na denúncia são confirmados, assim como a autoria e a materialidade delitiva. Considerando apenas as informações expostas, com base nas previsões do Código Penal, no momento das alegações finais, a defesa técnica de Guilherme, sob o ponto de vista técnico, deverá requerer

(A) a absolvição imprópria, com aplicação de medida de segurança de tratamento ambulatorial, podendo a sentença ser considerada para fins de reincidência no futuro.

(B) a absolvição própria, sem aplicação de qualquer sanção, considerando a ausência de culpabilidade.

(C) a absolvição imprópria, com aplicação de medida de segurança de tratamento ambulatorial, não sendo a sentença considerada posteriormente para fins de reincidência.

(D) a absolvição imprópria, com aplicação de medida de segurança de internação pelo prazo máximo de 02 anos, não sendo a sentença considerada posteriormente para fins de reincidência.

63. Zélia, professora de determinada escola particular, no dia 12 de setembro de 2019, presencia, em via pública, o momento em que Luiz, nascido em 20 de dezembro de 2012, adota comportamento extremamente mal-educado e pega brinquedos de outras crianças que estavam no local.

Insatisfeita com a omissão da mãe da criança, sentindo-se na obrigação de intervir por ser professora, mesmo sem conhecer Luiz anteriormente, Zélia passa a, mediante grave ameaça, desferir golpes com um pedaço de madeira na mão de Luiz, como forma de lhe aplicar castigo pessoal, causando-lhe intenso sofrimento físico e mental.

Descobertos os fatos, foi instaurado inquérito policial. Nele, Zélia foi indiciada pelo crime de tortura com a causa de aumento em razão da idade da vítima. Após a instrução, confirmada a integralidade dos fatos, a ré foi condenada nos termos da denúncia, reconhecendo o magistrado, ainda, a presença da agravante em razão da idade de Luiz.

Considerando apenas as informações expostas, a defesa técnica de Zélia, no momento da apresentação da apelação, poderá, sob o ponto de vista técnico, requerer

(A) a absolvição de Zélia do crime imputado, pelo fato de sua conduta não se adequar à figura típica do crime de tortura.

(B) a absolvição de Zélia do delito de tortura, com fundamento na causa de exclusão da ilicitude do exercício regular do direito, em que pese a conduta seja formalmente típica em relação ao crime imputado.

(C) o afastamento da causa de aumento de pena em razão da idade da vítima, restando apenas a agravante com o mesmo fundamento, apesar de não ser possível pugnar pela absolvição em relação ao crime de tortura.

(D) o afastamento da agravante em razão da idade da vítima, sob pena de configurar bis in idem, já que não é possível requerer a absolvição do crime de tortura majorada.

64. O advogado de Josefina, ré em processo criminal, entendendo que, entre o recebimento da denúncia e o término da instrução, ocorreu a prescrição da pretensão punitiva estatal, apresentou requerimento, antes mesmo do oferecimento de alegações finais, de reconhecimento da extinção da punibilidade da agente, sendo o pedido imediatamente indeferido pelo magistrado.

Intimado, caberá ao(à) advogado(a) de Josefina, discordando da decisão, apresentar

(A) recurso em sentido estrito, no prazo de 5 dias.

(B) recurso de apelação, no prazo de 5 dias.

(C) carta testemunhável, no prazo de 48h.

(D) reclamação constitucional, no prazo de 15 dias.

65. Rogério foi denunciado pela prática de um crime de homicídio qualificado por fatos que teriam ocorrido em 2017. Após regular citação e apresentação de resposta à acusação, Rogério decide não comparecer aos atos do processo, apesar de regularmente intimado, razão pela qual foi decretada sua revelia.

Em audiência realizada na primeira fase do procedimento do Tribunal do Júri, sem a presença de Rogério, mas tão só de sua defesa técnica, foi proferida decisão de pronúncia. Rogério mudou-se e não informou ao juízo o novo endereço, não sendo localizado para ser pessoalmente intimado dessa decisão, ocorrendo, então, a intimação por edital. Posteriormente, a ação penal teve regular prosseguimento, sem a participação do acusado, sendo designada data para realização da sessão plenária.

Ao tomar conhecimento desse fato por terceiros, Rogério procura seu advogado para esclarecimentos, informando não ter interesse em comparecer à sessão plenária.

Com base apenas nas informações narradas, o advogado de Rogério deverá esclarecer que

(A) o processo e o curso do prazo prescricional, diante da intimação por edital, deveriam ficar suspensos.

(B) a intimação da decisão de pronúncia por edital não é admitida pelo Código de Processo Penal.

(C) o julgamento em sessão plenária do Tribunal do Júri, na hipótese, poderá ocorrer mesmo sem a presença do réu.

(D) a revelia gerou presunção de veracidade dos fatos e a intimação foi válida, mas a presença do réu é indispensável para a realização da sessão plenária do Tribunal do Júri.

66. Fred foi denunciado e condenado, em primeira instância, pela prática de crime de corrupção ativa, sendo ele e seu advogado intimados do teor da sentença no dia 05 de junho de 2018, terça-feira. A juntada do mandado de intimação do réu ao processo, todavia, somente ocorreu em 11 de junho de 2018, segunda-feira.

Considerando as informações narradas, o prazo para interposição de recurso de apelação pelo advogado de Fred, de acordo com a jurisprudência dos Tribunais Superiores, será iniciado

(A) no dia seguinte à juntada do mandado de intimação (12/06/18), devendo a data final do prazo ser prorrogada para o primeiro dia útil seguinte, caso se encerre no final de semana.

(B) no dia da juntada do mandado de intimação (11/06/18), devendo ser cumprido até o final do prazo de 05 dias previsto em lei, ainda que este ocorra no final de semana.

(C) no dia da intimação (05/06/18), independentemente da data da juntada do mandado, devendo ser cumprido até o final do prazo de 05 dias previsto em lei, ainda que este ocorra no final de semana.

(D) no dia seguinte à intimação (06/06/18), independentemente da data da juntada do mandado, devendo a data final do prazo ser prorrogada para o primeiro dia útil seguinte, caso se encerre no final de semana.

67. Enquanto cumpria pena em regime fechado, Antônio trabalhava na unidade prisional de maneira regular. Após progressão para o regime semiaberto, o apenado passou a estudar por meio de metodologia de ensino a distância, devidamente certificado pelas autoridades educacionais. Com a obtenção de livramento condicional, passou a frequentar curso de educação profissional. Ocorre que havia contra Antônio procedimento administrativo disciplinar em que se investigava a prática de falta grave durante o cumprimento da pena em regime semiaberto, sendo, após observância de todas as formalidades legais, reconhecida a prática da falta grave. Preocupado, Antônio procura seu advogado para esclarecimentos sobre o tempo de pena que poderá ser remido e as consequências do reconhecimento da falta grave. Considerando as informações narradas, o advogado de Antônio deverá esclarecer que

(A) o trabalho na unidade prisional e o estudo durante cumprimento de pena em regime semiaberto justificam a remição da pena, mas não o curso frequentado durante livramento condicional, sendo certo que a falta grave permite perda de parte dos dias remidos.

(B) o trabalho somente quando realizado em regime fechado ou semiaberto justifica a remição de pena, mas o estudo a distância e a frequência ao curso poderão gerar remição mesmo no regime aberto ou durante livramento condicional, podendo a punição por falta grave gerar perda de parte dos dias remidos.

(C) o reconhecimento de falta grave não permite a perda dos dias remidos com o trabalho na unidade e a frequência a curso em regime semiaberto, mas tão só a regressão do regime de cumprimento da pena.

(D) o tempo remido exclusivamente com o trabalho em regime fechado, mas não com o estudo, será computado como pena cumprida, para todos os efeitos, mas, diante da falta grave, poderá haver perda de todos os dias remidos anteriormente.

68. Após uma partida de futebol amador, realizada em 03/05/2018, o atleta André se desentendeu com jogadores da equipe adversária. Ao final do jogo, dirigiu-se ao estacionamento e encontrou, em seu carro, um bilhete anônimo, em que constavam diversas ofensas à sua honra. Em 28/06/2018, André encontrou um dos jogadores da equipe adversária, Marcelo, que lhe confessou a autoria do bilhete, ressaltando que Luiz e Rogério também estavam envolvidos na ofensa.

André, em 17/11/2018, procurou seu advogado, apresentando todas as provas do crime praticado, manifestando seu interesse em apresentar queixa-crime contra os três autores do fato. Diante disso, o advogado do ofendido, após procuração com poderes especiais, apresenta, em 14/12/2018, queixa-crime em face de Luiz, Rogério e Marcelo, imputando-lhes a prática dos crimes de calúnia e injúria.

Após o recebimento da queixa-crime pelo magistrado, André se arrependeu de ter buscado a responsabilização penal de Marcelo, tendo em vista que somente descobriu a autoria do crime em decorrência da ajuda por ele fornecida. Diante disso, comparece à residência de Marcelo, informa seu arrependimento, afirma não ter interesse em vê-lo responsabilizado criminalmente e o convida para a festa de aniversário de sua filha, sendo a conversa toda registrada em mídia audiovisual.

Considerando as informações narradas, é correto afirmar que o(a) advogado(a) dos querelados poderá

(A) questionar o recebimento da queixa-crime, com fundamento na ocorrência de decadência, já que oferecida a inicial mais de 06 meses após a data dos fatos.

(B) buscar a extinção da punibilidade dos três querelados, diante da renúncia ao exercício do direito de queixa realizado por André, que poderá ser expresso ou tácito.

(C) buscar a extinção da punibilidade de Marcelo, mas não de Luiz e Rogério, em razão da renúncia ao exercício do direito de queixa realizado por André.

(D) buscar a extinção da punibilidade dos três querelados, caso concordem, diante do perdão oferecido a Marcelo por parte de André, que deverá ser estendido aos demais coautores.

69. Carlos, advogado, em conversa com seus amigos, na cidade de Campinas, afirmou, categoricamente, que o desembargador Tício exigiu R$ 50.000,00 para proferir voto favorável para determinada parte em processo criminal de grande repercussão, na Comarca em que atuava.

Ao tomar conhecimento dos fatos, já que uma das pessoas que participavam da conversa era amiga do filho de Tício, o desembargador apresentou queixa-crime, imputando a Carlos o crime de calúnia majorada (Art. 138 c/c. o Art. 141, inciso II, ambos do CP. *Pena: 06 meses a 2 anos e multa, aumentada de 1/3*). Convicto de que sua afirmativa seria verdadeira, Carlos pretende apresentar exceção da verdade, com a intenção de demonstrar que Tício realmente havia realizado a conduta por ele mencionada. Procura, então, seu advogado, para adoção das medidas cabíveis.

Com base apenas nas informações narradas, o advogado de Carlos deverá esclarecer que, para julgamento da exceção da verdade, será competente

(A) a Vara Criminal da Comarca de Campinas, órgão competente para apreciar a queixa-crime apresentada.

(B) o Juizado Especial Criminal da Comarca de Campinas, órgão competente para apreciar a queixa-crime apresentada.

(C) o Tribunal de Justiça do Estado de São Paulo, apesar de não ser o órgão competente para apreciar a queixa-crime apresentada.

(D) o Superior Tribunal de Justiça, apesar de não ser o órgão competente para apreciar a queixa-crime apresentada.

70. Reinaldo é empregado da padaria Cruz de Prata Ltda., na qual exerce a função de auxiliar de padeiro, com jornada de segunda a sexta-feira, das 12h às 17h, e pausa alimentar de 15 minutos. Aproxima-se o final do ano, e Reinaldo aguarda ansiosamente pelo pagamento do 13º salário, pois pretende utilizá-lo para comprar uma televisão.

A respeito do 13º salário, assinale a afirmativa correta.

(A) Com a reforma da CLT, a gratificação natalina poderá ser paga em até três vezes, desde que haja concordância do empregado.

(B) A gratificação natalina deve ser paga em duas parcelas, sendo a primeira entre os meses de fevereiro e novembro e a segunda, até o dia 20 de dezembro de cada ano.

(C) Atualmente é possível negociar a supressão do 13º salário em convenção coletiva de trabalho.

(D) O empregado tem direito a receber a primeira parcela do 13º salário juntamente com as férias, desde que a requeira no mês de março.

71. Uma indústria de calçados, que se dedica à exportação, possui 75 empregados. No último ano, Davi foi aposentado por invalidez, Heitor pediu demissão do emprego, Lorenzo foi dispensado por justa causa e Laura rompeu o contrato por acordo com o empregador, aproveitando-se da nova modalidade de ruptura trazida pela Lei 13.467/17 (Reforma Trabalhista).

De acordo com a norma de regência, assinale a opção que indica, em razão dos eventos relatados, quem tem direito ao saque do FGTS.

(A) Davi e Laura, somente.

(B) Todos poderão sacar o FGTS.

(C) Laura, somente.

(D) Davi, Heitor e Lorenzo, somente.

72. João e Maria são casados e trabalham na mesma empresa, localizada em Fortaleza/CE. Maria ocupa cargo de confiança e, por absoluta necessidade do serviço, será transferida para Porto Alegre/RS, lá devendo fixar residência, em razão da distância.

Diante da situação retratada e da legislação em vigor, assinale a afirmativa correta.

(A) A transferência não poderá ser realizada, porque o núcleo familiar seria desfeito, daí ser vedada por Lei.

(B) A transferência poderá ser realizada, mas, como o casal ficará separado, isso deverá durar, no máximo, 1 ano.

(C) João terá direito, pela CLT, a ser transferido para o mesmo local da esposa e, com isso, manter a família unida.

(D) Não há óbice para a transferência, que poderá ser realizada sem que haja obrigação de a empresa transferir João.

73. Vera Lúcia tem 17 anos e foi contratada como atendente em uma loja de conveniência, trabalhando em escala de 12x36 horas, no horário de 19 às 7h, com pausa alimentar de 1 hora. Essa escala é prevista no acordo coletivo assinado pela loja com o sindicato de classe, em vigor. A empregada teve a CTPS assinada e tem, como atribuições, auxiliar os clientes, receber o pagamento das compras e dar o troco quando necessário.

Diante do quadro apresentado e das normas legais, assinale a afirmativa correta.

(A) A hipótese trata de trabalho proibido.

(B) O contrato é plenamente válido.

(C) A situação retrata caso de atividade com objeto ilícito.

(D) Por ter 17 anos, Vera Lúcia fica impedida de trabalhar em escala 12x36 horas, devendo ser alterada a jornada.

74. O sindicato dos empregados X entabulou com o sindicato dos empregadores Y, uma convenção coletiva de trabalho para vigorar de julho de 2019 a junho de 2021. Nela ficou acertado que a jornada seria marcada pelos trabalhadores por meio de um aplicativo desenvolvido pelos sindicatos; que haveria instituição de banco de horas anual; que, nas jornadas de trabalho de até 7 horas diárias, haveria intervalo para refeição de 20 minutos; e que a participação nos lucros seria dividida em 4 parcelas anuais.

Considerando o teor da norma coletiva e suas cláusulas, e considerando o disposto na CLT, assinale a afirmativa correta.

(A) A convenção é nula quanto à participação nos lucros, que não pode ser dividida em mais de 2 parcelas anuais.

(B) É nula a fixação de pausa alimentar inferior a 30 minutos para jornadas superiores a 6 horas, mesmo que por norma coletiva.

(C) Inválida a cláusula referente à modalidade de registro da jornada de trabalho, que não pode ser feito por meio de um aplicativo.

(D) Inválido o banco de horas estipulado, pois, em norma coletiva, ele somente pode ser realizado para compensação semestral.

75. Edimilson é vigia noturno em um condomínio residencial de apartamentos. Paulo é vigilante armado de uma agência bancária. Letícia é motociclista de entregas de uma empresa de logística. Avalie os três casos apresentados e, observadas as regras da CLT, assinale a afirmativa correta.

(A) Paulo e Letícia exercem atividade perigosa e fazem jus ao adicional de periculosidade. A atividade de Edimilson não é considerada perigosa, e, por isso, ele não deve receber adicional.

(B) Considerando que os três empregados não lidam com explosivos e inflamáveis, salvo por disposição em norma coletiva, nenhum deles terá direito ao recebimento de adicional de periculosidade.

(C) Os três empregados fazem jus ao adicional de periculosidade, pois as profissões de Edimilson e Paulo estão sujeitas ao risco de violência física e, a de Letícia, a risco de vida.

(D) Apenas Paulo e Edimilson têm direito ao adicional de periculosidade por conta do risco de violência física.

76. O juiz, em sede de execução trabalhista, intimou a parte para cumprir despacho, determinando que o exequente desse seguimento à execução, indicando os meios de prosseguimento na execução, já que não foram encontrados bens no patrimônio do réu.

Com fundamento na legislação vigente, assinale a afirmativa correta.

(A) O processo ficará parado aguardando a manifestação do exequente por período indefinido de tempo.

(B) A declaração de prescrição somente poderá ocorrer por requerimento da parte contrária.

(C) A prescrição intercorrente ocorrerá após dois anos, se a parte não cumprir com o comando judicial.

(D) O juiz deverá intimar novamente a parte, a fim de dar início ao curso do prazo prescricional.

77. Em sede de reclamação trabalhista proposta por Sávio, os pedidos liquidados somaram valor inferior a 40 salários mínimos nacionais. A ação foi movida em face do ex-empregador e da União, em razão de alegação de responsabilidade subsidiária. Sobre o caso apresentado, assinale a opção que indica o procedimento a ser seguido.

(A) A ação correrá sob o rito sumaríssimo, pois cabível o rito especial para qualquer parte na Justiça do Trabalho, desde que o valor da causa seja compatível.

(B) A ação correrá sob o rito ordinário, porque, em que pese o valor da causa, figura ente de direito público no polo passivo.

(C) A ação correrá no rito ordinário, mas, caso a primeira ré não seja encontrada, não será possível realizar a citação por edital, em vista de a segunda ré ser a União.

(D) A ação correrá no rito sumaríssimo, e, em caso de prova testemunhal, cada parte terá direito a ouvir até três testemunhas.

78. No decorrer de uma reclamação trabalhista, que transitou em julgado e que se encontra na fase executória, o juiz intimou o autor a apresentar os cálculos de liquidação respectivos, o que foi feito. Então, o juiz determinou que o cálculo fosse levado ao setor de Contadoria da Vara para conferência, tendo o calculista confirmado que os cálculos estavam adequados e em consonância com a coisa julgada. Diante disso, o juiz homologou a conta e determinou que o executado depositasse voluntariamente a quantia, sob pena de execução forçada.

Diante dessa narrativa e dos termos da CLT, assinale a afirmativa correta.

(A) Equivocou-se o juiz, porque ele não poderia homologar o cálculo sem antes conceder vista ao executado pelo prazo de 8 dias.

(B) Correta a atitude do magistrado, porque as contas foram conferidas e foi impressa celeridade ao processo do trabalho, observando a duração razoável do processo.

(C) A Lei não fixa a dinâmica específica para a liquidação, daí porque cada juiz tem liberdade para criar a forma que melhor atenda aos anseios da justiça.

(D) O juiz deveria conceder vista dos cálculos ao executado e ao INSS pelo prazo de 5 dias úteis, pelo que o procedimento adotado está errado.

79. Wilma foi dispensada sem justa causa e recebeu a indenização correspondente do ex-empregador. Ela, no entanto, alega ter direito a uma equiparação salarial com um colega que realizava as mesmas atividades. Em razão disso, Wilma procura você, como advogado(a), e, com sua assessoria, dá início a um acordo extrajudicial com o ex-empregador. O acordo é materializado em documento, especificando o valor e a identificação da parcela, sendo assinado pelas partes e seus respectivos advogados, e levado à Justiça do Trabalho para homologação. Contudo, a juíza do caso nega-se a homologar o acordo, argumentando que ele seria lesivo à trabalhadora, proferindo decisão nesse sentido. Diante disso, e de acordo com a norma legal, assinale a opção que indica a medida processual adequada para buscar a reforma da decisão proferida.

(A) Não há medida cabível, por se tratar de decisão interlocutória.

(B) Recurso Ordinário.

(C) Mandado de Segurança.

(D) Novo pedido de homologação de acordo extrajudicial idêntico, mas agora dirigido para outra Vara.

80. Considere as quatro situações jurídicas a seguir.

(I) A Instituição ABCD é uma entidade sem fins lucrativos.

(II) Rosemary é uma empregadora doméstica.

(III) O Instituto Sonhar é uma entidade filantrópica.

(IV) Mariana é uma microempreendedora individual.

Considere que todas essas pessoas são empregadoras e têm reclamações trabalhistas ajuizadas contra si e que nenhuma delas comprovou ter as condições para ser beneficiária de justiça gratuita.

Assinale a opção que indica, nos termos da CLT, quem estará isento de efetuar o depósito recursal para recorrer de uma sentença desfavorável proferida por uma Vara da Justiça do Trabalho.

(A) A Instituição ABCD e o Instituto Sonhar, somente.

(B) Todos estarão dispensados

(C) Instituto Sonhar, somente.

(D) Mariana e Rosemary, somente.

Folha de Respostas

1	A	B	C	D
2	A	B	C	D
3	A	B	C	D
4	A	B	C	D
5	A	B	C	D
6	A	B	C	D
7	A	B	C	D
8	A	B	C	D
9	A	B	C	D
10	A	B	C	D
11	A	B	C	D
12	A	B	C	D
13	A	B	C	D
14	A	B	C	D
15	A	B	C	D
16	A	B	C	D
17	A	B	C	D
18	A	B	C	D
19	A	B	C	D
20	A	B	C	D
21	A	B	C	D
22	A	B	C	D
23	A	B	C	D
24	A	B	C	D
25	A	B	C	D
26	A	B	C	D
27	A	B	C	D
28	A	B	C	D
29	A	B	C	D
30	A	B	C	D
31	A	B	C	D
32	A	B	C	D
33	A	B	C	D
34	A	B	C	D
35	A	B	C	D
36	A	B	C	D
37	A	B	C	D
38	A	B	C	D
39	A	B	C	D
40	A	B	C	D
41	A	B	C	D
42	A	B	C	D
43	A	B	C	D
44	A	B	C	D
45	A	B	C	D
46	A	B	C	D
47	A	B	C	D
48	A	B	C	D
49	A	B	C	D
50	A	B	C	D
51	A	B	C	D
52	A	B	C	D
53	A	B	C	D
54	A	B	C	D
55	A	B	C	D
56	A	B	C	D
57	A	B	C	D
58	A	B	C	D
59	A	B	C	D
60	A	B	C	D
61	A	B	C	D
62	A	B	C	D
63	A	B	C	D
64	A	B	C	D
65	A	B	C	D
66	A	B	C	D
67	A	B	C	D
68	A	B	C	D
69	A	B	C	D
70	A	B	C	D
71	A	B	C	D
72	A	B	C	D
73	A	B	C	D
74	A	B	C	D
75	A	B	C	D
76	A	B	C	D
77	A	B	C	D
78	A	B	C	D
79	A	B	C	D
80	A	B	C	D

GABARITO COMENTADO

1. Gabarito "C"
Comentário: A: incorreta. De acordo com o art. 18, *caput*, do RGOAB, o desagravo público será promovido pelo Conselho competente, de ofício, a seu pedido (leia-se: pedido do advogado ofendido) ou de qualquer pessoa. Assim, de plano, incorreta a alternativa em comento, pois dispõe que a atuação da OAB se dará apenas mediante provocação, quando poderá, como visto, ser de ofício; **B** e **D:** incorretas. O pedido de desagravo público não poderá ser formulado pelo representante legal do advogado ofendido. Também não se exige, para o requerimento de instauração do processo de desagravo, que um advogado com inscrição na OAB apresente referido pedido; **C:** correta, conforme dispõem os §§ 1º e 2º, do precitado art. 18 do RGOAB.

2. Gabarito "B"
Comentário: A: incorreta. Extinto o mandato pela renúncia apresentada pelo advogado, será seu dever prosseguir na representação do (ex)cliente nos dez dias subsequentes à notificação, salvo se substituído antes do término de referido prazo (art. 5º, § 3º, EAOAB). Considerando que no enunciado há a informação de que o mandante, após três dias da notificação da renúncia, constituiu novo advogado, Geraldo não mais prosseguirá na representação do cliente pelos dias restantes; **B:** correta, nos exatos termos do que dispõe o art. 5º, § 3º, do EAOAB; **C** e **D:** incorretas, pois a representação do mandante após a renúncia do advogado estende-se pelo prazo máximo de 10 (dez) dias após a notificação, podendo ser ainda menor, caso, nesse interregno, um novo patrono seja constituído.

3. Gabarito "B"
Comentário: A: incorreta. Para disputar as eleições aos cargos de Subseção, devem os candidatos satisfazer os requisitos previstos no art. 63, § 2º, do EAOAB, com a redação que lhe foi dada pela Lei 13.875/2019, ou seja, comprovar situação regular perante a OAB, não ocupar cargo exonerável **ad nutum**, não ter sido condenado por infração disciplinar, salvo reabilitação, e exercer efetivamente a profissão há mais de 3 (três) anos, nas eleições para os cargos de Conselheiro Seccional e das Subseções, quando houver, e há mais de 5 (cinco) anos, nas eleições para os demais cargos; **B:** correta. Prevê o art. 63, *caput*, e § 1º, do EAOAB, que a eleição dos membros de todos os órgãos da OAB será realizada na segunda quinzena do mês de novembro, do último ano do mandato, mediante cédula única e votação direta dos advogados regularmente inscritos. A eleição, na forma e segundo os critérios e procedimentos estabelecidos no regulamento geral, é de comparecimento obrigatório para todos os advogados inscritos na OAB; **C:** incorreta. O mandato é, de fato, de três anos, iniciando-se, porém, em primeiro de janeiro do ano seguinte ao da eleição, salvo o Conselho Federal (art. 65, *caput*, EAOAB); **D:** incorreta. De acordo com o art. 66 do EAOAB, extingue-se automaticamente o mandato, antes de seu término, se o titular faltar, sem motivo justificado, a três reuniões ordinárias consecutivas (e não a mais de três reuniões, como consta na alternativa!) de cada órgão deliberativo do conselho ou da diretoria da Subseção ou da Caixa de Assistência dos Advogados, não podendo ser reconduzido no mesmo período de mandato.

4. Gabarito "C"
Comentário: De acordo com o art. 34, XXIII, do EAOAB, constitui infração disciplinar o fato de o advogado deixar de pagar as contribuições (anuidades), multas e preços de serviços devidos à OAB, depois de regularmente notificado a fazê-lo. A consequência pela prática de referida infração é, conforme dispõe o art. 37, § 2º, do EAOAB, a suspensão do advogado inadimplente do exercício profissional até que satisfaça integralmente a dívida, com correção monetária. Assim, correta a alternativa "C". Todavia, o STF, no julgamento do **Recurso Extraordinário 647.885**, com repercussão geral reconhecida, decidiu pela **inconstitucionalidade da suspensão do advogado em caso de inadimplência de anuidades** (art. 34, XXIII, EAOAB) ao argumento de que tal sanção acarreta ofensa à liberdade constitucional de exercício profissional. Confira-se, pela relevância, a ementa adiante transcrita, extraída do sítio eletrônico do STF: *O Tribunal, por maioria, apreciando o tema 732 da repercussão geral, conheceu do recurso extraordinário e deu-lhe provimento, declarando a inconstitucionalidade da Lei 8.906/1994, no tocante ao art. 34, XXIII, e ao excerto do art. 37, § 2º, que faz referência ao dispositivo anterior, ficando as despesas processuais às custas da parte vencida e invertida a condenação de honorários advocatícios sucumbenciais fixados no acórdão recorrido, nos termos do voto do Relator, vencido o Ministro Marco Aurélio. Foi fixada a seguinte tese: "É inconstitucional a suspensão realizada por conselho de fiscalização profissional do exercício laboral de seus inscritos por inadimplência de anuidades, pois a medida consiste em sanção política em matéria tributária". Plenário, Sessão Virtual de 17.4.2020 a 24.4.2020.*

5. Gabarito "D"
Comentário: O acometimento de doença mental curável é causa de licenciamento (ou licença) da atividade profissional, com fundamento no art. 12, III, do EAOAB. Significa dizer que o advogado ficará afastado dos quadros da OAB até alcançar a cura para sua moléstia psiquiátrica. Importante frisar que no período de licença, não poderá exercer a profissão, sob pena de nulidade dos atos praticados (art. 4º, parágrafo único, EAOAB). Correta, portanto, a alternativa "D", estando as demais, por evidente, erradas.

6. Gabarito "A"
Comentário: A: correta. De acordo com o art. 36 do CED, o sigilo profissional é de ordem pública, independendo de solicitação de reserva que lhe seja feita pelo cliente. Em outras palavras, ainda que Antônio tenha consultado seu cliente sobre a possibilidade de relatar os fatos relativos à sua vida pessoal e que foram tratados em processo judicial, o sigilo, como visto, é de ordem pública, vale dizer, tem que ser respeitado pelo advogado por se tratar de um dever ético, pouco importando eventual anuência de seu constituinte com sua revelação em trabalho acadêmico. Com relação ao advogado José, a revelação do sigilo por ele foi lícita, estando autorizada pelo art. 37 do CED, segundo o qual o sigilo profissional cederá em face de circunstâncias excepcionais que configurem justa causa, como nos casos de grave ameaça à honra; **B:** incorreta, pois, como visto, José não infringiu o disposto no CED no que toca ao sigilo profissional; **C:** incorreta, pois José, baseado no art. 37 do CED, para a defesa de sua honra, poderia violar o dever de sigilo profissional. Já Antônio, ao revelar em sua dissertação de mestrado fatos relacionados à vida pessoal de seu cliente, cujo conhecimento ocorreu em razão do exercício profissional, violou o art. 36 do CED; **D:** incorreta, pois, como visto, Antônio cometeu infração ética por violação, sem justa causa, de sigilo profissional.

7. Gabarito "A"
Comentário: A: correta. De acordo com o art. 33, parágrafo único, do RGOAB, com a redação que lhe foi dada pela Resolução 05/2016, do CFOAB, prevê que o nome social é a designação pela qual a pessoa travesti ou transexual se identifica e é socialmente reconhecida e será inserido na identificação do advogado mediante requerimento. Ademais, o art. 34, II, também do Regulamento Geral, prevê que o anverso do cartão de identidade do advogado alguns dados, na sequência nele especificada, inclusive o nome e o nome social (nesta ordem, portanto); **B:** incorreta. O nome social não necessita constar no registro civil, bastando que seja declarado pela pessoa travesti ou transexual perante seu Conselho Seccional. Com isso, o nome social, que não se confunde com o nome de registro, será incluído na identidade profissional do advogado, em campo próprio; **C:** incorreta. No cartão de identidade profissional do advogado constará, além do nome registral, o nome social. Não bastará, portanto, apenas a indicação do nome social no documento de identidade profissional do advogado, até porque, por força do art. 13 do EAOAB, referido documento faz prova da identificação civil para todos os fins legais; **D:** incorreta. Como visto, o art. 33, parágrafo único, do RGOAB, expressamente autoriza a inclusão do nome social em sua carteira de identidade profissional. Tal procedimento independe de qualquer

alteração do nome do advogado no registro civil, nem mesmo de cirurgia de redesignação sexual.

8. Gabarito "B"
Comentário: O exercício de mandato eletivo (no caso, vereador) acarreta ao advogado o impedimento (proibição parcial para advogar) de que trata o art. 30, II, do EAOAB, ficando impossibilitado de exercer a advocacia contra ou a favor de todo do Poder Público. Já a assunção do cargo de Procurador-Geral de um Município impõe ao advogado o exercício exclusivo – e limitado – da advocacia vinculada às funções que exercer, durante o período da investidura (art. 29 do EAOAB). Assim, no caso relatado no enunciado, João Pedro, nos anos de 2012 e 2013, por ser vereador, sofreria apenas as restrições trazidas no art. 30, II, do EAOAB, qual seja, o impedimento de advogar contra ou a favor do Poder Público em geral, em todos os níveis. Já nos anos de 2014 e 2015, enquanto ocupou o cargo de Procurador-Geral do Município Alfa, somente poderia advogar de forma limitada, ou seja, no exclusivo interesse do Município, conforme prevê o já citado art. 29 do EAOAB. Vamos, assim, às alternativas! **A:** incorreta, pois no período em que João Pedro exercia mandato de vereador, ficou impedido de advogar contra ou a favor do Poder Público em geral, inclusive entidades paraestatais (art. 30, II, EAOAB); **B:** correta. O impedimento de João Pedro, enquanto foi vereador, englobava o exercício da advocacia contra ou a favor de entes da Administração Pública direta, indireta, entidades paraestatais ou empresas concessionárias ou permissionárias de serviços públicos (art. 30, II, EAOAB); **C:** incorreta. Enquanto João Pedro ocupou o cargo de Procurador-Geral do Município, somente estaria autorizado a exercer a advocacia vinculada às funções públicas inerentes ao referido cargo, sendo vedada, portanto, a advocacia privada; **D:** incorreta, pois, na condição de Procurador-Geral do Município Alfa, advogar a favor de autarquia vinculada ao próprio Município seria parte integrante de suas atribuições de Procurador-Geral, em consonância com o art. 29 do EAOAB.

9. Gabarito "A"
Comentário: Para Neil MacCormick, o processo de argumentação é como um processo de justificação, portanto, a assertiva correta é a "A".

10. Gabarito "A"
Comentário: A assertiva "A" define corretamente o conceito de "utilidade" dentro do pensamento de John Stuart Mill, um dos principais filósofos utilitaristas.

11. Gabarito "D"
Comentário: A: incorreta. É possível que haja a superação legislativa das decisões definitivas de mérito do STF, no âmbito de uma ação declaratória de constitucionalidade. O projeto de lei, aprovado no Congresso Nacional, que disponha de forma contrária a decisão do Supremo, passará a valer e, eventualmente, poderá ser declarado inconstitucional pelo STF por meio do julgamento de nova ação. Isto é assim, pois a função legislativa não é atingida pelo efeito vinculante advindo das decisões proferidas em sede de controle concentrado de constitucionalidade, nem pelo efeito que uma súmula vinculante produz (art. 103-A, *caput*, da CF). Determina o § 2º do art. 102 da CF que as decisões definitivas de mérito, proferidas pelo STF, nas ações diretas de inconstitucionalidade e nas ações declaratórias de constitucionalidade, **produzirão eficácia contra todos e efeito vinculante, relativamente aos demais órgãos do Poder Judiciário e à administração pública** direta e indireta, nas esferas federal, estadual e municipal; **B:** incorreta. A primeira parte está correta. Por outro lado, a afirmação de que a Constituição de 1988 veda a rediscussão de temática já analisada pela Suprema Corte na mesma sessão legislativa está equivocada. O projeto de lei **não** apresenta vício formal de inconstitucionalidade. Essa vedação tem relação com a proposta de emenda constitucional (art. 60, §5º, da CF), não com as decisões do Supremo; **C:** incorreta. Como já afirmado, as decisões definitivas de mérito proferidas pelo Supremo Tribunal Federal em sede de controle concentrado de constitucionalidade, embora gozem de eficácia contra todos e efeito vinculante, não "vincula" a função legislativa (mesmo quando ela for exercida de forma atípica). Sendo assim, não cabe impugnação pela via da reclamação constitucional; **D:** correta. É o que se extrai do citado § 2º do art. 102 da CF.

12. Gabarito "B"
Comentário: A: incorreta. O ajuste firmado entre o ente municipal e a sociedade empresária é, ao contrário do mencionado, **constitucional**. De acordo com o § 1º do art. 199 da CF, as **instituições privadas poderão participar de forma complementar** do sistema único de saúde, segundo diretrizes deste, mediante contrato de direito público ou convênio, tendo preferência as entidades filantrópicas e as sem fins lucrativos; **B:** correta. É o que determina o § 2º do art. 199 da CF. Tal dispositivo **veda a destinação de recursos públicos** para auxílios ou subvenções **às instituições privadas com fins lucrativos**; **C:** incorreta. O repasse de recursos públicos às instituições privadas com fins lucrativos, como mencionado, é proibido pelo Texto Constitucional. **D:** incorreta. A execução das ações de vigilância sanitária e epidemiológica **fazem parte das atribuições do SUS**, conforme determina o inciso II do art. 200 da CF.

13. Gabarito "D"
Comentário: A: incorreta. **A fundamentação** empregada pelo Presidente da República para decretar o estado de defesa **está de acordo** com o Texto Constitucional. Determina o *caput* do art. 136 da CF que o estado de defesa pode ser decretado, dentre outras hipóteses, para preservar ou prontamente restabelecer locais restritos e determinados atingidos por calamidades de grandes proporções na natureza; **B:** incorreta. A primeira parte está correta. Por outro lado, **a afirmação** de que, durante a vigência do período de exceção, o Presidente não poder determinar o uso temporário de bens pertencentes a outros entes da federação **viola** o inciso II do § 1º do art. 136 da CF que autoriza a aplicação dessa medida coercitiva, desde que a União responda pelos danos e custos decorrentes da ocupação ou uso; **C:** incorreta. São várias as hipóteses de cabimento do estado de defesa, mas a apresentada pela alternativa não integra o rol. De acordo com o citado *caput* do art. 136 da CF, o estado de defesa poderá ser decretado para preservar ou prontamente restabelecer, em locais restritos e determinados, a ordem pública ou a paz social ameaçadas por grave e iminente instabilidade institucional ou atingidas por calamidades de grandes proporções na natureza. A **ineficácia** de medidas adotadas **durante o estado de defesa enseja a decretação do estado de sítio**, conforme determina o art. 137, I, da CF; **D:** correta. É o que determina o art. 136, *caput*, e§1º, II, da CF.

14. Gabarito "A"
Comentário: A: correta. De fato, o remédio correto para combater a inconstitucionalidade por omissão em um caso concreto é o mandado de injunção. Determina o LXXI do art. 5º da CF o cabimento do mandado de injunção sempre que a falta de norma regulamentadora tornar inviável o exercício dos direitos e liberdades constitucionais e das prerrogativas inerentes à nacionalidade, à soberania e à cidadania. O caso trazido se enquadra na previsão constitucional. Vale lembrar que a CF não menciona expressamente o cabimento do mandado de injunção coletivo. Embora diversas vezes admitido pela jurisprudência, com a edição da Lei 13.300/16, a via coletiva passou a ter previsão legal. Conforme determina o art. 12, III, da Lei, o mandado de injunção coletivo pode ser promovido, dentre outros legitimados, III – por **organização sindical**, entidade de classe ou associação legalmente constituída e em funcionamento há pelo menos 1 (um) ano, para assegurar o exercício de direitos, liberdades e prerrogativas em favor da totalidade ou de parte de seus membros ou associados, na forma de seus estatutos e desde que pertinentes a suas finalidades, dispensada, para tanto, autorização especial; **B:** incorreta. Como mencionado, **a organização tem legitimidade** para impetração do mandado de injunção coletivo; **C:** incorreta. Não há regra nesse sentido. Determina o do art. 9º, *caput* e § 1º, da Lei do MI que a decisão terá eficácia subjetiva limitada às partes e produzirá efeitos até o advento da norma regulamentadora e que **poderá ser conferida eficácia *ultra partes* ou *erga omnes*** à decisão, **quando isso for inerente ou indispensável ao exercício do direito, da liberdade ou da prerrogativa objeto da impetração**. Não há necessidade de autorização especial dos seus membros para tanto; **D:** incorreta. Se a mora for reconhecida a decisão **poderá estabelecer as condições** em que se dará o exercício do direito à aposentadoria especial, conforme dispõe o art. 8º, II, da citada Lei.

15. Gabarito "C"
Comentário: A: incorreta. É possível que Fernando busque a solução por meio do Poder Judiciário, após esgotadas as instâncias da justiça desportiva, conforme determina o § 1º do art. 217 da CF; **B:** incorreta. Como mencionado, o próprio Texto Constitucional exige o esgotamento da via administrativa (justiça desportiva) para a propositura de eventual ação no Poder Judiciário. Determina o STF: "No inciso XXXV do art. 5º, previu-se que "a lei não excluirá da apreciação do Poder Judiciário lesão ou ameaça a direito". (...) O próprio legislador constituinte de 1988 limitou a condição de ter-se o exaurimento da fase administrativa, para chegar-se à formalização de pleito no Judiciário. Fê-lo no tocante ao desporto, (...) no § 1º do art. 217 (...). Vale dizer que, sob o ângulo constitucional, o livre acesso ao Judiciário sofre uma mitigação e, aí, consubstanciando o preceito respectivo exceção, cabe tão só o empréstimo de interpretação estrita. Destarte, a necessidade de esgotamento da fase administrativa está jungida ao desporto e, mesmo assim, tratando-se de controvérsia a envolver disciplina e competições, sendo que a chamada Justiça desportiva há de atuar dentro do prazo máximo de sessenta dias, contados da formalização do processo, proferindo, então, decisão final – § 2º do art. 217 da CF [ADI 2.139 MC e ADI 2.160 MC, voto do rel. p/ o ac. min. Marco Aurélio, j. 13-5-2009, P, DJE de 23-10-2009.]; **C:** correta. Os §§ 1º e 2º do art. 217 da CF determinam exatamente o que está descrito na alternativa; **D:** incorreta. A CF/88, pelo contrário, prestigiou a justiça desportiva, conforme já abordado.

16. Gabarito "B"
Comentário: A: incorreta. A competência para processar e julgar a ação popular, conforme determina o art. 5º da Lei 4.717/65 (Ação Popular), é dada conforme a origem do ato impugnado. É competente, portanto, para conhecer da ação, processá-la e julgá-la o juiz que, de acordo com a organização judiciária de cada Estado, o for para as causas que interessem à União, ao Distrito Federal, ao Estado ou ao Município. (juízo de 1º grau). Não se enquadra nas hipóteses do art. 102, I, *f* ou *n*, da CF em que poderia a ação ser de competência do STF; **B:** correta. De fato, a ação deve prosperar, não apenas porque a competência para julgar a ação popular é do juiz de primeira instância da justiça comum, mas também Giuseppe é brasileiro naturalizado, tem o título de eleitor e está no exercício dos seus direitos políticos. Determina o § 3º do art. 1º da Lei da Ação Popular que a prova da cidadania, para ingresso em juízo, será feita com o título eleitoral, ou com documento que a ele corresponda. Não é necessário que Giuseppe faça parte da nação brasileira para propor a ação popular. Vale lembrar que tecnicamente o termo "nação" diz respeito ao conjunto de pessoas ligadas por semelhanças, afinidades de etnia, costumes, idioma. Os nacionais se enquadram na definição de nação. Os estrangeiros não, pois cada país tem seus hábitos, costumes, cultura, tradição etc.; **C:** incorreta. A primeira parte da alternativa está errada, pois, como já mencionado, a competência será do juiz de 1º grau, conforme a origem do ato impugnado. Não se enquadra nas hipóteses do art. 102, I, *f* ou *n*, da CF em que poderia a ação ser de competência do STF; **D:** incorreta. O autor tem legitimidade para propor a demanda, mas ação não é de competência do STF, como já mencionado.

17. Gabarito "C"
Comentário: A: incorreta. Bento não será proprietário, por extensão, do subsolo de sua propriedade, mas **participará nos resultados econômicos** decorrentes da exploração da referida atividade em sua propriedade. Determina o § 2º do art. 176 da CF que é assegurada participação ao proprietário do solo nos resultados da lavra, na forma e no valor que dispuser a lei; **B:** incorreta. Não haverá indenização, mas **direito a participação nos resultados** econômicos provenientes da atividade, de acordo com a lei; **C:** correta, conforme determina o citado § 2º do art. 176 da CF; **D:** incorreta. É garantida a participação nos resultados econômicos, conforme já mencionado. Vale lembrar que o art. 177 da CF determina que constituem **monopólio da União**: I – a pesquisa e a **lavra das jazidas de petróleo** e gás natural e outros hidrocarbonetos fluidos; II – a refinação do petróleo nacional ou estrangeiro; III – a importação e exportação dos produtos e derivados básicos resultantes das atividades previstas nos incisos anteriores; IV – o transporte marítimo do petróleo bruto de origem nacional ou de derivados básicos de petróleo produzidos no País, bem assim o transporte, por meio de conduto, de petróleo bruto, seus derivados e gás natural de qualquer origem; V – a pesquisa, a lavra, o enriquecimento, o reprocessamento, a industrialização e o comércio de minérios e minerais nucleares e seus derivados, com exceção dos radioisótopos cuja produção, comercialização e utilização poderão ser autorizadas sob regime de permissão, conforme as alíneas b e c do inciso XXIII do caput do art. 21 desta Constituição Federal. Por fim, e a título de atualização, determina o § 1º do art. 20 da CF, com redação dada pela **EC 102/19** que **é assegurada**, nos termos da lei, **à União, aos Estados, ao Distrito Federal e aos Municípios a participação no resultado da exploração de petróleo** ou gás natural, de recursos hídricos para fins de geração de energia elétrica e de outros recursos minerais no respectivo território, plataforma continental, mar territorial ou zona econômica exclusiva, ou compensação financeira por essa exploração. (Redação dada pela Emenda Constitucional 102, de 2019).

18. Gabarito "D"
Comentário: O artigo 10 Convenção Americana Sobre Direitos Humanos assim estatui: Toda pessoa tem direito de ser indenizada conforme a lei, no caso de haver sido condenada em sentença passada em julgado, por erro judiciário. Portanto, a assertiva D é a correta.

19. Gabarito "C"
Comentário: O artigo 3º da Lei de Migração define os princípios que regem a política migratória brasileira, e a assertiva "C" lista alguns princípios previstos no referido artigo (incisos III, V e VI).

20. Gabarito "Anulada"
Comentário: O Protocolo de Las Leñas criou um procedimento mais célere e simples para que as sentenças e os laudos arbitrais prolatados em um país-membro do Mercosul irradiem seus efeitos nos outros países-membros. O procedimento regional encontra-se disciplinado nos arts. 18 a 24 do Protocolo, sendo sua grande característica o fato de as sentenças irradiarem seus efeitos nos outros Estados-membros após seguirem o procedimento adotado para o *exequatur* das cartas rogatórias. Ou seja, não é necessária a homologação da sentença prolatada por um Estado-membro do Mercosul. A questão foi anulada porque a homologação nesses casos não está dispensada, apenas segue um outro rito, conforme apontado acima no Protocolo de Las Leñas.

21. Gabarito "C"
Comentário: O artigo 10 da LINDB assim dispõe: "A sucessão por morte ou por ausência obedece à lei do país em que domiciliado o defunto ou o desaparecido, qualquer que seja a natureza e a situação dos bens". Logo, a assertiva correta é a "C".

22. Gabarito "D"
Comentário: A: incorreta, pois a competência tributária do Estado implica competência legislativa plena em relação ao tributo (com as exceções previstas na CF, por exemplo para normas gerais, que demandam lei complementar federal) – art. 6º do CTN; **B:** incorreta, pois a norma que afasta obrigação tributária retroage, nos termos e observadas as condicionantes do art. 106, II, *b*, do CTN; **C:** incorreta, pois, enquanto não houver julgamento definitivo, incide a retroatividade do art. 106, II, *b*, do CTN; **D:** correta, reproduzindo o disposto no art. 106, II, *b*, do CTN.

23. Gabarito "A"
Comentário: No caso de doação de bens móveis, títulos, ações, créditos, dinheiro etc. (qualquer coisa que não seja bem imóvel e respectivos direitos), o ITCMD é devido ao Estado (ou DF) onde domiciliado o doador, no caso, ao Estado X – art. 155, § 1º, II, da CF. Por essa razão, a alternativa "A" é a correta.

24. Gabarito "B"
Comentário: De fato, compete ao Senado Federal fixar as alíquotas mínimas do IPVA estadual, por força do art. 155, § 6º, I, da CF. Essa competência constitucional busca minorar a guerra fiscal entre Estados e DF (há casos de locadoras de veículos e outras empresas que costuma "emplacar" seus veículos em Estados com alíquota menor, ainda que seus negócios se concentrem em outras localidades).

25. Gabarito "D"
Comentário: Apesar de o ICMS ser tributo da competência dos Estados e DF, a concessão de benefícios fiscais tem regulação nacional, de modo a tentar minorar os efeitos da guerra fiscal (Estados que concedem benefícios agressivos para atrair empresas para seus territórios). Nesse sentido, o art. 155, § 2º, XII, *g*, da CF dispõe que lei complementar federal regula a forma como, mediante deliberação dos Estados e do Distrito Federal, isenções, incentivos e benefícios fiscais serão concedidos e revogados. Atualmente, é a LC 24/1975. Assim, não basta lei estadual para conceder o benefício, sendo necessário convênio interestadual decorrente de deliberação dos Estados e DF. Por essas razões, a alternativa "D" é a correta.

26. Gabarito "C"
Comentário: A: incorreta, pois a competência tributária (competência legislativa plena) é exercida em regra por meio de lei ordinária do ente competente (no caso, o Município, não o Estado) – art. 6º do CTN; **B:** incorreta, pois a competência tributária (competência para legislar sobre o tributo) é exclusiva do ente tributante, no caso, do Município – art. 7º do CTN. Alguns autores aceitam a exceção da moratória concedida pela União, nos termos do art. 152, I, *b*, do CTN; **C:** correta, conforme comentário anterior; **D:** incorreta, conforme comentários anteriores – somente o Município poderia legislar sobre o assunto.

27. Gabarito: "A"
Comentário: A: correta, pois, de acordo como o art. 4º, *caput*, da Lei 12.846/13, "Subsiste a responsabilidade da pessoa jurídica na hipótese de alteração contratual, **transformação**, incorporação, fusão ou cisão societária" (g.n.); **B:** incorreta, pois, pelos atos previstos na Lei 12.846/13, "As pessoas jurídicas serão responsabilizadas **objetivamente**, nos âmbitos administrativo e civil, pelos atos lesivos previstos nesta Lei praticados em seu interesse ou benefício, exclusivo ou não" (g.n.); **C:** incorreta, nos termos do comentário à alternativa "a"; **D:** incorreta, pois uma infração pode ter mais de um tipo diferente de sanção; o que não é possível é ter a mesma sanção aplicável duplamente; no caso a lei prevê a sanção de inidoneidade (art. 87, IV, da Lei 8.666/93) e também a de multa (art. 6º, I, da Lei 12.846/13), sem contar outras sanções previstas no art. 87 da Lei 8.666/93; vale salientar que hipóteses de incidência diferentes (tipos infrativos administrativos diferentes) também dão ensejo à aplicação independente de sanções administrativas, até mesmo sanções do mesmo tipo quando um tipo não for elemento do outro.

28. Gabarito "D"
Comentário: A: incorreta; de acordo com o art. 7º, § 5º, da Lei 8.666/93, de fato é vedada a preferência por marcas, mas lei ressalva os casos em que a preferência "for tecnicamente justificável", como é o caso trazido pelo enunciado da questão; **B:** incorreta, pois a licitação em tela envolve bens (e não serviços) e de uma marca determinada, tudo indicando que se trata de bens comuns, em que o pregão é aplicável, hipótese em que a inversão de fases licitatórias se dá, e a avaliação das propostas ocorrem antes da fase de habilitação; **C:** incorreta, pois o recurso no pregão (vide o comentário anterior sobre se tratar de um pregão) é feito só ao final, quando se tem um vencedor (art. 4º, XVIII, da Lei 10.520/02); **D:** correta, pois a homologação tem por objetivo assegurar como legal a escolha do vencedor, permitindo que o adjudicatário seja convocado para assinar o contrato (art. 4º, XII, da Lei 10.520/02).

29. Gabarito "C"
Comentário: A: incorreta, pois a licitação pode, em termos fáticos, ser feita, não se podendo falar em impossibilidade fática; a questão é que a licitação no caso não é conveniente, diante das circunstâncias emergenciais do caso; nesse sentido, tem-se um caso de dispensa de licitação (em que a licitação pode ser feita, mas a lei dispensa por motivo relevantes – art. 24 da Lei 8.666/93), e não de inexigibilidade de licitação (em que a licitação é inviável, por exemplo, por impossibilidade fática – art. 25 da Lei 8.666/93); **B:** incorreta, pois, como se viu no comentário anterior, o caso não é de inexigibilidade (art. 25 da Lei 8.666/93), mas de dispensa de licitação (art. 24 da Lei 8.666/93); **C:** correta, pois no caso em tela tem-se um situação emergencial, que autoriza a dispensa de licitação (art. 24, IV, da Lei 8.666/93) e não a inexigibilidade de licitação; **D:** incorreta, pois no caso em tela tem-se um situação emergencial, que autoriza a dispensa de licitação (art. 24, IV, da Lei 8.666/93).

30. Gabarito "ANULADA"

31. Gabarito "C"
Comentário: A e B: incorretas, pela aplicação da teoria dos motivos determinantes, conforme exposto no comentário à alternativa correta; **C:** correta; a questão traz a aplicação prática da teoria dos motivos determinantes; de acordo com essa teoria, quando o agente que expede um ato administrativo explicita o motivo fático que o está levando a expedir aquele ato, a existência ou não desses motivos determinam a validade do ato; assim, se houver prova de que os motivos eram falsos, o ato administrativo será considerado nulo; no caso em tela, a autoridade competente não tinha o deve de motivar (já que os cargos em comissão são de livre provimento e livre exoneração – art. 37, II, da CF), mas, uma vez que resolveu fazê-lo, passou a ficar vinculada aos motivos fáticos levantados; **D:** incorreta; primeiro porque o ato de exonerar alguém de um cargo em comissão não é vinculado, mas sim discricionário, já que a autoridade competente não precisa se explicar (livre nomeação e livre exoneração – art. 37, II, da CF); segundo porque, se fosse um ato discricionário, o Judiciário não poderia analisar o mérito em si desse ato; é errado afirmar que essa análise é possível; no caso o Judiciário só pode analisar porque se aplica a teoria dos motivos determinantes.

32. Gabarito "D"
Comentário: A: incorreta, pois o poder hierárquico se dá de um agente público superior para um agente público inferior, e não de um agente público para um particular; **B:** incorreta, porque o poder disciplinar se dá de um agente público sobre outro agente público, no caso os agentes que julgam as faltas disciplinares de um servidor público em relação a este servidor; **C:** incorreta, pois o poder regulamentar é o poder de expedir regulamentos gerais para a fiel execução da lei (é, portanto, normativo e geral), não sendo o caso presente, em que se tem uma fiscalização pontual sobre uma dada pessoa (é, portanto, fiscalizatório e específico sobre uma pessoa); **D:** correta, pois se trata de uma fiscalização específica sobre uma pessoa que violou as posturas municipais, com os dois aspectos mencionados na alternativa.

33. Gabarito "A"
Comentário: A: correta, nos termos do art. 38, I, da Lei 12.651/12 (Código Florestal); **B:** incorreta, pois o órgão competente para essa autorização é o estadual e o uso do fogo é a princípio proibido (não bastando fazer uma audiência pública), ressalvadas as poucas situações previstas no art. 38 da Lei 12.651/12; **C:** incorreta; geralmente, a queimada é proibida, mas há exceções na lei e uma delas é justamente a trazida na alternativa "a" da questão (art. 38 da Lei 12.651/12); **D:** incorreta, pois a regra é a proibição do uso do fogo em vegetações, salvo nas exceções trazidas no art. 38 da Lei 12.651/12, não havendo como exceção uma regra que permite o fogo diretamente desde que se mantenha o mínimo de cobertura vegetal a título de reserva legal.

34. Gabarito "B"
Comentário: A: incorreta, pois o zoneamento ambiental diz respeito a um regramento geral que recai para todas as propriedades que estejam numa dada zona, e o caso em questão diz respeito a uma restrição numa propriedade específica; **B:** correta; a Lei 6.938/81, em seu artigo 9º-A, regula o instituto da servidão ambiental; o caso trazido no enunciado se enquadra perfeitamente nesse instituto, uma vez que fala de um proprietário privado de um imóvel, de um instrumento particular criador da servidão, da averbação deste no Registro de Imóvel e de uma restrição de forma perpétua do uso da propriedade, todos itens previstos na regulamentação citada; ; **C:** incorreta, pois o instituto da "Área de Relevante Interesse Ecológico" é uma unidade de conservação, e, como tal, deve ser criada pelo Poder Público (art. 22, *caput*, da Lei 9.985/00), e não pelo particular como trazido pelo enunciado da questão.

35. Gabarito: "A"
Comentário: A: correta, pois não pode o adquirente demandar pela evicção, se sabia que a coisa era alheia ou litigiosa (art. 457 CC). Como Renata foi informada, assumiu risco quando decidiu levar o contrato de compra e venda

adiante; **B:** incorreta, pois o instituto da evicção aplica-se apenas a contratos onerosos (art. 447 CC). No caso da doação foi um contrato gratuito. **C:** incorreta, pois a cláusula que reforça a evicção apenas pode ser expressa, nunca tácita (art. 448 CC); **D:** incorreta, pois trata-se de contrato de doação (art. 538 CC) de natureza comutativa e não sujeito a evicção, pois ela somente se aplica a contratos onerosos (art. 447 CC).

36. Gabarito: "D"
Comentário: A: incorreta, pois nulo é o contrato de compra e venda, quando se deixa ao arbítrio exclusivo de uma das partes a fixação do preço (art. 489 CC); **B:** incorreta, pois Vilmar deverá pagar o valor integral a Geraldo, pois tratava-se de coisa futura cujo risco Vilmar assumiu de não vir a existir (art. 458 CC); **C:** incorreta, pois Vilmar terá de pagar o valor correspondente a cinco toneladas, afinal, tratava-se de coisa futura cujo risco assumiu de existir em qualquer quantidade (art. 459 CC); **D:** correta (art. 485, 1ª parte CC)

37. Gabarito: "B"
Comentário: A: incorreta, pois além da atualização monetária, juros e honorários de advogado, Leonardo também terá de devolver o equivalente (art. 418 CC); **B:** correta (art. 418 CC); **C:** incorreta, pois não há que se falar em devolução de metade e o fato de ter comunicado tão logo quanto possível não tem relevância. Precisará devolver o equivalente mais atualização monetária segundo índices oficiais regularmente estabelecidos, juros e honorários de advogado (art. 418 CC); **D:** incorreta, pois terá de devolver as arras, pois elas apenas serão consideradas início de pagamento no caso do adimplemento do contrato. Como o contrato não foi concluído por culpa de quem recebeu as arras, elas terão de ser devolvidas mais o equivalente somado a atualização monetária segundo índices oficiais regularmente estabelecidos, juros e honorários de advogado (art. 418 CC).

38. Gabarito: "D"
Comentário: A: incorreta, pois o herdeiro necessário pode ser privado de sua legítima no caso de deserdação (art. 1.961 CC); **B:** incorreta, pois o abandono pelos descendentes *não* é causa legal de exclusão da sucessão do ascendente, por indignidade (art. 1.814 CC). O rol do art. 1.814 CC é taxativo e lá não conta a causa "abandono". Essa circunstância trata-se de hipótese de deserdação (art. 1.962, IV CC) e deverá ser manifestada em testamento (art. 1.964 CC); **C:** incorreta, pois além dessas causas também existe a hipótese de *desamparo do ascendente em alienação mental ou grave enfermidade* (art. 1.962, IV CC). **D:** correta (art. 1.962, IV CC e art. 1.964 CC)

39. Gabarito: "A"
Comentário: A: correta, pois com o casamento foi extinta a menoridade de Alberto, logo, ele é plenamente capaz (art. 5º, parágrafo único II CC). Portanto, o contrato é plenamente válido; **B:** incorreta, pois Alberto é plenamente capaz, pois sua menoridade foi extinta com o casamento (art. 5º, parágrafo único II CC); **C:** incorreta, pois Alberto é plenamente capaz, pois apesar de ter 17 anos sua menoridade foi extinta quando contraiu casamento (art. 5º, parágrafo único II CC); **D:** incorreta, pois a anuência de Gabriela é completamente dispensada, logo, a eficácia do contrato não depende disso. O contrato é válido, pois possui partes maiores, capazes, objeto lícito, possível e determinável, forma adequada, motivo lícito, enfim, preenche todos os requisitos do art. 166 CC.

40. Gabarito: "C"
Comentário: A: incorreta, pois trata-se de penhor industrial e neste caso é permitido que os bens empenhados fiquem na posse do devedor (art. 1.431, parágrafo único CC); **B:** incorreta, pois o Banco XPTO não é terceiro de má-fé (afinal, o penhor foi constituído com todos os requisitos legais do contrato e à época Lucas era proprietário do bem recebido por doação, podendo, assim, empenhá-lo normalmente – art. 1.420 CC), logo, a realização do penhor não é causa impeditiva da revogação da doação feita por Pablo. Pablo pode revogar a doação com fundamento no art. 557, I CC; **C:** correta, pois a revogação por ingratidão não prejudica os direitos adquiridos por terceiros (art. 563 CC); **D:** incorreta, pois a revogação da doação não é automática, devendo ser pleiteada judicialmente dentro de um ano, a contar de quando chegue ao conhecimento do doador o fato que a autorizar, e de ter sido o donatário o seu autor (art. 559 CC). Ademais, os direitos adquiridos pelo Banco XPTO não se resolvem junto com a propriedade de Pablo, pois a revogação por ingratidão não prejudica os direitos adquiridos por terceiros (art. 536 CC).

41. Gabarito: "B"
Comentário: A: incorreta, pois exceto no regime da separação absoluta é necessário a consentimento do cônjuge quando houver alienação de bens imóveis (art. 1.647, I CC). A lei não dispensa essa autorização ainda que haja o incremento da renda familiar. **B:** correta, pois o art. 1.647 CC apenas dispensa a autorização quando se tratar de regime da separação absoluta de bens. Logo, sendo regime da comunhão parcial de bens, deve haver autorização do outro cônjuge, ainda que o bem seja particular; **C:** incorreta, pois mesmo sendo bem particular neste caso precisa de autorização (art. 1.647, I CC). Um cônjuge não terá ingerência nos bens particulares do outro nos casos do art. 1.659 CC; **D:** incorreta, pois o regime de bens é relevante para determinar se a autorização é necessária ou não, e não simplesmente o ato de casar-se. Apenas é dispensada a autorização se o casamento for no regime da separação absoluta (art. 1.647, I CC).

42. Gabarito "B"
Comentário: Por ter produzido um vídeo de animação simulando a participação de crianças em atos de pornografia, Roberta cometeu o crime previsto no art. 241-C, *caput*, do ECA.

43. Gabarito "A"
Comentário: O art. 207, *caput*, do ECA, que é bastante similar ao art. 261 do CPP, estabelece que nenhum adolescente será processado, pela prática de ato infracional, sem que esteja assistido por um defensor, ainda que se encontre foragido ou ausente. Reza o § 1º deste art. 207 do ECA que, não tendo o adolescente defensor constituído, deverá o juiz nomear-lhe um, podendo o adolescente, a todo tempo, constituir defensor de sua confiança.

44. Gabarito "D"
Comentário: A: incorreta. O caso não pode ser tratado como fato do produto (ou acidente de consumo) tendo em vista que não colocou em risco a saúde e a segurança dos consumidores. O caso deve ser estudado como sendo vício de produto, nos termos do art. 18 do CDC. Por outro lado, o Superior Tribunal de Justiça já emitiu a súmula 227, que garante indenização à pessoa jurídica: "A pessoa jurídica pode sofrer dano moral". **B:** incorreta. Trata-se de relação jurídica de consumo, sendo o condomínio considerado um consumidor final nos termos do art. 2º do CDC. Ademais, os condomínios também são considerados consumidores por serem os usuários finais do produto. **C:** incorreta. Não é cabível, na espécie, a aplicação da defesa dos direitos difusos e coletivos nos termos do art. 81 do CDC. Para que haja direitos transindividuais, deveria ter a configuração de um direito difuso, coletivo ou individual homogêneo, o que não se configura na espécie. **D:** correta. Trata-se de vício de produto nos termos do art. 18 do CDC, trazendo responsabilidade civil solidária entre todos os envolvidos na cadeia produtiva (vide também o art. 7º e o art. 25 do CDC). Ademais, a teoria finalista mitigada, adotada pelo STJ, entende que consumidor é a pessoa física ou jurídica que adquire ou utiliza produto ou serviço como destinatário final, para uso próprio ou fins profissionais, desde que haja vulnerabilidade. No caso em estudo, o condomínio adquiriu produto para utilização dos seus condôminos, sendo considerado destinatário final do produto. **RD**

45. Gabarito "D"
Comentário: São interesses ou direitos difusos "os transindividuais, de natureza indivisível, de que sejam titulares pessoas indeterminadas e ligadas por circunstâncias de fato" (art. 81, parágrafo único, I, do CDC). São direitos ou interesses coletivos "os transindividuais, de natureza indivisível de que seja titular grupo, categoria ou classe de pessoas ligadas entre si ou com a parte contrária por uma relação jurídica base" (art. 81, parágrafo único, II, do CDC). São direitos ou interesses individuais homogêneos, assim entendidos os decorrentes de origem comum (art. 81, III, parágrafo único, do CDC).
A: incorreta. Há um pedido difuso que corresponde ao valor de indenização a ser convertido em favor de um fundo específico, no entanto, há também pedido individual homogêneo que beneficia o consumidor que foi atingido pelo evento danoso. **B:** incorreta. Tendo em vista o pedido individual homogêneo formulado pelo Ministério Público em ação coletiva, pode o consumidor

fazer o pedido de liquidação e a execução da sentença, nos termos o art. 97 do CDC. Por outro lado, pode a execução ser coletiva, promovida pelos legitimados da ação coletiva, nos termos do art. 98 do CDC. **C:** incorreta. Não se trata de direito ou interesse coletivo, posto que entre os interessados, não há uma "relação jurídica base". **D:** correta. Nos termos do art. 97 do CDC.

46. Gabarito: "B"
Comentário: Considera-se microempresa ou empresa de pequeno porte, para fins do tratamento simplificado e favorecido criado pela Lei Complementar 123/2006, o empresário individual, a empresa individual de responsabilidade limitada e as sociedades empresárias ou simples (art. 3º, *caput*, da LC 123/2006), desde que não sejam constituídas na forma de cooperativas (art. 3º, § 4º, VI, da LC 123/2006) ou sociedade por ações (art. 3º, § 4º, X, da LC 123/2006).

47. Gabarito: "B"
Comentário: A questão trata das semelhanças e diferenças nos contratos de colaboração, especificamente sobre a questão da possibilidade do empresário contratado poder agir em nome do contratante. No caso do contrato de comissão, tal atuação é inerente ao negócio jurídico: o comissário pratica, em nome próprio, os negócios jurídicos de interesse do comitente, à conta deste (art. 693 do CC); já na corretagem, é proibido ao corretor tomar parte nos contratos, ainda que sob o manto de um mandato (art. 722 do CC); por fim, na agência, é possível a outorga de mandato ao agente, desde que expressamente pactuado (art. 710, parágrafo único, do CC).

48. Gabarito: "D"
Comentário: A única alternativa que traz ato de falência previsto na legislação é a letra "D", que deve ser assinalada. É a hipótese estampada no art. 94, III, "g", da Lei 11.101/2005. Vale lembrar que os atos de falência são previstos em rol exaustivo, de forma que a tipicidade do fato à norma deve ser perfeita, sob pena de improcedência do pedido de quebra realizado com este fundamento.

49. Gabarito: "C"
Comentário: Nos termos do art. 225 da Lei 9.279/1996, a pretensão indenizatória em caso de ofensa a direito de propriedade intelectual prescreve em 5 anos. Como o enunciado não traz informações sobre a data em que o ato ilícito ocorreu, podemos presumir que este se deu "dois anos após" a concessão da patente, ou seja, em 2015. Logo, em 2019 o lustro prescricional ainda não tinha se esgotado.

50. Gabarito: "A"
Comentário: O art. 4º, § 2º, da Lei 9.307/1996 (Lei de Arbitragem) estabelece como condição de eficácia da cláusula compromissória inserida em contrato de adesão a concordância expressa do aderente, desde que por escrito em documento anexo ou em negrito, com assinatura ou visto para esta cláusula.

51. Gabarito: "C"
Comentário: A: Incorreta, pois é necessária a presença de advogado na audiência de conciliação (CPC, art. 334, § 9º); **B:** Incorreta, porque mesmo que possível concurso público para mediador e conciliador, não é fundamental que essa função seja exercida por concursados, sendo possível realizar um curso e se cadastrar como tal (CPC, art. 167, § 1º); **C:** Correta, porque é possível mais de uma audiência, mas a legislação limita que seja nesse prazo de dois meses da primeira (CPC, art. 334, § 2º); **D:** Incorreta, porque não é possível advogar onde se exerce a função de mediador (CPC, art. 167, § 5º).

52. Gabarito: "D"
Comentário: A: Incorreta, pois o CPC admite a formulação de pedido pelo réu, contra o autor, na mesma ação, pela via da reconvenção (CPC, art. 343); **B:** Incorreta, porque é possível a reconvenção desde que haja conexão com a ação ou a defesa (CPC, art. 343); **C:** Incorreta, considerando que, se houver a desistência da ação, a reconvenção prosseguirá, porque passa a ser uma ação autônoma (CPC, art. 343, § 2º); **D:** Correta. É possível a reconvenção, nos mesmos autos, mas desde que haja conexão com a ação principal ou defesa (CPC, art. 343, *caput*).

53. Gabarito "A"
Comentário: A: Correta. No que se refere aos negócios jurídicos processuais (NJP – CPC, art. 190), a lei expressamente prevê que "As partes podem apresentar ao juiz, para homologação, delimitação consensual das questões de fato e de direito (…)" (CPC, art. 357, § 2º); **B:** Incorreta, considerando que é possível NJP quanto às provas (CPC, art. 373, § 3º); **C:** Incorreta, pois não é possível NJP acerca do contraditório (princípio processual), considerando não haver previsão nesse sentido no art. 190, *caput*, do CPC; **D:** Incorreta, porque não é possível afastar provas essenciais à solução da controvérsia por NJP, pois isso envolve a atuação do juiz e não das partes (CPC, art. 190).

54. Gabarito "C"
Comentário: O fiador, para acionar o devedor principal, deve utilizar o chamamento ao processo (CPC, art. 130, I). Assim, a alternativa correta é "C". No mais, vale lembrar que não há, no atual CPC, a figura da nomeação à autoria, que existia no CPC/1973.

55. Gabarito "C"
Comentário: A: Incorreta, pois o efeito suspensivo não é automático nos embargos à execução, pois depende da presença de alguns requisitos (CPC, art. 919, *caput* e § 1º); **B:** Incorreta, porque apesar de em regra existir efeito suspensivo na apelação (CPC, art. 1.012, *caput*), há casos em que não há esse efeito – como nos embargos improcedentes (CPC, art. 1.012, § 1º, III); **C:** Correta. É possível a penhora no caso concreto, pois a apelação da sentença que julga improcedentes os embargos à execução não tem efeito suspensivo (CPC, art. 1.012, § 1º, III); **D:** Incorreta considerando que os embargos são julgados por sentença, de modo que cabível a apelação (CPC, art. 1.009).

56. Gabarito "D"
Comentário: A: Incorreta, pois a condenação em honorários advocatícios é indevida, porque só se admite a condenação em caso de má-fé (Lei n. 7.347/85, arts. 17 e 18); **B:** Incorreta, considerando que a previsão de condenação de associações em caso de má-fé só se refere a processo coletivo (Lei n. 7.347/85), e não individual. Assim, se uma associação ingressa em juízo para pleitear direito próprio, pagará honorários no caso de sucumbência; **C:** Incorreta, porque a condenação em honorários não deve existir (vide "A"); ademais, a fixação é feita conforme os critérios legais, e não arbítrio do juiz; **D:** Correta: só há, no processo coletivo, condenação em honorários e décuplo das custas em casos de má-fé (Lei n. 7.347/85, arts. 17 e 18).

57. Gabarito "ANULADA"

58. Gabarito: "D"
Comentário: Tendo em conta o que estabelecem os arts. 44, § 4º, do CP, e 181, § 1º, *c*, da LEP, somente poderá haver a conversão da pena restritiva de direitos em privativa de liberdade quando o descumprimento daquela for injustificado, cabendo ao magistrado intimar o reeducando para tanto. Na jurisprudência: "O entendimento desta Corte é firme no sentido de ser imprescindível a intimação do reeducando para esclarecer as razões do descumprimento das medidas restritivas de direito antes da conversão delas em pena privativa de liberdade, em homenagem aos princípios do contraditório e da ampla defesa. É nula a decisão que converte a pena restritiva de direito em privativa de liberdade, sem a prévia intimação do réu. Constrangimento ilegal evidenciado. Ordem concedida, de ofício, para o fim de cassar o acórdão e anular a decisão que converteu a pena restritiva de direito em privativa de liberdade, sem a prévia oitiva do reeducando, determinando a expedição de alvará de soltura, se por outro motivo não estiver preso" (STJ, HC 251.312/SP, Rel. Ministro MOURA RIBEIRO, QUINTA TURMA, julgado em 18/02/2014, DJe 21/02/2014).

59. Gabarito: "B"
Comentário: Em regra, a reação contra ataque de animal configura estado de necessidade, e não legítima defesa. É que a legítima defesa pressupõe o emprego de agressão pelo ser humano. Não há que se falar em agressão injusta realizada por um animal. Enfim, agressão é ato humano, e não animal. Por outro lado, o estado de necessidade pressupõe a existência de um perigo atual, não provocado voluntariamente pelo agente, consistente em um fato

da natureza, de um animal ou atividade humana. Dessa forma, o ataque (e não agressão) de um animal, que provocou uma situação perigosa, configura situação de necessidade. Situação diferente é aquela em que uma pessoa se utiliza do animal como instrumento do crime, incitando-o ao ataque. Nesta hipótese, restará configurada injusta agressão por parte daquele que incitou o cão ao ataque. A reação ao ataque do animal, aqui, constitui legítima defesa.

60. Gabarito: "C"
Comentário: Mário, por ter subtraído de seu patrão, de quem gozava de confiança adquira ao longo do tempo, a importância de mil reais, deverá responder pelo cometimento de um único crime de furto qualificado pelo abuso de confiança consumado (art. 155, § 4º, II, do CP), ainda que, após a consumação do crime, Mário tenha feito nova tentativa de subtração, utilizando-se, para tanto, do mesmo expediente, consistente no uso de cartão bancário da vítima. É que, após a primeira subtração, Joaquim, ao ser comunicado pelo sistema eletrônico do banco sobre o saque feito em sua conta, efetuou o bloqueio do cartão e encerrou sua conta, o que tornou impossível a segunda subtração. É hipótese configuradora de crime impossível (art. 17, CP), em que não se pune a tentativa quando, por ineficácia absoluta do meio ou por absoluta impropriedade do objeto, não é possível alcançar a consumação. O cartão, meio utilizado para a prática criminosa, depois de bloqueado, não poderia viabilizar uma segunda subtração. Em outras palavras, a consumação nunca seria alcançada por ineficácia do meio empregado (cartão bloqueado). Embora ele tenha servido para a primeira subtração, não poderia ser utilizado para a segunda.

61. Gabarito: "B"
Comentário: A mãe que, sob influência do estado puerperal, mata o filho alheio pensando se tratar do próprio filho incorre em erro sobre a pessoa, devendo ser responsabilizada, nos termos do art. 20, § 3º, do CP, como se tivesse investido contra quem ela queria praticar o crime (neste caso, o seu próprio filho recém-nascido). Serão desprezadas, portanto, as características da vítima efetivamente atingida. Não é o caso de se reconhecer a agravante do art. 61, II, *e*, do CP (crime contra descendente), haja vista que tal circunstância já constitui elementar do crime de infanticídio. Ou seja, a incidência desta agravante, neste caso, representa verdadeiro *bis in idem*.

62. Gabarito: "C"
Comentário: Segundo consta do enunciado proposto, Guilherme foi denunciado e processado pelo crime de abandono de incapaz, cuja pena cominada é de detenção de 6 meses a 3 anos. No curso da instrução processual, restou constatado, em sede de incidente de insanidade mental, que o acusado, ao tempo do crime, em razão de doença mental, era inteiramente incapaz de entender o caráter ilícito do fato por ele praticado. Trata-se, portanto, de réu inimputável, nos termos do art. 26, *caput*, do CP, razão pela qual a ele não poderá ser aplicada pena, em razão da ausência de seu pressuposto, isto é, a culpabilidade, devendo ser submetido, todavia, a medida de segurança. Como bem sabemos, a medida de segurança constitui modalidade de sanção penal com propósito exclusivamente preventivo. Seu objetivo, como se pode ver, é proporcionar ao inimputável portador de periculosidade tratamento adequado voltado, sempre que possível, a evitar a prática de novos crimes. Não se trata, como no caso da pena impingida ao imputável, de punição (retribuição, castigo) pelo mal causado pela prática criminosa. Nem poderia. Isso porque o inimputável, dada a sua ausência de higidez mental, não teria capacidade de compreender a punição a que seria submetido. Seria, pois, uma medida inócua. Pois bem. Por força do que dispõe o art. 96 do CP, a medida de segurança comporta duas espécies: detentiva e restritiva. A primeira (inciso I) consiste em internação em hospital de custódia e tratamento psiquiátrico. É dirigida, conforme estabelece o art. 97, *caput*, do CP, ao inimputável que pratica crime apenado com reclusão; a medida de segurança restritiva, prevista no inciso II, por sua vez, implica a sujeição do inimputável a tratamento ambulatorial, hipótese em que o agente permanece livre, mas submetido a acompanhamento médico. É aplicada aos casos de crime apenado com detenção. Esta última é a hipótese retratada no enunciado. Com efeito, o crime praticado por Guilherme tem como pena cominada detenção de 6 meses a 3 anos, devendo ser submetido, portanto, a tratamento ambulatorial. Por se tratar de medida de segurança (espécie de sanção penal), a sentença tem natureza absolutória imprópria (art. 386, parágrafo único, III, do CPP), assim entendida aquela que, a despeito de absolver o acusado, aplica-lhe medida de segurança, pois reconhece a sua inimputabilidade (art. 26, *caput*, CP).

63. Gabarito: "A"
Comentário: A conduta de Zélia se amolda, em princípio, ao crime de tortura capitulado no art. 1º, II, da Lei 9.455/1997. Sucede que este crime tem sujeito ativo qualificado, do qual, portanto, se exige determinado atributo. Com efeito, o agente deve investir contra pessoa sob sua guarda, poder ou autoridade. No caso acima narrado, fica claro que o encontro entre Zélia e a criança contra a qual ela investiu foi mero acaso. Apesar de ser professora (e aqui está a "pegadinha" da questão), Zélia não exerce qualquer poder ou autoridade sobre a criança, menos ainda detinha a sua guarda.

64. Gabarito "A"
Comentário: O indeferimento da decretação da extinção de punibilidade, aqui incluída a prescrição, desafia a interposição de recurso em sentido estrito, nos termos do art. 581, IX, do CPP, contando o recorrente, para tanto, com o interregno de cinco dias (art. 586, *caput*, do CPP).

65. Gabarito "C"
Comentário: A: incorreta, dado que a suspensão do processo e do curso do prazo prescricional somente poderá ocorrer, a teor do art. 366 do CPP, na hipótese do réu que, citado por edital, não comparece tampouco constitui defensor; **B:** incorreta, na medida em que o art. 420, parágrafo único, do CPP autoriza a intimação da decisão de pronúncia por edital, desde que o acusado esteja solto e não tenha sido localizado para ser intimado pessoalmente. Em outras palavras, a intimação ficta somente poderá ocorrer na hipótese de o réu pronunciado não ser localizado; **C:** correta, pois a ausência do réu que responde ao processo em liberdade não implicará o adiamento do julgamento, que será realizado mesmo assim (arts. 367 e 457, *caput*, do CPP); **D:** incorreta. A rigor, não há que se falar em revelia no âmbito do processo penal, ao menos tal como verificado no processo civil, em que, como sabemos, a falta de contestação do réu citado implica o reconhecimento, como verdadeiros, dos fatos articulados na inicial. No processo penal, diferentemente, a inação do réu, que foi regularmente intimado para comparecer à sessão do tribunal do júri, não pode acarretar o mesmo efeito produzido no processo civil. É dizer, o não comparecimento do réu não gera presunção de veracidade dos fatos.

66. Gabarito "D"
Comentário: A solução desta questão deve ser extraída da Súmula 710, do STF, segundo a qual *no processo penal, contam-se os prazos da data da intimação, e não da juntada aos autos do mandado ou da carta precatória ou de ordem*. Além disso, por se tratar de prazo de natureza processual, o marco inicial corresponde ao dia útil seguinte. Ao contrário do prazo de natureza penal, em que o primeiro dia é computado, no processo penal, diferentemente, o primeiro dia é desprezado, iniciando-se a contagem no dia seguinte. Ademais, se o prazo (processual) terminar em final de semana ou feriado, será prorrogado para o dia útil imediato (art. 798, § 3º, CPP).

67. Gabarito "B"
Comentário: A remição pelo trabalho somente é possível nos regimes fechado e semiaberto (art. 126, *caput*, do LEP); no regime aberto, somente poderá o condenado obter a remição pelo estudo, tal como autorizado pelo art. 126, § 6º, da LEP, que também estabelece que poderá o condenado que usufrui liberdade condicional remir, pelo estudo, parte do tempo do período de prova. Além disso, é fato que a punição por falta grave levará à revogação de até um terço do tempo remido (art. 127 da LEP). Atenção: a Lei 13.964/2019, com vigência a partir de 23 de janeiro de 2020 e posterior, portanto, à aplicação desta prova, introduziu novo requisito para a concessão do livramento condicional. Até então, tínhamos que o inciso III do art. 83 do CP continha os seguintes requisitos: comportamento satisfatório no curso da execução da pena; bom desempenho no trabalho atribuído ao reeducando; e aptidão para prover à própria subsistência por meio de trabalho honesto. O que fez a Lei 13.964/2019 foi inserir, neste inciso III, um quarto requisito. Doravante, além de preencher os requisitos contemplados no art. 83 do CP (nos seus cinco incisos), é de rigor que o reeducando, para fazer jus à concessão do livramento, não tenha cometido falta grave nos últimos 12 meses. O inciso III, que passou a abrigar esta

modificação, foi fracionado em quatro alíneas ("a", "b", "c" e "d"), cada qual correspondente a um requisito (os três aos quais me referi acima e este novo requisito introduzido pela *novel* lei).

68. Gabarito "D"
Comentário: A: incorreta. Antes de mais nada, devemos ter em mente que os crimes imputados a Luiz, Rogério e Marcelo, calúnia (art. 138, CP) e injúria (art. 140, CP), são de ação penal privada. Isso quer dizer que a iniciativa para deflagrar a ação penal cabe à vítima, neste caso André, que de fato o fez com o oferecimento de queixa-crime em face dos indigitados autores do crime. Segundo consta, os fatos teriam se dado no dia 03/05/2018, sem que a vítima, nesta oportunidade, tomasse conhecimento da identidade dos autores. Somente no dia 28/06/2018, André, ao encontrar um dos jogadores da equipe adversária, Marcelo, veio a saber quem foram os responsáveis pelas ofensas contra ele perpetradas. Passados alguns meses, André, no dia 17/11/2018, procurou seu advogado e lhe apresentou todas as provas do crime praticado, manifestando seu interesse em apresentar queixa-crime contra os três autores do fato. No dia 14/12/2018, o advogado contratado por André apresenta queixa-crime em face de Luiz, Rogério e Marcelo, imputando-lhes a prática dos crimes de calúnia e injúria. Pois bem. A questão que aqui se coloca é: tendo em conta que entre a data dos fatos e o ajuizamento da queixa transcorreu interregno superior a 6 meses, teria o ofendido decaído do seu direito de queixa, com a consequente extinção da punibilidade? A resposta deve ser negativa. Isso porque, à luz do que estabelece o art. 38, *caput*, do CPP, o marco inicial do prazo decadencial é representado pelo dia em que a vítima vem a conhecer a identidade do ofensor (e não da data dos fatos). Considerando que André veio a saber da identidade dos autores da ofensa no dia 28/06/2018 e a ação foi ajuizada em 14/10/2018, não há que se falar em extinção da punibilidade pela decadência, já que o período apurado é inferior a 6 meses; **B:** incorreta. A renúncia, no contexto da ação penal privada, somente tem lugar antes do ajuizamento da ação penal. Se a queixa já foi recebida pelo magistrado, como é o caso narrado no enunciado, não há que se falar mais em renúncia (arts. 48 e 49 do CPP); **C:** incorreta. Conforme já ponderado, tendo a queixa sido recebida, não á mais possível renunciá-la; ainda que fosse, a renúncia ao exercício do direito de queixa em relação a um dos autores do crime aproveita aos demais, nos termos do art. 49 do CPP. Em outras palavras, não é dado ao ofendido escolher contra quem a ação será promovida; se quiser processar um, que o faça em relação a todos (princípio da indivisibilidade – art. 48, CPP); **D:** correta. Uma vez ajuizada a ação penal, nada impede que o querelante, à luz do princípio da disponibilidade, desista de dar-lhe prosseguimento, o que o fará por meio dos institutos do perdão e da perempção. Na hipótese do enunciado, temos que André, após o ajuizamento da ação, ofereceu perdão a Marcelo, desculpando-o pelo ocorrido. Trata-se de modalidade tácita de oferecimento de perdão, já que o querelante, ao convidar Marcelo para a festa de aniversário de sua filha, praticou ato incompatível com o desejo de ver o seu ofensor punido. Duas observações quanto ao perdão: por se tratar de ato bilateral, a extinção da punibilidade somente será alcançada se o pedido (de perdão) for aceito pelo querelado; o perdão, se concedido a um dos querelados, a todos se estende, mas somente produzirá o efeito de extinguir a punibilidade daqueles que o aceitarem (art. 51 do CPP). Dessa forma, é correto afirmar-se que o perdão oferecido a Marcelo por André será estendido a Luiz e Rogério, que poderão aceitá-lo, levando à extinção da punibilidade (art. 107, VI, do CP).

69. Gabarito "D"
Comentário: Dentre os crimes contra a honra (injúria, calúnia e difamação), somente admitem a exceção da verdade a calúnia e a difamação, esta somente na hipótese de o ofendido ser funcionário público e a ofensa ser relativa ao exercício de suas funções (art. 139, parágrafo único, CP). Exceção da verdade nada mais é do que uma forma de defesa indireta, em que aquele ao qual se atribui a prática do crime de calúnia (ou difamação) pretende provar a veracidade da imputação. No contexto da exceção da verdade, o art. 85 do CPP estabelece que, nos crimes contra a honra que comportam a exceção da verdade (calúnia e difamação), caso esta seja oposta em face de querelante que detenha foro por prerrogativa de função, como é o caso do enunciado, o julgamento da exceção caberá ao Tribunal, neste caso, por se tratar de desembargador, ao Superior Tribunal de Justiça. Prevalece o entendimento, tanto na doutrina quanto na jurisprudência, no sentido de que somente é admitida a exceção da verdade, com gozo de prerrogativa de função, na calúnia.

70. Gabarito: "B"
Comentário: A: incorreta, pois a reforma trabalhista não cuidou do pagamento de 13º salário. **B:** correta, pois admite-se o pagamento em duas parcelas. Isso porque, nos termos do art. 1º da Lei 4.749/65 o 13º salário será pago pelo empregador até o dia 20 de dezembro de cada ano, compensada a importância que, a título de adiantamento, realizar. Contudo, nos termos do art. 2º da mesma lei, entre os meses de fevereiro e novembro de cada ano, o empregador pagará, como adiantamento da gratificação referida no artigo precedente, de uma só vez, metade do salário recebido pelo respectivo empregado no mês anterior. **C:** incorreta, pois nos termos do art. 611-B, V, da CLT é vedado. **D:** incorreta, pois nos termos do art. 2º da Lei 4.749/65, o pagamento deverá ocorrer entre os meses de fevereiro e novembro de cada ano.

71. Gabarito: "A"
Comentário: Davi, por ter sido aposentado por invalidez poderá movimentar sua conta, art. 20, III, da Lei 8.036/90; Heitor, por ter pedido demissão não poderá movimentar sua conta, pois o art. 20, I, da Lei 8.036/90 não prevê essa modalidade de rescisão como hipótese para movimentação da conta FGTS. O mesmo pode ser dito com relação a Lorenzo, dispensado por justa causa. Já Laura, que optou pelo distrato, art. 484-A da CLT, poderá movimentar a conta de FGTS na forma do art. 20 I-A, da Lei 8.036/90.

72. Gabarito: "D"
Comentário: A: incorreta, pois por possuir cargo de confiança e necessidade de serviço a alteração poderá ser feita, art. 469, § 1º, CLT. **B:** incorreta, pois não há tal previsão na lei. Veja art. 469 da CLT. **C:** incorreta, pois a alteração do local de trabalho é permitida no caso em análise. **D:** correta, pois nos termos do art. 469, § 1º, da CLT a alteração do local de trabalho é permitida.

73. Gabarito: "A"
Comentário: A hipótese narrada trata da figura do trabalho proibido. Isso porque, nos termos do art. 7º, XXXIII, da CF é proibido o trabalho noturno (aquele desempenhado entre as 22h de um dia até as 5 h do dia seguinte – art. 73, § 2º, da CLT) aos menores de idade. Vale dizer que trabalho proibido é aquele que, por motivos vários, a lei impede que seja exercido por determinadas pessoas ou em determinadas circunstâncias. Já o trabalho ilícito é aquele não permitido porque seu objeto consiste na prestação de atividades criminosas e/ou contravencionais. Nele não se cogita vínculo de emprego, pois o respectivo negócio jurídico é destituído de validade.

74. Gabarito: "B"
Comentário: A pactuação de jornada marcada pelos trabalhadores por meio de um aplicativo é considerada válida, art. 611-A, I, da CLT; a instituição de banco de horas anual é considerada válida, art. 611-A, II, CLT; intervalo para refeição de 20 minutos nas jornadas de trabalho de até 7 horas diárias se mostra inválido, tendo em vista que para ter validade deve respeitado o limite mínimo de trinta minutos para jornadas superiores a seis horas; a participação nos lucros seria dividida em 4 parcelas anuais é válido, art. 611-A, XV, CLT.

75. Gabarito: "A"
Comentário: Edmilson, por ser vigia noturno de um condomínio não exerce atividade perigosa, tendo em vista a falta de previsão legal, art. 193 da CLT. A função por ele exercida não se confunde com a dos vigilantes prevista na Lei 7.102/83. Já Paulo por ser vigilante armado, aplica-se a Lei 7.102/83, sendo considerado trabalho perigoso, pois está exposto a risco permanente de roubos ou de outras espécies de violência física, art. 193, II, CLT. O trabalho de motocicleta exercido por Letícia, nos termos do art. 193, § 4º, da CLT também é considerado perigoso. Assim, somente Paulo e Letícia, por exercerem trabalhos perigosos, possuem direito ao adicional de 30% sobre o salário, sem os acréscimos, conforme art. 193, § 1º, CLT.

76. Gabarito: "C"
Comentário: A: incorreta, pois sofrerá os efeitos da prescrição intercorrente no prazo de 2 anos, art. 11-A da CLT. **B:** incorreta, pois nos termos do art. 11-A, § 2º, da CLT, a declaração da prescrição intercorrente pode ser requerida ou declarada de ofício em qualquer grau de jurisdição. **C:** correta, pois nos termos do art. 11-A e seu § 1º a fluência do prazo prescricional intercorrente de 2 anos inicia-se quando o exequente deixa de cumprir determinação judicial no curso da execução. **D:** incorreta, pois nos termos do art. 11-A, § 1º, da CLT, a fluência do prazo prescricional intercorrente inicia-se quando o exequente deixa de cumprir determinação judicial no curso da execução. O texto de lei não traz a obrigatoriedade de nova intimação.

77. Gabarito: "B"
Comentário: O rito a ser seguido é o ordinário. Ainda que o valor dos pedidos seja inferior a 40 salários mínimos, não pode ser observado o procedimento sumaríssimo tendo em vista que o art. 852-A, parágrafo único exclui do procedimento sumaríssimo as demandas em que é parte a Administração Pública direta, autárquica e fundacional. Importante lembrar que nos termos do art. 852-H, § 2º, CLT cada parte terá direito a ouvir até duas testemunhas. Importante lembrar, também, que no procedimento sumaríssimo não se admite a citação por edital, art. 852-B, II, CLT.

78. Gabarito: "A"
Comentário: A: correta. Nos termos do art. 879, § 2º, da CLT elaborada a conta e tornada líquida, antes da homologação, o juízo deverá abrir às partes prazo comum de 8 dias para impugnação fundamentada com a indicação dos itens e valores objeto da discordância, sob pena de preclusão. **B:** incorreta, pois não foi observada a previsão legal disposta no art. 879, § 2º, CLT. **C:** incorreta, pois o art. 879, § 2º, CLT impõe a forma de atuação do Juiz ao indicar que as partes DEVERÃO ser intimadas. **D:** incorreta, pois a obrigatoriedade da vista dos cálculos para as partes está no art. 879, § 2º, CLT. Já para o INSS a previsão legal está no art. 879, § 3º, CLT.

79. Gabarito: "B"
Comentário: O processo de jurisdição voluntária para homologação de acordo extrajudicial está previsto no art. 855-B ao art. 855-E da CLT. No caso, o processo de homologação foi apresentado dentro dos ditames da Lei, portanto, válido e apto. Pois bem, nos termos do art. 855-D da CLT no prazo de 15 dias a contar da distribuição da petição, o juiz analisará o acordo, designará audiência se entender necessário e proferirá SENTENÇA. Por ter sido proferida uma sentença, nos termos do art. 895, I, da CLT é cabível a interposição de Recurso Ordinário. Importante ressaltar que pelo fato de existir um recurso cabível, não se admite a impetração de Mandado de Segurança.

80. Gabarito: "C"
Comentário: Somente o Instituto Sonhar, por se tratar de uma entidade filantrópica será isenta do recolhimento de depósito recursal nos termos do art. 899, § 10, da CLT. As entidades sem fins lucrativos, os empregadores domésticos e o microempreendedor individual, possuem apenas a redução em 50% do valor referente ao depósito recursal, na forma do art. 899, § 9º, CLT.

2020.1 – XXXI EXAME DE ORDEM

1. Havendo indícios de que Sara obteve inscrição na Ordem dos Advogados do Brasil mediante prova falsa, foi instaurado contra ela processo disciplinar.

Sobre o tema, assinale a afirmativa correta.

(A) O processo disciplinar contra Sara pode ser instaurado de ofício ou mediante representação, que pode ser anônima.
(B) Em caso de revelia de Sara, o processo disciplinar seguirá, independentemente de designação de defensor dativo.
(C) O processo disciplinar instaurado contra Sara será, em regra, público.
(D) O recurso contra eventual decisão que determine o cancelamento da inscrição de Sara não terá efeito suspensivo.

2. Em certo município, os advogados André e Helena são os únicos especialistas em determinado assunto jurídico. Por isso, André foi convidado a participar de entrevista na imprensa escrita sobre as repercussões de medidas tomadas pelo Poder Executivo local, relacionadas à sua área de especialidade. Durante a entrevista, André convidou os leitores a litigarem em face da Administração Pública, conclamando-os a procurarem advogados especializados para ajuizarem, desde logo, as demandas que considerava tecnicamente cabíveis.

Porém, quando indagado sobre os meios de contato de seu escritório, para os leitores interessados, André disse que, por obrigação ética, não poderia divulgá-los por meio daquele veículo. Por sua vez, a advogada Helena, irresignada com as mesmas medidas tomadas pelo Executivo, procurou um programa de rádio, oferecendo-se para uma reportagem sobre o assunto. No programa, Helena manifestou-se de forma técnica, educativa e geral, evitando sensacionalismo.

Considerando as situações acima narradas e o disposto no Código de Ética e Disciplina da OAB, assinale a afirmativa correta.

(A) André e Helena agiram de forma ética, observando as normas previstas no Código de Ética e Disciplina da OAB.
(B) Nenhum dos dois advogados agiu de forma ética, tendo ambos inobservado as normas previstas no Código de Ética e Disciplina da OAB.
(C) Apenas André agiu de forma ética, observando as normas previstas no Código de Ética e Disciplina da OAB.
(D) Apenas Helena agiu de forma ética, observando as normas previstas no Código de Ética e Disciplina da OAB.

3. O advogado Fernando foi contratado por Flávio para defendê-lo, extrajudicialmente, tendo em vista a pendência de inquérito civil em face do cliente. O contrato celebrado por ambos foi assinado em 10/03/15, não prevista data de vencimento.

Em 10/03/17, foi concluída a atuação de Fernando, tendo sido homologado o arquivamento do inquérito civil junto ao Conselho Superior do Ministério Público. Em 10/03/18, Fernando notificou extrajudicialmente Flávio, pois este ainda não havia adimplido os valores relativos aos honorários contratuais acordados.

A ação de cobrança de honorários a ser proposta por Fernando prescreve em

(A) três anos, contados de 10/03/15.
(B) cinco anos, contados de 10/03/17.
(C) três anos, contados de 10/03/18.
(D) cinco anos, contados de 10/03/15.

4. Os sócios Antônio, Daniel e Marcos constituíram a sociedade *Antônio, Daniel & Marcos Advogados Associados*, com sede em São Paulo e filial em Brasília.

Após desentendimentos entre eles, Antônio constitui sociedade unipessoal de advocacia, com sede no Rio de Janeiro. Marcos, por sua vez, retira-se da sociedade *Antônio, Daniel & Marcos Advogados Associados*.

Sobre a situação apresentada, assinale a afirmativa correta.

(A) Daniel não está obrigado a manter inscrição suplementar em Brasília, já que a sociedade *Antônio, Daniel & Marcos Advogados Associados* tem sede em São Paulo.
(B) Antônio deverá retirar-se da *Antônio, Daniel & Marcos Advogados Associados*, já que não pode integrar, simultaneamente, uma sociedade de advogados e uma sociedade unipessoal de advocacia.
(C) Mesmo após Marcos se retirar da sociedade *Antônio, Daniel & Marcos Advogados Associados* permanece o impedimento para que ele e Antônio representem em juízo clientes com interesses opostos.
(D) Caso Antônio também se retire da *Antônio, Daniel & Marcos Advogados Associados*, a sociedade deverá passar a ser denominada *Daniel Sociedade Individual de Advocacia*.

5. Um escritório de renome internacional considera expandir suas operações, iniciando atividades no Brasil. Preocupados em adaptar seus procedimentos internos para que reflitam os códigos brasileiros de ética profissional, seus dirigentes estrangeiros desejam entender melhor as normas a respeito da relação entre clientes e advogados no país.

Sobre esse tema, é correto afirmar que os advogados brasileiros

(A) podem, para a adoção de medidas judiciais urgentes e inadiáveis, aceitar procuração de quem já tenha patrono constituído, sem prévio conhecimento deste.
(B) deverão considerar sua própria opinião a respeito da culpa do acusado ao assumir defesa criminal.
(C) podem funcionar, no mesmo processo, simultaneamente, como patrono e preposto de seu cliente, desde que tenham conhecimento direto dos fatos.
(D) podem representar, em juízo, clientes com interesses opostos se não integrarem a mesma sociedade profissional, mas estiverem reunidos em caráter permanente para cooperação recíproca.

6. O advogado João era conselheiro de certo Conselho Seccional da OAB. Todavia, por problemas pessoais, João decidiu renunciar ao mandato. Considerando o caso narrado, assinale a afirmativa correta.

(A) Compete ao plenário do Conselho Seccional respectivo declarar extinto o mandato, sendo exigido que previamente ouça João no prazo de dez dias, após notificação deste mediante ofício com aviso de recebimento.
(B) Compete à Diretoria do Conselho Seccional respectivo declarar extinto o mandato, independentemente de exigência de prévia notificação para oitiva de João.
(C) Compete ao plenário do Conselho Seccional respectivo declarar extinto o mandato, sendo exigido que previamente

ouça João no prazo de quinze dias, após notificação pessoal deste.

(D) Compete à Segunda Câmara do Conselho Federal da OAB declarar extinto o mandato, independentemente de exigência de prévia notificação para oitiva de João.

7. A sociedade *Antônio, Breno, Caio & Diego Advogados Associados* é integrada, exclusivamente, pelos sócios Antônio, Breno, Caio e Diego, todos advogados regularmente inscritos na OAB.

Em um determinado momento, Antônio vem a falecer. Breno passa a exercer mandato de vereador, sem figurar entre os integrantes da Mesa Diretora da Câmara Municipal ou seus substitutos legais. Caio passa a exercer, em caráter temporário, função de direção em empresa concessionária de serviço público.

Considerando esses acontecimentos, assinale a afirmativa correta.

(A) O nome de Antônio poderá permanecer na razão social da sociedade após o seu falecimento, ainda que tal possibilidade não esteja prevista em seu ato constitutivo.

(B) Breno deverá licenciar-se durante o período em que exercer o mandato de vereador, devendo essa informação ser averbada no registro da sociedade.

(C) Caio deverá deixar a sociedade, por ter passado a exercer atividade incompatível com a advocacia.

(D) Com o falecimento de Antônio, se Breno e Caio deixarem a sociedade e nenhum outro sócio ingressar nela, Diego poderá continuar suas atividades, caso em que passará a ser titular de sociedade unipessoal de advocacia.

8. Os advogados Diego, Willian e Pablo, todos em situação regular perante a OAB, desejam candidatar-se ao cargo de conselheiro de um Conselho Seccional da OAB.

Diego é advogado há dois anos e um dia, sendo sócio de uma sociedade simples de prestação de serviços de advocacia e nunca foi condenado por infração disciplinar.

Willian, por sua vez, exerce a advocacia há exatos quatro anos e constituiu sociedade unipessoal de advocacia, por meio da qual advoga atualmente. Willian já foi condenado pela prática de infração disciplinar, tendo obtido reabilitação um ano e três meses após o cumprimento da sanção imposta.

Já Pablo é advogado há cinco anos e um dia e nunca respondeu por prática de qualquer infração disciplinar. Atualmente, Pablo exerce certo cargo em comissão, exonerável *ad nutum*, cumprindo atividades exclusivas da advocacia.

Considerando as informações acima e o disposto na Lei 8.906/94, assinale a afirmativa correta.

(A) Apenas Diego e Willian cumprem os requisitos para serem eleitos para o cargo pretendido.

(B) Apenas Willian cumpre os requisitos para ser eleito para o cargo pretendido.

(C) Apenas Diego e Pablo cumprem os requisitos para serem eleitos para o cargo pretendido.

(D) Apenas Pablo cumpre os requisitos para ser eleito para o cargo pretendido.

9. *É preciso sair do estado natural, no qual cada um age em função dos seus próprios caprichos, e convencionar com todos os demais em submeter-se a uma limitação exterior, publicamente acordada, e, por conseguinte, entrar num estado em que tudo que deve ser reconhecido como seu é determinado pela lei...*

Immanuel Kant

A perspectiva contratualista de Kant, apresentada na obra *Doutrina do Direito*, sustenta ser necessário passar de um estado de natureza, no qual as pessoas agem egoisticamente, para um estado civil, em que a vida em comum seja regulada pela lei, como forma de justiça pública. Isso implica interferir na liberdade das pessoas.

Em relação à liberdade no estado civil, assinale a opção que apresenta a posição que Kant sustenta na obra em referência.

(A) O homem deixou sua liberdade selvagem e sem freio para encontrar toda a sua liberdade na dependência legal, isto é, num estado jurídico, porque essa dependência procede de sua própria vontade legisladora.

(B) A liberdade num estado jurídico ou civil consiste na capacidade da vontade soberana de cada indivíduo de fazer aquilo que deseja, pois somente nesse estado o homem se vê livre das forças da natureza que limitam sua vontade.

(C) A liberdade civil resulta da estrutura política do estado, de forma que somente pode ser considerado liberdade aquilo que decorre de uma afirmação de vontade do soberano. No estado civil, a liberdade não pode ser considerada uma vontade pessoal.

(D) Na república, a liberdade é do governante para governar em prol de todos os cidadãos, de modo que o governante possui liberdade, e os governados possuem direitos que são instituídos pelo governo.

10. *Temos pois definido o justo e o injusto. Após distingui-los assim um do outro, é evidente que a ação justa é intermediária entre o agir injustamente e o ser vítima da injustiça; pois um deles é ter demais e o outro é ter demasiado pouco.*

ARISTÓTELES. Ética a Nicômaco. Coleção Os Pensadores. São Paulo: Abril Cultural, 1973.

Em seu livro *Ética a Nicômaco*, Aristóteles apresenta a justiça como uma virtude e a diferencia daquilo que é injusto.

Assinale a opção que define aquilo que, nos termos do livro citado, deve ser entendido como justiça enquanto virtude.

(A) Uma espécie de meio-termo, porém não no mesmo sentido que as outras virtudes, e sim porque se relaciona com uma quantia intermediária, enquanto a injustiça se relaciona com os extremos.

(B) Uma maneira de proteger aquilo que é o mais conveniente para o mais forte, uma vez que a justiça como produto do governo dos homens expressa sempre as forças que conseguem fazer valer seus próprios interesses.

(C) O cumprimento dos pactos que decorrem da vida em sociedade, seja da lei como pacto que vincula todos os cidadãos da cidade, seja dos contratos que funcionam como pactos celebrados entre particulares e vinculam as partes contratantes.

(D) Um imperativo categórico que define um modelo de ação moralmente desejável para toda e qualquer pessoa e se expressa da seguinte maneira: *"Age como se a máxima de tua ação devesse tornar-se, por meio da tua vontade, uma lei universal"*.

11. Preocupado com o grande número de ações judiciais referentes a possíveis omissões inconstitucionais sobre direitos sociais e, em especial, sobre o direito à saúde, o Procurador-Geral do Estado Beta (PGE) procurou traçar sua estratégia hermenêutica de defesa a partir de dois grandes argumentos jurídicos: em primeiro lugar, destacou que a efetividade dos direitos prestacionais de segunda dimensão, promovida pelo Poder Judiciário, deve levar em consideração a disponibilidade financeira estatal; um segundo argumento é o relativo à falta de legitimidade democrática de juízes e tribunais para fixar políticas públicas no lugar do legislador eleito pelo povo.

Diante de tal situação, assinale a opção que apresenta os conceitos jurídicos que correspondem aos argumentos usados pelo PGE do Estado Beta.

(A) Dificuldade contraparlamentar e reserva do impossível.
(B) Reserva do possível fática e separação dos Poderes.
(C) Reserva do possível jurídica e reserva de jurisdição do Poder Judiciário.
(D) Reserva do possível fática e reserva de plenário.

12. Josué, deputado federal no regular exercício do mandato, em entrevista dada, em sua residência, à revista Pensamento, acusa sua adversária política Aline de envolvimento com escândalos de desvio de verbas públicas, o que é objeto de investigação em Comissão Parlamentar de Inquérito instaurada poucos dias antes.

Não obstante, após ser indagado sobre os motivos que nutriam as acaloradas disputas entre ambos, Josué emite opinião com ofensas de cunho pessoal, sem qualquer relação com o exercício do mandato parlamentar.

Diante do caso hipotético narrado, conforme reiterada jurisprudência do Supremo Tribunal Federal sobre o tema, assinale a afirmativa correta.

(A) Josué poderá ser responsabilizado penal e civilmente, inclusive por danos morais, pelas ofensas proferidas em desfavor de Aline que não guardem qualquer relação com o exercício do mandato parlamentar.
(B) Josué encontra-se protegido pela imunidade material ou inviolabilidade por suas opiniões, palavras e votos, o que, considerado o caráter absoluto dessa prerrogativa, impede a sua responsabilização por quaisquer das declarações prestadas à revista.
(C) Josué poderá ter sua imunidade material afastada em virtude de as declarações terem sido prestadas fora da respectiva casa legislativa, independentemente de estarem, ou não, relacionadas ao exercício do mandato.
(D) A imunidade material, consagrada constitucionalmente, foi declarada inconstitucional pelo Supremo Tribunal Federal, de modo que Josué não poderá valer-se de tal prerrogativa para se isentar de eventual responsabilidade pelas ofensas dirigidas a Aline.

13. Diante das intensas chuvas que atingiram o Estado Alfa, que se encontra em situação de calamidade pública, o Presidente da República, ante a relevância e urgência latentes, edita a Medida Provisória XX/19, determinando a abertura de crédito extraordinário para atender às despesas imprevisíveis a serem realizadas pela União, em decorrência do referido desastre natural.

A partir da situação hipotética narrada, com base no texto constitucional vigente, assinale a afirmativa correta.

(A) A Constituição de 1988 veda, em absoluto, a edição de ato normativo dessa natureza sobre matéria orçamentária, de modo que a abertura de crédito extraordinário deve ser feita por meio de lei ordinária de iniciativa do Chefe do Executivo.
(B) A Constituição de 1988 veda a edição de ato normativo dessa natureza em matéria de orçamento e créditos adicionais e suplementares, mas ressalva a possibilidade de abertura de crédito extraordinário para atender a despesas imprevisíveis e urgentes, como as decorrentes de calamidade pública.
(C) O ato normativo editado afronta o princípio constitucional da anterioridade orçamentária, o qual impede quaisquer modificações nas leis orçamentárias após sua aprovação pelo Congresso Nacional e consequente promulgação presidencial.
(D) O ato normativo editado é harmônico com a ordem constitucional, que autoriza a edição de medidas provisórias que versem sobre planos plurianuais, diretrizes orçamentárias, orçamento e créditos adicionais, suplementares e extraordinários, desde que haja motivação razoável.

14. Alfa, entidade de classe de abrangência regional, legalmente constituída e em funcionamento há mais de 1 ano, ingressa, perante o Supremo Tribunal Federal, com mandado de segurança coletivo para tutelar os interesses jurídicos de seus representados. Considerando a urgência do caso, Alfa não colheu autorização dos seus associados para a impetração da medida.

Com base na narrativa acima, assinale a afirmativa correta.

(A) Alfa não tem legitimidade para impetrar mandado de segurança coletivo, de modo que a defesa dos seus associados em juízo deve ser feita pelo Ministério Público ou, caso evidenciada situação de vulnerabilidade, pela Defensoria Pública.
(B) Alfa goza de ampla legitimidade para impetrar mandado de segurança coletivo, inclusive para tutelar direitos e interesses titularizados por pessoas estranhas à classe por ela representada.
(C) Alfa possui legitimidade para impetrar mandado de segurança coletivo em defesa dos interesses jurídicos dos seus associados, sendo, todavia, imprescindível a prévia autorização nominal e individualizada dos representados, em assembleia especialmente convocada para esse fim.
(D) Alfa possui legitimidade para impetrar mandado de segurança coletivo em defesa dos interesses jurídicos da totalidade ou mesmo de parte dos seus associados, independentemente de autorização.

15. O governo federal, visando ao desenvolvimento e à redução das desigualdades no sertão nordestino do Brasil, editou a Lei Complementar Y, que dispôs sobre a concessão de isenções e reduções temporárias de tributos federais devidos por pessoas físicas e jurídicas situadas na referida região.

Sobre a Lei Complementar Y, assinale a afirmativa correta.

(A) É formalmente inconstitucional, eis que a Constituição da República de 1988 proíbe expressamente a criação de regiões, para efeitos administrativos, pela União.

(B) É materialmente inconstitucional, sendo vedada a concessão de incentivos regionais de tributos federais, sob pena de violação ao princípio da isonomia federativa.

(C) É formal e materialmente constitucional, sendo possível que a União conceda incentivos visando ao desenvolvimento econômico e à redução das desigualdades no sertão nordestino.

(D) Apresenta inconstitucionalidade formal subjetiva, eis que cabe aos Estados e ao Distrito Federal, privativamente, criar regiões administrativas visando ao seu desenvolvimento e à redução das desigualdades.

16. José Maria, no ano de 2016, foi eleito para exercer o seu primeiro mandato como Prefeito da Cidade Delta, situada no Estado Alfa. Nesse mesmo ano, a filha mais jovem de José Maria, Janaína (22 anos), elegeu-se vereadora e já se organiza para um segundo mandato como vereadora.

Rosária (26 anos), a outra filha de José Maria, animada com o sucesso da irmã mais nova e com a popularidade do pai, que pretende concorrer à reeleição, faz planos para ingressar na política, disputando uma das cadeiras da Assembleia Legislativa do Estado Alfa.

Diante desse quadro, a família contrata um advogado para orientá-la. Após analisar a situação, seguindo o sistema jurídico-constitucional brasileiro, o advogado afirma que

(A) as filhas não poderão concorrer aos cargos almejados, a menos que José Maria desista de concorrer à reeleição para o cargo de chefe do Poder Executivo do Município Delta.

(B) Rosária pode se candidatar ao cargo de deputada estadual, mas Janaína não poderá se candidatar ao cargo de vereadora em Delta, pois seu pai ocupa o cargo de chefe do Poder Executivo do referido município.

(C) as candidaturas de Janaína, para reeleição ao cargo de vereadora, e de Rosária, para o cargo de deputada estadual, não encontram obstáculo no fato de José Maria ser prefeito de Delta.

(D) Janaína pode se candidatar ao cargo de vereadora, mas sua irmã Rosária não poderá se candidatar ao cargo de deputada estadual, tendo em vista o fato de seu pai exercer a chefia do Poder Executivo do município.

17. João dos Santos foi selecionado para atuar como praça prestadora de serviço militar inicial, fato que lhe permitirá ser o principal responsável pelos meios de subsistência de sua família. No entanto, ficou indignado ao saber que sua remuneração será inferior ao salário mínimo, contrariando o texto constitucional, insculpido no Art. 7º, inciso IV, da CRFB/88.

Desesperado com tal situação, João entrou no gabinete do seu comandante e o questionou, de forma ríspida e descortês, acerca dessa remuneração supostamente inconstitucional, sofrendo, em consequência dessa conduta, punição administrativo-disciplinar de prisão por 5 dias, nos termos da legislação pertinente. Desolada, a família de João procurou um advogado para saber sobre a constitucionalidade da remuneração inferior ao salário mínimo, bem como da possibilidade de a prisão ser relaxada por ordem judicial.

Nessas circunstâncias, nos termos do direito constitucional brasileiro e da jurisprudência do STF, assinale a opção que apresenta a resposta do advogado.

(A) A remuneração inferior ao salário mínimo para as praças prestadoras de serviço militar inicial não viola a Constituição de 1988, bem como não cabe *habeas corpus* em relação às punições disciplinares militares, exceto para análise de pressupostos de legalidade, excluída a apreciação de questões referentes ao mérito.

(B) A remuneração inferior ao salário mínimo contraria o Art. 7º, inciso IV, da Constituição de 1988, bem como se reconhece o cabimento de *habeas corpus* para as punições disciplinares militares, qualquer que seja a circunstância.

(C) O estabelecimento de remuneração inferior ao salário mínimo para as praças prestadoras de serviço militar inicial não viola a Constituição da República, mas é cabível o *habeas corpus* para as punições disciplinares militares, até mesmo em relação a questões de mérito da sanção administrativa.

(D) A remuneração inferior ao salário mínimo contraria a ordem constitucional, mais especificamente o texto constitucional inserido no Art. 7º, inciso IV, da Constituição de 1988, bem como não se reconhece o cabimento de *habeas corpus* em relação às punições disciplinares militares, exceto para análise dos pressupostos de legalidade, excluídas as questões de mérito da sanção administrativa.

18. Recentemente assumiu a presidência da Câmara dos Deputados um parlamentar que afirma que o Brasil é um país soberano e não deve ter nenhum compromisso com os Direitos Humanos na ordem internacional. Afirma que, apesar de ter sido internamente ratificado, o *Pacto Internacional dos Direitos Civis e Políticos* não se caracteriza como norma vigente, e os direitos ali previstos podem ser suspensos ou não precisam ser aplicados.

Por ser atuante na área dos Direitos Humanos, você foi convidado(a) pela Comissão de Direitos Humanos da Câmara dos Deputados para prestar mais esclarecimentos sobre o assunto. Com base no que dispõe o próprio *Pacto Internacional dos Direitos Civis e Políticos – PIDCP*, assinale a opção que apresenta o esclarecimento dado à Comissão.

(A) Caso situações excepcionais ameacem a existência da nação e sejam proclamadas oficialmente, os Estados-partes podem adotar, na estrita medida exigida pela situação, medidas que suspendam as obrigações decorrentes do PIDCP, desde que tais medidas não acarretem discriminação por motivo de raça, cor, sexo, língua, religião ou origem social.

(B) É admissível a suspensão das obrigações decorrentes do PIDCP quando houver, no âmbito do Estado-parte, um ato formal do Poder Legislativo e do Poder Executivo declarando o efeito suspensivo, desde que tal ato declare um prazo para essa suspensão, que, em nenhuma hipótese, pode exceder o período de 2 anos.

(C) Em nenhuma hipótese ou situação os Estados-partes do PIDCP podem adotar medidas que suspendam as obrigações decorrentes do Pacto, uma vez que, ratificado o Pacto, todos os seus direitos vigoram de forma efetiva, não sendo admitida nenhuma possibilidade de suspensão ou exceção.

(D) Mesmo ratificado, o Pacto Internacional dos Direitos Civis e Políticos e os direitos nele contidos não podem ser caracterizados como normas vigentes, uma vez que se trata de direitos em sentido fraco, de forma que apenas os direitos fundamentais, previstos na Constituição, são direitos em sentido forte.

19. Recentemente houve grande polêmica na cidade de Piraporanga, porque o Prefeito proibiu o museu local de realizar uma exposição, sob a alegação de que as obras de arte misturavam temas religiosos com conteúdos sexuais, além de haver quadros e esculturas obscenas.

Você é contratada(o) para atuar no caso pelos autores das obras de arte e por intelectuais. Com base na Convenção Americana de Direitos Humanos e na Constituição Federal de 1988, assinale a opção que apresenta o argumento que você, como advogada(o), deveria adotar.

(A) A censura prévia por autoridades administrativas competentes, como mecanismo eficaz para assegurar o respeito à reputação de pessoas e como forma de garantir a moralidade pública, deve ser admitida.

(B) O exercício da liberdade de expressão e o da criação artística estão sujeitos à censura prévia, mas apenas por força de lei devidamente justificada, como forma de proteção da honra individual e da moral pública.

(C) A liberdade de expressão e de criação artística estão sujeitas à censura prévia pelas autoridades competentes quando elas ocorrem por meio de exposições em museus, tendo em vista a proteção da memória nacional e da ordem pública.

(D) A lei pode regular o acesso a diversões e espetáculos públicos, tendo em vista a proteção moral da infância e da adolescência, sendo vedada, porém, toda e qualquer censura prévia de natureza política, ideológica e artística.

20. Em razão da profunda crise econômica e da grave instabilidade institucional que assola seu país, Pablo resolve migrar para o Brasil, uma vez que, neste último, há melhores oportunidades para exercer seu trabalho e sustentar sua família. Em que pese Pablo possuir a finalidade de trabalhar, acabou por omitir tal informação, obtendo visto de visita, na modalidade turismo, para o Brasil.

Considerando-se o enunciado acima, à luz da Lei de Migração em vigor (Lei 13.445/17), assinale a afirmativa correta.

(A) Se Pablo, com o visto de visita, vier a exercer atividade remunerada no Brasil, poderá ser expulso do país.

(B) Se Pablo, com o visto de visita, vier a exercer atividade remunerada no Brasil, poderá ser extraditado do país.

(C) Pablo poderia solicitar, bem como obter, visto temporário para acolhida humanitária, diante da grave instabilidade institucional que assola seu país.

(D) Pablo poderá obter asilo, em razão da profunda crise econômica que assola seu país.

21. Em função do incremento nas atividades de transporte aéreo no Brasil, a sociedade empresária Fast Plane, sediada no país, resolveu adquirir helicópteros de última geração da pessoa jurídica holandesa *Nederland Air Transport*, que ficou responsável pela fabricação, montagem e envio da mercadoria. O contrato de compra e venda restou celebrado, presencialmente, nos Estados Unidos da América, restando ajustado que o cumprimento da obrigação se dará no Brasil.

No momento de receber as aeronaves, contudo, a adquirente verificou que o produto enviado era diverso do apontado no instrumento contratual. Decidiu a sociedade empresária *Fast Plane*, então, buscar auxílio jurídico para resolver a questão, inclusive para a propositura de eventual ação, caso não haja solução consensual.

Considerando-se o enunciado acima, aplicando-se a Lei de Introdução às Normas do Direito Brasileiro (Decreto-lei 4.657/42) e o Código de Processo Civil, assinale a afirmativa correta.

(A) A lei aplicável na solução da questão é a holandesa, em razão do local de fabricação e montagem das aeronaves adquiridas.

(B) A autoridade judiciária brasileira será competente para processar e julgar eventual ação proposta pela *Fast Plane*, mesmo se estabelecida cláusula de eleição de foro exclusivo estrangeiro, em razão do princípio da inafastabilidade da jurisdição.

(C) A autoridade judiciária brasileira tem competência exclusiva para processar e julgar eventual ação a ser proposta pela *Fast Plane* para resolver a questão.

(D) A autoridade judiciária brasileira tem competência concorrente para processar e julgar eventual ação a ser proposta pela *Fast Plane* para resolver a questão.

22. A sociedade empresária ABC, concessionária de serviço de transporte público coletivo de passageiros, opera a linha de ônibus 123, que inicia seu trajeto no Município X e completa seu percurso no Município Y, ambos localizados no Estado Z.

Sobre a prestação onerosa desse serviço de transporte, deve incidir

(A) o ISS, a ser recolhido para o Município X.

(B) o ISS, a ser recolhido para o Município Y.

(C) o ICMS, a ser cobrado de forma conjunta pelo Município X e o Município Y.

(D) o ICMS, a ser recolhido para o Estado em que se localizam o Município X e o Município Y.

23. João da Silva, servidor da Administração Tributária do Município Y, recebeu propina de José Pereira, adquirente de um imóvel, para, em conluio com este, emitir uma certidão que atestava falsamente a quitação de débito do Imposto de Transmissão de Bens Imóveis (ITBI) incidente sobre a transferência de propriedade. A certidão seria apresentada ao tabelião para lavrar-se a escritura pública de compra e venda imobiliária e para posterior registro.

Considerando-se que, nesse Município, o contribuinte de ITBI é o adquirente de imóvel, assinale a afirmativa correta.

(A) O servidor João da Silva poderá ser responsabilizado funcional e criminalmente por esse ato, mas a dívida tributária somente poderá ser cobrada de José Pereira, o único que é parte na relação jurídico-tributária com o Município credor.

(B) O servidor João da Silva poderá ser responsabilizado pessoalmente pelo crédito tributário e juros de mora acrescidos.

(C) O tabelião poderá ser o único responsabilizado pela dívida tributária e juros de mora acrescidos, por ter lavrado a escritura pública sem averiguar, junto ao Fisco Municipal, a veracidade das informações da certidão apresentada.

(D) Caso seja aplicada multa tributária punitiva contra José Pereira, este poderá exigir do Fisco que 50% do valor da multa seja cobrado do servidor João da Silva.

24. Maria dos Santos, querendo constituir hipoteca sobre imóvel de sua propriedade em garantia de empréstimo bancário a ser por ela contraído, vai a um tabelionato para lavrar a escritura pública da referida garantia real. Ali, é informada que o Município Z, onde se situa o bem, cobra o Imposto de Transmissão de Bens Imóveis (ITBI) sobre a constituição de direitos reais de garantia.

Diante desse cenário, assinale a afirmativa correta.

(A) É possível tal cobrança, pois a constituição de direito real de garantia sobre bens imóveis, por ato inter vivos, é uma das hipóteses de incidência do ITBI.
(B) O contribuinte do ITBI, nesse caso, não seria Maria dos Santos, mas sim a instituição bancária em favor de quem a garantia real será constituída.
(C) O tabelião atua como responsável por substituição tributária, recolhendo, no lugar do contribuinte, o ITBI devido em favor do Município Z nessa constituição de direitos reais de garantia.
(D) Não é possível exigir ITBI sobre direitos reais de garantia sobre imóveis.

25. Uma sociedade empresária em recuperação judicial requereu, perante a Secretaria Estadual de Fazenda do Estado X, o parcelamento de suas dívidas tributárias estaduais. O Estado X dispunha de uma lei geral de parcelamento tributário, mas não de uma lei específica para parcelamento de débitos tributários de devedor em recuperação judicial.

Diante desse cenário, assinale a afirmativa correta.

(A) O parcelamento não pode ser concedido caso inexista lei específica estadual que disponha sobre as condições de parcelamento dos créditos tributários do devedor em recuperação judicial.
(B) O prazo de parcelamento a ser concedido ao devedor em recuperação judicial quanto a tais débitos para com o Estado X não pode ser inferior ao concedido por lei federal específica de parcelamento dos créditos tributários do devedor em recuperação judicial.
(C) O parcelamento do crédito tributário exclui a incidência de juros, em regra, no caso de devedor em recuperação judicial.
(D) O parcelamento do crédito tributário exclui a incidência de multas, em regra, no caso de devedor em recuperação judicial.

26. Uma lei ordinária federal tratava de direitos do beneficiário de pensão previdenciária e também previa norma que ampliava, para 10 anos, o prazo decadencial para o lançamento dos créditos tributários referentes a uma contribuição previdenciária federal.

A respeito da ampliação de prazo, assinale a afirmativa correta.

(A) É inválida, pois, em razão do caráter nacional das contribuições previdenciárias federais, somente poderia ser veiculada por Resolução do Senado Federal.
(B) É inválida, pois somente poderia ser veiculada por Lei Complementar.
(C) É válida, pois o CTN prevê a possibilidade de que o prazo geral de 5 anos, nele previsto para a Fazenda Pública constituir o crédito tributário, seja ampliado por meio de Lei Ordinária Específica.
(D) É válida, por existir expressa previsão constitucional, específica para contribuições de seguridade social, autorizando a alteração de prazo de constituição do crédito tributário por Lei Ordinária.

27. Maria foi contratada, temporariamente, sem a realização de concurso público, para exercer o cargo de professora substituta em entidade autárquica federal, em decorrência do grande número de professores do quadro permanente em gozo de licença. A contratação foi objeto de prorrogação, de modo que Maria permaneceu em exercício por mais três anos, período durante o qual recebeu muitos elogios. Em razão disso, alunos, pais e colegas de trabalho levaram à direção da autarquia o pedido de criação de um cargo em comissão de professora, para que Maria fosse nomeada para ocupá-lo e continuasse a ali lecionar. Avalie a situação hipotética apresentada e, na qualidade de advogado(a), assinale a afirmativa correta.

(A) Não é possível a criação de um cargo em comissão de professora, visto que tais cargos destinam-se apenas às funções de direção, chefia e assessoramento.
(B) É adequada a criação de um cargo em comissão para que Maria prolongue suas atividades como professora na entidade administrativa, diante do justificado interesse público.
(C) Maria tem estabilidade porque exerceu a função de professora por mais de três anos consecutivos, tornando desnecessária a criação de um cargo em comissão para que ela continue como professora na entidade autárquica.
(D) Não é necessária a criação de um cargo em comissão para que Maria permaneça exercendo a função de professora, porque a contratação temporária pode ser prorrogada por tempo indeterminado.

28. Otacílio, novo prefeito do Município Kappa, acredita que o controle interno é uma das principais ferramentas da função administrativa, razão pela qual determinou o levantamento de dados nos mais diversos setores da Administração local, a fim de apurar se os atos administrativos até então praticados continham vícios, bem como se ainda atendiam ao interesse público. Diante dos resultados de tal apuração, Otacílio deverá

(A) revogar os atos administrativos que contenham vícios insanáveis, ainda que com base em valores jurídicos abstratos.
(B) convalidar os atos administrativos que apresentem vícios sanáveis, mesmo que acarretem lesão ao interesse público.
(C) desconsiderar as circunstâncias jurídicas e administrativas que houvessem imposto, limitado ou condicionado a conduta do agente nas decisões sobre a regularidade de ato administrativo.
(D) indicar, de modo expresso, as consequências jurídicas e administrativas da invalidação de ato administrativo.

29. A autoridade competente, em âmbito federal, no regular exercício do poder de polícia, aplicou à sociedade empresária Soneca S/A multa em razão do descumprimento das normas administrativas pertinentes. Inconformada, a sociedade Soneca S/A apresentou recurso administrativo, ao qual foi conferido efeito suspensivo, sendo certo que não sobreveio qualquer manifestação do superior hierárquico responsável pelo julgamento, após o transcurso do prazo de oitenta dias. Considerando o contexto descrito, assinale a afirmativa correta.

(A) Não se concederá Mandado de Segurança para invalidar a penalidade de multa aplicada a Soneca S/A, submetida a recurso administrativo provido de efeito suspensivo.

(B) O ajuizamento de qualquer medida judicial por Soneca S/A depende do esgotamento da via administrativa.

(C) Não há mora da autoridade superior hierárquica, que, por determinação legal, dispõe do prazo de noventa dias para decidir.

(D) A omissão da autoridade competente em relação ao seu dever de decidir, ainda que se prolongue por período mais extenso, não enseja a concessão de Mandado de Segurança.

30. O Município Beta concedeu a execução do serviço público de veículos leves sobre trilhos e, ao verificar que a concessionária não estava cumprindo adequadamente as obrigações determinadas no respectivo contrato, considerou tomar as providências cabíveis para a regularização das atividades em favor dos usuários. Nesse caso,

(A) impõe-se a encampação, mediante a retomada do serviço pelo Município Beta, sem o pagamento de indenização.

(B) a hipótese é de caducidade a ser declarada pelo Município Beta, mediante decreto, que independe da verificação prévia da inadimplência da concessionária.

(C) cabe a revogação do contrato administrativo pelo Município Beta, diante da discricionariedade e precariedade da concessão, formalizada por mero ato administrativo.

(D) é possível a intervenção do Município Beta na concessão, com o fim de assegurar a adequada prestação dos serviços, por decreto do poder concedente, que conterá designação do interventor, o prazo, os objetivos e os limites da medida.

31. Diante da necessidade de construção de uma barragem no Município Alfa, a ser efetuada em terreno rural de propriedade de certa sociedade de economia mista federal, o Poder Legislativo local fez editar uma lei para declarar a desapropriação por utilidade pública, após a autorização por decreto do Presidente da República, sendo certo que, diante do sucesso das tratativas entre os chefes do Executivo dos entes federativos em questão, foi realizado acordo na via administrativa para ultimar tal intervenção do Estado na propriedade. Diante dessa situação hipotética, assinale a afirmativa correta.

(A) A autorização por decreto não pode viabilizar a desapropriação do bem em questão pelo Município Alfa, porque os bens federais não são expropriáveis.

(B) A iniciativa do Poder Legislativo do Município Alfa para declarar a desapropriação é válida, cumprindo ao respectivo Executivo praticar os atos necessários para sua efetivação.

(C) A intervenção na propriedade em tela não pode ser ultimada na via administrativa, mediante acordo entre os entes federativos envolvidos.

(D) O Município Alfa não tem competência para declarar a desapropriação por utilidade pública de propriedades rurais.

32. Rafael, funcionário da concessionária prestadora do serviço público de fornecimento de gás canalizado, realizava reparo na rede subterrânea, quando deixou a tampa do bueiro aberta, sem qualquer sinalização, causando a queda de Sônia, transeunte que caminhava pela calçada. Sônia, que trabalha como faxineira diarista, quebrou o fêmur da perna direita em razão do ocorrido e ficou internada no hospital por 60 dias, sem poder trabalhar. Após receber alta, Sônia procurou você, como advogado(a), para ajuizar ação indenizatória em face

(A) da concessionária, com base em sua responsabilidade civil objetiva, para cuja configuração é desnecessária a comprovação de dolo ou culpa de Rafael.

(B) do Estado, como poder concedente, com base em sua responsabilidade civil direta e subjetiva, para cuja configuração é prescindível a comprovação de dolo ou culpa de Rafael.

(C) de Rafael, com base em sua responsabilidade civil direta e objetiva, para cuja configuração é desnecessária a comprovação de ter agido com dolo ou culpa, assegurado o direito de regresso contra a concessionária.

(D) do Município, como poder concedente, com base em sua responsabilidade civil objetiva, para cuja configuração é imprescindível a comprovação de dolo ou culpa de Rafael.

33. Seguindo plano de expansão de seu parque industrial para a produção de bebidas, o conselho de administração da sociedade empresária Frescor S/A autoriza a destruição de parte de floresta inserida em Área de Preservação Permanente, medida que se consuma na implantação de nova fábrica. Sobre responsabilidade ambiental, tendo como referência a hipótese narrada, assinale a afirmativa correta.

(A) Frescor S/A responde civil e administrativamente, sendo excluída a responsabilidade penal por ter a decisão sido tomada por órgão colegiado da sociedade.

(B) Frescor S/A responde civil e administrativamente, uma vez que não há tipificação criminal para casos de destruição de Área de Preservação Permanente, mas apenas de Unidades de Conservação.

(C) Frescor S/A responde civil, administrativa e penalmente, sendo a ação penal pública, condicionada à prévia apuração pela autoridade ambiental competente.

(D) Frescor S/A responde civil, administrativa e penalmente, sendo agravante da pena a intenção de obtenção de vantagem pecuniária.

34. Efeito Estufa Ltda., sociedade empresária que atua no processamento de alimentos, pretende instalar nova unidade produtiva na área urbana do Município de Ar Puro, inserida no Estado Y. Para esse fim, verificou que a autoridade competente para realizar o licenciamento ambiental será a do próprio Município de Ar Puro. Sobre o caso, assinale a opção que indica quem deve realizar o estudo de impacto ambiental.

(A) O Município de Ar Puro.

(B) O Estado Y.

(C) O IBAMA.

(D) Profissionais legalmente habilitados, às expensas do empreendedor.

35. João, único herdeiro de seu avô Leonardo, recebeu, por ocasião da abertura da sucessão deste último, todos os seus bens, inclusive uma casa repleta de antiguidades.

Necessitando de dinheiro para quitar suas dívidas, uma das primeiras providências de João foi alienar uma pintura antiga que sempre estivera exposta na sala da casa, por um valor módico, ao primeiro comprador que encontrou.

João, semanas depois, leu nos jornais a notícia de que reaparecera no mercado de arte uma pintura valiosíssima de um célebre artista plástico. Sua surpresa foi enorme ao descobrir que se tratava da pintura que ele alienara, com valor milhares de vezes maior do que o por ela cobrado. Por isso, pretende pleitear a invalidação da alienação.

A respeito do caso narrado, assinale a afirmativa correta.

(A) O negócio jurídico de alienação da pintura celebrado por João está viciado por lesão e chegou a produzir seus efeitos regulares, no momento de sua celebração.

(B) O direito de João a obter a invalidação do negócio jurídico, por erro, de alienação da pintura, não se sujeita a nenhum prazo prescricional

(C) A validade do negócio jurídico de alienação da pintura subordina-se necessariamente à prova de que o comprador desejava se aproveitar de sua necessidade de obter dinheiro rapidamente.

(D) Se o comprador da pintura oferecer suplemento do preço pago de acordo com o valor de mercado da obra, João poderá optar entre aceitar a oferta ou invalidar o negócio.

36. Salomão, solteiro, sem filhos, 65 anos, é filho de Lígia e Célio, que faleceram recentemente e eram divorciados. Ele é irmão de Bernardo, 35 anos, médico bem-sucedido, filho único do segundo casamento de Lígia. Salomão, por circunstâncias sociais, não mantinha contato com Bernardo.

Em razão de uma deficiência física, Salomão nunca exerceu atividade laborativa e sempre morou com o pai, Célio, até o falecimento deste. Com frequência, seu primo Marcos, comerciante e grande amigo, o visita.

Com base no caso apresentado, assinale a opção que indica quem tem obrigação de pagar alimento a Salomão.

(A) Marcos é obrigado a pagar alimentos a Salomão, no caso de necessidade deste.

(B) Por ser irmão unilateral, Bernardo não deve, em hipótese alguma, alimentos a Salomão.

(C) Bernardo, no caso de necessidade de Salomão, deve arcar com alimentos.

(D) Bernardo e Marcos deverão dividir alimentos, entre ambos, de forma igualitária.

37. Jacira mora em um apartamento alugado, sendo a locação garantida por fiança prestada por seu pai, José. Certa vez, Jacira conversava com sua irmã Laura acerca de suas dificuldades financeiras, e declarou que temia não ser capaz de pagar o próximo aluguel do imóvel. Compadecida da situação da irmã, Laura procurou o locador do imóvel e, na data de vencimento do aluguel, pagou, em nome próprio, o valor devido por Jacira, sem oposição desta.

Nesse cenário, em relação ao débito do aluguel daquele mês, assinale a afirmativa correta.

(A) Laura, como terceira interessada, sub-rogou-se em todos os direitos que o locador tinha em face de Jacira, inclusive a garantia fidejussória.

(B) Laura, como terceira não interessada, tem apenas direito de regresso em face de Jacira.

(C) Laura, como devedora solidária, sub-rogou-se nos direitos que o locador tinha em face de Jacira, mas não quanto à garantia fidejussória.

(D) Laura, tendo realizado mera liberalidade, não tem qualquer direito em face de Jacira.

38. Antônio, divorciado, proprietário de três imóveis devidamente registrados no RGI, de valores de mercado semelhantes, decidiu transferir onerosamente um de seus bens ao seu filho mais velho, Bruno, que mostrou interesse na aquisição por valor próximo ao de mercado.

No entanto, ao consultar seus dois outros filhos (irmãos do pretendente comprador), um deles, Carlos, opôs-se à venda. Diante disso, bastante chateado com a atitude de Carlos, seu filho que não concordou com a compra e venda do imóvel, decidiu realizar uma doação a favor de Bruno.

Em face do exposto, assinale a afirmativa correta.

(A) A compra e venda de ascendente para descendente só pode ser impedida pelos demais descendentes e pelo cônjuge, se a oposição for unânime.

(B) Não há, na ordem civil, qualquer impedimento à realização de contrato de compra e venda de pai para filho, motivo pelo qual a oposição feita por Carlos não poderia gerar a anulação do negócio.

(C) Antônio não poderia, como reação à legítima oposição de Carlos, promover a doação do bem para um de seus filhos (Bruno), sendo tal contrato nulo de pleno direito.

(D) É legítima a doação de ascendentes para descendente, independentemente da anuência dos demais, eis que o ato importa antecipação do que lhe cabe na herança.

39. Márcia, adolescente com 17 anos de idade, sempre demonstrou uma maturidade muito superior à sua faixa etária. Seu maior objetivo profissional é o de tornar-se professora de História e, por isso, decidiu criar um canal em uma plataforma *on-line*, na qual publica vídeos com aulas por ela própria elaboradas sobre conteúdos históricos.

O canal tornou-se um sucesso, atraindo multidões de jovens seguidores e despertando o interesse de vários patrocinadores, que começaram a procurar a jovem, propondo contratos de publicidade. Embora ainda não tenha obtido nenhum lucro com o canal, Márcia está animada com a perspectiva de conseguir custear seus estudos na Faculdade de História se conseguir firmar alguns desses contratos. Para facilitar as atividades da jovem, seus pais decidiram emancipá-la, o que permitirá que celebre negócios com futuros patrocinadores com mais agilidade.

Sobre o ato de emancipação de Márcia por seus pais, assinale a afirmativa correta.

(A) Depende de homologação judicial, tendo em vista o alto grau de exposição que a adolescente tem na internet.

(B) Não tem requisitos formais específicos, podendo ser concedida por instrumento particular.

(C) Deve, necessariamente, ser levado a registro no cartório competente do Registro Civil de Pessoas Naturais.

(D) É nulo, pois ela apenas poderia ser emancipada caso já contasse com economia própria, o que ainda não aconteceu.

40. Arnaldo faleceu e deixou os filhos Roberto e Álvaro. No inventário judicial de Arnaldo, Roberto, devedor contumaz na praça, renunciou à herança, em 05/11/2019, conforme declaração nos autos. Considerando que o falecido não deixou testamento e nem dívidas a serem pagas, o valor líquido do monte a ser partilhado era de R$ 100.000,00 (cem mil reais). Bruno é primo de Roberto e também seu credor no valor de R$ 30.000,00 (trinta mil reais). No dia 09/11/2019, Bruno tomou conhecimento da manifestação de renúncia supracitada e, no dia 29/11/2019, procurou um advogado para tomar as medidas cabíveis.

Sobre esta situação, assinale a afirmativa correta.

(A) Em nenhuma hipótese Bruno poderá contestar a renúncia da herança feita por Roberto.

(B) Bruno poderá aceitar a herança em nome de Roberto, desde que o faça no prazo de quarenta dias seguintes ao conhecimento do fato.

(C) Bruno poderá, mediante autorização judicial, aceitar a herança em nome de Roberto, recebendo integralmente o quinhão do renunciante.

(D) Bruno poderá, mediante autorização judicial, aceitar a herança em nome de Roberto, no limite de seu crédito.

41. Aldo e Mariane são casados sob o regime da comunhão parcial de bens, desde setembro de 2013. Em momento anterior ao casamento, Rubens, pai de Mariane, realizou a doação de um imóvel à filha. Desde então, a nova proprietária acumula os valores que lhe foram pagos pelos locatários do imóvel.

No ano corrente, alguns desentendimentos fizeram com que Mariane pretendesse se divorciar de Aldo. Para tal finalidade, procurou um advogado, informando que a soma dos aluguéis que lhe foram pagos desde a doação do imóvel totalizava R$ 150.000,00 (cento e cinquenta mil reais), sendo que R$ 50.000,00 (cinquenta mil reais) foram auferidos antes do casamento e o restante, após. Mariane relatou, ainda, que atualmente o imóvel se encontra vazio, sem locatários.

Sobre essa situação e diante de eventual divórcio, assinale a afirmativa correta.

(A) Quanto aos aluguéis, Aldo tem direito à meação sob o total dos valores.

(B) Tendo em vista que o imóvel locado por Mariane é seu bem particular, os aluguéis por ela auferidos não se comunicam com Aldo.

(C) Aldo tem direito à meação dos valores recebidos por Mariane, durante o casamento, a título de aluguel.

(D) Aldo faz jus à meação tanto sobre a propriedade do imóvel doado a Mariane por Rubens, quanto sobre os valores recebidos a título de aluguel desse imóvel na constância do casamento.

42. O adolescente João, com 16 anos completos, foi apreendido em flagrante quando praticava ato infracional análogo ao crime de furto. Devidamente conduzido o processo, de forma hígida, ele foi sentenciado ao cumprimento de medida socioeducativa de 1 ano, em regime de semiliberdade.

Sobre as medidas socioeducativas aplicadas a João, assinale a afirmativa correta.

(A) A medida de liberdade assistida será fixada pelo prazo máximo de 6 meses, sendo que, ao final de tal período, caso João não se revele suficientemente ressocializado, a medida será convolada em internação.

(B) A medida aplicada foi equivocada, pois deveria ter sido, necessariamente, determinada a internação de João.

(C) No regime de semiliberdade, João poderia sair da instituição para ocupações rotineiras de trabalho e estudo, sem necessidade de autorização judicial.

(D) A medida aplicada foi equivocada, pois não poderia, pelo fato análogo ao furto, ter a si aplicada medida diversa da liberdade assistida.

43. Maria chega à maternidade já em trabalho de parto, sendo atendida emergencialmente. Felizmente, o parto ocorre sem problemas e Maria dá à luz, Fernanda.

No mesmo dia do parto, a enfermeira Cláudia escuta a conversa entre Maria e uma amiga que a visitava, na qual Maria oferecia Fernanda a essa amiga em adoção, por não se sentir preparada para a maternidade.

Preocupada com a conversa, Cláudia a relata ao médico obstetra de plantão, Paulo, o qual, por sua vez, noticia o ocorrido a Carlos, diretor-geral do hospital.

Naquela noite, já recuperada, Maria e a mesma amiga vão embora da maternidade, sem que nada tenha ocorrido e nenhuma providência tenha sido tomada por qualquer dos personagens envolvidos – Cláudia, Paulo ou Carlos.

Diante dos fatos acima, assinale a afirmativa correta.

(A) Não foi cometida qualquer infração, porque a adoção irregular não se consumou no âmbito da maternidade.

(B) Carlos cometeu infração administrativa, consubstanciada no não encaminhamento do caso à autoridade judiciária, porque somente o diretor do hospital pode fazê-lo.

(C) Carlos e Paulo não cometeram infração administrativa ao não encaminharem o caso à autoridade judiciária, porque não cabe ao corpo médico tal atribuição.

(D) Carlos, Paulo e Cláudia cometeram infração administrativa por não encaminharem o caso de que tinham conhecimento para a autoridade judiciária.

44. O médico de João indicou a necessidade de realizar a cirurgia de gastroplastia (bariátrica) como tratamento de obesidade mórbida, com a finalidade de reduzir peso. Posteriormente, o profissional de saúde explicou a necessidade de realizar a cirurgia plástica pós-gastroplastia, visando à remoção de excesso epitelial que comumente acomete os pacientes nessas condições, impactando a qualidade de vida daquele que deixou de ser obeso mórbido.

Nesse caso, nos termos do Código de Defesa do Consumidor e do entendimento do STJ, o plano de saúde de João

(A) terá que custear ambas as cirurgias, porque configuram tratamentos, sendo a cirurgia plástica medida reparadora; portanto, terapêutica.

(B) terá que custear apenas a cirurgia de gastroplastia, e não a plástica, considerada estética e excluída da cobertura dos planos de saúde.

(C) não terá que custear as cirurgias, exceto mediante previsão contratual expressa para esses tipos de procedimentos.

(D) não terá que custear qualquer das cirurgias até que passem a integrar o rol de procedimentos da ANS, competente para a regulação das coberturas contratuais.

45. Adriano, por meio de um *site* especializado, efetuou reserva de hotel para estada com sua família em praia caribenha. A reserva foi imediatamente confirmada pelo *site*, um mês antes das suas férias, quando fariam a viagem.

Ocorre que, dez dias antes do embarque, o site especializado comunicou a Adriano que o hotel havia informado o cancelamento da contratação por erro no parcelamento com o cartão de crédito. Adriano, então, buscou nova compra do serviço, mas os valores estavam cerca de 30% mais caros do que na contratação inicial, com o qual anuiu por não ser mais possível alterar a data de suas férias.

Ao retornar de viagem, Adriano procurou você, como advogado(a), a fim de saber se seria possível a restituição dessa diferença de valores.

Neste caso, é correto afirmar que o ressarcimento da diferença arcada pelo consumidor

(A) poderá ser buscado em face exclusivamente do hotel, fornecedor que cancelou a contratação.

(B) poderá ser buscado em face do site de viagens e do hotel, que respondem solidariamente, por comporem a cadeia de fornecimento do serviço.

(C) não poderá ser revisto, porque o consumidor tinha o dever de confirmar a compra em sua fatura de cartão de crédito.

(D) poderá ser revisto, sendo a responsabilidade exclusiva do site de viagens, com base na teoria da aparência, respondendo o hotel apenas subsidiariamente.

46. No contrato da sociedade empresária Arealva Calçados Finos Ltda., não consta cláusula de regência supletiva pelas disposições de outro tipo societário. Ademais, tanto no contrato social quanto nas disposições legais relativas ao tipo adotado pela sociedade não há norma regulando a sucessão por morte de sócio.

Diante da situação narrada, assinale a afirmativa correta.

(A) Haverá resolução da sociedade em relação ao sócio em caso de morte.

(B) Haverá transmissão *causa mortis* da quota social.

(C) Caberá aos sócios remanescentes regular a substituição do sócio falecido.

(D) Os sócios serão obrigados a incluir, no contrato, cláusula dispondo sobre a sucessão por morte de sócio.

47. Anadia e Deodoro são condôminos de uma quota de sociedade limitada no valor de R$ 13.000,00 (treze mil reais). Nem a quota nem o capital da sociedade – fixado em R$ 50.000,00 (cinquenta mil reais) – se encontram integralizados.

Você é consultado(a), como advogado(a), sobre a possibilidade de a sociedade demandar os condôminos para que integralizem a referida quota. Assinale a opção que apresenta a resposta correta.

(A) Eles são obrigados à integralização apenas a partir da decretação de falência da sociedade.

(B) Eles não são obrigados à integralização, pelo fato de serem condôminos de quota indivisa.

(C) Eles são obrigados à integralização, porque todos os sócios, mesmo os condôminos, devem integralizar o capital.

(D) Eles não são obrigados à integralização, porque o capital da sociedade é inferior a 100 salários mínimos.

48. As sociedades empresárias Y e J celebraram contrato tendo por objeto a alienação do estabelecimento da primeira, situado em Antônio Dias/MG. Na data da assinatura do contrato, dentre outros débitos regularmente contabilizados, constava uma nota promissória vencida havia três meses no valor de R$ 25.000,00 (vinte e cinco mil reais). O contrato não tem nenhuma cláusula quanto à existência de solidariedade entre as partes, tanto pelos débitos vencidos quanto pelos vincendos.

Sabendo-se que, em 15/10/2018, após averbação na Junta Comercial competente, houve publicação do contrato na imprensa oficial e, tomando por base comparativa o dia 15/01/2020, o alienante

(A) responderá pelo débito vencido com o adquirente por não terem decorrido cinco anos da publicação do contrato na imprensa oficial.

(B) não responderá pelo débito vencido com o adquirente em razão de não ter sido estipulada tal solidariedade no contrato.

(C) responderá pelo débito vencido com o adquirente até a ocorrência da prescrição relativa à cobrança da nota promissória.

(D) não responderá pelo débito vencido com o adquirente diante do decurso de mais de 1 (um) ano da publicação do contrato na imprensa oficial.

49. Duas sociedades empresárias celebraram contrato de agência com uma terceira sociedade empresária, que assumiu a obrigação de, em caráter não eventual e sem vínculos de dependência com as proponentes, promover, à conta das primeiras, mediante retribuição, a realização de certos negócios com exclusividade, nos municípios integrantes da região metropolitana de Curitiba/PR.

Ficou pactuado que as proponentes conferirão poderes à agente para que esta as represente, como mandatária, na conclusão dos contratos. Antônio Prado, sócio de uma das sociedades empresárias contratantes, consulta seu advogado quanto à legalidade do contrato, notadamente da delimitação de zona geográfica e da concessão de mandato ao agente.

Sobre a hipótese apresentada, considerando as disposições legais relativas ao contrato de agência, assinale a afirmativa correta.

(A) Não há ilegalidade quanto à delimitação de zona geográfica para atuação exclusiva do agente, bem como em relação à possibilidade de ser o agente mandatário das proponentes, por serem características do contrato de agência.

(B) Há ilegalidade na fixação de zona determinada para atuação exclusiva do agente, por ferir a livre concorrência entre agentes, mas não há ilegalidade na outorga de mandato ao agente para representação das proponentes.

(C) Há ilegalidade tanto na outorga de mandato ao agente para representação dos proponentes, por ser vedada qualquer relação de dependência entre agente e proponente, e também quanto à fixação de zona determinada para atuação exclusiva do agente.

(D) Não há ilegalidade quanto à fixação de zona determinada para atuação exclusiva do agente, mas há ilegalidade quanto à concessão de mandato do agente, porque é obrigatório por lei que o agente apenas faça a mediação dos negócios no interesse do proponente.

50. José da Silva, credor de sociedade empresária, consulta você, como advogado(a), para obter orientação quanto aos efeitos de uma provável convolação de recuperação judicial em falência.

Em relação à hipótese apresentada, analise as afirmativas a seguir e assinale a única correta.

(A) Os créditos remanescentes da recuperação judicial serão considerados habilitados quando definitivamente incluídos no quadro-geral de credores, tendo prosseguimento as habilitações que estiverem em curso.

(B) As ações que devam ser propostas no juízo da falência estão sujeitas à distribuição por dependência, exceto a ação revocatória e a ação revisional de crédito admitido ao quadro geral de credores.

(C) A decretação da falência determina o vencimento antecipado das dívidas do devedor quanto aos créditos excluídos dos efeitos da recuperação judicial; quanto aos créditos submetidos ao plano de recuperação, são mantidos os prazos nele estabelecidos e homologados pelo juiz.

(D) As ações intentadas pelo devedor durante a recuperação judicial serão encerradas, devendo ser intimado o administrador judicial da extinção dos feitos, sob pena de nulidade do processo.

51. Julieta ajuizou demanda em face de Rafaela e, a fim de provar os fatos constitutivos de seu direito, arrolou como testemunhas Fernanda e Vicente. A demandada, por sua vez, arrolou as testemunhas Pedro e Mônica.

Durante a instrução, Fernanda e Vicente em nada contribuíram para o esclarecimento dos fatos, enquanto Pedro e Mônica confirmaram o alegado na petição inicial. Em razões finais, o advogado da autora requereu a procedência dos pedidos, ao que se contrapôs o patrono da ré, sob o argumento de que as provas produzidas pela autora não confirmaram suas alegações e, ademais, as provas produzidas pela ré não podem prejudicá-la.

Consideradas as normas processuais em vigor, assinale a afirmativa correta.

(A) O advogado da demandada está correto, pois competia à demandante a prova dos fatos constitutivos do seu direito.

(B) O advogado da demandante está correto, porque a prova, uma vez produzida, pode beneficiar parte distinta da que a requereu.

(C) O advogado da demandante está incorreto, pois o princípio da aquisição da prova não é aplicável à hipótese.

(D) O advogado da demandada está incorreto, porque as provas só podem beneficiar a parte que as produziu, segundo o princípio da aquisição da prova.

52. Um advogado elabora uma petição inicial em observância aos requisitos legais. Da análise da peça postulatória, mesmo se deparando com controvérsia fática, o magistrado julga o pedido improcedente liminarmente. Diante dessa situação, o patrono do autor opta por recorrer contra o provimento do juiz, arguindo a nulidade da decisão por necessidade de dilação probatória.

Com base nessa situação hipotética, assinale a afirmativa correta.

(A) O advogado pode aduzir que, antes de proferir sentença extintiva, o juiz deve, necessariamente, determinar a emenda à inicial, em atenção ao princípio da primazia de mérito.

(B) Não existem hipóteses de improcedência liminar no atual sistema processual, por traduzirem restrição do princípio da inafastabilidade da prestação jurisdicional e ofensa ao princípio do devido processo legal.

(C) Somente a inépcia da petição inicial autoriza a improcedência liminar dos pedidos.

(D) Nas hipóteses em que há necessidade de dilação probatória, não cabe improcedência liminar do pedido.

53. Marcos foi contratado por Júlio para realizar obras de instalação elétrica no apartamento deste. Por negligência de Marcos, houve um incêndio que destruiu boa parte do imóvel e dos móveis que o guarneciam.

Como não conseguiu obter a reparação dos prejuízos amigavelmente, Júlio ajuizou ação em face de Marcos e obteve sua condenação ao pagamento da quantia de R$ 148.000,00 (cento e quarenta e oito mil reais).

Após a prolação da sentença, foi interposta apelação por Marcos, que ainda aguarda julgamento pelo Tribunal. Júlio, ato contínuo, apresentou cópia da sentença perante o cartório de registro imobiliário, para registro da hipoteca judiciária sob um imóvel de propriedade de Marcos, visando a garantir futuro pagamento do crédito.

Sobre o caso apresentado, assinale a afirmativa correta.

(A) Júlio não pode solicitar o registro da hipoteca judiciária, uma vez que ainda está pendente de julgamento o recurso de apelação de Marcos.

(B) Júlio, mesmo que seja registrada a hipoteca judiciária, não terá direito de preferência sobre o bem em relação a outros credores.

(C) A hipoteca judiciária apenas poderá ser constituída e registrada mediante decisão proferida no Tribunal, em caráter de tutela provisória, na pendência do recurso de apelação interposto por Marcos.

(D) Júlio poderá levar a registro a sentença, e, uma vez constituída a hipoteca judiciária, esta conferirá a Júlio o direito de preferência em relação a outros credores, observada a prioridade do registro.

54. Bruno ajuizou contra Flávio ação de execução de título executivo extrajudicial, com base em instrumento particular, firmado por duas testemunhas, para obter o pagamento forçado de R$ 10.000,00 (dez mil reais).

Devidamente citado, Flávio prestou, em juízo, garantia integral do valor executado e opôs embargos à execução dentro do prazo legal, alegando, preliminarmente, a incompetência relativa do juízo da execução e, no mérito, que o exequente pleiteia quantia superior à do título (excesso de execução). No entanto, em seus embargos à execução, embora tenha alegado excesso de execução, Flávio não apontou o valor que entendia ser correto, tampouco apresentou cálculo com o demonstrativo discriminado e atualizado do valor em questão.

Considerando essa situação hipotética, assinale a afirmativa correta.

(A) Os embargos à execução devem ser liminarmente rejeitados, sem resolução do mérito, porquanto Flávio não demonstrou adequadamente o excesso de execução, ao deixar de apontar o valor que entendia correto e de apresentar cálculo com o demonstrativo discriminado e atualizado do valor em questão.
(B) O juiz deverá rejeitar as alegações de incompetência relativa do juízo e de excesso de execução deduzidas por Flávio, por não constituírem matérias passíveis de alegação em sede de embargos à execução.
(C) Os embargos à execução serão processados para a apreciação da alegação de incompetência relativa do juízo, mas o juiz não examinará a alegação de excesso de execução, tendo em vista que Flávio não indicou o valor que entendia correto para a execução, não apresentando o cálculo discriminado e atualizado do valor em questão.
(D) O juiz deverá processar e julgar os embargos à execução em sua integralidade, não surtindo qualquer efeito a falta de indicação do valor alegado como excesso e a ausência de apresentação de cálculo discriminado e atualizado do valor em questão, uma vez que os embargos foram apresentados dentro do prazo legal.

55. Em um processo em que Carla disputava a titularidade de um apartamento com Marcos, este obteve sentença favorável, por apresentar, em juízo, cópia de um contrato de compra e venda e termo de quitação, anteriores ao contrato firmado por Carla.

A sentença transitou em julgado sem que Carla apresentasse recurso. Alguns meses depois, Carla descobriu que Marcos era réu em um processo criminal no qual tinha sido comprovada a falsidade de vários documentos, dentre eles o contrato de compra e venda do apartamento disputado e o referido termo de quitação.

Carla pretende, com base em seu contrato, retornar a juízo para buscar o direito ao imóvel. Para isso, ela pode

(A) interpor recurso de apelação contra a sentença, ainda que já tenha ocorrido o trânsito em julgado, fundado em prova nova.
(B) propor reclamação, para garantir a autoridade da decisão prolatada no juízo criminal, e formular pedido que lhe reconheça o direito ao imóvel.
(C) ajuizar rescisória, demonstrando que a sentença foi fundada em prova cuja falsidade foi apurada em processo criminal.
(D) requerer cumprimento de sentença diretamente no juízo criminal, para que a decisão que reconheceu a falsidade do documento valha como título judicial para transferência da propriedade do imóvel para seu nome.

56. Gustavo procura você, como advogado(a), visando ao ajuizamento de uma ação em face de João, para a defesa da posse de um imóvel localizado em Minas Gerais.

Na defesa dos interesses do seu cliente, quanto à ação possessória a ser proposta, assinale a afirmativa correta.

(A) Não é lícito cumular o pedido possessório com condenação em perdas e danos a Gustavo, dada a especialidade do procedimento.
(B) Na pendência da ação possessória proposta por Gustavo, não é possível, nem a ele, nem a João, propor ação de reconhecimento de domínio, salvo em face de terceira pessoa.
(C) Se a proposta de ação de manutenção de posse por Gustavo for um esbulho, o juiz não pode receber a ação de manutenção de posse como reintegração de posse, por falta de interesse de adequação.
(D) Caso se entenda possuidor do imóvel e pretenda defender sua posse, o meio adequado a ser utilizado por João é a reconvenção em face de Gustavo.

57. O arquiteto Fernando ajuizou ação exclusivamente em face de Daniela, sua cliente, buscando a cobrança de valores que não teriam sido pagos no âmbito de um contrato de reforma de apartamento.

Daniela, devidamente citada, deixou de oferecer contestação, mas, em litisconsórcio com seu marido José, apresentou reconvenção em peça autônoma, buscando indenização por danos morais em face de Fernando e sua empresa, sob o argumento de que estes, após a conclusão das obras de reforma, expuseram, em site próprio, fotos do interior do imóvel dos reconvintes sem que tivessem autorização para tanto.

Diante dessa situação hipotética, assinale a afirmativa correta.

(A) Como Daniela deixou de contestar a ação, ela e seu marido não poderiam ter apresentado reconvenção, devendo ter ajuizado ação autônoma para buscar a indenização pretendida.
(B) A reconvenção deverá ser processada, a despeito de Daniela não ter contestado a ação originária, na medida em que o réu pode propor reconvenção independentemente de oferecer contestação.
(C) A reconvenção não poderá ser processada, na medida em que não é lícito a Daniela propor reconvenção em litisconsórcio com seu marido, que é um terceiro que não faz parte da ação originária.
(D) A reconvenção não poderá ser processada, na medida em que não é lícito a Daniela incluir no polo passivo da reconvenção a empresa de Fernando, que é um terceiro que não faz parte da ação originária.

58. Caio, funcionário público, Antônio, empresário, Ricardo, comerciante, e Vitor, adolescente, de forma recorrente se reúnem, de maneira estruturalmente ordenada e com clara divisão de tarefas, inclusive Antônio figurando como líder, com o objetivo de organizarem a prática de diversos delitos de falsidade ideológica de documento particular (Art. 299 do CP: pena: 01 a 03 anos de reclusão e multa). Apesar de o objetivo ser a falsificação de documentos particulares, Caio utilizava-se da sua função pública para obter as informações a serem inseridas de forma falsa na documentação.

Descobertos os fatos, Caio, Ricardo e Antônio foram denunciados, devidamente processados e condenados como incursos nas sanções do Art. 2º da Lei 12.850/13 (constituir organização criminosa), sendo reconhecidas as causas de aumento em razão do envolvimento de funcionário público e em razão do envolvimento de adolescente. A Antônio foi, ainda, agravada a pena diante da posição de liderança.

Constituído nos autos apenas para defesa dos interesses de Antônio, o advogado, em sede de recurso, sob o ponto de vista técnico, de acordo com as previsões legais, deverá requerer

(A) desclassificação para o crime de associação criminosa, previsto no Código Penal (antigo bando ou quadrilha).

(B) afastamento da causa de aumento em razão do envolvimento de adolescente, diante da ausência de previsão legal.

(C) afastamento da causa de aumento em razão da presença de funcionário público, tendo em vista que Antônio não é funcionário público e nem equiparado, devendo a majorante ser restrita a Caio.

(D) afastamento da agravante, pelo fato de Antônio ser o comandante da organização criminosa, uma vez que tal incremento da pena não está previsto na Lei 12.850/13.

59. Maria, em uma loja de departamento, apresentou roupas no valor de R$ 1.200 (mil e duzentos reais) ao caixa, buscando efetuar o pagamento por meio de um cheque de terceira pessoa, inclusive assinando como se fosse a titular da conta. Na ocasião, não foi exigido qualquer documento de identidade. Todavia, o caixa da loja desconfiou do seu nervosismo no preenchimento do cheque, apesar da assinatura perfeita, e consultou o banco sacado, constatando que aquele documento constava como furtado.

Assim, Maria foi presa em flagrante naquele momento e, posteriormente, denunciada pelos crimes de estelionato e falsificação de documento público, em concurso material.

Confirmados os fatos, o advogado de Maria, no momento das alegações finais, sob o ponto de vista técnico, deverá buscar o reconhecimento

(A) do concurso formal entre os crimes de estelionato consumado e falsificação de documento público.

(B) do concurso formal entre os crimes de estelionato tentado e falsificação de documento particular.

(C) de crime único de estelionato, na forma consumada, afastando-se o concurso de crimes.

(D) de crime único de estelionato, na forma tentada, afastando-se o concurso de crimes.

60. Durante uma reunião de condomínio, Paulo, com o *animus* de ofender a honra objetiva do condômino Arthur, funcionário público, mesmo sabendo que o ofendido foi absolvido daquela imputação por decisão transitada em julgado, afirmou que Artur não tem condições morais para conviver naquele prédio, porquanto se apropriara de dinheiro do condomínio quando exercia a função de síndico.

Inconformado com a ofensa à sua honra, Arthur ofereceu queixa-crime em face de Paulo, imputando-lhe a prática do crime de calúnia. Preocupado com as consequências de seu ato, após ser regularmente citado, Paulo procura você, como advogado(a), para assistência técnica.

Considerando apenas as informações expostas, você deverá esclarecer que a conduta de Paulo configura crime de

(A) difamação, não de calúnia, cabendo exceção da verdade por parte de Paulo.

(B) injúria, não de calúnia, de modo que não cabe exceção da verdade por parte de Paulo.

(C) calúnia efetivamente imputado, não cabendo exceção da verdade por parte de Paulo.

(D) calúnia efetivamente imputado, sendo possível o oferecimento da exceção da verdade por parte de Paulo.

61. Inconformado por estar desempregado, Lúcio resolve se embriagar. Quando se encontrava no interior do coletivo retornando para casa, ele verifica que o passageiro sentado à sua frente estava dormindo, e o telefone celular deste estava solto em seu bolso. Aproveitando-se da situação, Lúcio subtrai o aparelho sem ser notado pelo lesado, que continuava dormindo profundamente. Ao tentar sair do coletivo, Lúcio foi interpelado por outro passageiro, que assistiu ao ocorrido, iniciando-se uma grande confusão, que fez com que o lesado acordasse e verificasse que seu aparelho fora subtraído.

Após denúncia pelo crime de furto qualificado pela destreza e regular processamento do feito, Lúcio foi condenado nos termos da denúncia, sendo, ainda, aplicada a agravante da embriaguez preordenada, já que Lúcio teria se embriagado dolosamente.

Considerando apenas as informações expostas e que os fatos foram confirmados, o(a) advogado(a) de Lúcio, no momento da apresentação de recurso de apelação, poderá requerer

(A) o reconhecimento de causa de diminuição de pena diante da redução da capacidade em razão da sua embriaguez, mas não o afastamento da qualificadora da destreza.

(B) a desclassificação para o crime de furto simples, mas não o afastamento da agravante da embriaguez preordenada.

(C) a desclassificação para o crime de furto simples e o afastamento da agravante, não devendo a embriaguez do autor do fato interferir na tipificação da conduta ou na dosimetria da pena.

(D) a absolvição, diante da ausência de culpabilidade, em razão da embriaguez completa.

62. Yuri foi denunciado pela suposta prática de crime de estupro qualificado em razão da idade da vítima, porque teria praticado conjunção carnal contra a vontade de Luana, de 15 anos, mediante emprego de grave ameaça. No curso da instrução, Luana mudou sua versão e afirmou que, na realidade, havia consentido na prática do ato sexual, sendo a informação confirmada por Yuri em seu interrogatório.

Considerando apenas as informações expostas, no momento de apresentar alegações finais, a defesa técnica de Yuri deverá pugnar por sua absolvição, sob o fundamento de que o consentimento da suposta ofendida, na hipótese, funciona como

(A) causa supralegal de exclusão da ilicitude.

(B) causa legal de exclusão da ilicitude.

(C) fundamento para reconhecimento da atipicidade da conduta.

(D) causa supralegal de exclusão da culpabilidade.

63. André, nascido em 21/11/2001, adquiriu de Francisco, em 18/11/2019, grande quantidade de droga, com o fim de vendê-la aos convidados de seu aniversário, que seria celebrado em 24/11/2019. Imediatamente após a compra, guardou a droga no armário de seu quarto.

Em 23/11/2019, a partir de uma denúncia anônima e munidos do respectivo mandado de busca e apreensão deferido judicialmente, policiais compareceram à residência de André, onde encontraram e apreenderam a droga que era por ele armazenada. De imediato, a mãe de André entrou em contato com o advogado da família.

Considerando apenas as informações expostas, na Delegacia, o advogado de André deverá esclarecer à família que André, penalmente, será considerado

(A) inimputável, devendo responder apenas por ato infracional análogo ao delito de tráfico, em razão de sua menoridade quando da aquisição da droga, com base na Teoria da Atividade adotada pelo Código Penal para definir o momento do crime.

(B) inimputável, devendo responder apenas por ato infracional análogo ao delito de tráfico, tendo em vista que o Código Penal adota a Teoria da Ubiquidade para definir o momento do crime.

(C) imputável, podendo responder pelo delito de tráfico de drogas, mesmo adotando o Código Penal a Teoria da Atividade para definir o momento do crime.

(D) imputável, podendo responder pelo delito de associação para o tráfico, que tem natureza permanente, tendo em vista que o Código Penal adota a Teoria do Resultado para definir o momento do crime.

64. Ricardo foi pronunciado pela suposta prática do crime de homicídio qualificado. No dia anterior à sessão plenária do Tribunal do Júri, o defensor público que assistia Ricardo até aquele momento acostou ao processo a folha de antecedentes criminais da vítima, matérias jornalísticas e fotografias que poderiam ser favoráveis à defesa do acusado. O Ministério Público, em sessão plenária, foi surpreendido por aquele material do qual não tinha tido ciência, mas o juiz presidente manteve o julgamento para a data agendada e, após o defensor público mencionar a documentação acostada, Ricardo foi absolvido pelos jurados, em 23/10/2018 (terça-feira).

No dia 29/10/2018, o Ministério Público apresentou recurso de apelação, acompanhado das razões recursais, requerendo a realização de novo júri, pois a decisão dos jurados havia sido manifestamente contrária à prova dos autos.

O Tribunal de Justiça conheceu do recurso interposto e anulou o julgamento realizado, determinando nova sessão plenária, sob o fundamento de que a defesa se utilizou em plenário de documentos acostados fora do prazo permitido pela lei. A família de Ricardo procura você, como advogado(a), para patrocinar os interesses do réu.

Considerando as informações narradas, você, como advogado(a) de Ricardo, deverá questionar a decisão do Tribunal, sob o fundamento de que

(A) respeitando-se o princípio da amplitude de defesa, não existe vedação legal na juntada e utilização em plenário de documentação pela defesa no prazo mencionado.

(B) diante da nulidade reconhecida, caberia ao Tribunal de Justiça realizar, diretamente, novo julgamento, e não submeter o réu a novo julgamento pelo Tribunal do Júri.

(C) não poderia o Tribunal anular o julgamento com base em nulidade não arguida, mas tão só reconhecer, se fosse o caso, que a decisão dos jurados era manifestamente contrária à prova dos autos.

(D) o recurso foi apresentado de maneira intempestiva, de modo que sequer deveria ter sido conhecido.

65. Mariana foi vítima de um crime de apropriação indébita consumado, que teria sido praticado por Paloma.

Ao tomar conhecimento de que Paloma teria sido denunciada pelo crime mencionado, inclusive sendo apresentado pelo Ministério Público o valor do prejuízo sofrido pela vítima e o requerimento de reparação do dano, Mariana passou a acompanhar o andamento processual, sem, porém, habilitar-se como assistente de acusação.

No momento em que constatou que os autos estariam conclusos para sentença, Mariana procurou seu advogado para adoção das medidas cabíveis, esclarecendo o temor de ver a ré absolvida e não ter seu prejuízo reparado.

O advogado de Mariana deverá informar à sua cliente que

(A) não poderá ser fixado pelo juiz valor mínimo a título de indenização, mas, em caso de sentença condenatória, poderá esta ser executada, por meio de ação civil *ex delicto*, por Mariana ou seu representante legal.

(B) poderá ser apresentado recurso de apelação, diante de eventual sentença absolutória e omissão do Ministério Público, por parte de Mariana, por meio de seu patrono, ainda que não esteja, no momento da sentença, habilitada como assistente de acusação.

(C) poderá ser fixado pelo juiz valor a título de indenização em caso de sentença condenatória, não podendo a ofendida, porém, nesta hipótese, buscar a apuração do dano efetivamente sofrido perante o juízo cível.

(D) não poderá ser buscada reparação cível diante de eventual sentença absolutória, com trânsito em julgado, que reconheça não existir prova suficiente para condenação.

66. Durante escuta telefônica devidamente deferida para investigar organização criminosa destinada ao contrabando de armas, policiais obtiveram a informação de que Marcelo receberia, naquele dia, grande quantidade de armamento, que seria depois repassada a Daniel, chefe de sua facção.

Diante dessa informação, os policiais se dirigiram até o local combinado. Após informarem o fato à autoridade policial, que o comunicou ao juízo competente, eles acompanharam o recebimento do armamento por Marcelo, optando por não o prender naquele momento, pois aguardariam que ele se encontrasse com o chefe da sua organização para, então, prendê-los. De posse do armamento, Marcelo se dirigiu ao encontro de Daniel e lhe repassou as armas contrabandeadas, quando, então, ambos foram surpreendidos e presos em flagrante pelos policiais que monitoravam a operação.

Encaminhados para a Delegacia, os presos entraram em contato com um advogado para esclarecimentos sobre a validade das prisões ocorridas.

Com base nos fatos acima narrados, o advogado deverá esclarecer aos seus clientes que a prisão em flagrante efetuada pelos policiais foi

(A) ilegal, por se tratar de flagrante esperado.

(B) legal, restando configurado o flagrante preparado.

(C) legal, tratando-se de flagrante retardado.

(D) ilegal, pois a conduta dos policiais dependeria de prévia autorização judicial.

67. O Ministério Público ofereceu denúncia em face de Tiago e Talles, imputando-lhes a prática do crime de sequestro qualificado, arrolando como testemunhas de acusação a vítima, pessoas que presenciaram o fato, os policiais responsáveis pela prisão em flagrante, além da esposa do acusado Tiago, que teria conhecimento sobre o ocorrido.

Na audiência de instrução e julgamento, por ter sido arrolada como testemunha de acusação, Rosa, esposa de Tiago, compareceu, mas demonstrou que não tinha interesse em prestar declarações. O Ministério Público insistiu na sua oitiva, mesmo com outras testemunhas tendo conhecimento sobre os fatos. Temendo pelas consequências, já que foi prestado o compromisso de dizer a verdade perante o magistrado, Rosa disse o que tinha conhecimento, mesmo contra sua vontade, o que veio a prejudicar seu marido. Por ocasião dos interrogatórios, Tiago, que seria interrogado por último, foi retirado da sala de audiência enquanto o corréu prestava suas declarações, apesar de seu advogado ter participado do ato.

Com base nas previsões do Código de Processo Penal, considerando apenas as informações narradas, Tiago

(A) não teria direito de anular a instrução probatória com fundamento na sua ausência durante o interrogatório de Talles e nem na oitiva de Rosa na condição de testemunha, já que devidamente arrolada pelo Ministério Público.

(B) teria direito de anular a instrução probatória com fundamento na ausência de Tiago no interrogatório de Talles e na oitiva de Rosa na condição de testemunha.

(C) não teria direito de anular a instrução probatória com base na sua ausência no interrogatório de Talles, mas deveria questionar a oitiva de Rosa como testemunha, já que ela poderia se recusar a prestar declarações.

(D) não teria direito de anular a instrução probatória com base na sua ausência no interrogatório de Talles, mas deveria questionar a oitiva de Rosa como testemunha, pois, em que pese seja obrigada a prestar declarações, deveria ser ouvida na condição de informante, sem compromisso legal de dizer a verdade.

68. Durante longa investigação, o Ministério Público identificou que determinado senador seria autor de um crime de concussão no exercício do mandato, que teria sido praticado após sua diplomação. Com o indiciamento, o senador foi intimado a, se fosse de sua vontade, prestar esclarecimentos sobre os fatos no procedimento investigatório. Preocupado com as consequências, o senador procurou seu advogado para esclarecimentos.

Considerando apenas as informações narradas e com base nas previsões constitucionais, o advogado deverá esclarecer que

(A) o Ministério Público não poderá oferecer denúncia em face do senador sem autorização da Casa Legislativa, pois a Constituição prevê imunidade de natureza formal aos parlamentares.

(B) a denúncia poderá ser oferecida e recebida, assim como a ação penal ter regular prosseguimento, independentemente de autorização da Casa Legislativa, que não poderá determinar a suspensão do processo, considerando que o crime imputado é comum, e não de responsabilidade.

(C) a denúncia não poderá ser recebida pelo Poder Judiciário sem autorização da Casa Legislativa, em razão da imunidade material prevista na Constituição, apesar de poder ser oferecida pelo Ministério Público independentemente de tal autorização.

(D) a denúncia poderá ser oferecida e recebida independentemente de autorização parlamentar, mas deverá ser dada ciência à Casa Legislativa respectiva, que poderá, seguidas as exigências, até a decisão final, sustar o andamento da ação.

69. Caio foi denunciado pela suposta prática do crime de estupro de vulnerável. Ocorre que, apesar da capitulação delitiva, a denúncia apresentava-se confusa na narrativa dos fatos, inclusive não sendo indicada qual seria a idade da vítima. Logo após a citação, Caio procurou seu advogado para esclarecimentos, destacando a dificuldade na compreensão dos fatos imputados.

O advogado de Caio, constatando que a denúncia estava inepta, deve esclarecer ao cliente que, sob o ponto de vista técnico, com esse fundamento poderia buscar

(A) a rejeição da denúncia, podendo o Ministério Público apresentar recurso em sentido estrito em caso de acolhimento do pedido pelo magistrado, ou oferecer, posteriormente, nova denúncia.

(B) sua absolvição sumária, podendo o Ministério Público apresentar recurso de apelação em caso de acolhimento do pedido pelo magistrado, ou oferecer, posteriormente, nova denúncia.

(C) sua absolvição sumária, podendo o Ministério Público apresentar recurso em sentido estrito em caso de acolhimento do pedido pelo magistrado, mas, transitada em julgado a decisão, não poderá ser oferecida nova denúncia com base nos mesmos fatos.

(D) a rejeição da denúncia, podendo o Ministério Público apresentar recurso de apelação em caso de acolhimento do pedido pelo magistrado, mas, uma vez transitada em julgado a decisão, não caberá oferecimento de nova denúncia.

70. Gervásia é empregada na Lanchonete Pará desde fevereiro de 2018, exercendo a função de atendente e recebendo o valor correspondente a um salário mínimo por mês. Acerca da cláusula compromissória de arbitragem que o empregador pretende inserir no contrato da empregada, de acordo com a CLT, assinale a afirmativa correta.

(A) A inserção não é possível, porque, no Direito do Trabalho, não cabe arbitragem em lides individuais.

(B) A cláusula compromissória de arbitragem não poderá ser inserida no contrato citado, em razão do salário recebido pela empregada.

(C) Não há mais óbice à inserção de cláusula compromissória de arbitragem nos contratos de trabalho, inclusive no de Gervásia.

(D) A cláusula de arbitragem pode ser inserida em todos os contratos de trabalho, sendo admitida de forma expressa ou tácita.

71. Paulo trabalhou para a *Editora Livro Legal Ltda.* de 10/12/2017 a 30/08/2018 sem receber as verbas rescisórias ao final do contrato, sob a alegação de dificuldades financeiras da empregadora. Em razão disso, ele pretende ajuizar ação trabalhista e procurou você, como advogado(a). Sabe-se que a empregadora de Paulo estava sob o controle e a direção da sócia majoritária, a *Editora Mundial Ltda*. Assinale a afirmativa que melhor atende à necessidade e à segurança de satisfazer o crédito do seu cliente.

(A) Poderá incluir a sociedade empresária controladora no polo passivo da demanda, e esta responderá solidariamente com a empregadora, pois se trata de grupo econômico.

(B) Poderá incluir a sociedade empresária controladora no polo passivo da demanda, e esta responderá subsidiariamente com a empregadora, pois se trata de grupo econômico.

(C) Não há relação de responsabilização entre as sociedades empresárias, uma vez que possuem personalidades jurídicas distintas, o que afasta a caracterização de grupo econômico.

(D) Não se trata de grupo econômico, porque a mera identidade de sócios não o caracteriza; portanto, descabe a responsabilização da segunda sociedade empresária.

72. Enzo é professor de Matemática em uma escola particular, em que é empregado há 8 anos. Após 2 anos de namoro e 1 ano de noivado, irá se casar com Carla, advogada, empregada em um escritório de advocacia há 5 anos.

Sobre o direito à licença pelo casamento, de acordo com a CLT, assinale a afirmativa correta.

(A) O casal poderá faltar aos seus empregos respectivos por até 3 dias úteis para as núpcias.

(B) Carla, por ser advogada, terá afastamento de 5 dias e Enzo, por ser professor, poderá faltar por 2 dias corridos.

(C) Enzo poderá faltar ao serviço por 9 dias, enquanto Carla poderá se ausentar por 3 dias consecutivos.

(D) Não há previsão específica, devendo ser acertado o período de afastamento com o empregador, observado o limite de 10 dias.

73. Rafaela trabalha em uma empresa de calçados. Apesar de sua formação como estoquista, foi preterida em uma vaga para tal por ser mulher, o que seria uma promoção e geraria aumento salarial. Um mês depois, a empresa exigiu que todas as funcionárias do sexo feminino apresentassem atestado médico de gravidez. Rafaela, 4 meses após esse fato, engravidou e, após apresentação de atestado médico, teve a jornada reduzida em duas horas, por se tratar de uma gestação delicada, o que acarretou a redução salarial proporcional. Sete meses após o parto, Rafaela foi dispensada.

Como advogado(a) de Rafaela, de acordo com a legislação trabalhista em vigor, assinale a opção que contém todas as violações aos direitos trabalhistas de Rafaela.

(A) Recusa, fundamentada no sexo, da promoção para a função de estoquista.

(B) Recusa, fundamentada no sexo, da promoção para a função de estoquista, exigência de atestado de gravidez e redução salarial.

(C) Recusa, fundamentada no sexo, da promoção para a função de estoquista, exigência de atestado de gravidez, redução salarial e dispensa dentro do período de estabilidade gestante.

(D) Dispensa dentro do período de estabilidade gestante.

74. Eduardo e Carla são empregados do Supermercado Praiano Ltda., exercendo a função de caixa. Após 10 meses de vigência do contrato, ambos receberam aviso-prévio em setembro de 2019, para ser cumprido com trabalho. Contudo, 17 dias após, o Supermercado resolveu reconsiderar a sua decisão e manter Eduardo e Carla no seu quadro de empregados. Ocorre que ambos não desejam prosseguir, porque, nesse período, distribuíram seus currículos e conseguiram a promessa de outras colocações num concorrente do Supermercado Praiano, com salário um pouco superior.

Diante da situação posta e dos termos da CLT, assinale a afirmativa correta.

(A) Os empregados não são obrigados a aceitar a retratação, que só gera efeito se houver consenso entre empregado e empregador.

(B) Os empregados são obrigados a aceitá-la, uma vez que a retratação foi feita pelo empregador ainda no período do aviso-prévio.

(C) A retratação deve ser obrigatoriamente aceita pela parte contrária se o aviso-prévio for trabalhado, e, se for indenizado, há necessidade de concordância das partes.

(D) O empregador jamais poderia ter feito isso, porque a CLT não prevê a possibilidade de reconsideração de aviso-prévio, que se torna irreversível a partir da concessão.

75. Renato é um empregado doméstico que atua como caseiro no sítio de lazer do seu empregador. Contudo, a CTPS de Renato foi assinada como sendo operador de máquinas da empresa de titularidade do seu empregador. Renato tem receio de que, no futuro, não possa comprovar experiência na função de empregado doméstico e, por isso, intenciona ajuizar reclamação trabalhista para regularizar a situação.

Considerando a situação narrada e o entendimento consolidado do TST, assinale a afirmativa correta.

(A) Caso comprove que, de fato, é doméstico, Renato conseguirá a retificação na CTPS, pois as anotações nela lançadas têm presunção relativa.

(B) Somente o salário poderia ser objeto de demanda judicial para se comprovar que o empregado recebia valor superior ao anotado, sendo que a alteração na função não é prevista, e a demanda não terá sucesso.

(C) Caso Renato comprove que é doméstico, o pedido será julgado procedente, mas a alteração será feita com modulação de efeitos, com retificação da data da sentença em diante.

(D) Renato não terá sucesso na sua reclamação trabalhista, porque a anotação feita na carteira profissional tem presunção absoluta.

76. Após tentar executar judicialmente seu ex-empregador (a empresa Tecidos Suaves Ltda.) sem sucesso, o credor trabalhista Rodrigo instaurou o incidente de desconsideração de personalidade jurídica, objetivando direcionar a execução contra os sócios da empresa, o que foi aceito pelo magistrado. De acordo com a CLT, assinale a opção que indica o ato seguinte.

(A) O sócio será citado por oficial de justiça para pagar a dívida em 48 horas.

(B) O sócio será citado para manifestar-se e requerer as provas cabíveis no prazo de 15 dias.

(C) O juiz determinará de plano o bloqueio de bens e valores do sócio, posto que desnecessária a sua citação ou intimação.

(D) Será conferida vista prévia ao Ministério Público do Trabalho, para que o *parquet* diga se concorda com a desconsideração pretendida.

77. José da Silva, que trabalhou em determinada sociedade empresária de 20/11/2018 a 30/04/2019, recebeu, apenas parcialmente, as verbas rescisórias, não tendo recebido algumas horas extras e reflexos. A sociedade empresária pretende pagar ao ex-empregado o que entende devido, mas também quer evitar uma possível ação trabalhista. Sobre a hipótese, na qualidade de advogado(a) da sociedade empresária, assinale a afirmativa correta.

(A) Deverá ser indicado e custeado um advogado para o empregado, a fim de que seja ajuizada uma ação para, então, comparecerem para um acordo, que já estará previamente entabulado no valor pretendido pela empresa.
(B) Deverá ser instaurado um processo de homologação de acordo extrajudicial, proposto em petição conjunta, mas com cada parte representada obrigatoriamente por advogado diferente.
(C) Deverá ser instaurado um processo de homologação de acordo extrajudicial, proposto em petição conjunta, mas cada parte poderá ser representada por advogado, ou não, já que, na Justiça do Trabalho, vigora o *jus postulandi*.
(D) Deverá ser instaurado um processo de homologação de acordo extrajudicial, proposto em petição conjunta, mas com advogado único representando ambas as partes, por se tratar de acordo extrajudicial.

78. Você foi contratado(a) para atuar nas seguintes ações trabalhistas: (i) uma ação de cumprimento, como advogado da parte autora; (ii) uma reclamação plúrima, também como advogado da parte autora; (iii) uma reclamação trabalhista movida por João, ex-empregado de uma empresa, autor da ação; (iv) uma reclamação trabalhista, por uma sociedade empresária, ré na ação.

Sobre essas ações, de acordo com a legislação trabalhista em vigor, assinale a afirmativa correta.

(A) Tanto na ação de cumprimento como na ação plúrima, todos os empregados autores deverão obrigatoriamente estar presentes. O mesmo deve ocorrer com João. Já a sociedade empresária poderá se fazer representar por preposto não empregado da ré.
(B) O sindicato de classe da categoria poderá representar os empregados nas ações plúrima e de cumprimento. João deverá estar presente, em qualquer hipótese, de forma obrigatória. A sociedade empresária tem que se fazer representar por preposto, que não precisa ser empregado da ré.
(C) Nas ações plúrima e de cumprimento, a parte autora poderá se fazer representar pelo Sindicato da categoria. João deverá estar presente, mas, por doença ou motivo ponderoso comprovado, poderá se fazer representar por empregado da mesma profissão ou pelo seu sindicato. Na ação em face da sociedade empresária, o preposto não precisará ser empregado da ré.
(D) O sindicato da categoria poderá representar os empregados nas ações plúrima e de cumprimento. João deverá estar presente, mas, por doença ou motivo ponderoso comprovado, poderá se fazer representar por empregado da mesma profissão ou pelo seu sindicato. Na ação em face da sociedade empresária, o preposto deverá, obrigatoriamente, ser empregado da ré.

79. Em setembro de 2019, durante a audiência de um caso que envolvia apenas pedido de adicional de insalubridade, o Juiz do Trabalho determinou a realização de perícia e que a reclamada antecipasse os honorários periciais. Inconformada com essa decisão, a sociedade empresária impetrou mandado de segurança contra esse ato judicial, mas o TRT, em decisão colegiada, não concedeu a segurança. Caso a sociedade empresária pretenda recorrer dessa decisão, assinale a opção que indica a medida recursal da qual deverá se valer.

(A) Agravo de Instrumento.
(B) Recurso Ordinário.
(C) Agravo de Petição.
(D) Recurso de Revista.

80. Heloísa era empregada doméstica e ajuizou, em julho de 2019, ação contra sua ex-empregadora, Selma Reis. Após regularmente instruída, foi prolatada sentença julgando o pedido procedente em parte. A sentença foi proferida de forma líquida, apurando o valor devido de R$ 9.000,00 (nove mil reais) e custas de R$ 180,00 (cento e oitenta reais). A ex-empregadora, não se conformando com a decisão, pretende dela recorrer.

Indique a opção que corresponde ao preparo que a ex-empregadora deverá realizar para viabilizar o seu recurso, sabendo-se que ela não requereu gratuidade de justiça porque tem boas condições financeiras.

(A) Tratando-se de empregador doméstico, só haverá necessidade de recolher as custas.
(B) Deverá recolher integralmente as custas e o depósito recursal.
(C) Por ser empregador doméstico, basta efetuar o recolhimento do depósito recursal.
(D) Deverá recolher as custas integralmente e metade do depósito recursal.

Folha de Respostas

1	A	B	C	D
2	A	B	C	D
3	A	B	C	D
4	A	B	C	D
5	A	B	C	D
6	A	B	C	D
7	A	B	C	D
8	A	B	C	D
9	A	B	C	D
10	A	B	C	D
11	A	B	C	D
12	A	B	C	D
13	A	B	C	D
14	A	B	C	D
15	A	B	C	D
16	A	B	C	D
17	A	B	C	D
18	A	B	C	D
19	A	B	C	D
20	A	B	C	D
21	A	B	C	D
22	A	B	C	D
23	A	B	C	D
24	A	B	C	D
25	A	B	C	D
26	A	B	C	D
27	A	B	C	D
28	A	B	C	D
29	A	B	C	D
30	A	B	C	D
31	A	B	C	D
32	A	B	C	D
33	A	B	C	D
34	A	B	C	D
35	A	B	C	D
36	A	B	C	D
37	A	B	C	D
38	A	B	C	D
39	A	B	C	D
40	A	B	C	D
41	A	B	C	D
42	A	B	C	D
43	A	B	C	D
44	A	B	C	D
45	A	B	C	D
46	A	B	C	D
47	A	B	C	D
48	A	B	C	D
49	A	B	C	D
50	A	B	C	D
51	A	B	C	D
52	A	B	C	D
53	A	B	C	D
54	A	B	C	D
55	A	B	C	D
56	A	B	C	D
57	A	B	C	D
58	A	B	C	D
59	A	B	C	D
60	A	B	C	D
61	A	B	C	D
62	A	B	C	D
63	A	B	C	D
64	A	B	C	D
65	A	B	C	D
66	A	B	C	D
67	A	B	C	D
68	A	B	C	D
69	A	B	C	D
70	A	B	C	D
71	A	B	C	D
72	A	B	C	D
73	A	B	C	D
74	A	B	C	D
75	A	B	C	D
76	A	B	C	D
77	A	B	C	D
78	A	B	C	D
79	A	B	C	D
80	A	B	C	D

GABARITO COMENTADO

1. Gabarito "D"
Comentário: A: incorreta, pois o processo disciplinar não pode ser instaurado mediante representação anônima, conforme dispõe o art. 55, § 2º, do CED; **B:** incorreta. Em caso de revelia, será nomeado ao advogado acusado da prática de infração ética um defensor dativo (art. 59, § 2º, do CED); **C:** incorreta. No processo disciplinar, até o seu término, vigora a regra do sigilo, vale dizer, às suas informações somente terão acesso as partes, seus procuradores ou a autoridade judiciária competente (art. 72, § 2º, do EAOAB); **D:** correta. A regra no processo disciplinar é que os recursos são dotados de duplo efeito (devolutivo e suspensivo), nos termos do que dispõe o art. 77, *caput*, do EAOAB. No entanto, há apenas três hipóteses em que os recursos não terão efeito suspensivo, vale dizer, a decisão já produzirá efeitos desde logo, independentemente da interposição e pendência de julgamento do recurso. Referidas exceções estão previstas no já citado art. 77, *caput*, do EAOAB, quais sejam, eleições, suspensão preventiva decidida pelo TED e cancelamento de inscrição obtida com prova falsa. Considerando que Sara teria obtido inscrição na OAB mediante prova falsa, eventual recurso contra a decisão que reconhecesse a prática de referida infração seria recebido somente no efeito devolutivo (ou seja, não teria efeito suspensivo).

2. Gabarito "B"
Comentário: Antes de comentarmos cada uma das alternativas, relevante mencionarmos que os arts. 39 a 47 do Código de Ética e Disciplina da OAB (CED) tratam da publicidade profissional na advocacia. No tocante ao histórico trazido no enunciado, com relação ao advogado André, não se vê qualquer irregularidade no fato de ele ter sido convidado a participar de entrevista na imprensa escrita, conforme admite o art. 43, *caput*, do CED. Porém, durante a entrevista, ao convidar os leitores a litigarem em face da Administração Pública, violou frontalmente tal proibição, constante no art. 41 do CED. Errou o advogado André, também, ao dizer que não poderia fornecer qualquer meio de contato de seu escritório, pois o art. 40, V, do CED, admite, como única referência para contato, o e-mail do profissional. Quanto à advogada Helena, errou ao insinuar-se para um programa de rádio para participar de reportagem, em frontal violação ao art. 42, V, do CED, que veda expressamente que o advogado se insinue para reportagens e declarações públicas. Em resumo, violaram as disposições do CED os dois advogados. Vamos, agora, às alternativas! **A, C e D:** incorretas, pois André e Helena, como explicado anteriormente, violaram as disposições do CED; **B:** correta. Como visto, os advogados André e Helena violaram regras do CED em matéria de publicidade profissional.

3. Gabarito "B"
Comentário: De acordo com o art. 25 do EAOAB, prescreve em 5 (cinco) anos a ação de cobrança de honorários de advogado, contado o prazo, dentre outras hipóteses, a partir da ultimação do serviço extrajudicial (inc. III). No enunciado em comento, o advogado Fernando foi contratado em 10/03/2015 para defender extrajudicialmente seu cliente Flávio. Não havendo data de vencimento do contrato (que poderia ser um dos termos iniciais de contagem do prazo prescricional, conforme inc. I, do art. 25 do EAOAB), houve o encerramento da atuação extrajudicial do advogado em 10/03/2017, considerado, portanto, o termo inicial da prescrição quinquenal da cobrança de honorários advocatícios, conforme art. 25, III, do EAOAB. Assim, incorretas, de plano, as alternativas "A" e "C", que trazem o prazo prescricional de três anos. Incorreta, ainda, a alternativa "D", pois o início de fluência do prazo prescricional não pode ser o da assinatura do contrato (momento da contratação), mas, no caso referido, o da ultimação (leia-se: finalização) do serviço extrajudicial. Correta, assim, a alternativa "B".

4. Gabarito "D"
Comentário: A: incorreta. Uma vez constituída uma filial de sociedade de advogados, todos os sócios estão obrigados à inscrição suplementar, conforme denuncia o art. 15, § 5º, parte final, do EAOAB. Considerando que a sociedade Antônio, Daniel & Marcos Advogados Associados tem sede em São Paulo e filial em Brasília, todos os três sócios devem ter inscrição suplementar na OAB/DF; **B:** incorreta. Os sócios de uma sociedade simples de advocacia podem integrar outras sociedades de advogados (de natureza pluripessoal ou unipessoal), desde que em Conselho Seccional distinto (art. 15, § 4º, do EAOAB). Se a sociedade pluripessoal tem sede em São Paulo e filial em Brasília, não há problema em o advogado Antônio constituir sociedade unipessoal de advocacia com sede no Rio de Janeiro, que é Conselho Seccional distinto ao da outra sociedade que integra; **C:** incorreta. O art. 15, § 6º, do EAOAB, proíbe que advogados que integrem uma mesma sociedade de advocacia representem em juízo clientes com interesses opostos. Se o advogado Marcos retirar-se da sociedade, deixa de existir o impedimento referido; **D:** correta. Se uma sociedade inicialmente pluripessoal passar a ter em seu corpo societário um único advogado, será o caso de sua transformação para sociedade unipessoal, conforme autoriza o art. 15, § 7º, do EAOAB. No enunciado há a informação que o advogado Marcos retirou-se da sociedade, remanescendo, assim, os advogados Antônio e Daniel. Caso aquele também se retire da sociedade, esta ficará reduzida à unipessoalidade, razão por que Daniel deverá promover a alteração do tipo societário para sociedade unipessoal de advocacia, cujo nome deverá ser formado pelo nome completo ou parcial de seu titular, seguido da expressão "Sociedade Individual de Advocacia" (art. 16, § 4º, do EAOAB).

5. Gabarito "A"
Comentário: A: correta, nos termos do art. 14 do CED, que determina que o advogado não aceite procuração de quem já tenha patrono constituído sem prévio conhecimento deste, salvo por motivo plenamente justificável ou para a adoção de medidas judiciais consideradas urgentes e inadiáveis; **B:** incorreta. Prevê o art. 23 do CED que é direto e dever do advogado assumir a defesa criminal sem considerar sua própria opinião sobre a culpa do acusado; **C:** incorreta. O art. 25 do CED proíbe expressamente que um mesmo advogado funcione, simultaneamente, no mesmo processo, como patrono e preposto do empregador ou cliente; **D:** incorreta. Prevê o art. 19 do CED que os advogados integrantes da mesma sociedade profissional, ou reunidos em caráter permanente para cooperação recíproca, não podem representar, em juízo ou fora dele, clientes com interesses opostos.

6. Gabarito "B"
Comentário: Nos termos do art. 54, § 1º, do RGOAB (Regulamento Geral do Estatuto da OAB), a Diretoria do Conselhos Federal e Seccionais, da Subseção ou da Caixa de Assistência, antes de declarar extinto o mandato, salvo no caso de morte ou renúncia, ouvirá o interessado no prazo de 15 (quinze) dias, notificando-o mediante ofício com aviso de recebimento. Considerando que João, conselheiro de determinado Conselho Seccional da OAB, decidiu renunciar ao mandato, caberá à Diretoria de referido Conselho declarar extinto o mandato, não sendo o caso de prévia oitiva do advogado. Correta, portanto, a alternativa "B", estando as demais em descompasso com referido dispositivo regulamentar.

7. Gabarito "D"
Comentário: A: incorreta. Com o falecimento de Antônio, seu nome poderá permanecer na razão social da sociedade, desde que haja expressa previsão no ato constitutivo, conforme autoriza o art. 16, § 1º, do EAOAB; **B:** incorreta. Breno, ao assumir o mandato parlamentar como vereador, tornou-se impedido de advogar, na forma prevista no art. 30, II, do EAOAB. Trata-se, é bom repetir, de impedimento, gerador de proibição parcial para advogar. Tal restrição ao exercício profissional não impede que Breno continue a integrar a sociedade de advocacia. Caso integrasse a Mesa da Câmara de Vereadores,

aí sim tornar-se-ia incompatível com a advocacia (art. 28, I, do EAOAB), o que inviabilizaria sua permanência na sociedade de advogados; **C:** incorreta. A incompatibilidade, quando temporária, como é o caso de Caio, somente deverá ser averbada no registro da sociedade, não alterando sua constituição (art. 16, § 2º, do EAOAB); **D:** correta. Se somente Diego restar na sociedade, esta deverá transformar-se em unipessoal, tornando-se ele seu titular (art. 15, § 7º, do EAOAB).

8. Gabarito "B"
Comentário: Nos termos do art. 63, § 2º, do EAOAB, com a nova redação que lhe foi dada pela Lei 13.875/2019, para concorrer às eleições aos cargos nos órgãos da OAB, o candidato deve comprovar situação regular perante a entidade, não ocupar cargo exonerável **ad nutum**, não ter sido condenado por infração disciplinar, salvo reabilitação, e exercer efetivamente a profissão há mais de 3 (três) anos, nas eleições para os cargos de Conselheiro Seccional e das Subseções, quando houver, e há mais de 5 (cinco) anos, nas eleições para os demais cargos. Os advogados Pablo, Willian e Diego pretendem se candidatar ao cargo de conselheiro de um Conselho Seccional da OAB, razão por que devem preencher todos os requisitos citados, com destaque para o tempo de efetivo exercício da advocacia, que deve ser superior a 3 (três) anos, vale dizer, três anos e um dia. De plano, já vemos que Diego não preenche referido requisito. Com relação a Willian, preenche o requisito de tempo de efetivo exercício da advocacia. Embora apresente condenação por infração disciplinar, já se reabilitou, o que satisfaz a condição subjetiva prevista no art. 63, § 2º, do EAOAB. Já Pablo, embora exerça a profissão há mais de cinco anos, tempo suficiente para sua candidatura ao cargo de conselheiro de Conselho Seccional, exerce cargo exonerável **ad nutum**, o que é proibido (trata-se de condição de elegibilidade não preenchida por ele). Portanto, apenas Willian cumpre os requisitos para ser eleito para o cargo pretendido, estando correta a alternativa "B".

9. Gabarito "A"
Comentário: A única assertiva que corresponde ao pensamento de Kant exposto na obra "Doutrina do Direito" é a "A". Para o pensador, o Direito é uma garantia externa da liberdade.

10. Gabarito "A"
Comentário: Para Aristóteles, a justiça está no meio-termo, portanto, a assertiva "A» é a correta. A mediania ou medida relativa que caracteriza a virtude é o justo meio, entendido como equilíbrio ou moderação entre dois extremos (excesso e escassez). A justiça (vontade racional) é o cálculo moderador que encontra o justo meio entre dois extremos. A ética aparece, assim, como a ciência da moderação e do equilíbrio, isto é, da prudência ou *phronesis*. *Hybris* é, conforme especificado pelos antigos, a falta de medida, a origem do vício por excesso ou por escassez. Em outras palavras, pode-se dizer que em Aristóteles, a justiça corresponde ao controle da *hybris*, tanto no excesso quanto na escassez. Coragem (virtude), por exemplo, é o justo meio entre a temeridade (excesso) e a covardia (escassez); amor (virtude) é o justo meio entre a possessão (excesso) e a indiferença (escassez); e assim em relação a todas as virtudes. Nesse sentido, a noção aristotélica de justiça tem algo a ver com a antiga noção de *diké*.

11. Gabarito "B"
Comentário: Em relação à reserva do possível, vale a observação de que ela pode ser fática ou jurídica. A primeira diz respeito a impossibilidade concreta, por exemplo, quando o Estado não possui dinheiro para implementar uma política pública que vise concretizar um direito constitucionalmente assegurado. Em diversas situações isso ocorre, mas não basta que o Estado alegue que não tem dinheiro para deixar de aplicar uma norma constitucional, é necessário que ele comprove. Enfim, a efetividade dos direitos prestacionais de segunda dimensão precisa levar em conta a disponibilidade financeira estatal. Por outro lado, a reserva do possível jurídica tem relação com o princípio da razoabilidade. O Poder Público não pode, por exemplo, gastar todo o seu recurso financeiro custeando o tratamento médico especializado e de alto custo de uma única pessoa e, com isso, inviabilizar o atendimento básico que qualquer pronto socorro deve efetivar. O primeiro grande argumento utilizado pelo Procurador-Geral do Estado Beta (PGE) foi, de fato, a reserva do possível fática, pois diz respeito a efetividade dos direitos prestacionais de segunda

dimensão e que ela deve levar em consideração a disponibilidade financeira estatal. O segundo, relacionado à falta de legitimidade democrática de juízes e tribunais para fixar políticas públicas no lugar do legislador eleito pelo povo, diz respeito ao princípio da separação dos poderes, protegido constitucionalmente pelo inciso III do § 4º do art. 60 da CF (cláusulas pétreas). BV

12. Gabarito "A"
Comentário: A: correta. As imunidades parlamentares são prerrogativas públicas dadas aos parlamentares para que exerçam a função com liberdade. Elas não têm caráter pessoal, estão relacionadas ao exercício da função. Desse modo, ofensas que não tenham relação com o exercício do mandato parlamentar não são protegidas pelas imunidades parlamentares; **B:** incorreta. Somente as declarações prestadas à revista que tenham relação com o exercício do mandato parlamentar é que são protegidas pela imunidade material, prevista no *caput* do art. 53 da CF/88. Vale acrescentar que quando a relação com o exercício da função existir, as imunidades terão caráter absoluto. Isso significa que os parlamentares não responderão pelas palavras, opiniões e votos proferidos no exercício do mandato, nem durante nem após a extinção do mandato; **C:** incorreta. O local em que as ofensas foram proferidas não importa, o que se exige, como já mencionado, é que essas ofensas tenham relação com o exercício do mandato; **D:** incorreta. Ao contrário do mencionado, a imunidade material **não** foi declarada inconstitucional pelo STF. Julgado recente traz parâmetros e reforça o entendimento que ela valerá sempre que o ato praticado tiver relação com o exercício do mandato. Vale a leitura do julgado (STF): "(...) o fato de o parlamentar estar na Casa legislativa no momento em que proferiu as declarações não afasta a possibilidade de cometimento de crimes contra a honra, nos casos em que as ofensas são divulgadas pelo próprio parlamentar na Internet. (...) a inviolabilidade material somente abarca as declarações que apresentem nexo direto e evidente com o exercício das funções parlamentares. (...) O Parlamento é o local por excelência para o livre mercado de ideias – não para o livre mercado de ofensas. A liberdade de expressão política dos parlamentares, ainda que vigorosa, deve se manter nos limites da civilidade. Ninguém pode se escudar na inviolabilidade parlamentar para, sem vinculação com a função, agredir a dignidade alheia ou difundir discursos de ódio, violência e discriminação. [PET 7.174, rel. p/ o ac. min. Marco Aurélio, j. 10-3-2020, 1ª T, Informativo 969]. (BV)

13. Gabarito "B"
Comentário: A: incorreta. A vedação existe, mas não de maneira absoluta, como afirmado na alternativa. Determina o art. 62, § 1º, "d", da CF/88 que é proibida a edição de medidas provisórias sobre planos plurianuais, diretrizes orçamentárias, **orçamento** e créditos adicionais e suplementares, ressalvado o previsto no art. 167, § 3º. Este último dispositivo **excepciona** justamente **a abertura de crédito extraordinário para atender a despesas imprevisíveis e urgentes**, como as decorrentes de guerra, comoção interna ou **calamidade pública**; **B:** correta. É o que determina os citados artigos 62, § 1º, "d", e, 167, § 3º, ambos da CF/88; **C:** incorreta. Não há afronta ao princípio, pois a exceção decorre do próprio Texto Constitucional; **D:** incorreta. Como mencionado, em **regra**, é **vedada** a edição de medidas provisórias nessas hipóteses. O fundamento da harmonia com o Texto Constitucional decorre da garantia da sua excepcionalidade **para atender a despesas imprevisíveis e urgentes**, não do fato de ser permitida (o que não é) a criação de medidas provisórias que versem sobre planos plurianuais, diretrizes orçamentárias, orçamento e créditos adicionais, suplementares, ainda que haja motivação razoável. BV

14. Gabarito "D"
Comentário: A: incorreta. Ao contrário do mencionado, a entidade de classe tem legitimidade para impetrar o mandado de segurança coletivo. Determina o inciso LXX do art. 5º da CF que o mandado de segurança coletivo pode ser impetrado por: a) partido político com representação no Congresso Nacional, b) organização sindical, **entidade de classe** ou associação legalmente constituída e em funcionamento há pelo menos um ano, em defesa dos interesses de seus membros ou associados; **B:** incorreta. **Pessoas estranha**s à classe **não podem ser representadas** pela entidade na impetração do mandado de segurança coletivo. Por outro lado, se a pretensão veiculada no remédio for de interesse de apenas uma parte da categoria, o STF admite a impetração (Súmula 630). Tal permissão também advém do art. 21 da Lei 12.016/09; **C:** incorreta. Mais uma vez o fundamento advém da jurisprudência do STF

(Súmula 629). De acordo com essa orientação, a impetração do mandado de segurança coletivo por entidade de classe em favor dos associados **independe** da autorização destes; **D:** correta. De fato, é possível que a entidade de classe impetre mandado de segurança coletivo em defesa dos interesses jurídicos da totalidade ou de parte dos seus associados (Súmula 630 do CF e art. 21 da Lei 12.016/09) e não precisa de autorização dos associados para impetrar o remédio (Súmula 629 do STF).

15. Gabarito "C"
Comentário: A e **B:** incorretas. Não há inconstitucionalidade (formal ou material) na norma. Determina o *caput* art. 43 da CF que a União poderá articular sua ação em um mesmo complexo geoeconômico e social, visando a seu desenvolvimento e à **redução das desigualdades regionais**. O § 1º, I e II, do mesmo dispositivo autoriza a União, por meio de lei complementar, a dispor sobre as condições para integração de regiões em desenvolvimento e a composição dos organismos regionais que executarão, na forma da lei, os planos regionais, integrantes dos planos nacionais de desenvolvimento econômico e social, aprovados juntamente com estes. Por fim, o § 2º também do art. 43, ao tratar dos incentivos regionais, informa que eles compreenderão, além de outros, a concessão de isenções, reduções ou diferimento temporário de tributos federais devidos por pessoas físicas ou jurídicas; **C:** correta. É o que determina o mencionado art. 43, §§ 1º e 2º, III, da CF; **D:** incorreta. Como mencionado, não há inconstitucionalidade na Lei Complementar Y editada pelo governo federal.

16. Gabarito "C"
Comentário: A: incorreta. Ao contrário do mencionado, não há obstáculo para as candidaturas das filhas de José Maria, portanto ele não precisa desistir da reeleição para que elas concorram aos cargos almejados. Determina o § 7º do art. 14 da CF que são **inelegíveis, no território de jurisdição do titular**, o cônjuge e os **parentes consanguíneos** ou afins, **até o segundo grau** ou por adoção, do Presidente da República, de Governador de Estado ou Território, do Distrito Federal, **de Prefeito** ou de quem os haja substituído dentro dos seis meses anteriores ao pleito, **salvo se já titular de mandato eletivo** e candidato à reeleição. Como José Maria ainda não era prefeito no ano em que Janaína foi eleita, não houve impedimento para que ela se candidatasse e não há para a próxima candidatura como vereadora. Aliás, não há limites para Janaína se candidatar ao cargo de vereadora. Quanto à Rosaria, também não há impedimento para que ela concorra ao cargo de deputada estadual, pois a abrangência da inelegibilidade de seu pai se restringe ao município Delta. São os eleitores do estado que a elegem, não apenas os do município em que seu pai, José Maria, é prefeito; **B:** incorreta. Como mencionado, ambas podem se candidatar. Janaína já possui mandato eletivo, não sendo atingida pela regra da inelegibilidade prevista no § 7º do art. 14 da CF. Pode se candidatar ao cargo de vereadora quantas vezes desejar; **C:** correta. De fato, as candidaturas de ambas não encontram obstáculo no ordenamento jurídico brasileiro; **D:** incorreta. Rosária poderá se candidatar ao cargo de deputada estadual. Apenas na circunscrição do município de seu pai é que ela seria inelegível.

17. Gabarito "A"
Comentário: A: correta. Determina a Súmula Vinculante 6 que não viola a Constituição o estabelecimento de remuneração inferior ao salário mínimo para as praças prestadoras de serviço militar inicial. Além disso, a CF/88, em seu art. 142, § 2º, dispõe que não cabe *habeas corpus* em relação a punições disciplinares militares. Com isso, permite-se a existência de regras especiais de conduta, por vezes mais rígidas no âmbito militar, quando comparadas ao âmbito civil. Por outro lado, se a discussão referente à punição disciplinar militar for sobre a legalidade do procedimento aplicado e ou sobre a competência da autoridade responsável pela expedição da ordem, é possível a impetração do remédio, conforme determina o STF; **B:** incorreta. O art. 7º, IV, da CF/88 não se aplica aos militares. De acordo com o art. 142, VIII, da CF/88 – aplica-se aos militares o disposto no art. 7º, incisos VIII, XII, XVII, XVIII, XIX e XXV, e no art. 37, incisos XI, XIII, XIV e XV, bem como, na forma da lei e com prevalência da atividade militar, no art. 37, inciso XVI, alínea "c". Além disso, como já mencionado, é possível a impetração do *habeas corpus* em relação à punição disciplinar militar se a discussão for sobre os pressupostos de legalidade, não sobre o mérito da sanção administrativa;

C: incorreta. Questões relacionadas ao mérito da sanção administrativa decorrente de infração disciplinar militar não são passíveis de *habeas corpus*, conforme determina o § 2º do art. 142 da CF/88; **D:** incorreta. Conforme já explicado, o art. 7º, IV, da CF/88 não se aplica aos militares.

18. Gabarito "A"
Comentário: Conforme o artigo 4º do Pacto Internacional dos Direitos Civis e Políticos, é possível sim a suspensão das obrigações decorrentes do Pacto. Portanto, a assertiva "A" é a correta e deve ser assinalada.

19. Gabarito "D"
Comentário: Conforme o artigo 13, ponto 4, da Convenção Americana de Direitos Humanos e o artigo 220 da CF, a lei pode regular o acesso a diversões e espetáculos públicos, tendo em vista a proteção moral da infância e da adolescência, conforme o disposto na assertiva "D".

20. Gabarito "C"
Comentário: Pablo poderia ter solicitado visto temporário para acolhida humanitária, conforme define o artigo 14, c e § 3º, da Lei de Migração.

21. Gabarito "D"
Comentário: A: incorreta, pois a lei aplicável para qualificar e reger as obrigações, é a lei do país em que se constituírem (art. 9º, *caput* da LINDB). Como o contrato foi fechado presencialmente nos Estados Unidos, a lei que rege a obrigação é a lei americana; **B:** incorreta, pois a cláusula de eleição de foro prevalece neste caso, logo, torna a autoridade judiciária incompetente (art. 63 CPC); **C:** incorreta, pois a competência judiciária brasileira é concorrente (art. 21, II CPC e art. 12, *caput* LINDB); **D:** correta, pois trata-se de obrigação a ser executada no Brasil, logo, a competência pé concorrente (art. 21, II CPC e art. 12, *caput* LINDB).

22. Gabarito "D"
Comentário: Trata-se de transporte intermunicipal de passageiros. Nesse caso, incide o ICMS estadual, nos termos do art. 155, II, da CF. Por essa razão, a alternativa "D" é a correta. Se o transporte fosse interestadual, o ICMS seria em regra devido ao Estado em que se inicia o serviço de transporte – arts. 11, II, *a*, e 12, V, da LC 87/1996.

23. Gabarito "B"
Comentário: A: incorreta, pois o servidor público é também responsável pessoalmente pelo crédito tributário e juros de mora acrescidos, conforme o art. 208 do CTN; **B:** correta, conforme comentário anterior; **C:** incorreta, pois o servidor será responsabilizado, conforme comentários anteriores. Ademais, pelo relato, a certidão é formalmente perfeita (o vício é quanto ao seu conteúdo, não quanto a sua forma), de modo que o tabelião não pode ser responsabilizado, a não ser que a legislação imponha alguma obrigação específica de conferência da certidão junto ao Fisco; **D:** incorreta, pois não há benefício de ordem, nem divisão dos valores devidos – art. 208 do CTN.

24. Gabarito "D"
Comentário: A: incorreta, pois o ITBI não incide em relação a direitos reais de garantia – art. 156, II, da CF; **B** e **C:** incorretas, pois, inexistindo incidência, não há falar em contribuinte ou responsável tributário, conforme comentário anterior; **D:** correta, conforme o art. 156, II, da CF.

25. Gabarito "B"
Comentário: A: incorreta, pois o art. 155-A, § 4º, do CTN regula exatamente essa situação, dispondo que a inexistência da lei específica importa na aplicação das leis gerais de parcelamento do ente da Federação ao devedor em recuperação judicial, não podendo, neste caso, ser o prazo de parcelamento inferior ao concedido pela lei federal específica; **B:** correta, conforme comentário anterior; **C:** incorreta, pois, salvo disposição de lei em contrário, o parcelamento do crédito tributário não exclui a incidência de juros e multa – art. 155-A, § 1º, do CTN; **D:** incorreta, conforme comentário anterior.

26. Gabarito "B"
Comentário: O STF de fato declarou inconstitucionais os arts. 45 e 46 da Lei 8.212/1991 que tratavam de prazos decadencial e prescricional em matéria tributária. O entendimento é que decadência e prescrição se referem a normas gerais de direito tributário e, como tais, devem ser veiculadas por lei complementar federal (jamais por lei ordinária) – ver RE 560.626/RS e art. 146, III, *b*, da CF. Por essa razão, a alternativa "B" é a correta.

27. Gabarito: "A"
Comentário: A: correta; de fato, um cargo em comissão só pode ser criado para funções de "direção, chefia e assessoramento" (art. 37, V, da CF), e esse não é o caso da função de professor; a função de diretor da escola, ao contrário, se enquadraria no requisito mencionado; porém, isso não ajuda na questão, pois ela fala na criação de cargo em comissão de professora; vale lembrar ainda, que somente por meio de lei é que se pode criar um novo cargo, seja ela de comissão ou não, sem contar que nenhuma lei pode ser criada com o objetivo de beneficiar uma pessoa só, como é o caso trazido no enunciado; **B:** incorreta, pois um cargo em comissão só pode ser criado para funções de "direção, chefia e assessoramento" (art. 37, V, da CF), e esse não é o caso da função de professor; **C:** incorreta, pois a estabilidade só é alcançada, após 3 anos de efetivo exercício, se a pessoa foi aprovada em concurso público para um cargo efetivo (art. 41, *caput*, da CF); no caso em tela não há nem concurso público, nem cargo efetivo, mas uma mera contratação temporária; **D:** incorreta, pois a Constituição deixa claro que essa contratação só pode ser feita para um período determinado (art. 37, IX).

28. Gabarito "D"
Comentário: A: incorreta, pois atos que contêm vícios insanáveis são atos nulos e, assim, devem ser anulados, e não revogados; **B:** incorreta, pois atos que contenham vícios sanáveis podem sim ser convalidados, mas desde que não acarretem lesão ao interesse público (art. 55 da Lei 9.784/99); vale adicionar que eles também não poderiam ser convalidados se houver prejuízo a terceiros; **C:** incorreta, pois a Lei de Introdução às Normas do Direito Brasileiro estabelece agora que, na análise da regularidade de um ato administrativo, é necessário levar em conta as circunstâncias que houverem imposto, limitado ou condicionado a ação do agente público (art. 22, § 1º); **D:** correta, nos termos do art. 21, *caput*, da Lei de Introdução às Normas do Direito Brasileiro.

29. Gabarito "A"
Comentário: A: correta; nos termos do art. 5º, I, da Lei 12.016/2009 (Lei de Mandado de Segurança), "Não se concederá mandado de segurança quando se tratar: I – de ato do qual caiba recurso administrativo com efeito suspensivo, independentemente de caução;"; **B:** incorreta, pois o que a lei impede é a concessão de mandado de segurança se há decisão sujeita a recurso administrativo com efeito suspensivo independentemente de caução; porém, se houver uma decisão que não pode ser suspensa por um recurso sem caução, caberá mandado de segurança mesmo que a via administrativa não esteja ainda esgotada; em qualquer caso, caberá também ação de outra natureza, em razão do princípio da inafastabilidade do controle jurisdicional (art. 5º, XXXV, da CF); **C:** incorreta; em geral, o prazo para decidir recursos administrativos na esfera federal é de 30 dias (art. 59, § 1º, da Lei 9.784/99); **D:** incorreta; cabe mandado de segurança contra a omissão em decidir; o juiz pode determinar que a autoridade decida imediatamente, sob pena de desobediência à ordem judicial.

30. Gabarito "D"
Comentário: A: incorreta, pois o instituto encampação impõe indenização e é usado quando há interesse público na retomada do serviço público para a esfera do Poder Público (art. 37 da Lei 8.987/95), e não quando há descumprimento de obrigações, caso em que cabe intervenção e, no limite, extinção da concessão pelo instituto da caducidade (art. 38 da Lei 8.987/95); **B:** incorreta, pois a caducidade depende da verificação da inadimplência da concessionária (art. 38, *caput*, da Lei 8.987/95); **C:** incorreta, pois a concessão é um contrato, portanto um ato não precário; por isso, não se fala em revogação, cabendo o instituto da encampação, que depende de lei e de indenização para ser aplicado; **D:** correta, nos termos do art. 32 da Lei 8.987/95; vale salientar que nada impede que a concessão seja também extinta pela caducidade, nos termos do art. 38 da Lei 8.987/95.

31. Gabarito "B"
Comentário: A: incorreta, pois no caso de imóvel de sociedade de economia mista federal, basta a autorização do Presidente da República (art. 2º, § 3º, do Dec.-lei 3.365/41); **B:** correta, pois o art. 8º do Dec.-lei 3.365/41 autoriza que o Poder Legislativo tome a iniciativa da desapropriação fazendo a declaração de utilidade pública, devendo o Poder Executivo, num segundo momento, praticar os atos necessários à sua execução; **C:** incorreta, pois, nos termos do art. 10 do Dec.-lei 3.365/41, a desapropriação pode ser efetivada por meio de acordo, ou seja, no âmbito administrativa; **D:** incorreta, pois não há limitação alguma nesse sentido na Lei de Desapropriações (Dec.-lei 3.365/41).

32. Gabarito "A"
Comentário: A: correta, pois, nos termos do art. 37, § 6º, da CF, as pessoas jurídicas de direito privado prestadoras de serviço público (e esse é justamente o caso da concessionária do serviço público de fornecimento de gás canalizado) respondem independentemente de culpa ou dolo; **B:** incorreta; primeiro porque o Estado não responde diretamente quando uma pessoa jurídica concessionária de serviço público causa um dano em razão da prestação do serviço; o Estado só responderia subsidiariamente nesses casos, ou seja, se a concessionária não tivesse recursos para arcar com a indenização; segundo porque o Estado não responderia subjetivamente nesse caso, mas sim objetivamente, ou seja, independentemente de culpa ou dolo; **C:** incorreta; os agentes dessas concessionárias não respondem direta e objetivamente; quem responde diretamente é a concessionária de serviço público, a qual pode até se voltar contra o seu agente no futuro, se este tiver agido com culpa ou dolo (responsabilidade subjetiva), tudo nos termos do art. 37, § 6º, da CF; **D:** incorreta, pois o poder concedente, independentemente de ser o município ou o estado, não responde diretamente quando uma pessoa jurídica concessionária de serviço público causa um dano em razão da prestação do serviço; o poder concedente só responde subsidiariamente nesses casos; ademais, a responsabilização subsidiária do poder concedente é objetiva, não dependendo de comprovação de culpa ou dolo de Rafael.

33. Gabarito "D"
Comentário: A: incorreta, pois, de acordo com o art. 3º, *caput*, da Lei 9.605/98, em matéria de Direito Ambiental "As pessoas jurídicas serão responsabilizadas administrativa, civil e penalmente"; ou seja, a responsabilização da pessoa jurídica é possível nas três áreas citadas; o mesmo dispositivo estabelece como requisito para a responsabilização da pessoa jurídica por uma infração que esta "seja cometida por decisão de seu representante legal ou contratual, ou de seu órgão colegiado, no interesse ou benefício da sua entidade"; no caso em tela, a infração foi cometida por decisão do conselho de administração da sociedade (ou seja, por um órgão colegiado da pessoa jurídica) e em benefício desta (já que se deu para a expansão de seu parque industrial), portanto, cabe a responsabilidade penal no caso e a alternativa está incorreta; **B:** incorreta, pois o art. 38 da Lei 9.605/98 tipifica criminalmente sim a destruição de áreas de preservação permanente; **C:** incorreta, pois, de acordo com o art. 26 da Lei 9.605/98, "Nas infrações penais previstas nesta Lei, a ação penal é pública incondicionada"; **D:** correta, nos termos do art. 3º, *caput* (responsabilidade penal da pessoa jurídica por decisão do conselho de administração) cumulado com o artigo 38 (tipificação criminal da destruição de área de preservação permanente) cumulado com o art. 15, II, "a" (agravante pela intenção de obtenção de vantagem pecuniária), todos da Lei 9.605/98.

34. Gabarito "D"
Comentário: De acordo com a Resolução CONAMA 01/86, os estudos de impacto ambiental serão feitos por "equipe multidisciplinar habilitada!" (art. 7º) e "correrão por conta do proponente do projeto todas as despesas e custos referentes à realização do estudo de impacto ambiental" (art. 8º). Ou seja, o estudo não é feito pelo Poder Público, mas por profissionais habilitados, e o responsável pelo pagamento é o empreendedor. Assim, a alternativa "d" é a correta.

35. Gabarito: "A"
Comentário: A: correta, pois o vício da lesão é aquele que em que uma pessoa, sob premente necessidade, ou por inexperiência, se obriga a prestação manifestamente desproporcional ao valor da prestação oposta (art. 157, *caput* CC). Neste caso, João era inexperiente e o comprador se aproveitou disso para fazer o negócio. O negócio produz efeitos até que seja declarada sua invalidade; **B:** incorreta, pois não se trata de erro, pois o erro se configura quando a declaração de vontade emanar de um engano substancial que poderia ser percebido por pessoa de diligência normal, em face das circunstâncias do negócio (art. 138 CC). O prazo para pedir anulação é decadencial de 4 anos (art. 178, II CC); **C:** incorreta, pois, a Lei não exige prova de que o comprador tinha intenção de se aproveitar do devedor. A simples realização do negócio jurídico já faz presumir isso pelo instituto da lesão (art. 157, *caput* CC); **D:** incorreta, pois neste caso não de decretará a anulação do negócio (art. 157, §2º CC).

36. Gabarito: "C"
Comentário: A: incorreta, pois o vínculo de parentesco de Marcos é na linha colateral no quarto grau. Considerando que Salomão tem um irmão vivo, o qual ocupa a posição de parentesco na linha colateral no segundo grau e detém condições financeiras, logo, é este último que deve prestar os alimentos, nos termos do art. 1.697 CC, vez que os de grau mais próximos excluem os de grau mais remoto; **B:** incorreta, pois o art. 1.697 CC é claro ao dizer que na falta de ascendentes, descendentes a obrigação alimentar passa aos irmãos, sejam germanos como unilaterais; **C:** correta, apesar de ser irmão unilateral de Salomão, Bernardo tem a obrigação legal de prestar os alimentos a Salomão (art. 1.697 CC); **D:** incorreta, pois Bernardo tem condições financeiras de arcar com os alimentos por inteiro, logo, apenas ele deve pagar num primeiro momento. Marcos apenas seria chamado a complementar o valor se Bernardo não tivesse condições de pagar o valor integral (art. 1698 CC).

37. Gabarito: "B"
Comentário: A: incorreta, pois Laura é terceira não interessada. Pagou por mera liberalidade, logo não se sub-roga nos direitos do credor (art. 305, *caput* CC); **B:** correta (art. 305, *caput* CC); **C:** incorreta, pois Laura não é devedora solidária, mas sim terceira não interessada, afinal, não tinha nenhum vínculo contratual de locação com o locador. Ao pagar a dívida de Jacira, Laura não se sub-roga em nenhum dos direitos do credor, mas apenas tem direito de regresso contra Jacira (art. 305, *caput* CC); **D:** incorreta, pois Laura tem direto de regresso contra Jacira (art. 305, *caput* CC).

38. Gabarito: "D"
Comentário: A: incorreta, pois basta a oposição de um só para que a compra e venda fique impedida (art. 496, *caput* CC); **B:** incorreta, pois *há impedimento expresso* na ordem civil à realização de contrato de compra e venda de pai para filho, motivo pelo qual a oposição feita por Carlos *poderia* gerar a anulação do negócio (art. 496, *caput* CC); **C:** incorreta, pois Antônio é livre para promover a doação para o filho Bruno, sendo tal contrato plenamente válido (art. 544 CC); **D:** correta (art. 544 CC).

39. Gabarito: "C"
Comentário: A: incorreta, pois considerando ser emancipação voluntária dos pais, não é necessário homologação judicial (art. 5º, parágrafo único, I CC). O fato de haver exposição na internet não afeta em nada; **B:** incorreta, pois a emancipação precisa ser feita em cartório por instrumento público (art. 5º, parágrafo único, I CC); **C:** correta, pois a emancipação será feita por instrumento público no cartório competente do Registro Civil de Pessoas Naturais (art. 5º, parágrafo único, I CC); **D:** incorreta, pois os pais têm o poder de emancipar o filho maior de 16 anos, ainda que ele não tenha economia própria (art. 5º, parágrafo único, I CC). A emancipação é uma das causas de cessação da incapacidade. Mas também cessa a incapacidade pelo estabelecimento civil ou comercial, ou pela existência de relação de emprego, desde que, em função deles, o menor com dezesseis anos completos tenha economia própria (art. 5º, parágrafo único, V CC). Logo, como se vê, ter economia própria não está ligado à emancipação (está ligado na verdade à essa questão de relação de emprego).

40. Gabarito: "D"
Comentário: A: incorreta, pois como credor Bruno tem o direito de contestar a renúncia da herança feita por Roberto, a fim de receber o que lhe é devido (art. 1.813 CC); **B:** incorreta, pois o prazo é de trinta dias do conhecimento do fato (art. 1.813, § 1º CC); **C:** incorreta, pois Bruno apenas receberá o quinhão correspondente ao valor da dívida (art. 1.813, § 2º CC); **D:** correta (art. 1.813 *caput* e §2º CC).

41. Gabarito: "C"
Comentário: A: incorreta, pois a parcela de aluguéis que comunica é apenas aquela referente ao montante recebido na constância do casamento (art. 1.660, V CC); **B:** incorreta, pois apesar de o imóvel ser bem particular de Mariane, os frutos auferidos na constância do casamento comunicam com Aldo (art. 1.660, V CC); **C:** correta (art. 1.660, V CC); **D:** incorreta, pois ficam excluídos da comunhão os bens que sobrevierem ao cônjuge na constância do casamento por doação ou sucessão, logo Aldo não faz jus a meação do imóvel (art. 1.659, I CC). Referente aos valores do aluguel tem direito de meação apenas quanto ao montante recebido na constância do casamento (art. 1.660, V CC).

42. Gabarito "C"
Comentário: A: incorreta. Das medidas socioeducativas em meio aberto, a liberdade assistida é a mais rígida. O adolescente submetido a esta medida permanece na companhia de sua família e inserido na comunidade, com vistas a fortalecer seus vínculos, mas deverá sujeitar-se a acompanhamento, auxílio e orientação (art. 118 do ECA). Será executada por entidade de atendimento, que cuidará de indicar pessoa capacitada para a função de orientadora (com designação pelo juiz). A liberdade assistida será fixada pelo prazo *mínimo* de seis meses (aqui está o erro da assertiva), podendo, a qualquer tempo, ser prorrogada, revogada ou substituída por outra medida, ouvido o orientador, o MP e o defensor (art. 118, § 2º, do ECA). Quanto ao prazo máximo, nada previu a esse respeito o legislador, sendo o caso, assim, de aplicar, por analogia, o dispositivo que prevê o período máximo para a internação (3 anos). No mais, o descumprimento reiterado da liberdade assistida, desde que injustificável, pode ensejar a decretação da chamada *internação sanção*, por período não superior a três meses (art. 122, III, do ECA); **B:** incorreta, na medida em que o ato infracional cometido por João (análogo ao crime de furto) não se enquadra no art. 122 do ECA, que contém as hipóteses em que é possível a decretação da internação como medida socioeducativa, a saber: ato infracional cometido mediante violência a pessoa ou grave ameaça; reiteração no cometimento de outras infrações graves; e em razão do descumprimento reiterado e injustificável da medida anteriormente imposta; **C:** correta. É espécie de medida socioeducativa privativa da liberdade. Situa-se entre a internação, a mais severa de todas, e as medidas em meio aberto. Diferentemente da internação, a inserção em regime de semiliberdade (art. 120 do ECA) permite ao adolescente a realização de atividades externas, independentemente de autorização judicial. É obrigatória a escolarização e a profissionalização, devendo, sempre que possível, ser utilizados os recursos existentes na comunidade. A exemplo da internação, esta medida não comporta prazo determinado, sendo, pois, seu prazo máximo de três anos, devendo a sua manutenção ser avaliada no máximo a cada seis meses, já que se deve aplicar, no que couber, as disposições relativas à internação. No mais, pode ser determinada desde o início ou como forma de transição para o meio aberto; **D:** incorreta, uma vez que, segundo estabelece o art. 112, § 1º, do ECA, o magistrado deve lançar mão da medida socioeducativa mais adequada ao adolescente, levando em conta a sua capacidade de cumpri-la, as circunstâncias e a gravidade da infração.

43. Gabarito "D"
Comentário: A conduta levada a efeito por Carlos, Paulo e Cláudia está prevista no art. 258-B do ECA, que constitui infração administrativa e estabelece multa de mil a três mil reais. Cuida-se de conduta omissiva, que consiste em deixar de comunicar ao juiz caso que diga respeito a mãe ou gestante que tenha manifestado o desejo de entregar seu filho para adoção. Este dispositivo foi inserido no ECA por meio da Lei 12.010/2009 (Lei Nacional de Adoção) e tem como propósito evitar a chamada "adoção dirigida", em que a mãe, não se sentindo preparada para a maternidade, entrega o filho recém-nascido a pessoa de sua confiança, que se encarregará de sua criação.

44. Gabarito "A"
Comentário: O Superior Tribunal de Justiça já externou entendimento no sentido de que as despesas com a cirurgia bariátrica devem ser custeadas pelo plano de saúde (Resoluções CFM 1.766/2005 e 1.942/2010). Apesar de estarem excluídos da cobertura dos planos de saúde os tratamentos puramente estéticos (art. 10, II, da Lei 9.656/1998), a cirurgia plástica para retirada de pele após a cirurgia bariátrica não tem finalidade estética, tendo característica de cirurgia reparadora e funcional, devendo ser custeada pelo plano de saúde (Veja, STJ REsp 1.757.938/DF). Vale notar que o Superior Tribunal de Justiça, através do REsp 1.870.834/RJ (Tema 1.069), suspendeu todos os casos que versem sobre assunto em 17/10/2020. RD

45. Gabarito "B"
Comentário: Trata-se de vício de serviço previsto no art. 20 do Código de Defesa do Consumidor. Há, na doutrina, quem defenda a ideia de tratar-se de defeito de serviço, nos termos do art. 14 do CDC. No entanto, tendo em vista que a saúde e segurança dos consumidores (art. 14) não foram colocadas em risco, melhor entendimento é aquele que enquadra a situação exposta como sendo vício de serviço (art. 20). De um modo ou de outro, trata-se de responsabilidade solidária do site que vendeu as reservas e do hotel, com fundamento no *caput* do art. 20, no art. 7º e no art. 25 do Código de Defesa do Consumidor. RD

46. Gabarito: "A"
Comentário: Considerando que não há qualquer menção no contrato social à regência supletiva de suas disposições, aplicar-se-ão as regras atinentes à sociedade simples (art. 1.053, parágrafo único, do CC). Sendo assim, no silêncio do contrato sobre a regulamentação da sucessão por morte de sócio, opera-se a resolução da sociedade em relação ao sócio falecido (ou dissolução parcial da sociedade), nos termos do art. 1.028 do CC.

47. Gabarito: "C"
Comentário: Para responder à questão, o candidato precisa reconhecer no enunciado que estamos diante de quota indivisa de sociedade limitada, isto é, uma quota que não se considera divisível. Isso se denota pelo fato de que se trata de **uma única quota** do capital no valor de R$ 13.000,00 – logo, mesmo tendo seu valor expresso em moeda, que em tese é divisível, não existe "meia quota" de capital, demonstrando sua indivisibilidade. Sendo assim, aplica-se o art. 1.056, § 2º, do CC, que estabelece a responsabilidade solidária dos condôminos da quota pela integralização do capital.

48. Gabarito: "D"
Comentário: No caso descrito, o alienante não tem mais obrigação de pagar o débito vencido. Nos termos do art. 1.146 do CC, o alienante é solidariamente responsável pelos débitos anteriores à transferência, regularmente contabilizados, pelo prazo de um ano contado da publicação do trespasse. Sendo assim, na data de 15/01/2020, o prazo já havia se esvaído.

49. Gabarito: "A"
Comentário: A outorga de mandato e a exclusividade de zona são permitidos no contrato de agência desde que expressamente pactuados, nos termos dos arts. 710, parágrafo único, e 711, primeira parte, do CC. Logo, não há qualquer ilegalidade no caso em exame.

50. Gabarito: "A"
Comentário: A: correta, nos termos do art. 80 da Lei 11.101/2005; **B:** incorreta. Também a ação revocatória e a ação revisional de crédito são atraídas ao juízo universal da falência e devem ser distribuídas por dependência a este; **C:** incorreta. A Lei de Falências não faz qualquer distinção entre as dívidas em caso de convolação da recuperação judicial em falência: a todas elas será aplicado o art. 77 da LF, que impõe o vencimento antecipado; **D:** incorreta. As ações nas quais a massa falida seja autora prosseguirão, sendo esta representada pelo Administrador Judicial (art. 22 III, "n", da Lei de Falências), dado o interesse dos credores no eventual crédito decorrente da procedência dos pedidos.

51. Gabarito "B"
Comentário: A: Incorreta, pois a prova produzida nos autos não se presta apenas a quem produz, mas ao processo como o todo – assim, houve produção de prova dos fatos constitutivos; **B:** Correta. Considerando o princípio da comunhão da prova (ou da aquisição da prova), não importa quem produziu a prova, mas sim que ela foi produzida e pode influir na convicção do juiz (CPC, art. 371. O juiz apreciará a prova constante dos autos, *independentemente do sujeito que a tiver promovido (...)*.**C:** Incorreta pois, conforme mencionado no item anterior, o princípio da comunhão da prova é aplicado no processo civil brasileiro; **D:** Incorreta, conforme exposto em "B" e "C".

52. Gabarito "D"
Comentário: A: Incorreta, pois ainda que exista o princípio da primazia do mérito no CPC (em diversos artigos), o sistema permite a improcedência liminar do pedido (CPC, art. 332); **B:** Incorreta, considerando que as hipóteses de improcedência liminar não violam princípios processuais, pois existe, no caso, o acesso à justiça e a resposta do Judiciário (porém, isso ocorre antes da citação do réu); **C:** Incorreta, porque a inépcia da inicial é hipótese de indeferimento liminar do pedido (CPC, art. 330, I), na qual há decisão sem resolução do mérito, e não caso de improcedência liminar (CPC, art. 332), em que se tem decisão com resolução do mérito. **D:** Correta, porque só cabe improcedência liminar do pedido "nas causas que dispensem a fase instrutória" (CPC, art. 332, *caput*).

53. Gabarito "D"
Comentário: A: Incorreta, pois a hipoteca judiciária não depende do julgamento do recurso pelo tribunal (CPC, art. 495, § 1º, III); **B:** Incorreta, porque a hipoteca judiciária que foi registrada traz como consequência o direito de preferência para quem a registrou (CPC, art. 495, § 4º); **C:** Incorreta, considerando que a hipoteca judiciária independe "de ordem judicial, de declaração expressa do juiz ou de demonstração de urgência" (CPC, art. 495, § 2º); **D:** Correta. A hipoteca judiciária decorre da sentença de procedência, independe de ordem expressa do juiz, permite que haja o registro da sentença em cartório de imóvel para garantir ao credor "o direito de preferência, quanto ao pagamento, em relação a outros credores, observada a prioridade no registro". (CPC, art. 495, § 4º).

54. Gabarito "C"
Comentário: A: Incorreta, pois se há existir, nos embargos, algum argumento além do excesso de execução, não há que se falar em indeferimento liminar, pois os embargos devem ser processados pelo outro fundamento, "mas o juiz não examinará a alegação de excesso de execução" (CPC, art. 917, § 4º, II).; **B:** Incorreta, porque as duas matérias podem ser alegadas nos embargos à execução (CPC, art. 917, III e V); **C:** Correta. Quando houver alegação de excesso de execução, deve necessariamente ser indicado o valor que se entende devido (CPC, art. 917, § 3º). Se isso não ocorrer e houver mais de um argumento, os embargos são apreciados pelo outro argumento, mas não pelo excesso – como visto na alternativa "A"; **D:** Incorreta, conforme os argumentos expostos em "A" e "C".

55. Gabarito "C"
Comentário: A: Incorreta, pois transitada em julgado a sentença, não é mais possível interpor apelação. Somente cabe recurso antes do trânsito em julgado da decisão; **B:** Incorreta, porque descabe reclamação (que não é recurso) de decisão transitada em julgado (CPC, art. 988, § 5º, I); **C:** Correta. Com o trânsito em julgado, a forma de impugnar a decisão de mérito é a ação rescisória, cabível apenas em hipóteses expressamente previstas em lei – sendo que uma das hipóteses é, exatamente, a existência de prova falsa apurada em processo criminal (CPC, art. 966, VI); **D:** Incorreta, considerando que não existe cumprimento de sentença no crime, para impugnar decisão proferida no cível, pois não há previsão legal nesse sentido.

56. Gabarito "B"
Comentário: A: Incorreta, pois o Código permite, nas ações possessórias, a cumulação de pedido possessório com perdas e danos (CPC, art. 555, I); **B:** Correta (CPC, art. 557, sendo que a finalidade do artigo é fazer com que se decida primeiro a questão da posse, e depois da propriedade); **C:** Incorreta,

porque há a fungibilidade entre as ações possessórias (CPC, art. 554), de modo que possível que se receba a manutenção (usando em caso de turbação) como reintegração (utilizada quando há esbulho); **D:** Incorreta, considerando que se admite o pedido contraposto nas possessórias – ou seja, a formulação de pedido do réu contra o autor, na própria contestação, independentemente de reconvenção (CPC, art. 556).

57. Gabarito "B"
Comentário: A: Incorreta, conforme explicação em "B"; **B:** Correta. Ainda que a reconvenção seja apresentada na própria contestação, é possível a apresentação de reconvenção mesmo que não haja contestação (CPC, art. 343, § 6º), não sendo obrigatório o uso de ação autônoma para isso; **C:** Incorreta, pois é possível a reconvenção em litisconsórcio ativo com terceiro (com quem não é réu na ação movida pelo autor – CPC, art. 343, § 4º); **D:** Incorreta, considerando ser possível a reconvenção em litisconsórcio passivo com terceiro (com quem não é autor na demanda originária – CPC, art. 343, § 3º).

58. Gabarito: "A"
Comentário: A: correta. Embora esteja presente o requisito do número mínimo de associados para compor a organização criminosa (art. 1º, § 1º, da Lei 12.850/2013), certo é que a pena máxima cominada ao delito que pretendiam praticar de forma reiterada (falsidade ideológica de documento particular – art. 299 do CP) corresponde a 3 anos de reclusão e multa, o que de plano afasta a configuração da organização criminosa e, por conseguinte, do crime capitulado no art. 2º da Lei 12.850/2013. Sendo assim, os agentes devem responder pelo crime de associação criminosa, previsto no art. 288 do CP, que consiste na reunião de três ou mais pessoas imbuídas do propósito de cometer crimes; **B:** incorreta. Se considerássemos que os agentes tivessem incorrido no crime definido no art. 2º da Lei 12.850/2013, o inciso I do § 4º deste dispositivo estabelece que a pena será aumentada em 1/6 a 2/3 na hipótese de participação de criança ou adolescente; **C:** incorreta, pois todos estão sujeitos à incidência da causa de aumento prevista no art. 2º, § 4º, II, da Lei 12.850/2013; **D:** incorreta, na medida em que, por força do que dispõe o art. 2º, § 3º, da Lei 12.850/2013, a pena será agravada para quem exerce o comando, individual ou coletivo, da organização criminosa.

59. Gabarito: "D"
Comentário: Maria, fazendo uso de um cheque produto de furto, tenta fazer compras no valor de mil e duzentos reais em uma loja de departamentos. Sua empreitada foi frustrada pelo caixa da loja, que ficou desconfiado pelo fato de Maria, ao lançar sua assinatura no cheque, encontrar-se bastante nervosa. A primeira questão que aqui se coloca é saber se Maria deverá responder pelos crimes de estelionato e falsidade, em concurso material/formal, ou somente pelo delito de estelionato. A solução deve ser extraída da Súmula 17, do STJ: *quando o falso se exaure no estelionato, sem mais potencialidade lesiva, é por este absorvido*, que configura hipótese de incidência da regra/princípio da consunção. Segundo o entendimento sedimentado nesta súmula, o agente que falsifica um cheque pertencente a outrem, fazendo-se passar pelo titular da conta, deve tão somente ser responsabilizado pelo estelionato, na medida em que, uma vez entregue o cheque ao vendedor, o agente dele não poderia mais fazer uso para aplicar outros golpes, ou seja, a falsificação se exauriu no estelionato. Outro ponto que deve ser aqui analisado refere-se ao momento consumativo do delito de estelionato. Fazendo uma leitura do tipo penal do art. 171 do CP, logo se percebe que se trata de crime material, o que significa dizer que a consumação do estelionato somente é alcançada com o desfalque patrimonial experimentado pela vítima, o que ocorre no momento em que o agente efetivamente obtém a vantagem ilícita perseguida. Sendo assim, a tentativa mostra-se possível, já que a conduta pode ser fracionada em vários momentos do *iter criminis*, desde que haja início de execução e ausência de consumação por circunstâncias alheias à vontade do agente. No caso tratado no enunciado, há inequívoco início de execução por parte de Maria, que tentou efetuar o pagamento com cheque furtado. Antes, porém, de alcançar o resultado pretendido (obtenção de vantagem ilícita), o funcionário da loja, desconfiado em razão do nervosismo de Maria, impede que o crime seja consumado. Trata-se, portanto, de crime único na modalidade tentada.

60. Gabarito: "C"
Comentário: Antes de mais nada, façamos algumas considerações a respeito dos crimes contra a honra, diferenciando-os. No crime de **injúria**, temos que o agente, sem imputar fato criminoso ou desonroso ao ofendido, atribui-lhe qualidade negativa. É a adjetivação pejorativa, o xingamento, enfim a ofensa à honra subjetiva da vítima. Não deve, portanto, ser confundida com os crimes de calúnia e difamação, em que o agente imputa ao ofendido fato definido como crime (no caso da calúnia) ou ofensivo à sua reputação (no caso da difamação). No que concerne à exceção da verdade, esta é admissível, apenas, para o crime de calúnia (art. 138, § 3º, do CP) e difamação cometida contra funcionário público, desde que a ofensa seja relativa ao exercício de suas funções (art. 139, parágrafo único, do CP). Portanto, o crime de injúria não comporta a exceção da verdade. Sucede que a exceção da verdade será cabível no crime de calúnia como regra geral, ficando ressalvadas as hipóteses definidas no art. 138, § 3º, I a III, do CP, entre as quais está aquela em que o ofendido é absolvido do crime imputado por sentença irrecorrível. Paulo imputou a Arthur crime em relação ao qual este fora absolvido por sentença que transitou em julgado, sendo vedada, neste caso, a oposição de exceção da verdade por parte do ofensor, já que o assunto já foi julgado em definitivo pelo Poder Judiciário.

61. Gabarito: "C"
Comentário: Pela narrativa contida no enunciado, Lúcio, pelo fato de encontrar-se desempregado, resolve se embriagar. Sob o efeito de álcool e já no interior do coletivo que o levaria para casa, ao perceber que um passageiro dormia, subtraiu-lhe o celular, que se achava em seu bolso. No momento em que deixava o coletivo, Lúcio foi abordado por outro passageiro que assistira à subtração, dando início, a partir daí, a uma grande confusão, o que fez com que a vítima do crime praticado por Lúcio acordasse e desse por falta de seu celular. Denunciado, Lúcio foi ao final condenado pela prática do crime de furto qualificado pela destreza, aplicando-se-lhe, ainda, a agravante da embriaguez preordenada, já que Lúcio teria se embriagado dolosamente. Pois bem. Analisemos, em primeiro lugar, a incidência da qualificadora prevista do art. 155, § 4º, II, do CP (destreza) no caso acima narrado. Devemos entender por destreza a habilidade do agente que lhe permite efetuar a subtração do bem que a vítima traz consigo sem que ela perceba. A destreza revela uma habilidade ímpar, especial por parte do agente. Exemplo sempre lembrado pela doutrina é o do batedor de carteira (punguista), que, com habilidade diferenciada, subtrai a carteira da vítima sem que ela se dê conta. Agora, se a vítima estiver dormindo ou mesmo embriagada, não haverá a incidência desta qualificadora, na medida em que a ação do agente, neste caso, não requer especial habilidade (a vítima, por estar dormindo ou embriagada, está em situação de maior vulnerabilidade). Dito isso, passemos à análise da agravante da embriaguez preordenada, presente no art. 61, II, *l*, do CP. É tranquilo o entendimento, tanto na doutrina quanto na jurisprudência, no sentido de que tal agravante somente restará configurada na hipótese de o agente embriagar-se com o fim de cometer determinado crime. Em outras palavras, o sujeito se coloca em situação de embriaguez com o propósito de encorajar-se e, com isso, cometer o crime por ele desejado. Há, portanto, um planejamento do agente, consistente em se embriagar com vistas à prática criminosa. Pela análise da hipótese narrada no enunciado, logo se percebe que Lúcio não se embriagou para efetuar a subtração. A ingestão de álcool se deu pelo fato de ele estar desempregado, e não com a finalidade de tomar coragem para realizar a subtração. Por tudo que foi dito, deve ser afastada a agravante de embriaguez preordenada.

62. Gabarito: "C"
Comentário: No estupro, delito definido no art. 213 do CP, a conduta do agente consiste em *constranger*, cujo significado é *obrigar, compelir, forçar* o sujeito passivo, mediante violência ou grave ameaça, à conjunção carnal ou qualquer outro ato libidinoso. Sendo assim, é imprescindível que fique evidenciada a *resistência* da vítima em submeter-se ao ato sexual. É fato que tal oposição não precisa ser sobrenatural, mas é necessário, isto sim, que seja inequívoca e inquestionável, de forma a não deixar dúvida que a vítima não aderiu à vontade do agente. Logo, como se pode ver, o dissenso da vítima é o ponto fulcral no crime de estupro. Sem isso não há crime, ao menos a figura do art. 213, *caput*, do CP. O consentimento da vítima, portanto, desde que válido, tem o condão de afastar a tipicidade da conduta do agente.

Situação diferente, é importante que se diga, é a do art. 217-A do CP, que define o crime de estupro de vulnerável, em que o consentimento da vítima é irrelevante para a caracterização do crime, a teor do que dispõe a Súmula 593 do STJ: *O crime de estupro de vulnerável configura com a conjunção carnal ou prática de ato libidinoso com menor de 14 anos, sendo irrelevante o eventual consentimento da vítima para a prática do ato, experiência sexual anterior ou existência de relacionamento amoroso com o agente*. Na hipótese descrita no enunciado, fica claro que Luana não era, ao tempo da conduta, menor de 14 anos, bem como nada foi informado a respeito de sua higidez mental. Bem por isso, devemos concluir pela validade de seu consentimento, o que afasta a tipicidade do crime de estupro.

63. Gabarito: "C"
Comentário: Segundo consta, André, quando ainda contava com 17 anos de idade, adquiriu, no dia 18/11/2019, grande quantidade de droga com o fim de comercializá-la por ocasião de seu aniversário de 18 anos, que seria celebrado alguns dias depois, mais especificamente no dia 24/11/2019. Neste ínterim, durante o qual André permaneceu na posse da droga por ele adquirida, foi alcançada a sua maioridade (21/11/2019). Passou a ser considerado, portanto, a partir de então, imputável. A questão que se coloca é saber se se deve considerar, como momento do crime, a conduta consistente em adquirir a droga, o que se deu ao tempo em que André contava com 17 anos e, portanto, era inimputável, ou o momento em que ele foi preso em flagrante quando guardava a substância que adquirira. Como bem sabemos, o tipo penal do art. 33, *caput*, da Lei de Drogas abriga diversos verbos nucleares, entre os quais *guardar*, que tem o sentido de tomar conta, proteger. Esta conduta configura modalidade permanente de crime, isto é, a consumação, que se protrai no tempo, ocorre enquanto o agente permanece na posse do entorpecente. No caso acima narrado, a consumação teve início quando da aquisição da droga por André e assim permaneceu até o momento de sua prisão em flagrante. Como se pode perceber, ao tempo em que André já atingira a maioridade, o crime estava em processo de consumação. Em razão disso, é correto afirmar que André deverá responder pelo crime de tráfico de drogas como imputável.

64. Gabarito "C"
Comentário: Nada obsta que o defensor do réu exiba, em plenário, matérias jornalísticas, fotografias, vídeos bem como a folha de antecedentes criminais da vítima, com vistas a explorar a sua personalidade e convencer os jurados de que se trata de pessoa de comportamento agressivo ou desabonador. O que a legislação impõe (art. 479, *caput*, do CPP) é que o documento, assim considerado todo e qualquer objeto apto a demonstrar a verdade de um fato, apresentado (lido ou exibido), em plenário, seja juntado aos autos com antecedência mínima de três dias úteis, para que a parte contrária, neste caso a acusação, dele tenha conhecimento e possa traçar uma linha de defesa para se contrapor ao seu conteúdo. Busca-se, pois, evitar que a parte contrária seja surpreendida e não tenha condição de se insurgir, de forma adequada, contra o documento lido ou exibido. Perceba que esta regra, presente no art. 479, *caput*, do CPP, constitui exceção, na medida em que, no processo penal, "salvo os casos expressos em lei, as partes poderão apresentar documentos em qualquer fase do processo" (art. 231, CPP). No caso narrado no enunciado, a despeito de o Ministério Público, em sessão plenária, ter sido surpreendido por material que fora juntado aos autos em prazo inferior ao estabelecido no art. 479, *caput*, do CPP, o magistrado manteve o julgamento, permitindo que o defensor público explorasse a documentação, resultando na absolvição, pelo conselho de sentença, do acusado. O Ministério Público, inconformado com a decisão absolutória, apresentou recurso de apelação, acompanhado das razões recursais, requerendo a realização de novo júri, pois a decisão dos jurados havia sido manifestamente contrária à prova dos autos. No apelo, o *parquet* não suscitou a nulidade decorrente da violação à regra contida no art. 479, *caput*, do CPP. O Tribunal, por sua vez, anulou o julgamento realizado, determinando nova sessão plenária, ao argumento de que a defesa se utilizou em plenário de documentos acostados fora do prazo permitido pela lei. Ou seja, o Tribunal anulou o julgamento com base em nulidade não arguida, o que é vedado, conforme entendimento sedimentado na Súmula 160, do STF: "É nula a decisão do Tribunal que acolhe, contra o réu, nulidade não arguida no recurso da acusação, ressalvados os casos de recurso de ofício". Dessa forma, o advogado procurado pela defesa do acusado deve se insurgir contra a decisão do Tribunal, de que não poderia anular o julgamento com base em nulidade não arguida, mas tão somente, se o caso fosse, reconhecer que a decisão dos jurados era manifestamente contrária à prova dos autos (art. 593, III, *d*, CPP).

65. Gabarito "B"
Comentário: A: incorreta. Isso porque ao juiz é dado, com base no art. 387, IV, do CPP, fixar valor mínimo para reparação dos danos causados pela infração. Para tanto, é de rigor que haja pedido formal, feito pela vítima (habilitada como assistente de acusação) ou mesmo pelo MP, para que o valor seja apurado, com a indicação de provas aptas a sustentar o pleito indenizatório. Somente dessa forma a parte contrária poderá questionar o valor pleiteado e as provas que lhe servem de base. Se não houver tal pedido, é defeso ao magistrado fixar valor indenizatório; **B:** correta, pois retrata o disposto no art. 598 do CPP, que assegura ao ofendido, mesmo que não habilitado como assistente, a prerrogativa de interpor recurso de apelação, em face de sentença absolutória contra a qual o MP não recorreu; **C:** incorreta, uma vez que, com o trânsito em julgado da sentença condenatória, poderá o ofendido realizar a execução do valor reparatório fixado pelo juízo criminal (art. 387, IV, do CPP), sem prejuízo da possibilidade de buscar, no juízo cível, a indenização que corresponda à real extensão do dano que lhe fora causado pela prática criminosa (art. 63, parágrafo único, CPP); **D:** incorreta. Isso porque não faz coisa julgada na esfera cível, entre outras, a sentença absolutória que declara não existir prova suficiente para condenação (arts. 66 e 386, VII, CPP).

66. Gabarito "C"
Comentário: Segundo o que do enunciado consta, no curso de interceptação telefônica devidamente autorizada pelo Poder Judiciário, policiais que investigavam a ação de organização criminosa voltada à prática de contrabando de armas tomam conhecimento de que um dos membros dessa organização receberia, em determinado dia e em certo local, grande quantidade de armamento, que, sem seguida, seria repassada ao chefe da facção. Com o objetivo de conferir maior efetividade à investigação, os agentes decidem protelar o momento da prisão em flagrante, pois assim seria possível efetuar a detenção não somente do membro da facção incumbido do recebimento e entrega do armamento, mas também do seu líder. Além do que, o retardamento da intervenção policial torna possível amealhar um espectro mais amplo de provas. Conforme é sabido, a autoridade policial e seus agentes, à luz do que estabelece o art. 301 do CPP, devem prender quem quer que se encontre em situação de flagrante. Contudo, em situações excepcionais, poderá a polícia, ainda que diante da concretização de crime por organização criminosa, optar por não efetuar a prisão naquele instante, deixando para fazê-lo em momento mais oportuno do ponto de vista da prova a ser colhida. Na hipótese narrada no enunciado, os agentes deveriam, em princípio, efetuar a prisão em flagrante no momento em que Marcelo recebia o armamento contrabandeado. Lançando mão do meio de obtenção de prova previsto no art. 3º, III, e disciplinado no art. 8º, ambos da Lei 12.850/2013 (ação controlada), os policiais, no lugar de prender Marcelo na primeira oportunidade, monitoram a sua ação até o momento em que é feita a entrega do armamento ao chefe da organização criminosa, Daniel, quando então ambos são presos em flagrante. As detenções não padecem de ilegalidade, já que realizadas de acordo com as regras estabelecidas no art. 8º da Lei 12.850/2013. Trata-se do chamado flagrante *retardado* ou *diferido*. É importante que se diga que o art. 8º, § 1º, da Lei 12.850/2013 (Organização Criminosa) reza que a ação controlada será *comunicada* ao juiz competente, que estabelecerá, conforme o caso, os limites da medida e comunicará o MP. Perceba que, neste caso, o legislador não impôs a necessidade de o magistrado autorizar o retardamento da intervenção policial; exigiu tão somente a sua comunicação. Já a Lei de Drogas (Lei 11.343/2006), em seu art. 53, *caput* e II, estabelece que a implementação da ação controlada deve ser precedida de autorização judicial e manifestação do MP.

67. Gabarito "C"
Comentário: Tiago e Talles, segundo o enunciado, estão sendo processados pelo cometimento do crime de sequestro qualificado. O MP, ao oferecer a denúncia, arrolou, além da vítima e de outras pessoas que presenciaram o fato, também a esposa do acusado Tiago, que teria conhecimento sobre o ocorrido. Quando da realização da audiência de instrução e julgamento, Rosa, esposa de Tiago, intimada que foi para o ato, a ele compareceu,

demonstrando, nesta oportunidade, por razões óbvias, seu desinteresse em prestar declarações. Mesmo contrariada, Rosa, acuada, já que temia pelas consequências que poderiam acarretar da sua recusa, acaba por prestar declarações, o que veio a prejudicar seu marido. É claro o enunciado ao informar que havia outras testemunhas que detinham conhecimento sobre os fatos, o que permite concluir que a prova poderia ser obtida por outros meios. Pois bem. Como bem sabemos, uma vez arrolada como testemunha, a pessoa tem o dever de comparecer e prestar seu depoimento. Cuida-se, portanto, de uma obrigação imposta por lei (art. 206, CPP). Atrelado ao dever de comparecimento, temos que a testemunha também está obrigada a prestar compromisso, dizendo a verdade do que souber. Se não comparecer, será conduzida coercitivamente; se faltar com a verdade, incorrerá em crime de falso testemunho (art. 342, CP). Ocorre que determinadas pessoas, em razão de sua vinculação com o acusado, podem se recusar a depor, sem que isso lhes acarrete consequências, salvo se não for possível obter a prova de outra forma (como já dissemos, não é este o caso do enunciado). Segundo o art. 206 do CPP, a esposa do réu pode se recusar a servir como testemunha. Cuidado: não se trata de uma proibição, mas, sim, de uma faculdade conferida a determinadas pessoas que, em tese, não têm a necessária isenção de ânimo para testemunhar. Se optarem por prestar seu depoimento, serão ouvidas na qualidade de informantes, já que delas não será tomado o compromisso de dizer a verdade (art. 208, CPP). Dessa forma, o depoimento de Rosa, que não desejava prestá-lo, deverá ser questionado. Já a retirada de Tiago da sala de audiência para o interrogatório do corréu não constitui ilegalidade. Pelo contrário. Estabelece o art. 191 do CPP que o interrogatório dos corréus deve ocorrer separadamente.

68. Gabarito "D"
Comentário: A solução desta questão deve ser extraída do art. 53, § 3º, da CF: "Recebida a denúncia contra Senador ou Deputado, por crime ocorrido após a diplomação, o Supremo Tribunal Federal dará ciência à Casa respectiva, que, por iniciativa de partido político nela representado e pelo voto da maioria de seus membros, poderá, até a decisão final, sustar o andamento da ação".

69. Gabarito "A"
Comentário: O Ministério Público, ao oferecer a denúncia, deverá descrever o fato de forma minuciosa e clara (art. 41, CPP), de sorte a propiciar ao denunciado exercer amplamente o seu direito de defesa. Se os fatos são expostos na denúncia de forma confusa, não é possível à defesa conhecer com a necessária exatidão os motivos pelos quais o agente foi denunciado. Haverá, pois, inevitável prejuízo à defesa. A denúncia que não atende aos requisitos essenciais contemplados no art. 41 do CPP deve ser considerada inepta, como é o caso da inicial que descreve os fatos de forma confusa. Sendo inepta a denúncia, impõe-se a sua rejeição (art. 395, I, CPP), decisão contra a qual cabe recurso em sentido estrito (art. 581, I, CPP).

70. Gabarito: "B"
Comentário: Nos termos do art. 507-A da CLT, inserido pela Lei 13.467/2017, apenas nos contratos individuais de trabalho cuja remuneração seja superior a duas vezes o limite máximo estabelecido para os benefícios do Regime Geral de Previdência Social (em outubro/2020 – R$ 12.202,12), poderá ser pactuada cláusula compromissória de arbitragem, desde que por iniciativa do empregado ou mediante a sua concordância expressa, nos termos previstos na Lei 9.307/96.

71. Gabarito: "A"
Comentário: Considera-se grupo de empresas sempre que uma ou mais empresas, tendo, embora, cada uma delas, personalidade jurídica própria, estiverem sob a direção, controle ou administração de outra, ou ainda quando, mesmo guardando cada uma sua autonomia, integrem grupo econômico, serão responsáveis solidariamente pelas obrigações decorrentes da relação de emprego. É a teoria do empregador único, na qual a empresa principal e cada uma das subordinadas serão solidariamente responsáveis, para os efeitos da relação de emprego, nos exatos termos do art. 2º, § 2º, da CLT. De acordo com a nova disposição consolidada para a caracterização do grupo econômico, não basta a mera identidade de sócios. A nova regra requer a comunhão de interesses, demonstração de interesse integrado e atuação conjunta das empresas que pertençam ao mesmo grupo econômico. Dessa forma, para que fique constatado grupo econômico, com a consequente responsabilidade solidária entre as empresas, os empregados deverão comprovar que, de fato, as empresas possuem interesse comum e atuação conjunta.

72. Gabarito: "C"
Comentário: Por se professor Enzo terá 9 dias de licença remunerada por conta do matrimônio, nos termos do art. 320 da CLT. Já Carla, por ser advogada terá direito a 3 dias consecutivos de licença remunerada em razão do casamento, art. 473, II, CLT.

73. Gabarito: "B"
Comentário: O primeiro direito violado foi a recusa da promoção fundamentada no sexo. Isso porque, nos termos do art. 373-A, II, da CLT é vedado recusar emprego, promoção ou motivar a dispensa do trabalho em razão de sexo, idade, cor, situação familiar ou estado de gravidez, salvo quando a natureza da atividade seja notória e publicamente incompatível. O segundo direito violado foi a exigência de atestado médico, na medida em que o art. 373-A, IV, da CLT ensina ser vedado exigir atestado ou exame, de qualquer natureza, para comprovação de esterilidade ou gravidez, na admissão ou permanência no emprego. O terceiro direito violado foi a redução salarial. Isso porque, nos termos do art. 377 da CLT a adoção de medidas de proteção ao trabalho das mulheres é considerada de ordem pública, não justificando, em hipótese alguma, a redução de salário. Há de se ressaltar que no presente caso o direito a estabilidade provisória desde a confirmação da gravidez até 5 meses após o parto (art. 10, II, *b*, ADCT) foi respeitado.

74. Gabarito: "A"
Comentário: É possível a reconsideração do aviso-prévio. Isso porque, dado o aviso-prévio, a rescisão torna-se efetiva depois de expirado o respectivo prazo. Isso possibilita à parte notificante reconsiderar o ato, antes de seu termo. Porém, é facultado à outra parte aceitar ou não o pedido de reconsideração, ou seja, deve haver o consentimento da parte notificada do aviso-prévio, art. 489 da CLT.

75. Gabarito: "A"
Comentário: Nos termos da súmula 12 do TST as anotações apostas pelo empregador na carteira profissional do empregado não geram presunção "juris et de jure", ou seja, absoluta, mas apenas "juris tantum", ou seja, relativa. Assim, em uma eventual reclamação trabalhista, uma vez comprovada suas alegações, a CPTS poderá ser retificada.

76. Gabarito: "B"
Comentário: De acordo com o art. 855-A da CLT, o incidente de desconsideração da personalidade jurídica regulado no CPC/2015 (arts. 133 a 137) será aplicável ao Processo do Trabalho, com as adaptações pertinentes ao processo trabalhista. Assim, nos termos do art. 135 do CPC instaurado o incidente, o sócio ou a pessoa jurídica será citado para manifestar-se e requerer as provas cabíveis no prazo de 15 (quinze) dias.

77. Gabarito: "B"
Comentário: Os arts. 855-B ao 855-E da CLT cuidam do procedimento para homologação de acordo extrajudicial. Assim, o art. 855-B da CLT dispõe sobre o processo para homologação de acordo extrajudicial. Referido dispositivo ensina que o processo de homologação de acordo extrajudicial terá início por petição conjunta, sendo obrigatória a representação das partes por advogado, sendo certo que as partes não poderão ser representadas por advogado comum, ou seja, devem estar assistidas por advogados diferentes, um representando o empregado e outro o empregador. Note que nesse processo, as partes não poderão fazer uso do *jus postulandi* previsto no art. 791 da CLT. Contudo, é facultado ao trabalhador ser assistido pelo advogado do sindicato de sua categoria.

78. Gabarito: "C"
Comentário: Nos termos do art. 843, parte final, da CLT nos casos de Reclamatórias Plúrimas ou nas Ações de Cumprimento, quando os empregados poderão fazer-se representar pelo Sindicato de sua categoria. Já na ação movida por João por ser ele o Autor da ação (reclamante) deve ele estar

presente, podendo ser fazer-se representar por outro empregado que pertença à mesma profissão, ou pelo seu sindicato. Se por doença ou qualquer outro motivo poderoso, devidamente comprovado, não for possível ao empregado comparecer pessoalmente à audiência, art. 843, § 2º, da CLT. Importante lembrar que nessa hipótese a representação por outro empregado ou sindicato apenas evitará o arquivamento do processo. Já na reclamação trabalhista em patrocínio da Reclamada, nos termos do art. 843, § 3º, da CLT o preposto não precisa ser empregado da parte reclamada.

79. Gabarito: "B"
Comentário: A: incorreta, pois nos termos do art. 897, *b*, da CLT o agravo de instrumento será cabível, no prazo de 8 dias, para impugnar os despachos proferidos pelo juízo *a quo* no 1º juízo de admissibilidade recursal que negarem seguimento a recursos. **B:** correta, pois no caso em tela, por se tratar de competência originária, o Mandado de Segurança foi impetrado no TRT. Assim, nos termos do art. 895, II, da CLT, o recurso cabível é o Recurso Ordinário no prazo de 8 dias. **C:** incorreta, pois previsto no art. 897, "a", da CLT, o agravo de petição é o recurso cabível, no prazo de 8 dias, em face das decisões do Juiz do Trabalho proferidas na fase de execução de sentença. **D:** incorreta, pois nos termos do art. 896 da CLT cabe, no prazo de 8 dias, Recurso de Revista para Turma do Tribunal Superior do Trabalho das decisões proferidas em grau de recurso ordinário, em dissídio individual, pelos Tribunais Regionais do Trabalho.

80. Gabarito: "D"
Comentário: Nos termos do art. 899, § 9º, da CLT o valor do depósito recursal será reduzido pela metade para entidades sem fins lucrativos, empregadores domésticos, microempreendedores individuais, microempresas e empresas de pequeno porte. Contudo, não há isenção parcial ou total para o empregador doméstico com relação às custas processuais, art. 789, § 1º, CLT. Importante notar que o enunciado é expresso no sentido de que a parte não requereu os benefícios da justiça gratuita.

MEUS RESULTADOS

MEUS RESULTADOS — 235

Prova 1: _____

Data: _____ / _____ / _____

Tempo de Prova: _____

Acertos Totais: _____

Onde posso melhorar:

_____
_____
_____
_____
_____
_____
_____
_____
_____
_____
_____
_____
_____
_____
_____
_____
_____
_____
_____
_____
_____
_____
_____
_____
_____

Prova 2: _____

Data: _____ / _____ / _____

Tempo de Prova: _____

Acertos Totais: _____

Onde posso melhorar:
_____
_____
_____
_____
_____
_____
_____
_____
_____
_____
_____
_____
_____
_____
_____
_____
_____
_____
_____
_____
_____
_____
_____
_____
_____

Prova 3: _____

Data: ____ / ____ / _____

Tempo de Prova: _____

Acertos Totais: _____

Onde posso melhorar:

Prova 4: _____

Data: _____ / _____ / _____

Tempo de Prova: _____

Acertos Totais: _____

Onde posso melhorar:

Prova 5: _____

Data: _____ / _____ / _____

Tempo de Prova: _____

Acertos Totais: _____

Onde posso melhorar:

_____
_____
_____
_____
_____
_____
_____
_____
_____
_____
_____
_____
_____
_____
_____
_____
_____
_____
_____
_____
_____
_____
_____
_____
_____
_____

Prova 6: _____

Data: _____ / _____ / _____

Tempo de Prova: _____

Acertos Totais: _____

Onde posso melhorar:
_____
_____
_____
_____
_____
_____
_____
_____
_____
_____
_____
_____
_____
_____
_____
_____
_____
_____
_____
_____
_____
_____
_____
_____
_____
_____
_____
_____

Prova 7: _____

Data: _____ / _____ / _____

Tempo de Prova: _____

Acertos Totais: _____

Onde posso melhorar:

_____
_____
_____
_____
_____
_____
_____
_____
_____
_____
_____
_____
_____
_____
_____
_____
_____
_____
_____
_____
_____
_____
_____
_____
_____
_____

Prova 8: _____

Data: _____ / _____ / _____

Tempo de Prova: _____

Acertos Totais: _____

Onde posso melhorar: